K. D. Bischof, H. Meister, G. Pyell, G. Roj, U. Stadler, G. Wagner

Leistungserstellung in Spedition und Logistik

11. Auflage

Bestellnummer 1517

Bildungsverlag EINS

■ Haben Sie Anregungen oder Kritikpunkte zu diesem Produkt?
■ Dann senden Sie eine E-Mail an 1517_11@bv-1.de
Autoren und Verlag freuen sich auf Ihre Rückmeldung.

Vorwort

Der vorliegende Titel *Leistungserstellung in Spedition und Logistik* wurde in inhaltlicher und formeller Hinsicht nach den Vorgaben des neuen Bundesrahmenlehrplans aktualisiert. Die klassischen Themenkreise wurden demnach den entsprechenden Lernfeldern zugeordnet, wobei insbesondere die Lernfelder Beschaffungslogistik, Distributionslogistik und Marketing inhaltlich angereichert wurden.

Wir danken den Lesern für die konstruktive Kritik, durch die wir unser Werk in den letzten Jahren quantitativ und qualitativ verbessern konnten.

Letztlich möchten wir allen danken, insbesondere den Verbänden des Verkehrsgewerbes und der Speditions- und Logistikbranche, die uns bei der Weiterentwicklung dieses Buches geholfen haben.

Die Verfasser

www.bildungsverlag1.de

Bildungsverlag EINS GmbH
Sieglarer Straße 2, 53842 Troisdorf

ISBN 978-3-8237-**1517**-7

Inhaltsverzeichnis

4

Lernfeld 6:   Frachtverträge eines weiteren Verkehrsträgers bearbeiten

6

Lernfeld 9:   Lagerleistungen anbieten und organisieren

Lernfeld 10:   Exportaufträge bearbeiten

8

9

10

Lernfeld 11: Importaufträge bearbeiten

11

12

Lernfeld 4:
Verkehrsträger vergleichen und Frachtaufträge im Güterkraftverkehr bearbeiten

Einstiegssituation:

Als Mitarbeiter einer internationalen Kraftwagenspedition mit Sitz in Freiburg i. Br. erhalten Sie von Ihrem Abteilungsleiter folgende Anfragen zur Auftragsabwicklung vorgelegt:

- 3 Ersatzteile für eine ausgefallene Produktionsvorrichtung, die in einer Fabrikationsanlage in Malaga (E) installiert ist.

  Abmessungen der Kolli: *Gewicht der Kolli:*
  (1)   50 x 34 x 18 cm   *3,8 kg*
  (2)   60 x 42 x 22 cm   *8,3 kg*
  (3) 110 x 44 x 25 cm   *18,5 kg*

- 1 400 t Kies ab einer Kiesverladestelle in der Nähe der Stadt Kehl. Bestimmungsort für das Aufschüttungsmaterial sind die Niederlande (äußere Maasvlakte).

- 3 Paletten Wein ab der Winzergenossenschaft Durbach nach Kassel an ein Weinhandelshaus.

AUFGABEN

1. Welche Leistungsmerkmale muss ein logistischer Dienstleistungsbetrieb erfüllen, um die jeweiligen Aufträge den Auftraggeberwünschen entsprechend ausführen zu können?
2. Welche Verkehrsmittel kommen für die einzelnen Aufträge zum Einsatz und welche Verkehrswege benutzen diese?
3. Wie würde sich Ihre Antwort für die dritte Sendung verändern, wenn die 3 Paletten nicht nach Kassel, sondern nach Los Angeles zu befördern wären?

1   Die Bedeutung des Verkehrs für die Wirtschaft

1.1   Überblick über Aufgaben, Bedeutung und Arten des Verkehrs – insbesondere des Güterverkehrs – in der arbeitsteiligen Wirtschaft

Das Zusammenwachsen der 27 EU-Staaten zu einem Binnenmarkt erfordert auch weiterhin den Ausbau des gesamten Dienstleistungssektors – insbesondere der Verkehrswirtschaft –, um die arbeitsteilige Wirtschaft mit den notwendigen Einsatzstoffen zu versor-

14

gen und die Distribution entsprechend den Vorstellungen der verladenden Wirtschaft (Lieferservice) zu gewährleisten. Durch die Abnahme der Fertigungstiefe in der Industrie sind immer mehr **verbrauchssynchrone Zuliefersysteme** für die Produktion aufzubauen und bereitzustellen. Die Verteilung der Wirtschaftszentren auf den gesamten EU-Raum, u. a. die wirtschaftlichen Verflechtungen mit neuen Mitgliedern, wie Polen, Tschechien, Ungarn, Slowenien, Rumänien, Bulgarien und den baltischen Ländern, stellen an die Verkehrsunternehmen sehr hohe Anforderungen. Da Angebot und Nachfrage nach bestimmten Gütern nicht am gleichen Ort auftreten, muss, falls die Nachfrage befriedigt werden soll, das gewünschte Gut vom Ort des Angebotes **(Quelle)** zum Ort der Nachfrage (der Verwendung, des Einsatzes, des Verbrauchs = **Senke**) verbracht werden.

Die weltweite Vernetzung in der Informationstechnik sowie der rapide Anstieg der Nutzer derselben zwang auch die Unternehmen des logistischen Dienstleistungsbereiches, sich diese Techniken zunutze zu machen, da die prognostizierten Zuwachsraten des elektronischen Handels **(Electronic Commerce)** neue Antworten der logistischen Dienstleister in der sog. **E-Logistic** erfordern (vergl. auch Lernfeld 13).

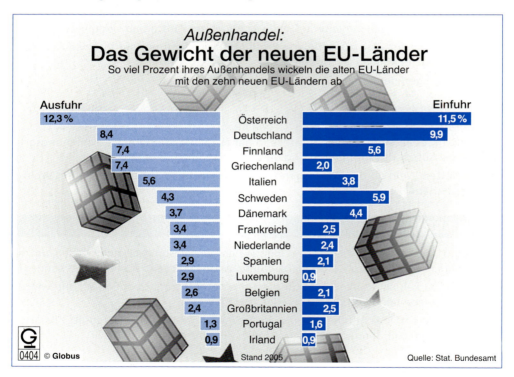

Außenhandel:
Das Gewicht der neuen EU-Länder
So viel Prozent ihres Außenhandels wickeln die alten EU-Länder mit den zehn neuen EU-Ländern ab

Ausfuhr		Einfuhr
12,3 %	Österreich	11,5 %
8,4	Deutschland	9,9
7,4	Finnland	5,6
7,4	Griechenland	2,0
5,6	Italien	3,8
4,3	Schweden	5,9
3,7	Dänemark	4,4
3,4	Frankreich	2,5
3,4	Niederlande	2,4
2,9	Spanien	2,1
2,9	Luxemburg	0,9
2,6	Belgien	2,1
2,4	Großbritannien	2,5
1,3	Portugal	1,6
0,9	Irland	0,9

0404 © Globus — Stand 2005 — Quelle: Stat. Bundesamt

Die Bedeutung der Verkehrswirtschaft kann an den erwirtschafteten Logistik-Umsätzen der letzten Jahre abgelesen werden. Während im Jahre 2006 dieser Umsatz noch 189 Milliarden Euro betrug, stieg er 2007 um 11,11 % auf rd. 210 Mrd. Euro innerhalb Deutschlands. Auch das Umsatzvolumen aller Mitgliedsstaaten der EU einschließlich der beiden Länder Schweiz und Norwegen in Höhe von rd. 900 Mrd. Euro lässt erkennen, dass die Entwicklung zur Organisation von internationalen Verkehrsnetzen notwendig ist, um kostenminimierende Transportketten aufbauen zu können.

Hinsichtlich der Gestaltung des Binnenmarktes, auch im Verkehrsgewerbe, sind folgende Determinanten für das unternehmerische Handeln der Verkehrsbetriebe maßgeblich:

Liberalisierung des Transportgewerbes	Grenzübergreifende Kooperationen/Fusionen	Europäische Verkehrsinfrastruktur
• Wachsende wirtschaftliche Aktionsradien • Schnellere Belieferung des gesamten EU-Raumes • Europäische statt nationale Logistikkonzepte • Verstärkte Zentralisierung der Lagerhaltung • Zunehmende Fremdvergabe von Logistikfunktionen (Logistik-Dienstleister)	• Wachsende Notwendigkeit der Optimierung des Fertigungsverbundes • Zunehmende Spezialisierung von Fertigungsstandorten • Weitreichende Anpassungsprozesse in Beschaffung und Distribution	• Entwicklung europäischer Haupttransportachsen (HTA) Straße–Bahn–Wasser • Zunehmende Bedeutung von Mainportkonzepten Wasser–Luft • Regionale Verschiebung von wirtschaftlichen Schwerpunkten • Umweltbedingte Verschiebung in Transportwegen Bahn–Straße

Nach: A. J. Almenräder, W. Baaij: Aufbruch im Binnenmarkt dynamisch, Jahrbuch der Logistik, Verlagsgruppe Handelsblatt

Die Planung des europäischen Hochgeschwindigkeitsnetzes der Bahn kann nachstehender Grafik entnommen werden:

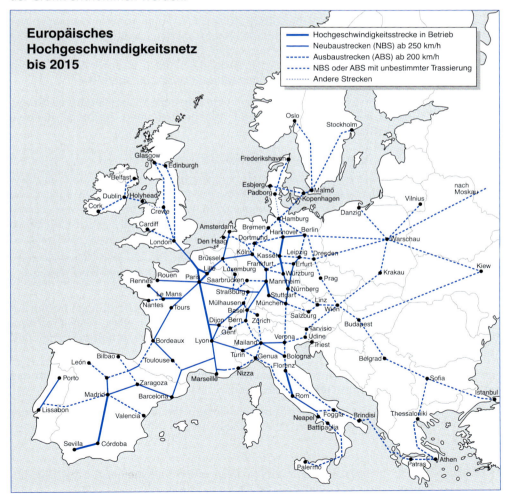

Europäisches Hochgeschwindigkeitsnetz bis 2015

- ———— Hochgeschwindigkeitsstrecke in Betrieb
- ———— Neubaustrecken (NBS) ab 250 km/h
- ------- Ausbaustrecken (ABS) ab 200 km/h
- ------- NBS oder ABS mit unbestimmter Trassierung
- ········ Andere Strecken

16

Die zukünftige Bedeutung dieses Hochgeschwindigkeitsnetzes (auch im Hinblick auf die Schaffung von Arbeitsplätzen) kann man daran erkennen, dass in Brüssel eigens eine Kommission geschaffen wurde (sog. Christophersen-Gruppe), die eine Prioritätenliste für zu bauende europäische Verkehrsverbindungen zu erstellen hatte. Allein unter den ersten 10 Projekten sind 7 Eisenbahnbauvorhaben. Es sind dies:

- Brenner Basis-Tunnel für TGV und Kombinierten Verkehr
- TGV Verbindung Paris–Brüssel–Köln (–Rhein/Main)–Amsterdam/London (teilweise verwirklicht)
- TGV Süd   Madrid–Barcelona–Perpignan und Madrid–Vitoria–Dax
- TGV Ost   Paris–Metz (–Saarbrücken–Mannheim/Luxemburg)–Strasbourg–Karlsruhe (teilweise verwirklicht) sowie
München–Nürnberg–Erfurt–Halle/Leipzig–Berlin
- Betuwe-Linie für konventionellen und kombinierten Güterverkehr Rotterdam–Rhein/Ruhr
- TGV und kombinierter Verkehr Turin–Lyon

Das Ladungsaufkommen der Verkehrswirtschaft ist i. d. R. Folge von Kaufverträgen der Hersteller oder Anbieter von Produkten mit den Nachfragern nach diesen Produkten. Die Verkehrsunternehmen entwickeln somit nur in geringem Maße eine direkte Nachfrage nach Verkehrsleistungen für das eigene Unternehmen. Ihr Transportvolumen hängt immer ab von den Nachfrageverhältnissen der anderen Wirtschaftsbereiche.

Somit ist die Nachfrage nach Verkehrsleistungen eine sogenannte **abgeleitete Nachfrage**, d. h., es liegen ihr Kaufentscheidungen anderer Wirtschaftssubjekte zugrunde, die eine Nachfrage nach Verkehrsleistungen induzieren.

Beispiele:
- Eine deutsche Automobilfirma exportiert Personenkraftwagen in die USA. Nachfrager nach Verkehrsleistungen i. w. S. ist die Automobilfirma – hier voraussichtlich nach Transportleistungen zum Seehafen, nach Umschlagsleistungen im Seehafen, nach Transportleistungen im Seeverkehr, nach dokumentärer Abwicklung. Ursache sind jedoch die vorliegenden Bestellungen von Käufern in den USA. Spedition und Frachtführer haben keinen Einfluss auf das Entstehen der Nachfrage.
- Ein Frachtführer kauft eine neue EDV-Anlage. In diesem Falle tritt der Frachtführer selbst als Nachfrager nach Produkten auf und induziert damit einen oder mehrere Transportvorgänge.

Die Nachfrage nach Verkehrsleistungen und das Angebot an Verkehrsleistungen treffen auf dem **Verkehrsmarkt** aufeinander. Der Markt kann organisiert sein, wie z. B. die Frachtenbörse in Rotterdam im Bereich der Binnenschifffahrt, bei dem Ladungsangebot und Laderaumangebot aufeinander treffen, muss aber nicht.[1]

Auf diesem Verkehrsmarkt bestehen die unterschiedlichsten **Konkurrenzverhältnisse** zwischen den Anbietern von Verkehrsleistungen:

- Zunächst besteht eine Konkurrenzsituation zwischen den nationalen Anbietern eines Verkehrsträgers, z. B. im Güterkraftverkehrsgewerbe, im Bereich der Binnenschifffahrt.

---

[1] *Vergleiche hierzu beispielsweise Veröffentlichungen in der „Internationalen Transportzeitschrift", herausgegeben von: Rittmann AG Verlag, Basel, Bereich Binnenschifffahrt.*

- Durch die völlige Kabotagefreiheit innerhalb der EU seit dem 1. Juli 1998 hat sich der Wettbewerb mit ausländischen Güterkraftverkehrsunternehmen verschärft (Ausnahme: 2-3-2-Regelung).

- Im grenzüberschreitenden Verkehr besteht zusätzlich der Wettbewerb zu ausländischen Unternehmen des gleichen Verkehrszweiges.

- Konkurrenzbeziehungen bestehen jedoch auch zwischen den einzelnen Verkehrsträgern. So konkurrieren auf dem Markt für Partiesendungen die Deutsche Bahn AG und das Güterkraftverkehrsgewerbe, bei Massengütern beispielsweise die Deutsche Bahn AG und die Binnenschifffahrt, bei eilbedürftigen, sehr hochwertigen industriellen Erzeugnissen die Seeschifffahrt und der Luftverkehr (teilweise auch Koordination beider Verkehre – Sea-Air-Verkehre), bei eilbedürftigen Stückgütern bis zu bestimmten Entfernungen Güterkraftverkehr und nationaler bzw. europäischer Luftverkehr.

Aus der Vielfältigkeit dieser Konkurrenzbeziehungen ergibt sich für die beteiligten Anbieter von Verkehrsleistungen, dass sie stetig bemüht sein müssen, ihre **Leistungspalette** zu verbreitern und zu verbessern.

Dies wirkt sich in zwei Richtungen aus:

- Die **technische Transportfähigkeit** hat in einem sehr starken Umfang zugenommen und steigt weiter an. Hierunter versteht man die Möglichkeit der einzelnen Verkehrsträger, in verstärktem Maße Spezialtransporte abzuwickeln. Für sehr sperrige Güter wurden Großraumtransportfahrzeuge entwickelt, für schwere Güter Spezialtieflader[1], für Einheiten bis 2 500 t Eigengewicht usw. stehen Ro-Ro-Verladerampen zur Verfügung.

- Die **wirtschaftliche Transportfähigkeit** sagt aus, inwieweit ein Produkt mit Transportkosten belastbar ist.

Beispiel:
An einem extremen Beispiel soll dies verdeutlicht werden:
Es wäre technisch sicherlich möglich, das zur Salpetergewinnung notwendige Rohgestein Caliche in 20-Fuß-Schüttcontainern von Chile nach Europa zu befördern. Dieser Rohstoff zur Herstellung von Salpetersäure und Anilinfarbstoffen würde dann aber so teuer (sehr hohe Transportkosten), dass es wirtschaftlich nicht vertretbar wäre, ihn auf diese Weise zu befördern.

Letztlich wird die wirtschaftliche Transportfähigkeit eines Produktes dadurch bestimmt, welche **Kriterien der Verkehrsleistungserstellung** der Verlader als besonders wichtig, wichtig und weniger wichtig einstuft:

---

[1] *Vgl. O. V.: 11 727 t auf 426 Achsen, in DVZ Nr. 39: „Nichts ist zu schwer für die Experten der Mammoet Transport B. V., Amsterdam. Sogar eine 11 727 t schwere Produktionsplattform für ein Gasfeld in der Nordsee bewegte sich schließlich – auf 426 Achsen. Die Mammoet-Mannschaft war zuständig für den Transport von der Werft am Tyne in Nordostengland 200 km in die offene See. Mit 70 m Länge und 63 m Höhe war es nach Angaben des holländischen Unternehmens die bisher nicht nur schwerste, sondern auch größte Anlage für die Öl- und Gasindustrie, die auf Rädern bewegt wurde."*

Verkehrsträger Merkmale ↓ →	Straßenverkehr	Eisenbahnverkehr
Schnelligkeit	Zustellung i. d. R. im nationalen Bereich im **A → B**-Takt möglich. Innerhalb der EU sind Taktzeiten bis **A → E** möglich. Der jeweilige Besetzungsfaktor ist zu berücksichtigen.	Abhängig ob Einzelwagen, Wagengruppen oder Ganzzüge zum Transport gelangen.[1] Im internationalen Verkehr werden Ganzzüge auf **Freight Freeways** befördert (Laufzeit Kijfhoek–Rotterdam–Wien, z. B. **A** 05:26 Uhr Abfahrt, **B** 02:43 Uhr Ankunft nach 21 h/17 Min.
Regelmäßigkeit	Bei Systemanbietern tägliche Linienverkehre zu bestimmten Zielstationen im nationalen und europäischen Bereich.	**Intermodal Rail Shuttles**, wie z. B. auf den Strecken Rotterdam–Novara bzw. Rotterdam–Salzburg werden täglich angeboten. Auch die **PIC-Züge** der Deutsche Post AG weisen eine tägliche Taktfrequenz auf.
Pünktlichkeit	Bei terminierten Transportaufträgen müssen entsprechende Laufzeitpuffer eingeplant werden. GPS-Systeme helfen zur Stauumfahrung und ermöglichen eine bessere Termineinhaltung. Just-in-time-Lieferungen möglich.	Bahnverkehr nicht so stark abhängig von Wetter und begleitendem Verkehr, somit sollten pünktliche Zielerreichungen möglich sein. Trotzdem Verzögerungen durch technische Defekte und nicht kontrollierbare Eingriffe in die Verkehrsabwicklung möglich.
Flexibilität	Sehr hohe Flexibilität, da die Vielfalt der einsetzbaren Fahrzeuge sowie die Möglichkeiten irgendwelche Sonderfahrten zu organisieren diese Anforderungen erfüllbar macht.	Hier ist die Flexibilität nur eingeschränkt vorhanden, da sowohl das Netz als auch die Fahrzeugtechnik, die Fahrpläne und die Netzauslastungen dies nicht zulassen.
Sicherheit	Eingeschränkt, insbesondere auch dadurch, dass Verkehrsinfrastruktur mit Individualverkehr geteilt werden muss.[2] In bestimmten europäischen Ländern besteht immer noch eine erhöhte Diebstahlfahr, die bestimmte Verhaltensweisen von den Unternehmen erfordert.	Hohe Sicherheit, da Verkehrswege nur von wenigen zugelassenen Nutzern in Anspruch genommen werden. Diebstahlgefährdung ist ebenfalls gegeben.
Massenleistungsfähigkeit	Auf die Fahrzeugeinheit bezogen weist der Lkw die niedrigste NL aller Verkehrsmittel auf. Trotzdem kann der Straßengüterverkehr aufgrund der hohen Anzahl an Verkehrsmitteln sehr große Gütermengen befördern. In- und ausländische Fahrzeuge transportieren etwa 83,5 % des gesamten binnenländischen Verkehrs von 3,732 Mrd. t im Jahre 2003.	Große Mengen können mit einem Ganzzug befördert werden. Erst ab 1 200 t GG wird von der Trassengesellschaft ein Lastzuschlag berechnet, um die höhere Belastung der Trasse auszugleichen.

---

[1] *Beim Transport von Einzelwagen ist zu berücksichtigen, dass der Wagen vom Gleisanschluss (Gla) über eine Güterverkehrsstelle (GVSt) zu einem Satelliten (Sat) gelangt, von dem aus dann der geeignete Knotenbahnhof (Kbf) erreicht wird. Zwischen zwei Knotenbahnhöfen erfolgt der Hauptlauf, dem sich dann in umgekehrter Reihenfolge eine Zustellung beim Empfänger anschließt. Bei Ganzzügen sind Verbindungen im Nachtsprung zwischen Wirtschaftszentren möglich (z. B. Cargo System; Zusammenarbeit zwischen Hellmann Logistics und Stinnes Intermodal).*

[2] *Sicherheit ist während der gesamten Transportabwicklung zu gewährleisten. Somit sind die Güter gefährdet durch Unfälle (Havarien) der einzelnen Verkehrsmittel und durch Diebstahl. So wurden 2003 z. B. 6,54 % aller Straßenverkehrsunfälle mit Personenschäden durch Güterkraftfahrzeuge verursacht mit entsprechenden Folgeschäden für die Güter. Für bestimmte Güter besteht beispielsweise in Polen bei Transitverkehren eine gebührenpflichtige Zollbegleitung (Warenwert > 50 000,00 USD).*

Binnenschifffahrt	Seeschifffahrt	Luftverkehr
Bergfahrt Rotterdam → Basel Takt **A** → **F**; Talfahrt Takt **A** → **D**.	Hängt stark von den eingesetzten Schiffstypen ab.[1]	Hohe Frequenz der Abflüge zu bestimmten Zielflughäfen für Passagierflugzeuge mit Belly-Kapazität. Hinzu treten reine Frachtkapazitäten.[2]
Auch hier gibt es bereits Strecken, die in täglicher Frequenz, insbesondere im Containerverkehr, bedient werden; z. B. Rotterdam ↔ Antwerpen oder Duisburg ↔ Rotterdam (an allen Werktagen)	Im Containerverkehr besteht in bestimmte Fahrtgebiete eine hohe Abfahrtsdichte.[3]	Hohe Abflugdichte.
Behinderungen durch zu hohe und zu niedrige Wasserstände; in Kanalsystemen teilweise auch durch Eisgang. Damit teilweise erhebliche Verspätungen.	Trotz der teilweise langen Distanzen halten sich Verspätungen in den Ankunftszeiten in engen Grenzen. Verzögerungen in der Entladung können nicht den einzelnen Verfrachtern angelastet werden. Trotzdem gehen einige Verfrachter dazu über, eigene Umschlagsterminals zu betreiben.	Insbesondere bei Landeanflügen können Verzögerungen auftreten, da Landebahnen teilweise durch Witterungseinfüsse nur eingeschränkt nutzbar. Ansonsten werden Flugzeiten i. d. R. weitestgehend eingehalten.
Auch hier ist eine eingeschränkte Flexibilität vorhanden, die durch exogene Einflüsse, wie Wasserstraßeninfrastruktur, Wettereinflüsse, Schiffstypen, Geschwindigkeit, verursacht wird.	Die Flexibilität im Wesentlichen abhängig vom Schiffstyp und von der Einsatzart – Linien- oder Trampverkehr. Am flexibelsten ist sicherlich das Containerschiff einsetzbar, da es in der Lage ist, aufgrund unterschiedlicher Containertypen, die unterschiedlichsten Güter zu transportieren.	Flexibilität eingeschränkt durch das Einhalten bestimmter Start- und Landefenster. Ferner Einschränkungen durch technische und rechtliche Vorgaben.
Hohe Sicherheit, da Schiffsunfälle selten sind, die eingesetzten Schiffe einen hohen technischen Standard aufweisen; z. B. Doppelhüllenschiffe in der Tankschifffahrt.	Leider ist die Seetüchtigkeit aller Schiffe nicht uneingeschränkt gewährleistet, insbesondere bei sog. Billigflaggen. Ferner besteht hier weltweit das Problem der Kaperung von Schiffen; hierbei liegen die Zahlen zwischen 250 und 300 Schiffen pro Jahr, wobei einige Fahrtgebiete besonders gefährlich sind.	Auf die tonnenkilometrische Leistung bezogen sicherlich der sicherste Verkehrsträger. Politische Ereignisse bedingen einen erhöhten Sicherheitsaufwand für die Ladung.
Große Mengen können mit Motorschiffen (bis 5 000 t) und Schubschiffen (bis 16 000 t) befördert werden. Solche Schiffe kommen insbesondere bei den Gütergruppen Kohle, Erze und Metallabfälle, Steine und Erden zum Einsatz.	In besonderem Maße kann dieses Merkmal erfüllt werden. Bei Trockengutfrachtern reicht die Tragfähigkeit bis rd. 250 000 t, bei Tankern wurde eine Tragfähigkeit von über 600 000 t erreicht. Auch Containerschiffe können heute über 100 000 t an Ladung + Containereigengewicht befördern.	Nach dem Lkw das Verkehrsmittel mit der niedrigsten NL. Für Massengüter infolge hoher Transportkosten nicht geeignet.

---

[1] Im Containerverkehr bestehen je nach Schiffsgröße beträchtliche Unterschiede in der Geschwindigkeit. Feederschiffe mit einer Tragfähigkeit von 350–500 TEU laufen rd. 15 km, Großcontainerschiffe zwischen 21 kn und 25 kn (z. B. die „Emma Maersk", die bei einer Länge von 398 m offiziell 11 000 TEU laden kann). Im Fährverkehr werden ebenfalls sehr unterschiedliche Geschwindigkeiten erreicht. So erreicht z. B. die MS ISLE OF INNESFREE auf der Route Rosslare (IRL)–Pembroke (GB) 21,5 kn, die GTS STENA EXPLORER auf der Route Holyhead (GB)–Dun Laoghaire (IRL) 40 kn. (1 kn = 1,852 km)

[2] Bei den Abwicklungzeiten des Auftrages ist zu beachten, dass die reine Flugzeit durchschnittlich nur 27 % der Gesamtabwicklungszeit ausmacht. Die Bodenzeiten liegen über 70 % (Vorlauf, Umschlag, Nachlauf, Zollabfertigungen usw.). Für Nur-Frachtflugzeuge bestehen teilweise nur 2–3 wöchentliche Abflüge zu bestimmten Zielflughäfen.

[3] Viele in Konferenzen zusammengeschlossene Reedereien bieten im Containerverkehr eine fast tägliche Abfahrtsdichte in bestimmten Fahrtgebieten an. Aus entsprechenden Schiffsabfahrtslisten (vgl. DVZ-Beilagen), sog. Sailing-Listen einzelner Reedereien, ist dies zu entnehmen (vgl. z. B. Fahrtgebiet Südost-Ostasien: Bangkok, Keelung, Hongkong, Singapore).

Falls das angebotene Leistungsprofil des Verkehrsunternehmens mit den Vorstellungen des nachfragenden Betriebes einen hohen Grad an Übereinstimmung aufweist, wird i. d. R. ein Vertragsabschluss die Folge sein. Beim Anbieter der Verkehrsleistung sollten die erstellten Leistungen zu entsprechenden Erträgen führen (hoher Sicherheitsstandard führt i. d. R. auch zu höheren Kosten – spart aber auch Kosten ein), da nur so langfristig seine Existenz gesichert ist.

1.2 Verkehrsmittel

Um Güterverkehr durchführen zu können, muss eine entsprechende Infrastruktur genauso vorhanden sein wie geeignete Verkehrsmittel. An den Brechungspunkten des Verkehrs gehören aber auch geeignete Umschlagsmittel dazu, um die Güter von einem Verkehrsmittel auf ein anderes umzuschlagen. Oft müssen die Güter zwischengelagert werden, da nicht alle Güter direkt von einem auf das andere Verkehrsmittel umgeschlagen werden können. Zur Beschleunigung des Umschlags ist oft die Bildung von „Ladeeinheiten"[1] notwendig, damit Umschlagszeiten reduziert werden können.

Am praktischen Beispiel soll der Zusammenhang von Verkehrsmittel, Verkehrsweg, Verkehrsträger, Umschlagsmittel, Bildung von Ladeeinheit und Einsatz von Ladehilfsmittel dargestellt werden.

> **Beispiel:**
> Es soll ein Transport von 2 Paletten Mineralwasser à 600 kg nach Japan erfolgen. Abgangsort ist eine Schwarzwaldgemeinde.
> Das Transportgut wird sinnvollerweise mit Lastkraftwagen einer Spedition oder eines Güterkraftverkehrsunternehmers abgeholt, auf einen Wechselaufbau umgeschlagen (eventuell kurzfristige Zwischenlagerung) und dann entweder auf der Straße oder auf der Schiene in einen Seehafen transportiert. Dort werden die 2 Paletten in einen LCL-Container gestaut, um mit einem Containerschiff zu einem japanischen Löschhafen weitertransportiert zu werden.

Unternehmen folgender **Verkehrsträger** gelangen hier je nach Art des Vorlaufes zum Einsatz:

- Güterkraftverkehr,   • Eisenbahnverkehr,   • Seeverkehr.

Die Transporte finden auf den folgenden **Verkehrswegen** statt:

- Straßen,   • Schienen,   • Meere, Kanäle (Suezkanal),

und zwar mithilfe der **Verkehrsmittel**:

- Lastkraftwagen,   • Eisenbahn,   • Seeschiff.

Das Ladehilfsmittel „Palette" wird eingesetzt, um nicht jeden einzelnen Karton (Packstück) umschlagen zu müssen. Das **Umschlagsmittel** ist beim Versender der Stapler, beim Spediteur eventuell ein Hubwagen, ein Stapler oder ein Niederflurfördersystem. Der Wechselaufbau ist eine **Ladeeinheit**, die entweder auf der Straße oder im kombinierten Verkehr zum Seehafen transportiert wird. Nach dem Umschlag aufs Lager (Puffer) und dem Stauen im Container befindet sich das Gut in der nächsten Ladeeinheit, die mit einer Umschlagsbrücke auf das Seeschiff umgeschlagen wird.

---

[1] *Vgl. R. Jünemann: Materialfluss und Logistik, Springer Verlag*

2   Der Güterkraftverkehr auf der Straße

2.1   Quantitative Beschreibung des Güterkraftverkehrs auf der Straße

Der **Güterkraftverkehr** auf der Straße nimmt seit Ende des 2. Weltkriegs eine zentrale Stellung bei der Beförderung von Gütern sowohl im nationalen als auch im grenzüberschreitenden Verkehr ein. Durchgeführt werden solche Transporte von Unternehmen des gewerblichen Güterkraftverkehrs, aber auch von Speditionen, die im Selbsteintritt nach § 458 HGB Gütertransporte auf der Straße ausführen, sowie von Werkverkehr betreibenden Unternehmen der Industrie, des Handels usw.

Ferner werden auf unserem Straßennetz viele Transporte mit ausländischen Fahrzeugen ausgeführt.

Aus den nachstehenden Tabellen ist die Entwicklung des Tonnageaufkommens/ der tonnenkilometrischen Leistung des Straßengüterverkehrs sowie die Entwicklung der jeweiligen Gesamtverkehrsleistung aller Verkehrsträger als Bezugsgrundlage für die Ermittlung zu berechnender entsprechender Prozentanteile zu ersehen.

Straßengüterverkehr nationale Fahrzeuge	1989 (in Mio. t)	1992 (in Mio. t)	1995 (in Mio. t)	1996 (in Mio. t)	1998 (in Mio. t)	2000 (in Mio. t)	2002 (in Mio. t)	2003 (in Mio. t)	2004 (in Mio. t)	2005 (in Mio. t)
Fernbereich gewerblich	178,4	303,0	345,7	362,2	613,7	703,1	709,7	759,8	799,5	841,9
Fernbereich Werkverkehr	139,3	297,0	283,1	268,2	350,4	374,8	345,6	333,1	328,2	314,6
Nahbereich gewerblich	920,0	1 086,0	1 300,8	1 233,0	892,6	835,8	744,5	767,0	772,5	805,2
Nahbereich Werkverkehr	1 380,0	1 155,0	1 235,7	1 144,9	1 103,6	1 080,1	905,9	868,7	850,3	780,5
Straßengüterverkehr ausländische Fahrzeuge[1]	121,5	158,5	181,7	181,0	236,6	250,5	255,4	265,0	315,5	335,7
Eisenbahn Wagenladung	303,8	358,7	318,2	307,8	308,7	299,1	289,3	303,7	322,0	317,3
Binnenschifffahrt nationale Flotte	105,3	102,9	99,9	92,7	95,7	91,4	84,9	79,9	81,7	81,0
Binnenschifffahrt ausländische Flotte	129,5	127,0	138,0	134,3	140,6	150,8	146,9	140,1	154,2	155,8

Straßengüterverkehr nationale Fahrzeuge	1989 (in Mrd. tkm)	1992 (in Mrd. tkm)	1995 (in Mrd. tkm)	1996 (in Mrd. tkm)	1998 (in Mrd. tkm)	2000 (in Mrd. tkm)	2002 (in Mrd. tkm)	2003 (in Mrd. tkm)	2004 (in Mrd. tkm)	2005 (in Mrd. tkm)
Fernbereich gewerblich	52,6	89,6	102,8	106,0	146,3	164,1	172,4	180,4	191,2	199,0
Fernbereich Werkverkehr	24,8	44,8	42,6	41,9	54,4	56,7	53,5	49,8	49,7	47,2
Nahbereich gewerblich	22,4	36,8	42,3	40,0	14,0	13,5	12,3	12,5	13,0	13,6
Nahbereich Werkverkehr	24,5	28,8	29,5	28,2	16,0	16,3	13,7	13,3	13,0	12,0
Straßengüterverkehr ausländische Fahrzeuge[1]	37,2	52,3	62,5	64,4	85,3	95,7	102,7	107,0	125,7	132,7
Eisenbahn Wagenladung	62,1	69,8	68,8	67,7	74,2	77,5	76,3	79,8	91,9	95,4
Binnenschifffahrt nationale Flotte	25,3	24,7	25,1	23,1	24,0	23,4	22,0	20,1	21,3	21,2
Binnenschifffahrt ausländische Flotte	28,7	32,5	38,9	38,2	40,3	43,1	42,2	38,1	42,4	42,9

Quelle: Verkehr in Zahlen 2006/2007, DIW Berlin, S. 230 f.

---

[1] Auch Nahbereich

22

Die in den Tabellen aufgezeigten Verkehrsleistungen wurden auf dem **Straßennetz der Bundesrepublik Deutschland** erbracht:

	1991	1994	1997	2000	2003	2004
Bundesautobahnen	10 955	11 143	11 309	11 712	12 044	12 174
Bundesstraßen	42 100	41 800	41 400	41 300	41 100	41 000
Landesstraßen	84 900	86 500	86 800	86 800	86 800	86 700
Kreisstraßen	88 300	89 200	91 500	91 000	91 400	91 600

Quelle: Verkehrswirtschaftliche Zahlen 2003/2004, BGL

Zu diesem Straßennetz von insgesamt 221 474 km treten noch rund 413 000 km an Gemeindestraßen hinzu, sodass das Straßennetz – ohne Privatstraßen – eine Netzlänge von rund 643 474 km aufweist.

Eingebettet ist dieses Straßennetz in ein **gesamteuropäisches Netz**, dessen Hauptverbindungen einmal von West nach Ost, zum anderen von Nord nach Süd verlaufen. Stellvertretend seien aus dem Hauptraster des europäischen Straßennetzes **zwei Europastraßen** herausgegriffen[1].

Richtung West-Ost
E 40: Calais–Oostende–Gent–Bruxelles–Liège–Aachen–Köln–Olpe–Gießen–Bad Hersfeld–Herleshausen–Eisenach–Erfurt–Gera–Chemnitz–Dresden–Görlitz–Legnica–Wroclaw–Opole–Gliwice–Kraków–Przemysl–Lvov–Rovno–Zhitomir–Kiev–Kharkov–Rostov na Donu.
Richtung Nord-Süd
E 35: Amsterdam–Utrecht–Arnheim–Emmerich–Oberhausen–Köln–Frankfurt/M.–Heidelberg–Karlsruhe–Offenburg–Basel–Olten–Luzern–Altdorf–S.   Gottardo–Bellinzona–Lugano–Chiasso–Como–Milano–Piacenza–Parma–Modena–Firenze–Arezzo–Roma.

Der Bund, die Länder, Kreise und Gemeinden müssen für den Ausbau und Unterhalt dieses breit gefächerten Straßennetzes aufkommen. So waren folgende Mittel für den Ausbau und Unterhalt des Straßennetzes notwendig:

Jahr	Brutto-Anlageinvestitionen in Mio. EUR zu Preisen vom Jahr 2000	
	für gesamtes Straßennetz	**für Fernstraßen**
1991	11 679	3 696
1992	13 518	4 642
1993	10 990	4 056
1994	10 858	4 092
1995	9 962	4 169
1996	11 142	3 967
1997	10 964	4 050
1998	10 993	4 183
1999	11 346	4 156
2000	11 967	3 916
2001	11 501	4 333
2002	11 074	4 428
2003	11 685	4 514
2004	11 952	5 126
2005	11 899	4 919

Quelle: Bundesminister für Verkehr (Hrsg.): Verkehr in Zahlen, Jahrgang 2006/2007, S. 32/33

---

[1] *nach: Aral Verkehrstaschenbuch, B 184, B 187*

Grundlage der Straßenbaufinanzierung sind u. a. das Verkehrsfinanzgesetz aus dem Jahre 1955, das Straßenbaufinanzierungsgesetz von 1960, das Mineralölsteuerumstellungsgesetz von 1963 und das Verkehrsfinanzgesetz von 1971.

Auf diesem Straßennetz werden die Transporte mithilfe einer Vielzahl von unterschiedlichen Fahrzeugen ausgeführt. Eine **Differenzierung der Fahrzeuge** kann u. a. anhand folgender Merkmalsausprägungen vorgenommen werden:

- **nach der Nutzlast (NL) der Fahrzeuge**
  Eine mögliche Einteilung ist hier z. B.:

bei Lastkraftwagen	bei Anhängern	bei Sattelanhängern (= Auflieger)
bis 6,9 t	bis 7,9 t	bis 11,9 t
7,0 bis 7,9 t	8,0 bis 12,9 t	12,0 bis 17,9 t
8,0 bis 9,9 t	13,0 bis 15,9 t	18,0 bis 19,9 t
10,0 und mehr	16,0 und mehr	20,0 und mehr

- **nach der Aufbauart**
  Hier unterscheidet man zunächst zwei **Hauptgruppen**, denen die einzelnen **Untergruppen** zugeordnet sind:

Normalaufbauten	Spezialaufbauten
• Plattform • offener Kasten ohne Plane und Spriegel • offener Kasten mit Plane und Spriegel (am meisten eingesetztes Fahrzeug!) • geschlossener Kasten • Kasten mit Isolierwänden • Isolierwände mit Nass-/Trockeneiskühlung • Isolierwände und maschinelle Kühlung • Isolierwände und Heizausrüstung • geschlossener Kasten mit Belüftungsvorrichtungen • geschlossener Kasten für Möbelbeförderung	• Tankwagen für brennbare Flüssigkeiten • Tankwagen für Milch • Tankwagen für andere flüssige Nahrungs- und Genussmittel • Tankwagen für sonstige Flüssigkeiten • Silofahrzeuge für Nahrungs- und Genussmittel • Silofahrzeuge für andere Staub- und Rieselgüter • sonstige Spezialaufbauten wie z. B. Wechselaufbauten (WAB), Pkw-Transporter, Langmaterial-Transportfahrzeuge, Viehtransporter

Im **Güter- und Werkfernverkehr (GFV/WFV)** wurde folgende Anzahl an Fahrzeugen eingesetzt[1,2]:

	Anzahl von Fahrzeugen		
	insgesamt	davon im	
		Gewerbl. Verk.	Werkverkehr
Lastkraftwagen (alle Aufbauarten), S Z G M	662 624	404 519	258 105
Lkw-Anhänger/Sattelanhänger	449 230	300 567	148 663

[1] *Vgl. Bundesverband des Deutschen Güterfernverkehrs (BDF) e. V.: Verkehrswirtschaftliche Zahlen, Jahrgang 2005/2006, S. 7/19*

[2] *Einen guten Überblick über die Entwicklung der Nutzfahrzeuge bieten die beiden jährlich erscheinenden Nutzfahrzeug-Kataloge: Lastauto/Omnibus von Vereinigte Motor-Verlage GmbH & Co. KG, Stuttgart, und der INUFA-Katalog von der Vogt-Schild AG, Druck und Verlag, Solothurn/Schweiz.*

2.2 Wichtige Rechtsgrundlagen für den Straßengüterverkehr

Der nach dem 2. Weltkrieg engmaschig aufgebaute gesetzliche Reglementierungsrahmen des Verkehrssektors wurde durch unterschiedliche gesetzgeberische Maßnahmen der 90er Jahre aufgelockert, der Verkehrssektor wurde zunehmend **liberalisiert**. Stationen waren hierbei sicherlich die Aufhebung der Tarifbindung (Beginn 1994) sowie die Lockerung der Kabotageverkehre bis zu deren endgültiger Freigabe zum 1. Juli 1998. Auch mit der Privatisierung der DB/DR ist durch das **Eisenbahnneuordnungsgesetz** die Beförderungspflicht auf den Personen- und Reisegepäckverkehr beschränkt und der **Kontrahierungszwang** für Transporte im Güter-, Tier- und Expressverkehr gemäß § 453 HGB aufgehoben worden (vgl. hierzu auch § 10 AEG vom 27. Dez. 1993 i. d. F. vom 8. November 2007).

Damit hat der Gesetzgeber endgültig den Weg der **Deregulierung** des Verkehrsbereiches beschritten, die früher bestehenden **Wettbewerbsregelungen** zwischen den beiden Verkehrsträgern **Straßengüterverkehr** und **Schienengüterverkehr** wurden weitgehend aufgehoben.

Gleichzeitig musste der Gesetzgeber dafür sorgen, dass der Straßengüterverkehr, der seinen Verkehrsweg mit dem Individualverkehr teilen muss, umfassenden Regelungen unterworfen wurde, die dazu dienen, die **Verkehrssicherheit auf dem Straßennetz** zu erhöhen. Letzteres Ziel soll unter anderem durch folgende Vorschriften erreicht werden:

- **Straßenverkehrsgesetz (StVG v. 19. Dez. 1952 – i. d. F. vom 10. Dezember 2007)**

    Es enthält allgemeine Regelungen bezüglich der Fahrerlaubnis, aber auch über Beschaffenheit, Ausrüstung und Prüfung von Kraftfahrzeugen (vgl. § 6 Abs. 1 Nr. 2 StVG).

- **Straßenverkehrsordnung (StVO v. 16. Nov. 1970 – i. d. F. vom 28. November 2007)**

    Sie enthält allgemeine Verkehrsregeln, Regeln über Verkehrszeichen, aber auch Regelungen zu Spezialtransporten, die gemäß § 29 Abs. 3 StVO zu einer übermäßigen Straßenbenutzung führen, weil Abmessungen, Achslasten oder Gesamtgewichte die gesetzlich allgemein zugelassenen Grenzen (siehe §§ 32, 34 StVZO) der Fahrzeuge oder Fahrzeugkombinationen tatsächlich überschreiten. Diese Fahrzeuge bedürfen einer Ausnahmegenehmigung nach § 70 StVZO. Die Erlaubnis darf nur erteilt werden, wenn folgende Ladungsarten befördert werden:

    - eine **unteilbare** Ladung, d. h. eine Zerlegung der Ladung ist aus technischen Gründen unmöglich (z. B. Betonträger 18 m lang, 32 t) oder sie würde unzumutbare Kosten verursachen.
    - eine aus 2 Teilen bestehende Ladung, wenn die Teile aus Festigkeitsgründen nicht als Einzelstücke befördert werden können und diese unteilbar sind.
    - Zubehör zu unteilbaren Ladungen; es darf jedoch 10 % des Gesamtgewichtes der Ladung nicht überschreiten und muss im Begleitpapier als solches genau beschrieben sein.

- **Straßenverkehrs-Zulassungs-Ordnung (StVZO vom 15. Nov. 1974 – i. d. F. vom 22. Januar 2008)**

    Sie enthält sehr differenzierte Regelungen über die Zulassung von Kfz sowie über deren Bau- und Betriebsvorschriften. Ferner enthält sie in der Anlage VIII in Verbindung mit Anlage VIII a zum § 29, 1 Satz 1 StVZO die für die Straßengüterverkehr betreibenden Unternehmen so wichtigen Regelungen über die notwendigen Untersuchungen der Fahrzeuge, weil diese ggfs. ein Herausziehen des jeweiligen Fahrzeuges aus dem Betriebsablauf erforderlich machen, was zu Ausfallzeiten und somit zu

Mindereinnahmen führt. Bei der Planung der Einsatztage von Lastkraftwagen müssten sie dann berücksichtigt werden, um die Kosten pro Einsatztag berechnen zu können.

* **Gesetz über die Erhebung von streckenbezogenen Gebühren für die Benutzung von Bundesautobahnen mit schweren Nutzfahrzeugen (Autobahnmautgesetz für schwere Nutzfahrzeuge – ABMG i. d. F. vom 17. August 2007)**

  Dieses Gesetz regelt die Erhebungsart der **entfernungsabhängigen** Maut. Die Verordnung zur Festsetzung der Höhe der Autobahnmaut für schwere Nutzfahrzeuge (**Mauthöheverordnung – MautHV** i. d. F. vom 17. August 2007) regelt die Höhe der Maut, die ab dem 1. Januar 2005, 00:00 Uhr gemäß § 12 ABMG den betroffenen Nutzern der BAB berechnet wird. Nutzfahrzeuge mit einem zulässigen Gesamtgewicht < 12 t sind damit in Deutschland nicht mautpflichtig (vgl. § 1, 1 ABMG), im Unterschied zu unseren beiden Nachbarstaaten Österreich und Schweiz, wo bereits Nutzfahrzeuge mit einem GG > 3,5 t mautpflichtig sind. Ob die Fahrzeuge auf den Bundesautobahnen im beladenen oder leeren Zustand fahren, spielt für die Erhebung der Maut keine Rolle.
  Befreiungen von der Maut sind in § 1, 2 ABMG geregelt.

2.2.1   Das Autobahnmautgesetz

Durch die genannten Änderungen des Mautgesetzes im August 2007 sowie durch beabsichtigte Änderungen derselben im Jahre 2009 ergeben sich für alle Nutzer der mautpflichtigen Verkehrswege höhere Belastungen.

Zunächst soll die Lkw-Maut-Verordnung vom 24. Juni 2003 dahingehend geändert werden, dass im § 9, 2 Lkw-MautV die Nummern 1 bis 4 durch die Nummern 1 bis 6 ersetzt werden, die folgenden Inhalt haben:

1. der Schadstoffklasse S5 bei erstmaliger Zulassung nach dem 30. September 2009,
2. der Schadstoffklasse S4 bei erstmaliger Zulassung nach dem 30. September 2006 und vor dem 1. Oktober 2009,
3. der Schadstoffklasse S3 bei erstmaliger Zulassung nach dem 30. September 2001 und vor dem 1. Oktober 2006,
4. der Schadstoffklasse S2 bei erstmaliger Zulassung nach dem 30. September 1996 und vor dem 1. Oktober 2001,
5. der Schadstoffklasse S1 bei erstmaliger Zulassung nach dem 30. September 1993 und vor dem 1. Oktober 1996,
6. keiner Schadstoffklasse bei erstmaliger Zulassung vor dem 1. Oktober 1993

Insgesamt werden die schweren Nutzfahrzeugen zukünftig nicht mehr 3 Kategorien A, B, C zugeordnet wie für die Zeit vom 01.10.2006 bis 30.09.2009

Kategorie	Schadstoffklasse
A	EURO5 (S5) und EEV KLasse 1[1]
B	EURO4 und EURO3
C	EURO2, EURO1 und Fahrzeuge, die keiner Schadstoffklasse angehören

sondern folgenden 4 Kategorien (seit 1. Januar 2009):

---

[1]   *siehe hierzu auch die umfangreiche Anlage XXVII zur StVZO n. F.*

Kategorie	Schadstoffklasse
A	EEV Klasse 1 und EURO5 (S5) bis 30.09.2009, dann S5 in B
B	S4 und S3, die der Partikelminderungsklasse PMK2 oder höher angehören[1]
C	S3 und S2, die der Partikelminderungsklasse PMK1 oder höher angehören[1]
D	S2, S1 und Fahrzeuge, die keiner Schadstoffklasse angehören.

Auf diesem Hintergrund ergeben sich folgende Mautsätze:

Kategorie	Fahrzeuge			
	mit bis zu 3 Achsen		mit 4 Achsen oder mehr	
	vom 01.10.2008 – 31.12.2008	ab 01.01.2009	vom 01.10.2008 – 31.12.2008	ab 01.01.2009
A	0,0965	0,141	0,1065	0,155
B	0,1165	0,169	0,1265	0,183
C	0,1365	0,190	0,1465	0,204
D		0,274		0,288

Weiteres Kriterium für die Höhe der Maut neben Achsenzahl und Schadstoffklasse ist die auf der Autobahn und gemäß § 1, 4 ABMG festgelegten Bundesstraßen zurückgelegte Entfernung.
Mautfreie Autobahnabschnitte sind in § 1, 3 Nr. 1, 2 ABMG festgelegt.

Bei einer mautpflichtigen Strecke von 480 km muss ein Fahrzeug Kl. S5 mit 4 Achsen folgende Mautbeträge zahlen:

ab	01.10.2008	01.01.2009	01.10.2009
	51,12 EUR	74,40 EUR	87,84 EUR

Somit erhöht sich die Maut
vom 01.10.2008 nach   3 Monaten um 45,54 %
vom 01.10.2008 nach 12 Monaten um 71,83 %

Sollte das Fahrzeug in einem Systemverkehr an 240 Einsatztagen diese Strecke täglich zurücklegen, beträgt die Maut

vom 01.10.2008 – 31.12.2008	für 60 Tage	3 067,20 EUR
vom 01.09.2009 – 30.09.2009	für 180 Tage	13 392,00 EUR
vom 01.10.2009 – 30.09.2010	für 240 Tage	21 081,60 EUR

Mautschuldner sind gemäß § 2 ABMG entweder der Eigentümer oder Halter des Motorfahrzeuges, derjenige, der über den Gebrauch des Motorfahrzeuges bestimmt (z. B. Disponent) oder derjenige, der das Motorfahrzeug führt.

2.2.2   Das Mautbezahlsystem

Die Zahlung der Maut kann auf unterschiedliche Arten erfolgen:

- falls eine **automatische Einbuchung** erfolgt, die nur für registrierte Nutzer (Registrierung mit Formular bei TC; Formular unter www.toll-collect.de bereitgestellt) möglich

---

[1]   *siehe hierzu auch die umfangreiche Anlage XXVII zur StVZO n. F.*

ist, wird dem Benutzer von TC ein Benutzerkonto eröffnet und ihm eine Benutzernummer mitgeteilt. Ferner erhält jeder Benutzer für jedes registrierte Fahrzeug eine Fahrzeugkarte, auf der folgende Inhalte hinterlegt sind:

– Schadstoffklasse
– Achsenzahl
– amtliches Kennzeichen der Zugmaschine (Motorwagen)

Zu der Fahrzeugkarte erhält der Benutzer eine Identifikationsnummer (sog. Karten-PIN).

Mit dieser Fahrzeugkarte kann eine **manuelle Buchung** an Mautautomaten vorgenommen werden. Der Fahrer muss nun am Mautautomat nur noch die Achsenzahl eingeben. Danach ist der **Gültigkeitsbeginn** einzugeben, d. h. die Zeit der voraussichtlichen Auffahrt auf die mautpflichtige Autobahn oder Bundesfernstraße. Der Fahrer sollte hierbei folgendes berücksichtigen:

– er sollte möglichst nahe der Autobahn die manuelle Buchung vornehmen, damit er am Terminal auch die Zeit richtig eingeben kann, ab der die mautpflichtige Straße befahren wird, da der Name der Autobahnauffahrt ebenfalls eingegeben werden muss.
– der Fahrer muss wissen, dass der Mautautomat ein Zeitfenster berechnet, innerhalb dessen der gebuchte Streckenabschnitt zu verlassen ist (Zielausfahrt ist somit ebenfalls anzugeben). Somit ist zu prüfen, ob innerhalb des Zeitfensters z. B. eine fraktionierte Ruhezeit eingelegt werden kann.

Beispiel:
Ein gechartertes Fahrzeug übernimmt an einem Ort „A" eine Ladung Papier in Rollen. Innerhalb der letzten 8 Stunden hat der Fahrer 6 Std. Lenkzeit, 0,75 Std. Lenkzeitunterbrechung und 1,25 Std. für Beladung und Ladungssicherung verbracht. Die nächste Autobahnausfahrt befindet sich in 12 km Entfernung, die Zielausfahrt ab dort in einer Entfernung von 426 km. Diese Strecke sollte er in 13 Std. bewältigt haben. Da er nach 3 Std. eine fraktionierte Ruhezeit von 3 Std. einlegen muss, hat er noch 7 Std. Zeit, um die Ausfahrt zu erreichen. Bei fraktionierten Ruhezeiten müssen innerhalb von 24 Std. jedoch insgesamt 12 Std. Ruhezeit eingelegt werden, also noch weitere 9 Std. Somit kann der Fahrer nach den 3 Std. Ruhezeit nur noch 1 Std. am Lenkrad verbringen, was nicht ausreichend ist, um die Zielausfahrt zu erreichen.

Der Fahrer müsste somit eine Teilstornierung des Tickets innerhalb des Zeitfensters vornehmen und ab diesem Standort ein neues Ticket lösen, um den gesetzlichen Vorschriften zu genügen.

Die Zahlung kann entweder über das **Log-Pay-Verfahren** (= Lastschriftverfahren), ein **Tankkartenverfahren** oder über ein **Guthabenkonto** abgewickelt werden. Dieses Verfahren setzt ein sog. **On-Board-Unit (OBU)** voraus, das dem Netzbetreiber ermöglicht, die Streckendaten zu bestimmen und damit die Maut monatlich dem Bankkonto des Nutzers z. B. zu belasten.

● **manuelle Einbuchung über das Internet**
  Auch hier muss man registrierter Nutzer sein. Es können die gleichen Zahlungsverfahren wie bei der automatischen Einbuchung angewandt werden.

● die **manuelle Einbuchung an einem Mautstellen-Terminal**
  Diese Zahlungsart können sowohl registrierte als auch nicht registrierte Nutzer in Anspruch nehmen. Nicht registrierte Nutzer können entweder mit EC-Karte, Kreditkarte, Tankkarte oder bar bezahlen.

2.2.3 Das Arbeitszeitgesetz

Eine zweite wichtige Gruppe von Gesetzen regelt die Arbeitszeit der Kraftfahrer sowie die möglichen Einsatzzeiten der Kraftfahrzeuge.

Grundlage hierfür ist das **Arbeitszeitgesetz** i. d. F. vom 31.10.2006, das u. a. auch grundlegende Begriffe wie Nachtzeit, Nachtarbeit und Nachtarbeitnehmer definiert. Für die Beschäftigten im Straßentransport – hier Fahrer und Beifahrer – wurde mit dem § 21 a ArbZG, die Vorschriften für die Beschäftigung der genannten Personengruppen der VO(EG) Nr. 561/2006 angepasst.

In § 21 a, 2 ArbZG ist der Zeitumfang einer Arbeitswoche eindeutig definiert (Montag 00.00 Uhr bis Samstag 24.00 Uhr). Ferner ist festgelegt, was nicht als Arbeitszeit angerechnet wird. Es sind dies:

- die Zeit, während derer sich ein Arbeitnehmer am Arbeitsplatz bereithalten muss, um seine Tätigkeit aufzunehmen,
- die Zeit, während derer sich ein Arbeitnehmer bereithalten muss, um seine Tätigkeit auf Anweisung aufnehmen zu können, ohne sich an seinem Arbeitsplatz aufhalten zu müssen,
- für Arbeitnehmer, die sich beim Fahren abwechseln, die während der Fahrt neben dem Fahrer oder in einer Schlafkabine verbrachte Zeit.

Die beiden zuerst genannten Bereitschaftszeiten gelten nur dann als solche, wenn der Zeitraum und dessen voraussichtliche Dauer im Voraus, spätestens unmittelbar vor Beginn des betreffenden Zeitraums, bestimmt ist.

Die Arbeitszeit darf **wöchentlich 48 Stunden** nicht überschreiten. Sie kann auf bis zu 60 Stunden verlängert werden, wenn innerhalb von 4 Kalendermonaten oder 16 Wochen im Durchschnitt 48 Stunden wöchentlich nicht überschritten werden.

Grundsätzlich ist hierbei zu beachten, dass gemäß § 3 FPersG i. d. F. vom 6. Juli 2007 Mitglieder des Fahrpersonals als Arbeitnehmer **nicht** nach den **zurückgelegten Fahrstrecken** oder der **Menge der beförderten Güter** entlohnt werden, auch nicht in Form von **Prämien oder Zuschlägen** für diese Fahrstrecken oder Gütermengen.

Für die **Arbeitszeiten** des Fahrpersonals sind folgende Vorschriften zu beachten[1]:

	Nationale Vorschriften ArbZG i. d. F. vom 31.10.2006	EG-Regelung VO (EWG) Nr. 561/2006 und 3821/85 „EU-Sozialvorschriften"	AETR-Regelung Europäisches Übereinkommen über die Arbeit des im internationalen Straßenverkehr beschäftigten Fahrpersonals
Geltungsbereich (räumlich und sachlich)	gilt in Deutschland für Fahrzeuge (außer Pkw) von mehr als 2,8 t bis 3,5 t zulässiges Gesamtgewicht inkl. Anhänger oder Sattelanhänger	gilt für Beförderungen in Mitgliedsstaaten der EU und zwischen EU-Staaten für Fahrzeuge mit oder ohne Anhänger/Sattelanhänger über 3,5 t Nutzlast	Beförderung zwischen AETR-Staaten mit Fahrzeugen
Mindestalter Fahrer	18 Jahre	bis 7,5 t: 18 Jahre über 7,5 t: 21 Jahre	bis 7,5 t: 18 Jahre über 7,5 t: 21 Jahre
Lenkzeit täglich	9 Std. 2 x wöchentlich 10 Std.	9 Std. 2 x wöchentlich 10 Std.	9 Std. 2 x wöchentlich 10 Std.
Doppelwoche	90 Std.	90 Std.	90 Std. 90 Std.

---
[1] *Arbeitszeitgesetz (ArbZG)*
Fahrpersonalgesetz (FPerG)
Verordnung zur Durchführung des FPerG (FPersV) i. d. F. vom 22. Januar 2008

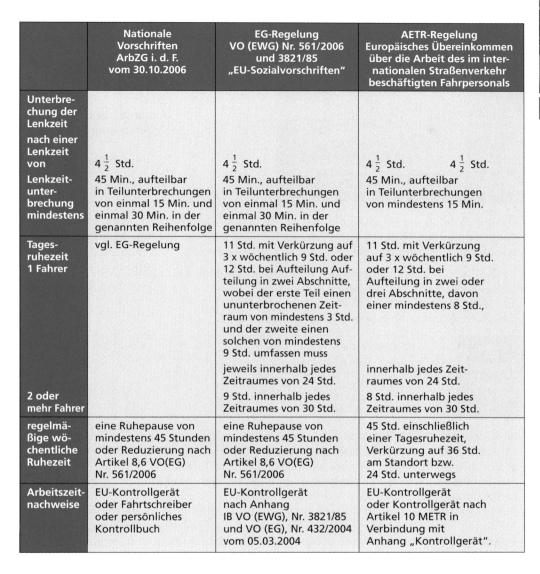

	Nationale Vorschriften ArbZG i. d. F. vom 30.10.2006	EG-Regelung VO (EWG) Nr. 561/2006 und 3821/85 „EU-Sozialvorschriften"	AETR-Regelung Europäisches Übereinkommen über die Arbeit des im internationalen Straßenverkehr beschäftigten Fahrpersonals	
Unterbrechung der Lenkzeit nach einer Lenkzeit von	$4\frac{1}{2}$ Std.	$4\frac{1}{2}$ Std.	$4\frac{1}{2}$ Std.	$4\frac{1}{2}$ Std.
Lenkzeitunterbrechung mindestens	45 Min., aufteilbar in Teilunterbrechungen von einmal 15 Min. und einmal 30 Min. in der genannten Reihenfolge	45 Min., aufteilbar in Teilunterbrechungen von einmal 15 Min. und einmal 30 Min. in der genannten Reihenfolge	45 Min., aufteilbar in Teilunterbrechungen von mindestens 15 Min.	
Tagesruhezeit 1 Fahrer	vgl. EG-Regelung	11 Std. mit Verkürzung auf 3 x wöchentlich 9 Std. oder 12 Std. bei Aufteilung Aufteilung in zwei Abschnitte, wobei der erste Teil einen ununterbrochenen Zeitraum von mindestens 3 Std. und der zweite einen solchen von mindestens 9 Std. umfassen muss	11 Std. mit Verkürzung auf 3 x wöchentlich 9 Std. oder 12 Std. bei Aufteilung in zwei oder drei Abschnitte, davon einer mindestens 8 Std.,	
		jeweils innerhalb jedes Zeitraumes von 24 Std.	innerhalb jedes Zeitraumes von 24 Std.	
2 oder mehr Fahrer		9 Std. innerhalb jedes Zeitraumes von 30 Std.	8 Std. innerhalb jedes Zeitraumes von 30 Std.	
regelmäßige wöchentliche Ruhezeit	eine Ruhepause von mindestens 45 Stunden oder Reduzierung nach Artikel 8,6 VO(EG) Nr. 561/2006	eine Ruhepause von mindestens 45 Stunden oder Reduzierung nach Artikel 8,6 VO(EG) Nr. 561/2006	45 Std. einschließlich einer Tagesruhezeit, Verkürzung auf 36 Std. am Standort bzw. 24 Std. unterwegs	
Arbeitszeitnachweise	EU-Kontrollgerät oder Fahrtschreiber oder persönliches Kontrollbuch	EU-Kontrollgerät nach Anhang IB VO (EWG), Nr. 3821/85 und VO (EG), Nr. 432/2004 vom 05.03.2004	EU-Kontrollgerät oder Kontrollgerät nach Artikel 10 METR in Verbindung mit Anhang „Kontrollgerät".	

2.2.4 Fahrzeuguntersuchungen und technische Daten der Fahrzeuge

Bezüglich der **Fahrzeuguntersuchungen** § 29, 1 StVZO sowie Anlage VIII gelten folgende Regelungen:

	Hauptuntersuchung	Sicherheitsprüfung
	Monate	Monate
1. Lastkraftwagen, Zugmaschinen		
a) GG ≤ 3,5 t	24	–
b) 3,5 t < GG ≤ 7,5 t	12	–
c) 7,5 t < GG ≤ 12 t		
Bei erstmals in den Verkehr gekommenen Lkw in den ersten 36 Monaten für die	12	
weitere Untersuchungen	12	6

	Hauptuntersuchung	Sicherheitsprüfung
	Monate	Monate
d) GG > 12 t bei erstmals in den Verkehr gekommenen Lkw in den ersten 12 Monaten . . . . für die weiteren Untersuchungen	12 12	– 6
2. Anhänger a) Anhänger mit einem GG ≤ 3,5 t . . . . b) mit 3,5 t < GG ≤ 10 t . . . . c) mit GG > 10 t bei erstmals in den Verkehr gekommenen Anhängern in den ersten 24 Monaten . . . . für die weiteren Untersuchungen	24 12 12 12	– – – 6

Für den Bereich der EU gibt es eine entsprechende Vorschrift, d. h. eine Richtlinie zur Angleichung der Rechtsvorschriften der Mitgliedsstaaten über die technische Überwachung der Kraftfahrzeuge und Kraftfahrzeuganhänger.

Die höchstzulässigen Abmessungen und Gesamtgewichte der Fahrzeuge wurden ebenfalls einer einheitlichen Regelung unterworfen, zuletzt in der Richtlinie des Rates vom 25. Juli 1996 (96/53/EG), i. d. F. vom 18. Februar 2002.
Die höchstzulässigen **Abmessungen** sind demnach:

• **Höhe:**	4,00 m (Regelfall)
• **Breite:**	2,55 m (2,60 m bei Kühlfahrzeugen)
• **Länge:**	12,00 m für Motorwagen oder Anhänger 16,50 m für Sattelzüge 18,75 m für Lastzüge

Bei Lastzügen von 18,75 m und bei Sattelkraftfahrzeugen von 16,50 m zulässiger Länge ist zu beachten, dass die Gesamtladelänge von 15,65 m nicht überschritten wird und der größte Abstand zwischen dem vordersten äußeren Punkt der Ladefläche hinter dem Führerhaus des Lkw und dem hintersten äußeren Punkt der Ladefläche des Anhängers der Fahrzeugkombination 16,40 m nicht überschreitet.
Beim Sattelkraftfahrzeug ist die genannte Länge nur zulässig, wenn die höchstzulässigen Teillängen des Sattelanhängers (von der Achse des Zugsattelzapfens bis zur hinteren Begrenzung 12,00 m, der vordere Überhangradius von 2,04 m) nicht überschritten werden.[1]

Zunehmende Bedeutung nach dem Wegfall der Tarife hat die bestmögliche Nutzung der Ladeflächen von Last- und Sattelzügen erreicht. Die verschiedenen Stellplatzkapazitäten von Euro-Paletten auf einer Ladeebene sind nachstehend für verschiedene Fahrzeugtypen dargestellt.

---

[1] *Derzeit wird im Land Niedersachen der Versuch durchgeführt (bis Ende Juli 2007), auf bestimmten Straßen Fahrzeuge mit einer Gesamtlänge von 25,25 m, sog. „**Gigaliner**", zu testen. Allerdings darf in der Testphase das zulässige Gesamtgewicht von 40 t nicht überschritten werden (Sattelzug + Anhänger mit Tandemachse). Somit sind diese Fahrzeuge in der Lage, große Ladevolumina (rd. 150 m³) zu befördern. Möglich wären bei solchen Fahrzeugkombinationen Gesamtgewichte bis zu 60 t. Ein flächendeckender Einsatz solcher Fahrzeuge ist jedoch wegen der Straßenführungen, insbesondere innerorts, nicht möglich, sodass ein Umschlag auf kleinere Einheiten notwendig ist, um die Fläche bedienen zu können.*

Last- und Sattelzüge[1]

Klassischer 3 + 2-Anhängerzug

- 2 x 7,15-m-Wechselaufbauten nach BDF-Norm
- Lastzug mit Drehschemelanhänger
- Aufbautenabstand 1,5 m
- Normalkupplung
- Platz für Fahrerhaus bis 2,55 m

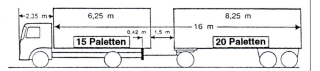

+ Kombination ohne technische Besonderheiten	– nur 34 Paletten
+ Normalkupplung, sicherer Aufbautenabstand	– ungleiche Flächenbelastung der gleich großen Behälter:
+ 2 gleich große Norm-Ladungsbehälter	bei 24 + 16 t: ca. 15 200 kg + 8 200 kg
+ im Winter Anfahrhilfe durch Nachlaufachse entlasten	bei 22 + 18 t: ca. 13 200 kg + 10 200 kg
+ viel Platz fürs Fahrerhaus	– fünfte Achse am kurzlebigeren Motorwagen

Klassischer 2 + 3-Anhängerzug

- Lastzug mit Drehschemelanhänger
- Aufbauten-Abstand 1,5 m
- Ladelängen 6,25 + 8,25 m

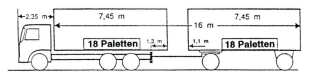

+ herkömmliche Kombination ohne Besonderheiten	– keine Norm-Wechselbehälter
+ normale Kupplung, sicherer Aufbautenabstand	– keine Traktionserhöhung durch Liftachse möglich
+ gleiche Ladeflächenbelastung auf Lkw und Anhänger	
+ fünfte Achse sitzt am langlebigeren Anhänger	

7,45er-WAB-Anhängerzug

- 2 x 7,45-m-Wechselaufbauten
- Anhängerzug mit Drehschemeranhänger
- Aufbautenabstand 1,1 m, Anhänger tief untergekuppelt
- Platz für Fahrerhaus bis 2,35 m

---

[1] *Diese Konfiguration kann auch auf Lastzuglängen von 18,75 m übertragen werden, wenn die maximale Ladefläche von 15,65 m beibehalten wird.*

32

+ herkömmliche Kombination, nur Kupplung vorverlegt
+ keine wartungs-/verschleißträchtige Kurzkupplung nötig
+ vorhandene Anhänger (evtl. längere Deichsel)
+ 2 gleich große Ladungsbehälter
+ im Winter Anfahrhilfe durch Nachlaufachse entlasten

– fünfte Achse am kurzlebigeren Motorwagen
– ungleiche Flächenbelastung bei Lkw und Anhänger
– Anhängerkupplung am Motorwagen tief untergekuppelt (Zugänglichkeit, Kompatibilität)

7,82er-WAB-Anhängerzug

• 2 x 7,82-m-Wechselaufbauten
• Gliederzug mit tiefgekuppeltem Zentralachsanhänger
• Aufbauabstand 36 oder 76 cm
• Kurzkupplung mit Längsausschub
• Platz für Fahrerhaus bis 2,35 m

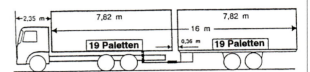

+ größtmögliche Ladefläche für 38 Euro-Paletten
+ 2 gleich große, kompatible Wechselaufbauten
+ leicht zu rangierender Zentralachsanhänger

– extrem kurzer Aufbauabstand mit Berührungsgefahr
– aufwendige, verschleißanfällige Kurzkupplung
– eventuell fahrdynamische Probleme
– Anhängerstützlast reagiert auf Teilentladung empfindlich
– ungleiche Flächenbelastung von Lkw und Anhänger

EG-Sattelzug 16,5 m

• Sattelzug mit langem Auflieger
• Platz für Fahrerhaus bis 2,46 m
• ungeteilte Ladelänge 13,6 m
• Königszapfen 12 m vom Ladeflächenende

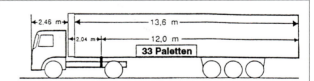

+ genormter Ladungsbehälter mit hoher Kompatibilität
+ durchgehende Ladefläche
+ viel Platz fürs Fahrerhaus
+ Aufbau bleibt bei Ausmusterung des Antriebsteils erhalten
+ komplett als Wechselbehälter verwendbar
+ leicht zu rangieren
+ für RoRo-Verkehr geeignet

– nur 33/34 Paletten Ladekapazität entsprechend dem technischen Aufbau
– weniger Fahrkomfort als beim Hängerzug

Quelle: Hessischer Verkehrsspiegel, Heft 5

2.2.5 Der Fahrzeugeinsatz

Der **Fahrzeugeinsatz** selbst ist durch zwei Regelungen bestimmt:

- dem **Fahrverbot an Sonn- und Feiertagen**, das sich aus § 30 Abs. 3 StVO ergibt. Danach dürfen Lkw mit einem zulässigen Gesamtgewicht über 7,5 t sowie Anhänger hinter Lkw in der Zeit von 00:00 bis 22:00 Uhr nicht verkehren. Folgende Befreiungen gelten hierzu:

  - Fahrten vom Versender bis zum nächstgelegenen geeigneten Verladebahnhof oder vom nächstgelegenen geeigneten Entladebahnhof bis zum Empfänger, falls der Transport im kombinierten Güterverkehr Schiene–Straße abgewickelt wird und der Ver- bzw. Entladebahnhof max. 200 km entfernt liegt.
  - Kombinierter Güterverkehr Hafen–Straße zwischen Belade- und Entladestelle und einem innerhalb eines Umkreises von höchstens 150 Kilometern gelegenen Hafen (An- oder Abfuhr).
  - Transporte von Frischmilch, frischem Fleisch, frischen und lebenden Fischen.
  - Transporte von leicht verderblichem Obst und Gemüse.
  - Leerfahrten, die im Zusammenhang mit den vorstehend genannten Transporten anfallen.

- der sog. **Ferienreiseverordnung** vom 13. Mai 1985 i. d. F. vom 19. Juni 2007; nach der Bestimmung des § 1 Abs. 1 dieser Verordnung dürfen Lkw mit einem zulässigen Gesamtgewicht über 7,5 t sowie Anhänger hinter Lkw in der Zeit vom 1. Juli bis 31. August an Samstagen in der Zeit zwischen 07:00 Uhr und 20:00 Uhr nicht auf bestimmten Bundesautobahnstrecken und Bundesfernstraßen verkehren (vgl. § 1, 2 Ferienreiseverordnung).

Um diese Vielzahl von Beschränkungen der Fahrzeit, sowohl des Fahrzeuges als auch der Kraftfahrer, überwachen zu können, wurde der Einbau eines Kontrollgerätes für alle Kraftfahrzeuge zur Güterbeförderung mit einem zulässigen Gesamtgewicht von mehr als 3,5 t zwingend vorgeschrieben; vgl. hierzu Artikel 2, 1 a VO(EG) 561/2006 sowie Artikel 3 VO (EWG) 3821/85 der Verordnung des Rates über das Kontrollgerät im Straßenverkehr.

Man beschloss in der EU die Einführung des **digitalen Tachografensystems**, indem man an die VO (EWG) 3821/85 u. a. einen Anhang Ib anfügte, der durch die Verordnung zur Durchführung des Fahrpersonalgesetzes **(Fahrpersonalverordnung – FpersV i. d. F. vom 22. Januar 2008)** in nationales Recht übernommen wurde. Um den digitalen Tachografen einzuführen, musste eine Organisationsstruktur geschaffen werden, deren wichtigste Institutionen sind:

- Die **D-Member State Authority** – **D-MSA**; hier das BMV als Aufsichtsbehörde des Mitgliedstaates
- Die **D-Certification Authority** – **D-CA**, die deutsche Zertifizierungsstelle (Kraftfahrzeug-Bundesamt)
- Den sog. **D-Card Issueing Authorities** – **D-CIA's**, den Behörden oder Stellen für die Kontrollgerätkartenausgabe.

Ferner ist noch der sog. **D-CP** (= Kartenpersonalisierer) in diese Organisationsstruktur eingebunden, der innerhalb seines Einflussbereiches dafür zu sorgen hat, dass nur solche Karten ausgeliefert werden, bei denen die optische und logische Personalisierung jeweils korrekt auf den Karteninhaber verweisen.

Das einzubauende Kontrollgerät darf gemäß Art. 12,1 VO (EWG) Nr. 3821/85 i. d. F. vom 20. November 2006 nur von Installateuren oder Werkstätten vorgenommen werden, die von den zuständigen Behörden (vgl. vorstehend genannte) der Mitgliedstaaten hierzu zugelassen worden sind.

Auf das Kontrollgerät hat man durch unterschiedliche Karten einen Zugriff. Man unterscheidet hierbei folgende Kartenarten:

- **Werkstattkarte**

Ihre Gültigkeitsdauer beträgt **ein Jahr** (vgl. Art. 12,1 VO (EWG) Nr. 3821/85 sowie § 7, 6 FpersV i. d. F. vom 22. Januar 2008)
Frühestens ein Monat vor Ablauf der Werkstattkarte beginnt die Antragsfrist für eine Folgekarte, spätestens 15 Werktage vor dem Ende des Ablaufs sollte die Folgekarte beantragt sein. Die Werkstattkarte wird dem Unternehmen gegen Empfangsbestätigung ausgehändigt und ist Eigentum des Unternehmens. Die Fachkraft muss die Eignung zur Prüfung von Fahrtenschreibern und Kontrollgeräten gemäß 57 b StVZO nachweisen.

- **Fahrerkarte**

Sie hat eine Gültigkeitsdauer von fünf Jahren (vgl. Art. 14,4a VO (EWG) Nr. 3821/85 sowie § 5, 5 FPersV i. d. F. vom 22. Januar 2008)
Frühestens sechs Monate vor Ablauf der Fahrerkarte beginnt die Antragsfrist für eine entsprechende Folgekarte. Jeder Fahrer darf Inhaber nur einer **einzigen** gültigen Fahrerkarte sein.
Die Benutzung einer defekten oder abgelaufenen Fahrerkarte ist untersagt. Bei Ausstellung einer neuen Fahrerkarte, Beantragung spätestens 15 Werktage vor Ablauf, wird die neue Fahrerkarte die gleiche Ausstellungsnummer aufweisen, der Index derselben wird jedoch um eins erhöht. Die ausstellende Behörde führt ein Verzeichnis der ausgestellten, gestohlenen, verlorenen bzw. defekten Fahrerkarten.
Bei Beschädigung, Fehlfunktion, Verlust oder Diebstahl stellt die ausstellende Behörde binnen fünf Werktagen eine neue Fahrerkarte aus. Die Fahrerkarten werden von den Mitgliedstaaten der EU gegenseitig anerkannt. Nach Ablauf der Gültigkeit der Fahrerkarte ist diese noch mindestens 28 Kalendertage im Fahrzeug mitzuführen.

- **Unternehmenskarte**

Die Gültigkeitsdauer beträgt fünf Jahre (vgl. Anhang Ib zur VO (EWG) Nr. 3821/85, Kapitel I Begriffsbestimmungen)
Diese Karte hat eine Art Schutzfunktion der unternehmensrelevanten Daten (wie z. B. LZ, LZU, RZ) vor dem Zugriff durch Unbefugte.
Mit ihrer Hilfe kann man die im Kontrollgerät abgespeicherten Daten herunterladen, um sie dann weiter auszuwerten und zu bearbeiten. Auch für sie kann frühestens sechs Monate vor Ablauf der Gültigkeit eine Folgekarte beantragt werden.

- **Kontrollkarte**

Ihre Gültigkeitsdauer beträgt ebenfalls fünf Jahre. Sie dient der jeweiligen Kontrollbehörde des jeweiligen Mitgliedstaates, um sog. Kontrollaktivitäten speichern zu können. Dazu gehören u. a.:

- Datum und Uhrzeit der Kontrolle,
- Art der Kontrolle (Anzeige von Daten – z. B. kumulative Lenkzeitunterbrechung – Drucken von Daten, Herunterladen von Daten aus dem Kontrollgerät, Herunterladen von Daten der Fahrerkarte)
- Heruntergeladener Zeitraum
- Amtliches Kennzeichen und zulassender Mitgliedstaat des kontrollierten Fahrzeuges,
- Kartennummer und ausstellender Mitgliedstaat der kontrollierten Fahrerkarte.

Auf der Kontrollkarte selbst müssen Karteninhaber und Kartenkenndaten abgespeichert sein, z. B. Kartennummer, ausstellender Mitgliedsstaat, ausstellende Behörde, Ausstellungsdatum, Name und Anschrift der Kontrollstelle, Name und Vorname(n) des Inhabers, Muttersprache.

Die Einführung des digitalen Tachografen soll Manipulationsmöglichkeiten des Kontrollgerätes erschweren um die Einhaltung der Sozialvorschriften besser überwachen zu können.

Der grundlegende Ordnungsrahmen des Güterkraftverkehrs auf der Straße wurde durch das **Güterkraftverkehrsgesetz** (GüKG) vom 17. Okt. 1952 geschaffen, das am 22. Juni 1998 revidiert wurde und nun i. d. F. vom 19. Juli 2007 vorliegt.

Zusätzlich sind auch nach dem 1. Juli 1998 einige Verordnungen bestehen geblieben, die teilregulierend in das Marktgeschehen eingreifen. Es sind dies u. a.:[1]

- Verordnung über den grenzüberschreitenden Güterkraftverkehr und dem Kabotageverkehr (GüKGrKabotageV) vom 22. Dezmber 1998 i. d. F. vom 31. Oktober 2006,

- Verordnung über den Zugang zum Beruf des Güterkraftverkehrsunternehmers (Berufszugangs-Verordnung GüKG vom 21. Juni 2000 i. d. F. vom 31. Oktober 2006).

---

[1] *Eine Sammlung all dieser Verordnungen findet man in Hein/Eichhoff/Pukall/Krien: Güterkraftverkehrsrecht.*

36

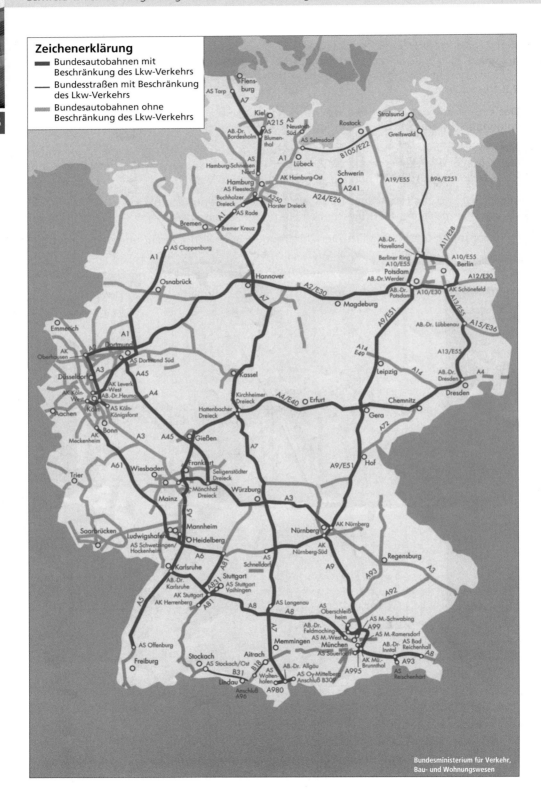

Zeichenerklärung

▬ Bundesautobahnen mit
Beschränkung des Lkw-Verkehrs

— Bundesstraßen mit Beschränkung
des Lkw-Verkehrs

▬ Bundesautobahnen ohne
Beschränkung des Lkw-Verkehrs

Bundesministerium für Verkehr,
Bau- und Wohnungswesen

2.3 Arten des Güterkraftverkehrs auf der Straße

2.3.1 Nationaler Güterkraftverkehr

2.3.1.1 Ordnungsrahmen des Güterkraftverkehrsgesetzes

Das am 1. Juli 1998 in Kraft getretene **GüKG** ist in sechs Abschnitte gegliedert und hat folgende Struktur:

1. Abschnitt:	Allgemeine Vorschriften
2. Abschnitt:	Gewerblicher Güterkraftverkehr
3. Abschnitt:	Werkverkehr
4. Abschnitt:	Bundesamt für Güterverkehr
5. Abschnitt:	Überwachung, Bußgeldvorschriften
6. Abschnitt:	Gebühren und Auslagen, Ermächtigungen, Übergangsregelungen

Begriffliche Abgrenzungen

Nach § 1, 1 GüKG ist die geschäftsmäßige oder entgeltliche Beförderung von Gütern mit Kraftfahrzeugen, die einschließlich Anhänger ein höheres zulässiges Gesamtgewicht als 3,5 t haben, Güterkraftverkehr im Sinne des Gesetzes.

Die Festlegung einer Gewichtsgrenze (3,5 t zulässiges GG), ab der das GüKG gilt, ermöglicht es, auf die bisherigen Regelungen der Ziffern 8 und 28 der Freistellungsverordnung GüKG zu verzichten. Die genannte Gewichtsgrenze bezeichnet man als **Regelungsschwelle**.

Eine weitere Differenzierung in Güternah- und Güterfernverkehr sieht das neue Recht nicht mehr vor, sodass die differenzierten Regelungen zum Standort ebenfalls entfallen.

In § 2 GüKG sind Ausnahmen, d. h. Beförderungen geregelt, die nicht dem GüKG unterworfen sind; u. a. sind dies

- die gelegentliche, nicht gewerbsmäßige Beförderung von Gütern durch Vereine für ihre Mitglieder oder für gemeinnützige Zwecke,
- die Beförderung von Gütern durch Körperschaften, Anstalten und Stiftungen des öffentlichen Rechts im Rahmen ihrer öffentlichen Aufgaben,
- die Beförderung von beschädigten oder reparaturbedürftigen Fahrzeugen aus Gründen der Verkehrssicherheit oder zum Zwecke der Rückführung.

Ferner sind Transporte von medizinischen Geräten, Medikamenten in Notfällen, von Milch und Milcherzeugnissen nach Sammelstellen, bestimmte landwirtschaftliche Transporte z. B. im Rahmen der Nachbarschaftshilfe nicht den Vorschriften dieses Gesetzes unterworfen.

Sollte ein Güterkraftverkehrsunternehmen für den eigenen Bedarf transportieren, z. B. Bauteile aus Fertigbeton für einen Hallenbau, unterliegen diese Transporte ebenfalls nicht den Vorschriften dieses Gesetzes.

Gewerblicher Güterkraftverkehr

Nach § 3, 1 GüKG ist der gewerbliche Güterkraftverkehr **erlaubnispflichtig**. Die Erlaubnis wird erteilt, wenn nach § 3, 2 GüKG folgende Voraussetzungen erfüllt sind:

- Das Unternehmen muss seinen Sitz im Inland haben.
- Der Unternehmer und die zur Führung der Güterkraftverkehrsgeschäfte bestellte Person müssen **zuverlässig** sein.

- Die **finanzielle** Leistungsfähigkeit des Unternehmens muss gewährleistet sein.
- Der Unternehmer oder die zur Führung der Güterkraftverkehrsgeschäfte bestellte Person müssen **fachlich** geeignet sein.
- Bei der Gründung eines Güterkraftverkehrsunternehmens wird die Erlaubnis zunächst auf 5 Jahre erteilt. Sind dann die subjektiven Zulassungsvoraussetzungen immer noch erfüllt, wird diese **unbefristet** erteilt.

Diese sog. **subjektiven** Zulassungsvoraussetzungen (die drei letztgenannten Kriterien der Zuteilungsvoraussetzungen) erhalten wesentliche Präzisierungen durch:

- die **Berufszugangsverordnung** für den Güterkraftverkehr (GBZugV vom 21. Juni 2000 i. d. F. vom 31. Oktober 2006)
- die Richtlinie des Rates (96/26/EG) über den Zugang zum Beruf des Güterkraftverkehrsunternehmers (vgl. Abl. der EG Nr. L 124/1) sowie die Richtlinie 2006/103 EG des Rates vom 20. November 2006.

Das derzeitig geltende deutsche Recht regelt in § 1 Berufszugangsverordnung GüKG die Anspruchskriterien an die **Zuverlässigkeit** des Unternehmers oder der mit der Geschäftsführung beauftragten Person.

Sollten gemäß § 1, 1 GBZugV keine hinreichende Anhaltspunkte vorliegen, dass bei der Führung des Unternehmens die für den Güterkraftverkehr geltenden Vorschriften missachtet werden oder die Allgemeinheit bei dem Betrieb des Unternehmens geschädigt oder gefährdet wird, ist die Zuverlässigkeit zu bejahen.
Zur Prüfung, ob nachstehend genannte Verstöße vorliegen, kann die Genehmigungsbehörde Unbedenklichkeitsbescheinigungen (z. B. Führungszeugnis, ausgestellt durch den Generalbundesanwalt) und Auszüge aus Registern (z. B. Verkehrszentralregister beim Kraftfahrt-Bundesamt) anfordern, in denen solche Verstöße registriert sind.

Gemäß § 1, 2 Berufszugangsverordnung für den Güterkraftverkehr ist die Zuverlässigkeit zu **verneinen**, falls folgende Gründe vorliegen:

- Rechtkräftige Verurteilung wegen schwerer Verstöße gegen strafrechtliche Vorschriften (auch gegen Wirtschaftsstrafrecht)
- schwere und wiederholte Verstöße gegen:
  - arbeits- und sozialrechtliche Vorschriften,
  - Vorschriften, die im Interesse der Verkehrs- und Betriebssicherheit erlassen wurden,
  - Vorschriften des Güterkraftverkehrsgesetzes,
  - die abgabenrechtlichen Pflichten, die sich aus unternehmerischer Tätigkeit ergeben,
  - § 1 des Pflichtversicherungsgesetzes in der jeweils geltenden Fassung,
  - umweltschützende Vorschriften, insbesondere des Abfall- u. Emmissionsschutzrechtes sowie des Rechts der Beförderung gefährlicher Güter.

In der entsprechenden Richtlinie des Rates wird die Anwendung der Richtlinie auf Unternehmen ausgeschlossen, die gemäß Artikel 2 nur Fahrzeuge einsetzen, die maximal 3,5 t GG aufweisen (u. a. Unternehmen im Eilzustellungsbereich).

Die **fachliche Eignung** ist in den §§ 3 u. 4 GBZugV geregelt. Danach müssen sowohl der Unternehmer wie die zur Führung der Güterkraftverkehrsgeschäfte bestellte Person fachlich geeignet sein.

Die fachliche Eignung wird durch eine Prüfung nachgewiesen, die

- sich auf die Inhalte des Anhang I der Richtlinie 96/26 EG erstreckt,
- aus zwei schriftlichen und gegebenenfalls einem ergänzenden mündlichen Prüfungsteil besteht.

Die schriftliche Prüfung selbst besteht aus Multiple-Choice-Fragen und schriftlichen Übungen/Fallstudien.
Die Mindestdauer für jede schriftliche Teilprüfung beträgt mindestens zwei Stunden.

Über die Prüfungsleistungen ist eine Gesamtpunktzahl zu bilden, die wie folgt auf die Prüfungsteile aufzuteilen ist (vgl. § 4, 3 GBZugV):

1. auf schriftliche Fragen zu 40 Prozent,
2. auf schriftliche Übungen/Fallstudien zu 35 Prozent,
3. auf die mündliche Prüfung zu 25 Prozent.

Die Prüfung ist nur **dann bestanden**, wenn der Bewerber mindestens **60 Prozent** der möglichen Gesamtpunktzahl erreicht hat, wobei der in jeder Teilprüfung erzielte Punkteanteil nicht unter 50 Prozent der jeweils möglichen Punktezahl liegen darf.

Über die bestandene Prüfung wird eine Prüfungsbescheinigung ausgestellt.

Grobstruktur und exemplarische Darstellung des Anhang I der Richtlinie 96/26 EG

A Bürgerliches Recht

Güter- und Personenkraftverkehr

Der Bewerber muss insbesondere

1. die wichtigsten Verträge, die im Kraftverkehr üblich sind, sowie die sich daraus ergebenden Rechte und Pflichten kennen;
2. in der Lage sein, einen rechtsgültigen Beförderungsvertrag, insbesondere betreffend die Beförderungsbedingungen, auszuhandeln;

Güterkraftverkehr

3. eine Reklamation seines Auftraggebers über Schäden, die aus Verlusten oder Beschädigungen der Güter während der Beförderung oder durch die Verzögerung bei der Ablieferung entstehen, sowie die Auswirkungen dieser Reklamationen auf seine vertragliche Haftung analysieren können;
4. ...

B Handelsrecht

C Sozialrecht

1. ...
2. ...
3. ...
4. die die Lenk- u. Ruhezeiten des Fahrpersonals betreffenden Bestimmungen der Verordnung (EWG) Nr. 3820/85 und die Verordnung (EWG) Nr. 3821/85 sowie die Maßnahmen zur praktischen Durchführung dieser Verordnungen kennen.

D Steuerrecht

1. die Mehrwertsteuer auf Verkehrsleistungen
2. die Kraftfahrzeugsteuern
3. ...
4. die Einkommenssteuern.

E Kaufmännische und finanzielle Führung des Unternehmens

F Zugang zum Markt

G Technische Normen und technischer Betrieb

H Sicherheit im Straßenverkehr

- Man muss eine mindestens fünfjährige leitende Tätigkeit in Unternehmen des gewerblichen Güterkraftverkehrs oder in Speditionsunternehmen, welche gewerblichen Güterkraftverkehr betreiben, durch entsprechende qualifizierte Zeugnisse nachweisen. Diese Tätigkeit darf nicht mehr als 2 Jahre seit Antragstellung zurückliegen.
- Die Erlaubnisbehörde erteilt eine Bescheinigung über die fachliche Eignung zur Führung eines Unternehmens, wenn dies durch
  - ein Zeugnis einer Hochschule oder Fachhochschule oder sonstigen Ausbildungsstätte (z. B. Berufsakademie) mit fachspezifischen Inhalten,
  - eine Abschlussprüfung in einem anerkannten Ausbildungsberuf, z. B. Kaufmann/frau im Eisenbahn- und Straßenverkehr, Kaufmann/Kauffrau für Spedition und Logistik (wobei die Prüfungsinhalte die vorstehend aufgeführten Prüfungsgegenstände abdecken müssen),
  - die Abschlussprüfung zum Verkehrsfachwirt/zur Verkehrsfachwirtin
  nachgewiesen werden kann.

Die finanzielle Leistungsfähigkeit ist nach § 2 GBZugV zu **verneinen**, wenn

- die Zahlungsfähigkeit nicht gewährleistet ist oder erhebliche Rückstände an Steuern oder an Beiträgen zur Sozialversicherung bestehen, die aus unternehmerischer Tätigkeit geschuldet werden.
- das Eigenkapital zuzüglich der Reserven des Unternehmens
  - weniger als 9 000,00 EUR für das erste Fahrzeug oder
  - weniger als 5 000,00 EUR für jedes weitere Fahrzeug beträgt.

  Als Reserven können u. a. hinzugerechnet werden:
  - die nicht realisierten Reserven in Höhe des Unterschiedsbetrags zwischen ihrem Buch- und ihrem Verkehrswert,
  - der Verkehrswert der im Privatvermögen eines persönlich haftenden Unternehmers vorhandenen Vermögensgegenstände, soweit sie unbelastet sind.

Beispiel:

Ein Güterkraftverkehrsunternehmen mit einer Bilanzsumme von 948 250,00 EUR hat ein ausgewiesenes Eigenkapital von 143 000,00 EUR.

Ferner sind vorhanden:

Grundstücke mit einem Buchwert von	92 000,00 EUR
nachgewiesener Verkehrswert derselben	345 000,00 EUR

Das Unternehmen betreibt derzeit:

8 Lastzüge mit jeweils	40,0 t GG
4 Motorwagen mit jeweils	7,5 t GG
2 Motorwagen mit jeweils	18,0 t GG.

Um seine Kapazitäten, insbesondere für den Nahbereich, zu erweitern, könnte das Unternehmen ein bestehendes Güterkraftverkehrsunternehmen übernehmen, das folgenden Fuhrpark aufweist:

2 Lastzüge mit jeweils	40,0 t GG
6 Motorwagen mit jeweils	7,5 t GG
4 Motorwagen mit jeweils	12,0 t GG
4 Fahrzeugkombination mit jeweils	6,0 t GG.

Nach nationalem Recht – § 2, 1 Nr. 2 und § 2, 3 GBZugV – muss folgende Eigenkapitaldecke vorhanden sein:

Vorhandene Fahrzeugeinheiten	22 E
Zu übernehmende Fahrzeugeinheiten	22 E
Nach Erweiterung insgesamt zur Verfügung stehende Einheiten:	44 E

Benötigtes Eigenkapital:

1 Fahrzeugeinheit	9 000,00 EUR
43 Fahrzeugeinheiten	215 000,00 EUR
insgesamt:	224 000,00 EUR
Eigenkapital ausgewiesen:	143 000,00 EUR
Nicht realisierte Reserve in Höhe des	
Unterschiedsbetrages von Buch- und Verkehrswert	
des Grundstückes	253 000,00 EUR
Deckungsüberschuss	172 000,00 EUR.

Der Nachweis der finanziellen Leistungsfähigkeit erfolgt:

- durch Vorlage der Unbedenklichkeitsbescheinigungen des Finanzamtes, der Gemeinde, der Sozialversicherungsträger und der Berufsgenossenschaft,
- durch die Eigenkapitalbescheinigung eines Wirtschaftsprüfers, vereidigten Buchprüfers, Steuerberaters. Diese Bescheinigung darf maximal **ein** Jahr alt sein bei Antragstellung zum Berufszugang.

Auch die Europäische Union hat Vorschriften zur Zulassung zum Beruf des Güterkraftverkehrsunternehmens im innerstaatlichen und grenzüberschreitenden Verkehr erlassen.

Die Richtlinie des Rates 96/26 EG vom 29. April 1996, geändert durch die Richtlinie 2006/103 EG vom 20. November 2006 bewirkte eine Verschärfung der Anforderungen an die finanzielle Leistungsfähigkeit. Gemäß Artikel 3,3 c müssen an Eigenkapital und stillen Reserven vorhanden sein:

- mindestens   9 000,00 EUR für das erste Fahrzeug
-                5 000,00 EUR für jedes weitere Fahrzeug

Nach EU-Richtlinie sind somit für vorstehendes *Beispiel* Eigenmittel in gleicher Höhe nachzuweisen.

Erlaubnispflicht im Einzelnen

Nachdem die subjektiven Zulassungsvoraussetzungen weiter verschärft wurden, werden weitere Zutrittsmöglichkeiten, insbesondere solche bürokratischer Art, wesentlich vereinfacht. Zunächst wird die Erlaubnis gemäß § 3, 2 GüKG einem Unternehmer auf die Dauer von **fünf** Jahren erteilt. Eine Erlaubnis, deren Gültigkeitsdauer abgelaufen ist, wird **zeitlich unbefristet** erteilt, wenn der Unternehmer die Zulassungsvoraussetzungen nach wie vor erfüllt. Der Erlaubnisinhaber erhält auf Antrag neben der Erlaubnis so viele Erlaubnisausfertigungen, wie ihm weitere Fahrzeuge und die dafür erforderliche finanzielle Leistungsfähigkeit zur Verfügung stehen. Sollte es sich im Zeitablauf herausstellen, dass die subjektiven Zulassungsvoraussetzungen nicht mehr erfüllt werden, kann die Erlaubnis gemäß § 3, 5 GüKG zurückgenommen werden. Hierbei ist zu beachten, dass der Gesetzgeber durch die Festlegung des § 3, 6 Nr. 1 GüKG jederzeit in der Lage ist, die subjektiven Zulassungsvoraussetzungen durch Rechtsverordnung zu verändern.

Die Erlaubnis liegt nach § 5 GüKG automatisch vor, wenn das Güterkraftverkehrsunternehmen eine Gemeinschaftslizenz nach der Verordnung (EWG) Nr. 881/92des Rates vom 26. März 1992 hat.

42

Erlaubnisurkunde für den gewerblichen Güterkraftverkehr

Nummer	Land	Bezeichnung der zuständigen Behörde
RPF 000 K	Rheinland-Pfalz	Bezirksregierung Koblenz

Dem Unternehmer

Name, Rechtsform und Anschrift

Rhein-Mosel-Spedition GmbH
Cusanusstr. 25
56073 Koblenz

wird aufgrund des § 3 des Güterkraftverkehrsgesetzes (GüKG) die Erlaubnis für den gewerblichen Güterkraftverkehr erteilt.

Besonderheiten:

Diese Urkunde ist bei allen Beförderungen mitzuführen und Konrollberechtigten auf Verlangen zur Prüfung auszuhändigen. Sie ist nicht übertragbar.

Ändern sich unternehmerbezogene Angaben, die in der Erlaubnisurkunde genannt sind, so sind das Original und die Ausfertigungen der Erlaubnisbehörde zur Berichtigung vorzulegen.

Diese Erlaubnis gilt   ☒ **unbefistet**
   ☐ **befristet vom** [   ]   **bis zum** [   ]

Erteilt in   56068 Koblenz   **am**   01.07.2006

Unterschrift der Erlaubnisbehörde und Dienstsiegel

2.3.1.2 Rechtliche Grundlagen des Frachtgeschäftes

Das neu geschaffene Transportrecht im HGB ist dort im **vierten Abschnitt „Frachtgeschäft"** zu finden. Gegliedert sind die Vorschriften wie folgt:

1. **Unterabschnitt: Allgemeine Vorschriften,**
2. **Unterabschnitt: Beförderung vom Umzugsgut,**
3. **Unterabschnitt: Beförderung mit verschiedenartigen Beförderungsmitteln.**

Eine zwingende Voraussetzung für die Ausführung von Beförderungen als Güterkraftverkehrsunternehmer ist nach § 7a GüKG der Abschluss einer **Güterschaden-Haftpflichtversicherung**. Danach hat sich der Unternehmer gegen alle Schäden zu versichern, für die er bei Beförderungen mit Be- und Entladeort im Inland nach HGB in Verbindung mit dem Frachtvertrag haftet. Bei der Beförderung ist ein **gültiger Versicherungsnachweis** mitzuführen. Das Fahrpersonal selbst hat diesen Versicherungsnachweis Kontrollberechtigten gemäß § 7a, 2 GüKG zur Prüfung auszuhändigen. Der Versicherer wiederum teilt dem Bundesamt für Güterverkehr den Abschluss bzw. das Erlöschen der Versicherung mit. Diese Vorschrift wird dahingehend erweitert, dass eine Mindestversicherungssumme von 600 000,00 EUR je Schadensereignis eingeführt wird.

Frachtvertrag

Allgemeine Grundlagen
Im § 407 HGB wird der Frachtvertrag definiert.

Die in § 407 HGB dargestellte Definition des Frachtvertrages stellt die Pflichten der beiden Vertragsparteien dar:

- Der **Frachtführer** verpflichtet sich danach das Gut zum Bestimmungsort zu befördern und dort an den Empfänger auszuliefern,
- der **Absender** verpflichtet sich die vereinbarte Fracht zu zahlen,
- Absender ist, wer vom Frachtführer die Zusage erhält, das Gut zu befördern. Somit kann der Frachtführer zum Absender werden, falls er den Auftrag an einen Unterfrachtführer weitergibt. Ebenso kann der Spediteur Absender sein, wenn er Fremdunternehmer für die Beförderungen einsetzt.

Die Vorschriften des 1. Unterabschnittes zum 4. Abschnitt des HGB gelten für Beförderungen von Gütern zu Lande (Lkw, Eisenbahn), auf Binnengewässern oder mit Luftfahrzeugen im Inland. Ferner müssen die Beförderungen **gewerblichen** Zwecken dienen.

Frachtbrief
Hierzu gelten folgende Vorschriften:

- **§ 7, 3 GüKG**
  Nach dieser Regelung hat der Unternehmer dafür zu sorgen, dass während einer Beförderung im gewerblichen Güterkraftverkehr ein **Begleitpapier** oder ein sonstiger Nachweis mitgeführt wird, in dem
  – das beförderte Gut (= Beschreibung der Güterart des zu transportierenden Gutes),
  – der Be- und Entladeort und
  – der Auftraggeber
  angegeben sind.

- **§ 408 HGB**
  Im ersten Absatz dieser Regelung ist zunächst festgelegt, dass der Frachtführer die Ausstellung eines Frachtbriefes verlangen kann. Die einzelnen inhaltlichen Elemente sind dann in 12 Punkten aufgelistet, wobei auffällt, dass hierbei der Einsatz des Fracht-

44

briefes bei den unterschiedlichen Landverkehrsträgern zu berücksichtigen war. So sind beispielsweise aus den Ziffern 5 und 12 Hinweise für den Binnenschiffsverkehr abzulesen, der ja ebenfalls zu den Landfrachtführern gemäß § 407, 3 Nr. 1 HGB gezählt wird. Angabe einer Meldeadresse, Deckverladung sind hier die entsprechenden Stichworte.

- **Der § 408 HGB ist nicht „AGB-fest", sondern „AGB-fähig".**

  Aus diesem Grunde enthalten die vom BGL e. V. herausgegebenen **Vertragsbedingungen für den Güterkraftverkehr- und Logistikunternehmer (VBGL)** in § 4,1 die Regelung, dass der Frachtvertrag in einem Frachtbrief festgehalten wird, der beiderseitig zu unterzeichnen ist. Sollte aus Gründen der Transportabwicklung die Ausstellung eines Frachtbriefes nicht angezeigt sein, so kann ein anderes Begleitpapier (z. B. Lieferschein, Rollkarte) verwendet werden. Wird ein Frachtbrief ausgestellt, erfolgt dies gemäß § 408, 2 HGB in drei Originalausfertigungen:
  - erste Ausfertigung für den Absender,
  - zweite Ausfertigung begleitet das Gut,
  - dritte Ausfertigung behält der Frachtführer.

  Ist der Frachtbrief von beiden Vertragsparteien unterzeichnet, wobei Nachbildungen der eigenhändigen Unterschriften durch Druck oder Stempel genügen, dient er bis zum **Beweis des Gegenteils**
  - als Nachweis für Abschluss und Inhalt des Frachtvertrages,
  - als Nachweis für die Übernahme des Gutes (der Güter) durch den Frachtführer.

- Gemäß § 4, 3 VGBL kann auch ein elektronischer Frachtbrief ausgestellt werden, sofern die Unterzeichnung mit einer qualifizierten elektronischen Signatur nach dem Signaturgesetz erfolgt.

Der von beiden Vertragsparteien unterzeichnete Frachtbrief begründet ferner folgende Vermutungen:

- Gut und Verpackung waren bei Übernahme durch den Frachtführer in äußerlich gutem Zustand,
- Anzahl der Frachtstücke und ihre Zeichen und Nummern stimmen mit den Angaben im Frachtbrief überein.

Diese beiden Vermutungen werden negiert, wenn der Frachtführer einen **begründeten Vorbehalt** in den Frachtbrief eingetragen hat. Stellt er bei Beladung z. B. schon äußerliche Beschädigungen an diversen Kartons fest, sollte er diesen Mangel in den Frachtbrief eintragen und den Eintrag durch den Verlader bestätigen lassen. Ein Vorbehalt sollte grundsätzlich bei der Übernahme von Sammelgut in vorgeladenen, verplombten WAB oder Containern eingetragen werden. In diesem Falle stehen dem Frachtführer keine angemessenen Mittel zur Verfügung, um die Richtigkeit der Angaben des Frachtbriefes bzw. auch einer zusätzlich beigefügten Ladeliste zu überprüfen.

Bezüglich der eingetragenen **Mengenangaben** und **inhaltlichen** Angaben zum Gut gilt Folgendes:

Wurden Mengen und Inhalt der Frachtstücke durch den Frachtführer geprüft und das Ergebnis der Überprüfung im beiderseitig unterzeichneten Frachtbrief eingetragen, so begründet dies die Vermutung, dass die diesbezüglichen Eintragungen **richtig** sind.

Erhält der Frachtführer den Auftrag, Gewicht, Menge und Inhalt zu überprüfen (z. B. bei lose geschütteten Gütern Verwiegung auf Brückenwaage), so sollte der Frachtführer dies nur tun, wenn gleichzeitig auch ein entsprechender Aufwendungsersatz für diese Aufgaben vereinbart wurde.

Falls die Überprüfung unter gegebenen Umständen nicht zumutbar ist oder wenn die dafür erforderlichen technischen Einrichtungen am Ort der Beladung nicht zur Verfügung stehen, kann der Frachtführer die Überprüfung auch ablehnen.

Beim Transport von gefährlichen Gütern hat der Absender dem Frachtführer **rechtzeitig** schriftlich oder in sonst lesbarer Form alle Angaben über die Gefährlichkeit des Gutes zu übermitteln. Bei Gefahrgütern im Sinne der ADR sollten die Klasse und Nummer des Gefahrgutes nach ADR der jeweiligen Fassung ebenfalls angegeben werden, ebenso die hierfür notwendige Schutzausrüstung.

Die Konsequenzen einer Nichtinformation bzw. Falschinformation durch den Absender ergeben sich für diese Transporte aus § 410, 2 HGB. Danach kann der Frachtführer

- das gefährliche Gut ausladen, einlagern, zurückbefördern oder, soweit erforderlich, vernichten oder unschädlich machen, ohne dem Absender gegenüber ersatzpflichtig zu werden,
- vom Absender Ersatz für die Aufwendungen verlangen, die für die Abwicklung dieser Maßnahmen erforderlich wurden.

Neben dem Frachtbrief hat der Absender gemäß § 413, 1 HGB alle Urkunden zur Verfügung zu stellen sowie Auskünfte zu erteilen, die für eine amtliche Behandlung, insbesondere Zollabfertigung, vor der Ablieferung des Gutes notwendig sind (z. B.: Übernahme von Importware im Seehafen, die unter Zollverschluss dem Empfänger zu gestellen ist, um dann dort verzollt zu werden). Sollten beim Frachtführer die mitgegebenen Dokumente verloren gehen, ist er für den Schaden verantwortlich, den der Verlust der Dokumente bewirkt (z. B. eventuelle Eröffnung eines Verfahrens der Zollhinterziehung gegenüber dem Empfänger der Ware).

Letztlich ist noch auf die Rechtsfolgen zu verweisen, die sich ergeben, falls Tatbestände vorliegen, die die sog. **verschuldensunabhängige** Haftung des Absenders begründen. Danach muss der Absender dem Frachtführer Schäden und Aufwendungen ersetzen, auch wenn ihn **kein** Verschulden trifft, die gemäß § 414, 1 HGB verursacht wurden durch:

- ungenügende Verpackung oder Kennzeichnung,
- Unrichtigkeit oder Unvollständigkeit der in den Frachtbrief aufgenommenen Daten,
- Unterlassen der Mitteilung über die Gefährlichkeit des Gutes,
- Fehlen, Unvollständigkeit oder Unrichtigkeit der in § 413, 1 HGB genannten Urkunden oder Auskünfte.

Sollten Absender und Frachtführer durch ihr jeweiliges Verhalten zur Verursachung von Schäden und somit zur Entstehung von Aufwendungen beigetragen haben, muss geklärt werden, in welchem Umfange die beiden Beteiligten zum Schaden beigetragen haben, um dann eine angemessene Aufteilung des zu leistenden Ersatzes festzulegen.

Lohnfuhrvertrag

Nach den früher anwendbaren, jedoch zu vereinbarenden AGNB (Allgemeine Beförderungsbedingungen für den gewerblichen Güternahverkehr mit Kraftfahrzeugen) bestand auch die Möglichkeit, einen **Lohnfuhrvertrag** mit dem Auftraggeber abzuschließen. Das neue HGB sagt zu diesem Vertragstyp nichts aus, so dass dessen Inhalt in den VBGL geregelt wird. Durch die Aufnahme einer solchen Regelung in die VBGL wird den Erfordernissen der Praxis entsprochen, da auch zukünftig Auftraggeber die Gestellung eines bemannten Fahrzeuges wünschen, um z. B. auf dem eigenen Betriebsgelände Umfuhren ausführen zu lassen. Hier soll der Frachtführer zu einer bestimmten Zeit ein Fahrzeug mit einer definierten technischen Ausstattung stellen. Einsatzdauer und zu befördernde Gutart werden dem Frachtführer mitgeteilt. Auch ein solcher Lohnfuhrver-

trag ist als Frachtvertrag im Sinne des § 407 HGB zu sehen, erfordert jedoch nicht die Ausstellung eines Frachtbriefes. Die Leistungserfassung des Fahrzeuges kann auch mittels anderer Dokumente vorgenommen werden. Sollten bei der Abwicklung von Lohnfuhrverträgen Schäden entstehen, die auf Weisungen des Auftraggebers an das Fahrpersonal des Frachtführers zurückzuführen sind, kann der Frachtführer **nicht** zur Haftung herangezogen werden (vgl. § 9, 2 VBGL).

Weitere Rechte des Absenders
Wichtige Rechte des Absenders sind u. a.:
- der Anspruch auf Teilbeförderung gemäß § 416 HGB
- das Recht nachträgliche Weisungen zu erteilen gemäß § 418 HGB
- das Kündigungsrecht gemäß § 415 HGB

Die Regelung des § 416 HGB spielt im Güterkraftverkehr auf der Straße keine besondere Rolle und wird eher im Bereich der Binnenschifffahrt zur Anwendung gelangen. Man könnte sich allenfalls die Situation vorstellen, dass ein Absender z. B. eine Komplettladung von 25 t zur Verladung bringen will, der Frachtführer das Fahrzeug zum vereinbarten Zeitpunkt zur Übernahme bereitstellt, die Ware wegen einer Störung in der Produktionsanlage in der Nachtschicht jedoch nur zu 60 % fertig gestellt werden konnte. Falls das gefertigte Gut terminiert ist, wird der Transport mit der fertig gestellten Teilladung (hier 15 t) abgewickelt; dem Frachtführer steht dann jedoch die vereinbarte **Gesamtfracht** zu, falls keine weitere Beladung akquiriert werden konnte.

Exkurs:
Anhand des vorstehend genannten Transportbeispieles sind noch zwei weitere wichtige gesetzliche Regelungen zu besprechen, die
- die Be- und Entladung des Fahrzeuges betreffen und
- die Rechte des Frachtführers bei Nichteinhaltung der Ladezeit definieren.

Nach § 412, 1 HGB hat der Absender das Gut
- **beförderungssicher** zu laden (hierbei sind einschlägige Rechtsvorschriften sowie der jeweilige Stand der Technik zu beachten),
- zu stauen und zu befestigen und
- zu entladen.

Hier stellt sich natürlich die Frage, welche Zeit für den Be- und Entladevorgang angemessen ist. Aus der gesetzlichen Regelung geht dies nicht hervor. Da die gesetzliche Regelung jedoch hier „AGB-fähig" ist, war es Aufgabe der VBGL eine Regelung zu schaffen, die wiederum jederzeit einzelvertraglich ersetzt werden kann.

In den VBGL hat man eine Be- und Entladefrist für Komplettladungen pauschal auf **jeweils zwei Stunden** festgelegt, wobei an einer Beladestelle übernommen und einer Entladestelle zugestellt wird.

Die Beladefrist beginnt mit dem Zeitpunkt der vereinbarten Bereitstellung des Fahrzeuges. Gelingt es innerhalb der Beladefrist nicht, die Beladung zu beenden, hat der Frachtführer ab dem Zeitpunkt des Endes der Beladefrist bis zur endgültigen Fertigstellung der Beladung Anspruch auf Standgeld.

Da der Absender auch für die Entladung zuständig ist, muss er dies entweder mit dem Empfänger vorab regeln oder mit dem Frachtführer eine entsprechende Vereinbarung treffen.

Verlädt der Absender das Gut nicht innerhalb der Ladezeit (vgl. § 417, 1 HGB) oder stellt er, wenn er zur Verladung nicht verpflichtet ist, das Gut nicht innerhalb der Ladezeit zur

Verfügung, so kann der Frachtführer ihm eine angemessene Frist setzen. Hierfür sollte man den Fahrern einen vervielfältigten Mustertext mitgeben, in den das Datum des Frachtvertrages, die Frachtbriefnummer, das amtliche Kennzeichen des zu beladenden Fahrzeuges, Datum und Uhrzeit der vereinbarten Bereitstellung, Uhrzeit der abgelaufenen Ladezeit und die Zeit einer gewährten Nachfrist einzusetzen sind.

Sollte die Nachfrist ebenfalls nicht eingehalten werden können, steht dem Frachtführer das Recht zur Kündigung des Frachtvertrages zu. Da die Kündigung in diesem Fall auf Gründen beruht, die der Frachtführer nicht zu vertreten hat, steht dem Frachtführer ein Drittel der **vereinbarten Fracht**, eine sog. **Fautfracht**, zu.

Neben der eingangs genannten beförderungssicheren Verladung durch den Absender kennt das Gesetz noch die **betriebssichere** Verladung, für die der Frachtführer verantwortlich ist. Hier muss dafür gesorgt werden, dass z. B. keine ungleichmäßige Belastung des Fahrzeuges erfolgt bzw. keine Überlastung des Fahrzeuges vorliegt. Auch bei Teilentladungen müssen beide Sicherheitsarten gewährleistet bleiben, was eine bestimmte Verstauung des Gutes, z. B. nach der Reihenfolge der Entladestellen, erforderlich macht. Der Frachtführer muss, um die betriebssichere Verladung zu gewährleisten, die entsprechenden **VDI-Richtlinien** zur „Ladungssicherung auf Straßenfahrzeugen" berücksichtigen.

Besonders schwierig ist die Einhaltung der Transport- und Betriebssicherheit bei der Abholung und Zustellung von Sammelgütern. Da die Absender alle Arten von Packstücken zum Versand bringen, z. B. Einzelpakete, Ballen, Fässer, Kanister, gebündelte Ware, sollten diese zu Ladeeinheiten zusammengefasst werden, die sich auf einem Ladungsträger befinden, wo man sie dann durch Folie oder andere Hilfsmittel zusammenhalten kann. Die Ladungssicherung selbst erfolgt dann als eine

- **formschlüssige Ladungssicherung**, z. B. durch die Laderaumbegrenzung, die auch erreicht sein kann durch Steckbretter, Ladetrennwände oder indem man Leerräume ausfüllt z. B. durch air bags, abgängige Einwegpaletten usw.
- **kraftschlüssige Ladungssicherung**, die die Fliehkräfte der Ladung zu berücksichtigen hat.[1]

Nachträgliche Weisungen gemäß § 418 HGB sind seitens des Absenders und Empfängers möglich. Durch den Absender können gemäß Absatz 1 des genannten Paragraphen folgende Weisungen erteilt werden:

- Der Frachtführer soll das Gut nicht weiterbefördern.
- Das Gut soll an einen anderen Bestimmungsort ausgeliefert werden.
- Das Gut soll an eine andere Ablieferstelle verbracht werden (gleicher Empfänger, jedoch anderes Werk am gleichen Ort oder anderes Hallentor auf gleichem weit verzweigten Betriebsgelände).
- Das Gut soll an einen anderen Empfänger ausgeliefert werden.

Den nachträglichen Weisungen muss der Frachtführer nur nachkommen, wenn deren Ausführung

- keine Nachteile für sein Unternehmen,
- keine Nachteile für Absender oder Empfänger von beigeladenem anderen Gut

mit sich bringt. Für Mehraufwendungen kann eine angemessene Vergütung berechnet werden. Nach § 418, 2 HGB erlischt das nachträgliche Weisungsrecht des Absenders nach Ankunft des Gutes an der Ablieferungsstelle. Nach erfolgter Ankunft geht dieses Weisungsrecht auf den Empfänger über, der die genannten Anweisungen ebenfalls treffen kann und ebenfalls Mehraufwendungen angemessen vergüten muss.

---

[1] *vgl. hierzu auch die Richtlinien VDI 2700, 3968*

48

In Ausnahmefällen (finanzielle Solidität unklar) kann sowohl gegenüber dem Absender als auch gegenüber dem Empfänger die Ausführung der nachträglichen Weisung von der Zahlung eines Vorschusses abhängig gemacht werden.

Wurde durch den Empfänger das Gut an einen Dritten umgeordert, kann der Dritte keinerlei weitere nachträgliche Weisungen erteilen.

Die Ausstellung eines von beiden Vertragsparteien unterzeichneten Frachtbriefes eröffnet die Möglichkeit, dem Frachtbrief eine **Sperrfunktion** zu verleihen. Nur gegen Vorlage der Absenderausfertigung kann die Weisung durch diesen erteilt werden; dies ist im Frachtbrief festzuhalten.

Sollte der Frachtführer aus betriebsbedingten Gründen (andere Terminsendungen geladen) nicht in der Lage sein, die Weisungen zu befolgen, hat er den jeweiligen Weisungsberechtigten unverzüglich zu benachrichtigen.

Nach § 415, 1 HGB steht dem Absender ein jederzeitiges **Kündigungsrecht** des Frachtvertrages zu. Der Frachtführer hat auf die Kündigung folgende Reaktionsmöglichkeiten:

- Er kann die vereinbarte Fracht, das etwaige Standgeld sowie zu ersetzende Aufwendungen verlangen. Allerdings sind Aufwandsminderungen anzurechnen (z. B. entsprechende variable Kosten), eventuell auch Erträge, die durch eine anderweitige Ersatzfahrt, falls möglich, erwirtschaftet werden können.
- Falls die Kündigung darauf beruht, dass der Absender am eingesetzten Fahrzeug irgendwelche sicherheitstechnischen Mängel entdeckt, z. B. mangelnde Profiltiefe der Reifen, kann der Frachtführer keine Ansprüche geltend machen, also auch keine Fautfracht nach § 415, 2 Nr. 2 HGB verlangen.

Lieferfristen, Beförderungs- und Ablieferungshindernisse
Die Lieferfrist ist im § 423 HGB definiert. Hier erfolgte eine starke Anpassung an die CMR-Regelung des Artikel 19. Nicht übernommen wurde die Regelung, dass bei teilweiser Beladung eine Zeit zu berücksichtigen ist, die es dem Frachtführer ermöglicht, die Ladung zu komplettieren. Aus unterschiedlichen OLG-Urteilen geht hervor, dass die Wirksamkeit der Lieferfrist **nicht von ihrem Eintrag** in den Frachtbrief abhängt. Sollte über den Beginn der Lieferfrist keine Vereinbarung getroffen worden sein, beginnt die Lieferfrist mit Übernahme des Gutes. Das Ende der Lieferfrist kann durch einen festgelegten Termin (z. B. 14. Juni …) oder durch Angabe einer Kalenderwoche oder einer Dekade bestimmt werden. Eine zu knapp bemessene Lieferfrist wird immer dann anzunehmen sein, wenn in der vorgegebenen Zeit die Leistungserstellung **objektiv unmöglich** ist.

Beispiel:
Ein Absender in A beauftragt einen Frachtführer an einem Freitag um 08:00 Uhr eine palettierte Ladung von 22 t zu übernehmen. Die Ladung soll am gleichen Tag im Ort B, der 561 km entfernt liegt, zugestellt werden. Der Beladevorgang ist um 09:30 Uhr beendet, beim Empfänger ist ab 15:00 Uhr Annahmeschluss. Unterstellt man am Tag eine zu erzielende Durchschnittsgeschwindigkeit von 66 km/h für die Gesamtstrecke, würde man 8,5 Std. Fahrzeit benötigen. Auch bei der Annahme der unrealistischen Durchschnittsgeschwindigkeit von 80 km/h wären rd. 7 Std. reine Fahrzeit zuzüglich 45 Minuten Lenkzeitunterbrechung notwendig zur Transportabwicklung, sodass vor 17:15 Uhr die Zustellung niemals erfolgen könnte.

Beförderungs- und Ablieferungshindernisse sind in § 419 HGB geregelt.
Ein Beförderungshindernis kann nur dann vorliegen, wenn es vor Eintreffen des Gutes am Bestimmungsort (= Ablieferungsort) bekannt ist oder wenn die Möglichkeit besteht, dass es eintreten könnte (z. B. Streikandrohung). Durch ein Beförderungshindernis ist es

somit unmöglich, die Beförderung so durchzuführen, wie zwischen den Vertragspartnern vereinbart. Es gibt aber auch die Situation, dass Vereinbarungen im Frachtbrief eingetragen wurden, die die Beförderung verhindern. So könnte z. B. aufgrund eines vorgegebenen Liefertermins eine Umwegstrecke nicht befahren werden, weil dann, infolge
längerer Transportstrecke, der Zustelltermin nicht einzuhalten ist. Liegt ein Hindernis vor,
ist der Absender oder der Empfänger hiervon in Kenntnis zu setzen und entsprechende
Weisungen, wie sie § 418 HGB vorsieht, sind einzuholen. Sollte es dem Frachtführer
unmöglich sein, Weisungen seitens des Absenders zu erhalten, so muss er die Maßnahmen ergreifen, die dem Interesse des Verfügungsberechtigten am meisten entsprechen.
Im Einzelnen hat der Frachtführer folgende Möglichkeiten:

- Er kann das Gut entladen und eventuell in einer eigenen Niederlassung verwahren.
- Er kann das Gut einem Dritten zur Verwahrung anvertrauen; hier haftet der Frachtführer nur für Auswahlverschulden.
- Er kann die Rechte aus § 373, 2–4 HGB ausüben, insbesondere dann, wenn er eine verderbliche Ware befördert oder wenn der Zustand des geladenen Gutes es als geboten
erscheinen lässt.

Sollte das Gut unverwertbar sein, kann er es vernichten.

Der Weisungsbefugte muss für entstehende Mehrkosten aufkommen.

Ablieferungshindernisse treten **nach** Ankunft des Gutes am Bestimmungsort auf. Auch
in diesem Fall muss der Frachtführer Weisungen beim Verfügungsberechtigten einholen.

Sollte der Frachtführer vom ursprünglich festgelegten Empfänger die Weisung erteilt
bekommen haben, das Gut bei einem Dritten abzuliefern, so kann auch bei der Zustellung bei diesem Dritten ein Ablieferungshindernis auftreten, z. B. durch dessen Annahmeverweigerung. In beiden Fällen stehen dem Frachtführer die gleichen Rechte zu wie
bei einem Beförderungshindernis.

Rechte des Empfängers

Sobald der Frachtführer mit dem Gut am Ort der vorgesehenen Ablieferung angelangt
ist (= Ablieferungsstelle), kann der Empfänger vom Frachtführer verlangen, ihm das Gut
gegen Erfüllung der sich aus dem Frachtvertrag ergebenden Verpflichtungen abzuliefern. Besteht aus dem Kaufvertrag heraus für den Empfänger die Verpflichtung zur
Frachtzahlung, hat er den Betrag zu zahlen, der aus dem Frachtbrief hervorgeht. Sollte
kein Frachtbrief ausgestellt sein oder ein Eintrag über die Frachthöhe in demselben nicht
erfolgt sein, hat der Empfänger die mit dem Absender vereinbarte angemessene Fracht
zu zahlen, falls diese aus dem Kaufvertrag ableitbar ist.

Nachdem der Empfänger den Herausgabeanspruch geltend gemacht und der Frachtführer
seine Entladebereitschaft angezeigt hat, beginnt die Entladefrist. Sollte diese Frist, die der
Absender mit dem Empfänger vereinbaren muss (entsprechend seinen Vereinbarungen
mit dem Frachtführer z. B. durch VBGL), nicht eingehalten werden, muss der Empfänger

- entweder ein Standgeld
- oder eine Vergütung bezahlen, die ihm jedoch bereits bei Ablieferung des Gutes mitgeteilt worden ist.

Frachtzahlung, Einzug von Nachnahmen

Nach § 420, 1 HGB ist die Fracht bei Ablieferung des Gutes zu zahlen. Dies würde vor-
aussetzen, dass als Lieferklausel **„unfrei"** vereinbart wurde, was ja auch dem Kaufver-
tragsrecht des BGB zu entnehmen ist. Sollten die Absender Zulieferfirmen in einem
beschaffungslogistischen System sein (vgl. Lernfeld 12), ist dies in vielen Fällen richtig.

50

Sehr oft bestimmt aber aufgrund der Regelungen des Kaufvertrages der Absender den Versand (Versendungskauf) und die Lieferklausel **„frei Haus"** ist vereinbart. In diesen Fällen übernimmt der Absender die Kosten bis zum Empfänger.

Der Frachtführer verliert nach § 420, 2 HGB seinen Anspruch auf Frachtzahlung, wenn infolge eines von ihm verursachten Beförderungshindernisses (Fahrzeug wird aufgrund technischer Mängel unterwegs aus dem Verkehr gezogen) die Ware nicht zugestellt werden kann. Falls der Absender bekundet, dass die zurückgelegte Teilstrecke für ihn von Nutzen ist (kann z. B. ab Ort der Stilllegung nach Umladung einen anderen Frachtführer einsetzen und so Termine noch einhalten), hat er jedoch bis zum Ort der Stilllegung die anteilige Fracht zu zahlen.

In vielen Fällen wird ferner vereinbart, dass der Frachtführer die Ware nur gegen Einzug einer **Nachnahme** ausliefern darf. Es ist sicherlich sinnvoll dem Fahrer hier die Anweisung zu erteilen, den Betrag in bar zu kassieren (Legitimation hierzu durch Inkassovollmacht) oder in Form eines gleichwertigen Zahlungsmittels (z. B. bankbestätigter Scheck). Durch die VBGL (§ 35) erfolgt hier eine Präzisierung dahin gehend, dass bei Unmöglichkeit der Barzahlung durch den Empfänger zuerst eine schriftliche Weisung beim Verfügungsberechtigten eingeholt wird. Bis zu deren Eingang erfolgt keine Auslieferung der Ware. Für eventuelle Wartezeiten steht dem Frachtführer eine angemessene Vergütung zu.

Für den Frachtführer stellt der einkassierte Betrag einen durchlaufenden Posten dar, d. h. er schuldet diesen Betrag nun dem Absender und muss ihn an diesen abführen.

Verlustvermutung
Nach § 424, 1 HGB kann der Anspruchsberechtigte das Gut als verloren betrachten, wenn es nicht innerhalb der Lieferfrist noch innerhalb einer Frist, die der doppelten Lieferfrist entspricht, zugestellt ist. Mindestens müssen aber 20 Tage seit Übernahme des Gutes verstrichen sein.

Beispiel:
Ein Frachtführer übernimmt an einem Freitagnachmittag eine Ladung, die am darauf folgenden Dienstag bei Arbeitsbeginn um 08:00 Uhr an einem Ort innerhalb Deutschlands abzuliefern ist. Die Lieferfrist beträgt somit rd. 2,75 Tage (Sonntag zählt in der Zeit von 00:00 Uhr–22:00 Uhr nicht, wegen des Fahrverbotes). Sollte also nach 5,5 Tagen die Zustellung nicht erfolgt sein, kann das Gut noch nicht als in Verlust geraten betrachtet werden, sondern erst nach 20 Tagen.
Bei grenzüberschreitenden Verkehren kann das Gut nach 30 Tagen als verloren betrachtet werden (vgl. auch Art. 20 CMR).
Hat der Anspruchsberechtigte eine Entschädigung für den Verlust des Gutes erhalten (vgl. § 424,2 HGB), kann er bei deren Empfang vom Frachtführer verlangen, dass er unverzüglich im Falle des Wiederauffindens des Gutes zu benachrichtigen ist. Innerhalb einer Frist von 30 Tagen nach Erhalt der Nachricht über ein Wiederauffinden des Gutes kann der Anspruchsberechtigte verlangen, dass ihm das Gut zurückgegeben wird. Er selbst muss dann die erhaltene Entschädigung zurückgeben, die er um entstandene Kosten kürzen kann. Sollte innerhalb von 30 Tagen keine Verfügung seitens des Anspruchsberechtigten beim Frachtführer eingegangen sein, kann dieser über das Gut frei verfügen.

Abwicklung von Frachtverträgen
Bevor die rechtlichen Grundlagen, die bei der Abwicklung von Frachtverträgen zu beachten sind, näher betrachtet werden, ist es notwendig, die Einsatzarten des Fuhrparks im Fernbereich näher zu untersuchen.

Trampverkehre

Der Frachtführer übernimmt entweder selbst akquirierte oder nachgefragte Transportaufträge. Hierbei wird er versuchen, in bestimmten Zielgebieten zu einer Fahrzeugauslastung zu gelangen, wobei sehr oft mehrere Entladeorte vorliegen, während die Abholung der Güter bei den verschiedenen Absendern meistens durch Nahbereichsfahrzeuge bewerkstelligt wird. Die Problematik dieser Verkehre liegt in der Beschaffung einer geeigneten Rückladung, zumindest in Richtung Ausgangsbasis des Fernbereichstransportes. Hierbei ist festzustellen, dass oft nur eine teilweise Auslastung des Fahrzeuges erfolgt, oft am Zielort keine Rückladung übernommen werden kann, sondern erst ein anderer Ort in einem sogenannten **Bereitstellungsverkehr** angefahren werden muss, oft die Ladung nicht an den Sitz des Unternehmens zu befördern ist, sondern an mehr oder weniger weit davon entfernte Orte, sodass dann noch zusätzlich **Rücklaufverkehre** anfallen. Schematisch kann man sich – es soll hier eine Komplettladung in B übernommen werden – dies wie folgt vorstellen:

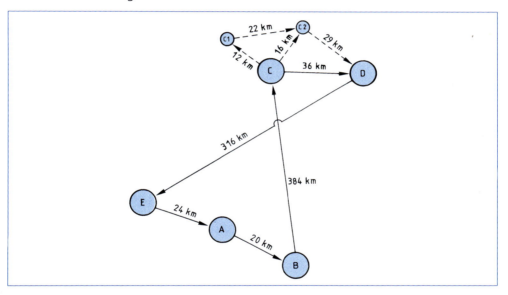

Erläuterungen zur Grafik:

- Von A (Sitz des Unternehmens) nach B (Beladeort) findet ein Bereitstellungsverkehr statt.
- Von B nach C mit eventuellen Anschlussfrachten nach C1 und C2 liegen frachtpflichtige Transporte vor.
- Von C oder C2 nach D findet ein weiterer Bereitstellungsverkehr statt in Abhängigkeit davon, ob auch in C2 und C1 eine Ablieferung erfolgte.
- Von D nach E liegt ein frachtpflichtiger Transport vor mit Teil- oder Vollauslastung des Fahrzeuges.
- Von E nach A findet ein Rücklaufverkehr statt (i. d. R. leer).

Wie man sich leicht vorstellen kann, ist der Zeitaufwand zur Abwicklung solcher Transporte, insbesondere dann, wenn in C selbst noch mehrere Endempfänger zu bedienen und in C1 und C2 noch weitere Teilpartien mit Gewichten über 2,5 t zuzustellen sind, sehr groß. Oft wird ein ganzer Tag im Zielgebiet nur für die Entladevorgänge benötigt (Wartezeiten bis zur Entladung eingerechnet), sodass erst am Folgetag die Rückladung übernommen werden kann. Fernbereichsfahrzeuge, die so disponiert werden, weisen keinen optimalen Nutzungsgrad auf, die Fixkosten pro beförderte Tonne liegen zu hoch. Aus diesem Grunde haben zuerst viele Speditionen, die im Selbsteintritt Fernbereichstransporte betreiben, dann aber auch Frachtführer damit begonnen, Linienverkehre aufzubauen.

52

Linienverkehre

Bei Linienverkehren wird zwischen zwei Orten eine kontinuierlich bediente Relation aufgebaut. Dies kann auf verschiedene Arten erfolgen. Am einfachsten ist es, wenn man für eine Firma laufend bestimmte Produkte in bestimmten Mengen zu vorgegebenen Terminen nach einem Ort zu transportieren hat (z. B. Sitz eines Zweigwerkes). In der Gegenrichtung könnte ein äquivalenter Verkehr mit veredelten Produkten ebenfalls aufgebaut werden.

Eine andere Möglichkeit besteht darin, dass bei größeren Unternehmen zwischen einzelnen Filialen Linienverkehre aufgebaut werden. Die Frachtführer sammeln also für bestimmte Relationen Sendungen, stellen diese der Filiale zu, die dann die Verteilung in der dortigen Region vornimmt. In der Regel stehen die Güter für den Rücklauftransport zur Verladung bereit, wenn WAB eingesetzt werden, sind diese bereits vorgeladen, sodass nur noch ein Umpritschen erfolgen muss. Die so eingesetzten Fahrzeuge ermöglichen eine weit bessere Nutzung.

Sollten die Ladungen sich jeweils aus vielen kleinen Stückgutsendungen zusammensetzen, spricht man von Sammelverkehren (vgl. hierzu Lernfeld 5).

Solche Relationen können auch mit anderen Unternehmen in den verschiedensten Kooperationsformen aufgebaut werden. Ziel aller Vereinbarungen, die getroffen werden, sollte die möglichst hohe Nutzung des Leistungspotentials der Fahrzeuge sein. Gleichzeitig müsste garantiert sein, dass der gegenseitige Kundenschutz gewährleistet bleibt.

Auch die Lieferfristregelung kann durch Linienverkehre besser umgesetzt werden. Über sog. **Plattformen** (hub's) werden Vernetzungen aufgebaut, die es ermöglichen, im Nachtsprung Distanzen von über 600km zu überbrücken. Da diese Vernetzungen oft innerhalb des eigenen Filialnetzes oder innerhalb einer **Kooperation** aufgebaut sind, müssen gegenüber Kunden keine direkten Liefertermzinzusagen gemacht werden, es werden vielmehr **Taktsysteme** angeboten wie z. B. von

- A–B (= 24 Std. Takt)
- A–C (= 48 Std. Takt)
- A–D (= 72 Std. Takt).

Die Speditionen mit breit gefächertem Filialnetz und die Kooperationen müssen, um dies umsetzen zu können, zwischen den Plattformen und den Filialen **fahrplanmäßige** Verkehre aufbauen.

Hat z. B. eine Spedition ihren Sitz in Ulm/Donau, könnten die bestehenden Relationen wie folgt fahrplanmäßig bedient werden:

Abgangs-ort	Empfangs-ort	Entfernung	Abfahrt	Begegnungs-fenster	Rückkehr
Ulm	Nürnberg	170km	23:00 Uhr		04:30–05:00 Uhr
	Frankfurt/M.	314km	20:30 Uhr		05:15–05:45 Uhr
	Essen	529km	20:30 Uhr	00:30–01:15 Uhr	05:15–05:45 Uhr
	Osnabrück	605km	19:30 Uhr	24:00–00:45 Uhr	05:15–05:45 Uhr
	Kassel	421km	21:00 Uhr	00:15–01:00 Uhr	04:15–04:45 Uhr
	Hamburg	752km	19:00 Uhr	24:00–00:45 Uhr	05:45–06:15 Uhr
	Magdeburg	542km	20:00 Uhr	24:00–00:45 Uhr	04:45–05:15 Uhr
	Dresden	483km	20:30 Uhr	00:30–01:15 Uhr	05:15–05:45 Uhr

Grundlagen der Frachtberechnung

Abrechnungsgrundlagen für Gütertransporte im Nahbereich

Mit der Umsetzung des Tarifaufhebungsgesetzes (TAufhG) zum 1. Januar 1994 wurden die bestehenden Reglementierungen der Abrechnung für beide Bereiche des nationalen Güterkraftverkehres aufgehoben. Die Liberalisierung bewirkte somit eine Befreiung der Güterkraftverkehrsunternehmen von Tarifvorschriften aller Art, es entstand ein **nicht reglementierter Markt**, die Abrechnung der Transporte konnte **frei** vorgenommen werden.

In der praktischen Abwicklung zeigte es sich, dass die Frachtführer auf unterschiedlichen Bezugsgrundlagen ihre Preise fortschrieben oder neu entwickelten.

1. Es gelingt ihnen die Anwendungsbedingungen des alten **GNT**[1] als Vertragsgrundlage bei ihren Kunden beizubehalten. Die Preistafeln müssten dann von Unternehmerseite selbst **fortgeschrieben** werden, indem man sie mit **kalkulatorischen Preissteigerungsfaktoren** hochrechnet. Auf die so berechneten Preistafeln wird dann der gewerbliche Güterkraftverkehrsunternehmer kundenspezifische Margen gewähren.

Beispiel:		
Die durchschnittliche kalkulatorische Preissteigerungsrate betrage für die Zeit vom 1. Januar 1994–1. Januar 2009	1,60 %	
Der Frachtsatz für 25 to über eine Entfernung von 26 km (Stand 1993)		5,96 EUR/t
Der Basisfrachtsatz ab 1. Januar 2009 beträgt dann:		7,56 EUR/t
Falls aus der Fahrzeugkostenrechnung folgende Daten zur Verfügung stehen, kann dann ein Angebotspreis wie folgt kalkuliert werden:		
Personalkosten pro Einsatztag (10 Std.)		180,00 EUR
Fixkosten Lkw pro Einsatztag		145,00 EUR
variable Kosten pro km		0,58 EUR
Transportabwicklungen pro Einsatztag:		
• Variante I (208 km)	4 Fahrten	
• Variante II (260 km)	5 Fahrten	
Fahrzeugeinsatzkosten/Einsatztag/Variante I		445,64 EUR
Fahrzeugeinsatzkosten/Einsatztag/Variante II		475,80 EUR
Basiserlöse Variante I		756,00 EUR
Basiserlöse Variante II		945,00 EUR
An allgemeinen Verwaltungskosten werden veranschlagt:	15 %	
Gewinnzuschlag:	8 %	
Selbstkosten Variante I:		512,49 EUR
Verkaufspreis/Variante I:		553,49 EUR
mögliche Minusmarge:	26,79 %	
Selbstkosten/Variante II:		547,17 EUR
Verkaufspreis/Variante II:		590,94 EUR
mögliche Minusmarge:	37,46 %	

2. Die Preise werden auf einer eigenständigen Fahrzeugkostenrechnung aufgebaut. Die Grundstruktur einer solchen **Fahrzeugkostenrechnung (FKR)** beinhaltet folgende Blöcke:

- Darstellung der technischen Daten,
- Kalkulationsdaten,
- Kapitalwerte,
- Berechnung der **variablen** Kosten,
- Berechnung der **Fahrpersonalkosten**,
- Berechnung der **fixen** Kosten,
- Darstellung der Gemeinkosten (= Overhead-Kosten),
- Gewinnzuschlag.

---

[1] *Güternahverkehrstarif*

54

3. Die Preise basieren auf den **Kostensätzen Gütertransport Straße (KGS)**

Diese Empfehlungen sind wie folgt aufgebaut:

- **Abschnitt 1: Ziel und Grundlagen der Kostensätze Gütertransport Straße (KGS)**
  Dieser Abschnitt beinhaltet kurze Erläuterungen zum Aufbau und den Berechnungsgrundlagen der unverbindlichen Preisempfehlungen. In den dargestellten Preisempfehlungen sind weder Unternehmerlohn, Gewinnanteil noch Umsatzsteuer enthalten; Mautgebühren sind ebenfalls nicht berücksichtigt.

- **Abschnitt 2: Darstellung der Kostensätze in einzelnen Tabellen (I bis IV)**

- **Abschnitt 3: Anwendungsempfehlungen der KGS-Tabellen**
  Tabelle I:
  Sie beinhaltet Kostensätze, die nur von der Einsatzdauer, der zurückgelegten Gesamtentfernung und der zum Einsatz gelangenden Nutzlast abhängen. Die Einsatzdauer schlägt sich im Tagessatz nieder, der eine Einsatzzeit von acht Stunden beinhaltet. Die Darstellung von 1/8 und 1/16 Tagessätzen sind aus dem Tagessatz abgeleitet, sodass man auch für kürzere oder längere Einsatzzeiten entsprechende Kosten ermitteln kann.
  Mit dem Kilometersatz sollen die Kosten für die zurückgelegte Wegstrecke erfasst werden. Die Addition von Tagessatz und Kilometersatz mal Entfernung ergibt die Gesamtkosten. Nach den Empfehlungen für das Jahr 2008 ergeben sich beim Einsatz eines 25-t-NL Fahrzeuges folgende Kostenansätze:

Tagessatz (hier 8 Std. Einsatz)	542,62 EUR
Km-Satz (z. B. 141 km à 0,91 EUR/km)	128,31 EUR
Gesamtkosten	670,93 EUR.

  Bei 10 % Verwaltungsaufwand und einer Gewinnerwartung von nur 4,5 % würde dies zu einem Verkaufspreis von rd. 770,00 EUR je Einsatztag führen.
  Tabelle II:
  Hier werden reine Stundensätze per Nutzlaststufe angegeben. Man geht davon aus, dass das Fahrzeug nicht mehr als 10 km je Einsatzstunde zurücklegt.
  Tabelle III:
  Sie ist einsetzbar für definierte Sendungsaufträge, d. h. Abgangs- und Empfangsort sind vorgegeben und die jeweils zu befördernde Menge. Ausgenommen sind hier Schüttgüter. In den Kostensätzen sind auch Be- und Entladezeiten, Rüstzeiten sowie Zeiten für LZU und RZ beinhaltet, jedoch keine Mautkosten.
  Einmal werden die Kostensätze als Tonnensätze für bestimmte Lastentfernungen dargestellt, einmal als Kostensätze je Sendung, z. B. der Beförderung von 7,1 t über 170 km liegt ein Kostensatz von 603,64 EUR zugrunde.
  Tabelle IV:
  Sie beinhaltet Kostensätze für schüttbare Güter bis zu bestimmten Entfernungen. Solosätze (z. B. für Muldenkipper) sind bis zu einer Entfernung von 30 km je Tonne veröffentlicht, Zugsätze bis zu einer Entfernung von 80 km je Tonne.

- **Abschnitt 4:**
  Die Tabelle IV wird ergänzt durch eine Umrechnungstabelle für Volumengüter im Schüttgutverkehr. So entspricht z. B. 1 m³ Kies grubenfeucht einem Transportgewicht von 1,8 t. Frachtberechnungsbeispiele im Abschnitt 5 vervollständigen diesen Teil der KGS.

- **Abschnitt 6: Kostenrechnungsschema für einen Lkw**
  Hier ist ein Kalkulationsschema vorgegeben, das auf der Vollkostenrechnung aufbaut und eine Auswertung der Fahrzeugkosten und Gesamtkosten ermöglicht.

Das Schema und die Berechnungsvorgänge sind ausführlich kommentiert. Seinen Abschluss findet dieser Teil in einer Musterkalkulation.[1]

Abrechnungsgrundlagen für Gütertransporte im Fernbereich

Auch bei Transporten im Fernbereich hat der Frachtführer verschiedene Abrechnungsmöglichkeiten:

- Er kann die Tabelle III der Kostensätze Gütertransport Straße (KGS) zur Grundlage machen. Diese Tabelle wurde auf Entfernungen bis 1000 km erweitert, da vom Gesetz her eine Beschränkung auf den ehemaligen Nahverkehrsbereich nicht mehr sinnvoll wäre. Die Tabelle erscheint in zwei Varianten:
  - Leistungssätze in EUR/t   ab 3 t,
  - Leistungssätze in EUR/Sendung   ab 3 t.

  Es handelt sich hier um Sätze, die auf einer FKR aufbauen, am Markt jedoch sicherlich noch um eine entsprechende Marge zu kürzen sind.

- Er kann die alten Tarife fortschreiben.
  Hierzu hat der BGL **„Unverbindliche Frachtvereinbarungstabellen für den Güterfernverkehr"** die sog. **GVE** (= **G**üterfern-**V**erkehrs-**E**mpfehlungen) herausgebracht. Die Frachtsätze sind differenziert dargestellt für den
  - Stückgutbereich,
  - Ladungsbereich und dort wiederum differenziert nach Güterklassen, Gewichtsklassen, Fahrzeugarten und ergänzt um die Frachtsätze für die Beförderung bestimmter Waren aus Eisen und Stahl.

Beispiel:
Güterart: A/BGewichtsklasse: 15 t
Entfernung: 301–320 km

		Preise zum		
		01.01.1998	**01.11.2001**	**01.01.2008**
Regelsatz für 100 kg in EUR:	100 %	5,97	6,30	6,99
Reduktionen auf:	90 %	5,37	5,67	6,29
	80 %	4,77	5,04	5,59
	70 %	4,17	4,41	4,89
	60 %	3,58	3,78	4,19

- Ein weiteres Hilfsmittel zur Berechnung von Angebotspreisen ist das vom BGL herausgegebene **K**osten-**I**nformations-**S**ystem **(KIS)** für die leistungsorientierte Kalkulation von Straßengütertransporten.
  Zunächst werden darin für verschiedene Fahrzeugtypen Kalkulationssätze bereitgestellt, bevor die Einzelkomponenten für eine Kalkulation differenziert betrachtet werden. Als Teilkomponenten werden behandelt:
  - die Entfernungskomponente (mit allen Bereitstellungs- und Rücklaufentfernungen sowie der Erfassung der Entfernungen zwischen verschiedenen Be- und Entladestellen)
  - die Zeitkomponente (hier können Fuhrparkmanagementsysteme die Datenerfassung wesentlich erleichtern und es ermöglichen, gezielte Auswertungen vorzunehmen)

---

[1]   *Die gleiche Musterkalkulation befindet sich auch in der GVE (= Güterfern-Verkehr-Empfehlungen, 63. Ausgabe, Januar 2008, Verkehrs-Verlag J. Fischer, S. 273 ff.)*

– die Erfassung von Neben- und Zusatzleistungen
– die detaillierte Tourenkalkulation bis hin zur Ermittlung der tourenbezogenen Gesamtkosten unter Einbezug der Verwaltungs- und kalkulatorischen Kosten,
– die Umlaufkalkulation (z. B. Hin- und Rückfahrt, Verknüpfung mehrerer Einzelfahrten)
– die Kalkulation von Auftragspaketen

● Aus einem Vergleich der neuen Tabelle III der KGS und der GVE für 15 t (A/B) über 384 km ergeben sich folgende Preise:

Kostentabelle III	79,51 EUR/t	1 192,65 EUR
GVE	8,20 EUR/100 kg	1 230,00 EUR

Beide so ermittelten Preise zeichnen sich durch eine Marktferne aus, da sie derzeit in dieser Höhe nicht zu erzielen sind.

Zunächst wurde die Preisgestaltung nach der Tarifaufhebung zum 1. Januar 1994 völlig frei den Marktteilnehmern überlassen. Die Folge war ein starkes Absinken der Transportpreise. Die Übernahme einer ähnlichen Regelung wie in Frankreich erfolgte nicht (bis auf GVE, die im September 1994 erschienen). In Frankreich ist der „Tarif de Référence" bereits seit 1988 in Anwendung, was dazu führte, dass das französische Güterkraftverkehrsgewerbe eine entsprechende Vorlaufzeit für die Liberalisierung hatte und Erfahrungswerte sammeln konnte. Dort stellte sich heraus, dass auf Strecken mit starkem Laderaumangebot die Referenzwerte um bis zu 30 % unterboten wurden und dass auch auf schwach frequentierten Strecken wesentlich niedrigere Abschläge zu erreichen sind.

Eine andere Lösung könnte darin bestehen, dass man die Fahrzeugeinsatzkosten tabellarisch für unterschiedliche Normtypen von Fahrzeugen jährlich aktualisiert als Richtwerte veröffentlicht.

Beispiel:

Ein solches System könnte wie folgt aussehen, wenn folgende Annahmen hier getroffen werden:

variable Kosten	0,58 EUR/km
fixe Kosten des Fahrzeuges einschließlich kompletter Fahrpersonalkosten	325,00 EUR/Tag
Kostenstellen-, Filial-, Konzernfixkosten	25 %
der Fahrzeugfixkosten + Fahrpersonalkosten	
Schicht bei einem Mann Besatzung	12 Std. (= 1 Tag)

in EUR:

Kilometerleistung	variable Kosten	Einsatzdauer in Std. / in Tagen → Fixkosten + gesamte Overheadkosten 6 / 0,5	9 / 0,75	12 / 1,0	15 / 1,25	18 / 1,5	21 / 1,75	24 / 2,0
150	87,00	203,12	304,69	406,25	507,81	609,38	710,94	812,50
200	116,00	203,12	304,69	406,25	...	...	...	...
250	145,00	203,12	304,69	406,25	...	...	...	...
300	174,00	...	304,69	406,25	...	...	...	...
350	203,00	...	304,69	406,25	...	...	...	...
400	232,00	...	...	406,25	...	...	...	...
450	261,00	...	...	406,25	...	...	...	...
500	290,00	...	...	406,25	...	...	...	...
...	...	...	...	...	...	...	...	...

Bei einer Einsatzzeit von 12 Std. und einer Fahrleistung von 450 km entstünden somit Gesamtkosten in Höhe von 667,25 EUR.

Übernehmen sollte man aus den alten Regelungen das Entfernungswerk und Frachtberechnungsvorschriften als individuell angepasste Vertragsbestandteile, die mit dem Frachtzahler vereinbart wurden.

Haftung aus dem Frachtvertrag

Das gesamte Frachtrecht ist vom „Sphärengedanken" geprägt. Mit diesem Begriff soll zum Ausdruck gebracht werden, dass beide Vertragspartner – Absender und Frachtführer – jeweils verschuldensunabhängig für die Gefahren des Transports im Risiko sind, die ihrer jeweiligen **Sphäre** zuzurechnen sind.[1]

Haftung des Frachtführers

Nach § 425 HGB haftet der Frachtführer für Schäden, die durch **Verlust** oder **Beschädigung** des Gutes in der Zeit von der Übernahme zur Beförderung bis zur Ablieferung (= Obhutszeitraum) entstehen. Ferner haftet er für Schäden, die sich aus der **Überschreitung** der Lieferfrist ergeben. Bei Vermögensschäden, die Folge einer Lieferfristüberschreitung sein können, ist die Haftung allerdings gemäß § 431, 3 HGB auf den **dreifachen** Betrag der Fracht begrenzt. Schon bei diesem grundsätzlichen Haftungsanspruch an den Frachtführer ist zu beachten, inwieweit Verhaltensweisen des Absenders (unsachgemäße Verladung in verplombte WAB), des Empfängers oder Mängel am Gut selbst bei der Schadenentstehung mitgewirkt haben. Sollte dies der Fall sein, muss dies bei der Schadenregulierung angemessen berücksichtigt werden. Neben dieser möglichen **Haftungsminderung** ermöglicht § 426 HGB eine Haftungsbefreiung des Frachtführers dann, wenn der Verlust, die Beschädigung oder die Überschreitung der Lieferfrist auf Umständen beruht, die der Frachtführer auch bei größter Sorgfalt nicht vermeiden und deren Folgen er nicht abwenden konnte.

Diesen beiden **allgemeinen Haftungsbefreiungsgründen** werden durch § 427 HGB besondere **Haftungsausschlussgründe** zugeordnet. Danach ist der Frachtführer von seiner Haftung befreit, soweit der Verlust, die Beschädigung oder die Überschreitung der Lieferfrist auf eine der nachstehend genannten Gefahren zurückzuführen ist:

- vereinbarte oder der Übung entsprechende Verwendung von offenen, nicht mit Planen gedeckten Fahrzeugen oder Verladung auf Deck
- ungenügende Verpackung durch den Absender
- Behandeln, Verladen oder Entladen des Gutes durch den Absender oder den Empfänger
- natürliche Beschaffenheit des Gutes, die besonders leicht zu Schäden, insbesondere durch Bruch, Rost, innerer Verderb usw. führt
- ungenügende Kennzeichnung der Frachtstücke durch den Absender
- Beförderung lebender Tiere

Sollten Schäden aus diesen Gründen entstehen, sind sie dem **Risikobereich des Absenders** zuzuordnen und müssen somit von diesem reguliert werden.

---

[1] *Thonfeld, a. a. O., Abschn. 5.1, S. 64*

Zu den sog. **unabwendbaren Ereignissen** (vgl. hier auch Formulierung des engl. Vertragstextes der CMR: „circumstances which the carrier could not avoid and the consequences of which he was unable to prevent") aus § 426 HGB ist anzumerken, dass die Rechtsprechung hier sicherlich derjenigen der CMR folgen wird, d. h., jeder Einzelfall wird bewertet und dann entschieden, ob ein unabwendbares Ereignis vorliegt. Schäden aufgrund von Fahrzeugmängeln sind somit sicherlich kein unabwendbares Ereignis, ebenso wie Schäden durch Diebstahl oder Raub des Lkw oder der Ladung.

Da die oben genannten besonderen Haftungsausschlussgründe dem Risikobereich des Absenders zuzuordnen sind, muss auch dieser den Beweis führen, dass der Schaden nicht von ihm verursacht wurde.

Weitere Schadenursachen, die dem Risikobereich des Frachtführers zuzuordnen sind, müssen den Regelungen unterschiedlichster Paragraphen des HGB entnommen werden.

Im Einzelnen sind dies:

- Entstehen Schäden dadurch, dass gemäß § 412, 1 HGB der Frachtführer die betriebssichere Verladung nicht ordnungsgemäß vornimmt, so muss der Frachtführer für den entstehenden Schaden aufkommen.

- Geht der Frachtführer mit ihm übergebenen Urkunden nicht sorgfältig um, d. h., er verliert sie oder sie sind in wichtigen Passagen unleserlich geworden oder verwendet er sie nicht ordnungsgemäß (vgl. § 413 HGB), so muss der Frachtführer ebenfalls für den Schaden aufkommen.

- Dem Absender steht nach § 415, 1 HGB das Recht zu, den Frachtvertrag jederzeit zu kündigen. Die Kündigung kann zwei Ursachenbereichen zugeordnet werden:
  - dem Absender selbst, wenn er z. B. mit der Produktion nicht rechtzeitig fertig wird
  - dem Frachtführer, wenn er ein z. B. nicht technisch einwandfreies Fahrzeug stellt. Die Kosten, die dem Frachtführer durch Gestellung eines solchen Fahrzeuges entstehen, kann er nicht weiterbelasten, da dieser Schaden wiederum seinem Risikobereich zuzuordnen ist.

- Zieht der Frachtführer das Fahrzeug beispielsweise vor Beendigung der vereinbarten Ladezeit beim Absender ab und kann aus diesem Grunde nicht mehr die komplette Ladung übernehmen, kann er den Absender nicht mit der vollen Fracht belasten. Das vorzeitige Abziehen des Lkw, um eventuell noch anderweitige Übernahmetermine wahrnehmen zu können, ist auch dem Risikobereich des Frachtführers zuzuordnen.

- Auch aus § 417, 4 HGB ist zu entnehmen, dass der Frachtführer keinen Anspruch wegen zu langer Beladezeiten geltend machen kann, wenn die Nichteinhaltung der Ladezeit auf Gründen beruht, die dem Risikobereich des Frachtführers zuzuordnen sind. Sollte somit der Frachtführer verspätet an der Beladestelle eintreffen oder entspricht beispielsweise die Temperatur eines Kühlfahrzeuges nicht der im Frachtvertrag vereinbarten Größe, so sind diese Verzögerungen durch den Frachtführer verursacht und er kann eventuell anfallende Kosten nicht auf den Absender überwälzen, sondern muss diese selbst tragen.

- Ebenfalls in § 420, 2 HGB wird darauf hingewiesen, dass Beförderungshindernisse, die dem Risikobereich des Frachtführers zuzuordnen sind **(subjektive Unmöglichkeit der Leistung z. B. durch Motorschaden)** nur dann zu Ansprüchen des Frachtführers führen, falls die bis **dahin** erbrachte Teilstreckenbeförderung für den Absender von **Interesse** ist. Hier kann der Absender, falls identisch mit Frachtzahler, nicht mit einer erhöhten Gesamtfracht belastet werden.

Beispiel:

Für einen Transport über eine Entfernung von 624 km und für ein Sendungsgewicht von 17 260 kg war eine Fracht auf folgender Basis vereinbart worden:

Fracht nach GVE (Stand Januar 2008) ./. 45 % Marge. Dies entspricht einem Frachtsatz von 5,97 EUR/100 kg bzw. einer Gesamtfracht in Höhe von 1 032,81 EUR netto. Nach 274 km Fahrt muss der Transport wegen Motorschadens abgebrochen werden. Für den Rest der Strecke muss entsprechend eingeholter Anweisung ein zweiter Frachtführer eingesetzt werden. Die Fracht ist somit wie folgt aufzuteilen:

1. **Frachtführer: A => B:**   274 km   453,51 EUR
2. **Frachtführer: B => C:**   350 km   579,30 EUR.

Der erste Frachtführer kann somit keine **Streckenfracht** für 274 km abrechnen, die bei gleicher Marge 608,96 EUR betragen würde, sondern nur 453,51 EUR.

Allgemein kann man also eine Frachtaufteilung zwischen Erst- und Zweitunternehmer (gilt auch für Begegnungsverkehre) somit wie folgt berechnen:

$$\text{Anteil Erst- oder Zweitunternehmer} = \frac{\text{Gesamtfracht} \cdot \text{anteilige Strecke FF1 bzw. FF2}}{\text{Gesamtstrecke}}$$

Selbstverständlich haftet der Frachtführer nach § 428 HGB auch für Handlungen und Unterlassungen seiner Leute, falls diese in Ausübung ihrer Verrichtungen handeln. Auch für **eingesetzte Personen**, deren er sich bei der Ausführung der Beförderung bedient, muss er die Haftung für deren Handlungen und Verrichtungen übernehmen, was bei der Auswahl derselben eine erhöhte Sorgfalt erfordert.

Schadenersatz muss er bei **gänzlichem oder teilweisem** Verlust in Höhe des Wertes leisten, den das Gut zur **Zeit der Übernahme zur Beförderung** hatte (vgl. § 429, 1 HGB). Bei Beschädigung des Gutes ist der Unterschied zwischen dem Wert des unbeschädigten Gutes am Ort und zur Zeit der Übernahme zur Beförderung und dem Wert zu ersetzen, den das beschädigte Gut am Ort und zur Zeit der Übernahme gehabt hätte. In der Regel setzt man diesen Differenzbetrag den Aufwendungen gleich, die für eine Schadensminderung (z. B. Notverkauf) und/oder Schadensbehebung (Reparaturen) aufzuwenden sind. Für die Aufwendungen, die im Rahmen der Schadensfeststellung anfallen, muss der Frachtführer aufkommen.

Die zu zahlende Entschädigung wegen

- Verlust oder Beschädigung der gesamten Sendung ist auf einen Betrag von **8,33 SZR** je Kilogramm des Rohgewichtes begrenzt,
- Verlust oder Beschädigung einzelner Packstücke ist ebenfalls auf **8,33 SZR** je Kilogramm des Rohgewichtes beschränkt,
  - falls die gesamte Sendung entwertet ist, für das Gewicht der Gesamtsendung,
  - falls nur ein Teil der Sendung entwertet ist, für das Gewicht des entwerteten Teils.

60

Falls der Frachtführer wegen Verlust oder Beschädigung haftet, muss er über den Güterschaden hinaus auch die Fracht, öffentliche Abgaben (z. B. EUSt.) und sonstige Kosten aus Anlass der Beförderung des Gutes erstatten.

Für sonstige Vermögensschäden (vgl. § 433 HGB) haftet der Frachtführer maximal bis **zum dreifachen Betrag**, der bei Verlust zu zahlen wäre (keine Sach- und Personenschäden; z. B. Schaden durch verspätete Gestellung eines Fahrzeuges, um Produkte direkt vom Band zu übernehmen – anfallende Umstellungskosten oder sogar Kosten durch Herunterfahren der Bandgeschwindigkeit).

Für Schäden, die durch Fehler beim Einzug einer Nachnahme entstehen, haftet der Frachtführer gemäß § 422, 3 HGB nur bis zur Höhe des Betrages der Nachnahme.

All diese Haftungsbeschränkungen entfallen (dann unbegrenzte Haftung), sollte der Schaden seitens des Frachtführers, seiner Leute oder sonstiger Personen **vorsätzlich** oder **leichtfertig** im Bewusstsein, dass ein Schaden entstehen kann, herbeigeführt worden sein (vgl. § 435 HGB).

Äußerlich erkennbare Schäden müssen **sofort** bei Ablieferung reklamiert werden; die Reklamation soll den Schaden möglichst präzise beschreiben (vgl. § 438, 1 HGB). Da das Gesetz hier dann zum Ausdruck bringt, dass die Vermutung auf eine einwandfreie Übergabe besteht, falls keine sofortige Reklamation bei Ablieferung erfolgte, muss man hieraus ableiten, dass der Empfänger auch noch nachträglich beweisen kann, dass das Gut schadhaft abgeliefert wurde.

Bei sog. **verdeckten Schäden** (keine äußere Beschädigung erkennbar) hat der Geschädigte eine Anzeigefrist von **sieben Tagen**. Hat der Geschädigte innerhalb von sieben Tagen den verdeckten Mangel angezeigt, muss der Frachtführer beweisen, dass ihn kein Verschulden trifft (vgl. § 438, 2 HGB). Überschreitet der Geschädigte die Anzeigefrist von sieben Tagen, muss er dem Frachtführer beweisen, dass er den Schaden herbeigeführt hat.

Ansprüche aus Überschreitung der Lieferfrist erlöschen, falls der Empfänger dem Frachtführer nicht innerhalb von **21 Tagen** nach Ablieferung den Schaden anzeigte (vgl. § 438, 3 HGB).

Von den genannten Haftungsregelungen kann bei Geschäftsabwicklungen mit sog. **Verbrauchern** nicht abgewichen werden. Ein Verbraucher im Sinne des Gesetzes ist eine **natürliche Person**, die den Vertrag zu einem Zweck abschließt, der weder ihrer gewerblichen noch ihrer selbstständigen beruflichen Tätigkeit zugerechnet werden kann (vgl. § 414, 4 HGB).

In allen anderen Fällen (Ausnahme: Beförderung von Briefen oder briefähnlichen Sendungen) können die Haftungsregelungen

- durch Vereinbarungen, die im Einzelnen ausgehandelt wurden, ersetzt werden;
- durch vorformulierte **Vertragsbedingungen** auf einen anderen als den in § 431, 1 + 2 HGB vorgesehenen Betrag begrenzt werden, wenn dieser Betrag zwischen **zwei** und **vierzig** SZR liegt und in drucktechnisch deutlicher Gestaltung hervorgehoben ist (vgl. § 449, 2 Nr. 1 HGB).

Alle Ansprüche gegen den Frachtführer **verjähren** nach **1 Jahr**, bei Vorsatz und „grober Fahrlässigkeit" nach **3 Jahren**. Die Frist beginnt mit Ablauf des Tages, an dem das Gut abgeliefert wurde. Ist das Gut in Verlust geraten, beginnt die Verjährung mit dem Ablauf des Tages, an dem das Gut hätte abgeliefert werden müssen (vgl. § 439, 1 + 2 HGB).

Haftung des Absenders

Schäden, die nicht in der Obhut des Frachtführers entstanden sind, müssen durch den Absender übernommen werden. So gehen Schäden, die auf Verpackungsmängel der verladenen Güter zurückzuführen sind, zu Lasten des Absenders, auch Spediteurs, falls dieser als Absender fungiert. Schäden, die während des Be- und Entladevorganges durch den Absender bzw. dessen Erfüllungsgehilfen am Empfangsort verursacht wurden, können ebenfalls nicht auf den Frachtführer abgewälzt werden. Somit ist es sinnvoll, dass der Fahrer auch bei der Entladung anwesend ist; so kann er feststellen, ob beim Entladevorgang durch das eingesetzte Personal – falls selbst keine vertragliche Vereinbarung mit dem Absender getroffen wurde – Schäden auch an anderem beigeladenen Gut verursacht wurden.

Für Mängel in der Beschaffenheit der Güter ist der Frachtführer nicht haftbar zu machen; die Qualitätssicherung der Produkte obliegt dem Absender (Hersteller). Auch bei einer unzureichenden Kennzeichnung der Sendung, die zu Falschauslieferungen führen kann, ist nicht der Frachtführer haftbar zu machen, da diese Falschauslieferung auf eine Unterlassung des Absenders zurückzuführen ist. Ferner ist der Frachtführer von der Haftung befreit, falls die Angaben in einem eventuell durch den Absender ausgestellten Frachtbrief unrichtig bzw. unvollständig sind, sowie Hinweise auf die Gefahrguteigenschaften der Güter unterlassen wurden. Sollten für grenzüberschreitende Verkehre z. B. notwendige Verzollungsdokumente fehlen, unvollständig oder unrichtig sein, kann der Frachtführer nicht für lange Grenzaufenthalte verantwortlich gemacht werden, die eventuell zu einer Überschreitung der Lieferfrist führen.

Beförderung von Umzugsgut

Im Zuge der Transportrechtsreform sind sowohl die Sondervorschriften des GüKG für das Möbeltransportgewerbe als auch die Beförderungsbedingungen für den Umzugsverkehr und die Beförderung von Handelsmöbeln als zwingende Rechtsvorschriften entfallen. Neumöbel gelten seit 1. Juli 1998 als normales Handelsgut. Für das Umzugsgut gelten nunmehr folgende Regelungen:

Rechtsgrundlagen für den Umzugsverkehr

Allgemeine Vorschriften zum
Frachtgeschäft §§ 407–443 HGB

z. T. ersetzt durch

Besondere Vorschriften
zum Umzugsverkehr
§§ 451 a)–h) HGB

ergänzt durch

Allgemeine Geschäfts-
bedingungen der
Möbelspediteure/AMÖ
zum Umzugsverkehr

INTERNATIONALE SPEDITION UND MÖBELTRANSPORT

ALEXANDER HOLZ KG

Raiffeisenstr. 10-12   56068 Koblenz

Ruf: 0261 47777
Fax: 0261 47790

Herrn
Josef Jachtenfuchs
Cusanusstr. 25
56073 Koblenz

(Name, Anschrift des Absenders)

Umzugsvertrag

Angebot / Auftrag:

Für die Ausführung des Umzugs von Wohnung zu Wohnung einschließlich Be- und Entladen an für Möbelwagen befahrbarer Straße.

Beladestelle:	wie oben	I
Entladestelle:	70499 Stuttgart Albweg 1	I
	PLZ, Ort Straße, Nr.	Geschoss
Vorname, Name		

Umfang: ☐ nach Beladung zu ermitteln   ☒ nach Umzugsgutliste ermittelt   ☐ vereinbart   40   Kubikmeter (cbm)

Entfernung: ☐ bis 50 km;   ☐ über 50 - 125 km _____ km   ☐ über 125 km lt. VON ORT BIS ORT DEUTSCHLAND: 280 km
An- u. Abfahrten zur Be- und Entladestelle sowie Transportzeiten zwischen Be- und Entladestelle (bis zu 125 km) gelten als zu berechnende Wegezeit.

Hinweis: Der Umzugsvertrag ist gesetzlich geregelt im „Vierten Abschnitt – Frachtgeschäft" des HGB und hier speziell in den §§ 451 bis 451h.

Angebot

A • Beladen / Entladen (☒ ohne ☐ mit Montage- und Packerleistungen)				EUR	EUR
Für den Möbelwagen/ -anhänger je angefangene Einsatzstunde	ca. 10	Std. à	24,75		247,50
Für den Fahrer je angefangene Stunde Arbeitszeit	ca. 10	Std. à	31,00		310,00
Für den/die Träger je angefangene Stunde Arbeitszeit	ca. 20	Std. à	29,00		580,00
Lohnzuschläge lt. Lohntarifvertrag	ca.	Std. à			
Spesen lt. Lohn-/Manteltarifvertrag pro Mann		à			

☐ Die Abrechnung erfolgt nach tatsächlichem Aufwand.

B • Transportieren / Fracht

Bis 50 km Laststrecke im Möbelwagenpreis enthalten. Transportieren über 50 km lt. Tabelle für   280   km   1 176,00

Ändern sich die zugrunde gelegten Entfernungen und/oder der Ladungsumfang, können sich auch die Transportkosten lt. Kalkulationstabelle ändern.

C • Zusätzliche Leistungen/Zuschläge Die Abrechnung erfolgt nach tatsächlichem Aufwand bzw. Verbrauch. Fahrgelder und Spesen werden separat berechnet.

Packer für Ein- und Auspacken / De- und Montagen	ca.	Std. à	
Handwerkerleistungen			
Packmaterialgestellung 40 Faltkisten à 3,99			159,60
5 Kleiderboxer à 5,83			29,15

Als vereinbart gelten Berechnungen für längere Benutzung, soweit vom Auftraggeber zu vertreten.

Anlieferung / Abholung / Entsorgung von Packmaterial

Zuschläge für besonderen Aufwand (Klavier, Tresor, Schrägaufzug, Genehmigungen, Gebühren usw.)

D • Versicherung

Die gesetzliche Haftung ist begrenzt. Es besteht die Möglichkeit, eine weitergehende Haftung zu vereinbaren und gegen Bezahlung einer Prämie eine Transportversicherung abzuschließen (siehe „Haftungsinformationen gem. § 451f HGB").

Angegebener Wert des Umzugsgutes

Haftung bei _____ Euro pro 1 cbm

☐ Weitergehende Haftung - Entgelt mit _____ ‰ vom Wert

☐ Transportversicherung - Prämie _____ ‰ vom Wert

	2 502,25
Die aufgeführten Preise sind Nettopreise. Zusätzlich werden nach den gesetzl. Vorschriften 19 % Mehrwertsteuer berechnet.	475,43
Zahlungsbedingungen: Der Rechnungsbetrag ist fällig bei Inlandstransporten vor Entladung, bei Auslandstransporten vor	2 977,68

Beladung. Verzug tritt innerhalb von 10 Tagen ein.

Packmaterial:	Verladen:	Auspacken:
Einpacken:	Entladen:	Handwerker:

Koblenz _____, den   02.02.20..   Möbelspediteur (Frachtführer): _____

Auftrag

Die Preise gemäß der Kostenzusammenstellung sind aufgrund der Angaben des Absenders und/oder Feststellungen des Möbelspediteurs ermittelt. Zuschläge für Neben-, Sonderleistungen, Fahrgelder und amtliche Gebühren, die im Leistungsumfang nicht aufgeführt sind, sind zusätzlich entsprechend den Einzelpreisen bzw. den üblichen Preisen zu vergüten. Auf der Fahrt anfallende Straßengebühren oder -steuern und Fährkosten sind zusätzlich (ggf. anteilig) nach Aufwand oder bei Vereinbarung pauschaliert zu vergüten.

Ich/wir habe(n) von der Anlage "Haftungsinformationen des Möbelspediteurs gemäß § 451g HGB" und den ergänzenden "Allgemeinen Geschäftsbedingungen" als Bestandteil des Umzugsvertrages Kenntnis genommen. Falls der Empfänger des Umzugsgutes ein Dritter sein wird, werde ich / werden wir diesen informieren, wie er sich bei Entladung und im Schadensfall zu verhalten hat, um das Erlöschen von Ersatzansprüchen zu verhindern.

Ich / Wir erteile(n) den Auftrag, den Umzug gemäß den Bedingungen dieses Vertrages und dem vereinbarten Leistungsumfang durchzuführen.

Absender:

_____ , den _____   _____

(ggf. im versicherten Einverständnis mit dem nicht unterschreibenden anderen Ehe-/Lebenspartner)

Systemformular · Alle Rechte beim Werner Brandeis Verlag "Der Möbelspediteur" GmbH, Neu-Isenburg · Nachdruck sowie Speicherung und Auswertung durch EDV verboten · Bestell-Nr.: 4553/303 H

Abschluss des Umzugsvertrages

Vor der Durchführung eines Umzugs ist ein Umzugsvertrag zwischen dem Absender (= Kunde) und dem Frachtführer (= Möbelspediteur) abzuschließen (§ 451 HGB). Da der (Privat-)Kunde realistischerweise nicht zur Ausstellung eines Frachtbriefes verpflichtet ist (§ 451 b HGB), werden in der Praxis üblicherweise die Vertragsformulare des Möbelspediteurs verwendet (vgl. Abb. S. 62).

Abwicklung des Umzugsvertrages

1. Pflichten des Möbelspediteurs

Die Pflichten des mit Umzügen beschäftigten Spediteurs sind weiter gefasst als die des „normalen" Frachtführers. Sie umfassen nach § 451 a HGB folgende Leistungen:

- Ein- und Auspacken des Umzugsgutes
- Ab- und Aufbauen der Möbel
- Ver- und Entladen des Umzugsgutes
- Kennzeichnung des Umzugsgutes

Weitere zusätzliche Leistungen können sich aus § 451 a, 2 HGB ergeben. Die Formulierung „sonstige auf den Umzug bezogene Leistungen" ist dahingehend zu interpretieren, dass es sich hier um Leistungspflichten handelt, die nicht unmittelbar mit der Abwicklung des Umzuges und damit der Beförderung des Umzugsgutes verbunden sind, sondern von zusätzlichen Leistungen, die zwischen den Vertragspartnern vereinbart werden können, wie z. B. Ab- und Aufhängen von Lampen, Ab- und Aufbau von Einbauküchen und Ähnliches (vgl. hierzu Ebenroth/Boujong/Joost, Kommentar HGB, Band 2, Beck Verlag, S. 918, Randziffer 7).

Andererseits kann der o. a. Leistungskatalog vertraglich eingeschränkt werden, wenn der Kunde z. B. das Ein- und Auspacken des Umzugsgutes selbst vornehmen möchte.

2. Pflichten des Kunden

Um einen reibungslosen Umzug zu gewährleisten, werden dem Kunden in den AGB bestimmte Pflichten auferlegt:

- Bewegliche oder elektronische Teile an hochempfindlichen Geräten wie z. B. Waschmaschinen, Plattenspielern, Fernseh-, Radio-/Hifigeräten und EDV-Anlagen sind für den Transport sachgerecht zu sichern (Ziffer 5).
- Bei Abholung des Umzugsgutes ist nachzuprüfen, ob kein Gegenstand oder keine Einrichtung irrtümlicherweise mitgenommen oder stehen gelassen wird (Ziffer 11).
- Fristgerechte Zahlung des vereinbarten Entgelts. Diese Angabe ist vor allem für solche Kunden bedeutend, deren Zahlungsfähigkeit der Möbelspediteur als nicht gesichert ansieht. Dann wird bei Inlandstransporten spätestens vor Entladung der letzten, höherwertigen Gegenstände die Zahlung in bar verlangt. Kunden mit entsprechender Bonität wird wenige Tage nach Beendigung des Umzugs eine Rechnung zugeschickt, die umgehend zu begleichen ist. Für Auslandstransporte kann der Möbelspediteur eine Begleichung der Rechnung vor dem Beginn der Verladung verlangen (Ziffer 12).
  Zusätzlich zu vergüten sind besondere, bei Vertragsabschluss nicht vorhersehbare Leistungen und Aufwendungen. Gleiches gilt, wenn der Leistungsumfang durch den Absender nach Vertragsabschluss erweitert wird (Ziffer 2).
- Bescheinigung des Empfangs des Umzugsgutes. Üblicherweise unterschreibt der Kunde den Arbeitsschein, auf dem auch Bemerkungen über die Arbeitsweise des Umzugspersonals sowie evtl. offensichtliche Beschädigungen vorgenommen werden.

3. Störungen bei der Auftragsabwicklung

Störungen können z. B. dadurch entstehen, dass während der Beförderung des Umzugsgutes Eigentumsrechte von dritter Seite geltend gemacht werden, die eine nachträgliche Weisung des Kunden notwendig machen (§ 418 HGB), oder dass Beförderungs- und Ablieferungshindernisse eintreten (z. B. Nichtbezugsmöglichkeit der neuen Wohnung), die zur Einholung von Weisungen durch den Möbelspediteur führen (§ 419 HGB). Schließlich sei auf das Pfandrecht des Möbelspediteurs zur Sicherung seiner Ansprüche aus dem Umzugsvertrag verwiesen (§ 441 HGB). Die genannten Paragrafen sind in den allgemeinen Vorschriften zum Frachtgeschäft enthalten (siehe dort).

4. Haftung des Möbelspediteurs

Auch der Möbelspediteur unterliegt der **Obhutshaftung**. Danach haftet er für Schäden, die durch

- Verlust oder Beschädigung des Umzugsgutes in der Zeit von der Übernahme zur Beförderung bis zur Ablieferung,

- Überschreitung der Lieferfrist

entstanden sind.

Die Haftung für Verlust und Beschädigung ist auf einen Betrag von 620,00 EUR/m^3 beschränkt, (vgl. § 451 e HGB) wobei sich die Schadenersatzleistung auch nach dem Zeitwert des Umzugsgutes richtet. Es besteht jedoch die Möglichkeit, eine weitergehende Haftung zu vereinbaren und gegen Bezahlung einer Prämie eine Transportversicherung abzuschließen (vgl. hierzu Abschnitt D des Umzugsvertrags).

Beispiel:
Für einen Umzug werden 60 m^3 benötigt. Im Umzugsvertrag wurde ein deklarierter Wert von 60 000,00 EUR eingetragen. Somit könnte bei einem Prämiensatz von 2,5 ‰ – wie er z. B. im Bundesumzugskostengesetz festgelegt ist – folgendes zusätzliches Entgelt berechnet werden:

60 000,00 EUR	deklarierter Wert
– 37 200,00 EUR	Haftungssumme (620,00 EUR/m^3)
22 800,00 EUR	Unterschiedsbetrag
2,5 ‰ von 22 800,00 EUR	
= 57,00 EUR)	Prämienbetrag

Die Haftung für Überschreitung der Lieferfrist ist – wie im allgemeinen Frachtrecht – auf den dreifachen Betrag der Fracht begrenzt.

Der Möbelspediteur ist – wie jeder Frachtführer – von der Haftung befreit, soweit der Verlust, die Beschädigung oder die Überschreitung der Lieferfrist auf Umständen beruht, die der Möbelspediteur auch bei größter Sorgfalt nicht vermeiden und deren Folgen er nicht abwenden konnte (unabwendbares Ereignis).

Sollte Umzugsgut in Containern verladen werden und ein Hauptfrachtführer übergibt den geladenen Container an einen Unterfrachtführer, haftet letzterer gegenüber dem Hauptfrachtführer entsprechend den Vorschriften des ersten Unterabschnittes zum Frachtgeschäft nach HGB.

Zudem haftet er auch **nicht** für Schäden, die auf **besondere** Gefahren zurückzuführen sind:

- Beförderung von Edelmetallen, Juwelen, Briefmarken, Dokumenten, Urkunden usw.
- ungenügende Verpackung oder Kennzeichnung durch den Kunden
- Behandeln, Verladen oder Entladen durch den Kunden

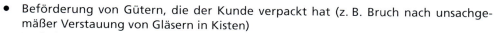

- Beförderung von Gütern, die der Kunde verpackt hat (z. B. Bruch nach unsachgemäßer Verstauung von Gläsern in Kisten)
- Verladen und Entladen von Umzugsgut, dessen Größe oder Gewicht den Raumverhältnissen an der Ladestelle oder Entladestelle nicht entspricht
- Beförderung von Pflanzen und Tieren
- natürliche oder mangelhafte Beschaffenheit des Gutes (z. B. Lösen von Verleimungen)
- Funktionsstörungen an elektronischen Geräten (z. B. Bildausfall bei einem Fernsehgerät nach dessen Anschluss in der neuen Wohnung)

Der Kunde muss im Schadenfall rechtzeitig reklamieren, damit seine **Ersatzansprüche nicht erlöschen**. Dazu schreibt das HGB (§§ 451 f., 438,3):

Ersatzansprüche aus	Reklamation muss dem Möbelspediteur zugehen
(Teil-)Verlusten und äußerlich erkennbaren Güterschäden	sofort nach Ablieferung des Umzugsgutes in schriftlicher Form (Arbeitsschein, Schadenprotokoll), spätestens am Tag nach der Ablieferung
äußerlich nicht erkennbare Güterschäden	innerhalb von 14 Tagen nach Annahme des Umzugsgutes in spezifizierter und schriftlicher Form (Schadenbericht)
Überschreitung der Lieferfrist	innerhalb von 21 Tagen nach Ablieferung in schriftlicher Form

Nach ordnungsgemäßer Reklamation hat der Kunde die Verjährungsfrist von i. d. R. einem Jahr zu beachten.

Der Möbelspediteur hat den Kunden (Verbraucher) über die haftungsrechtlichen Bestimmungen schriftlich zu informieren (§ 451 g HGB). Dazu dient ein **Haftungszertifikat**, das Bestandteil des Umzugsvertrages ist. Darin hat der Kunde zum einen die Haftungshöhe zu bestimmen (Wertdeklaration oder Grundhaftung); zum anderen bestätigt der Kunde mit seiner Unterschrift die Kenntnisnahme der haftungsrechtlichen Bestimmungen.

Der Möbelspediteur zeigt mit dem Haftungszertifikat an, dass er seiner im HGB vorgeschriebenen Pflicht zur Kundenaufklärung nachgekommen ist.

Abrechnung des Umzugsverkehrs

Mit Wirkung zum 1. Januar 1994 wurden auch für den Umzugsverkehr die tariflichen Bindungen aufgehoben, also sowohl die Regelungen zum Umzugsverkehr als auch für den Handelsmöbelverkehr. Größere Möbelspediteure, die über ein professionelles Kostenrechnungssystem verfügten, hatten sich bereits frühzeitig auf diese Situation eingestellt und sogenannte Haustarife entwickelt. Für kleine und mittlere Unternehmen, die nicht über diesen betriebswirtschaftlichen Unterbau verfügen, empfiehlt der Bundesverband der Möbelspediteure **(AMÖ)** die Anwendung der sog. **Mittelstandsempfehlungen**.

Diese Preisempfehlung enthält drei Abrechnungsarten:

- Bei Beförderungen **bis 50 km** wird ausschließlich nach dem Zeitbedarf abgerechnet. Zur Ermittlung des Zeitaufwands für das Be- und Entladen enthält die AMÖ-Mittelstandsempfehlung in der Anlage 3 auch Zeittabellen.

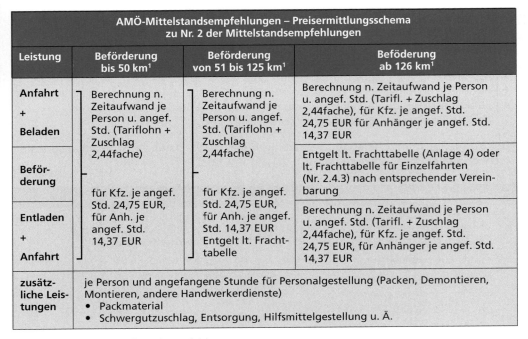

AMÖ-Mittelstandsempfehlungen – Preisermittlungsschema zu Nr. 2 der Mittelstandsempfehlungen			
Leistung	Beförderung bis 50 km[1]	Beförderung von 51 bis 125 km[1]	Beföderung ab 126 km[1]
Anfahrt + Beladen	Berechnung n. Zeitaufwand je Person u. angef. Std. (Tariflohn + Zuschlag 2,44fache)	Berechnung n. Zeitaufwand je Person u. angef. Std. (Tariflohn + Zuschlag 2,44fache)	Berechnung n. Zeitaufwand je Person u. angef. Std. (Tarifl. + Zuschlag 2,44fache), für Kfz. je angef. Std. 24,75 EUR für Anhänger je angef. Std. 14,37 EUR
Beför-derung	für Kfz. je angef. Std. 24,75 EUR, für Anh. je angef. Std. 14,37 EUR	für Kfz. je angef. Std. 24,75 EUR, für Anh. je angef. Std. 14,37 EUR Entgelt lt. Fracht-tabelle	Entgelt lt. Frachttabelle (Anlage 4) oder lt. Frachttabelle für Einzelfahrten (Nr. 2.4.3) nach entsprechender Vereinbarung
Entladen + Anfahrt			Berechnung n. Zeitaufwand je Person u. angef. Std. (Tarifl. + Zuschlag 2,44fache), für Kfz. je angef. Std. 24,75 EUR, für Anhänger je angef. Std. 14,37 EUR
zusätz-liche Leis-tungen	je Person und angefangene Stunde für Personalgestellung (Packen, Demontieren, Montieren, andere Handwerkerdienste) • Packmaterial • Schwergutzuschlag, Entsorgung, Hilfsmittelgestellung u. Ä.		

Anlage 3 zur Mittelstandsempfehlung:

Zeittabelle für Beladen und Entladen im Umzugsverkehr

Es handelt sich um **Durchschnittswerte**. Angenommen wurde:
– Be- und Entlademöglichkeit direkt vor dem Haus
– reine Be- und Entladetätigkeit ohne Demontage- und Montagearbeiten und ohne Anfahrt- und Abfahrtzeit (Wegezeiten), ohne Berücksichtigung der Fahrzeit von der Be- zur Entladestelle
– Beladung vom 1. Geschoss (Erdgeschoss) in den Möbelwagen
– Entladung vom Möbelwagen in das 1. Geschoss (Erdgeschoss)

m³	Rechnungs-einheit[2]	Beladen		Entladen		je weiteres Geschoss[3]	
		Min. je 5 m³	Gesamtzeit in Min.	Min. je 5 m³	Gesamtzeit in Min.	Min. je 5 m³	Gesamtzeit in Min.
10	2	133	266	113	226	16	32
15	3	130	390	111	333	16	48
20	4	128	512	109	436	16	64
25	5	126	630	107	535	16	80
30	6	123	738	105	630	16	96
35	7	120	840	102	714	16	112
40	8	116	928	100	800	16	128
45	9	116	1044	100	900	16	144
50	10	116	1160	100	1000	16	160

---

[1] *Entfernungsermittlung lt. Entfernungszeiger bzw. nach Straßenentfernung (Nr. 1.5 u. 1.6)*
[2] *1 Recheneinheit = 5 m³,*
[3] *gilt sowohl für die Geschosse an der Beladestelle als auch für die Geschosse an der Entladestelle*

m³	Rechnungs-einheit[1]	Beladen		Entladen		je weiteres Geschoss[2]	
		Min. je 5 m³	Gesamtzeit in Min.	Min. je 5 m³	Gesamtzeit in Min.	Min. je 5 m³	Gesamtzeit in Min.
55	11	116	1276	100	1100	16	176
60	12	116	1392	100	1200	16	192
65	13	116	1508	100	1300	16	208
70	14	116	1624	100	1400	16	224
75	15	116	1740	100	1500	16	240
80	16	116	1856	100	1600	16	256
85	17	116	1972	100	1700	16	272
90	18	116	2088	100	1800	16	288
95	19	116	2204	100	1900	16	304
100	20	116	2320	100	2000	16	320
105	21	116	2436	100	2100	16	336

Als Recheneinheit wird dabei der Kubikmeter (m³) verwendet, wobei der Umfang des Umzugsguts entweder
- nach der Beladung ermittelt,
- nach der Umzugsgutliste festgelegt oder
- fest vereinbart wird.
- Bei Beförderungen von **51 bis 125 km** wird ebenfalls nach dem Zeitbedarf abgerechnet. Hinzu kommen die zusätzlichen Fahrzeugkosten für die Streckenüberwindung, die aus einer Frachttabelle (Anlage 4 zur Mittelstandsempfehlung) abgelesen werden können.

Tabellenauszug:

Frachttabelle für den Umzugsverkehr und für die Beförderung sonstiger Güter mit umzugsgut-ähnlichem Leistungsprofil und Elektronik-Transporte (in EUR)

km \ m³	5	10	15	20	25	30	35	40	45	50
51– 75	56,75	72,60	92,03	102,77	129,36	129,87	130,89	131,91	132,42	133,96
76–100	76,69	97,66	124,24	139,07	174,35	175,37	176,91	177,93	179,46	181,00
101–125	95,10	121,18	153,39	171,28	216,28	217,81	218,83	220,37	221,90	223,43
126–150	117,09	236,22	355,35	476,01	526,63	554,24	575,20	596,17	612,02	615,60
151–175	138,56	263,32	396,76	532,25	591,05	615,60	632,98	658,03	675,93	722,46
176–200	158,50	286,32	431,53	577,76	645,76	673,37	700,98	729,61	750,58	763,36

(Anlage 4 zur Mittelstandsempfehlung)

- Bei Beförderungen **über 125 km** werden Fahrzeug- und Fahrpersonalkosten während der Zeit der Streckenüberwindung in einer Frachttabelle erfasst, wobei eine Besetzung des Fahrzeugs mit zwei Personen unterstellt wird. Für die Leistungen vor und nach der Streckenüberwindung ist wiederum der Zeitbedarf zu ermitteln und abzurechnen (vgl. Darstellung Umzugsvertrag).

Da es sich hier um Empfehlungen handelt, steht es jedem Möbelspediteur frei, sie in der vorgegebenen Form anzuwenden, sie abzuändern oder völlig zu ignorieren.

Beförderung mit verschiedenartigen Beförderungsmitteln

Erstmalig werden im HGB Beförderungen mit verschiedenartigen Beförderungsmitteln einer gesetzlichen Regelung unterworfen (vgl. §§ 452–452 d HGB).

In der CMR befindet sich in Artikel 2 eine Regelung für Huckepacktransporte. Danach liegen Huckepacktransporte vor, wenn ein mit Gütern beladenes Fahrzeug auf einem Teil der Strecke zur See, mit der Eisenbahn, auf Binnenwasserstraßen oder auf dem Luftweg befördert wird. Ist dies der Fall, gilt die CMR für die **gesamte Beförderung**. Stellt sich bei einem Schaden heraus, dass dieser durch ein Ereignis verursacht wurde, das eindeutig dem Beförderungsabschnitt mit dem anderen Beförderungsmittel zuzuordnen ist, bestimmt sich die Haftung des Straßenfrachtführers nicht nach diesem Übereinkommen (= CMR), sondern nach dem Recht des tragenden Verkehrsträgers (z. B. Seerecht auf Streckenanteil mit Fährschiff falls Ro-Ro-Verkehr).

Was ist nun ein **multimodaler Transport**?
Zunächst gelangt hier ein Produkt mit einem **durchgehenden Durchfrachtsvertrag für verschiedenartige Verkehrsmittel** zur Verladung. Den Vertrag bezeichnet man als „multimodalen Beförderungsvertrag". In der **Konvention der Vereinten Nationen über die Internationale Multimodale Güterbeförderung** wird in Artikel 1 der multimodale Beförderungsvertrag wie folgt definiert:

> **„Im Sinne dieser Konvention bedeutet „multimodaler Beförderungsvertrag" einen Vertrag, in dem sich ein Unternehmer der multimodalen Beförderung gegen Zahlung von Fracht verpflichtet, eine internationale multimodale Beförderung durchzuführen oder durchführen zu lassen."[1]**

Der durchgehende Beförderungsvertrag für verschiedenartige Verkehrsmittel wirft nun erhebliche Probleme bezüglich der Haftung auf, da für die einzelnen Verkehrsträger (Ausnahme § 407, 3 Nr. 1 HGB) in der Regel unterschiedliche Haftungsregelungen zu Grunde gelegt werden müssen. Der Bundesgerichtshof hat bereits im Jahre 1987 in einem Urteil festgelegt, dass die Ersatzpflicht sich aus dem Haftungssystem ergibt, das Grundlage des Beförderungsabschnittes ist, auf dem die Beschädigung entstand. Diesem Ansatz folgt bei **bekanntem Schadenort** auch das HGB im § 452 a. Steht also fest, dass der Verlust, die Beschädigung oder das Ereignis, das zu einer Überschreitung der Lieferfrist geführt hat, auf einer bestimmten Teilstrecke eingetreten ist, so bestimmt sich die Haftung des Frachtführers nach den Rechtsvorschriften, die auf einen Vertrag über eine Beförderung auf dieser Teilstrecke anzuwenden wären. Die **Beweislast** dafür, dass der Verlust, die Beschädigung oder das zu einer Überschreitung der Lieferfrist führende Ereignis auf einer bestimmten Teilstrecke eingetreten ist, obliegt demjenigen, der dies behauptet hat (vgl. § 452 a, Satz 2 HGB).

Aus § 452, Satz 1 HGB kann ferner entnommen werden, dass bei **unbekanntem Schadenort** oder bei einem nicht möglichen Nachweis des Schadensortes (FCL-FCL Container) auf die Regelungen des ersten Unterabschnittes des vierten Abschnittes des HGB zurückgegriffen werden muss. Danach muss der multimodale Beförderer (MTO), der der Gefährdungshaftung unterliegt, nach § 431, 1 HGB mit max. 8,33 SZR haften, bei Überschreitungen der Lieferfrist nach § 431, 3 HGB mit max. dem Dreifachen der Fracht. Diese Beschränkungen gelten auch für eingesetzte Hilfspersonen.

---

[1] *Dolly Richter-Hannes: Die UN-Konvention über die internationale multimodale Güterbeförderung, GOF-Verlag, Wien, S. 208*

Nach § 452 d, 2 HGB kann bei **bekanntem Schadenort** durch **vorformulierte Vertrags-bedingungen** von der Vorschrift des § 452 a, Satz 1 HGB abgewichen werden. Danach kann man festlegen, dass

● unabhängig davon, auf welcher Teilstrecke der Schaden eingetreten ist,
● oder für den Fall des Schadenseintritts auf einer in der Vereinbarung genannten Teilstrecke

die Vorschriften des Ersten Unterabschnitts gelten.

Die Schadensanzeige hat nach den Regelungen des § 438 HGB zu erfolgen. Die Ansprüche verjähren entsprechend den Regelungen des § 439 HGB.

2.3.2 Werkverkehr

Schon aus der Entwicklung der Beförderungsleistungen im Zeitabschnitt von 1983 bis 2003 kann man die zunehmende Bedeutung des Werkverkehrs erkennen.

Eine weitere Übersicht über die Anzahl der Unternehmen und den Bestand und die Arten der eingesetzten Fahrzeuge verdeutlicht die Bedeutung dieses Verkehrszweiges noch.

Unternehmen, die Werkverkehr im Fernbereich ausüben sowie deren Fahrzeuge[1] mit zulässigem GG in kg			
Lkw	**Lkw mit Normalaufbau**	**Lkw mit Normalaufbau + Kippvorrichtung**	**Lkw mit Spezialaufbau**
bis 6 000	67 741	2 112	732
6 001 bis 12 000	44 239	10 820	5 272
12 001 bis 16 000	16 811	1 149	1 912
16 001 bis 18 000	9 888	7 631	10 403
18 001 und mehr	13 004	9 784	23 885
Anhänger bis 14 000	35 122	4 661	15 218
14 001 bis 16 000	3 220	1 200	2 518
16 001 bis 22 000	10 707	5 368	11 895
22 001 bis 27 000	1 487	1 300	3 986
27 001 und mehr	./.	./.	736

Auflieger	Normalaufbauten	Spezialaufbauten
bis 14 000	667	./.
14 001 bis 16 000	567	./.
16 001 bis 22 000	2 344	./.
22 001 bis 27 000	939	./.
27 001 und mehr	38 131	7 453

2.3.2.1 Abgrenzung des Werkverkehrs nach GüKG

Gemäß § 1, 2 GüKG ist Werkverkehr Güterkraftverkehr für eigene Zwecke eines Unternehmens, wenn folgende Voraussetzungen erfüllt sind:

● Die beförderten Güter müssen Eigentum des Unternehmens oder von ihm verkauft, gekauft, vermietet, gemietet, hergestellt, erzeugt, gewonnen, bearbeitet oder in Stand gesetzt worden sein.
● Die Beförderung muss der Anlieferung der Güter zum Unternehmen, ihrem Versand vom Unternehmen, ihrer Verbringung innerhalb oder – zum Eigenverbrauch – außerhalb des Unternehmens dienen.

---

[1] *BGL: Verkehrswirtschaftliche Zahlen 2005/2006, S. 22*

70

- Die für die Beförderung verwendeten Kraftfahrzeuge müssen vom eigenen Personal des Unternehmens geführt werden. Im Krankheitsfall ist es dem Unternehmen gestattet, sich für einen Zeitraum von bis zu vier Wochen anderer Personen zu bedienen.
- Die Beförderung darf nur eine Hilfstätigkeit im Rahmen der gesamten Tätigkeit des Unternehmens darstellen.

Werkverkehr ist nur zulässig, wenn alle vorstehend genannten Voraussetzungen gleichzeitig erfüllt sind. Inwieweit sich das Fehlen einer der Voraussetzungen auswirkt, kann im Moment noch nicht klar beantwortet werden. Die Bußgeldvorschriften des § 19 GüKG erfassen diesen Verstoß nicht, sodass auch über die Höhe einer eventuellen Geldbuße keine Aussage gemacht werden kann.

Eine wichtige Änderung gegenüber dem alten GüKG liegt darin, dass die im Werkverkehr eingesetzten Fahrzeuge sich nicht mehr im Eigentum des Werkverkehr betreibenden Unternehmens befinden müssen. Somit entfallen auch die Regelungen zum Einsatz von Kraftfahrzeugen, die über Financial-Leasing-Verträge beschafft wurden, um sie für Werkverkehrstransporte einzusetzen.

Ob Konzernverkehre zukünftig zugelassen werden, ist fraglich. Im Konzernverkehr werden die Gütertransporte nicht nur für eigene Zwecke, sondern auch für andere vorgenommen, da die Konzernbetriebe zwar ihre wirtschaftliche Selbstständigkeit teilweise völlig verloren haben, ihre rechtliche Selbstständigkeit aber beibehalten haben.

Eine Güterschadenversicherung wie sie § 7 a GüKG für den gewerblichen Güterkraftverkehr vorschreibt ist für den Werkverkehr keine Voraussetzung für die Abwicklung von entsprechenden Transporten. Ferner ist er erlaubnisfrei (vgl. § 9 GüKG).

2.3.2.2 Abwicklung von Werkverkehrstransporten

Da man den Regulierungsumfang beim Werkverkehr mit der Novellierung des GüKG weiter abgebaut hat, wurde auch das Mitführen von Begleitpapieren überflüssig.

Da nach § 15 a GüKG das Bundesamt für Güterverkehr eine Werkverkehrsdatei erstellen muss, ist jeder Werkverkehr betreibende Unternehmer verpflichtet, sein Unternehmen vor Beginn der ersten Beförderung beim Bundesamt anzumelden. Um die Datei aufbauen zu können, muss das Unternehmen folgende Angaben bei der Anmeldung machen:

- Name, Rechtsform und Gegenstand des Unternehmens
- Anschrift sowie Telefon- und Telefaxnummern des Sitzes
- Vor- und Familiennamen der Inhaber, der geschäftsführungs- und vertretungsberechtigten Gesellschafter und der gesetzlichen Vertreter
- Anzahl der Lastkraftwagen, Züge (Lastkraftwagen und Anhänger) und Sattelkraftfahrzeuge, deren zulässiges Gesamtgewicht 3,5 Tonnen übersteigt
- Anschriften der Niederlassungen

Kommt man den Meldepflichten nicht nach, hat man ordnungswidrig gehandelt und wird mit einem Bußgeld belegt, das nach § 19, 5 GüKG bis zu 5 000,00 EUR betragen kann. Die Verstöße sind in § 19, 1 Ziffer 12 a–12 e GüKG festgehalten (Meldeformular nachstehend).

2. Vordruck „An-/Abmeldung Werkverkehr beim Bundesamt für Güterverkehr"

Bitte reichen Sie den vollständig ausgefüllten Vordruck umgehend bei der örtlich zuständigen Außenstelle des Bundesamtes – Sachbereich 2 – ein.	
1. a) Vor- und Familienname/Firma (genaue Bezeichnung des Unternehmens) b) Anschrift des Unternehmens (Hauptsitz) c) Vor- und Familienname des/der Inhaber, gesetzlichen Vertreter einer Gesellschaft (geschäftsführende Gesellschafter, Geschäftsführer)	Vom Bundesamt für Güterverkehr auszufüllen **I Anmeldung** 1. Vollständigkeit geprüft
2. Kreis	2. Plausibilität geprüft
3. Telefon/Fax	
4. Zweigniederlassung/en in	3. Unternehmen erfasst – UVS – Bestandsliste W 4. z. d. A.
5. Rechtsform: ☐ Einzelunternehmen ☐ GmbH ☐ AG ☐ eG ☐ BGB-Gesellschaft ☐ KG ☐ KGaA ☐ GmbH & Co. KG (Zutreffendes bitte ankreuzen: X)	Datum/Paraphe
6. Gegenstand des Unternehmens	
7. Angaben zu Lastkraftwagen und Anhängern, deren zulässiges Gesamtgewicht 3,5 t übersteigt, bei Hauptsitz und den Zweigniederlassungen für den Einsatz im Werkverkehr (eigene und gemietete/geleaste Fahrzeuge):	**II Abmeldung** 1. Unternehmen abgemeldet
7.1 Anzahl der Lastkraftwagen	Abmeldung erfasst – UVS – Bestandsliste W
7.2 Anzahl der Züge (Lastkraftwagen mit Anhänger)	
7.3 Anzahl der Sattelkraftfahrzeuge (Sattelzugmaschine/n mit Sattelanhänger/n)	2. z. d. A.
7.4 Anzahl weiterer Anhänger/Sattelanhänger	Datum/Paraphe
8. ☐ Anmeldung ☐ Abmeldung zum/vom Werkverkehrsregister ☐ Änderung	
Ort: Datum: (Unterschrift und Firmenstempel)	

2.3.3 Internationaler Güterkraftverkehr

Eine Definition des grenzüberschreitenden Güterkraftverkehrs findet man in der CMR Art. 1,1. Danach liegt grenzüberschreitender Güterkraftverkehr vor, wenn bei der Beförderung von Gütern mit Fahrzeugen der Ort der Übernahme und der Ort der Übergabe des Gutes in zwei verschiedenen Ländern liegen.

Hierbei ist zu beachten, dass diese Verkehre sowohl von ausländischen Unternehmern vorgenommen werden können, deren Fahrzeuge in irgendeinem anderen Land zugelassen sind, als auch von binnenländischen Unternehmern.

Diese Verkehre können jedoch nicht mit einer Erlaubnis nach § 3, 1 GüKG durchgeführt werden, sondern unterliegen Regelungen, die von supranationalen Gremien, wie dem Rat der EU und dem Ministerrat der CEMT (= Conférence Européenne des Ministres des Transports – ständige Konferenz der europäischen Verkehrsminister) geschaffen wurden.

Auch mithilfe zwischenstaatlicher Abkommen (z. B. Abkommen zwischen der Regierung der Bundesrepublik Deutschland und der Regierung der Republik Belarus über den internationalen Straßenpersonen- und -güterverkehr i. d. F. vom 1. Oktober 1996) können internationale Genehmigungen geschaffen werden.

Im Falle der Ausgabe durch supranationale Gremien spricht man von **multinationalen Genehmigungen**, im zweiten Falle, wenn zwischenstaatliche Abkommen zu Grunde liegen, von **bilateralen Genehmigungen**.

Multinationale Genehmigungen sind:

- die Gemeinschaftslizenz
- die CEMT-Genehmigung

Die Gemeinschaftslizenzen ersetzen innerhalb der EU die bis zum 31. Dezember 1992 geltenden EU-Genehmigungen sowie die bilateralen Genehmigungen zwischen diesen Ländern. In der VO (EWG) Nr. 881/92 vom 26. März 1992 i. d. F. vom 23.09.2003 wurde festgelegt, dass alle bis dahin ausgegebenen 67252 EU-Genehmigungen entfallen und zukünftig keine mengenmäßige Marktzugangsregelung mehr existieren soll. Somit sind ausschließlich die qualitativen Merkmale der Berufszugangs-Verordnung GüKG für den Marktzutritt ausschlaggebend (vgl. S. 38).

Die Anträge auf Zuteilung einer EU-Lizenz konnten bereits im zweiten Halbjahr 1992, spätestens jedoch seit dem 1. Januar 1993, bei der zuständigen Außenstelle der BAG gestellt werden. Den Inhabern alter EU-Genehmigungen wurden die Antragsunterlagen automatisch zugesandt.

Falls neue Gemeinschaftslizenzen beantragt werden, ist dies bei der oberen Landesverkehrsbehörde vorzunehmen.

Falls die notwendigen Nachweise zur Erlangung der Lizenz, die nicht älter als 6 Monate sein dürfen, vorliegen, erhält der Antragsteller eine auf seinen Namen ausgestellte Lizenz sowie eventuell beglaubigte Abschriften. Zu den zu erbringenden Nachweisen gehören u. a.:

- Auszug aus dem Gewerbezentralregister
- Bescheinigungen über die steuerliche Zuverlässigkeit
- Bescheinigungen der Sozialversicherungsträger
- Bescheinigung der Berufsgenossenschaft

Die Lizenz wird auf einen Zeitraum von 5 Jahren erteilt und kann danach erneuert werden.

Bei Abwicklung von Transporten mithilfe der EU-Lizenz ist es nicht mehr notwendig, ein Fahrtenbuch bzw. ein Fahrtenberichtsheft mitzuführen. Zwingend erforderlich bei Verkehren zwischen Mitgliedsstaaten sind:

- eine beglaubigte Abschrift der Lizenz, • der CMR-Frachtbrief.

Bei Transporten mit Drittländern kann die Lizenz nicht verwendet werden, da sie für das Gebiet eines Drittlandes nicht gültig ist.

Beispiel:
Beispiele für zulässige und unzulässige Transportabwicklungen mit der Lizenz:
Zulässige Einsätze sind z. B.:

- Beförderungen mit oder ohne Durchfahrt durch einen oder mehrere Mitgliedsstaaten oder eines oder mehrerer Drittländer, bei denen sich der Ausgangspunkt und der Bestimmungsort in zwei verschiedenen Mitgliedsstaaten befinden.
  – Belgien–Deutschland–Schweden
  – Österreich–Tschechische Republik–Polen–Schweden oder Finnland
- Beförderungen mit oder ohne Durchfahrt durch einen oder mehrere Mitgliedsstaaten oder eines oder mehrerer Drittländer, bei denen sich der Ausgangspunkt in einem Mitgliedstaat und der Bestimmungsort in einem Drittland oder umgekehrt befinden.
  – Niederlande–Deutschland–Polen–Belarus (für Drittland zusätzlich bilaterale Genehmigung)
  – Deutschland–Belarus (für Drittland zusätzlich bilaterale Genehmigung)
  – Deutschland–Polen–Belarus–Russland (zuzüglich Transitgenehmigung Belarus und bilaterale Genehmigung Russland)
- Beförderungen zwischen Drittländern mit Durchfahrt durch einen oder mehrere Mitgliedsstaaten.
  – Kroatien–Österreich–Tschechische Republik (Fahrzeug in A zugelassen und für Kroatien zusätzlich bilaterale Genehmigung)

Nicht zulässige Verkehre sind z. B.
für Verkehre zwischen Deutschland und Polen:

- Frachtführer aus Belarus oder aus Estland
  Diese unterliegen in ihrem Heimatstaat nationalem Recht. Für den deutschen und polnischen Streckenanteil benötigen sie ebenfalls bilaterale Fahrtengenehmigungen.

Die **CEMT-Genehmigungen** werden aufgrund eines Beschlusses des Ministerrates der Europäischen Konferenz der Verkehrsminister vom 14. Juni 1973 ausgegeben. Damals hatten die 19 Mitgliedsstaaten beschlossen, ab dem 1. Januar 1974 ein **multilaterales Kontingent** für Beförderungen im Straßengüterverkehr zwischen den Staaten und für den Transitverkehr durch diese zu schaffen.

In das geschaffene Quotensystem sind zwischenzeitlich folgende Länder beigetreten:

Albanien, Armenien, Aserbeidschan, Belgien, Bosnien-Herzegowina, Dänemark, Bundesrepublik Deutschland, Estland, Finnland, Frankreich, Georgien, Griechenland, Irland, Italien, Kroatien, Lettland, Liechtenstein, Litauen, Luxemburg, Malta, ehemalige Jugoslawische Republik Mazedonien, Moldau, Niederlande, Norwegen, Österreich, Polen, Portugal, Rumänien, Russische Föderation, Serbien & Montenegro, Slowakei, Slowenien, Spanien, Schweden, Schweiz, Tschechische Republik, Türkei, Ukraine, Ungarn, Vereinigtes Königreich, Weißrussland.

Gemäß der **Resolution Nr. 9 (CEMT/CM (2001) 9/FINAL)** des Ministerrates der Europäischen Konferenz der Verkehrsminister (CEMT) zum Leitfaden für Regierungsbeamte und Transportunternehmer für die Verwendung des **Multilateralen CEMT-Kontingents** stehen

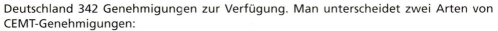

Deutschland 342 Genehmigungen zur Verfügung. Man unterscheidet zwei Arten von CEMT-Genehmigungen:

- die Jahresgenehmigung (Urkunde hellgrünes Papier)
- die Kurzzeitgenehmigung (Gültigkeit für einen Zeitraum von 30 Tagen; Urkunde gelbes Papier; Stempelaufdruck „Kurzzeitgenehmigung")

Bei der Laufzeit der Jahresgenehmigung ist zu beachten, dass Genehmigungen, die während des laufenden Kalenderjahres erteilt werden, frühestens ab dem Erteilungsdatum gelten; ihre Laufzeit ist dann mit dem 31.12. des gleichen Jahres beendet. Bei der Zuteilung selbst unterscheidet man zwei Verfahren:

- **Neuerteilung** (kann i. d. R. nur erfolgen, wenn Genehmigungen nicht wiedererteilt wurden oder wenn die CEMT eine Kontingenterhöhung beschlossen hat)
  Sollte eine Erlaubnis gemäß § 3 GüKG beim Antragssteller vorliegen, gelten die Zuteilungsvoraussetzungen als erfüllt. Ansonsten müssen die gesamten subjektiven Zulassungsvoraussetzungen nachgewiesen werden.
  Ferner wird eine sog. **Bewertungszahl** ermittelt, die auf der Ausführung von Transporten der Vergangenheit beruht. Verschiedene Transportausführungen werden unterschiedlich bepunktet.
  - **4 Punkte:** eine Fahrt zwischen einem Mitgliedstaat, in dem die Gemeinschaftslizenz gilt und einem CEMT-Staat, in dem diese nicht gilt (z. B. von Lettland nach Belarus)
  - **6 Punkte:** eine Fahrt zwischen zwei CEMT-Staaten, in denen die Gemeinschaftslizenz jeweils nicht gilt (z. B. von Belarus nach Georgien)
  - **8 Punkte:** eine Fahrt zwischen Deutschland und einem CEMT-Staat, in dem die Gemeinschaftslizenz nicht gilt (z. B. von Deutschland in die Türkei)
  - **2 Punkte:** für jedes Transitland, in dem die Gemeinschaftslizenz nicht gilt.
  Hat ein Antragssteller z. B. 3 Fahrten à 4 Punkte, 4 Fahrten à 6 Punkte und 5 Fahrten à 8 Punkte beträgt die Bewertungszahl 76. In der Reihenfolge der ermittelten Bewertungszahlen der Antragsteller werden die Genehmigungen erteilt.

- **Wiedererteilung**
  Eine CEMT-Genehmigung wird grundsätzlich wiedererteilt, wenn der Antragsteller mit dieser Genehmigung mindestens zwölf Beförderungen durchgeführt hat, deren Be- und Entladeort in einem Staat liegen, die man mit einer EU-Lizenz nicht befahren kann (z. B. Dresden nach Kiew).
  Die Genehmigung selbst kann bei einem Transport nur auf einem Fahrzeug verwendet werden. Somit ist sie bei Last- und Leerfahrten mitzuführen und kann, falls keine Rückladung vorliegt, nicht auf ein anderes Fahrzeug übertragen werden. Mit einer CEMT-Genehmigung können auch ohne Fahrer geleaste Fahrzeuge zum Einsatz gelangen. Bei allen Fahrten ist neben der Genehmigung auch ein **Fahrtenberichtsheft** mitzuführen, das auf den Namen des Transportunternehmers ausgestellt ist und nicht übertragen werden kann.

Die Gefahr, nicht genehmigte Transporte durchzuführen – z. B. Linienverkehre zwischen zwei EU-Lizenzstaaten oder sogar Kabotageverkehre in einem EU-Lizenzstaat –, wird dadurch erhöht, dass spätestens nach sechs Wochen eine Rückfahrt in den Niederlassungsstaat erfolgen muss.

Die Genehmigungen werden entsprechend den Anforderungsprofilen von drei Programmen ausgegeben:

- Programm **„grünes"** Fahrzeug
  Hier sind für die Lärmemission folgende Grenzwerte festgelegt:

78 dB(A) für Fahrzeuge < = 150 kW
80 dB(A) für Fahrzeuge > 150 kW

Für die Abgasemission gelten folgende Grenzwerte bei Dieselmotoren:

CO:	4,90 g/kWh	HC:	1,23 g/kWh
No$_x$:	9,00 g/kWh		
Partikel für Motoren			
< = 85 kW	0,68 g/kWh		
> 85 kW	0,40 g/kWh		

Im Fahrzeug ist eine Bescheinigung über die Einhaltung dieser Normen mitzuführen.

Am Fahrzeug selbst sollte vorne eine magnetische Plakette oder ein Aufkleber angebracht werden. Die Plakette hat einen Gesamtdurchmesser von 22 cm, davon einen Kern von 20 cm in grüner Farbe und einem weißen Rand von 2 cm Stärke. Auf der grünen Innenfläche ist in weiß entweder der Buchstabe **E** (= Environment) oder **U** (= Umwelt) aufgebracht.

- Programm **„supergrünes und sicheres"** Fahrzeug
  Für die Lärmemission gelten hier die gleichen Grenzwerte wie beim Programm „grünes" Fahrzeug.

Für die Abgasemission gelten folgende Grenzwerte:

CO:	4,0 g/kWh	HC:	1,10 g/kWh
No$_x$:	7,0 g/kWh	Part.:	0,15 g/kWh

Zu diesen Nominierungen treten Mindestanforderungen an Technik und Sicherheit, wie z. B. eine Mindestprofiltiefe von 2 mm, seitliche Unterfahrschutzvorrichtungen, Geschwindigkeitsbegrenzer, Antiblockiersystem, Plakette hier mit weißem Buchstaben **S**.

- Programm **„EURO3 sicheres"** Fahrzeug
  Die Grenzwerte zur Lärmemission sind identisch mit den beiden anderen Programmen.
  Für die Abgasemission gelten folgende Grenzwerte:

CO:	2,10 G/kWh	HC:	0,66 g/kWh
NO$_x$:	5,0 G/kWh	Part.:	0,10 g/kWh

Die technischen Vorschriften entsprechen denen für „supergrünes und sicheres" Fahrzeug. Plakette hier mit weißer Ziffer **„3"**.

- Programm **„EURO4 sicheres"** Fahrzeug
  Die Grenzwerte zur Lärmemission sind identisch mit den drei anderen Programmen.
  Für die Abgasemissionen gelten folgende Grenzwerte:

CO:	1,50 g/kWh	HC:	0,46 g/kWh
No$_x$:	3,50 g/kWh	Part.:	0,02 g/kWh

Die technischen Vorschriften entsprechen dem Programm „EURO3 sicher". Plakette sollte einen grünen Hintergrund und einen weißen Rand haben und die Aufschrift „4" in Weiß tragen.

Um umweltschonendere Fahrzeuge einzusetzen, wurden folgende Anreize geschaffen:

- Anstelle einer Genehmigung aus dem herkömmlichen Kontingent erhält man zwei Genehmigungen für „grüne" Fahrzeuge;
- Anstelle einer Genehmigung aus dem herkömmlichen Kontingent erhält man vier Genehmigungen für „supergrüne und sichere" Fahrzeuge;
- Anstelle einer Genehmigung aus dem herkömmlichen Kontingent erhält man sechs Genehmigungen für „EURO3" Fahrzeuge.

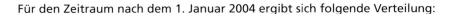

Für den Zeitraum nach dem 1. Januar 2004 ergibt sich folgende Verteilung:

Multilaterales Kontingent
Verteilung seit 1. Januar 2004
Dokument CEMT/CS/TR (2003) 18 vom 12. November 2003

Land	Basis	Grüne Lkw Genehmigungen Jahres-	Grüne Lkw Genehmigungen Monats-	Grüne Lkw insgesamt	Supergrüne Lkw Genehmigungen Jahres-	Supergrüne Lkw Genehmigungen Monats-	Supergrüne Lkw insgesamt	EURO3 Lkw Genehmigungen Jahres-	EURO3 Lkw Genehmigungen Monats-	EURO3 Lkw insgesamt	Genehmigungen insgesamt Jahres-	Genehmigungen insgesamt Monats-	A[1]	I[2]	GR[3]
A	16							16		16	16			96	16
AL	128	80	20	100	20	4	24	4		4	104	24	64	50	128
ARM	120	70	20	90	30		30				100	20	64	47	120
AZ	120	42	4	46	63	6	69	5		5	110	10	64	47	120
B	171	120		120	30	1	31	20		20	170	1	96	67	171
BG	141				43		43	98		98	141		96	55	141
BIH	120	6		6	90		90	24		24	120		64	47	120
BY	141				85		85	56		56	141		96	55	141
CH	135				55		55	80		80	135		96	53	135
CZ	141				67		67	46	28	74	113	28	96	55	141
D	342	23	18	41	307		307	12		12	342	18	96	134	342
DK	141	21		21	65		65	55		55	141		96	55	141
E	149				129		129	20		20	149		96	58	149
EST	128				58	22	80	45	3	48	103	25	96	50	128
F	288				200		200	88		88	288		96	113	288
FIN	149				35	10	45	104		104	139	10	96	58	149
FL	120	3		3	5		5	3		3	11		25	25	56
GE	120	5	2	7	58	10	68	45		45	108	12	64	47	120
GR	149	70		70	70		70	9		9	149		64	58	
H	141							130	11	141	130	11	96	55	141
HR	128				128		128				128		64	50	128
I	67				50	1	51	16		16	66	1	96		67
IRL	141	121		121	20		20				141		64	55	141
L	120							116	4	120	116	4	96	47	120
LT	128							128		128	128		96	50	128
LV	128				35	15	50	70	8	78	105	23	96	50	128
M	120	25		25	20		20	5		5	50		64	47	120
MD	128				97	23	120	8		8	105	23	64	50	128
MK	128	13		13	101		101	14		14	128		96	50	128
N	149	5		5	60	10	70	64	10	74	129	20	96	58	149
NL	234	50		50	144		144	40		40	234		96	92	234
P	141	80	15	95	18		18	28		28	126	15	96	55	141
PL	153				105		105	48		48	153		96	60	153
RO	141							131	10	141	131	10	96	55	141
RUS	234				37	40	77	157		157	194	40	96	92	234
S	153	65		65	53		53	35		35	153		96	60	153
SCG	120	16		16	88		88	16		16	120		64	47	120
SK	128				64		64	64		64	128		96	50	128
SLO	128				69	25	94	34		34	103	25	96	50	128
TR	141				85		85	56		56	141		96	55	141
UA	141				80	10	90	51		51	131	10	96	50	141
UK	149	99		99	50		50				149		64	58	149
Insgesamt	6 060	914	79	993[4]	2 714	177	2 891	1 941	74	2 015	5 569	330	3 481	2 406	5 847
Länder	42	19	6		37	13		38	7						

---

[1] 96 = EURO3 Lkw oder 64 = supergrüne Lkw oder 32 = grüne Lkw
[2] Basiskontingent gültig in Italien · 2 für grüne Lkw, · 4 für supergrüne Lkw, · 6 für EURO3 Lkw
[3] Genehmigungen gültig in Griechenland ungeachtet der Lkw-Kategorie
[4] Fehler durch Schriftleitung berichtigt

Bilaterale Genehmigungen beruhen, wie bereits erwähnt, auf zwischenstaatlichen Verwaltungsvereinbarungen. Diese bilateralen Genehmigungen können

- als Genehmigungen auf Zeit – **Zeitgenehmigungen** – erteilt werden. Hier darf eine unbestimmte Zahl von Fahrten durchgeführt werden innerhalb einer Zeit, die drei Monate nicht unterschreiten, ein Jahr nicht überschreiten darf.
- als Genehmigungen für eine bestimmte Anzahl von Fahrten – **Fahrtengenehmigungen** – erteilt werden. Hier ist es möglich, eine oder mehrere (Anzahl ist festgelegt) Fahrten innerhalb von drei Monaten abzuwickeln.

Die bilateralen Genehmigungen sind auf den Namen des Unternehmers ausgestellt und sind nicht übertragbar. Eine Genehmigung kann zur gleichen Zeit nur für ein einziges Kraftfahrzeug verwendet werden.

Die mit der VO (EWG) Nr. 4059/89 geschaffenen **Kabotagegenehmigungen** haben ihre Wirkung am 1. Juli 1998 durch Aufhebung verloren.

Für die einzelnen Güterkraftverkehrsunternehmen kann die Kabotagefreiheit einen besseren Nutzungsgrad der eingesetzten Fahrzeuge zur Folge haben, da z. B. Wartezeiten bis zur Übernahme einer Rückladung mit der Durchführung von Transporten über kürzere Distanzen im jeweiligen Ausland überbrückt werden können. Auch können Teilstrecken im Rücklauf in Aus- oder Teilauslastung gefahren werden, wobei die Preisgestaltung sehr flexibel ist. Falls keine zusätzlichen Fixkosten anfallen (durch die Verlängerung der Rundlaufzeit um einen Tag zum Beispiel), kann ein Transportauftrag dann angenommen werden, wenn

- die variablen Kosten gedeckt werden,
- die Leerlaufkilometer durch die Transportübernahme vermindert werden.

Beispiel:
Es ist für einen deutschen Frachtführer mit Sitz in Kaiserslautern sicherlich sinnvoll, von Paris nach Nancy eine Rückladung zu übernehmen, falls dadurch die variablen Kosten z. B. in Höhe von 0,42 EUR/km zumindest für die Laststrecke gedeckt sind. Die Leerkilometer werden von 453 km (Paris–Kaiserslautern) auf 182 km (Nancy–Kaiserslautern) reduziert.

Bei der Durchführung von nun uneingeschränkten Kabotageverkehren muss der jeweilige Frachtführer beachten, dass er folgende Rechts- und Verwaltungsvorschriften des Aufnahmemitgliedstaates einzuhalten hat:

- Fahrzeuggewichte und -abmessungen
- Vorschriften für die Beförderung bestimmter Gütergruppen, insbesondere gefährlicher Güter, verderblicher Lebensmittel und lebender Tiere
- Lenk- und Ruhezeiten
- Mehrwertsteuer auf die Beförderungsleistungen

Ausländische Unternehmer benötigen zum Befahren der Bundesrepublik Deutschland ebenfalls eine Lizenz oder eine multinationale Genehmigung. Mit einer Lizenz dürfen sie folgende **Beförderungsarten** ausführen:

Wechsel-verkehre	Dies sind Beförderungen zwischen der Bundesrepublik Deutschland und einem anderen Staat.
Transit-verkehre	Dies sind Beförderungen durch die Bundesrepublik Deutschland hindurch (z. B. italienischer Unternehmer fährt nach Dänemark oder dänischer Unternehmer nach Frankreich).
Dreiländer-verkehre	Dies sind Beförderungen zwischen der Bundesrepublik Deutschland und einem dritten Staat, wenn dabei das Zulassungsland des Kraftfahrzeuges auf dem verkehrsüblichen Weg durchfahren wird (z. B. ein französischer Unternehmer übernimmt in der Bundesrepublik Deutschland eine Ladung nach Spanien).

Nach der Aufnahme der neuen EU-Mitgliedstaaten hat sich die Abwicklung von grenzüberschreitenden Transporten weiter vereinfacht. Innerhalb der gesamten EU sowie bei Transporten mit den EWR-Staaten Island, Liechtenstein, Norwegen kann der Fahrzeugeinsatz mit einer EU-Lizenz erfolgen. Auch für Transporte in die Schweiz und durch die Schweiz kann die EU-Lizenz eingesetzt werden.

78

Völlig anders behandelt werden Transporte im grenzüberschreitenden gewerblichen kombinierten Verkehr (vgl. **Verordnung über den grenzüberschreitenden Güterkraftverkehr und den Kabotageverkehr – GüKGrKabotageV** i. d. F. vom 31. Oktober 2006). Diese Verkehre unterliegen **keiner** Genehmigungspflicht und sind nicht kontingentiert, müssen aber die Voraussetzungen der §§ 13 und 14 GüKGrKabotageV erfüllen. Zunächst wird hierbei festgelegt, was grenzüberschreitender gewerblicher kombinierter Verkehr ist.

- Das Kraftfahrzeug, der Anhänger, der Fahrzeugaufbau, der Wechselbehälter oder der Container von mindestens 6 m Länge muss einen Teil der Strecke auf der Straße und einen anderen Teil der Strecke mit der Eisenbahn oder dem Binnenschiff oder Seeschiff (Seestrecke > 100 km Luftlinie) zurücklegen.
- Die Gesamtstrecke muss zum Teil im Inland und zum Teil im Ausland liegen.
- Die Beförderung auf der Straße im Inland darf lediglich zwischen der Be- und Entladestelle und dem nächstgelegenen geeigneten Bahnhof erfolgen oder einem innerhalb eines Umkreises von 150 km Luftlinie gelegenen Binnen- oder Seehafens.

Unter einem nächstsgelegenen geeigneten Bahnhof ist Folgendes zu verstehen (vgl. § 14 GüKGrKabotageV):

- Der Bahnhof muss den erforderlichen Umschlag im kombinierten Verkehr durchführen können,
- Er muss in ein Fahrplannetz eingebunden sein, das regelmäßige Verkehre sichert,
- Er muss die kürzeste, verkehrsübliche Straßenverbindung zur Be- und Entladestelle aufweisen.

Bei Verkehren mit Drittländern (z. B. Belarus) ist ferner zu beachten, dass bestimmte Beförderungen genehmigungsfrei gestellt sind.

Beispiel
- beschädigte Fahrzeuge (Rückführungen) mit Spezialfahrzeug
- Leichen
- Güter mit Kraftfahrzeugen, deren zulässiges Gesamtgewicht einschließlich des Gesamtgewichtes der Anhänger, 6 t oder deren zulässige Nutzlast, einschließlich der Nutzlast der Anhänger, 3,5 t nicht übersteigt
- Lebende Tiere mit besonderen dafür vorgesehenen Fahrzeugen
- Umzugsgut

- Beim Verkehr in die **Schweiz** und im Transitverkehr durch die Schweiz ist Folgendes zu beachten. Die Schweiz hat bereits mit Wirkung zum 01.01.2001 die **Leistungsabhängige Schwerverkehrsabgabe (LSVA)** eingeführt und hat hierbei im Gegenzug das 28-t-GG-Limit für Last- bzw. Sattelzüge mit vier und mehr Achsen zunächst auf 34 t GG und ab 2005 auf 40 t GG angehoben. Die Einnahmen aus der LSVA fließen in die Finanzierung der Transitverkehrswege (Gotthard-Basistunnel, Lötschberg-Basistunnel).

    Seit 2008 gelten neue Sätze für die LSVA:
    Euro 0/1   0,0307 CHF · maßgebl. Gewicht · Entfernung
    Euro 2   0,0307 CHF

Euro 3   0,0226 CHF
Euro 4 und 5 0,0226 CHF
Euro 6   0,0226 CHF

Seit dem 1. Januar 2009 werden für die Norm Euro 3 0,0266 CHF berechnet.

Für eine Transitstrecke von 300 km und ein Fahrzeug mit einem GG von 20 t ist folgende LSVA zu entrichten, falls ein Fahrzeug mit Euro-2-Norm eingesetzt wird:

$0,0307 \cdot 300 \cdot 20 = 184,20$ CHF

Für die Transitstrecke von 300 km und ein Fahrzeug mit einem GG von 20 t und Euro-3-Norm sind ab 01.01.2009 zu entrichten:

$0,0266 \cdot 300 \cdot 20 = 159,60$ CHF

Lizenzfrei können folgende Transporte abgewickelt werden:
- Beförderungen von Postsendungen im Rahmen öffentlicher Versorgungsdienste;
- Beförderungen von beschädigten und reparaturbedürftigen Fahrzeugen;
- Beförderungen von Gütern mit Kraftfahrzeugen, deren zulässiges Gesamtgewicht, einschließlich des Gesamtgewichts der Anhänger, 6 t nicht übersteigt oder deren zulässige Nutzlast, einschließlich der Nutzlast der Anhänger, 3,5 t nicht übersteigt;
- Beförderungen von Gütern im Werkverkehr;
- Beförderungen von Medikamenten, medizinischen Geräten und Ausrüstungen für dringende Notfälle;
- Leerfahrten im Zusammenhang mit vorstehend genannten Transporten;
- Beförderungen im kombinierten Verkehr.

Beförderungen in die schweizerische Zollgrenzzone (10 km Luftlinie entlang der Zollgrenze) sind hingegen lizenzpflichtig. Ein Nachtfahrverbot gilt zwischen 22:00 Uhr und 05:00 Uhr.

Für den Verkehr nach und den Transit durch **Österreich** gilt Folgendes: Für alle in- und ausländischen Fahrzeuge mit einem GG $\geqq$ 3,5 t ist am **1. Januar 2004** eine fahrleistungsabhängige Maut eingeführt worden. Fahrzeuge mit einem darunter liegenden GG sind weiterhin vignettenpflichtig.

Die Höhe der Maut hängt von zwei Parametern ab:
1. Anzahl der Achsen
2. Anzahl der gefahrenen Kilometer

Je nach Fahrzeugkategorie sind seit dem 1. Mai 2008 zu entrichten:
- für Fahrzeuge der Kategorie 2 (2 Achsen)   0,158 EUR/km
- für Fahrzeuge der Kategorie 3 (3 Achsen)   0,221 EUR/km
- für Fahrzeuge der Kategorie 4 (4 und mehr Achsen) 0,332 EUR/km

Für bestimmte Streckenabschnitte gibt es sog. **erhöhte** Mauttarife. So kostet beispielsweise die Gesamtstrecke der A10 (Tauern-Autobahn) mit einer Länge von 47 km für ein Fahrzeug der Kategorie 4 nicht 15,60 EUR nach dem Normaltarif, sondern 29,22 EUR.

Die Zahlung der Maut erfolgt auf zwei Arten:
- **Pre-pay-Verfahren** (z. B. Karte mit Aufladung bis zu max. 500,00 EUR)
- **Post-pay-Verfahren** (der Fahrzeughalter erhält eine regelmäßige Abrechnung und kann diese z. B. mit Tankkarte, Maestrokarte u. Ä. bezahlen).

Die **GO-Box** selbst kostet 5,00 EUR und hat folgende Abmessungen: $11,5 \cdot 6,5 \cdot 2,7$ cm. Sie wird mit einem Klebestreifen innen an der Windschutzscheibe festgemacht und für den entsprechenden Fahrzeugtyp eingestellt. Weitere vertiefende Ausführungen hierzu findet man im Internet unter folgenden Adressen: www.go-maut.at; www.asfinag.at/maut.

- Für nicht lärmarme Fahrzeuge besteht ein Nachtfahrverbot zwischen 22:00 Uhr und 05:00 Uhr (Ausnahme Sondergenehmigung für Transporte leicht verderblicher Güter); die lärmarmen Fahrzeuge sind besonders zu kennzeichnen – grünes Schild mit weißen Buchstabe „L".

2.3.3.1 Abwicklung des Frachtvertrages

Grundlage grenzüberschreitender Gütertransporte auf der Straße ist das **„Überein-kommen über den Beförderungsvertrag im internationalen Straßengüterverkehr" (CMR)**, das 1956 im Binnenverkehrsausschuss der Europäischen Wirtschaftskommission (ECE) abgeschlossen und sofort von 10 Staaten unterzeichnet wurde. Nach der Ratifizie-rung im Parlament und Hinterlegung der Ratifizierungsurkunde beim Generalsekretär der UN trat das Übereinkommen für die Bundesrepublik Deutschland 1962 in Kraft.

Auch im kombinierten Verkehr ist bei grenzüberschreitenden Transporten die CMR zu Grunde zu legen, sofern das mit dem Gut **beladene Fahrzeug** auf einem Teil der Strecke mit anderen Verkehrsträgern befördert wird (Bahn, Binnen-, Seeschiff). Sattelauflieger und Anhänger fallen hierbei unter den Begriff Straßenfahrzeug.

Sollte beispielsweise in Heidelberg ein Container in den Binnenhafen Mannheim vorge-holt, dort mit einem Containerschiff nach Rotterdam zum Weitertransport nach den USA verschifft, in den USA der Container wieder im Straßenverkehr dem Endempfänger zuge-stellt werden, ist die CMR jedoch nicht Vertragsgrundlage.

Abschluss des Frachtvertrages – notwendige Begleitpapiere

Analog zum neu geregelten Frachtgeschäft im HGB wird der Frachtvertrag in der CMR auch als ein **Konsensualvertrag** abgeschlossen, d. h. für den Vertragsabschluss sind aus-schließlich zwei übereinstimmende Willenserklärungen notwendig, nicht aber ein aus-gestellter CMR-Frachtbrief, auch nicht die Übergabe der Ware. Somit kann aus einem fehlenden Frachtbrief auch nicht das Nichtbestehen des Frachtvertrages abgeleitet wer-den. Daher kann aus Artikel 4 der CMR geschlossen werden, dass der Frachtbrief keine **konstitutive** Wirkung, sondern nur eine **deklaratorische** Wirkung hat.

Gemäß Artikel 5 Nr. 1 CMR ist der Frachtbrief in drei Originalausfertigungen zu erstellen. Das Formular – im DIN-A4-Format – wurde von der IRU[1] entwickelt und wurde in den ein-zelnen Ländern, die dem Abkommen beigetreten sind, in vielfach modifizierter Form über-nommen. Oft wurden Zusatzblätter angefügt, die bestimmten administrativen Zwecken dienten.

Da in der Bundesrepublik Deutschland die Frachtbriefe nicht mehr zur Frachtenprüfung vorgelegt werden müssen, **könnte** das hier als Deckblatt hinzugefügte weiße Deckblatt entfallen. Einer Weiterverwendung des bestehenden Formularsatzes steht jedoch nichts entgegen.

---

[1] *International Road Transport Union*

Der Originalsatz von drei Formularen hat folgenden Aufbau:

- rosa Blatt: für den Absender
- blaues Blatt: für den Empfänger
- grünes Blatt: für den Frachtführer

Da die Verordnung von drei Originalausfertigungen spricht, ist es notwendig, dass alle drei Stücke vom Absender und Frachtführer unterschrieben werden, um jedem Stück den Charakter eines Originals zu verleihen. Falls internationale Speditionen laufend Frachtführer für grenzüberschreitende Transporte einsetzen, treten sie als Absender auf und können ihre Unterschrift auch durch Stempel oder bereits durch Aufdruck erbringen. Nur ein Teil der Frachtbriefeintragungen ist in allen CMR-Frachtbriefformularen gleich; es sind dies die im Artikel 6 Nr. 1 a–k und Nr. 2 a–g CMR genannten Bestandteile.

Auf drei Regelungen ist hier kurz einzugehen, da sie im HGB nicht bekannt sind:

1. Nach Artikel 6 Nr. 2a kann ein **Umladeverbot** eingetragen werden.
2. Wenn der Absender einen höheren Betrag (vgl. Artikel 24 CMR) als die Höchsthaftungssumme (8,33 SZR/kg) einträgt und dafür einen angemessenen Frachtzuschlag bezahlt, **gilt das Umladeverbot automatisch.**
3. Das Gleiche gilt, wenn der Absender nach Artikel 26 ein besonderes Interesse an der Lieferung feststellt und einträgt. Auch hier muss er einen angemessenen Frachtzuschlag zahlen, der es dem Frachtführer ermöglicht, die zusätzlich anfallende Versicherungsprämie zu begleichen. Das Umladeverbot gilt automatisch.

Für unrichtige Frachtbriefangaben haftet der Absender.

In Artikel 7 Nr. 1 CMR sind gesondert die Fälle aufgelistet, für deren Richtigkeit bzw. Vollständigkeit der Absender verantwortlich ist und deshalb auch haftet, wenn wegen unrichtiger Eintragung bzw. Unvollständigkeit Schäden entstehen. Da in der CMR keine Regelung enthalten ist, wer den Frachtbrief auszustellen hat, kommt es häufig vor, dass der Frachtführer oder Spediteur diesen ausstellt. Trotzdem haftet der Absender für vorstehend genannte Angaben, da unterstellt werden muss, dass er die besten Kenntnisse über das zu verladende Gut hat und sich die Angaben ja weitgehend auf dieses beziehen.

Für **CMR-Frachtbriefe**, die für Frachtführer der östlichen Länder ausgestellt werden, fehlen i. d. R. die gesamten Felder zur Frachtabrechnung.

Neben den CMR-Frachtbriefen sind noch folgende Papiere bei grenzüberschreitenden Transporten notwendig:

1. Die entsprechende Erlaubnis/die entsprechende **Gemeinschaftslizenz**
   - Gemeinschaftslizenz + bilaterale Genehmigung (z. B. für Belarus)
2. Falls eine **Gemeinschaftslizenz** eingesetzt wird, ist es **nicht mehr notwendig**, ein **Fahrtenbuch** zu führen (vgl. § 1, 1 Nr. 4 GüKFV).
   Die Originallizenz muss nicht mitgeführt werden; es genügt eine beglaubigte Abschrift.
3. Falls eine **CEMT-Genehmigung** eingesetzt wird, muss der Unternehmer gemäß § 6, 1 CEMT-Genehmigungs-V ein **Fahrtenberichtsheft** führen. In dieses Berichtsheft sind im Einzelnen einzutragen: Amtliches Kennzeichen des Kfz, Abfahrts- und Ankunftsdatum, Be- und Entladeort, Güterart, Bruttogewicht der Ladung in t (auf 1 Dezimale genau), Entfernung, Tonnenkilometerangabe. Leerfahrten sind ebenfalls einzutragen.

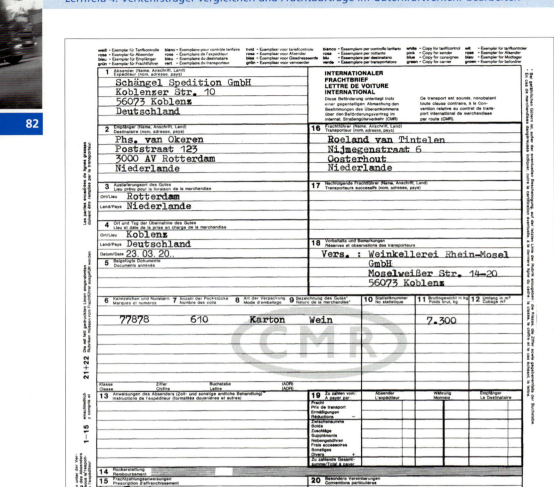

4. Fahrzeugpapiere (unter Umständen auch Zollverschlussanerkenntnis), **Fahrerpapiere, Zolldokumente**.

Bei Fahrten durch Drittländer ist es besonders wichtig, dass die notwendigen Zolldokumente (vgl. auch Lernfeld 11) dem/n Fahrer/n mitgegeben werden. Hierzu gehört insbesondere das Carnet TIR. Mit dem **Carnet TIR** können Grenzen von Drittländern

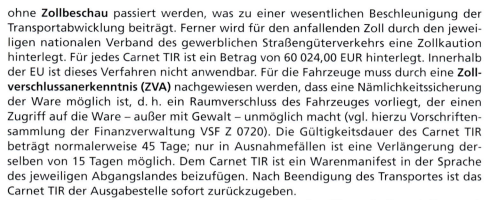
ohne **Zollbeschau** passiert werden, was zu einer wesentlichen Beschleunigung der Transportabwicklung beiträgt. Ferner wird für den anfallenden Zoll durch den jeweiligen nationalen Verband des gewerblichen Straßengüterverkehrs eine Zollkaution hinterlegt. Für jedes Carnet TIR ist ein Betrag von 60 024,00 EUR hinterlegt. Innerhalb der EU ist dieses Verfahren nicht anwendbar. Für die Fahrzeuge muss durch eine **Zollverschlussanerkenntnis (ZVA)** nachgewiesen werden, dass eine Nämlichkeitssicherung der Ware möglich ist, d. h. ein Raumverschluss des Fahrzeuges vorliegt, der einen Zugriff auf die Ware – außer mit Gewalt – unmöglich macht (vgl. hierzu Vorschriftensammlung der Finanzverwaltung VSF Z 0720). Die Gültigkeitsdauer des Carnet TIR beträgt normalerweise 45 Tage; nur in Ausnahmefällen ist eine Verlängerung derselben von 15 Tagen möglich. Dem Carnet TIR ist ein Warenmanifest in der Sprache des jeweiligen Abgangslandes beizufügen. Nach Beendigung des Transportes ist das Carnet TIR der Ausgabestelle sofort zurückzugeben.

5. In manche Länder ist die **grüne Versicherungskarte** mitzuführen (z. B. nach Portugal, Polen).
6. Falls es sich um einen angestellten Fahrer handelt, muss dieser eine **Verfügungsberechtigung** des Fahrzeughalters sowohl für das Zugfahrzeug als auch für den Anhänger mit sich führen (z. B. Polen, Rumänien).

Abwicklung der Frachtverträge
Da auch im grenzüberschreitenden Verkehr Gelegenheits- und Linienverkehre abgewickelt werden, mit der Schaffung eines gemeinsamen Binnenmarktes auch grenzüberschreitende Logistikkonzepte in zunehmendem Maße entwickelt werden müssen, sollen hier die wesentlichen Abweichungen zum HGB herausgearbeitet und nicht die Abwicklungsarten der Verkehre nochmals wiederholt werden.

Lieferfristenregelung nach CMR
Zunächst ist festzustellen, dass die CMR **keine festen Lieferfristen** kennt, sondern es grundsätzlich den Vertragsparteien anheim stellt, Regelungen zu treffen (vgl. auch § 423 HGB). Wird keine Vereinbarung getroffen, gilt als Lieferfrist die tatsächliche Beförderungsdauer, die unter Berücksichtigung der Umstände vernünftigerweise einem sorgfältigen Frachtführer zuzubilligen ist. Dies ist eine sehr elastische Regelung, die es erlaubt, die vielen Einflussfaktoren auf eine reibungslose Transportabwicklung (wie Grenzaufenthalte, Feiertage in Zielländern, eventuelle Nachtfahrverbote usw.) zu berücksichtigen.

Bewirkt das Ladungsaufkommen eines Absenders nur eine Teilauslastung des einzusetzenden Fahrzeuges, ist dem Frachtführer noch eine zusätzliche Frist zu gewähren, um zusätzliches Ladungsaufkommen zu akquirieren. Gerade in diesen Fällen sollte, um spätere Auseinandersetzungen zu vermeiden, immer eine Lieferfrist vereinbart werden.

Die **Haftung aus Lieferfristüberschreitungen** ist, gerade wegen der elastischen Regelung, noch stärker eingeschränkt als im HGB. Nach Artikel 23 Abs. 5 CMR haftet der Frachtführer, falls der Verfügungsberechtigte innerhalb von 21 Tagen einen schriftlichen Vorbehalt an ihn gestellt hat (vgl. Artikel 30, Abs. 3, CMR), nur bis zur **Höhe der Fracht**. Höhere Entschädigungen können nur über höhere Wertangaben bzw. die Angabe eines Interesses an der Lieferung erreicht werden.

Übernahme des Gutes durch den Frachtführer
Der Frachtführer hat bei Übernahme des Gutes die Pflicht, die **Stückzahl** der Kolli zu **kontrollieren** (teilweise schon vorgedruckt im Feld Absenderanweisungen im CMR-Frachtbrief!), ebenso den **äußeren Zustand der Ware** und die **Verpackung** (vgl. Artikel 8, Nr. 1, CMR). Bei Kühltransporten sollte der Frachtführer die geforderte Temperatur überprüfen

(z. B. **Kerntemperatur** bei Fleischtransporten), da die Rechtsprechung keine einheitlichen Urteile gefällt hat, wer für die Überprüfung der Temperatur zuständig ist. Hier handelt es sich nicht um einen äußerlich erkennbaren Zustand. Bei der Stückzahlprüfung wird keine Unterscheidung nach Stückgut oder Ladungsgut vorgenommen. Sollte der Absender verlangen, dass das Gewicht der Ladung oder sogar der Inhalt der Frachtstücke überprüft wird, ist dies nur gegen Zahlung eines entsprechenden Entgelts möglich; das Ergebnis der Überprüfung ist in den Frachtbrief einzutragen.

Sind im Frachtbrief keine konkretisierten Vorbehalte seitens des Frachtführers eingetragen, wird bis zum Beweis des Gegenteils unterstellt, dass der Frachtführer das Gut in einwandfreiem Zustand übernommen hat und keine Mengendifferenzen vorlagen.

Sollten äußere Mängel an der Verpackung durch den Frachtführer festgestellt worden sein und dadurch Schäden am Gut selbst oder am beigeladenen Gut entstehen, ist der Frachtführer von seiner Haftung befreit (vgl. Artikel 17 Abs. 4 Nr. b CMR).

Für alle weiteren Begleitpapiere, die insbesondere für die Zollabwicklung erforderlich sind, haftet ausschließlich der Absender, somit in vielen Fällen auch der Spediteur, falls er als Absender auftritt. Der Frachtführer ist nicht verpflichtet, diese Papiere auf Richtigkeit und Vollständigkeit hin zu überprüfen, für Verzögerungen, bedingt durch fehlende Papiere an der Grenze, würde somit der Absender haften. Der Frachtführer ist nur gehalten, diese Papiere sorgfältig zu bewahren und ihrem Verwendungszweck entsprechend einzusetzen.

Nachträgliche Verfügungen
Die CMR gibt in Artikel 12, Nr. 1 eine **nicht abschließende** Aufzählung von möglichen Absenderverfügungen an. Er kann insbesondere verlangen, dass
- der Frachtführer das Gut nicht weiterbefördert,
- das Gut an einen anderen Ablieferungsort zuzustellen ist;
- das Gut an einen anderen Empfänger als den im Frachtbrief genannten ausgeliefert wird.

Generell kann eine Absenderverfügung so lange erfolgen, bis das blaue Exemplar des Frachtbriefes dem Empfänger übergeben worden ist.

Der Empfänger kann die Herausgabe dieses Frachtbriefexemplares nach Ankunft des Fahrzeuges am Ablieferungsort verlangen. Nach Übergabe des Frachtbriefes darf der Frachtführer nur noch Anweisungen des Empfängers entgegennehmen.

Ordnet der Empfänger die Ablieferung des Gutes an einen Dritten an, so darf dieser nicht nochmals einen weiteren Empfänger bestimmen.

Zwei wichtige **Einschränkungen** bewirken hier die Vorschriften der CMR:
1. Nur derjenige kann eine Verfügung geltend machen, der die erste Ausfertigung (rotes Exemplar) des Frachtbriefes vorlegt, in die die Weisung eingetragen werden muss. Dies bedingt eine **Sperrwirkung** der ersten CMR-Frachtbriefausfertigung.
   In der Praxis kommt es häufig vor, dass die Weisungen nicht wie in Artikel 12, Nr. 5 a CMR vorgeschrieben in die Erstausfertigung des CMR-Frachtbriefes eingetragen worden sind, sondern telefonisch oder per Telefax dem Frachtführer übermittelt wurden. Die Rechtsprechung geht davon aus, dass hier eine sog. **relative** Wirksamkeit der Weisung gegeben ist. Für die **absolute** Wirksamkeit ist der Eintrag in die Erstausfertigung des Frachtbriefes nach wie vor notwendig.[1]

---

[1] *Vgl. Thume: Kommentar zur CMR, Verlag Recht und Wirtschaft, 2. Auflage, Frankfurt am Main, S. 291 ff.*

2. Die Weisung darf **niemals** zu einer **Teilung der Sendung** führen.

Grundsätzlich ist auch hier zu beachten, dass der Frachtführer die Weisung nur dann befolgen muss, wenn er sie rechtzeitig übermittelt bekam. So kann ein Anhalten der Ware vor Grenzübertritt nicht mehr befolgt werden, wenn die Eingangszollabfertigung ins Ausland bereits erfolgt ist. Ferner dürfen die Anweisungen nicht den gewöhnlichen Geschäftsablauf des Frachtführers hemmen (z. B. verzögerte Übernahmemöglichkeit einer Rückladung) oder eventuelle andere Absender bzw. Empfänger schädigen.

Beförderungs- und Ablieferungshindernisse

Sollten *während* der Transportabwicklung **Beförderungshindernisse** auftreten, z. B. Streik der Zollbediensteten eines anderen Landes, muss der Frachtführer beim Verfügungsberechtigten Weisungen einholen. Sehr oft wird dies über das Stammhaus des Frachtführers erfolgen, um eventuelle Sprachschwierigkeiten von vornherein zu vermeiden. Sollten innerhalb einer angemessenen Frist keine Weisungen erhältlich sein, kann der Frachtführer Maßnahmen ergreifen, z. B. Umwegtransport, Einlagerung, die sich für das Gut positiv auswirken. Bei verderblichen Gütern kann der Frachtführer sogar den Verkauf derselben veranlassen, insbesondere dann, wenn z. B. Einlagerungskosten in ein Kühllager in keinem Verhältnis zum Warenwert stehen würden.

Ablieferungshindernisse liegen vor, wenn das Gut am Empfangsort eingetroffen ist und dem Empfänger aus irgendwelchen Gründen nicht zugestellt werden kann. Auch hier muss der Frachtführer Weisungen des Absenders einholen. Bei einer Annahmeverweigerung durch den Empfänger kann der Absender auch ohne erste Frachtbriefausfertigung nachträglich über das Gut verfügen.

Alle Kosten, die dem Frachtführer durch das Einholen von Weisungen, durch die Befolgung der Weisungen entstehen, sind ihm zu erstatten.

Teilstreckenbeförderung, Sperrigkeitsregelungen

Gerade im grenzüberschreitenden Verkehr, mit seinen zum Teil langen Beförderungsstrecken, bietet sich die Möglichkeit der Teilstreckenbeförderung an.

Beispiel:
Eine Spedition in München fährt dreimal pro Woche im Selbsteintritt nach Paris. Die kürzeste Entfernung beträgt 811 km. Als Fahrzeug kommt ein Sattelzug zum Einsatz, der durchschnittlich mit 14 t Sammelgut beladen ist. In Paris wird ein Empfangsspediteur angefahren, der die Ware verteilt und Rückladung besorgt. Dieser hat ebenfalls einen Fernverkehrsfuhrpark und tritt an das deutsche Unternehmen mit der Bitte heran, ob man nicht am Grenzübergang die jeweils vorgeladenen Auflieger austauschen könne. Beide Unternehmen hätten dadurch den Vorteil, dass die Fahrzeuge mit einem Mann Besatzung eingesetzt und mit dem gleichen Fahrzeug mehr Transporte pro Woche abgewickelt werden könnten.

Die beiden Unternehmen haben für die Gesamtstrecke eine Fracht von 1,15 EUR/km vereinbart.

Die **Teilentfernungen** betragen:

München – Schweigen .... 344 km
Paris   – Wissembourg .... 467 km

Für die 14 t Sammelgut ergeben sich folgende Transportkosten:

811 · 1,15 = 932,65 EUR

Für das deutsche Unternehmen ergäbe sich ein Anteil von:

$$A = \frac{932,65 \cdot 344}{811} = 395,60 \text{ EUR}$$

Da eine Rückladung durch Aufliegeraustausch gewährleistet ist, der durchschnittlich die gleiche Nutzlast geladen hat, kann von einem kostendeckenden Verkehr ausgegangen werden (Erlös 1,15 EUR/km).

Auch in grenzüberschreitenden Verkehren werden viele Produkte befördert, die ein niedriges Stückgewicht haben, jedoch aufgrund einer aufwendigen Verpackung viel Raum benötigen.

Beispiel:
Ab Göppingen sind Bildröhren für Fernsehgeräte nach Chartres zu verladen; Effektivgewicht der Ladung 8 140 kg; die Röhren sind auf 37 Paletten à 220 kg netto verladen. Paletteneigengewicht jeweils 28 kg.
Insgesamt gelangen zum Versand:

Gewicht der Ware	8 140 kg
+ 37 · 28 Palettengewicht	1 036 kg
	9 176 kg

Die Entfernung beträgt 706 km. Zum Einsatz gelangt ein Lastzug mit einer 7-m-Brücke auf dem Motorwagen und 8,20-m-Brücke auf dem Hänger, dessen Laderaum ingesamt rund 80 m³ beträgt.
Für die Transportabwicklungen mit diesem Kunden war vereinbart worden, der Frachtberechnung 300 kg/m³ in Anspruch genommenen Laderaum zu Grunde zu legen. Somit kann bei einem Volumen von 80 m³ ein Volumengewicht in Höhe von 24 000 kg Abrechnungsgrundlage sein. Unterstellt man, dass für die reine Fahrzeit 11 Std. notwendig sind, müssten für diesen Transport 706 x 0,58 + 406,25 = 815,73 EUR erwirtschaftet werden.

Haftung aus dem Beförderungsvertrag
Als Haftungsprinzip gilt auch in der CMR die reine Gefährdungshaftung, was man unmittelbar aus Artikel 17 Abs. 1 CMR ableiten kann, in dem festgelegt wird, dass der **Frachtführer** *grundsätzlich* für Verlust und Beschädigung des Gutes in der Zeit zwischen der Übernahme und Ablieferung sowie für Lieferfristenüberschreitungen haftet.
Der Haftungsumfang entspricht in den Grundlagen weitgehend den Regelungen des HGB, insbesondere was die Haftungsausschlussgründe gemäß § 427 HGB anbetrifft. Somit ist auch hier der Frachtführer von der Haftung befreit, falls einer oder mehrere der nachstehenden Umstände **Ursache eines Schadens** sind:

- Verwendung offener Fahrzeuge, falls dies vereinbart und im Frachtbrief vermerkt ist
- mangelhafte Verpackung
- Manipulationen (Be- und Entladen, Verstauen) am Gut durch Absender, Empfänger oder durch einen von diesen beauftragten Dritten
- natürliche Beschaffenheit des Gutes (Schwund, innerer Verderb usw.)
- unzureichende Kennzeichnung der Güter

Zwei wichtige Abweichungen liegen jedoch gegenüber dem HGB vor:

- Bei Lieferfristüberschreitung wird **nur bis zur Höhe der Fracht** gehaftet.
- Es gibt keine Korridorlösung wie im HGB, sondern die unten angeführte Entschädigungsregelung

Bereits jetzt zeichnet sich hier aber ein wesentlicher Unterschied zwischen den beiden Haftungsregelungen ab. Viele Verlader wollen nämlich einen höheren Versicherungsschutz wie im HGB, der teilweise an die obere Korridorgrenze auch für Gütertransporte auf der Straße heranreicht.

Ein **Gut** kann durch den Verfügungsberechtigten immer dann als **in Verlust geraten betrachtet** werden, wenn es

- 30 Tage nach Ablauf der Lieferfrist,
- 60 Tage nach Übernahme durch den Frachtführer

nicht abgeliefert worden ist (vgl. Artikel 20, Abs. 1 CMR).

Falls der Frachtführer wegen gänzlichem oder teilweisem Verlust **Schadenersatz** zu leisten hat, wird die Entschädigung nach dem Wert des Gutes am Ort und zur Zeit der Übernahme zur Beförderung berechnet. Börsenpreis, Marktpreis oder gemeiner Wert – in genannter Reihenfolge – sind Berechnungsgrundlage. Grundsätzlich darf die Entschädigung 8,33 SZR für jedes fehlende Kilogramm nicht übersteigen.[1] Dieser Ansatz kommt zur Anwendung, falls der Staat, in dem der Frachtführer beheimatet ist, Mitglied des IWF (= Internationaler Währungsfonds) ist. Falls ein Land nicht Mitglied des IWF ist, gelten für dort beheimatete Frachtführer als Haftungshöchstgrenze 25 Werteinheiten, wobei eine Werteinheit 10/31 Gramm Gold von 900/1000 Feingehalt darstellt.

Falls ein Schadenereignis zu einer gerichtlichen Auseinandersetzung führt, werden die jeweiligen Kurse am Tage der Urteilsverkündung zu Grunde gelegt.

Ansprüche gegenüber dem Frachtführer **verjähren nach einem Jahr**, bei Vorsatz nach *drei* Jahren.

Die **Frist** beginnt bei teilweisem Verlust, Beschädigung und Lieferfristüberschreitung am Tag der Ablieferung, bei totalem Verlust am 30. Tag nach Ablauf der vereinbarten Lieferfrist bzw. am 60. Tag nach Übernahme des Gutes.

In der Praxis werden sehr viele Transporte durch Spediteure vermittelt, die dann oft eine Pauschalfracht mit dem Frachtführer vereinbaren wie umgekehrt mit dem Versender einen bestimmten Satz an Beförderungskosten. In dieser Situation hat der Spediteur ausschließlich die Rechte und Pflichten eines Frachtführers. Er ist somit Hauptfrachtführer. Da es nicht immer möglich ist, von einem eingesetzten Unterfrachtführer eine Versicherungserklärung über die Eindeckung einer Güterschadensversicherung zu bekommen, ist es für den Spediteur sinnvoll, eine Police für grenzüberschreitende Transporte von Fremdunternehmern nach der CMR einzudecken.

Prämienberechnungsgrundlage dieser Versicherung ist das Gesamtentgelt, welches der Spediteur als Versicherungsnehmer an den Frachtführer entrichtet. Wurde ein Pauschalbetrag vereinbart, ist dieser zu Grunde zu legen. Falls der Spediteur weitere Kosten übernimmt, wie z. B. Autobahn- oder Transitgebühren, sind diese Beträge ebenfalls zur Prämienberechnung anzumelden. Die **Prämien** einschließlich Versicherungssteuer betragen z. B.:

- innerhalb Europas ausgenommen Italien .... 1,75 %
- von und nach Italien .... 2,50 %
- in alle anderen zuvor nicht genannten Länder .... 2,20 %

2.3.3.2 Frachtberechnungsgrundlagen bei grenzüberschreitenden Transporten

Zwischen den **Mitgliedsstaaten der EU** gibt es keine Vorschriften mehr zur Frachtberechnung. Die früher geltenden obligatorischen Tarife zwischen den sechs EU-Gründerstaaten sowie die Referenztarife mit Dänemark, Großbritannien und Irland wurden durch die Verordnung (EWG) Nr. 4058/89 des Rates aufgehoben.

Somit können deutsche Frachtführer mit **frei kalkulierten Preisen** am Markt agieren. Vergleichsweise könnte ein Angebot eines deutschen Frachtführers – je nach Kalkulationsgrundlage – wie folgt aussehen, wenn Folgendes unterstellt wird:

---

[1]	*Beträgt der Wert eines SZR z. B. 1,21539 EUR, macht das für 8,33 SZR einen Betrag von 10,12 EUR aus (Juni 2004).*

1. Entfernung insgesamt: .... 700 km
    davon nationaler Streckenanteil: .... 280 km
    davon Auslandsstreckenanteil: .... 420 km
2. Fahrzeugkosten: .... 1,20 EUR/km
    (gemäß Fahrzeugkostenrechnung)
    Gewinnaufschlag (z. B. 6 %) .... 0,07 EUR/km
    (Zielsetzung der Unternehmung)
3. Gewicht der Ladung: .... 25,00 t
4. Gesamtfracht einschl. Gewinn: .... 889,00 EUR

Zum Vergleich:

		Frachts. in EUR	FS ./. 40 %	Fracht netto
Abrechnung auf Basis	GFT 01.01.92	6,53	3,92	980,00 EUR
dto.	GVE 01.09.94	7,31	4,39	1 097,50 EUR
dto.	GVE 01.06.96	7,62	4,57	1 142,50 EUR
dto.	GVE 01.01.98	7,78	4,67	1 167,50 EUR
dto.	GVE 01.11.01	8,21	4,93	1 232,50 EUR
dto.	GVE 01.01.03	8,30	4,98	1 245,00 EUR
dto.	GVE 01.01.06	8,74	5,24	1 310,00 EUR
dto.	GVE 01.01.08	9,11	5,47	1 367,50 EUR

Frachtsätze pro t in EUR:
- auf Basis Kostenrechnung .... 35,56 EUR
- auf Basis GFT 92 .... 39,20 EUR
- auf Basis GVE 94 .... 43,90 EUR
- auf Basis GVE 96 .... 45,70 EUR
- auf Basis GVE 98 .... 46,70 EUR
- auf Basis GVE 01 .... 49,30 EUR
- auf Basis GVE 03 .... 49,80 EUR
- auf Basis GVE 06 .... 52,40 EUR
- auf Basis GVE 08 .... 54,70 EUR

Im innerfranzösischen Güterkraftverkehr könnte man eine solche Ladung zu 41,59 EUR/t vermarkten, ein niederländischer Frachtführer könnte sie für 39,95 EUR/t anbieten.

Man kann leicht erkennen, dass der Kilometerertrag zwischen 1,27 EUR/km und 1,95 EUR/km schwankt. Dies kann sicherlich nicht ausschließlich auf die mangelnde Harmonisierung der Güterkraftverkehrsunternehmen in den EU-Staaten zurückzuführen sein.

Aus den Aufnahmestaaten in die EU könnte ein Frachtführer diese Leistung für 28,00 EUR/t anbieten, was einem Frachtsatz von 1,00 EUR/km entspricht.

Als einheitliche Grundlage zur Frachtberechnung sollten die einmal ermittelten Entfernungswerte beibehalten werden, zumal man sie heute auf elektronischen Datenträgern kaufen kann. Ferner gibt es Programme, bei denen man am Bildschirm den Routenverlauf festlegen kann; die Gesamtentfernung wird vom Programm dann selbst ermittelt gemäß gewähltem Routenverlauf. Letztgenannte Möglichkeit der Entfernungsermittlung kann dann noch mit einer Fahrzeugkostenrechnung kombiniert werden, sodass auch sofort ein Überblick über entstehende Gesamtkosten alternativer Streckenführungen vorhanden ist.

2.3.4 Das Bundesamt für Güterverkehr und seine Aufgaben

Das Bundesamtes für Güterverkehr gliedert sich in eine Zentrale mit Sitz in Köln, in Außenstellen und Außenstellen mit **Schwerpunktaufgaben**.

Die Zentrale ist in drei Abteilungen gegliedert:

- Abteilung 1 – Marktzugang, Überwachung
- Abteilung 2 – Marktbeobachtung, Zivile Verteidigung
- Abteilung 3 – Zentrale Dienste, wie z. B. Personalwesen, Haushalt, Organisation, Informationstechnik.

Eine Schwerpunktaufgabe, die den Außenstellen Kiel, Bremen und Saarbrücken zur Erledigung übertragen wurde, ist z. B. die Bearbeitung von Ordnungswidrigkeitsverfahren aus Verstößen Gebietsfremder.

Das Bundesamt für Güterverkehr hat folgende Aufgabengruppen zu erledigen:

- **Verwaltungsaufgaben**
  Gemäß § 11, 1 GüKG handelt es sich hier um Aufgaben, die sich aus dem GüKG und Nebengesetzen sowie weiteren Bundesgesetzen und Verordnungen ergeben, z. B. die Ausgabe von CEMT-Genehmigungen gemäß der Richtlinie für das Verfahren zur Erteilung der CEMT-Genehmigungen i. d. F. vom 9. Oktober 2007.
- **Überwachungsaufgaben**
  In § 11, 2 GüKG sind dem Bundesamt für Güterverkehr umfangreiche Überwachungsaufgaben zugeordnet worden. Im Einzelnen sind dies:
  - die Überwachung aller in- und ausländischen Unternehmen des gewerblichen Güterkraftverkehrs sowie **aller** anderen am Beförderungsvertrag Beteiligten. Somit wird die Pflichterfüllung aller am Beförderungsvertrag Beteiligten überwacht (vgl. § 11, 2 Nr. 1 GüKG)
  - die Überwachung der Bestimmungen des Werkverkehrs (vgl. § 11, 2 Nr. 2 GüKG)
  - die Regelungen des § 11, 2 Nr. 3 a–k GüKG. Sie dienen unterschiedlichen Zielen. Einmal soll im Fahrdienst der Beschäftigte geschützt werden (Nr. 3a), zum anderen haben sie die Aufgabe, die **Verkehrssicherheit** zu erhöhen. Hierzu dienen die Überwachung der technischen Vorschriften (Nr. 3 b) der Regelungen des **Internationalen Übereinkommen über sichere Container (CSC)**, dem bereits 68 Staaten beigetreten sind (Nr. 3 c), die Überwachung der Beförderung gefährlicher Güter auf der Straße (Nr. 3 f), die Überwachung des **Übereinkommen über internationale Beförderungen leicht verderblicher Lebensmittel und über die besonderen Beförderungsmittel, die für diese Beförderungen zu verwenden sind (ATP)** (Nr. 3 g), die Überwachung der Beschaffenheit, Kennzeichnung und Benutzung von Beförderungsmitteln und Transportbehältnissen zur Beförderung von Lebensmitteln und Erzeugnissen des Weinrechts (Nr. 3 h), die Überwachung der Beförderung von Abfall mit Fahrzeugen zur Straßengüterbeförderung also der **Verordnung über die grenzüberschreitende Verbringung von Abfällen (AbfVerbrV)** (Nr. 3 j).
  - Ferner überwacht das Bundesamt für Güterverkehr die Bestimmungen, nach denen Abgaben erhoben werden, die für das Halten oder Verwenden von Fahrzeugen zur Straßengüterbeförderung sowie für die Benutzung von Straßen anfallen (z. B. Maut/Nr. 3 d), und die Abführung der Umsatzsteuer, die für die Beförderung von Gütern im Binnenverkehr durch ausländische Unternehmer oder mit nicht im Inland zugelassenen Fahrzeugen anfällt (Nr. 3 e).
  - Nach § 14 GüKG ist eine kontinuierliche **Marktbeobachtung** vorzunehmen.
  - Die Einfügung der §§ 7 b, c, d GüKG erfolgte auf der Grundlage des GüKBillBG **(= Gesetz zur Bekämpfung der illegalen Beschäftigung im gewerblichen Güter-**

kraftverkehr). Hiermit wird die Verordnung Nr. 484/2002 (EG) umgesetzt, die zum 19.03.2003 eine Fahrerbescheinigung einführte, damit Arbeitnehmer aus Nicht-EU-Staaten, die auf Fahrzeugen von Unternehmern des EU/EWR-Raumes ihrer Berufsausübung nachgehen, nicht mehr ohne Arbeitsgenehmigung illegal beschäftigt werden. Sollte ein Unternehmer solches Personal einsetzen wollen, muss er dafür sorgen, dass das Fahrpersonal entweder die vorgeschriebene **Arbeitsgenehmigung** im Original mit einer amtlich beglaubigten Übersetzung in deutscher Sprache mit sich führt oder eine auf das jeweilige Fahrpersonal persönlich lautende amtliche Bescheinigung mit einer amtlich beglaubigten Übersetzung in deutscher Sprache mitführt. Diese Verpflichtung ergibt sich für gebietsansässige Unternehmer auch aus den Vorschriften des § 284, 1 SGB III, wonach ausländische Arbeitnehmer nur beschäftigt werden dürfen, wenn sie im Besitz einer erforderlichen Arbeitsgenehmigung sind. Verstöße gegen die Vorschrift sind gemäß § 19, 1 Nr. 6 c, d, e GüKG bußgeldbeschwert, wobei Verstöße des Unternehmens – vgl. § 19,1 Nr. 6 c und § 19,1 a Nr. 2 – mit einer Geldbuße bis zu 200 000,00 EUR geahndet werden, also auch wenn der Spediteur z. B. einen Frachtführer einsetzt, von dem er weiß oder fahrlässig nicht weiß, dass er bei der Beförderung Personen ohne Arbeitsgenehmigung einsetzt.

Es wurde ein eigenes Referat **„Marktbeobachtung"** aufgebaut mit einer Zentrale und sog. **Marktbeobachtungszentren** in Außenstellen des Bundesamtes.

In der Zentrale werden Bundesstatistiken ausgewertet, die einmal die Verkehrsleistungen erfassen (z. B. beförderte Mengen, Fahrleistungen, Auslastungen), zum anderen aber auch die Aufteilung dieser Leistungen auf den Güterkraftverkehr, den Werkverkehr und den grenzüberschreitenden Verkehr mit ausländischen Fahrzeugen festhalten. Ferner werden Strukturstatistiken erstellt über Anzahl und Größe der Unternehmen, deren Verkehrsmittel und Umsätze. In die Marktbeobachtung fließen jedoch auch Erkenntnisse ein, die sich aus der Auswertung der Straßenkontrollen ergeben, aus einem ständigen Informationsaustausch mit Spitzenverbänden der Wirtschaft und entsprechenden Fachverbänden des Auslandes.

Die Außenstellen, z. B. in den Ländern Baden-Württemberg (Stuttgart), Bayern (München), Berlin/Brandenburg (Berlin), Niedersachsen (Hannover) werten Regionalstatistiken und die Erkenntnisse aus den Unternehmensbefragungen sowie den Marktgesprächen aus.

Unterstützt wird dieses Vorgehen durch die zu führende Unternehmensdatei (§ 15 GüKG) über alle im Inland niedergelassenen Unternehmen des gewerblichen Güterkraftverkehrs, um feststellen zu können, über welche **Berechtigungen** wie

- Erlaubnis,
- Gemeinschaftslizenz,
- CEMT-Genehmigung,
- CEMT-Umzugsgenehmigung

die jeweiligen Unternehmen verfügen.

Die Überwachungsaufgaben erstrecken sich dabei auf alle Unterlagen, in denen sich der Fahrzeugeinsatz in irgendeiner Art niederschlägt.

Hierbei kann die Einsichtnahme bei folgenden Personengruppen erfolgen:

- Eigentümern und Besitzern von Kraftfahrzeugen zur Güterbeförderung
- allen an der Beförderung Beteiligten (z. B. Speditionen, die Frachtverträge abgeschlossen haben, aber auch Fahrer, Hallenarbeiter usw.) und
- den Beteiligten an Handelsgeschäften über die beförderten Güter

Gerade bei Eigentümern und Besitzern von Kraftfahrzeugen zur Güterbeförderung können die Ermittlungen auch in deren Geschäftsräumen erfolgen, die befragten Personen

(Ausnahme Eigentümer) sind hierbei zur Auskunft und zur Präsentation eventueller Nachweise verpflichtet.

Auch außerhalb der Geschäftsräume können Überwachungsmaßnahmen ausgeführt werden. Somit können Fahrzeuge angehalten und kontrolliert werden.

3 Gefahrguttransporte auf der Straße

3.1 Organisationen

Da der Transport, die Lagerung, der Umschlag und das Handling gefährlicher Güter (Definition vgl. S. 92) nicht auf den jeweiligen nationalen Bereich eines Landes beschränkt sind, war und ist es sinnvoll, dass sich neben den jeweiligen nationalen gesetzgebenden Organen auch internationale Institutionen mit dieser Problematik beschäftigen, um die weltumspannenden Verkehre dieser Produkte möglichst einheitlichen Regelungen zu unterwerfen, sofern nicht verkehrsträgerspezifische Gegebenheiten Abweichungen notwendig machen.

In der nachstehenden Übersicht sind die wichtigsten internationalen Institutionen sowie internationale und nationale Regelungsvorschriften zur Thematik dargestellt.

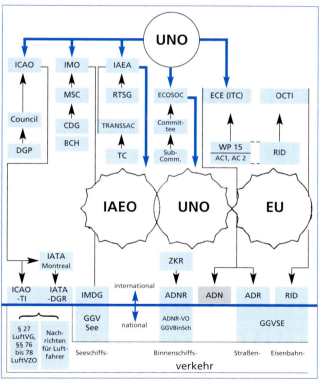

Erklärung einiger Abkürzungen zum Schaubild:

IMO:	International Maritime Organization
RTSG:	Radioactive Transport Study Group
WP15:	Working Party on the Transport of Dangerous Goods (= Arbeitsgruppe über die Beförderung gefährlicher Güter der ECE)
BCH:	Sub-Committee on Bulk-Chemicals
TI:	Technical Instruction
IAEA:	International Atomic Energy Agency
ECOSOC:	Economic and Social Council (= Wirtschafts- und Sozialrat der UNO)
OGTI:	Office Central des Transports internationaux Ferroviaires
CDG:	Committee of Experts on the Transport of Dangerous Goods der IMO

ADN im Mai 2001 fertiggestellt; tritt nach Unterzeichnung durch 7 Staaten in Kraft

Quelle: K. Ridder, Der Gefahrgutbeauftragte, ecomed SICHERHEIT, Landsberg/Lech

Hinweis: Rechtsgrundlage gilt auch für den Eisenbahnverkehr.

3.2 Der gesetzliche Rahmen der Gefahrgutbeförderung – das Gesetz über die Beförderung gefährlicher Güter (GGBefG i. d. F. vom 31. Oktober 2006)

In Gefahrgutbeförderungsgesetz § 2 sind Zweck und Ziel der Rechtsvorschriften in diesem Transportbereich genannt. So werden als gefährliche Güter solche eingestuft, die

- die öffentliche Sicherheit und Ordnung,
- das Leben und die Gesundheit von Menschen und Tieren und
- die andere Sachen gefährden können.

§ 3 des Gefahrgutgesetzes ermöglicht es dem Gesetzgeber den genannten Bereich der Behandlung gefährlicher Güter umfassend zu regeln. Durch vielfältige Gesetze und Verordnungen hat er den in § 3, 1 Gefahrgutgesetz aufgeführten möglichen Regelungsbereichen zu einer umfassenden Ordnung verholfen. Geregelt wurden:

- die Zulassung der Güter zur Beförderung,
- die Verpackung, das Zusammenpacken und Zusammenladen,
- die Kennzeichnung von Versandstücken,
- der Bau, die Beschaffenheit, Ausrüstung, Prüfung und Kennzeichnung der Fahrzeuge und Beförderungsbehältnisse,
- das Verhalten während der Beförderung,
- die Beförderungsgenehmigungen, die Beförderungs- und Begleitpapiere,
- die Auskunfts-, Aufzeichnungs- und Anzeigepflichten,
- die Besetzung und Begleitung der Fahrzeuge,
- die Befähigungsnachweise,
- die Mess- und Prüfverfahren,
- die Schutzmaßnahmen für das Beförderungspersonal,
- das Verhalten und die Schutz- und Hilfsmaßnahmen nach Unfällen mit gefährlichen Gütern,
- die ärztliche Überwachung und Untersuchung des Fahrpersonals und anderer bei der Beförderung beschäftigter Personen,
- Beauftragte in Unternehmen und Betrieben,
- Bescheinigungen und Meldepflichten für Abfälle, die gefährliche Güter sind.

Zuständig für die Einhaltung und Umsetzung dieser vielfältigen Rechtsregelungen sind

- der Bund; insbesondere im Eisenbahnverkehr, Luftverkehr, in der See- und Binnenschifffahrt auf Bundeswasserstraßen;
- die Hafenpolizei in den nicht vom Bund betriebenen Stromhäfen an Bundeswasserstraßen;
- durch den Bund benannte Behörden, wie z. B. die Bundesanstalt für Materialprüfung, das Institut für Chemisch-Technische Untersuchungen usw.;
- die Länder.

Sollten die Vorschriften nicht eingehalten werden, liegen bei vorsätzlichem und fahrlässigem Handeln **Ordnungswidrigkeiten** vor, die gemäß § 10, 4 GGBefG in den Fällen des Absatzes 1 Nr. 1 und 2 mit einer Geldbuße bis zu 50 000,00 EUR, in den Fällen des Absatzes 1 Nr. 3, 4 und 5 mit einer Geldbuße bis zu 1 000,00 EUR geahndet werden können.

3.3 Gefahrguttransporte mit Lkw und Eisenbahn im Einzelnen

Bereits im Jahre 1994 hat der Rat der Europäischen Union durch die Richtlinie 94/55/EG damit begonnen, die Rechtsvorschriften der Mitgliedsstaaten für den Gefahrguttransport auf der Straße einander anzunähern. Die stetige Fortführung der Rechtsangleichung führte letztlich zur **„Verordnung über die innerstaatliche und grenzüberschreitende Beförderung gefährlicher Güter auf der Straße und mit Eisenbahnen" – Gefahrgutverordnung Straße und Eisenbahn – GGVSE vom 10. September 2003, i. d. F. vom 24.11.2006.**

In § 1, 1 GGVSE ist deren Geltungsbereich geregelt. Räumlich umfasst die Verordnung alle **innerstaatlichen** und **innergemeinschaftlichen** Transporte durch die beiden Verkehrsträger Straßen- und Eisenbahnverkehr.

In § 1, 3 GGVSE erfolgt ein Verweis, dass für die gesamten Beförderungen die **Anlagen A** und **B** zur ADR (= **A**ccord européen relatif au transport international des marchandises **d**angereuses par **r**oute) gelten, in der Fassung vom 8. September 2006. Ergänzt wird die GGVSE durch **„Richtlinien zur Durchführung der Gefahrgutverordnung Straße und Eisenbahn" (GGVSE – Durchführungsrichtlinie – RSE vom 29. Januar 2007).**

Die GGVSE selbst besteht aus einer Rahmenverordnung mit 11 Paragraphen und 3 Anlagen.

Sehr umfassend ist hierbei § 9 GGVSE, der u. a. die Pflichten u. a. folgender Personen regelt:

	§ 9 Absatz	für Straßen-verkehr	für Schienen-verkehr
• vom Absender	1	Nr. 1 u. 2	Nr. 1 u. 3
• vom Beförderer	2	Nr. 1 u. 2	Nr. 1 u. 3
• vom Empfänger	3	Nr. 1 u. 2	Nr. 1 u. 3
• vom Verlader	4	Nr. 1 u. 2	Nr. 1 u. 3
• vom Verpacker	5	Nr. 1 u. 2	Nr. 1
• vom Befüller	6	Nr. 1 u. 2	Nr. 1 u. 3
• vom Betreiber eines Tankcontainers, ortsbeweglichen Tanks	7	Nr. 1 bis 7	
• vom Auftraggeber des Absenders	8	Nr. 1 u. 2	
• vom Hersteller	9	Nr. 1 bis 3	
• vom Betroffenen	10	Nr. 1 u. 2	
• vom Fahrzeugführer	11	Nr. 1 bis 19	

Bestimmte Güter (vgl. § 7 der Rahmenverordnung), die in den Anlagen 1 bis 3 der Rahmenverordnung benannt sind, sind gemäß den Vorschriften des § 7, 2–7 GGVSE im Straßenverkehr zu befördern. Hierbei sind insbesondere die Absätze 2 bis 4 von Bedeutung: Beförderungspflicht auf der Autobahn, es sei denn, die Ziff. 1 und/oder 2 des § 7, 2 GGVSE treffen zu; der Fahrweg außerhalb der Autobahnen wird von der Straßenverkehrsbehörde für eine einzelne Fahrt oder bei vergleichbaren Sachverhalten für eine begrenzte oder unbegrenzte Zahl von Fahrten innerhalb einer Zeit von höchstens drei Jahren festgelegt.

Die beiden genannten Anlagen A und B haben folgenden Aufbau:

Anlage A:

• Teil 1	Allgemeine Vorschriften
• Teil 2	Klassifizierung
• Teil 3	Verzeichnis der gefährlichen Güter, Sondervorschriften sowie Freistellungen
• Teil 4	Verwendung von Verpackungen, Großpackmitteln (IBC), Großverpackungen und Tanks
• Teil 5	Vorschriften für den Versand
• Teil 6	Bau- und Prüfvorschriften für Verpackungen, Großpackmittel (IBC), Großverpackungen und Tanks
• Teil 7	Vorschriften für die Beförderung, die Be- und Entladung und die Handhabung

Anlage B (Straßenverkehr)

• **Teil 8**	Vorschriften für die Fahrzeugbesatzungen, die Ausrüstung, den Betrieb der Fahrzeuge und die Dokumentation
• **Teil 9**	Vorschriften für den Bau und die Zulassung der Fahrzeuge.

94

Es gelten folgende Klassifizierungen der Gefahrgüter (vgl. Rnd.-Nr. 2.1.1.1/Anlage A)

Klasse 1	Explosive Stoffe und Gegenstände mit Explosivstoff
Klasse 2	Gase
Klasse 3	Entzündbare flüssige Stoffe
Klasse 4.1	Entzündbare feste Stoffe, selbstzersetzliche Stoffe und desensibilisierte explosive feste Stoffe
Klasse 4.2	Selbstentzündliche Stoffe
Klasse 4.3	Stoffe, die in Berührung mit Wasser entzündbare Gase entwickeln
Klasse 5.1	Entzündend (oxidierend) wirkende Stoffe
Klasse 5.2	Organische Peroxide
Klasse 6.1	Giftige Stoffe
Klasse 6.2	Ansteckungsgefährliche Stoffe
Klasse 7	Radioaktive Stoffe
Klasse 8	Ätzende Stoffe
Klasse 9	Verschiedene gefährliche Stoffe und Gegenstände.

Bei der Klassifizierung gefährlicher Güter, die unter die Überschrift einer Klasse fallen, sind die Vorschriften der jeweiligen Rnd.-Nr. 2.2.**x**.1 zu beachten.

So beinhaltet die Rnd.-Nr. 2.2.**1**.1 die Kriterien für gefährliche Güter der Klasse 1, wobei unter der Rnd.-Nr. 2.2.1.1.1 dann die unterschiedlichen Gruppen aufgezählt sind:

- Explosive Stoffe
- Gegenstände mit Explosivstoff
- Stoffe und Gegenstände, die oben nicht genannt sind und die hergestellt worden sind, um eine praktische Wirkung durch Explosion oder eine pyrotechnische Wirkung hervorzurufen.

In Rnd.-Nr. 2.2.1.1.5 erfolgt dann die Beschreibung der Unterklassen (1.1–1.6).

Zentraler Kern des Anhangs A ist der Teil 3, der die Verzeichnisse der gefährlichen Güter beinhaltet.

In der **Tabelle A** sind die gefährlichen Güter in numerischer Reihenfolge entsprechend ihrer **UN-Nummer** aufgeführt.

In der **Tabelle B** befindet sich ein Verzeichnis der gefährlichen Güter in alphabetischer Reihenfolge.

Die Tabelle A besteht aus 20 Kopfspalten, jede Zeile beinhaltet in der Regel den (die) Stoff(e) oder Gegenstand (Gegenstände), der (die) durch eine bestimmte UN-Nummer erfasst wird (werden).

Am *Beispiel* des Produktes NATRIUM (UN-Nummer 1428) sei im Folgenden der Aufbau der Spalten dargestellt.

Spalte 1:	Sie beinhaltet die UN-Nummer des gefährlichen Stoffes oder Gegenstandes, wenn diesem Stoff oder Gegenstand eine spezifische UN-Nummer zugeordnet ist; hier 1428.
Spalte 2:	Sie beinhaltet die Benennung und Beschreibung des gefährlichen Stoffes oder Gegenstandes. Dies wird nun in **Großbuchstaben** vorgenommen, **nicht mehr** in Kursivschrift; hier NATRIUM.

Spalte 3 a:	Sie beinhaltet die Nummer der Klasse, unter deren Begriff der gefährliche Stoff oder Gegenstand fällt; hier **4.3**.
Spalte 3 b:	Sie beinhaltet den Klassifizierungscode des gefährlichen Stoffes oder Gegenstandes. Für gefährliche Stoffe oder Gegenstände der Klassen 3, 4.1 bis 6.2, 8 und 9 erfolgt die Erläuterung jeweils in der Rnd.-Nr. 2.2.**x**.1.2 (hier wäre für „x" 4.3 einzusetzen). Zunächst sind Stoffe, die in Berührung mit Wasser entzündbare Gase entwickeln, mit **W** gekennzeichnet; handelt es sich bei Natrium um einen festen Stoff, mit **W2**.
Spalte 4:	Sie beinhaltet die Verpackungsgruppe. Insgesamt unterscheidet man Verpackungsgruppen:

– Verpackungsgruppe I   Stoffe mit hoher Gefahr
– Verpackungsgruppe II   Stoffe mit mittlerer Gefahr
– Verpackungsgruppe III   Stoffe mit geringer Gefahr.

	Natrium ist der Verpackungsgruppe I zugeordnet (vgl. Rnd.-Nr. 2.2.43.1.8/a)).
Spalte 5:	Sie beinhaltet die Nummer des Musters des Gefahrzettels (vgl. Rnd.-Nr. 5.2.2.2.2 Gefahrzettelmuster – hier Nr. 4.3).
Spalte 6:	Sie beinhaltet die numerischen Angaben zu Sondervorschriften, die in Ergänzung zu den Spalten 1 bis 5 vorgenommen werden. Beim angeführten Beispiel kein Eintrag.
	Die numerischen Nummern sind in Kapitel 3.3 erläutert.
Spalte 7:	Sie beinhaltet Angaben zur Mengenbegrenzung. Da in unserem Beispiel der Code „LQ 0" angegeben ist, kann dieser Stoff gemäß Rnd.-Nr. 3.4.2 von **keiner** anwendbaren Vorschrift der Anlagen A und B freigestellt werden, sofern in diesen nichts anderes angegeben ist.
Spalte 8:	Sie beinhaltet Verpackungsanweisungen; in unserem Beispiel findet man 2 Angaben: **P403, IBC04**.
	Gemäß der Verpackungsanweisung **P403** kann das gefährliche Gut sowohl unter Verwendung von **zusammengesetzten Verpackungen** als auch mit **Einzelverpackungen** zum Versand gelangen. Sollte bei einer zusammengesetzten Verpackung die **Innenverpackung** z. B. aus Glas bestehen, dürfen darin maximal 2 kg dieses Stoffes sein, Schraubdeckel vorgeschrieben. Ist die **Außenverpackung** eine Kiste aus Stahl (4A), beträgt die höchste **Nettomasse** dann 400 kg.
	Gemäß Verpackungsanweisung **IBC04** sind folgende Großpackmittel z. B. zugelassen – metallene IBC (z. B. 11A, 11B).
Spalte 9 a:	Sie beinhaltet Sondervorschriften zur Verpackung; in unserem Beispiel ist nichts eingetragen.
Spalte 9 b:	Sie beinhaltet Sondervorschriften für die **Zusammenpackung**, die unter der Rnd.-Nr. 4.1.10.4 aufgelistet sind. Für unser gefährliches Gut gilt die Vorschrift **„MP2"**, was bedeutet, dass ein Zusammenpacken mit anderen Gütern untersagt ist.
Spalte 10:	Sie beinhaltet Anweisungen für ortsbewegliche Tanks. In unserem Beispiel befindet sich die Eintragung **„T9"**. Gemäß Vorschrift der Rnd.-Nr. 4.2.5.2. ff. bedeutet dies, dass bei Verwendung eines Tanks dieser einem **Mindestprüfdruck** von 4 bar standhalten muss, eine Wandstärke von mindestens 6 mm Bezugsstahl aufweisen muss, Bodenöffnungen nicht zugelassen sind.
Spalte 11:	Sie beinhaltet Sondervorschriften für ortsbewegliche Tanks. Für unser Beispiel ergeben sich zwei Eintragungen: **TP7, TP33**. Nähere Erläuterungen hierzu befinden sich in Rnd.-Nr. 4.2.5.3.
Spalte 12:	Sie beinhaltet die Tankcodierungen für ADR-/RID-Tanks in Form eines alphanumerischen Codes. Für unser Beispiel lautet die Eintragung: **L10BN(+)**. Die Bestandteile dieser Codierung sind in der Rnd.-Nr. 4.3.4.1.1 erläutert, insbesondere Rnd.-Nr. 4.3.4.1.3

L: Tank für Stoffe in flüssigem Zustand
10:   Zahlenwert des Mindestberechnungsdrucks (= Überdruck)
B: Tank mit Bodenöffnungen mit 3 Verschlüssen für das Befüllen oder Entleeren
N: Tank ohne Lüftungseinrichtung

Spalte 13:	Sie beinhaltet Sondervorschriften für ADR-/RID-Tanks in Form alphanumerischer Codes. Für unser Beispiel lautet die Eintragung: **TU1, TE5, TT3, TM2**. **TU-Codierungen** sagen etwas zur Verwendung der Tanks aus; hier: Die Tanks dürfen erst nach vollständigem Erstarren des Stoffes und Überdecken mit einem inerten Gas zur Beförderung aufgegeben werden (vgl. Rnd.-Nr. 4.3.5). **TE-Codierungen** beziehen sich auf die Ausrüstung der Tanks; hier: Wenn die Tankkörper mit einer Wärmeisolierung versehen sind, muss diese aus schwer entzündbaren Werkstoffen bestehen (vgl. Rnd.-Nr. 6.8.4.b)). **TT-Codierungen** beziehen sich auf die Prüfung der Tanks; hier: Die wiederkehrenden Prüfungen müssen alle 8 Jahre vorgenommen werden, die Dichtheits- und Funktionsprüfung alle 4 Jahre (vgl. Rnd.-Nr. 6.8.4.d)). **TM-Codierungen** beziehen sich auf die Kennzeichnung der Tanks; hier: Der Tank muss zu den Angaben der Rnd.-Nr. 6.8.2.5.2 den folgenden Vermerk tragen: „NICHT ÖFFNEN WÄHREND DER BEFÖRDERUNG. BILDET IN BERÜHRUNG MIT WASSER ENTZÜNDBARE GASE" (vgl. Rnd.-Nr. 6.8.4.e)).
Spalte 14:	Sie beinhaltet eine Codierung, die eine Aussage zum eingesetzten Fahrzeug auf der Straße macht. In unserem Beispiel ist die Codierung **„AT"** eingetragen, was zunächst gemäß Rnd.-Nr. 7.4.2 bedeutet, dass auch Fahrzeuge der Codierungen FL und OX eingesetzt werden dürfen. Die drei Codierungen selbst sind im Kapitel 9.1 ausführlich erläutert.
Spalte 15:	Sie beinhaltet die Beförderungskategorie, für unser Beispiel „1". In Rnd.-Nr. 1.1.3.6 sind die **Freistellungsmengen** angeführt, die man **je** Beförderungseinheit befördern darf. Da unser Gut der Verpackungsgruppe I zugeordnet ist, ist die höchstzulässige Gesamtmenge je Beförderungseinheit **20 kg**, wobei bei festen Stoffen hier die Nettomasse angesprochen ist. Zu beachten sind hier insbesondere auch die Vorschriften der Rnd.-Nr. 1.1.3.6.4, falls Gefahrgüter befördert werden, die unterschiedlichen Beförderungskategorien angehören.
Spalte 16:	Sie beinhaltet Sondervorschriften für die Beförderung von Versandstücken. Die alphanumerische Codierung lautet in unserem Beispiel **„V1"**. Nach Rnd.-Nr. 7.2.4 bedeutet dies, dass die Versandstücke in gedeckte oder bedeckte Fahrzeuge oder in geschlossene oder bedeckte Container zu verladen sind. Im Bahnverkehr wird der Buchstabe **„W"** verwendet.
Spalte 17:	Sie beinhaltet Sondervorschriften für die Beförderung in loser Schüttung. In unserem Beispiel ist keine alphanumerische Codierung eingetragen, d. h. das Gut darf in loser Schüttung nicht zur Beförderung zugelassen werden.
Spalte 18:	Sie beinhaltet Sondervorschriften für die Teilbereiche der Beförderung – **Be- und Entladung, Handhabung**. Die alphanumerische Codierung lautet für unser Beispiel **„CV23"**. Die genauen Erklärungen hierzu findet man in der Rnd.-Nr. 7.5.1.1. Dort wird zum Ausdruck gebracht, dass bei der Handhabung der Versandstücke Maßnahmen zu treffen sind, damit sie nicht mit Wasser in Berührung kommen können. Für die Bahn lautet die entsprechende Codierung **„CW23"**.
Spalte 19:	Sie beinhaltet Sondervorschriften für die Beförderung – hier Teilbereich Betrieb. In unserem Beispiel liegt die Eintragung **S20** vor. In der Spalte **„Expressgut"** für die Bahn ist eine solche nicht vorhanden. Diese Vorschriften gelten zusätzlich zu den Vorschriften der Rnd.-Nr. 8.1 bis 8.4 und haben dort Vorrang, weil dort mehr allgemeine Ausführungen/Vorschriften vorhanden sind. Im Falle einer Eintragung lautete die Codierung **S1, S2, …, S21**. **S20** bedeutet, dass die Überwachungsvorschriften für Fahrzeuge gemäß Rnd.-Nr. 8.4 gelten, wenn die Gesamtmasse des Gutes > 10 000 kg ist. Im Bahnverkehr würde die Codierung **„CE"** lauten; ihre Erläuterung ist im Kapitel 7.6 zu finden.
Spalte 20:	Sie beinhaltet die **„Nummer zur Kennzeichnung der Gefahr"**. Für unser Beispiel die Codierung **„X423"**.

Beförderungseinheiten, in denen also gefährliche Güter befördert werden, müssen mit zwei rechteckigen, rückstrahlenden, senkrecht angebrachten orangefarbenen Tafeln (vgl. hierzu Rnd.-Nr. 5.3.2.2.1) versehen sein. Sie sind im Straßenverkehr vorn und hinten an der Beförderungseinheit senkrecht an deren Längsachse anzubringen.

Beim Bahnverkehr muss an jeder Längsseite

- eines Kesselwagens,
- eines Batteriewagens,
- eines Wagens mit abnehmbaren Tanks,
- eines Tankcontainers,
- eines MEGC,
- eines ortsbeweglichen Tanks,
- eines Wagens mit Gütern in loser Schüttung,
- eines Klein- oder Großcontainers für Güter in loser Schüttung

eine rechteckige, orangefarbene Kennzeichnung angebracht werden (Rnd.-Nr. s. o.).

Von den dargestellten Abmessungen der Warntafeln darf dann abgerückt werden, wenn infolge von Form oder Bau des Fahrzeugs die zur Verfügung stehende Fläche zum Anbringen der orangefarbenen Tafeln nicht ausreicht. In diesem Fall kann die Grundlinie auf 30 cm und die Höhe auf 12 cm verkürzt werden.

Als Fahrzeug ist hier die **Beförderungseinheit** zu sehen, d. h., dass bei einem Lastzug keine Warntafeln zwischen Motorwagen und Hänger angebracht werden dürfen. Somit ist es aber auch nicht möglich zu erkennen, welche Fahrzeugteile nun mit gefährlichen Gütern beladen sind (vgl. hierzu auch Rnd.-Nr. 5.3.2 ff.).

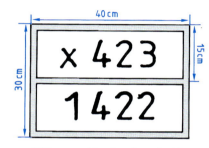

(Ziffern und Buchstaben sind im Original jeweils 10 cm hoch.)

Für den Stoff aus unserem Beispiel befinden sich auf dieser Warntafel zwei Nummern. In der oberen Hälfte die Nummer X423, die Nummer zur Kennzeichnung der Gefahr, die auch als **Kemlerzahl** bezeichnet wird. Diese Nummer besteht aus zwei oder drei Ziffern, denen manchmal der Buchstabe „X" vorangestellt wird.

Im Einzelnen haben die Ziffern folgende Bedeutung:

Ziffer 2:	Entweichen von Gas durch Druck oder durch chemische Reaktion
Ziffer 3:	Entzündbarkeit von flüssigen Stoffen (Dämpfen) und Gasen oder selbsterhitzungsfähiger flüssiger Stoffe
Ziffer 4:	Entzündbarkeit von festen Stoffen oder selbsterhitzungsfähiger fester Stoffe
Ziffer 5:	Oxydierende brandfördernde Wirkung
Ziffer 6:	Giftigkeit oder Ansteckungsgefahr
Ziffer 7:	Radioaktivität
Ziffer 8:	Ätzwirkung
Ziffer 9:	Gefahr einer spontanen heftigen Reaktion

Eine Verdoppelung einer Ziffer weist auf die Zunahme der entsprechenden Gefahr hin. Die **erste Ziffer** gibt die **Hauptgefahr** an (hier: Entzündbarkeit fester Stoffe); die **zweite und dritte Ziffer** die **Zusatzgefahren** (hier: Gefahr der Entweichung von Gas sowie die Entzündbarkeit von Gasen).

Das vorgestellte **„X"** gibt an, dass eine **Berührung mit Wasser verboten** ist.

Die untere Nummer – 1422 – ist die Nummer zur Kennzeichnung des Stoffes, die sogenannte **UN-Nummer**.

Diese UN-Nummern sind in zwei Gruppen eingeteilt.

- UN-Nummer < 1000
  (Hierin sind alle explosiven Stoffe, Gegenstände mit Explosivstoff enthalten.)
- UN-Nummern > 1000
  (Für Stoffe der restlichen Gefahrklassen.)

Die UN-Nummern sind von einer Expertengruppe der UN erarbeitet worden und in dem sog. **„Orange Book"** veröffentlicht, dessen genauer Titel lautet: **„Recommendations on the Transport of Dangerous Goods"**.

Die Nummer in der Gefahrzettelspalte (hier 4.3) gibt an, welche Gefahrensymbole auf den Packstücken anzubringen sind. Hier muss ein blaufarbenes, auf die Spitze gestelltes Quadrat (Seitenlänge 10 cm) verwendet werden, das im oberen Teil die symbolische Darstellung eines Feuers beinhaltet (vgl. Verzeichnis der Gefahrzettel, S. 101).

Der Absender muss die Verpackungs- und Zusammenpackungsvorschriften genau beachten, da er grundsätzlich für die ordnungsgemäße Verpackung zuständig ist. Ferner muss er die schriftlichen Weisungen (Rnd.-Nr. 5.4.3 ff.) beschaffen; falls der Transport grenzüberschreitend ist auch in den jeweiligen Landessprachen des Ziellandes und der Transitländer.

Der Absender ist auch für den Inhalt der schriftlichen Weisung verantwortlich. Die schriftlichen Weisungen sind im Fahrerhaus so aufzubewahren, dass sie leicht auffindbar sind. Der Beförderer hat darauf zu achten, dass die betreffenden Fahrzeugführer fähig sind, die **schriftlichen Weisungen** zu verstehen und richtig anzuwenden. Die schriftliche Weisung muss folgende Inhaltsschwerpunkte aufweisen:

- die Benennung des Stoffes oder Gegenstandes oder der Gruppe von Gütern, die Klasse und
  die UN-Nummer oder bei einer Gruppe von Gütern die UN-Nummer
- die Art der Gefahr, die von Gütern ausgeht, sowie die vom Fahrzeugführer zu treffenden Maßnahmen und die von ihm zu verwendende Schutzausrüstung;
- die zu treffenden allgemeinen Maßnahmen, wie z. B. Warnung anderer Verkehrsteilnehmer und Passanten sowie Verständigung von Polizei und/oder Feuerwehr;
- die bei kleineren Leckagen oder Undichtheiten zur Verhinderung größerer Schäden zu treffenden Maßnahmen, sofern diese, ohne jemanden zu gefährden, durchgeführt werden können;
- die gegebenenfalls für spezielle Güter zu treffenden besonderen Maßnahmen;
- sofern zutreffend, die erforderliche Ausrüstung für zusätzliche und/oder besondere Maßnahmen.

Die Regelungen zu **Freistellungen** sind der Rnd.-Nr. 1.1.3 ff. zu entnehmen. Sie werden wie folgt dargestellt:

- Freistellungen in Zusammenhang mit der Art der Beförderungsdurchführung (Rnd.-Nr. 1.1.3.1)
- Freistellungen im Zusammenhang mit der Beförderung von Gasen (Rnd.-Nr. 1.1.3.2)
- Freistellungen im Zusammenhang mit der Beförderung von flüssigen Kraftstoffen (Rnd.-Nr. 1.1.3.3)
- Freistellungen im Zusammenhang mit Sondervorschriften oder mit in begrenzten Mengen verpackten gefährlichen Gütern (Rnd.-Nr. 1.1.3.4)

Beispiel:

Stoffaufzählung nach Kapitel 3.2	Beförderungs-kategorie	Bezeichnung der Stoffe und Gegenstände	Höchstzulässige Gesamtmenge je Beförderungseinheit
Klasse und Rnd.-Nr.			
1 Rnd.-Nr. 1.1.3.6.3	1	Stoffe der UN-Nummern: 0160, 0474	20
4.3 Rnd.-Nr. 1.1.3.6.3	0	METHYLDICHLORSILAN UN-Nummer: 1242	0

Unter den angegebenen UN-Nummern sind folgende Stoffe aufgeführt:

Nr. 0160:   Treibladungspulver der Kl. 1.1. C
Nr. 0474:   Explosive Stoffe n. a. g. der Kl. 1.1 C

Die Bezeichnung der Stoffe führt zur entsprechenden UN-Nummer oder umgekehrt. In der Tabelle **A** des Kapitels 3.2 ist in der Spalte 15 die jeweilige Beförderungskategorie, in der Spalte 3a die jeweilige Klasse enthalten. Der Klassifizierungscode befindet sich in Spalte 3b, für das Treibladungspulver: Kl. **1.1C**.

Nach Rnd.-Nr. 1.1.3.6.2 ist nun wie folgt zu verfahren:

Wenn die mit einer Beförderungseinheit beförderten Mengen gefährlicher Güter die in der Tabelle (Rnd.-Nr. 1.1.3.6.3), Spalte 3 für eine bestimmte Beförderungskategorie angegebenen Werte nicht überschreiten, dürfen sie in Versandstücken in derselben Beförderungseinheit befördert werden. Folgende Vorschriften müssen dann nicht befolgt werden:

- Ausführungen unter Rnd.-Nr. 1.3, 5.3, 5.4.3
- Ausführungen unter Rnd.-Nr. 7.2 mit Ausnahme der Rnd.-Nr. 7.2.3 und der Sondervorschriften V5, V8 der Rnd.-Nr. 7.2.4
- Sondervorschrift CV1/CW1 der Rnd.-Nr. 7.5.11
- Kapitel 8 mit Ausnahme der in Rnd.-Nr. 1.1.3.6.2 genannten Regelungen.

Das Treibladungspulver hat eine höchstzulässige Gesamtmenge je Beförderungseinheit von 20 kg.

Das METHYLDICHLORSILAN weist die Beförderungskategorie „0" auf, d. h. alle Vorschriften sind einzuhalten. Der Klassifizierungscode **„WFC"** führt über die Rnd.-Nr. 2.2.43.3 zu einer Fußnote, die eine weitere Einteilung der Chlorsilane vornimmt. Der Stoff ist der Verpackungsgruppe I zugeordnet. Für diesen Stoff besteht ferner nach Rnd.-Nr. 4.1.10.4 ein Zusammenladeverbot, d. h. er darf auf einer Ladefläche eines Fahrzeuges oder Containers nicht mit Versandstücken anderer gefährlicher Güter zusammen verladen werden.

Für die Beförderung der gefährlichen Güter sind ferner die Vorschriften des § 7 GGVSE zu berücksichtigen, die für den Teil der gefährlichen Güter, die in den Anlagen 1, 2, 3 der GGVSE genannt sind, gelten. Die Abschnitte 2, 3, 4 und 5 des genannten Paragrafen der GGVSE legen hier Transporteinschränkungen fest sowie das Vorgehen für Fahrwegbestimmungen von und zu entsprechenden Autobahnauffahrten.

In den Richtlinien zur Durchführung der Gefahrgutverordnung Straße und Eisenbahn (GGVSE) – **RSE** – vom 29. Januar 2007 befindet sich in der Anlage 4 das Antragsformular für die Bestimmung des Fahrweges nach § 7, 3 GGVSE.

Der Antrag muss an die entsprechenden Straßenverkehrsbehörden gerichtet werden, die in genannter Anlage 4 ebenfalls abgedruckt sind. Die ausstellende Behörde stellt dann eine Fahrwegbestimmung aus, die Folgendes beinhaltet (vgl. Anlage 5 RSE):

- UN-Nummer und Bezeichnung des Gutes, dessen Klasse und Verpackungsgruppe,
- Angabe von Be- und Entladestelle,
- Beschreibung des Fahrweges,
- Geltungsdauer der Fahrwegbestimmung (gemäß § 7, 3 GGVSE höchstens 3 Jahre),
- eventuelle Nebenbestimmungen,
- Kostenfestsetzung.

Gemäß § 7, 4 GGVSE dürfen Güter der Anlage 1 auf der Straße nicht befördert werden, wenn das gefährliche Gut in einem Gleis- oder Hafenanschluss verladen und entladen werden kann, es sei denn, dass die Entfernung auf dem Schienen- oder Wasserweg mindestens doppelt so groß ist wie die tatsächliche Entfernung auf der Straße.

Eine Beförderung auf der Straße nur zum oder vom nächstgelegenen geeigneten Bahnhof oder Hafen ist erforderlich, wenn das gefährliche Gut in Tankcontainern, ortsbeweglichen Tanks oder Großcontainern verladen wird, die gesamte Beförderungsstrecke im Geltungsbereich dieser Verordnung mehr als 200 km beträgt und der Container oder die ortsbeweglichen Tanks auf dem größten Teil dieser Strecke mit der Eisenbahn oder dem Schiff befördert werden können.

Bei einer Verladung auf ein Straßenfahrzeug hat die Beförderung im Huckepackverkehr zu erfolgen, falls die Beförderungsstrecke mehr als 400 km beträgt und das Straßenfahrzeug auf dem größeren Teil der Strecke mit der Eisenbahn befördert werden kann.

3.4 Gefahrenkennzeichen

Fundstellen zu den Vorschriften für die Gefahrenzettel sind u. a.:

- Güterkraftverkehr/Bahn: GGVSE Rnd.-Nr. 5.2.2.1 und 5.2.2.2.2
- Binnenschiff: ADNR Anlage 1, Rnd.-Nr. 5.2.2.2.2
  ADNR Anlage 1, Anhang 1 Muster 4
- Seeschiff: IMDG-Code, Allgemeine Einleitung, Abschnitt 8, Darstellung der „Placards" im Unterabschnitt 8.4
- Luftverkehr: DGR – Abschnitt 7, Unterabschnitt 7.3.1
  DGR – Abschnitt 6, Unterabschnitt 6.4.3.4
  DGR – Abschnitt 7, Unterabschnitt 7.4.1 und 7.4.2 (Spezialkennzeichen für magnetisches Material und gefährliche Güter, die nur in Frachtflugzeugen befördert werden dürfen)

Gefahrzettel für den Transport

Klasse 1	Klasse 2		
Explosivstoffe	Entzündbare Gase	Verdichtete, verflüssigte oder unter Druck gelöste Gase	Giftige Gase
Alle Gefahrgut-verordnungen	nur DGR und IMDG	alle	nur DGR und IMDG

Klasse 3	Klasse 4		
Entzündbare flüssige Stoffe	Entzündbare feste Stoffe	Selbstentzündliche Stoffe	Stoffe, die in Berührung mit Wasser entzündbare Gase entwickeln
alle	alle		

Klasse 5		Klasse 6	
Entzündend (oxidierend) wirkende Stoffe	Organische Peroxide	Giftige Stoffe	Ansteckungs-gefährliche Stoffe
alle		alle	

Klasse 7			Klasse 8
Radioaktive Stoffe	Radioaktive Stoffe	Radioaktive Stoffe	Ätzende Stoffe
alle			alle

Klasse 9	
Verschiedene gefährliche Stoffe und Gegenstände	Meeresschadstoffe
alle	

Anmerkungen:
1) *Diese Gefahrzettel entsprechen alle der UN-Norm.*
2) *Gilt ausschließlich für Meeresschadstoffe.*

3.5 Der Gefahrgutbeauftragte

Mithilfe der **Gefahrgutbeauftragtenverordnung (GbV i. d. F. vom 31.10.2006)** ermöglichte es der Gesetzgeber, weitere Überwachungsmechanismen bei der Beförderung gefährlicher Güter aufzubauen.

Der Gefahrgutbeauftragte muss **schriftlich** bestellt werden; diese Bestellung entfällt nur, falls der Unternehmer oder Inhaber eines Betriebes die Funktion des Gefahrgutbeauftragten selbst wahrnimmt. Eine Befreiung von der Bestellung eines Gefahrgutbeauftragten nach § 1 b GbV ist unter folgenden Voraussetzungen gegeben:

- das Unternehmen befördert nur gefährliche Güter in solchen Mengen, die jeweils die Freistellungsgrenze nach Rn. 1.1.3.6 des ADR nicht überschreiten,
- das Unternehmen ist in einem Kalenderjahr an der Beförderung von nicht mehr als **50 Tonnen** gefährlicher Güter, die bei radioaktiven Stoffen nur der UN-Nummern 2908 bis 2911 für den Eigenbedarf, beteiligt,
- das Unternehmen erhält die gefährlichen Güter lediglich.

Sollte ein Unternehmen wiederholt und schwerwiegend gegen Vorschriften verstoßen, die nach Gefahrgutgesetz einzuhalten sind, kann es durch die Überwachungsbehörde gezwungen werden, einen Gefahrgutbeauftragten zu bestellen, falls ein solcher auf Grund der Befreiungstatbestände nicht bestellt hätte werden müssen.

Die Anforderungen an den Gefahrgutbeauftragten sind in § 2 GbV (2006) festgelegt. Folgende Voraussetzungen müssen von ihm erfüllt werden:

- Gefahrgutbeauftragter kann nur sein, wer Inhaber eines für den oder die betreffenden Verkehrsträger gültigen **Schulungsnachweises** ist (Anlage 3 der GbV). Hierbei erfüllen der EG- oder der nationale Schulungsnachweis, der für die Verkehrsträger See und Luft gilt, die Anforderungen.
- Die Schulung selbst wurde durch die IHK oder von Schulungsveranstaltern durchgeführt, die durch die Kammern als geeignet und leistungsfähig anerkannt und dann auch öffentlich bekannt gemacht sind.

Der Schulungsnachweis gilt **fünf** Jahre, beginnend mit dem Tag der bestandenen Prüfung. Seine Geltungsdauer wird um fünf Jahre verlängert, wenn sich der Inhaber des Schulungsnachweises in den letzten 12 Monaten vor Ablauf der Gültigkeitsdauer einer Fortbildungsschulung unterzogen oder eine Prüfung entsprechend § 5.5 GbV (2006) abgelegt und bestanden hat.

Die Pflichten und Aufgaben des Gefahrgutbeauftragten sind in § 1 c GbV (2006) geregelt. Seine grundlegende Aufgabe besteht darin, dass geeignete Maßnahmen zur Einhaltung der Vorschriften zur Beförderung gefährlicher Güter für den jeweiligen Verkehrsträger ergriffen werden. In der Anlage 1 zur GbV (2006) sind die Aufgaben detailliert dargestellt. Insbesondere folgende Aufgaben hat der Gefahrgutbeauftragte zu erledigen (auszugsweise):

- Überwachung der Einhaltung der Gefahrgutvorschriften
  Gerade im Bereich der Sammelladungsspedition ist es oft nicht möglich, bei der Fahrzeugdisposition in der Abholung vorweg zu bestimmen, ob die sog. **„Freigrenze"** bei der Beförderung gefährlicher Güter erreicht wird oder nicht.

Beispiel:

Der Fahrer der Abholtour 12 übernimmt u. a. folgende Güter:

10 kg Chlorkohlenoxid (Phosgen)　　　　　(Faktor: 50)
25 kg CUMARIN-PESTIZID, FLÜSSIG, GIFTIG III　　(Faktor: 3)

Bei einer dritten Firma soll er noch 150 kg SELBSTZERSETZLICHER STOFF TYP D, FLÜSSIG übernehmen (UN-Nr.: 3225). Er ruft daraufhin vereinbarungsgemäß die beauftragte Person im Büro an und bittet um Anweisung, ob das Fahrzeug bei Übernahme dann gekennzeichnet werden muss für den Transport gefährlicher Güter oder ob er noch unterhalb der Freigrenze von 1 000 kg liegt.

Gemäß Rnd.-Nr. 1.1.3.6.3 kommt die beauftragte Person zu folgendem Ergebnis und gibt dies dem Fahrer durch:

	Faktor	Bruttomasse
10 kg Chlorkohlenoxid (PHOSGEN)	50	500
25 kg CUMARIN-PESTIZID, FLÜSSIG, GIFTIG	3	75
150 kg SELBSTZERSETZLCHER STOFF TYP D, FLÜSSIG	3	450
insgesamte Bruttomasse		1025 kg

Somit müsste der Fahrer an das Fahrzeug die Warntafeln anbringen und die entsprechenden Unfallmerkblätter (eventuell Sammelunfallmerkblatt – einmal im Fahrerhaus) mit sich führen; er müsste auch überprüfen, ob die Gefahrgutausrüstung den Erfordernissen für diesen Transport entspricht.

Diese Vorgehensweise sollte mit der **beauftragten Person** (vgl. § 1 a, Nr. 5 GbV 2006) abgesprochen sein; die Fahrer müssen die entsprechenden Verhaltensvorschriften einhalten.

Die beauftragten Personen selbst sind ebenfalls zu schulen (vgl. § 6 GbV 2006). Die Schulung kann durch den Gefahrgutbeauftragten vorgenommen werden.

Weitere Aufgaben des Gefahrgutbeauftragten sind:

- Unverzügliche Anzeige von Mängeln, die die Sicherheit beim Transport gefährlicher Güter beeinträchtigen, an den Unternehmer oder Inhaber des Betriebes.
- Beratung des Unternehmens oder des Betriebes bei den Tätigkeiten im Zusammenhang mit der Gefahrgutbeförderung.
- Erstellung eines **Jahresberichtes** über die Tätigkeiten des Unternehmens in Bezug auf die Gefahrgutbeförderung innerhalb eines halben Jahres nach Ablauf des Geschäftsjahres. Folgende inhaltliche Komponenten sollte dieser Bericht enthalten:
  - Einteilung der gefährlichen Güter nach Klassen;
  - Menge der gefährlichen Güter in einer der folgenden 4 Stufen:
    1. Stufe bis 5 t,
    2. Stufe mehr als 5 t bis 50 t,
    3. Stufe mehr als 50 t bis 1 000 t,
    4. Stufe mehr als 1 000 t;
  - Zahl und Art der Unfälle mit gefährlichen Gütern, über die ein Unfallbericht erstellt worden ist (vgl. auch § 1 d GbV);
  - sonstige Angaben, die nach Auffassung des Gefahrgutbeauftragten für die Beurteilung der Sicherheitsanlage wichtig sind.
- Insbesondere muss der Gefahrgutbeauftragte auch die Vorgehensweise analysieren bei folgenden Tätigkeiten beim Umgang mit gefährlichen Gütern (auszugsweise; vgl. Nr. 5 in Anlage 1 zu § 1 c Abs. 1 GbV 2006):
  - Verfahren, mit denen die Einhaltung der Vorschriften zur Identifizierung des beförderten Gefahrgutes sichergestellt werden soll,
  - Vorgehen des Unternehmens, um beim Kauf von Beförderungsmitteln den besonderen Erfordernissen in Bezug auf das beförderte Gut Rechnung zu tragen.

Die Berichte sind 5 Jahre lang aufzubewahren und sind, falls notwendig, den Überwachungsbehörden vorzulegen.

104

Die Vorschriften für die Ausbildung der Fahrzeugbesatzungen wurden im Kapitel 8.2 GGVSE zusammengefasst. Führer von Fahrzeugen, mit denen gefährliche Güter befördert werden, Fahrer von Fahrzeugen von Tanks (festverbundenen oder Aufsetztanks) mit einem Fassungsvermögen von mehr als 1 cbm müssen im Besitz einer Bescheinigung sein, die von einer zuständigen Behörde ausgestellt wurde und die bescheinigt, durch eine Schulung und Prüfung spezielle Kenntnisse über Gefahrguttransporte vermittelt bekommen zu haben und diese Kenntnisse zu beherrschen (ADR-Schein).

Jeweils nach 5 Jahren muss der Fahrzeugführer nachweisen, dass er innerhalb des letzten Jahres vor Ablauf der Frist einen Auffrischungskurs besucht und darüber eine entsprechende Prüfung abgelegt hat. Die differenzierten Anforderungen an die Schulung der Fahrzeugführer sind in den Rnd.-Nr. 8.2.2.3.2 ff. dargestellt. Die Inhalte für einen Basiskurs sowie die Inhalte für Aufbaukurse im Bereich der Beförderung in Tanks und von Stoffen und Gegenständen der Klassen 1 und 7 sind detailliert geregelt, genau wie die Zahl der zu absolvierenden Unterrichtseinheiten. Auch der Umfang der jeweiligen Prüfungen der einzelnen Kurse wurde in der Rnd.-Nr. 8.2.2.7 festgelegt. In der ADR-Bescheinigung selbst ist dann festgehalten, für welche Klassen man die Bescheinigung erhält, sowie die Laufzeit der Bescheinigung.

Auch bei anderen Verkehrsträgern, z. B. in der Binnenschifffahrt, werden in der Anlage 1 zur ADNR Vorschriften gemacht, ob eine sachkundige Person an Bord sein muss. In der Rnd.-Nr. 8.2.2 ff. sind die entsprechenden Voraussetzungen zur Erlangung der Sachkunde und die zu vermittelnden Stoffinhalte festgeschrieben. Für Tankschiffe – hier Rnd.-Nr. 8.2.2.3.1.3 – werden diese Vorschriften noch weiter differenziert, insbesondere für Transporte von Gasen und Chemikalien. Nach erfolgter Prüfung (Multiple-Choice-Verfahren bei Fachprüfung ADNR – vgl. Rnd.-Nr. 8.2.2.7.1 u. 8.2.2.7.2) erhält der Prüfungsteilnehmer ein Zertifikat, das eine Gültigkeitsdauer von 5 Jahren hat. Im letzten Jahr vor Ablauf des Zertifikates muss der jeweilige Sachkundige sich einer Wiederholungsprüfung unterziehen.

ZUSAMMENFASSUNG

Güterverkehr im Fernbereich

1. Erlaubnispflicht besteht für die Beförderung von Gütern mit Kraftfahrzeugen, deren zulässiges Gesamtgewicht, einschließlich des Gesamtgewichts des Anhängers, 3,5 t beträgt.

2. Erlaubnisvoraussetzungen sind:
   - Vorlage des polizeilichen Führungszeugnisses für den Antragsteller (Zuverlässigkeit)
   - Vorlage der Dienst- und Prüfungszeugnisse des Antragstellers (Sachkundenachweis)
   - Nachweis über die finanzielle Leistungsfähigkeit
   - Nachweis Handelsregistereintragung
   - steuerlicher Zuverlässigkeitsnachweis
   - Nachweis über ordnungsgemäße Abführung der Sozialversicherungsbeiträge sowie der Beiträge zur Unfallversicherung

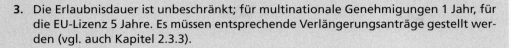

3. Die Erlaubnisdauer ist unbeschränkt; für multinationale Genehmigungen 1 Jahr, für die EU-Lizenz 5 Jahre. Es müssen entsprechende Verlängerungsanträge gestellt werden (vgl. auch Kapitel 2.3.3).

4. Der Frachtvertrag im nationalen Güterverkehr ist wie im internationalen Güterverkehr ein Konsensualvertrag.

5. Rechtsgrundlagen des Frachtvertrages sind:
   - das HGB, § 407 ff.
   - das GüKG
   - für internationale Transporte die CMR

6. Als Pflichten aus dem Frachtvertrag ergeben sich grundsätzlich:
   - für den Frachtführer:
     das Gut im übernommenen Zustand zur vereinbarten Zeit einem bestimmten Empfänger zuzustellen
   - für den Absender (jedoch in Abhängigkeit von der Lieferklausel):
     die Zahlung der Fracht

7. Man unterscheidet drei verschiedene Sendungsarten im Güterverkehr:
   - Stückgutsendungen
   - Teilladungen
   - Ladungssendungen

8. Für alle Sendungen können Beförderungs- und Begleitpapiere ausgestellt werden:
   - im nationalen Verkehr ein Frachtbrief
   - im internationalen Verkehr ein CMR-Frachtbrief (Mussvorschrift)
   - Der Inhalt des Frachtbriefs wird durch § 408 HGB bzw. Artikel 6 CMR maßgeblich vorbestimmt

9. Die Abwicklung der Transporte kann erfolgen:
   - als Trampverkehr
   - im Rahmen eines Linienverkehres

10. Die Deregulierung des Verkehrsmarktes erfordert von den Güterkraftverkehrsunternehmen den Aufbau einer Kosten- und Leistungsrechnung, um ihre Fahrzeugeinsatzkosten, Umschlagskosten usw. bestimmen zu können.

11. Verschiedene Kalkulationshilfen stehen zur Verfügung, wie z. B. GVE, KGS, Handbuch für den Möbeltransport.

12. Internationale Verkehre unterliegen dem CMR-Abkommen.

13. Für internationale Verkehre benötigt der Güterkraftverkehrsunternehmer entsprechende Fahrerlaubnisse. Entweder in Form einer EU-Lizenz oder einer CEMT-Genehmigung. In Drittstaaten benötigt man zusätzlich bilaterale Genehmigungen, beim Transit von Drittstaaten Transitgenehmigungen.

14. Viele rechtliche Regelungen der CMR und des HGB (Frachtrecht) sind weitgehend identisch. Sollte die CMR Vorschriften zu einem bestimmten Tatbestand nicht beinhalten, ist auf nationales Recht zurückzugreifen (z. B. bei Be- und Entladeregelung).

15. Die Korridorlösung in der Haftung nach HGB wird in der CMR durch die Lieferwertangabe im Frachtbrief abgefangen.

16. Die CMR ist zwingendes Recht und schließt durch Art. 41 CMR andere Rechtsvorschriften (z. B. ADSp) zur Anwendung aus.

17. Das Bundesamt für Güterverkehr ist zur Überwachung des Güterkraftverkehrs verpflichtet, und zwar des gewerblichen Güterkraftverkehrs und des Werkverkehrs.

Lernfeld 5:
Speditionsaufträge im Sammelgut- und Systemverkehr bearbeiten

---

Einstiegssituation:

Zum 1. Januar 2003 mussten die ADSp auf Druck der Versicherungswirtschaft geändert werden. Dennoch erwartet der Deutsche Speditions- und Logistikverband (DSLV), dass die hohe Marktakzeptanz der ADSp erhalten bleibt.

AUFGABEN

1. Inwiefern unterscheiden sich die ADSp grundlegend von anderen Allgemeinen Geschäftsbedingungen?

2. Welche Bedeutung haben die ADSp für die Abwicklung eines Speditionsauftrages?

3. Wie ist die Haftung des Spediteurs in den ADSp geregelt?

4. Welche Bedeutung ist dabei der Versicherung zuzuweisen?

---

4 Die rechtlichen Grundlagen des Speditionsgeschäfts

4.1 Gesetzliche Grundlagen des Speditionsgeschäfts

4.1.1 Der Kaufvertrag als Geschäftsgrundlage

Bereits im Lernfeld 4 wurde darauf verwiesen, dass die Nachfrage nach speditionellen Dienstleistungen als „abgeleitete Nachfrage" zu bezeichnen ist.

Grund dafür ist die Tatsache, dass ein Spediteur i. d. R. erst dann beauftragt wird, wenn ein Kaufvertrag abgeschlossen wurde.

Das Rechtsverhältnis zwischen **Verkäufer** und **Käufer** wird bei einem **Versendungskauf** in § 447 BGB geregelt. Danach ist der Verkäufer verpflichtet, die zu liefernde Ware einem Spediteur zur Beförderung zu übergeben. Mit Beendigung dieses Vorgangs hat der Verkäufer seine kaufvertraglichen Pflichten gegenüber dem Käufer erfüllt.

Wenn nun während der Beförderung des Gutes ein Schaden entsteht, stellt sich die Frage, wer die Transportgefahr trägt, Verkäufer oder Käufer. Nach BGB liegt die Transportgefahr beim Käufer der Ware.

Für Spediteure und Frachtführer ist diese Regelung zunächst unbedeutend, da sie dispositiver Natur ist, d. h. zwischen Verkäufer und Käufer im Kaufvertrag oder AGB anderes geregelt werden kann. Zudem kommt durch den Speditionsvertrag ein eigenständiger Vertrag zwischen dem Versender (= Verkäufer) und Spediteur zustande.

108

Jedoch ist zu beachten, dass Inhalte des Kaufvertrages in den Speditionsvertrag einfließen. Dies betrifft insbesondere die Lieferungs- und Zahlungsbedingungen.
Beispiele für den Versand von Stückgut im nationalen Bereich:

Versandart	Lieferbedingungen

• **Standard**lieferung, d. h. innerhalb von 24 Stunden, in Grenzbereichen (z. B. Nordseeinseln in 48 Stunden)
• **Express**-Service
  – Express 08:00 Uhr
  – Express 10:00 Uhr
  – Express 12:00 Uhr
	• **Frei Haus,** d. h. der Versender bezahlt alle Beförderungskosten
	• **Unfrei,** d. h. der Empfänger bezahlt alle Beförderungskosten
	• **Frei Verwendungsstelle,** d. h. der Versender hat alle Kosten bis zum bezeichneten Ort zu tragen (Bürohochhaus 12. Stock, Gewölbekeller eines Hotels usw.)
	Weitere Leistungen gehen zulasten des Empfängers (z. B. Montageleistungen)

Korrekterweise sei angemerkt, dass der Abschluss eines Kaufvertrages nicht unbedingt die Voraussetzung für den Abschluss eines Speditionsvertrages bildet.

Beispiel:
• Werksumfuhren, bei denen z. B. Motoren vom Herstellerwerk zum Montagewerk zu befördern sind
• Probe- und Mustersendungen, die spätere Kaufabschlüsse bewirken sollen.

Dennoch sind auch für diese Fälle Frankaturvorgaben zu beachten.

4.1.2 Verträge und Beteiligte

Der Auftrag zur Versendung wird also üblicherweise vom Verkäufer erteilt. Dadurch wird der Verkäufer zum **Versender**.

Als Leistung aus dem Speditionsvertrag schuldet der **Spediteur** nach § 453 HGB die **Besorgung** der Versendung.

Unter der Besorgertätigkeit wird im Gesetz die **Organisation der Beförderung** verstanden (§ 454 Abs. 1 HGB). Diese umfasst folgende Phasen:

Phase	Pflichten des Spediteurs
Planung	Bestimmung des Beförderungsmittels und -weges
Ausführung	• Auswahl der ausführenden Unternehmer • Abschluss der für die Versendung erforderlichen Fracht-, Lager- und Speditionsverträge • Erteilung von Informationen und Weisungen an die ausführenden Unternehmer
Kontrolle	Sicherung von Schadenersatzansprüchen des Versenders

Diese **Kernpflichten** werden durch folgende – beispielhaft aufgeführte – **Nebenpflichten** ergänzt:
* Versicherung und Verpackung des Gutes
* Kennzeichnung des Gutes
* Zollbehandlung

Diese **Zusatz**leistungen fallen unter das gesetzliche Speditionsrecht, sofern sie sich auf die Beförderung beziehen und deren Erbringung vertraglich vereinbart wurde (§ 454 Abs. 2 HGB). Demnach fällt z. B. die ausschließliche Erledigung von Zollformalitäten eines Grenzspediteurs nicht unter das gesetzliche Speditionsrecht, da dieser die Beförderung weder organisiert hat noch diese als Zusatzleistung erbringt.

Bei der Erfüllung seiner gesetzlichen Pflichten hat der (Schreibtisch-)Spediteur stets das **Interesse des Versenders** wahrzunehmen und dessen Weisungen zu befolgen (§ 454 Abs. 4 HGB).

> *Beispiel:*
> Ein Versender erteilt einem Spediteur den Auftrag, 120 cbm Schaumstoffe schnell, sicher und preiswert von Mannheim nach Köln zu befördern. Der Spediteur wird sich für die Beförderung per Jumbo-Lkw – und damit gegen die Bahn – entscheiden, da er damit den Kundenwünschen am ehesten gerecht wird. Sollte der Versender jedoch die Beförderung per Bahn vorgeben, so ist der Spediteur an diese Weisung gebunden.

Bei der Erläuterung der Nebenpflichten wurde bereits darauf verwiesen, dass Verpackung und Kennzeichnung des Gutes nur dann vom Spediteur vorzunehmen sind, wenn dies vertraglich vereinbart wurde. Grund: Nach § 455 Abs. 1 HGB sind diese Tätigkeiten grundsätzlich vom Versender zu erbringen, soweit dies von der Art des Gutes her erforderlich ist (z. B. bei Stückgut). Daneben ist der Versender zur Übergabe der erforderlichen Dokumente und zur Auskunftserteilung verpflichtet, wobei sich die rechtzeitige und umfassende Auskunftserteilung insbesondere auf Gefahrgüter bezieht, damit der Spediteur die notwendigen Maßnahmen sachgerecht ergreifen kann.

Sollten diese Pflichten – auch unverschuldet – nicht oder unzureichend erfüllt werden, so sind dem Spediteur die dadurch entstandenen Schäden und Aufwendungen zu ersetzen (§ 455 Abs. 2 HGB).

Der Versender ist verpflichtet, dem Spediteur die vereinbarte Vergütung zu zahlen. Diese ist dann fällig, wenn das Gut dem Frachtführer übergeben worden ist (§ 456 HGB). Grund: Mit der Übergabe des Gutes an den Frachtführer ist die organisatorische Leistung des Spediteurs im Wesentlichen erfüllt.

Nunmehr ist also der Frachtführer gefragt, dessen Tätigkeit durch § 407 Abs. 1 HGB beschrieben wird:

> **Durch den Frachtvertrag wird der Frachtführer verpflichtet, das Gut zum Bestimmungsort zu befördern und dort an den Empfänger abzuliefern.**

Vertragspartner des Frachtführers ist der Spediteur, der jetzt die Funktion des **Absenders** einnimmt und seinerseits dazu verpflichtet ist, dem Frachtführer die vereinbarte Fracht zu zahlen (§ 407 Abs. 2 HGB).

Empfänger ist jene Person, die durch das Gut begünstigt werden soll. Dies kann auch ein Spediteur (z. B. Empfangsspediteur) sein.

Rechtsverhältnisse beim Speditionsgeschäft

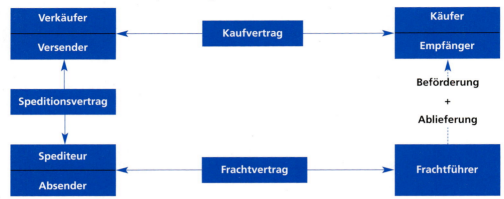

4.2 Speditionsvertrag nach ADSp

4.2.1 Wesen der ADSp

Bereits im Jahre 1927 wurden die ADSp von ihren Initiatoren **„festgestellt"**. Dieser – inzwischen weniger gebräuchliche – Begriff sollte zum Ausdruck bringen, dass sich die ADSp von „üblichen" Geschäftsbedingungen (dem sogenannten „Kleingedruckten") grundlegend unterscheiden.

Im Gegensatz der den Geschäftsbedingungen anderer Dienstleistungsunternehmen (z. B. den VVB der Versicherungswirtschaft) wurden die ADSp nicht einseitig vorformuliert. Sie wurden vielmehr als **Gemeinschaftswerk** zwischen dem Speditionsgewerbe und den Verbänden der verladenden Wirtschaft vereinbart:

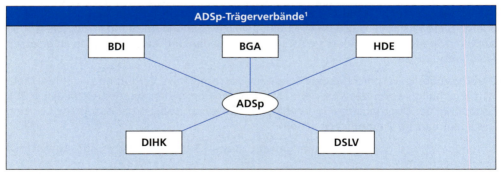

Nach einer Untersuchung des DIHT arbeiten 94 % der Spediteure auf der Grundlage der ADSp. Zudem gehen 86 % der Unternehmen der verladenden Wirtschaft von der Geltung der ADSp aus, sofern nichts anderes vereinbart wurde. Diese Umfrageergebnisse sind nach Ansicht des BSL als eindeutiger Beweis für die hohe Marktakzeptanz der ADSp anzusehen.

---

[1]   *BDI: Bundesverband der Deutschen Industrie*
    BGA: Bundesverband des Deutschen Groß- und Außenhandels
    HDE: Hauptverband des Deutschen Einzelhandels
    DIHK: Deutscher Industrie- und Handelskammertag
    DSLV: Deutscher Speditions- und Logistikverband

Rechtlich gesehen sind die ADSp wie folgt einzuordnen :

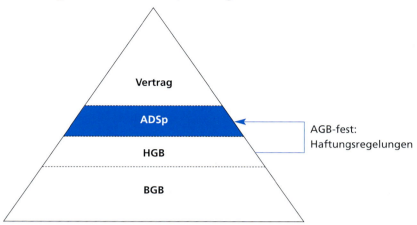

In ihren Geschäftsunterlagen betonen Spediteure, dass sie auf der Grundlage der ADSp, neueste Fassung, arbeiten. Diese allgemeinen Bedingungen sind jedoch speziellen Vereinbarungen (z. B. in Form von Rahmenverträgen) untergeordnet, die der Spediteur mit dem Versender trifft.

Beispiel:
Sofern der Spediteur regelmäßig mit dem Versand temperaturgeführter Güter beauftragt wird, sind die ADSp praktisch unzureichend, da sie keine warenspezifischen Regelungen enthalten.

Andererseits sind nicht alle rechtlichen Sachverhalte in den ADSp ausdrücklich geregelt. In diesen Fällen greifen – der Reihenfolge nach – die Vorschriften des HGB und des BGB.

Beispiel:
Hinsichtlich der zu beachtenden Reklamationsfristen wird lediglich auf § 438 HGB verwiesen; für den Fall, dass ein Kunde offene Rechnungen nicht begleicht, fehlt jeglicher Hinweis, sodass automatisch die BGB-Vorschriften zum Zahlungsverzug Anwendung finden können.

Hinsichtlich der **Haftung** sind die HGB-Regelungen **AGB-fest**, d. h. sie können in Allgemeinen Geschäftsbedingungen nicht oder nur im gesetzlichen vorgegebenen Rahmen abgeändert werden.

Schließlich können Speditionen auch zeitgleich mehrere Geschäftsbedingungen verwenden, wenn sich dies aus den unterschiedlichen Geschäftsfeldern ergibt.

Praxisbeispiel:
Für Beförderungen und speditionelle Dienstleistungen arbeiten wir gemäß den Allgemeinen Deutschen Spediteurbedingungen (ADSp), neueste Fassung.
Bei Beförderungen im Entsorgungsverkehr gelten die VBGL, neueste Fassung.
Für Werkstattleistungen gelten die Kfz-Reparaturbedingungen des Zentralverbandes des Kfz-Handwerks, neueste Fassung.

Die ADSp wurden in den letzten Jahren vielfach verändert:

- Einführung der Schnittstellenkontrolle 1992
- Umsetzung der Vorgaben des Transportrechts-Reformgesetzes (TRG) 1998
- Umstellung auf den Euro 2002.

Die Einheit zwischen ADSp und Speditionsversicherung wurde zum 31.12.2002 aufgelöst. Zum Hintergrund: Nach Ziffer 29.1 ADSp a. F. war der Spediteur, der seine Geschäfte auf der Grundlage der ADSp abwickelte, zum Abschluss einer Speditionsversicherung verpflichtet. Diese musste jene Mindestbedingungen erfüllen, die im Anhang zu den ADSp aufgeführt waren (SpV).

Die Speditionsversicherung bestand aus einer Kombinations-Police. Die erste Komponente dieser Police war die Haftungsversicherung. Sie ersetzte – ganz oder teilweise – Schäden, für die der Spediteur nach ADSp und Gesetz haftet. Die zweite Komponente war die Schadenversicherung. Sie hatte eine haftungsergänzende Funktion, da sie Schäden – ganz oder teilweise – ersetzte, für die der Spediteur wegen Haftungsausschlüsse oder -begrenzungen nicht zu haften hatte. Die Schadenversicherung wurde automatisch mit Vertragsabschluss eingedeckt, es sei denn, der Kunde hatte auf deren Eindeckung – durch schriftliche Erklärung gegenüber dem Spediteur – verzichtet (Verzichtskunde).

Dieser Automatismus zur Eindeckung der Schadenversicherung für alle Kunden, die sich nicht zum Verzichtskunden erklärt haben, ist zum Jahresende 2002 entfallen.

Anlass für diese Aufhebung war die ersatzlose Kündigung der Speditionsversicherung durch den Gesamtverband der deutschen Versicherungswirtschaft (GDV). Begründet wurde diese Maßnahme mit dem katastrophalen Schadensverlauf im Speditions- und Transportgewerbe, der Schadensquoten bis zu 180 % produzierte. Korrekterweise ist jedoch auch auf das Wettbewerbsverhalten der Versicherer untereinander zu verweisen, wodurch die Prämiensätze viel zu niedrig angesetzt wurden.

Seit 01.01.2003 werden unterschiedliche Spediteur-Transportversicherungspolicen angeboten, die mit der Schadenversicherung nicht mehr vergleichbar sind.

4.2.2 Anwendungsbereich der ADSp

Die folgende Übersicht gibt Auskunft über den Anwendungsbereich der ADSp:

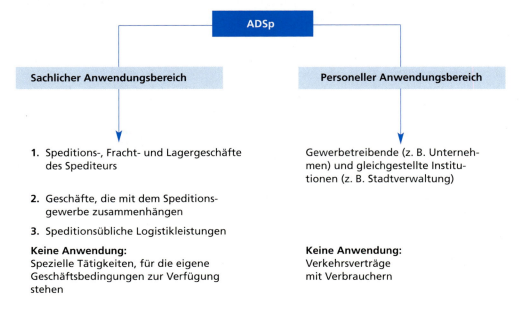

Erläuterung zum **sachlichen** Anwendungsbereich:

- Speditions-, Fracht- und Lagergeschäfte sind in den §§ 453, 407 und 467 HGB geregelt.
- Zu den Geschäften, die zweifelsfrei mit dem Speditionsgewerbe zusammenhängen, gehören z. B.
  - Verzollungen, d. h. die Abfertigung von Sendungen zum freien Verkehr
  - Neutralisierungen, d. h. die Entfernung von Herkunftszeichen auf Sendungen
  - Nachnahmen, d. h. die Ablieferung von Sendungen nur gegen Inkasso des Warenwerts.
  Hingegen ist strittig, ob auch Preisauszeichnungen am Regal des Warenempfängers dazu zu rechnen sind, da diese Tätigkeit üblicherweise dem Geschäftsbereich des Handels zuzuordnen ist.
- Zu den speditionsüblichen Logistikleistungen gehören z. B. Kommissionierleistungen, d. h. die fristgerechte Zusammenstellung von Sendungen nach den Vorgaben des Warenempfängers. Nicht dazu gehören z. B. Montageleistungen.
- Keine Anwendung finden die ADSp für jene Tätigkeiten, für die spezielle Geschäftsbedingungen notwendig und/oder vorhanden sind. Dazu werden vier Gruppen genannt:
  1. **Reine Verpackungs-, Kran- und Montagearbeiten**
  2. **Schwer- und Großraumtransporte**
  3. **Beförderung und Lagerung von Umzugsgut**
  4. **Beförderung und Lagerung von abzuschleppenden oder zu bergenden Gütern**

Erläuterung zum **personellen** Anwendungsbereich:

Über viele Jahrzehnte wurden die ADSp als **„fertig bereitliegende Vertragsordnung"** angesehen, die automatisch für jeden Speditionsauftrag kraft **„stillschweigender Unterwerfung"** der Beteiligten Gültigkeit erlangten. Demnach bedurfte es keiner gesonderten Vereinbarung, da jeder Auftraggeber des Spediteurs wissen musste, dass dieser auf der Grundlage der ADSp arbeitet.

Dieser Freibrief wurde jedoch durch das **Urteil des Bundesgerichtshofs (BGH)** vom 23.01.2003 erheblich eingeschränkt:

Demnach können die Haftungsbegrenzungen nach Ziffer 23 ADSp **nicht stillschweigend** zwischen den Vertragspartnern vereinbart werden.
Es ist vielmehr erforderlich, dem Kunden die Haftungsbegrenzungen in **qualifizierter Form** zur Kenntnis zu bringen.
Dies kann durch Vermerke auf Geschäftsformularen in folgender Form erfolgen:

> **Wir arbeiten ausschließlich auf Grundlage der Allgemeinen Deutschen Spediteurbedingungen, jeweils neueste Fassung. Diese beschränken in Ziffer 23 ADSp die gesetzliche Haftung für Güterschäden nach § 431 HGB für Schäden in speditionellem Gewahrsam auf 5 EUR/kg; bei multimodalen Transporten unter Einschluss einer Seebeförderung auf 2 SZR/kg sowie darüber hinaus je Schadenfall bzw. -ereignis auf 1 Mio. bzw. 2 Mio. EUR oder 2 SZR/kg, je nachdem, welcher Betrag höher ist.**

In der elektronischen Kommunikation reicht es nicht aus, den Text der ADSp generell als „Download" zur Verfügung zu stellen. Auch hier muss deutlich auf die Existenz vom Gesetz abweichender AGB-Vorschriften – unter Hinweis auf die drucktechnischen Gegebenheiten – hingewiesen werden.

Telefonische Vertragsabschlüsse sind durch schriftliche Bestätigungen zu ergänzen, in denen auf die Haftungsbegrenzungen in drucktechnisch hervorgehobener Form hingewiesen werden.

Eine Unterschrift unter den Text der ADSp ist jedoch nicht zwingend erforderlich (DVZ Nr. 41/2003).

Im Übrigen gelten die ADSp dennoch im Verhältnis Erst- und Zwischenspediteur als Allgemeine Geschäftsbedingungen des Zwischenspediteurs, auch, wenn der Auftrag z. B. von einem französischen Erstspediteur erteilt wird.

Die Anwendung der ADSp auf Geschäfte mit Verbrauchern ist weder stillschweigend noch durch eine ausdrückliche Vereinbarung möglich. Maßgeblich dafür sind zwingende Verbraucherschutzvorschriften, die an dieser Stelle nicht weiter vorgestellt werden, da Speditionsverträge mit Privatpersonen in der Praxis äußerst selten sind.

4.2.3 Abschluss des Speditionsvertrages nach ADSp

Speditionsverträge sind Konsensualverträge, d. h. sie kommen durch zwei übereinstimmende Willenserklärungen (= Konsens) zustande. Dabei ist es unerheblich, ob die erste Willenserklärung vom Versender abgegeben wurde und anschließend vom Spediteur bestätigt wurde oder umgekehrt.

Als Willenserklärung wird die Äußerung einer Person/Personengruppe bezeichnet, die vorgenommen wird, um einen Rechtserfolg zu erzielen. Demnach ist die Anfrage eines Versenders keine Willenserklärung. Sie dient vielmehr dazu, dass der Spediteur eine Willenserklärung (= Angebot) abgibt, das dann der Kunde annehmen oder ablehnen kann.

Dabei sollte der Kunde wissen, dass alle **Angebote des Spediteurs** nur bei **unverzüglicher Annahme zur sofortigen Ausführung** des betreffenden Auftrags gelten, sofern sich nichts Gegenteiliges aus dem Angebot ergibt. Zudem ist bei Erteilung des Auftrags auf das Angebot Bezug zu nehmen (Ziffer 16.2 ADSp).

Die zeitliche Begrenzung des Angebots soll den Kalkulationsrisiken des Spediteurs Rechnung tragen, die mit der Komplexität eines Auftrags zunehmen.

> **Beispiel:**
> Ein Oldtimer-Pkw soll von Frankfurt/Main frei Haus nach Tokio/Japan versendet werden. Der Automobilhändler erhält heute das Angebot des Spediteurs, in dem wunschgemäß ein Festpreis angegeben ist. Nach einem Monat erteilt der Händler – unter Bezug auf das Angebot – den Auftrag.
> In dieser Zeit sind jedoch die Luftfrachtraten, die Versicherungsprämien und der Treibstoffzuschlag z. T. erheblich erhöht worden.
> Folge: Der Spediteur ist zum Zeitpunkt der Auftragserteilung nicht mehr an sein Angebot gebunden, da dessen Annahme nicht unverzüglich erfolgte. Sie erfolgte vielmehr zu einem Zeitpunkt, als sich die Kalkulationsgrundlagen des Spediteurs zu dessen Ungunsten verändert hatten.

Dennoch bleibt es dem Spediteur überlassen, in seinen Angeboten konkrete Annahme- und Ausführungsfristen festzulegen.

Angebote des Spediteurs über Preise und Leistungen beziehen sich stets nur

- auf die namentlich aufgeführten Leistungen
- auf Gut normalen Umfangs, normalen Gewichts und normaler Beschaffenheit (Ziffer 16.1 ADSp).

> **Beispiel:**
> Kennzeichnungspflichtiges Gefahrgut ist kein Gut normaler Beschaffenheit. Es verursacht zusätzliche Kosten hinsichtlich Deklaration, Handling, Beförderung usw. Folglich wird der Spediteur einen höheren Angebotspreis ansetzen als bei Gütern mit normaler Beschaffenheit.

Zudem werden

- normale unveränderte Beförderungsverhältnisse
- ungehinderte Verbindungswege
- sofortige Weiterversendung und
- Weitergeltung der bisherigen Frachten, Valutaverhältnisse und Tarife unterstellt (Ziffer 16.1 ADSp).

Angebote des Spediteurs sind formlos gültig. Dies gilt auch für Aufträge, Weisungen, Erklärungen und Mitteilungen (Ziffer 3.1 ADSp). Diese Vorgaben sind für das speditionelle Massengeschäft, in dem noch viele Speditionsverträge telefonisch abgeschlossen werden, von besonderer Bedeutung. Diese Vereinfachung ist jedoch nicht problemlos, da es bei der Übermittlung zu Missverständnissen und Fehlinterpretationen komme kann.

Beispiel:
Eine Sendung soll um 18:00 Uhr beim Verlader abgeholt werden. Der Auftraggeber gibt 06:00 Uhr an und meint damit 06:00 Uhr abends. Als der eingesetzte Frachtführer sein Fahrzeug morgens um 06:00 Uhr zur Beladung bereitstellen möchte, steht er vor verschlossenen Toren. Der Frachtführer verlangt Zahlung der entgangenen Fracht vom Spediteur, der diese Kosten natürlich an den Versender weiterleiten möchte.

Dazu ist erneut Ziffer 3.1 ADSp heranzuziehen:

Die **Beweislast** für den Inhalt sowie die richtige und vollständige Übermittlung trägt, wer sich darauf beruft.
Im obigen Beispiel liegt die Beweislast demnach beim Versender, der Zeugen benennen müsste, die den Inhalt des Telefongesprächs mitverfolgen konnten und sich daran noch genau erinnern können.
Um solche Probleme in der Speditionspraxis erst gar nicht entstehen zu lassen, lässt man sich den angenommenen Auftrag schriftlich – also per Fax, E-Mail, DFÜ – vom Auftraggeber bestätigen. Fehlangaben können dann schnellstens geklärt werden.

Im Rahmen der Auftragserteilung werden dem Auftraggeber umfassende **Informationspflichten** auferlegt. Nach Ziffer 3.3 ADSp hat der Auftraggeber dem Spediteur bei Auftragserteilung mitzuteilen, dass Gegenstand des Verkehrsvertrages sind:

- gefährliche Güter
- lebende Tiere und Pflanzen
- leicht verderbliche Güter
- besonders wertvolle und diebstahlgefährdete Güter.

Hinsichtlich der ersten und letzten Güterart wird die Informationspflicht präzisiert:

Bei **gefährlichem Gut** hat der Auftraggeber bei Auftragserteilung dem Spediteur schriftlich die genaue Art der Gefahr und – soweit erforderlich – die zu ergreifenden Vorsichtsmaßnahmen mitzuteilen. Handelt es sich um Gefahrgut im Sinne des Gesetzes über die Beförderung gefährlicher Güter oder um sonstige Güter, für deren Beförderung oder Lagerung besondere Vorschriften bestehen, so hat der Auftraggeber alle für die ordnungsgemäße Durchführung des Auftrags erforderlichen Angaben, insbesondere die Klassifizierung nach dem Gefahrgutrecht, mitzuteilen (Ziffer 3.5 ADSp). Nähere Ausführungen in Lernfeld 4.

Als **besonders wertvoll** und **diebstahlgefährdet** gelten folgende Gütergruppen:

- Geld, Edelmetalle
- Schmuck, Uhren, Edelsteine
- Kunstgegenstände, Antiquitäten

- Scheck-, Kredit-, Telefonkarten und andere Zahlungsmittel
- Wertpapiere, Valoren, Dokumente
- Spirituosen, Tabakwaren
- Unterhaltungselektronik
- Telekommunikationsgeräte
- EDV-Geräte und Zubehör
- Alle Güter ab einem Wert von 50 Euro/kg.

Hierbei hat der Auftraggeber den Spediteur rechtzeitig zu informieren, damit dieser die Möglichkeit hat, über die Annahme des Gutes zu entscheiden und Maßnahmen für eine sichere und schadenfreie Abwicklung des Auftrags zu treffen (Ziffer 3.6 ADSp).

In der Praxis dürften die ersten fünf Gütergruppen wohl kaum zur Entscheidungsfindung anstehen, da dafür Spezialunternehmen zur Verfügung stehen (z. B. Werttransporte und Kurierdienste).

Bezüglich der letzten fünf Gütergruppen sind im Rahmen des Entscheidungsprozesses folgende Fragen – der angegebenen Reihenfolge nach – zu klären:
1. Besteht für diese sensiblen Güter – Praktiker sprechen von „volksnahen" Gütern – überhaupt – ausreichender – Versicherungsschutz?
2. Falls dies nicht der Fall sein sollte: Kann der gewünschte Versicherungsschutz zu akzeptablen Prämien und/oder Auflagen eingedeckt werden?
3. Falls dies ebenfalls nicht der Fall sein sollte: Sollen Änderungen in der betrieblichen Ablauforganisation vorgenommen werden (z. B. gesonderte Abfertigung der Unterhaltungselektronik jenseits der Systemverkehre), um im Schadenfall nicht dem Vorwurf des groben Organisationsverschuldens ausgesetzt zu sein, das letztlich zu einer unbegrenzten Haftung des Spediteurs führt?

Welche Angaben – unabhängig von der Art des Gutes – im Auftrag enthalten sein müssen, ergibt sich aus Ziffer 3.4 ADSp. Danach hat der Auftraggeber anzugeben:
- Adressen, Zeichen, Nummern, Anzahl und Inhalt der Packstücke,
- Eigenschaften bei Gefahrgütern,
- Warenwert für eine Versicherung des Gutes,
- alle sonstigen für die ordnungsgemäße Ausführung des Auftrags erheblichen Umstände (z. B. Gewicht, Frankatur).

Kommt der Auftraggeber seinen Verpflichtungen (Ziffer 3.3 bis 3.6 ADSp) nicht nach, so steht es dem Spediteur frei,
- die Annahme des Gutes zu verweigern,
- bereits übernommenes Gut zurückzugeben bzw. zur Abholung bereitzuhalten,
- dieses ohne Benachrichtigung des Auftraggebers zu versenden, zu befördern oder einzulagern und eine zusätzliche, angemessene Vergütung zu verlangen, wenn eine sichere und schadenfreie Ausführung des Auftrags mit erhöhten Kosten verbunden ist.

Der Spediteur ist nicht verpflichtet, die Angaben des Auftraggebers nachzuprüfen oder zu ergänzen (Ziffer 3.8 ADSp). Er muss auch nicht die Echtheit der Unterschriften oder die Befugnis der Unterzeichner überprüfen. Ausnahme: Es bestehen begründete Zweifel an der Echtheit oder der Befugnis (Ziffer 3.9 ADSp).

Speditionen stellen ihren Kunden Formularsätze als Speditionsaufträge zur Verfügung. Diese sind für die wichtigen Eintragungen vorgesehen (siehe folgende Abbildung). Gleichzeitig dienen sie innerbetrieblichen Zwecken. Mit Versendern kann auch vereinbart werden, die in den Speditionsaufträgen enthaltenen Daten per DFÜ oder E-Mail in das DV-System des Spediteurs zu übernehmen.

Datum/Zeichen			
07.09.20..			**Speditionsauftrag**

DH-Speditionsgesellschaft mbH
Frachtsysteme
Brüggener Straße 1
50969 Köln
Telefon 02 21 43 82-0
Telefax 02 21 43 833
www.dh-spedition.de
info@dh-spedition.de

Versender	Kunden-Nr.
Otto Kaiser GmbH **Niehler Gürtel 10–12** **50733 Köln–Nippes**	Frachtzähler-Nr.
	Fahrzeug

Empfänger	Empfänger-Nr.	Sendungsnummer
Drehmeyer KG **Nelkenhügel 100** **52078 Aachen**	Relation	

Besondere Vorschriften		Schl.	FT
telefonisch avisieren			

Markierung	Anzahl	Verpackung	Inhalt	Bruttogewicht in kg
DMKG	**3**	**KT**	**Ersatzteile**	**90**

Gefahrgut (Verpackung und Beschriftung entsprechend den Vorschriften der GGVSE   )

Pos.	Stoffname	Klasse	Ziffer	Netto-kg	GGVSE/ADR
					GGVSE/ADR

Frankatur	Versendernachnahme (inkl. MwSt.)	Transportversicherung zu decken für
frei Haus		**1.200,00 EUR**

Platz für Kontrollabschnitte NVE/SSCC
(weitere ggf. auf Rückseite aufbringen)

Übernahme-Quittung
Vorstehende Sendung wurde
zur Beförderung übernommen.

07.09.20..

Datum   Unterschrift Fahrer

(Wenn die Sendung auf Paletten übergeben,
gilt die Quittung ohne Anerkennung für
abgegebene Stückzahl, richtige Markierung
und Unversehrtheit der Kolli.)

Wir arbeiten ausschließlich aufgrund der Allgemeinen Deutschen Spediteurbedingungen (ADSp). Die Versicherungsbedingungen stehen auf Wunsch zur Verfügung.

4.2.4 Abwicklung des Speditionsvertrages nach ADSp

4.2.4.1 Übergabe/Übernahme des Gutes

Der Übergang des Gutes vom Auftraggeber zum Spediteur unterliegt einer Reihe von Maßnahmen zur Schadensprävention:

Pflichten der Vertragspartner

Pflichten des Auftraggebers	**Pflichten des Spediteurs**

• Ordnungsgemäße Verpackung des Gutes
• Ordnungsgemäße Kennzeichnung der Packstücke
• Sonstige Pflichten, die mit der Sendung im Zusammenhang stehen
	• Prüfung der Packstücke
	  – Vollzähligkeit
	  – Identität
	  – Verpackung
	  – Plomben/Verschlüsse
	• Erteilung der Übernahmequittung
	• Dokumentation von Unregelmäßigkeiten

Erläuterungen zu den Pflichten des Auftraggebers:

Die **Verpackung** muss so beschaffen sein, dass sie ein hohes Maß an Sicherheit vor dem Zugriff unberechtigter Dritter – sprich: Diebstahl – bietet. Dazu hat der Auftraggeber folgendes zu beachten:

- Verwendung von – firmenspezifischen – Klebebändern und Umreifungen, deren Manipulation deutliche Spuren auf den Packstücken hinterlässt,
- Verwendung von einzuschweißenden Folien für Paletten statt gewickelter Folien, die problemlos entfernt und erneuert werden können (Ziffer 6.2 ADSp).

Die ausreichende und korrekte **Kennzeichnung** der Packstücke ist erforderlich, damit die Risiken von Fehlverladungen und unsachgemäßem Handling minimiert werden. In Ziffer 6.1 ADSp werden Adressen, Zeichen, Nummern und Symbole für die Handhabung und Eigenschaften aufgeführt.

Beispiel: Es sollen stoßempfindliche Güter versendet werden, die zudem vor Nässeeinwirkungen zu schützen sind. Dann müsste der Auftraggeber die Kartons mit den folgenden Symbolen versehen.

Welche Kennzeichen ein Packstück im konkreten Fall aufzuweisen hat, ist auch von der Art des Packstücks abhängig, denn

Packstücke sind Einzelstücke oder vom Auftraggeber zur Abwicklung des Auftrags gebildete Einheiten, z. B. Kisten, Gitterboxen, Paletten, Griffeinheiten, geschlossene Ladegefäße wie Waggons, Auflieger oder Wechselbrücken, Container, Iglus (Ziffer 6.3 ADSp)

Beispiel:
Ein Spediteur übernimmt täglich bei einem Stammkunden eine WB mit diversen Stückgütern zum Versand in verschiedene Relationen. Als Packstück gilt hier zunächst die übernommene, verplombte WB. Als Kennzeichnung genügt hier die WB-Nummer. Ab der Versandgeschäftsstelle gelten jedoch die einzelnen entladenen und auf die Relationsplätze positionierten Stückgüter als Packstücke, die den Kennzeichnungspflichten zu genügen haben. Daran ändert auch die Tatsache nichts, dass diese Packstücke – entweder bereits beim Versender oder spätestens beim Eintreffen in der Versand-geschäftsstelle – mit Barcode-Labels versehen werden, da diese während des Transports beschädigt werden können, sodass sie für den Scanner nicht mehr lesbar sind.

Zu den **speziellen Verpflichtungen** des Auftraggebers zählen (Ziffer 6.2.3 bis 6.2.5 ADSp):

- Zusammenfassung von Kleinstpackstücken mit einem Gurtmaß (größter Umfang zuzüglich längste Kante) von weniger als 1 m – also etwa die Größe eines Schuhkar-tons – zu größeren Packstücken.
- Zusammenfassung von einer im Hängeversand abzufertigenden Sendung, die aus mehreren Einzelteilen besteht, zu Griffeinheiten in geschlossenen Hüllen.
- Anbringung der gesetzlich vorgeschriebenen Gewichtsbezeichnung auf Packstücken von mindestens 1000 kg Rohgewicht. Dadurch soll insbesondere vermieden werden, dass zu schwaches Umschlagsgeschirr verwendet wird.

Entsprechen die Packstücke nicht den vorgegebenen Bedingungen, so kann der Spedi-teur jene Maßnahmen ergreifen, die auch bei Verletzung der Informationspflicht des Versenders anwendbar sind (siehe S. 118).

Erläuterungen zu den **Pflichten des Spediteurs:**

Der Übergang des Gutes vom Auftraggeber an den Spediteur stellt eine **Schnittstelle** dar.

Schnittstelle ist jeder Übergang der Packstücke von einer Rechtsperson auf eine andere sowie die Ablieferung am Ende jeder Beförderungsstrecke (Ziffer 7.2 ADSp).

Die Erteilung der Übernahmequittung durch den Spediteur erfolgt nach Kontrolle der Packstücke. Nach Ziffer 8.1 ADSp bestätigt der Spediteur in der Empfangsbescheinigung nur die Anzahl und Art der Packstücke, nicht jedoch deren Inhalt, Wert oder Gewicht. Bei Massengütern und Wagenladungen enthält die Empfangsbescheinigung im Zweifel keine Bestätigung des Rohgewichts oder der anders angegebenen Menge des Gutes. Sollten Unregelmäßigkeiten festgestellt werden, so sind diese zu dokumentieren (Ziffer 7.1 ADSp); ansonsten besteht die Gefahr, dass man die „reine Quittung" gegen sich gelten lassen muss.

Beispiel:
Der Fahrer, der beim Versandspediteur angestellt ist, kehrt von seiner Nahverkehrstour zum Ver-sand-Terminal zurück. Bei der Entladung wird festgestellt, dass anstelle der 10 abzuholenden Kar-tons mit Fruchtsäften nur 9 „an Bord" sind. Zudem werden stärkere Nässeschäden bei einer FP Wein festgestellt, was auf Glasbruch hindeutet. Sofern der Fahrer „reine Quittung" erteilt hat, gelten diese Schäden als im Gewahrsam des Spediteurs entstanden.
Anmerkung: Angestellte Fahrer zählen – wie auch das Lager- und Büropersonal – zur Rechtsperson des Spediteurs. Wäre die Abholung durch einen Unternehmer durchgeführt worden, so könnte dieser in Regress genommen werden, da es sich beim Unternehmer um eine eigene Rechtsperson handelt.

Die Anzahl der Schnittstellen ergibt sich aus der Art der Auftragsabwicklung. Sofern beispielweise ein Spediteur im Selbsteintritt eine Komplettladung PVC-Folie von einem Versender zu einem Empfänger transportiert, gibt es nur zwei Schnittstellen (Versender–Spediteur und Spediteur–Empfänger).

Anders sieht die Sache beim Spediteursammelgutverkehr aus :

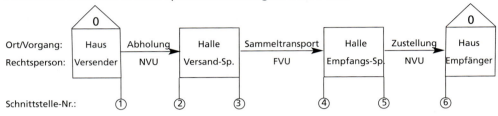

Gegenüber dem obigen Beispiel liegen drei Beförderungsstrecken vor, die durch zwei Hallenumschläge ergänzt werden. Damit erhöht sich das Risiko von Beschädigung und Verlust für die Stückgüter. Folglich hat der Spediteur die **Schnittstellenkontrolle** optimal zu organisieren. Dazu gehört:

- Erstellung einer betriebsinternen **Arbeitsanweisung**. Aus dieser muss klar und unmissverständlich hervorgehen, welche Mitarbeiter (einschl. Vertreter) für welche Schnittstellen zu welchen Zeiten verantwortlich sind.
- Unangemeldete Stichprobenkontrollen von beladenen Fahrzeugen.
- Evtl. Videoüberwachung der Speditionsanlage, damit Sendungsbewegungen nachvollzogen werden können.
- Förderung des „Vier-Augen-Prinzips".

Solche Maßnahmen liegen im eigenen Interesse des Spediteurs, da Schadenfälle von den Kunden häufig auf sogenanntes grobes Organisationsverschulden zurückgeführt werden, deren Nachweis zu einer unbeschränkten Haftung des Spediteurs führen könnte.

4.2.4.2 Versendung des Gutes

Wie bereits dargelegt, erteilen Auftraggeber **Weisungen** bezüglich der Versendung des Gutes. Diese Weisungen sind für den Spediteur bis zu deren Widerruf bindend (Ziffer 9.1 ADSp).

> **Beispiel:**
> Eine Stückgutsendung soll zu einem Empfänger frei Haus geliefert werden. Nach der Übergabe der Sendung durch den Spediteur wird der Kunde von einem drohenden Insolvenzverfahren gegen den Empfänger informiert. Unverzüglich gibt er dem Spediteur die Anweisung, das Gut nur gegen Versendernachnahme (VNN) auszuliefern. Diese Anweisung hat der Spediteur zu erfüllen, sofern dies realiter möglich ist.

Sofern jedoch eine Weisung des Auftraggebers für den Spediteur nicht ausführbar erscheint, hat letzterer nach pflichtgemäßem Ermessen zu entscheiden.

> **Beispiel:**
> Eine Sendung Konservendosen soll an einen Supermarkt nach Kobern-Gondorf (Untermosel) ausgeliefert werden, der zzt. vom Hochwasser abgeschnitten ist. Aufgrund der positiven Wasserstandsmeldungen wird die Sendung für zwei Tage eingelagert, um anschließend zugestellt zu werden.

Verlade- und Lieferfristen werden mangels Vereinbarung nicht gewährleistet, ebenso wenig eine bestimmte Reihenfolge in der Abfertigung von Gütern gleicher Beförderungsart (Ziffer 11.1 ADSp).

Beispiel:
Ein Kunde übergibt mittwochs dem Spediteur eine Stückgutsendung zur Beförderung von Stuttgart nach Dortmund. Nach Systemstandard ist mit einer Ablieferung im Laufe des Donnerstags zu rechnen. Eine Gewährleistung kann dennoch nicht gegeben werden, da der vom Spediteur eingesetzte Frachtführer aufgrund der Straßenverhältnisse überhaupt nicht in der Lage war, die Versendung fristgemäß durchzuführen (z. B. wegen plötzlichen Eisregens auf der A 61).

Sicherheitshalber wird in Ziffer 11.2 ADSp die gesetzliche Haftung des Spediteurs für eine Überschreitung der Lieferfrist davon ausgenommen.

Beispiel:
Die o. a. Sendung kann deshalb nicht fristgerecht zugestellt werden, weil sie in Stuttgart fehlverladen wurde und nach erfolgreicher Suchmeldung mit vier Tagen Verspätung zugestellt wurde.

Unabhängig von Ziffer 11 ADSp sind speditionsinterne Vereinbarungen zu sehen, wonach die Überschreitung von sogenannten Zeitfenstern – z. B. bei der HUB-Anlieferung – mit erheblichen Konventionalstrafen belegt werden.

Der Spediteur hat für den Versender eine **Transport- und/oder Lagerversicherung** einzudecken, sofern dies vorgegeben ist oder geboten erscheint.

Bei einer ordnungsgemäßen Abwicklung von Aufträgen sind diese Differenzierungen belanglos, nicht jedoch bei der Entstehung von Schäden (siehe Kapitel 4.2.5).

Die Vorgabe von Ziffer 14 ADSp, wonach der Spediteur verpflichtet ist, dem Auftraggeber auf Verlangen Auskunft über den Stand der Geschäfte zu geben, dürfte inzwischen geschäftsüblich sein. Die Art der Auskunft wird in den ADSp nicht festgelegt.

Jedoch sollte inzwischen jede Spedition über ein **Sendungsverfolgungssystem** verfügen, das nach kundenspezifischen Interessen ausgerichtet ist (Ziffer 1 ADSp) und damit Auskunft über den Status der Sendung gibt.

In traditioneller Art werden diese Belange telefonisch erledigt – nicht immer zur Zufriedenheit der Kunden!

Die innovative Technik besteht daher darin, den Kunden eine INTERNET-Abfrage zu ermöglichen.

Auch während der Versendung kann der Spediteur vom **Vertrag zurücktreten**, sofern **Leistungshindernisse** auftreten, die nicht seinem Risikobereich zuzurechnen sind (Ziffer 12.1 ADSp).

Beispiel:
Eine Spedition nimmt den Auftrag an, Drogerieartikel zur Nordseeinsel Juist befördern zu lassen. Nach Auftragsannahme wird der Fährverkehr zur Insel wegen Eisgangs und der Flugverkehr wegen Vereisungsgefahr der Flugzeugflügel für eine Woche eingestellt.

Anders wäre die o. a. Situation zu bewerten gewesen, wenn die Beförderung wegen eines zu hohen Krankenstandes der Belegschaft des Spediteurs ausgeblieben wäre.

4.2.4.3 Ablieferung des Gutes

Die Ablieferung des Gutes ist an jede im Geschäft des Empfängers anwesende **Person** vorzunehmen, sofern diese zum Empfang der Sendung berechtigt erscheint (Ziffer 13 ADSp). Demnach ist der Spediteur aus praktischen Gründen nicht dazu verpflichtet, die Legitimität der im Geschäft befindlichen Personen zu überprüfen, bevor eine Ablieferung erfolgen kann. Ausnahme: Es bestehen begründete Zweifel an deren Empfangsberechtigung (z. B. zeitgleich anwesende Handwerker oder Raumpflegerinnen).

Als **Ablieferungsnachweis** verlangt der Spediteur vom Empfänger eine Empfangsbescheinigung über die im Auftrag genannten Packstücke (Ziffer 8.2 ADSp). Über Form und Inhalt der Empfangsbescheinigung ist in den ADSp nichts enthalten.

Zwar wird bei Paketdiensten inzwischen der elektronische Abliefernachweis favorisiert, im Speditionsgewerbe dominiert jedoch der papiermäßige Abliefernachweis (Kundenwünsche!). Die Art des Papiers, auf dem der Abliefernachweis erfolgt, ist dabei zweitrangig. In der Praxis werden dafür Lieferscheine, Speditionsübergabescheine, Frachtbriefe, Rollkarten u. a. verwendet.

Bei termingebundenen Stückgutsendungen ist jedoch von Bedeutung, dass aus Gründen der Beweissicherung bestimmte Angaben vom Empfänger bestätigt werden.

Bezüglich **„unreiner Quittungen"** verweist Ziffer 28 ADSp auf § 438 HGB.

Danach sind anzuzeigen:

- Offene Schäden (Verlust, Beschädigung) sofort bei der Ablieferung,
- Verdeckte Schäden innerhalb von 7 Tagen nach Ablieferung in schriftlicher Form.

Beispiel:
Ein offener Schaden liegt vor, wenn statt der 10 bestellten Karton Backwaren nur 9 angeliefert werden. Der Schaden wäre verdeckt, wenn zwar die bestellten 10 Karton angeliefert werden, jedoch 1 Karton nur Backwarenbruch beinhaltet.

Sendung vollzählig und äußerlich in einwandfreier Beschaffenheit erhalten:
Evtl. Fehlmengen oder Beschädigungen sind sofort zu vermerken.

Meistermacher GmbH
Deichstraße 88
26382 Wilhelmshaven

07.09.09   **11:45**   Stempel und Unterschrift des Empfängers
Datum   Uhrzeit

X Frau
   Herr   MEISTERMACHER
Name des Empfängers in Druckbuchstaben

Sollten diese Schäden nicht innerhalb der gesetzlich vorgegebenen Fristen reklamiert werden, werden sie so behandelt, als ob sie beim Empfänger entstanden wären.

An Warenannahmen sind zuweilen Mitarbeiter damit beschäftigt, auf Ablieferpapieren den Stempelaufdruck „Annahme unter Vorbehalt" anzubringen. Diese Stempelaufdrucke haben für die Auftragsabwicklung keine rechtliche Bedeutung, da stets zu dokumentieren ist, welcher Vorbehalt im konkreten Fall vorliegt, z. B. Annahme unter Vorbehalt wegen Nässeschäden an den Packstücken X, Y, Z.

Hinsichtlich der Ansprüche wegen Überschreitung der Lieferfrist wird in § 438 Abs. 3 HGB festgelegt, dass diese innerhalb von 21 Tagen nach Ablieferung anzuzeigen sind.

4.2.4.4 Abrechnung des Auftrags

Die Höhe des Rechnungsbetrages richtet sich nach den Konditionen, die zwischen Spediteur und Auftraggeber festgelegt wurden.

> **Beispiel:**
> Versand von 8 Euro-FP Papierwaren zu je 340 kg von Köln-Nippes nach Stuttgart-Vaihingen. Gemäß Haustarif – gegliedert nach PLZ-Zonen und Gewichtsstufen – ist für diese Leistung ein Nettoentgelt von 380,00 Euro zu entrichten, zuzüglich 19 % USt.

In § 459 HGB wird für diesen – beispielhaft aufgeführten – Vorgang der Begriff **„Spedition zu festen Kosten"** verwendet, der insbesondere haftungsrechtlich von Bedeutung ist. Ergänzend sei bemerkt, dass Abrechnungen von Speditionen, die ausschließlich auf der Basis von Provisionen und Auslagenersatz erfolgen, relativ selten sind.

Neben der vereinbarten Vergütung kann der Spediteur die Zahlung **weiterer Vergütungen** verlangen. Dazu gehören Positionen, deren Berechnung

- bereits bei Auftragserteilung bekannt waren,
- erst nach Auftragserteilung eingetreten sind.

Zu den Vergütungen bei Auftragserteilung gehören folgende Leistungen:

- Verpackung des Gutes (Ziffer 4.1.1 ADSp),
- Verwiegung, Untersuchung, Maßnahmen zur Erhaltung des Gutes und seiner Verpackung (Ziffer 4.1.2 ADSp),
- Palettengestellung und Palettentausch (Ziffer 4.1.3 ADSp),
- Zollamtliche Abfertigung von Sendungen (Ziffer 5.2 ADSp),
- Versicherungsbezogene Leistungen wie z. B. Versicherungsbesorgung, Einzug von Entschädigungsbeträgen usw. (Ziffer 21.5 ADSp).

Erläuterung:
Nach einem Urteil des BGH sind Paletten Packmittel, die vom Auftraggeber zu stellen sind. Diese sind – nach den „Allgemeinen Bedingungen für den Verkehr mit Austauschpaletten in der Bundesrepublik (Palettenpool)" – im Stückgutverkehr Zug um Zug zu tauschen.

Nach Auffassung der Spitzenverbände der verladenden Wirtschaft, des DIHK und des DSLV ist es für die Fortführung des Palettentausches durch die Spedition notwendig, dass die Verladerfirmen Palettentauschgebühren bezahlen und damit der Spedition für diese Dienstleistung einen angemessenen Kostendeckungsbeitrag sichern.

Im Tarif für den Spediteursammelgutverkehr ist dafür eine Gebühr von 2,60 EUR/FP und 10,20 EUR/GP vorgesehen.

Die Erhebung dieser Gebühr erfolgt in der Praxis jedoch betont „kundenspezifisch".

Zu den Vergütungen nach Auftragserteilung gehören folgende Leistungen:

- Entzug des Nachnahmeauftrags (Ziffer 16.4 ADSp),
- Rückbeförderung wegen vergeblicher Anlieferung (Ziffer 16.5 ADSp).

Erläuterung:
Eine vergebliche Anlieferung kann auf folgende, vom Spediteur nicht zu vertretende Gründe, zurückzuführen sein:

- Empfängeradresse ist unzutreffend,
- Empfängeradresse ist zutreffend, aber der Empfänger ist nicht anwesend,
- Empfänger ist anwesend, verweigert jedoch die Annahme („AV-Sendung") aus verschiedenen Gründen („Sendung nicht bestellt", „Sendung zu spät angeliefert" usw.).

Der dadurch blockierte Laderaum kann z. B. dazu führen, dass abzuholende Sendungen auf den Folgetag verschoben werden müssen. Folglich steht dem Spediteur in diesen Fällen, die vielfach auf Kommunikationsprobleme zwischen Versender und Empfänger zurückzuführen sind, **Rollgeld** in gleicher Höhe wie für die Hinbeförderung zu (Ziffer 16.5 ADSp). Praktiker sprechen hier von der „Rückrolle".

Die Erhebung der Haupt- und Nebenvergütung(en) gilt auch bei **„unfrei-Sendungen"**, selbst wenn der Versender die Abrechnungsgrundlagen des Spediteurs nur stillschweigend akzeptiert. Der Spediteur ist nach Ziffer 10.1 ADSp in einer relativ sicheren Position:

> **Die Mitteilung des Auftraggebers, der Auftrag sei unfrei abzufertigen oder der Auftrag sei für Rechnung des Empfängers ... auszuführen, berührt nicht die Verpflichtung des Auftraggebers gegenüber dem Spediteur, die Vergütung sowie die sonstigen Aufwendungen zu tragen.**

Diese Regelung betrifft insbesondere jene Empfänger (z. B. Großmärkte), die über keine Frachtkasse verfügen. Nach Ablieferung der Sendung macht der Empfangsspediteur dem Empfänger eine Rechnung auf, in dem u. a. auch die Position „Porto & Papiere (P + P)" enthalten ist und die vom Empfänger fristgerecht zu begleichen ist. Sollte der Empfänger zahlungsunfähig werden, so kann sich der Empfangsspediteur direkt an seinen Auftraggeber halten. Gerichtliche Schritte müssen demnach nicht eingeleitet werden.

Die **Fälligkeit des Rechnungsbetrages** wird nach Ziffer 18.1 ADSp bestimmt. Danach sind Rechnungen des Spediteurs sofort nach Erhalt zu begleichen, da auch der Frachtführer gemäß § 420 HGB nach ordnungsgemäßer Ablieferung des Gutes Anspruch auf sofortige Zahlung der Fracht hat.

Zahlungsverzug tritt nach § 286 BGB automatisch ein, wenn 30 Tage ab Zugang der Rechnung verstrichen sind, ohne dass die Rechnung bezahlt wurde. Der Spediteur darf dann nach § 247 Abs. 1 BGB Verzugszinsen in Höhe des Basiszinssatzes (Stand 01.01.09: 1,62 %) zuzüglich 8 % berechnen, wenn es sich beim Vertragspartner um einen Kaufmann handelt (Regelfall!).

Diese Regelung wird in der Praxis jedoch nur bei „Laufkunden" angewendet. Bei Stammkunden werden „individuelle Regelungen" bevorzugt, die zunächst einmal damit beginnen, dass dem Kunden ein Zahlungsziel eingeräumt wird. Sollte bis zu diesem Zeitpunkt keine Zahlung eingehen, wird zunächst einmal auf die allseits bekannte „freundliche

Erinnerung" (natürlich ohne Berechnung von Verzugszinsen) zurückgegriffen, bevor konsequente Maßnahmen ergriffen werden. Grund für diese Verhaltensweise sind insbesondere marketingpolitische Aspekte.

ZUSAMMENFASSUNG

1. Gesetzliche Grundlagen des Speditionsgeschäfts:

   - Der Speditionsvertrag wird zwischen Spediteur und Versender geschlossen.
   - Als Leistung aus dem Speditionsvertrag schuldet der Spediteur die Besorgung der Versendung, der Kunde die Zahlung der vereinbarten Vergütung.
   - Unter Besorgertätigkeit wird im HGB die Organisation der Beförderung verstanden, die bestimmte Kern- und Nebenpflichten umfasst.
   - Eine Kernpflicht ist der Abschluss eines Frachtvertrages. Durch diesen wird der Frachtführer verpflichtet, das Gut zum Bestimmungsort zu befördern und dort an den Frachtführer abzuliefern.

2. Der Speditionsvertrag nach ADSp:

   - Die ADSp sollten zwischen Versender und Spediteur in geeigneter Weise vereinbart werden.
   - Die ADSp finden für folgende Bereiche Anwendung:
     - Speditions-, Fracht- und Lagergeschäfte des Spediteurs,
     - Geschäfte, die mit dem Speditionsgewerbe zusammenhängen,
     - Speditionsübliche Logistikleistungen.
   - Die ADSp finden keine Anwendung für Tätigkeiten, für die spezielle Geschäftsbedingungen gelten (z. B. Schwer- und Großraumtransporte).
   - Die ADSp finden auch keine Anwendung für Verkehrsverträge mit Verbrauchern.
   - Speditionsverträge sind Konsensualverträge.
   - Alle Angebote des Spediteurs gelten grundsätzlich nur bei unverzüglicher Annahme zur sofortigen Ausführung des Auftrags.
   - Die ADSp sollten zwischen Versender und Spediteur in geeigneter Weise vereinbart werden.
   - Die ADSp finden für folgende Bereiche Anwendung:
     - Speditions-, Fracht- und Lagergeschäfte des Spediteurs,
     - Geschäfte, die mit dem Speditionsgewerbe zusammenhängen,
     - Speditionsübliche Logistikdienstleistungen (vgl. Ziffer 1.1 Logistik-AGB).
   - Die ADSp finden keine Anwendung für Tätigkeiten, für die spezielle Geschäftsbedingungen gelten (z. B. Schwer- und Großraumtransporte).
   - Die ADSp finden auch keine Anwendung für Verkehrsverträge mit Verbrauchern.
   - Speditionsverträge sind Konsensualverträge.
   - Alle Angebote des Spediteurs gelten grundsätzlich nur bei unverzüglicher Annahme zur sofortigen Ausführung des Auftrags.
   - Bei der Auftragserteilung hat der Auftraggeber mitzuteilen, ob es sich bei den Gütern um
     - gefährliche Güter,
     - lebende Tiere oder Pflanzen,
     - leichtverderbliche Güter,
     - besonders wertvolle und diebstahlsgefährdete Güter

   handelt. Diese Informationen sollen den Spediteur in die Lage versetzen, über die Annahme des Gutes zu entscheiden.

- Allgemein hat der Kunde alle Angaben zu machen, die für die ordnungsgemäße Auftragsabwicklung notwendig sind:
  - Adressen, Zeichen, Nummern, Anzahl und Inhalt der Packstücke,
  - Warenwert für die Versicherung des Gutes,
  - Sonstige Angaben (z. B. Gewicht, Frankatur).
- Der Auftraggeber ist zur ordnungsgemäßen Verpackung des Gutes und korrekter und ausreichender Kennzeichnung der Packstücke verpflichtet. Ggf. hat er speziellen Verpflichtungen nachzukommen.
- Der Spediteur hat an Schnittstellen die Packstücke auf Vollzähligkeit und Identität sowie äußerlich erkennbare Schäden zu überprüfen und Unregelmäßigkeiten zu dokumentieren.
- Schnittstelle ist jeder Übergang der Packstücke von einer Rechtsperson auf eine andere sowie die Ablieferung am Ende jeder Beförderungsstrecke.
- Bei der Versendung des Gutes hat der Spediteur die Weisungen des Auftraggebers zu beachten.
- Der Spediteur ist verpflichtet, dem Kunden auf Verlangen Auskunft über den Stand der Geschäfte zu geben (z. B. Status der Sendung).
- Die Ablieferung des Gutes kann an jede im Geschäft anwesende Person vorgenommen werden, sofern diese zum Empfang der Sendung berechtigt erscheint.
- Als Abliefernachweis hat der Spediteur vom Empfänger eine Empfangsbescheinigung über die im Auftrag genannten Packstücke zu verlangen.
- Bei einem Schadensfall sind
  - offene Schäden sofort bei der Ablieferung,
  - verdeckte Schäden innerhalb von 7 Tagen nach Ablieferung
  anzuzeigen.
- Die Höhe der Vergütung wird zwischen Auftraggeber und Spediteur vereinbart („Spedition zu festen Kosten").
- Neben der vereinbarten Vergütung kann der Spediteur die Zahlung weiterer Vergütungen verlangen.
- Durch die Übergabe einer „unfrei-Sendung" wird die Verpflichtung des Auftraggebers gegenüber dem Spediteur nicht aufgehoben.
- Rechnungen des Spediteurs sind sofort nach Erhalt zu begleichen.

4.2.5 Haftung des Spediteurs nach den ADSp

4.2.5.1 Begründung der Haftung

Was bedeutet Haftung? Der § 249 BGB sagt dazu aus, dass im Falle eines Schadens der Zustand wieder herzustellen ist, der bestehen würde, wenn der zum Ersatz verpflichtende Umstand nicht eingetreten wäre.

Als **Haftungsprinzipien** kommen für den Spediteur
- die **Verschuldenshaftung** und
- die **Gefährdungshaftung**
infrage.

Was **Verschulden** ist, besagt § 276 BGB. Hier heißt es:

> Der Schuldner hat, sofern nicht ein anderes bestimmt ist, Vorsatz und Fahrlässigkeit zu vertreten. Fahrlässig handelt, wer die im Verkehr erforderliche Sorgfalt außer Acht lässt.

Fahrlässiges Handeln kann als leichte (Unachtsamkeit) oder grobe Fahrlässigkeit (Inkaufnahme eines Schadens) bezeichnet werden. Vorsatz liegt vor, wenn ein Schaden bewusst herbeigeführt wurde.

Was bedeutet aber **Gefährdungshaftung**? Dieses Prinzip hat etwas mit „einer in den Verkehr bringenden Gefahr" zu tun. Gemeint sind damit technische Einrichtungen. Wir kennen dies vom Beispiel des Autos. Hier kann es passieren, dass die Versicherung des Halters einen Schaden bezahlen muss, auch wenn dessen bester Freund am Steuer gesessen hat. Es kommt also nicht auf Verschulden an. Jeder, der sich einer solchen technischen Einrichtung bedient, muss für Schäden einstehen, auch wenn ihn kein Verschulden trifft. Gefährdungshaftung ist demnach gerade bei den Verkehrsträgern anzutreffen. Als Ausgleich einer solchen strengen Regelung gibt es Haftungsausschlüsse und Haftungsbeschränkungen. Eine Form der Gefährdungshaftung ist die **Obhutshaftung** für anvertrautes Gut.

In all diesen Fällen ist der Spediteur zum Schadenersatz verpflichtet, wenn gleichzeitig **Kausalität** vorliegt. Das bedeutet, zwischen dem eingetretenen Schaden und der Handlung bzw. dem Unterlassen des Spediteurs muss ein direkter Zusammenhang bestehen; der Schaden muss durch den Spediteur verursacht sein.

Beispiel:
Durch zu schnelles Fahren kippt der Gabelstapler um. Die Palette mit Gemüsekonserven wird beschädigt.

Mangelnde Kausalität liegt dagegen im folgenden Fall vor:

Beispiel:
Der Spediteur benutzt nicht den vorgeschriebenen Grenzübergang, sondern einen günstiger gelegenen. Dort wird in der Sendung des Kunden Schmuggelgut identifiziert. Das wäre am vorgesehenen Grenzübergang evtl. nicht geschehen.

Auf den ersten Blick scheint ein direkter Zusammenhang zwischen dem Schaden und dem Verhalten des Spediteurs zu bestehen. In Wirklichkeit ist aber die Eigenschaft „Schmuggelgut" das schadensstiftende Ereignis. Soweit trifft den Spediteur wegen fehlender Kausalität kein Schadensersatzanspruch. Stellt sich abschließend nur noch die Frage, wer hat zu beweisen? Ziffer 25 der ADSp regelt die **Beweislast**. Danach hat der Auftraggeber im Schadenfall zu beweisen, dass dem Spediteur ein Gut bestimmter Menge und Beschaffenheit ohne äußerlich erkennbaren Schaden übergeben worden ist (siehe dazu auch die Pflicht zur Erteilung einer Quittung durch den Spediteur nach Ziffer 8 ADSp). Dem Spediteur obliegt die Pflicht, das Gut, wie er es erhalten hat, abzuliefern. Dies kann er im Falle eines Schadens regelmäßig nicht.

Anders ist die Beweislast für Güterschäden während des Transports durch den Frachtführer geregelt. Hier muss der Anspruchsteller den Nachweis für einen Schaden erbringen. Dies wird ihm schwer fallen, denn er hat keine Einsicht in den Transportverlauf oder Kenntnis über den Schadensort. Hier spielt die Schnittstellenkontrolle (siehe Kapitel 2.2.3) wieder eine wichtige Rolle. Der Spediteur hat anhand einer Schnittstellendokumentation den Ablauf der Beförderung darzulegen. Es wird vermutet, dass der Schaden an dem Ort aufgetreten ist, für den der Spediteur keine reine Quittung vorweisen kann. Grundsätzlich hat der Spediteur die Verpflichtung durch Einholung von Auskünften und Beweismitteln für Aufklärung zu sorgen.

4.2.5.2 Verhältnis HGB – ADSp

Nach HGB wird dem Spediteur in bestimmten Fällen Gefährdungshaftung auferlegt. Das Entscheidende hinsichtlich des Verhältnisses des HGB zu den ADSp ist aber die Abdingbarkeit durch Allgemeine Geschäftsbedingungen wie den ADSp **(AGB-Festigkeit)**. Das HGB ist halb zwingend. Grundsätzlich können die Vertragspartner einzelvertraglich alle Regelungen abändern, so auch die Haftung. Für Allgemeine Geschäftsbedingungen ist diese Möglichkeit im Haftungsbereich nur für die Haftungshöhe innerhalb eines Korridores gegeben, wenn diese drucktechnisch (z. B. Fettdruck) hervorgehoben worden ist.

Das heißt: Die Haftung des Spediteurs ergibt sich aus dem HGB und dort, wo Abweichungen möglich sind, aus den ADSp.

In folgenden Fällen obliegt dem Spediteur die **Gefährdungshaftung**:

- Selbsteintritt
- Spedition zu festen Kosten
- Sammelladung
- Obhutnahme

Selbsteintritt (§ 458 HGB)

Wie bereits beschrieben, wird aus dem Speditionsvertrag die „Besorgung" einer Güterversendung und damit die Auswahl eines Frachtführers und der Abschluss eines Frachtvertrages geschuldet. Was liegt aber näher, als dass der Spediteur sich eigene Fahrzeuge anschafft und die Beförderung selbst durchführt. Solche **Gemischtbetriebe** finden sich nicht nur im Lkw-Bereich, sondern auch bei „Integrators" genannten Paket- und Expressdiensten auf dem Gebiet der Luftfracht. Der geschlossene Speditionsvertrag bleibt bestehen.

Weil aber für die verladende Wirtschaft hierbei die Trennungslinie zwischen Spediteur und Frachtführer nicht deutlich ist, wurde in § 458 festgelegt, dass der Spediteur **hinsichtlich der Beförderung die Rechte und Pflichten eines Frachtführers** oder Verfrachters hat. Dies gilt im Kern für die entscheidende Frage der Haftung.

> *Beispiel:*
> Bei der Beladung des Lkws beim Spediteur wird eine Kiste nicht gefunden. Sie taucht auch nicht mehr auf. Hier liegt ein Schaden vor, der nach Speditionsrecht abgewickelt wird.
> Weist das Ladeprotokoll eine vollzählige Verladung aus, fehlt aber bei der Ablieferung ein Fass, so ist dies in der Risikosphäre des Frachtrechts mit einer abweichenden Haftung geschehen und die trifft gem. § 458 HGB den Spediteur.

An diesem Beispiel wird deutlich, dass es von großer Bedeutung ist, an Stellen des Übergangs von einer Rechtssphäre zur anderen (hier Spediteur–Frachtführer) für eine exakte Dokumentation zu sorgen.

Spedition zu festen Kosten (§ 459 HGB)

Üblich ist es im Speditionsbereich, dass die nach § 453 vereinbarte Vergütung das „Gesamtpaket" umschließt (Spedition zu festen Kosten, Fixkostenspedition, allgemein: Übernahmesatz).

Der vereinbarte **Satz** enthält neben den Transportkosten auch alle Nebenleistungen – z. B. Umschlagskosten, Versicherungsprovisionen, Nachnahmegebühren, Entgelte für zollrechtliche Versandpapiere –, die im Zusammenhang mit der Auftragsabwicklung entstehen.

Eine besondere Speditionsprovision wird nicht abgerechnet – es sei denn, sie wurde ausdrücklich vereinbart –, weil davon auszugehen ist, dass sie bereits im Übernahmesatz enthalten ist.

Für die Verladerschaft ist die Vereinbarung eines einheitlichen Übernahmesatzes, also eines Pauschalpreises pro Ladeeinheit, eine einfache und übersichtliche Kalkulationsgrundlage; sie vereinfacht zudem den Vergleich der Angebote verschiedener Spediteure.

Für den Spediteur hat die „Spedition zu festen Kosten" ganz neue Aktualität gewonnen. Spätestens seitdem mit der **Verwirklichung des Europäischen Binnenmarktes** die **Tarifbindung** auf dem Transportmarkt entfallen ist, also auch die Trennung von Speditionsentgelt und „gewöhnlicher Fracht", wie sie in § 458 HGB zum Selbsteintritt des Spediteurs vorgesehen ist, ihre rechtliche Grundlage verloren hat, hat sich die Spedition auf das **Angebot frei kalkulierter Übernahmesätze eingestellt**. Sie müssen nicht alle speditionellen Dienstleistungen enthalten, das Entgelt für die Besorgertätigkeit aber auf jeden Fall.

Für den Spediteur bedeutet das Angebot von Pauschalpreisen pro Ladeeinheit, dass er aufgrund seiner betrieblichen Kosten- und Leistungsrechnung verlässliche Kalkulationsgrößen zur Hand haben muss, um Aufträge und Angebote im Hinblick auf ihren Beitrag zum geplanten Betriebsergebnis kalkulieren zu können (Deckungsbeitragsrechnung). Im speditionellen Alltagsgeschäft erfolgt die Wirtschaftlichkeitskontrolle in aller Regel durch periodische Nachkalkulationen.

Sammelladung (§ 460 HGB)

Ein wichtiger Teilmarkt der Spedition ist die Abfertigung von **Sammelladungsverkehren** mit verschiedenen Verkehrsträgern.

Der Spediteur sammelt Sendungen mehrerer Versender, deren Empfänger nicht unbedingt am gleichen Ort ihren Sitz haben, aber zumindest in der gleichen Region, fasst sie zu einer Sendung zusammen, befördert sie als Ladung auf einer bestimmten Strecke zu einem Empfangsspediteur und lässt sie dort als Einzelsendungen den jeweiligen Empfängern zustellen.

Macht der Spediteur von dieser Befugnis Gebrauch, so hat er hinsichtlich der Beförderung (vom Bewirken bis zum Entwirken), besonders für die Haftung, die Rechte und die Pflichten eines Frachtführers.

Beispiel:
Ein im Karton verpackter Videorecorder wird beim Beladen des Fahrzeugs des Frachtführers am Umschlaglager des Spediteurs nicht gefunden. Da der Karton in der Risikosphäre des Spediteurs (Umschlaglager) abhanden kam, gilt hierfür Speditionsrecht.
Wäre der Karton ordnungsgemäß verladen gewesen, beim Empfangsspediteur aber nicht angekommen, würde das Frachtrecht nach HGB den Versandspediteur treffen.

Hinsichtlich der Preisgestaltung lässt das Gesetz dem Spediteur einen Spielraum. Er kann eine den Umständen nach angemessene Vergütung, höchstens aber die für die Beförderung des einzelnen Gutes gewöhnlich Fracht berechnen.

Durch die bessere Ausnutzung der Transportkapazitäten und der damit verbundenen Fixkostendegression[1] sinken die Transportkosten pro Ladeeinheit. Diesen Kostenvorteil gibt der Spediteur an den Versender weiter, was für diesen die Abwicklung im Rahmen einer Sammelladung attraktiv macht.

130

Obhutnahme

Nach dem gesetzlich festgelegten Berufsbild besorgt der Spediteur „von seinem Schreibtisch aus" die Versendung des Gutes. Ein physischer Kontakt zum Gut findet nicht statt. Nimmt er jedoch das Gut in seine Obhut (wie z. B. beim speditionellen Umschlag), so begibt er sich in eine dem Frachtführer vergleichbare Situation, der ja auch das Gut in seine Obhut nimmt.[2] Folge: Nach § 461 HGB haftet der Spediteur wie ein Frachtführer für **Güterschäden** des in seiner Obhut befindlichen Gutes und zwar bis zu 8,33 Sonderziehungsrechte (SZR) je kg.

> **Unter Güterschäden versteht man den Verlust, Teilverlust und die Beschädigung des Gutes, aber auch die Beschädigung der Verpackung.**

Die Obhutshaftung entfällt, soweit es sich **nicht** um Güterschäden handelt. Hier haftet der Spediteur nur, wenn er eine Pflichtverletzung nach § 454 HGB begeht.

Zur Konkretisierung:
- **Güterfolgeschäden** sind Schäden, die aus einem Güterschaden resultieren, z. B. Produktionsausfallkosten infolge eines beschädigten Ersatzteils.
- Reine **Vermögensschäden** sind Schäden, die nicht mit dem Speditionsgut zusammenhängen, z. B. finanzielle Schäden durch Messekosten aufgrund fehlverladener Messeobjekte.

4.2.5.3 Haftungsregelungen nach den ADSp

Die Nähe des HGB wird schon bei der Beschreibung des Haftungseintritts in Ziffer 22.1 der ADSp deutlich. Hier wird festgestellt, dass der Spediteur bei all seinen Tätigkeiten (nach Ziffer 2.1 ADSp) nach den gesetzlichen Vorschriften haftet, dass aber – soweit zwingende oder AGB-feste Rechtsvorschriften nicht entgegenstehen – die ADSp gelten.

Falls der Schaden bei einem Dritten entstanden ist, gestaltet sich der Anspruch etwas schwieriger. Der Speditionsvertrag wird zwischen den beiden Parteien Versender und Spediteur geschlossen. Jeder darüber hinaus an der Versendung Beteiligte und vom Spediteur Beauftragte, wie z. B. der Frachtführer, ist juristisch Dritter. Nun legt das HGB in § 462 fest, dass ein Spediteur auch für diese Dritten haften muss wie für eigene Leute. Es kommt darauf an, was der Spediteur in seinem Vertrag versprochen hat. Hat er sich in einem seltenen Fall nach § 454 Abs. 2 ausdrücklich **nur** dazu verpflichtet, entsprechende Verträge zu schließen, braucht er für diese Dritten, z. B. Frachtführer, nicht einzustehen. Nach Ziffer 22.2 ADSp haftet er dann nur für die sorgfältige Auswahl.

---

[1] *Fixe Kosten sind unabhängig vom Auslastungsgrad, z. B. eines Lkw (Kfz-Steuer). Steigt die Auslastung, werden die Fixkosten auf eine größere Menge von Leistungseinheiten verteilt, die Kosten pro Leistungseinheit dadurch geringer (z. B. 100 kg-Satz).*
[2] *Vgl. de la Motte, Harald: Das Transportrechtsreformgesetz mit Kurzkommentierung in: Lorenz: Der Güterverkehr nach neuem Recht, S. 152.*

In diesem Fall hätte aber der geschädigte Versender gegenüber diesen Dritten keine vertraglichen Ansprüche im Falle eines Schadens, da er mit diesen keinen Vertrag geschlossen hat (der Spediteur besorgt die Güterversendungen in eigenem Namen). Um ihn in dieser Hinsicht gleichzustellen, ist in Ziffer 22.5 ADSp geregelt, dass der Spediteur seinen etwaigen **Anspruch gegen den Dritten dem Auftraggeber auf dessen Verlangen abtritt**.

> *Beispiel:*
> Beim Transport einer Wagenladung Babywindeln geht ein beachtlicher Teil der Ladung verloren. Der Spediteur tritt gegenüber dem Verlader seine Ansprüche aus dem Frachtvertrag ab. Nun kann dieser direkten Schadensersatz vom Frachtführer verlangen.

Auch wäre es möglich, dass der Spediteur die Verfolgung des Anspruchs auf Rechnung und Gefahr des Auftraggebers übernimmt.

Von diesen Regelungen muss der Fall des **Auswahlverschuldens** getrennt gesehen werden. Hier hat der Spediteur nicht mit der Sorgfalt eines ordentlichen Kaufmanns gehandelt, z. B. keinen geeigneten Frachtführer ausgewählt. Entsteht dadurch ein Schaden, muss sich der Spediteur dies zunächst anlasten lassen.

> *Beispiel:*
> Der Spediteur beauftragt für die Versendung von Gefahrgütern einen ungeeigneten Frachtführer. Durch dessen Unkenntnis geschieht ein Schaden.

Bedingt durch unterschiedliche Beförderungsbedingungen etc. kann die Haftung eines Dritten höher sein als die Haftung des Spediteurs. Ein wichtiger Bereich dieses Problems ist der multimodale Transport. Der Geschädigte würde vom Spediteur (seinem Vertragspartner) geringeren Schadenersatz erhalten als vom Frachtführer, mit dem er allerdings keinen Vertrag geschlossen hat. Um diesen Nachteil auszugleichen, hat der Auftraggeber für diesen Fall das Recht, sich die Ansprüche des Spediteurs abtreten zulassen.

4.2.6 Haftungsausschlüsse

Ein Haftungsausschluss des Spediteurs liegt vor, sofern ihm bei folgenden Vorgängen **keine** schuldhafte Verursachung des Schadens nachgewiesen wird (Ziffer 22.4 ADSp):

Vorgang	Beispiel
Ungenügende Verpackung oder Kennzeichnung des Gutes	Kartons sind nicht etikettiert oder als zusammengehörig deklariert (1/5 usw.)
Aufbewahrung im Freien	Witterungsunempfindliches Schüttgut (Kies, Sand, Schrott, Gussbruch usw.) wird aus Kostengründen dort – im Einverständnis und auf Risiko des Auftraggebers – gelagert.
Schwerer Diebstahl oder Raub	Vermummte Gestalten dringen in die Umschlagshalle ein, um Sachen – mit oder ohne Gewaltanwendung – gegenüber Personen in ihren Besitz zu bringen.
Höhere Gewalt	Durch eine „Windhose" wird ein Papierlager zum Einbruch gebracht.
Witterungseinflüsse	Güter, die infolge von z. B. zu hoher Luftfeuchtigkeit ein hohes Verderblichkeitsrisiko haben (z. B. Kekse)

Vorgang	Beispiel
Schadhaftwerden von Geräten oder Leitungen	Rohrbruch bei Wasserleitungen oder Kurzschluss bei Elektroeinleitungen
Beschädigung durch Tiere	Mottenfraß an Textilien oder Mäusefraß an Lebensmittel
Natürliche Veränderung des Gutes	Impulsierendes Gemüse in Konservendosen

4.2.7 Haftungsbegrenzungen

Die Haftung des Spediteurs ist nach Ziffer 23.1 ADSp bei Verlust oder Beschädigung des Gutes der Höhe nach wie folgt begrenzt:

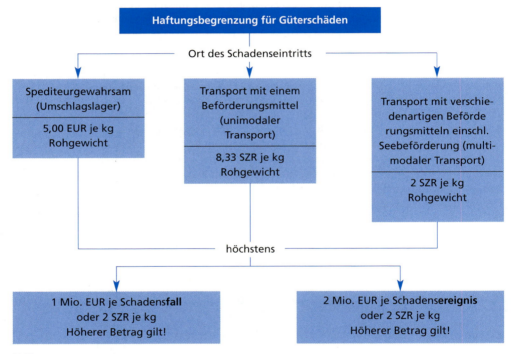

Erläuterungen:

- Die Höchsthaftungsgrenzen bewegen sich innerhalb des in § 466 Abs. 2 HGB festgelegten Haftungskorridors, wonach vom Gesetz abweichende Vereinbarungen zwischen **zwei und vierzig SZR** festzulegen sind, sofern sie drucktechnisch hervorgehoben werden.

- Schaden**fall** ist der Schaden an einer Sendung eines Auftraggebers.

- Bei einem Schaden**ereignis** werden durch einen Vorgang mehrere Sendungen von verschiedenen Auftraggebern betroffen.

Beispiel 1:
Im Umschlagslager des Spediteurs gerät eine Sendung mit einem Gewicht von 200 kg und einem Wert von 2 500,00 EUR dauerhaft „außer Kontrolle".
Die Höchsthaftung beträgt in diesem Fall : 200 kg x 5,00 EUR = 1 000,00 EUR.

Beispiel 2:
Während der Beförderung werden Kosmetikartikel mit einem Gewicht von 100 kg und einem Wert von 3 500,00 EUR verkaufsunfähig beschädigt.
Die Höchsthaftung beträgt in diesem Fall: 100 kg x 8,33 = 833 SZR. Dies entspricht bei einem Kurs von 1,11 einem Betrag von 924,63 EUR.

Beispiel 3:
Während einer Containerbeförderung im multimodalen Verkehr von Mainz nach Halifax/Kanada erleidet eine Weinsendung Totalschaden. Das Gewicht dieser Sendung betrug 4 980 kg bei einem Verkaufswert von 9 600,00 EUR. Der Schadensort ist nicht feststellbar.
Die Höchsthaftung beträgt in diesem Fall : 4 980 kg x 2 = 9 960,00 SZR. Dies entspricht bei einem Kurs von 1,11 einem Betrag von 11 055,60 EUR.
Logischerweise ist in diesem Fall die Haftung auf den Verkaufswert von 9 600,00 EUR begrenzt.

In der Höchstgrenze für Schadensereignisse sind auch jene Schäden erfasst, die keine Güterschäden sind:

Die Haftung des Spediteurs für Güterfolge- und Vermögensschäden ist auf das Dreifache des Betrages begrenzt, der bei Verlust des Gutes zu zahlen wäre, maximal in Höhe von 100 000,00 EUR je Schadenfall.

Beispiel:
Brandeilige Güter eines Kunden im Wert von 1 800,00 EUR und einem Gewicht von 150 kg wurden mit Verspätung beim Empfänger angeliefert. Grund: Durch einen Übermittlungsfehler des Spediteurs verzögerte sich die Ladebereitschaft des beauftragten Frachtführers um mehrere Stunden. Dem Empfänger entstanden in dieser Zeit Produktionsausfallkosten in Höhe von 4 000,00 EUR. Die Fracht betrug 100,00 EUR.
In diesem Fall haftet der Spediteur wie folgt:

150 kg x 5,00 EUR x 3 = 2 250,00 EUR

Für den Fall, dass die Ersatzteillieferung sich deshalb verzögerte, weil der Frachtführer eine Autopanne hatte, ergibt sich hingegen folgende Rechnung:

100 EUR x 3 = 300,00 EUR

Grund: Es gilt die Frachtführerhaftung, wonach die Haftung bei Überschreitung der Lieferfrist auf den dreifachen Betrag der Fracht begrenzt ist (§ 431 Abs. 3 HGB).

Der Auftraggeber hat im Schadenfall zu beweisen, dass er eine Sendung ordnungsgemäß dem Spediteur übergeben hat, z. B. anhand einer reinen Übernahmequittung im Speditionsauftrag. Wenn der Spediteur dem Anspruch des Kunden seinerseits widerspricht, muss er beweisen, dass er das Gut ordnungsgemäß – d. h. wie übernommen – abgeliefert hat (Ziffer 25.1 ADSp).

Der Beweis dafür, dass ein Güterschaden während des Transports mit einem Beförderungsmittel eingetreten ist, hat derjenige darzulegen, der dies behauptet. Bei unbekanntem Schadensort hat der Spediteur auf Verlangen den Ablauf der Beförderung anhand der Schnittstellendokumentation darzulegen.

Der Spediteur haftet in voller Höhe, wenn ein Schaden durch Vorsatz oder grobe Fahrlässigkeit des Spediteurs selbst oder einer seiner leitenden Angestellten verursacht worden ist (Ziffer 27 ADSp). In der Praxis wird von **„grobem Organisationsverschulden"** gesprochen.

Beispiel:

Laptops im Wert von 33 867,00 EUR sind auf einem Umschlagslager verschwunden. Bei einer Verhandlung vor dem Bundesgerichtshof wurde dem Spediteur vorgeworfen:

- Der Spediteur konnte nicht darlegen, zu welchem Zeitpunkt und unter welchen Umständen die Sendung verschwunden ist.
- Der Warenein- und -ausgang erfolgte quittungslos.
- Qualifizierte Wareneingangs- und -ausgangskontrollen fehlten.
- Keine Trennung zwischen Umschlags- und Lagergut als ein rechtlich anerkanntes Sicherheitsinstrument gegen Fehlverladungen.

Folge:

Die Organisation einer Kraftwagenspedition sollte so eingerichtet sein, dass der Wareneingang, der Warenverbleib und der Warenausgang in zeitlicher, organisatorischer und personeller Hinsicht kontrolliert wird, damit Fehlverladungen und Diebstähle frühzeitig festgestellt sowie entsprechende Maßnahmen (z. B. Lagerchecks und Fahrzeugkontrollen) eingeleitet werden können.

Selbstverständlich wird es immer eine Grauzone geben, die mit keiner Maßnahme dauerhaft transparent gestaltet werden kann. Es darf jedoch nicht unerwähnt bleiben, dass eine lückenlose elektronische Sendungsverfolgung für erhebliche Schadensreduzierungen sorgen kann. Dabei basiert eine lückenlose Sendungsverfolgung von der Warenausgangsposition bis zum Warenempfänger auf dem durchgängigen Einsatz von Barcode-Technik. Damit besteht die Möglichkeit, an allen wichtigen Schnittstellen einer Transportkette jede Sendung zu scannen. Speditionsbetriebe, die eine optimale Organisation in einem Rechtsstreit darlegen können, werden sich kaum dem Vorwurf des groben Organisationsverschuldens ausgesetzt sehen (DVZ Nr. 122/1999).

4.2.8 Haftungsversicherung

Durch den Wegfall der Mindestbedingungen für die Speditionsversicherung (SpV) zum 01.01.03 wurde der Gleichlauf zwischen der Haftung des Spediteurs und der Versicherung der Haftung aufgehoben. Grundlage für die nunmehr angebotenen Versicherungspolicen ist die DTV-Verkehrshaftungsversicherung für Frachtführer, Spedition und Lagerhalter, die der Gesamtverband der Deutschen Versicherungswirtschaft (GDV) seinen Mitgliedsunternehmen zur Anwendung empfiehlt:

Merkmale	DTV-Verkehrshaftungsversicherung
Versicherte Güter	Ausschluss bestimmter Güterarten (Tabakwaren, Spirituosen, Mobiltelefone, EDV-Geräte u. a.)
Versicherte Haftung	Eingeschränkte Versicherung des groben Organisationsverschuldens
Deckungssumme	niedrig mit Obergrenzen
Räumlicher Geltungsbereich	EWR

Der Spediteur ist dazu verpflichtet, seine nach den ADSp oder nach dem Gesetz bestehende **Regel**haftung zu marktüblichen Bedingungen zu versichern (Ziffer 29.1 ADSp).

Einen Mindeststandard für die angebotenen Policen gibt es jedoch nicht, da die DTV-Empfehlung neben feststehenden Bedingungen eine Reihe variabler Bausteine aufweist, die von den einzelnen Maklern und Versicherern z. T. höchst unterschiedlich geregelt werden.

Daher kann der Verlader nicht mehr darauf vertrauen, dass die Haftung des Spediteurs in vollem Umfang versichert ist.

135

4.2.8.1 Gegenstand der Haftungsversicherung

Gegenstand der Haftungsversicherung sind Verkehrsverträge (Speditions-, Fracht- und Lagerverträge) des Versicherungsnehmers als Spediteur, Frachtführer im Straßengüterverkehr oder Lagerhalter, soweit die damit zusammenhängenden Tätigkeiten in der Betriebsbeschreibung dokumentiert sind.

Durch die umfangreiche und exakte Risikoanzeige in der **Betriebsbeschreibung** und die Übernahme dieser Risiken durch den Versicherer kann der Spediteur versuchen, den Gleichlauf zwischen Haftung und Versicherung wieder herzustellen.

Die Betriebsbeschreibung legt also den Versicherungsschutz fest (siehe folgende Abbildung). Unvollständige Angaben führen dazu, dass kein Versicherungsschutz besteht.

Ergänzt wird die Betriebsbeschreibung durch die **Vorsorgeversicherung**. Sie soll Versicherungsschutz für den Fall bereitstellen, dass der Spediteur nach Abschluss des Versicherungsvertrages neue Tätigkeiten aufnimmt, die in der Betriebsbeschreibung nicht enthalten sind. Dieser Versicherungsschutz wird jedoch nur unter Auflagen gewährt:

- Das **neue Risiko** muss dem Versicherer binnen eines Monats nach dessen Beginn angezeigt werden.
- Innerhalb Monatsfrist nach Eingang der Anzeige muss eine Vereinbarung über die Prämie für das neue Risiko zustande kommen.

Werden diese Vorgaben nicht erfüllt, so entfällt der Versicherungsschutz für das neue Risiko rückwirkend.

Eine neues Risiko liegt vor, wenn qualitative – nicht quantitative! – Änderungen im Geschäftsablauf eingetreten sind.

Beispiel:
Zur besseren Auslastung von Fernbereichsrelationen konnten zusätzliche Kunden gewonnen werden. In diesem Fall besteht keine Anzeigepflicht, da das bereits bestehende Risiko lediglich ausgedehnt wurde. Würde jedoch der Beschluss gefasst, temperaturgeführte Güter neu in die Produktpalette aufzunehmen, so würde damit ein neues Risiko entstehen, das anzeigepflichtig wäre.

Bei der Vorsorgeversicherung ist zudem zu bedenken, dass ein neues Risiko nur zu den Bedingungen des laufenden Versicherungsvertrages gedeckt ist.

Beispiel:
Ein Kraftwagenspediteur nimmt Verkehre nach Serbien und Montenegro auf. Falls im Versicherungsvertrag jedoch der räumliche Geltungsbereich auf den Europäischen Wirtschaftsraum (EU und Norwegen) beschränkt ist, wird die neue Tätigkeit nicht von der Vorsorgeversicherung erfasst. In diesem Fall müsste der Spediteur vor Aufnahme der neuen Tätigkeit die Ausdehnung seines Versicherungsschutzes beantragen.

Auszug aus einer Betriebsbeschreibung

B Tätigkeitsbeschreibung SPEDITION

Tätigkeitsbeschreibung

	% vom Speditionsumsatz
☐ Geschäftsbesorgungsspediteur	_____ %
☐ Fixkostenspedition	_____ %
☐ Sammelladung	_____ %
☐ Ladungsverkehr	_____ %
☐ Luftfrachtspedition	_____ %
☐ Seehafenspedition	_____ %
☐ Binnenschifffahrtsspedition	_____ %
☐ Kühlgutspedition	_____ %
☐ Tank-/Silospedition	_____ %
☐ Gefahrgutspedition	_____ %
☐ Bahnspedition	_____ %
☐ Frachtenvermittlung	_____ %
☐ Möbel-/Umzugsspedition	_____ %
☐ Schwergutspedition	_____ %
☐ Sonstiges	_____ %
wenn ja, folgende Güter	

Hinweis:
Sofern Möbel- und Umzugsgutspedition oder Schwergutspedition betrieben wird, ist jeweils der Abschluss einer speziellen Police notwendig.

Räumlicher Tätigkeitsbereich

	% vom Speditionsumsatz
Deutschland	_____ %
Europa (geografisch)	_____ %
– Italien	_____ %
– Visegrad-Staaten/Baltikum	_____ %
– GUS	_____ %
– Rumänien	_____ %
– Bulgarien	_____ %
Länder außerhalb Europas	
– wenn ja, folgende	_____ %
	_____ %
	_____ %

Hinweis:
Die Visegrad-Staaten umfassen die Länder Polen, Ungarn, Tschechien, Slowakei

Schwerpunkte bei speziellen Warengattungen

	% vom Speditionsumsatz
☐ Allgemeines Kaufmannsgut	_____ %
☐ Temperaturabhängige Güter	_____ %
☐ Gefahrgut	_____ %
☐ Elektronische Güter	_____ %
☐ Marktordnungswaren (z. B. Fleisch, Zucker, Getreide)	
☐ Tabak, Zigaretten, Alkohol	_____ %
☐ Bulkware	_____ %
☐ Tiere	_____ %
☐ Kraftfahrzeuge	_____ %
☐ Schwergut/Hakenlast	_____ %
☐ Handelsmöbel/Umzugsgut	_____ %
☐ Kunstgegenstände/Bijouterievaloren	_____ %
☐ Textilien	_____ %
☐ Sonstiges	_____ %
wenn ja, folgende Güter	

(Ggf. auf separatem Blatt fortsetzen)

Zolltätigkeiten

- ☐ nein
- ☐ ja ☐ Ausstellung von T1/T2-Dokumente Anzahl p. a. _____
  - ☐ Abfertigung zum freien Verkehr Anzahl p. a. _____
  - ☐ Zolllager/OZL
  - ☐ sonstige Tätigkeiten (z. B. Fiskalvertr., Veredlung, Verwendung, zugel. Empf./Vers.)

(Ggf. auf separatem Blatt fortsetzen)

Welche Frachtführer werden beauftragt?
(Falls die Frachtführer nicht namentlich genannt werden können, bitte zumindest Nationalität des Frachtführers angeben)

- ☐ Lkw-Frachtführer:
- ☐ Bahn:
- ☐ Airlines:
- ☐ Seefrachtführer:
- ☐ Binnenschifffahrt:

Wie wird das Bestehen des Versicherungsschutzes der eingesetzten Frachtführer/Erfüllungshilfen überprüft?

Der Versicherungsschutz der Vorsorge wird von den führenden Versicherern fast einheitlich auf 250 000,00 EUR je Schadenereignis begrenzt.

Die Verkehrshaftungsversicherung gilt nicht für Verträge, die zum Inhalt haben:

- Beförderung von Gütern, die der Versicherungsnehmer als Verfrachter (Binnen- und Seeschifffahrt), Luftfrachtführer oder Eisenbahnfrachtführer im Selbsteintritt durchführt,
- Beförderung von Umzugsgut,
- Beförderung von Schwergut sowie Großraumtransporte, Kran- oder Montagearbeiten,
- Beförderung von abzuschleppenden oder zu bergenden Gütern,
- Produktionsleistungen oder sonstige, nicht speditions- oder beförderungsspezifische Leistungen im Zusammenhang mit einem Verkehrsvertrag.

Bezüglich der nach Ziffer 3.6 ADSp schriftlich anzumeldenden Güter (Telekommunikationsgeräte, EDV-Geräte und Zubehör usw.) hat der Spediteur zu überprüfen, inwieweit der Versand dieser Güter versichert ist, zumal viele Policen Versicherungsausschlüsse enthalten. Grund: In der DTV-Verkehrshaftungsversicherung werden keine Warengruppen aufgeführt, für die Versicherungsausschluss besteht. Folglich werden in der Praxis verschiedene Konditionen festgelegt.

Beispiel:

Eine Sammelladung besteht u. a. aus folgenden „sensiblen Gütern": Tabakwaren, Spirituosen, Telekommunikationsgeräte und EDV-Geräte.

- Bei der Oskar Schunck KG sind Verkehrsverträge, die diese Güter zum Gegenstand haben, nicht versichert. Ausnahme: Versicherungsschutz bis 5 000,00 EUR je Sendung für den Fall, dass der Spediteur – aufgrund einer ungenauen Warenbeschreibung – keine Kenntnis vom Wareninhalt hatte.
- Bei AON Jauch & Hübener sind die Spirituosen, Tabakwaren und EDV-Geräte ohne besondere Anfrage bis zu einem Maximum von 50 000,00 EUR je Transportmittel versicherbar, die Mobiltelefone jedoch nur auf besondere Anfrage vor Risikobeginn.

4.2.8.2 Umfang des Versicherungsschutzes

Die Versicherung umfasst die Befriedigung begründeter und die Abwehr unbegründeter Schadenersatzansprüche:

Das Versicherungsprinzip stellt sich wie folgt dar:

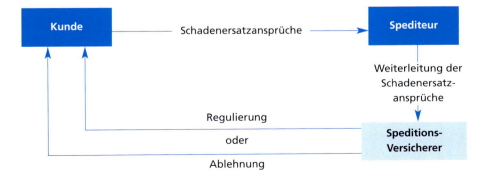

Die Haftungsversicherung umfasst also zwei unterschiedliche Versicherungsleistungen[1]:

- **Leistungsverpflichtung**, also Anerkennung berechtigter Ansprüche
- **Rechtsschutzverpflichtung**, also Abwehr unberechtigter Ansprüche

Der Versicherer ersetzt also nur berechtigte Schadenersatzansprüche des Kunden. Eigenschäden des Spediteurs sind nicht versichert.

138

Beispiel:
Ein Kunde hat die Anweisung erteilt, die Sendung nur gegen Einziehung eines Betrages von 800,00 EUR dem Empfänger zu übergeben. Der Fahrer des Spediteurs nimmt vom Empfänger einen Scheck über den genannten Betrag an. Nach Einreichung des Schecks zur Gutschrift erhält der Spediteur eine Rückbelastung von seiner Hausbank. Kurz darauf beantragt der Empfänger die Eröffnung des Insolvenzverfahren. Der Betrag von 800,00 EUR geht damit zulasten des Spediteurs, da Risiken aus Stundungsverträgen nicht dem Versicherungsschutz unterliegen.

Zudem ersetzen die Versicherer – wie bei jeder Haftungsversicherung auch – Aufwendungen zur **Abwendung oder Minderung eines ersatzpflichtigen Schadens**. Eine Abwendung liegt z. B. vor, wenn Messegut – das versehentlich nicht rechtzeitig versendet wurde – per Luftfracht nachgeschickt wird. Eine Minderung liegt z. B. vor, wenn nach Palettenbruch brauchbare Güter umverpackt und damit in einen verkaufsfähigen Zustand gebracht werden.

Ein besonderer Fall von Schadensminderungskosten sind die **Fehlleitungskosten**. Eine Fehlleitung liegt dann vor, wenn das richtige Gut den vorgesehenen Bestimmungsort oder den vorgeschriebenen Empfänger durch einen Fehler des Spediteurs nicht erreicht. In diesem Fall leisten die Versicherer Ersatz in unterschiedlicher Höhe, z. B. bis zu 50 % des Wertes des Gutes, höchstens 5 000,00 EUR je Sendung.

Beispiel:
Ein Spediteur erhält den Auftrag, Fruchtsäfte im Wert von 4 000,00 EUR von Köln nach Homburg/Saar zu befördern. Durch einen Dispositionsfehler des Spediteurs wird die Sendung nach Hamburg geleitet. Dort wird der Irrtum festgestellt und die Sendung nach Homburg/Saar weitergeleitet.
Der Spediteur erhält die Fracht Hamburg–Homburg/Saar abzüglich der normalen Beförderungskosten Köln–Homburg/Saar ausgezahlt, da diese unter dem Betrag von 2 000,00 EUR liegen. Die Kosten für die Beförderung zum falschen Bestimmungsort (Köln–Hamburg) gehen zulasten des Spediteurs.

Die Versicherer leisten Schadenersatz, weil ein weiterer Schaden dadurch entstehen könnte, dass das Gut nach einer Fehlleitung am falschen Ort in Verlust gerät, durch längere Lagerzeit beschädigt wird oder verdirbt.

Daher kann es für die Versicherer kostengünstiger sein, die Fehlleitungskosten zu erstatten, als Schadensersatzansprüche für verlorene oder beschädigte Sendungen zu regulieren.

Auch Bergungs- und Beseitigungskosten werden bis zu bestimmten Beträgen vom Versicherer übernommen, sofern der Versicherungsnehmer damit unmittelbar belastet wird und kein anderweitiger Versicherungsschutz (z. B. bei der Kfz-Haftpflichtversicherung) besteht.

---

[1] *Vgl. Thonfeld, Hans-Dietrich: Fachkommentar Transportrecht, München 2002, Abschn. 9.5, S. 3*

Der **räumliche Geltungsbereich** des Versicherungsschutzes umfasst zumindest den Europäischen Wirtschaftsraum (EWR). Eine Erweiterung kann jedoch – gemäß den Bedürfnissen der Spedition – mit dem Versicherer vereinbart werden.

4.2.8.3 Versicherungsausschlüsse

Nach Ziffer 6 DTV wird der Versicherungsschutz durch einen Ausschlusskatalog eingegrenzt. Danach sind vom Versicherungsschutz ausgeschlossen Ansprüche
- aus Schäden durch Naturkatastrophen (z. B. Erdbeben, Blitzschlag),
- aus Schäden aus Krieg, Bürgerkrieg, innere Unruhen, Aufruhr,
- aus Schäden durch Streik, Aussperrung, Arbeitsunruhen u. a.,
- aus Schäden durch Beschlagnahme, Entziehung oder sonstige Eingriffe von hoher Hand,
- aus Schäden am Umzugsgut, Kunstgegenständen, Antiquitäten, Edelmetallen, Edelsteinen, echte Perlen, Geld, Valoren, Dokumente, Urkunden,
- aus Schäden an lebenden Tieren oder Pflanzen,
- die durch eine andere Haftpflichtversicherung hätten gedeckt werden können (z. B. Kraftfahrzeug- und Produkthaftpflichtversicherung),
- aus Schäden, die durch inneren Verderb und natürliche Beschaffenheit der Güter verursacht worden sind,
- aufgrund speditionsunüblicher Vereinbarungen wie Vertragsstrafen und Lieferfristgarantien sowie Vereinbarungen, die über die gesetzliche Haftung aus Verträgen hinausgehen wie z. B. Wertdeklarationen,
- wegen Schäden aus Geldstrafen und Bußgelder,
- aus Schäden durch nicht zweckentsprechende Verwendung von Vorschüssen, Erstattungsbeiträgen u. Ä.,
- die durch mangelnde Schnittstellenkontrolle entstanden sind, deren Beseitigung der Versicherer verlangt hatte,
- wegen Schäden aus Charter- und Teilcharterverträgen im Zusammenhang mit der Güterbeförderung in Schiffen, Eisenbahn- und Luftfahrzeugen,
- aus CARNET-TIR-Verfahren,
- wegen Personenschäden,
- wegen vorsätzlicher Herbeiführung des Versicherungsfalls durch den Versicherungsnehmer oder einen seiner Repräsentanten.

4.2.8.4 Obliegenheiten des Spediteurs

Jede Versicherung ist daran interessiert, die versicherten Risiken zu minimieren. Folglich werden dem Spediteur bestimmte Verhaltensregeln auferlegt, damit Schadenfälle vermieden werden. Dazu zählen vor allem:
- Verwendung einwandfreier und für den jeweiligen Auftrag geeigneter Fahrzeuge und Anhänger, Wechselbrücken, Container sowie sonstiges Equipment,
- Ausstattung der Fahrzeuge mit je zwei voneinander unabhängig funktionierenden Diebstahlsicherungen,
- Sicherung beladener Fahrzeuge, insbesondere beim Abstellen zur Nachtzeit, an Wochenenden und Feiertagen,
- Gewährleistung der Funktionsfähigkeit von elektrischen Geräten und der Datenverarbeitung,
- Durchführung und Dokumentation der Schnittstellenkontrollen,
- Sorgfältige Auswahl und Überwachung von Mitarbeitern und Subunternehmern.

4.2.8.5 Der Schadenfall in der Haftungsversicherung

Schadenseintritt

Bei jedem Versicherungsfall ist die Leistung der Versicherer an die Erfüllung bestimmter Bedingungen gebunden.

Zunächst muss der Spediteur den Schaden unverzüglich, spätestens innerhalb eines Monats, dem Versicherer melden und alle zur Beurteilung notwendigen Unterlagen vorlegen. Dazu können z. B. gehören:

- Speditionsauftrag,
- Ablieferquittung,
- Schadensrechnung,
- Erklärung über Transportversicherungsschutz.
- Ladeliste/Bordero,
- Schadensprotokoll,
- Liefererrechnung,

Zur Schadenanmeldung kann der Spediteur Formblätter (siehe beispielhaft folgende Seite) verwenden, die ihm von dem Versicherer zur Verfügung gestellt werden, sofern er die Meldung nicht form- oder sogar papierlos – z. B. per E-Mail – vornimmt.

Zudem werden vom Spediteur verlangt:

- Maßnahmen zur Minderung des Schadens,
- Erteilung von Auskünften an den Versicherer,
- Befolgung der Anweisungen des Versicherers,
- Wahrung von Rückgriffsmöglichkeiten gegen den Schadensverursacher,
- Unverzügliche Meldung von Diebstahlsschäden und Verkehrsunfällen mit möglichen Ladungsschäden an die Polizei und den Versicherer,
- Einschaltung eines Havariekommissars bei unfallbedingten Schäden, sofern ein bestimmter Betrag überschritten wird. Bei einigen Versicherern liegt dieser Betrag bei 2 500,00 EUR, andere haben 5 000,00 EUR festgesetzt.
- Anerkenntnisverbot von Ansprüchen ohne Einwilligung der Versicherer.

Verletzt der Spediteur eine Obliegenheit vorsätzlich oder grob fahrlässig, so ist der Versicherer von der Verpflichtung zur Leistung befreit.

Schadensregulierung

Nach dem ordnungsgemäßen Eingang der erforderlich Unterlagen und der Anerkennung des Anspruchs wird der Schaden wie folgt reguliert:

Schadenmeldung

zur   ☒   **Haftungsversicherung**   SCHUNCK-Schaden-Nr.
      ☐   **Warentransportversicherung**

Angaben zum Versicherungsnehmer (VN)

Name, Anschrift und E-Mail-Adresse		
	Policen-Nr.:	
	Niederlassung:	
	Schaden-Nr.:	
	Zertifikats-Nr.:	

An
OSKAR SCHUNCK Aktiengesellschaft & Co. KG

Kann Schriftwechsel mit Schadenbe-
teiligten direkt geführt werden: Ja ☐   nein ☐

Angaben zum Schaden

(1) Auftraggeber:	Name: Straße: LKZ PLZ Ort:	
(2) Absender:	Name: Straße: LKZ PLZ Ort:	
(3) Empfänger:	Name: Straße: LKZ PLZ Ort:	
(4) Schadenverursacher:	Name: Straße: LKZ PLZ Ort:	
(5) Anspruchsteller:	Name: Straße: LKZ PLZ Ort:	

Gewicht der beschädigten/verloren gegangenen Waren in kg:	Datum der Erstreklamation:
Warenart	Warenwert in EUR:

Voraussichtliche Schadenhöhe in EUR:

Sendungsdatum:	Sendungsnr.:	
Sendungsgewicht in kg:	Anzahl der Kolli:	Kennzeichen LKW:
Auftragsdatum:	Zustelldatum:	Schadendatum:
Erfolgte Umladung? Ja ☐ nein ☐	Verladung durch wen? ☐ Auftraggeber ☐ Fahrer ☐ Beide	
reine Quittung? Ja ☐ nein ☐	Entladung durch wen? ☐ Empfänger ☐ Fahrer ☐ Beide	
Havariekommissar Ja ☐ nein ☐	wenn ja, Name	Polizei eingeschaltet Ja ☐ nein ☐

Schilderung des Schadenhergangs (ggf. separate Anlage):

Schadenbereich:
☐ Umschlag   ☐ Lager   ☐ Sonstiges   ☐ Transport
                                       Sammelladung ☐
                                       Selbsteintritt ☐

Art des Schadens:
☐ Verlust   ☐ Beschädigung
☐ Nachnahme   ☐ Inventurdifferenz
☐ Lieferfristüberschreitung   ☐ Sonstige

Angaben zur Schadenbeteiligung:
☐ Die Versicherer sind berechtigt, jedoch nicht verpflichtet, die
    Schadenbeteiligung für uns im eigenen Namen geltend zu
    machen.

Ort:	Datum:

Unterschrift: _____

Anlagen:
☐ Frachtbrief   ☐ Havarie-Zertifikat
☐ Ablieferquittung   ☐ Gutachten
☐ Speditionsauftrag   ☐ Polizeibericht
☐ Spediteurrechnung   ☐ Lade-/Packliste
☐ Übernahmequittung   ☐ Schadenprotokoll
☐ Schadenrechnung   ☐ Versicherungszertifikat
☐ Wertnachweis   ☐ Konnossement
    (z. B. Lieferrechnung)   ☐ Sonstige

In der Praxis erfolgt die Regulierung vielfach über den Spediteur. Der Geschädigte kann jedoch auch die direkte Auszahlung an ihn verlangen.

Der Spediteur erhält also nicht den vollständigen Betrag als Gutschrift, sondern wird am Schaden beteiligt. Die Höhe der **Selbstbeteiligung** ist in den DTV-Bedingungen nicht angegeben.

Als Standard lässt sich jedoch aus den einzelnen Policen folgende Regelung übernehmen:

> **Die Schadenbeteiligung des Spediteurs beträgt 15 % des Betrages der Versicherungsleistung je Schadenfall, mindestens 125,00 EUR/150,00 EUR, höchstens jedoch 2 500,00 EUR.**

Beispiel:
Im Umschlagslager des Versandspediteurs gerät eine Palette in Verlust. Gewicht der Palette: 200 kg. Wert der Palette: 900,00 EUR.
Dieser Güterschaden wird an den Spediteur wie folgt reguliert:

Versicherungsleistung	**900,00 EUR**
Selbstbeteiligung	**135,00 EUR/150,00 EUR**
Überweisungsbetrag an den Spediteur	**765,00 EUR/750,00 EUR**

In der Praxis vereinbaren Spediteure häufig eine höhere Selbstbeteiligung mit dem Versicherer, zumal dies für beide Seiten Vorteile bringt:

- Der Versicherer hat einen geringeren Verwaltungsaufwand, da Schäden bis zur Höhe der Selbstbeteiligung nicht bearbeitet werden müssen.
- Der Spediteur zahlt eine geringere Versicherungsprämie, spart anteilig die Versicherungssteuer und wird zur Schadensverhütung angehalten.

Voraussetzung für eine Regulierung ist jedoch, dass die von den Versicherern summenmäßig festlegten **Leistungsbegrenzungen** nicht überschritten werden:

Deckungssumme	Policen der marktführenden Haftungsversicherer
je Güter- und Güterfolge-schaden	Zwischen 1,0 Mio. EUR und 1,5 Mio. EUR pauschal, ausgenommen Schuncks: 1,0 Mio. EUR oder 2 SZR je kg, wobei der höhere Betrag zählt
je Vermögensschaden	250 000,00 EUR
je Schadenereignis	Zwischen 2,0 Mio. EUR und 5,0 Mio. EUR
pro Jahr	Zwischen 4,0 Mio. EUR und 6,0 Mio. EUR, ausgenommen KRAVAG: 10,0 Mio. EUR
für grobes Organisations-verschulden	Zwischen 100 000,00 EUR und 300 000,00 Euro pro Jahr
in der Vorsorgeversicherung	Regelfall: 250 000,00 Euro

Für die Praxis haben die Jahreshöchstgrenzen zur Folge, dass der Spediteur insbesondere nach größeren Schadenfällen zu prüfen hat, ob seine Reserven zur Absicherung künftiger Aufträge noch ausreichen oder ob zusätzlicher Versicherungsschutz eingekauft werden muss. Er darf sich nämlich gegenüber dem Auftraggeber nur dann auf die ADSp berufen, wenn er bei Auftragserteilung einen ausreichenden Versicherungsschutz hat (Ziffer 29.3 ADSp).

Ein besonderes Problem stellt dabei auch das Jahresaggregat für grobes Organisations-verschulden dar.

Folglich ist der Spediteur gut beraten, mit seinem Versicherer anhand der Schadenschronik der letzten Jahre seinen Versicherungsbedarf auszuloten, zumal der Spediteur auf Verlangen des Auftraggebers diesen Haftungsversicherungsschutz durch eine Bestätigung des Versicherers nachzuweisen hat (Ziffer 29.4 ADSp).

Dieser Nachweis ist für den Kunden insofern von Bedeutung, als er „kranke Versicherungsverhältnisse" durch ausgeschöpfte Jahresaggregate, fehlende Prämienzahlungen usw. ansonsten nicht erkennen kann und selbst im Falle einer Insolvenz des Spediteurs keinen Direktanspruch gegen den Haftungsversicherer hat.

Schadensfolgen

Regressführung
Die Versicherer verzichten grundsätzlich auf den Regress gegenüber dem Spediteur und seinen Arbeitnehmern. Eine Erstattungspflicht ist jedoch in folgenden Fällen denkbar:

- Vorsätzliche Schadensherbeiführung,
- Leistungsverpflichtung des Versicherers gegenüber dem Geschädigten trotz vorsätzlicher Verletzung der Pflicht zur Prämienanmeldung und -zahlung,
- Leistungsverpflichtung der Versicherer trotz Verletzung der Obliegenheiten durch den Spediteur.

Sanierungsklausel
Diese besagt, dass der Versicherer Zuschlagszahlungen zur Prämie verlangen kann, wenn der Spediteur einen schlechten Schadenverlauf aufweist.

Beispiel:
Übersteigen die für ein Versicherungsjahr erbrachten Versicherungsleistungen 65 % der für denselben Zeitraum vom Versicherungsnehmer geschuldeten Bruttoprämien abzüglich Versicherungssteuer, so wird folgender Zuschlag für das Folgejahr erhoben:

mehr als   65 % bis   80 %: 20 %

mehr als   80 % bis 100 %: 45 %

mehr als 100 % bis 120 %: 75 %

mehr als 120 % bis 140 %: 110 %

Übersteigt die Schadenbelastung 140 %, wird für das Folgejahr eine angemessene Prämie geschuldet. Kommt darüber keine Einigung zustande, so ist der Versicherer berechtigt, den Vertrag zu kündigen.

Einzelne, untypische Großschäden machen den Versicherungsvertrag i. d. R. jedoch noch nicht sanierungsbedürftig.

4.2.9   Transportversicherung

4.2.9.1 Versicherungsabschluss und Vertragsform

Inwieweit der Spediteur hinsichtlich der Versicherung des Gutes (Transportversicherung) aktiv werden muss, ergibt sich aus Ziffer 21 ADSp:

144

Eindeckung einer Transportversicherung

durch

Auftragsklausel	**Vermutungsklausel**
Die Eindeckung einer Transportversicherung wird vom Kunden ausdrücklich gefordert, wobei die Schriftform aus Beweisgründen empfehlenswert ist	Die Eindeckung einer Transportversicherung entspricht dem Kundeninteresse, sofern der • Spediteur bereits früher eine Versicherung (Schadenversicherung) besorgt hat, • Kunde im Auftrag einen Warenwert angegeben hat.

Der Spediteur hat über Art und Umfang der Versicherung zu entscheiden und sie zu marktüblichen Bedingungen bei einem Versicherer seiner Wahl – i. d. R. also bei seinem Haftungsversicherer – abzuschließen. Ausnahme: Der Auftraggeber erteilt dem Spediteur unter Angabe der Versicherungssumme und der zu deckenden Gefahren schriftlich eine andere Weisung.

Der Spediteur hat die Prämie für jeden einzelnen Verkehrsvertrag auftragsbezogen zu erheben, zu dokumentieren und in voller Höhe an den Versicherer abzuführen. Dafür, sowie für alle evtl. Tätigkeiten bei Abwicklung von Versicherungsfällen, steht dem Spediteur Provision und Auslagenersatz zu.

Der Vollständigkeit halber sei erwähnt, dass ein Interesse des Kunden an der Eindeckung einer Versicherung dann nicht besteht, wenn dieser die Eindeckung schriftlich untersagt hat.

Die Transportversicherung wird üblicherweise in Form einer General-Police festgelegt, weil hier ein voller Versicherungsschutz erfolgen kann und damit auch Fehler wie Unter-, Über- oder Doppelversicherungen vermieden werden. Hierbei erhält der Spediteur z. B. eine Spediteur-Transport-Generalpolice. Der Kunde kann dann auf Antrag von der Versicherung ein sogenanntes Versicherungszertifikat erhalten zur evtl. Vorlage bei der Bank (Akkreditiv) oder bei Behörden.

4.2.9.2 Gegenstand und Dauer der Versicherung

Eine Transportversicherung ist eine Versicherung von Waren gegen die Risiken des Transports.

Nach den DTV-Güterversicherungsbedingungen 2000 gibt es verschiedene Policen. Bei der – üblichen – Police mit voller Deckung – auch Allgefahrendeckung genannt – trägt der Versicherer alle Gefahren, denen das Gut während der Dauer der Versicherung ausgesetzt ist.

Diese sind wie folgt zu konkretisieren:

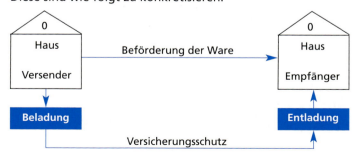

Der Versicherungsschutz ist also weiter gefasst im Vergleich zur **Haftungsversicherung** des Spediteurs, die erst **nach** Beladung beginnt und **vor** Entladung endet.

Neben dem **Warenwert** werden noch weitere Interessen – sogenannte Nebeninteressen – versichert:

- Imaginärer Gewinn, also ein Gewinn, den der Verkäufer aus der Verwertung der Ware zu erzielen hoffte. Bei einem „CIF-Kauf" wären dies z. B. 10 %.

- Mehrwert, insbesondere für Waren, die an Börsen gehandelt werden und Kursschwankungen unterliegen (z. B. Rohstoffe wie Baumwolle, Tabakwaren, Gewürze),
- Abgaben (z. B. Einfuhrsteuern und Verbrauchssteuern), die im Bestimmungsland fällig wären,
- Frachtkosten vom Verkäufer zum Käufer,
- Sonstige Kosten (z. B. Transportversicherungsprämie, Quarantänekosten für schnittfrische Blumen).

4.2.9.3 Umfang des Versicherungsschutzes

Die Ware ist während des Transports vielen Gefahren ausgesetzt. Wird eine dieser Gefahren wirksam, so kann dies einen Schaden zur Folge haben, der dann von der Versicherung übernommen wird.

Ursprünglich war die Transportversicherung so konzipiert, dass sie ausschließlich Güterschäden übernimmt. Zwischenzeitlich können jedoch auch Güterfolge- und Vermögensschäden versichert werden.

Daneben wird auch eine

- Kostenerstattung für Schadenabwendungs-, -minderungs- und -feststellungskosten durch Eintritt des Versicherungsfalls,
- Kostenübernahme für Fracht-, Umschlags- und Lagerkosten nach Eintritt des Versicherungsfalls geleistet.

Hingegen sind folgende Gefahren grundsätzlich nicht versichert:

- Krieg, Bürgerkrieg, kriegsähnliche Verhältnisse und feindliche Verwendung von Kriegswerkzeugen,
- Streik, Arbeitsunruhen, politische Gewalthandlungen, Aufruhr, bürgerliche Unruhen,
- Beschlagnahme, Verfügung von Hoher Hand.

Diese Risiken können jedoch durch ausdrückliche Vereinbarung der DTV-Klauseln wieder in den Versicherungsschutz einbezogen werden, wobei sich dann allerdings die Prämie z. T. erheblich erhöht.

Dies betrifft auch besonders wertvolle und diebstahlgefährdete Güter:

Beispiel:
Die Versicherung bezieht sich ohne besondere Anfrage – **abstimmungspflichtig** – nicht auf:
Valoren, Edelsteine, Schmuck, Geld, Dokumente, Urkunden, Wertpapiere u. a.,
Kunstgegenstände, Antiquitäten, Gemälde, Teppiche und Pelze,
Explosive und feuergefährliche Güter, Munition, Waffen und radioaktive Stoffe,
Lebende Tiere und Pflanzen,
Tabakwaren und Spirituosen,
Umzugsgut,
Kraft-, Luft- und Wasserfahrzeuge,
Computerwaren und Zubehör aller Art, Mobiltelefone, Elektrogeräte,
Messe- und Ausstellungsgüter,
Gebrauchte Maschinen.

146

Folge: Kann der Spediteur keinen – beauftragten – Versicherungsschutz eindecken, so hat er dies dem Auftraggeber unverzüglich mitzuteilen.

4.2.9.4 Versicherungsprämie

In ihren Prämienberechnungen berücksichtigen die Versicherer maximal drei **Risiko-merkmale**, wie folgendes Beispiel aus einer Transportpolice zeigt:

Gut	Beförderungsmittel	Bestimmungsland	Prämie
Backwaren	Lkw Flugzeug Seeschiff Seeschiff	Frankreich Tunesien Tunesien Mexiko	1,0 ‰ 2,7 ‰ 4,0 ‰ 5,5 ‰
Kosmetika	Lkw Flugzeug Seeschiff Seeschiff	Frankreich Tunesien Tunesien Mexiko	3,5 ‰ 5,4 ‰ 8,0 ‰ 11,0 ‰
Mobiltelefone	anzugeben	anzugeben	auf Anfrage

Konsequenterweise ändert sich die Prämie je nach

- Volksnähe des Gutes,
- Art der (des) Beförderungsmittel(s),
- Verhältnissen des Ziellandes.

Beispiel 1:
Für die Beförderung von Backwaren von Hamburg nach Dijon per Lkw sind bei einem Warenwert von 3 000,00 EUR genau 3,00 EUR Versicherungsprämie fällig. Bei dem Transport derselben Ware von Hamburg nach Veracruz per Seeschiff wären hingegen 16,50 EUR fällig.

Beispiel 2:
Für die Beförderung von Kosmetika per Lkw vom Hamburg nach Dijon sind bei einem Warenwert von 12 000,00 EUR genau 42,00 EUR fällig. Der Transport derselben Ware von Hamburg nach Veracruz per Seeschiff würde eine Prämie von 132,00 EUR verursachen.
Dennoch darf nicht verschwiegen werden, dass zwischen den einzelnen Transportversicherern erhebliche Prämienunterschiede bestehen. So wird die Sendung nach Veracruz in Beispiel 1 bereits für 9,30 EUR versichert.

4.3 Risikostrategien der Speditionen

In kleineren und mittleren Speditionen dürfte das Thema „Versicherungen" zur „Chef-sache" erklärt werden, da folgende Strategien angesagt sind:

- Entlastung der eigenen Haftungspolice durch schadensverhütende Maßnahmen,
- Abschluss von Transportversicherungen.
- Erhebung eines Haftungszuschlags.

Die **Entlastung der eigenen Haftungspolice** kann erfolgen durch

- Kontrolle der Schnittstellen und des Personals (eigene Mitarbeiter, Subunternehmer),
- Beratung von Kunden mit auffällig hohen Schadenverläufen, z. B. infolge des Verstoßes gegen Verpackungsnormen,
- Einweisung des Kunden in die Details der Betriebsabläufe, um dem Vorwurf des groben Organisationsverschuldens begegnen zu können.

Spediteure, die **Transportversicherungen** für ihre Kunden **abschließen**, bieten diesen – unter Beachtung der Versicherungsausschlüsse – Schadenersatz im Versicherungsfall an.

Zugleich wird die Haftungsversicherung des Spediteurs dadurch entlastet, da kein Regressanspruch der – eigenen – Versicherung gegen den Versicherungsnehmer geltend gemacht wird. Dies betrifft auch ein evtl. grobes Organisationsverschulden.

Speditionen berechnen den Verladern einen **Haftungszuschlag**, wenn sie keine Transportversicherung über den Spediteur abschließen. Dadurch soll der höhere Verwaltungsaufwand für die Absicherung der Haftung abgedeckt werden. Die Höhe des **Risccharge** liegt häufig bei 2,50 EUR pro Sendung.

Speditionskonzerne sind in einer günstigeren Lage:

Zum einen können sie aufgrund ihres hohen Qualitätsstandards und eines unternehmensinternen Risikoausgleichs positive Policenverläufe aufweisen. Zum anderen können sie ihre Marktposition gegenüber den Versicherern einsetzen, die ungern einen Großkunden verlieren möchten.

Deshalb überrascht es nicht, wenn in einem Kundenbrief (12/2002) zu lesen ist:

Vorteile bei der .... AG:

- Bewährtes Modell der Speditionsversicherung bleibt,
- Automatischer Abschluss der Schadenversicherung bei Auftragsvergabe (gilt nicht für Verzichtskunden),
- Gesicherter, umfassender Versicherungsschutz im Schadenfall,
- Voller, uneingeschränkter Deckungsschutz (z. B. keine wesentlichen Einschränkungen in Form von Sublimits oder Jahresaggregaten),
- Schutz vor unliebsamen Überraschungen im Schadenfall.

Folge: Günstigere Versicherungsbedingungen bedeuten günstigere Wettbewerbsbedingungen auf den Verkehrsmärkten mit einer Zunahme des Konzentrationsprozesses!

ZUSAMMENFASSUNG

1. Der Spediteur haftet nach den gesetzlichen Vorschriften und nach den Regelungen der ADSp, so weit dies AGB-feste Rechtsvorschriften nicht anders bestimmen. Dabei gilt folgende Haftungssystematik:

Speditionsvertrag nach HGB

Speditionsvertragliche Grundsätze § 454 HGB	Frachtvertragliche Grundsätze § 458 ff. HGB
• Organisation der Beförderung – Planungsphase – Ausführungsphase – Kontrollphase • Ausführung sonstiger auf die Beförderung bezogener Leistungen – versichern – verpacken – kennzeichnen – verzollen	• Obhutshaftung – für Güter im Gewahrsam des Spediteurs • Selbsteintritt – hinsichtlich der Beförderung • Feste Kosten – hinsichtlich der Beförderung • Sammelladung – hinsichtlich der Beförderung
Verschuldenshaftung	**Gefährdungshaftung**

2. Der Auftraggeber hat zu beweisen, dass er die Güter einwandfrei an den Spediteur übergeben hat. Der Spediteur hat zu beweisen, dass er die Güter einwandfrei abgeliefert hat.

3. In folgenden Fällen ist die Haftung ausgeschlossen:
   - ungenügende Verpackung oder Kennzeichnung,
   - Aufbewahrung im Freien,
   - schwerer Diebstahl oder Raub,
   - höhere Gewalt, Witterungseinflüsse, Verwendung schadhafter Geräte, Einwirkung anderer Güter, Beschädigung durch Tiere, natürliche Veränderung des Gutes.

4. Die Haftung des Spediteurs ist begrenzt
   - auf 5,00 EUR für jedes kg des Bruttogewichts der Sendung,
   - auf 8,33 SZR bei Schäden während des Transports mit einem Beförderungsmittel (Regelhaftungssumme),
   - auf 2 SZR bei Schäden während des Transports mit verschiedenen Beförderungsmitteln einschl. Seeschiff,
   - für jeden Schadenfall auf 1 Mio. EUR oder 2 SZR je kg,
   - für andere als Güterschäden,
   - bei Teilverlust oder teilweiser Beschädigung anteilsmäßig,
   - in jedem Fall je Schadensereignis nicht über 2 Mio. EUR oder 2 SZR je kg des verlorenen und beschädigten Gutes.

5. Die Haftung des Spediteurs ist unbegrenzt bei grobem Organisationsverschulden.

6. Der Spediteur ist dazu verpflichtet, seine nach den ADSp oder nach dem Gesetz bestehende Regelhaftung zu versichern.

7. Die angebotenen Policen zur Haftungsversicherung basieren auf den DTV-Empfehlungen.

8. Gegenstand der Haftungsversicherung sind Verkehrsverträge des Versicherungsnehmers, soweit die damit zusammenhängenden Tätigkeiten in der Betriebsbeschreibung dokumentiert sind.

9. Die Betriebsbeschreibung wird durch die Vorsorgeversicherung ergänzt, die Versicherungsschutz für neue Risiken bieten soll.

10. Der Versicherungsschutz für sensible Waren wird von den Versicherern unterschiedlich geregelt.

11. Die Haftungsversicherung umfasst die Leistungsverpflichtung und Rechtsschutzverpflichtung der Versicherer.

12. Eigenschäden des Spediteurs sind grundsätzlich nicht versichert. Ausnahmen: Fehlleitungskosten sowie Aufwendungen zur Abwendung und Minderung eines ersatzpflichtigen Schadens und für Bergungs- und Beseitigungskosten.

13. Der räumliche Versicherungsschutz umfasst zumindest den EWR.

14. Der Versicherungsschutz wird durch einen Ausschlusskatalog eingegrenzt.

15. Zur Minderung der versicherten Risiken hat der Spediteur bestimmte Obliegenheiten zu erfüllen.

16. Der Spediteur hat einen Schaden fristgerecht anzumelden, die erforderlichen Unterlagen bei seinem Versicherer einzureichen und weitere Obliegenheiten im Schadenfall zu erfüllen.

17. Die Leistung der Versicherer erfolgt im Regelfall über den Erstspediteur.

18. Die ordnungsgemäße Regulierung der Versicherer – unter Abzug der Selbstbeteiligung des Spediteurs – erfolgt nur insofern, als die Leistungsbegrenzungen
    - je Güter- und Güterfolgeschaden,
    - je Vermögensschaden,
    - je Schadensereignis,
    - pro Jahr,
    - für grobes Organisationsverschulden,
    - in der Vorsorgeversicherung,

    nicht überschritten wurden.

19. Spediteure mit hohen Schadensquoten müssen mit einer Sanierung ihrer Policen rechnen.

20. Die Eindeckung einer Transportversicherung erfolgt gemäß
    - Auftragsklausel,
    - Vermutungsklausel.

21. Die Transportversicherung bietet im Regelfall eine Allgefahrendeckung.

22. Neben dem Warenwert sind auch Nebeninteressen versichert.

23. Der Umfang der Transportversicherung variiert je nach Vereinbarung mit den Transportversicherern.

24. Die Berechnung der Prämien erfolgt anhand bestimmter Risikomerkmale (z. B. Verhältnisse im Bestimmungsland).

25. Risikostrategien von Speditionen beinhalten
    - die Entlastung der eigenen Haftungspolice,
    - den Abschluss von Transportversicherungen,
    - die Erhebung eines Haftungszuschlags.

5 Die Spedition als Organisator und Abwickler von Sammelladungsverkehren

Ausgangssituation:

Sie sind Mitarbeiter einer internationalen Spedition, die in einem Kooperationsverbund Sammelgutverkehre in einem Netzwerk betreibt. Ihr Schulort sei Standort Ihres Unternehmens oder einer Filiale Ihres Unternehmens. Legen Sie in einem Radius von 60 km um diesen Standort zwischen 40 und 50 Empfangsorte von Sammelgut fest und ordnen Sie dort ansässigen Empfängern beliebige Sendungen zu (Produktart, Gewicht, Abmessungen, Verpackungsart, Gefahrguthinweise, Zustellzeiten, Frankatur, Palettenanzahl). Unterstellen Sie zur Vereinfachung, dass Sie jeweils an den Zustellorten gleich viele Versender von ausgehendem Sammelgut haben. Das Abholvolumen liegt 10 % unter Ihrem festgelegten Zustellvolumen.

AUFGABE:

Erstellen Sie geeignete Tourenpläne für die benötigten Zustell-/Abholverkehrsfahrzeuge einschließlich benötigter Papiere gemäß Ihren gemachten Vorgaben.

5.1 Notwendigkeit der Abwicklung von Sammelgutverkehren

Das zunehmende Kostenbewusstsein der Verladerschaft hat zur Folge, dass alle Bereiche, auch die, in denen logistische Prozesse ablaufen, daraufhin untersucht werden, wie man zu Kosteneinsparungen gelangen kann. Das Verkehrsgewerbe, die logistischen Dienstleistungsbetriebe, haben auf dieses Bestreben reagiert und versuchen durch organisierte **Linienverkehre**, die entweder über die Straße oder Schiene unter Einbindung von Fährverkehren im europäischen Bereich oder gar global abgewickelt werden, dem zu entsprechen.

Bei der hierzu notwendigen Auftragsabwicklung sind die Spediteure oft darauf angewiesen, mit anderen Spediteuren aus fachlichen oder regionalen Gründen zusammenzuarbeiten, um die Transporte der Güter bis zu den jeweiligen Endempfängern zu organisieren oder auch durchführen zu lassen. Die Positionierung der einzelnen Speditionen innerhalb der Verkehrskette ist handelsrechtlich unerheblich, weshalb sich im HGB hierzu auch keinerlei Hinweise finden.

Zunächst schließt eine Spedition in der Stellung eines **Haupt- oder Erstspediteurs** mit den jeweiligen Auftraggebern entsprechende Speditionsverträge ab. Schaltet der Hauptspediteur für Teilleistungen weitere Spediteure ein, ändert das an den mit den ursprünglichen Speditionsverträgen übernommenen Verpflichtungen gegenüber den Auftraggebern nichts. Welche Stellung können nun weitere, eingeschaltete Spediteure innerhalb der Transportkette einnehmen?

5.1.1 Zwischenspediteur/Unterspediteur

Im Ladungsverkehr bedient sich der beauftragte Hauptspediteur – hauptsächlich bei internationalen Verkehren – oft der **speditionellen Dienste anderer**, meist spezialisierter Spediteure. So ist es üblich, dass bei Seefrachtabfertigungen vom Hauptspediteur im Binnenland ein Seehafenspediteur aufgrund seiner Kenntnisse vor Ort damit beauftragt wird, die Buchung von Frachtraum zu besorgen, wenn nötig Verpackungs- und Stauerfirmen einzuschalten und die Rechte gegenüber der Reederei wahrzunehmen.

Soweit er als Erstspediteur eine mehrstufige Transportkette zu organisieren hat, wird die Zusammenarbeit mit nur einem weiteren Spediteur nicht ausreichen. Der Hauptspediteur wird z. B. im Anschluss an einen See- oder Lufttransport einen Spediteur zur Weiterleitung im Empfangsland einsetzen, am Empfangsort einen Verzollungsspediteur oder auch einen Spediteur, der ein Verteilungslager betreibt, einbeziehen.

All diese Spediteure nennt man **Zwischenspediteure**. Der Hauptspediteur schließt mit ihnen, wie jeder andere Auftraggeber auch, einen Speditionsauftrag ab. In Haftungsfragen und anderen Rechtsfragen bleibt der Hauptspediteur allein seinem Auftraggeber verantwortlich. Soweit Schäden nicht in seiner Obhut entstanden sind, muss er sich als Hauptspediteur mit den Zwischenspediteuren aufgrund seiner Beauftragung ins Benehmen setzen.

Unterspediteur wird genannt, wer von einem anderen Spediteur (= Hauptspediteur) mit der kompletten Abwicklung des ursprünglichen Speditionsauftrags beauftragt wird, weil die eigene Durchführung momentan nicht möglich ist. Der Unterspediteur wird daher wie ein Zwischenspediteur tätig. Diese Konstellation ist jedoch praxisfern und rechtlich gesehen ist die Unterscheidung überflüssig.

5.1.2 Versandspediteur/Empfangsspediteur/Beilader

Man unterscheidet die an der Abfertigung einer Sammelladung beteiligten Spediteure in

- Versandspediteure,
- Empfangsspediteure,
- Beilader.

Der **Versandspediteur** bietet in der Region seines Firmensitzes der Verladerschaft im Vergleich zur Stückgutbeförderung kostengünstige Sammelverkehre für bestimmte Zielgebiete an (z. B. Region Rhein-Main nach Hannover und Umgebung; oft wird damit auch auf den Lkw-Planen geworben; z. B. „Bedienen im Linienverkehr – Hamburg/Hannover/Bremen/Ruhr-Gebiet… Rom/Dubai…")

Er „sammelt" regelmäßig im Nahverkehr die Teilsendungen bei den verschiedenen Versendern, stellt sie nach Zielgebieten (= Verkehrsrichtungen/Relationen; „Destination" bei Luftfracht) zusammen, besorgt die Beförderung zu festen Abfahrtszeiten oder in regelmäßigen Abständen entweder im Selbsteintritt oder durch beauftragte Frachtführer (meist Lkw-Unternehmer oder die Bahn, aber auch Luftfrachtführer) im Hauptlauf zum **Empfangsspediteur**. Der nimmt die Sammelladung in Empfang und verteilt über Lager die einzelnen Sendungen an die Empfänger durch eigene Fahrzeuge oder beauftragte Lkw-Unternehmer und bewirkt gegebenenfalls den Einzug von Fracht- oder Warenwertnachnahme. Rechtlich gesehen ist der Empfangsspediteur Zwischenspediteur im oben genannten Sinne.

Meist ist ein Speditionsunternehmen zugleich Versand- und Empfangsspediteur und unterhält diese Funktionen als eigenständige Abteilungen im Unternehmen: Sammelgutausgang/Sammelguteingang. Oft ist man wechselseitig füreinander Empfangs- und Versandspediteur. Man nennt diese Spediteure dann auch Korrespondenzspediteure.

Vertragliche Abmachungen regeln die gegenseitige Leistungsverrechnung.

Beilader ist ein Spediteur dann, wenn er selbst für eine bestimmte Relation nicht genügend Aufkommen für eine Komplettladung zusammenbekommt und seine aus mehreren Einzelsendungen bestehende Teilladung einem Sammelladungsspediteur mit entsprechend starkem Aufkommen auf der besagten Relation übergibt, d. h. bei ihm **beilädt**, um ebenfalls den Frachtvorteil der Sammelladung zu nutzen.

5.1.3 Nutzungsgrade bei Transportabwicklungen

Aber nicht nur der Druck durch die Verlader, sondern auch der Kostendruck im eigenen Unternehmen löst bei den Verkehrsunternehmen einen Zwang zur Rationalisierung der Transportabwicklung aus.

So ist es insbesondere für den Spediteur, der im Fernbereich Transporte im Selbsteintritt ausführt, und für Frachtführer im Fernbereich notwendig zu höheren Nutzungsgraden der eingesetzten Fahrzeuge zu gelangen.

Die **Fahrzeugnutzung** ist von drei Faktoren abhängig:

- von der Zeitnutzung
- vom Grad der Auslastung der Fahrzeuge
- vom Verhältnis der genutzten Kilometerleistungen zu den insgesamt erbrachten Kilometerleistungen

152

Bei der **Zeitnutzung** sind zunächst zwei Arten von Zeiten zu unterscheiden:

- die **Betriebszeit** des Fahrzeuges, differenziert in
  - die **Auftragsausführungszeit** (eigentliche Nutzung)
  - die Unterbrechungszeit (Einsatzbereitschaft zwischen zwei Aufträgen)
- die **Stillstandszeit** des Fahrzeuges, differenziert in
  - Reparaturzeit (bedingt durch Verschleiß oder durch staatliche Vorschriften wie TÜV-Abnahme, Bremsuntersuchungen)
  - Stilllegungszeit (in auftragsschwachen Zeiten wie z. B. bei Betriebsferien von bedeutenden Versendern)
  - Ruhezeit (Betriebsruhe an Samstagnachmittagen, Sonn- und Feiertagen)

Der auftragsbezogene **Zeitnutzungsgrad (ZNGr.)** berechnet sich wie folgt:

$$\text{ZNGr.} = \frac{\text{produktive Bearbeitungszeit}}{\text{gesamte Bearbeitungszeit}} \cdot 100$$

$$\text{ZNGr.} = \frac{\text{Fahrzeit für die Auftragsstrecke} + \text{Zeit für Be- und Entladung}}{\text{Fahrzeit für die Auftragsstrecke} + \text{Zeit für die Be- und Entladung} + \text{Wartezeiten} + \text{Zeit für Bereitstellungsverkehre}} \cdot 100$$

Der gewichts- oder volumenmäßige Auslastungsgrad berechnet sich wie folgt:
- **gewichtsmäßiger Auslastungsgrad (gALG)**:

$$\text{gALG} = \frac{\text{Effektivgewicht}}{\text{Nutzlast}} \cdot 100$$

- **volumenmäßiger Auslastungsgrad (vALG)**:

$$\text{vALG} = \frac{\text{in Anspruch genommenes Volumen}}{\text{Fahrzeugvolumen}} \cdot 100$$

Der **entfernungsbezogene Auslastungsgrad (entfernungsb. ALG)** berechnet sich wie folgt:

$$\text{entfernungsb. ALG} = \frac{\text{Lastkilometer}}{\text{Gesamtstrecke}} \cdot 100$$

Wo trägt nun der auf bestimmten Relationen eingerichtete Spediteursammelgutverkehr zur Verbesserung der Auslastungsgrade bei?

Zunächst ist dies beim entfernungsbezogenen Auslastungsgrad der Fall. Je nach Fahrzeugtyp (Sattelzüge, Lastzüge mit WAB) sind die Fahrzeuge nur noch im Pendelverkehr zwischen zwei Güterverteil- und -sammelzentren eingesetzt. Für solche Fahrzeuge entfallen die Bereitstellungsverkehre völlig, falls paarige Verkehrsströme vorliegen.

Auch beim Zeitnutzungsgrad ergeben sich Verbesserungen, und zwar in dreierlei Hinsicht:

- Es entstehen keine Wartezeiten beim Empfangsspediteur oder in der eigenen Filiale.
- Bereitstellungsverkehre entfallen.
- Die Zeiten für Be- und Entladen können sich im Idealfall auf das Auf- und Absatteln bzw. auf das Umpritschen reduzieren.

Somit ist es durch eine solche Transportrationalisierung auch für die im Fernbereich tätigen Verkehrsbetriebe möglich, zu einer Fixkostendegression zu gelangen.

Besonders einfach kann man dies am gewichtsmäßigen Auslastungsgrad nachweisen.

Beispiel:

Betragen die Fixkosten für einen 40-t-Zug (24,5 t NL) 390,00 EUR/Tag, ergeben sich folgende Fixkostenbelastungen je angefangene 100 kg:

bei 10 000 kg – einem Auslastungsgrad von 40,8 %   3,90 EUR/100 kg
bei 12 000 kg – einem Auslastungsgrad von 49,0 %   3,25 EUR/100 kg
bei 14 000 kg – einem Auslastungsgrad von 57,1 %   2,79 EUR/100 kg
bei 16 000 kg – einem Auslastungsgrad von 65,3 %   2,44 EUR/100 kg

Letztendlich muss man doch die gesamtwirtschaftlichen Auswirkungen der Bündelung vieler kleiner Sendungen auf einer Relation betrachten mit den dazu notwendigen Vorholungen und Zustellungen.

Zunächst soll unterstellt werden, dass solche Sammelverkehre nicht existieren und die Sendungen einzeln abgerechnet werden.

Bei 20 Sendungen à 750 kg über eine Distanz von 380 km ergäben sich – vertragliche Vereinbarung GVE (Stand Januar 2008) unterstellt – folgende Frachtkosten, wenn eine Minusmarge von 40 % zu Grunde gelegt wird:

1 Sendung brutto . . . . 170,04 EUR
1 Sendung netto . . . . 102,02 EUR
20 Sendungen netto . . . . 2 040,40 EUR

Durch die Bündelung zu einer Ladung ergäben sich folgende Abrechnungsmöglichkeiten:

		brutto	./. 40 %	netto
15 000 kg (GVE Stand 94)	6,34 EUR/100 kg	951,00 EUR	380,40 EUR	570,60 EUR
15 000 kg (GVE Stand 96)	6,61 EUR/100 kg	991,50 EUR	396,60 EUR	594,90 EUR
15 000 kg (GVE Stand 98)	6,75 EUR/100 kg	1 012,50 EUR	405,00 EUR	607,50 EUR
15 000 kg (GVE Stand 01)	7,13 EUR/100 kg	1 069,50 EUR	427,80 EUR	641,70 EUR
15 000 kg (GVE Stand 03)	7,21 EUR/100 kg	1 081,50 EUR	432,00 EUR	648,90 EUR
15 000 kg (GVE Stand 06)	7,59 EUR/100 kg	1 138,50 EUR	455,40 EUR	683,10 EUR
15 000 kg (GVE Stand 08)	7,91 EUR/100 kg	1 186,50 EUR	474,60 EUR	711,90 EUR

5.2 Sammelgutverkehre auf der Straße

Diese Sammelverkehre werden in Abhängigkeit von der Netzbildungsfähigkeit einer nationalen oder internationalen Spedition auf regionaler oder überregionaler Ebene durchgeführt.

Voraussetzungen hierzu sind zunächst ein regelmäßiges Güteraufkommen einer vorhandenen Verladerschaft (Industriebetriebe, Handelsbetriebe mit Regionallägern, usw.) aus der Region hinaus sowie umgekehrt, um **paarige** Verkehre zu erreichen, sowie Unternehmen, die regelmäßig Güter den Unternehmen dieser Region anliefern.

Sind somit die notwendigen **Güterströme** vorhanden, muss jeder Spediteur versuchen aus dem vorhandenen Güteraufkommen den Teil an sich zu binden, der es ihm ermöglicht, bestimmte Relationen **getaktet** zu bedienen.

5.2.1 Abwicklung von Sammelgutverkehren auf der Straße

Zunächst soll der Ablauf anhand einer schematischen Darstellung erläutert werden.

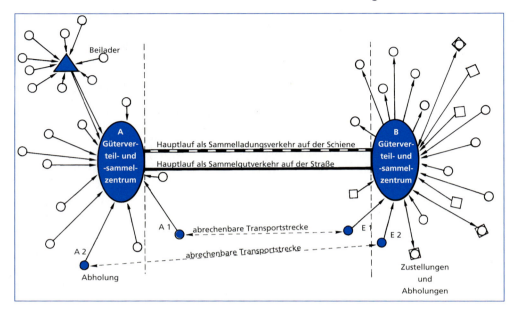

Aus der grafischen Darstellung ist Folgendes zu entnehmen:

1. Sammelgutverkehre, die im Hauptlauf auf der Straße oder auf der Schiene erfolgen, finden zwischen zwei Güterverteil- und -sammelzentren statt. Eine andere Variante – keine **Direktrelationen**, da Ladungsaufkommen zu gering – wäre der Aufbau eines **Hubsystems**. Von sämtlichen Filialen laufen die Sendungen zum Hub, werden dort nach Empfangsstationen sortiert und verteilt und von den entsprechenden Fahrzeugen zu diesen befördert. Die Abwicklung erfolgt im Nachtsprung.

2. Vom Sammelzentrum A aus werden innerhalb einer bestimmten Region **Touren** aufgebaut, um die Sendungen in das Zentrum zu befördern, wo sie den bestehenden Hauptrelationen zugeordnet werden (in der Darstellung der Hauptrelation von A nach B).

   Bei der Tourenplanung muss man beachten, dass ein Fahrzeug nur eine bestimmte Anzahl von Kunden anfahren kann, dass die Ladekapazität dem durchschnittlichen Ladungsaufkommen dieser Kunden angepasst ist, dass die Abholtermine bei den einzelnen Kunden so weit wie möglich berücksichtigt werden. Je nach Organisation des Sammelgutverkehrs müssen die Tourenfahrzeuge zu bestimmten Terminen im Güterverteilzentrum eintreffen, um die Verteilung der Ware z. B. in die entsprechenden Güterwaggons der Bahn vornehmen zu können, deren Abzugzeiten wie auch im kombinierten Verkehr vorgegeben sind.

3. Damit an der Zielstation B eine genaue Tourenplanung für den kommenden Tag vorgenommen werden kann, sollten – durch den Aufbau geeigneter **Informationssysteme** – der Empfangsstation alle notwendigen Daten zu den Sendungen übermittelt werden, die am nächsten Tag zur Auslieferung zugestellt werden. Auch hierin liegt ein Grund, dass die Tourenfahrzeuge nicht zu spät im Sammelzentrum eintreffen.
   Ein Fernschreiben mit einer Ladeliste der verladenen Sendungen hat keinen Sinn für Planungszwecke, wenn es erst nach Arbeitsschluss eintrifft.

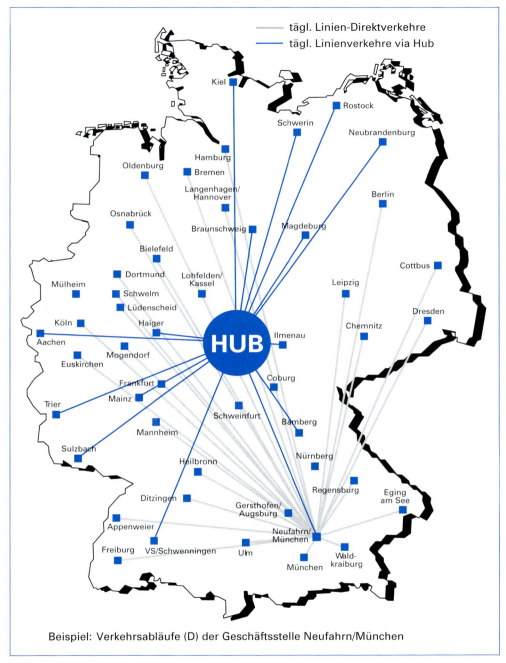

tägl. Linien-Direktverkehre
tägl. Linienverkehre via Hub

Beispiel: Verkehrsabläufe (D) der Geschäftsstelle Neufahrn/München

Quelle: Schenker Kundenbrief

Wesentlich effizienter wäre es hier, wenn beide Zentren mit geeigneten EDV-Systemen ausgestattet wären. Dann könnte man, falls die einzelnen Zentren durch Standleitungen miteinander verknüpft sind, jederzeit aus der entsprechenden Datei, die im Zentrum A aufgebaut ist, sich die notwendigen Daten abrufen.

In der Regel werden die Auftragsdaten so aufbereitet, dass der Versandspediteur in der Lage ist, zwei Vorgehensweisen zu realisieren:

- Er kann pro Relation das entsprechende **Bordero** ausdrucken lassen, das je nach Aufbau der Ablauforganisation mehrere Kopien aufweist.
  Von Bedeutung sind hier die zwei Kopien, die für den Empfangsspediteur bestimmt sind, der dann eine davon mit seiner Rückrechnung versehen an den Versandspediteur zurücksendet. Ferner wird eine Kopie als Ladeliste gestaltet, wo ein Feld (Größe identisch mit dem Rückrechnungsfeld des Empfangsspediteurs; nicht durchschreibbar) als Quittungsfeld festgelegt ist, in dem der Empfangsspediteur den ordnungsgemäßen Empfang der Sammelgutsendung quittiert bzw. Fehlmengen oder Beschädigungen festhält.
  Rechtzeitig am Abend, wenn die Einzelsendungen pro Relation verladen sind, kann dann das ausgedruckte Bordero an den Empfangsspediteur durchgefaxt werden, sodass dieser in der Lage ist, seine Ausrollfahrzeuge einzuteilen und Terminsendungen, eventuell verladene Gefahrgüter, entsprechend zu behandeln.
- Der Empfangsspediteur (auch eigene Niederlassung) ist per DFÜ mit dem Host-Rechner des Versandspediteurs verbunden und kann die benötigten Daten, falls Standleitung, stetig abrufen (sonst Wählleitung).

Die nachstehend angeführten Daten, die der Empfangsspediteur zu seiner Tourenplanung benötigt, sind somit im Bordero enthalten (vgl. das Formular auf der nächsten Seite), aber auch Daten, die der Versandspediteur benötigt:

- Adressen-, Empfangs- und Versandspediteur
- Datum
- Positions-Nummer
- Anzahl
- Inhalt (= Bezeichnung des Gutes)
- Empfänger
- Frankaturvermerk

- Bordero-Nummer
- Polizeiliches Kennzeichen des Lkw mit dem die Verladung erfolgt
- Versender – Zeichen/Nr.
- Art der Verpackung
- Gewicht
- PLZ und Empfangsort

- Abrechnungsspalte für Versandspediteur auf Formular 1 (sie beinhaltet die abgerechneten Beträge netto an die jeweiligen Frachtzahler und die Rückrechnungsbeträge der Empfangsspedition netto)
- Rückrechnungsspalte für Empfangsspediteur auf Formular 2/3.

Der Empfangsspediteur ist mit den Daten in die Lage versetzt die Tourenplanung vorzunehmen, deren grundsätzliches Ziel in der Reduzierung der Fuhrparkkosten, aber auch der Fuhrparkverwaltungskosten liegt. Die Reduzierung der Kosten kann zwei Zielrichtungen aufweisen:

- die Reduzierung der fixen Fahrzeugkosten; dies kann dadurch geschehen, dass man durch eine Neukonzeption der Touren eventuell eine oder mehrere Touren und somit auch Tourenfahrzeuge einsparen kann.
- die Reduzierung der variablen Kosten; dies kann man nur dann erreichen, wenn es gelingt, die kilometerabhängigen Kosten zu reduzieren. Somit müssen die zu einer Tour zusammengefassten Orte so angefahren werden, dass die gesamte zurückzulegende Wegstrecke minimiert wird.

  Wie man leicht erkennen kann, ergeben sich in der Praxis erhebliche Probleme, da die Firmen (Versender) sehr oft Abholzeiten (Zustellzeiten) vorschreiben, die diese Planung wesentlich erschweren.

Empfangsspediteur

Internationale Speditions GmbH
Lerchenfeldallee 24-32
5o968 Köln

Versandspediteur

Internationale Speditions GmbH
Greifeldstraße 1o4-11o
7o469 Stuttgart

Bordero-Nr. 124 217

Datum o4.o4.2o...   **LKW** s AW-1o16

Versandspediteur

Frankaturvermerk: 1 = frei Station   2 = frei Haus   3 = unfrei   4 = unfrei gegen Rechnung

Pos. Nr.	Versender Zeichen/Nr.	Zahl	Art	Inhalt	Gewicht	Empfänger	PLZ	Empfangsort	Sped. Frank.	Von Empfänger zu erheben Steuerfr. EUR	Steuerpfl. EUR	Abrechnung Sped.- Erträge	Sped.- Ausgab.
1	13367 RZ	2	EP	Konserven	1296	SM Magazin	5o765	Köln	2			33o,7o	117,9o
2	MBau 68	1	Kiste Apparate	225	Schmelzbetriebe KG	53842	Troisdorf	1			31,4o	86,5o	25,6o
3	INS 3719	12	Kart. Instrumente	12o	HN-Klinik	51373	Leverkusen	4				89,6o	37,2o
4													
5													
6													
7													
8													
9													
10													
11													
12													

Wir arbeiten ausschließlich auf Grund der Allgemeinen Deutschen Spediteurbedingungen (ADSp.) in der jeweils gültigen Fassung.

Nachnahmen sind bar zu kassieren!

Verteiler:
1. Blatt Versandspediteur   3. Blatt Empfangsspediteur
2. Blatt Empfangsspediteur   4. Blatt Ladeliste

Bordero-Nr.

Steuerpflichtiger Betrag

Mehrwertsteuer

Steuerfreier Betrag

Gesamt-Betrag

5.2.2 Vertragliche Beziehungen der an der Abwicklung Beteiligten

Die Versender schließen mit dem Spediteur Speditionsverträge ab. Somit sind hier die ADSp Vertragsgrundlage. Der Spediteur führt den Sammelguttransport im Selbsteintritt selbst durch oder er schließt mit einem Frachtführer (auch Subunternehmer) einen Frachtvertrag für den Transport des Sammelgutes ab. An der Zielstation kann ein Empfangsspediteur, mit dem man zusammenarbeitet, die Sendungen übernehmen, oder der Spediteur hat dort eine eigene Filiale. Von dort aus werden die Sendungen verteilt, wobei der größte Teil in der Regel innerhalb des Nahbereichs der Zielstation zur Verteilung gelangt.

Durch die Neuordnung des GüKG ist der Nahbereich nicht mehr ein fest vorgegebenes Gebiet, in dessen Zentrum der Standort des Fahrzeugs liegt, sondern ein Gebiet, das man unter Berücksichtigung der Laufzeiten, der Stops in Zustellung und Abholung, mit einem Fahrzeug abdecken kann.

Der Spediteur nimmt in Abhängigkeit von der Transportabwicklung des Hauptlaufes verschiedene Rechtsstellungen ein.

- Da er Güter in Sammelladung zum Versand bringt (§ 460, 1 HGB) hat er hinsichtlich der Beförderung in Sammelladung die Rechte und Pflichten eines Frachtführers oder Verfrachters.
- Auch das Recht, den Transport im Selbsteintritt (§ 458 HGB) abzuwickeln, bedingt für den Spediteur, dass er hinsichtlich der Beförderung des Gutes die Rechte und Pflichten eines Frachtführers oder Verfrachters hat.
- Wird der Transport durch einen Fremdfrachtführer durchgeführt, muss auf § 462 HGB zurückgegriffen werden. Danach hat der Spediteur Handlungen und Unterlassungen anderer Personen, deren er sich bei Erfüllung seiner Pflicht, die Versendung zu besorgen bedient, zu vertreten. Der Fremdfrachtführer wird in diesem Fall als **ausführender** Frachtführer bezeichnet, der Spediteur ist **vertraglicher** Frachtführer.

Für seine Tätigkeit steht dem Spediteur ein **Entgelt** zu. Die Preise sind von den einzelnen Anbietern von Sammelgutverkehren zu kalkulieren (vgl. hierzu auch S. 160) unter Berücksichtigung der eigenen Kostenstrukturen sowie der Marktverhältnisse.

Sollte ein anderer Spediteur als Beilader fungieren, kann man diesem, da er die Sammlung der Güter selbst vornimmt und auch deren Verteilung veranlasst, eine anteilige Fracht für den Hauptlauf berechnen, die auf Kostensätzen beruht.

Beispiel:

Hauptlauf Ladungsmenge Sammelgut: 11 136 kg; Entfernung: 340 km; Fahrzeugkostensatz einschließlich Gewinnzuschlag Selbsteintritt: 1,30 EUR.

Beiladungsmenge des Kunden A: 3 690 kg.

Die Gesamtladungsmenge von 11 136 kg ist mit 442,00 EUR zu belasten. Die anteilige Menge von 3 690 kg demzufolge mit 146,46 EUR.

- Er könnte eine anteilige Fracht auf Basis der GVE 2008 berechnen und entsprechende Margen berücksichtigen.

  3 690 kg **anteilig** zum 10-t-Satz ./. 40 % = 9,26 ./. 3,70 = 5,56 EUR/100 kg x 37 = 205,72 EUR

Mit dem Frachtführer, insbesondere wenn dieser als Subunternehmer eine Relation täglich bedient, werden Gefäßpreise berechnet, unabhängig von der Ladungsmenge. So könnte die Strecke von 340 km im Nachtsprung hin und zurück bewältigt werden. Eine Pauschalvergütung von 370,00 EUR pro Fahrt würde etwa einer Kilometervergütung von **1,09 EUR** entsprechen.

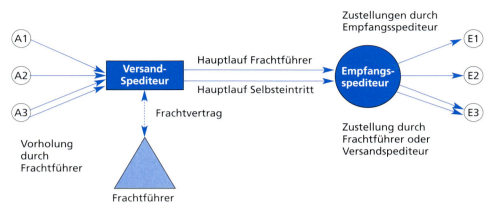

Mit dem Empfangsspediteur hat der Versandspediteur ebenfalls ein Vertragsverhältnis auf Grundlage der ADSp. Der Empfangsspediteur verpflichtet sich zur Auslieferung entsprechend den Frankatur-, Termin- und sonstigen auf dem Gut ruhenden Vorschriften.

Für seine Leistungen hat er Anspruch auf ein angemessenes Entgelt. Für Zustellungen von Sendungen am gleichen Ort, an dem der Empfangsspediteur seinen Sitz hat, werden Hausfrachten abgerechnet, ansonsten z. B. GVE-Frachten mit vereinbarten Margen.

5.2.3 Abrechnung des Versandspediteurs mit den Frachtzahlern

Bei der Abrechnung der einzelnen Sendungen an den jeweiligen Auftraggeber kann zunächst unterstellt werden, dass der Leistungsbereich des Versandspediteurs sich von der Übernahme des Gutes ab Haus (Firma) des Versenders bis zur Übergabe des Gutes vor dem Haus des Empfängers (Überladerampe Empfangsfirma) erstreckt.

Trotzdem müssen bei den vielfältigen Sammelgutabfertigungen auch Sonderwünsche der Kunden berücksichtigt werden. Diese führen i. d. R. zu Verkürzungen oder Verlängerungen des Leistungsbereiches (Beispiel für eine Verlängerung: Abwicklung Einfuhrverzollung).

Ursachen einer Verkürzung können sein:

- die Selbstanlieferung durch einen Urversender oder beiladenden Spediteur. Diese ist vorher zu vereinbaren. (Leistungsbeginn: Güterverteilzentrum)
- die Selbstabholung; auch sie muss vorher schriftlich vereinbart werden. Der Empfänger muss dann das Gut im Güterverteilzentrum des Empfangsspediteurs übernehmen. (Leistungsende: Güterverteilzentrum Empfangsspediteur)
- die Sendung wird durch einen anderen Spediteur beim Empfangsspediteur abgeholt. (Leistungsende: Güterverteilzentrum Empfangsspediteur)
- Einlagerung der Sendung im Güterverteilzentrum des Empfangsspediteurs.
- Abfertigung der Sammelgutsendung in einen Verteilerschuppen im Seehafen, falls Güter für den Export über die nasse Grenze bestimmt sind.

Bei allen Arten von Selbstabholung entfällt die Berechnung des Hausfrachtanteils, ebenso wenn die Sammelgüter für den Export über die nasse Grenze bestimmt sind. Sollte eine Selbstanlieferung vorliegen, ist eine entsprechende Selbstanlieferungsvergütung mit dem Selbstanlieferer zu vereinbaren.

Die Abrechnung selbst kann z. B. wie folgt vorgenommen werden:

- Berechnung eines Leistungsbetrages ab Haus des Versenders bis zum Haus des Empfängers[1].
- Berechnung eines Palettensatzes für bestimmte Entfernungszonen, den man nochmals in Abhängigkeit vom geladenen Gewicht splitten kann.

Dem Versandspediteur muss klar sein, dass mit seinem am Markt erzielten Preis folgende Kostenbestandteile abgedeckt werden müssen:

- die Vorholkosten (= Transportkosten)
- die Umschlagskosten im Güterverteilzentrum Ausgang
- die Kosten des Hauptlaufes
  - bei eigenem Lkw die Fahrzeugkosten
  - bei eingesetzten Frachtführern der Gutschriftsbetrag netto an diesen
- die Kosten für die Verteilung ab Güterverteilzentrum Empfang
  - bei Filiale am besten diese als Profitcenter betrachten, das marktübliche Preise zurückrechnet
  - bei fremden Empfangsspediteuren die Rückrechnung derselben
- die gesamten Kosten für die büro- und informationstechnische Bearbeitung
- anteilige Overheadkosten einschließlich der Akquisitionskosten.

Da die Vorholung sehr oft auf festgelegten Touren erfolgt, ist es sinnvoll hier zu einer Routenauswahl zu gelangen, die eine Entfernungsminimierung mit einschließt. Da bei exakt mathematischen Lösungen der Rechenaufwand mit zunehmender Zahl zu berücksichtigender Orte sehr groß wird, ist es oft besser, mit Näherungslösungen ein Suboptimum zu erreichen. Zur Berechnung können die nach dem Entfernungswerk ermittelten Entfernungen allein schon aufgrund der 30-km-Regelung nicht verwendet werden.

5.3 Abwicklung der Sammelladungsverkehre im Hauptlauf über die Schiene

Auf Kundenseite ergeben sich gegenüber der Abwicklung der Sammelladungsverkehre auf der Straße **keinerlei Änderungen**. Ein Spediteur hat drei Möglichkeiten, den Sammelverkehr über die Schiene zu ziehen:

- Er setzt die WAB mit Sammelgut im kombinierten Verkehr (hier Straße–Schiene) auf; Abrechnung erfolgt nach Preisen Kombi-Verkehr.
- Er hat einen eigenen Gleisanschluss, lässt sich geeignete Waggons durch die DB-Cargo stellen, belädt diese mit Sammelgut auf bestimmten Relationen; Empfänger hat auch Gleisanschluss.
- Er tritt als Beilader auf und übergibt eine Sammelgutpartie einem Spediteur, der den Hauptlauf auf einem Teil der Relationen über die Schiene zieht.

Die Abrechnung kann unterschiedlich erfolgen, je nach Abwicklungsart und eventuellem Vorliegen einer sogenannten **Branchenpreisliste** (BPL) für Sammelverkehre.

---

[1] *Siehe Tarif für den Spediteursammelgutverkehr (Hrsg.: Vereinigung der Sammelgutspediteure im BSL)*

Sollte z. B. der Hauptlauf im kombinierten Verkehr vorgenommen werden, berechnet sich die Fracht wie folgt für eine Sammelladung im Gewicht von 12 364 kg verladen in 2 WAB à 7,45 m (Norm C745) – keine Gefahrgüter enthalten:

- Grundpreis (= Schienenfracht für 1 LE)
- Multiplikation des Grundpreises mit dem jeweiligen Koeffizienten, der sich aus Länge und Gesamtgewicht der LE ergibt.

Durch den Grundpreis wird folgender Leistungsumfang abgedeckt:

- die Bereitstellung der Tragwagen für den Schienentransport innerhalb der festgelegten Ladefrist für die Be- und Entladung,
- der Umschlag der LE im Terminal,
- der Schienentransport der LE bis in das Terminal oder in das öffentliche Ladegleis oder bis an die vereinbarte Übergabestelle.

Für LE mit einer Länge $6,16 \leq m \leq 7,82$ und einem Gewicht ≤ 8 t beträgt der Koeffizient 0,5. Da pro Sendung ein Mindestfaktor von 1,0 gilt, sollten zwei LE dieser Art aufgeliefert werden.

5.4 Systemverkehre und informationstechnologische Voraussetzungen ihrer Abwicklung

5.4.1 Systemverkehre

Sammelladungsverkehre werden innerhalb einer bestehenden Netzstruktur abgewickelt, wobei man Versand- und Empfangsknoten direkt miteinander oder über ein Zentralhub verbinden kann. Die Abholung bzw. Zustellung ab den Knoten ist variabel gestaltet und hängt von der jeweiligen Auftragsstruktur ab, ein Raster der Toureneinteilung besteht jedoch auch hier. Innerhalb dieser Struktur bieten die Sammelladungsspeditionen oft irgendeine Art von Qualitäts-Service in Form beschleunigter Verkehrsabwicklungen an. Gerade diese Schnellverkehre waren es, die durch Neuanbieter am Verkehrsmarkt Konkurrenz bekamen, und zwar v. a. Neuanbieter in

- **K**urierdiensten,
- **E**xpressdiensten,
- **P**aketdiensten.

Die Kurierdienste kann man hierbei sicherlich nicht zu den Neuentwicklungen des Verkehrsmarktes zählen, da sie sich bis in die vorchristliche Zeit zurückverfolgen lassen.[1] Sicherlich haben die Kurierdienste, z. B. zwischen den einzelnen Fürstentümern, zur Entstehung von Postdiensten beigetragen, ebenso diejenigen, die für die Kurie tätig waren.[2] Mitte der sechziger Jahre dieses Jahrhunderts erlebten die Kurierdienste einen neuen Aufschwung (z. B. durch Zustellung von Konnossementen, um diese zu handeln, obwohl Ladung noch unterwegs war). Vorangetrieben wurde diese Entwicklung durch die Firmen DHL (**D**alsey, **H**illblom und **L**ind) sowie World Courier. Das Angebot dieser Unternehmen erstreckt sich zwischenzeitlich auf Dokumente aller Art (max. Gewicht etwa 3 kg).

---

[1] *Z. B. die Übermittlung des Sieges der Athener über die Perser beim Marathon 490 v. Chr. durch einen Boten*

[2] *Franz v. Taxis richtete ab 1489 das Postwesen für Maximilian I. ein, aus dem sich dann das westeuropäische Postwesen entwickelte. Es gab in dieser Zeit bereits fest vorgegebene Beförderungszeiten, die etwa auf der Strecke Brüssel–Paris 44 Stunden betrug.*

Die Expressdienste in ihrer heutigen Form erhielten sicherlich Impulse durch die Gründung der **I**nterstate **P**arcel **E**xpress **C**ompany (IPEC) in Australien. Ziel dieser Firmengründung war es, im Nachtsprung mit kleineren Lkw (etwa bis 7,5 t GG) zwischen Wirtschaftszentren Haus-Haus-Verkehre aufzubauen, um diese Sendungen billiger und genau so schnell wie entsprechende Luftfrachtsendungen zu befördern. Der Zusammenschluss dieses Unternehmens mit der Fa. Rex Overnight Parcel Express Co. und später mit TNT führte zu einem Großanbieter von Expressdiensten, der im europäischen Markt Ende der 70er Jahre Fuß fasste und der heute über 1200 Niederlassungen weltweit hat und über 200 Länder in sein Netzwerk eingebunden hat. In diesen Diensten, die inzwischen von einer Vielzahl von logistischen Dienstleistern angeboten werden, liegt das zur Beförderung zugelassene Sendungsgewicht max. etwa bei 3,5 t.

Bei den Expressdiensten selbst werden wiederum unterschiedliche Dienstleistungen angeboten, wie z. B.:

Leistungsart	Zustellung
Heute-Express (Sameday)	individuelle Zustellung
Übernacht-Express (Overnight)	vor 09:00 Uhr, vor 10:00 Uhr, vor 12:00 Uhr, Samstagzustellung
Übernacht-Express Ultra (Overnight)	zusätzlich auf Wunsch vor 08:00 Uhr
Wochenend-Express (Overnight)	Abholung Samstag, Zustellung Montag 09:00 Uhr, 10:00 Uhr, 12:00 Uhr.

Von den Expressdiensten haben sich als spezielles Marktsegment die Paketdienste abgespalten. Sie nehmen bandfähige Packstücke bis zu einem Gewicht von 31,5 kg an.

Vertreter solcher Paket- und Expressdienste sind z. B. die Deutsche Paketdienst GmbH (DPD) und das Franchise-Unternehmen System-Gut Logistik Service GmbH. Von der Unternehmensstruktur her unterscheiden sich diese beiden Anbieter völlig.

Der DPD, dessen deutsche Niederlassungen zwischenzeitlich von einem französischen Dienstleistungsunternehmen übernommen wurden, führt sogenannte sternförmige Verteilungen der Sendungen durch. Zunächst werden alle Sendungen zu einem geografisch zentral gelegenen Umschlagsknoten **(Zentralhub)** transportiert, von wo aus dann die Verteilung zu Verteilerknoten und von dort aus in die Fläche vorgenommen wird.

An die Firma System-Gut Logistik Service GmbH, die als Franchisegeber das Franchisepaket anbietet, sind verschiedene Betriebe als Franchisenehmer mit über 150 Niederlassungen im Inland und 8 europäischen Ländern gebunden. Durch diese vertragliche Bindung verpflichten sich die Franchisenehmer, das Güterverteilkonzept des Franchisegebers zu übernehmen und in die Realität umzusetzen. Das Konzept – das Know-how –, die notwendigen Informationsstrukturen werden vom Franchisegeber gestellt, die Franchisenehmer verpflichten sich zur Kapitalaufbringung.[1] Gerade der Aufbau einer Informationskette und die informationstechnische Aufbereitung der einzelnen Packstücke – hier mit einem **Balkencode** – ermöglichen es, die garantierten Laufzeiten von teilweise max. 18 Std. einzuhalten.[2]

---

[1] *Der Franchisegeber verpflichtet sich in vielen Fällen auch zur Aus- und Weiterbildung der Franchisenehmer; ferner obliegt es ihm das bestehende Konzept auf Schwachstellen zu untersuchen und laufend zu verbessern.*

[2] *Vgl. Abschnitt 5.4.2.3 dieses Kapitels.*

Ein ähnliches, allerdings europadeckendes System, sind die Expressverkehre, die unter der Produktbezeichnung „Eurapid" angeboten werden. Tägliche Linienverkehre zwischen 148 Eurapid-Stützpunkten ermöglichen in fast allen Fällen Termingarantien von höchstens 72 Stunden. Hier sind die eigenen Niederlassungen oder Korrespondenzspediteure Franchisenehmer.

5.4.2 Informationstechnologische Voraussetzungen der Systemverkehre

5.4.2.1 Stellenwert der elektronischen Datenverarbeitung (EDV) im Speditionsbetrieb

Aufgabe dieser Ausführungen ist es, dem Auszubildenden notwendige Zusammenhänge der Ablauforganisation klar zu machen, die ihre Abbildung in der EDV finden sollen. Dies wird es ermöglichen, die Notwendigkeit integrierter Informationsverarbeitungssysteme zu erkennen und festzustellen, dass darin alle an der Transportkette Beteiligten eingebunden werden müssen, um z. B. jederzeit in der Lage zu sein, den jeweiligen **Sendungsstatus** den Kunden zugänglich zu machen.

Diese externe Anforderung sowie die internen Erfordernisse nach permanenten **Schnittstellenkontrollen**, Rationalisierung der Verwaltungsabläufe, verdeutlichen, dass

- die Informationsübertragung nicht mehr mit den herkömmlichen Hilfsmitteln wie Telefon, Telex, Teletext und Telefax erfolgen kann,
- Merkzettel oder irgendwelche anders strukturierten Erfassungsbelege von Aufträgen nicht ausreichen, um die notwendigen Entscheidungen auch unter dem Aspekt der Ertragssicherung treffen zu können.

5.4.2.2 Darstellung des physischen Warenflusses und des Informationsflusses in Transportketten

Nach DIN-Vorschrift 30780 ist eine Transportkette eine Folge von technisch oder organisatorisch verknüpften Vorgängen, bei denen Personen oder Güter von einer Quelle zu einem Ziel bewegt werden. Die Transportkette ist als System aufzufassen. Die technische Verknüpfung setzt Systemverträglichkeit der eingesetzten Sachmittel voraus. Die organisatorische Verknüpfung wird erreicht durch Koordination der Informations- und Steuerungssysteme sowie der rechtlichen und kommerziellen Bereiche. Das System Transportkette steht in Beziehung zu Nachbarsystemen, z. B. Gütererzeugung und Güterverwendung.

Anhand der Darstellung von drei Transportkettenvarianten soll die Vielzahl der Ausgestaltungsmöglichkeiten dargestellt werden, um daran anschließend aufzuzeigen, welche vielfältigen Informationswege zwischen den an der Transportkette Beteiligten aufzubauen sind.

Einstufige Transportkette (uneigentliche Transportkette, da nur ein logistischer Betrieb zwischengeschaltet ist)

Diese einstufigen Transportketten bieten sich insbesondere im nationalen Ladungsverkehr an.

Mehrstufige Transportketten

Sie eignen sich insbesondere für den Sammelladungsverkehr sowie grenzüberschreitende Verkehre, sei es über die trockene oder nasse Grenze.

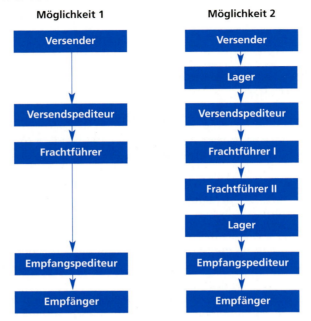

Diese physischen Warenflusssysteme bewirken je nach Ausgestaltung einen hohen organisatorischen Aufwand, der zum einen die Auftragsabwicklung, zum anderen aber auch die Informationsübertragung, Kontrolle und Steuerung ermöglichen soll.

Am Beispiel der Variante 1 mehrstufiger Transportketten seien diese organisatorischen Teilaufgaben zusätzlich dargestellt. Es ergeben sich dann folgende Beziehungen:

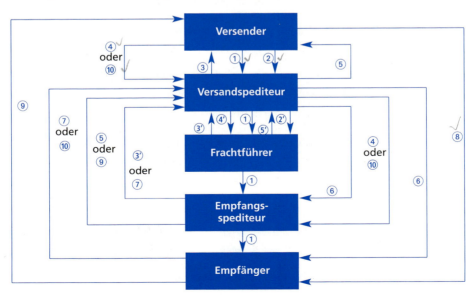

Erklärungen zu vorstehender Darstellung:

(1) Stellt den physischen Warenfluss dar.

(2) Der Versender erbittet vom Versandspediteur ein Transportangebot (= Nachfrage nach einer Verkehrsleistung).

(3) Der Versandspediteur stellt dem Versender ein Angebot über die gewünschte Transportleistung zu (= Angebot einer Verkehrsleistung).

(4) Der Versender erteilt aufgrund des Angebotes dem Versandspediteur einen Transportauftrag.

(5) Der Versandspediteur übermittelt dem Versender die Auftragsbestätigung. Auf dem gleichen Weg kann zeitlich versetzt eine Bestätigung der Transportabwicklung oder eine eventuelle Differenzmeldung erfolgen.

(2') und (3') Hier handelt es sich einmal um die Transportnachfrage beim Frachtführer sowie um dessen Angebot; bei Selbsteintritt werden diese Informationen im eigenen Hause besorgt.

(4') Der Versandspediteur erteilt dem Frachtführer den Transportauftrag.

(5') Der Frachtführer bestätigt die Auftragserteilung. Auch hier kann auf dem gleichen Weg zeitlich versetzt eine Bestätigung der Transportabwicklung oder eine eventuelle Differenzmeldung erfolgen.

(6') Vor der kontrollierten Übergabe des Gutes an den Frachtführer (auch schon vorher möglich, dann jedoch mit anschließender Verladekontrolle) erfolgt die Avisierung an den Empfangsspediteur.
Ferner wird i. d. R. auch der Empfänger über die erfolgte Verladung und den Zustelltermin der Sendung avisiert.

(3') oder (7) Der Empfangsspediteur reagiert auf die Avisierung mit einem Transportangebot oder einer Bestätigung des Avis. Falls schon Geschäftsbeziehungen zwischen Versand- und Empfangsspedition bestehen, muss nur eine formelle Bestätigung erfolgen, da die Konditionen längst in einem Vertrag niedergelegt sind.

(7) oder (10) Der Empfänger bestätigt das Avis. Ferner hat er hier noch die Möglichkeit, eventuelle Anpassungs- oder Änderungsaufträge dem Versandspediteur zu übermitteln. So kann er z. B. nur eine teilweise Auslieferung zum Termin A wünschen, die Restlieferung zum Termin B.

(8) Der Versender übermittelt dem Empfänger güterspezifische Angaben.

(9) Der Empfänger kann daraufhin noch mit Änderungswünschen an den Versender herantreten, was dann gegenüber dem Versandspediteur zeitlich versetzt mit dem Transportauftrag (4) einen Änderungsauftrag bewirkt.

(4') oder (10) Der Empfangsspediteur erhält den Transportauftrag (hier sehr oft den Zustellungsauftrag für Sendungen am Zielplatz bzw. Sendungen an Nebenplätzen im Nahbereich) bzw. zeitlich versetzt den Änderungsauftrag.

(5') oder (9') Der Empfangsspediteur bestätigt den Transportauftrag bzw. den Änderungsauftrag.

(10) Änderungsauftrag.

Aus der Vielfalt der Informationsbeziehungen ist festzustellen, dass u. a. immer wieder die gleichen Sendungsdaten zwischen den an der Transportkette Beteiligten übertragen werden müssen. Ferner ist es dringend notwendig, dass die **Informationen** *nicht transportbegleitend*, sondern **transportvorauseilend** den Transportkettenmitgliedern übermittelt werden.

Will man dies erreichen, ergibt sich sofort als nächstes Problem, dass in vielen Fällen die Möglichkeit eines problemlosen Datenaustausches nicht gewährleistet ist. Bereits in den späten 70er Jahren wurde hier vom Verband der Automobilindustrie (VDA) mit der Entwicklung einheitlicher Regeln zum beleglosen Datenaustausch begonnen. Insbesondere in dem Bereich des **Lieferabrufes** wurden einheitliche Datenstrukturen entwickelt und die Schnittstellen der Datenfernübertragung (DFÜ) abgestimmt.

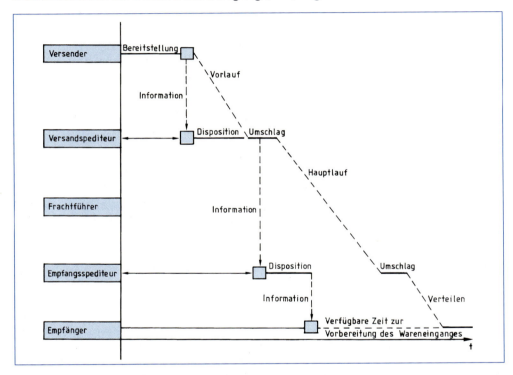

Diese Entwicklungen wurden vom VDA in Zusammenarbeit mit dem BSL fortgeführt und gelangten im Jahre 1986 zu einem ersten Ergebnis. Die Satzaufbauten wurden den Datensatzstrukturen, die vom BSL für den Spediteursammelgut-/ Ladungsverkehr für die DFÜ entwickelt worden waren, angepasst.[1]

Die **Ziele**, die mit einer solchermaßen standardisierten Datenfernübertragung erreicht werden sollen, sind:

1. Für Planung, Disposition und Steuerung der betrieblichen Vorgänge und der Transportabläufe soll mehr Zeit geschaffen werden durch die transportvorauseilenden Informationen.

---

[1] *Hrsg. BSL: Datenfernübertragung im Spediteursammelgut-/Ladungsverkehr, Datenelemente, Datensätze, Bonn*

2. Dies sollte wiederum zur Folge haben, dass die Auslastungskoeffizienten sowohl im Bereich Umschlag als auch im Transportbereich gesteigert werden können.
3. Der organisatorische Erfassungsaufwand kann erheblich reduziert werden. Die Einmalerfassung für das gesamte System kann letztlich zu einer erheblichen Personalkosteneinsparung führen.
4. Jeder an der Transportkette Beteiligte kann sich aus der Zentraldatei die jeweiligen aktuellen Statusmeldungen abrufen.

Diese mehr oder weniger nationalen Entwicklungen zur Vereinheitlichung von Datenstrukturen wurden in jüngster Zeit durch Entwicklungen auf internationaler Ebene ergänzt, da es sich gezeigt hat, dass der elektronische Datenaustausch nicht an nationalen Grenzen Halt macht.

Hierzu wurde die international standardisierte Lösung EDIFACT geschaffen. Die Buchstaben dieser Abkürzung stehen für folgende Begriffe:

Electronic	**I**nterchange	**A**dministration	**T**ransport.
Data	**F**or	**C**ommerce (and)	

Hierbei ist zu beachten, dass EDIFACT nicht den eigentlichen Datentransfer regelt, dies erfolgt vielmehr über ein sog. offenes Kommunikationssystem (**OSI: O**pen **S**ystem **I**nterconnection).

Dies kann man sich so vorstellen, dass eine **normierte Auftragserfassung** nicht ausgedruckt wird und dann z. B. per Fax an einen Empfangsspediteur ins Ausland übermittelt wird, sondern dass mithilfe eines Softwareprogrammes die erfassten Aufträge (diejenigen Sendungen, die an einen bestimmten E-Spediteur zur Verteilung weitergeleitet werden) in ein Format umgewandelt werden, das einem internationalen Datenaustausch-Standard entspricht. Diese umformatierten Datensätze, die eine Datei bilden, werden mithilfe der DFÜ zur EDV-Anlage des Empfängers übertragen, wo sie zunächst zwischengespeichert werden. Mit einem ähnlichen Umwandlungsprogramm erfolgt dann der Transfer in Datensätze, die den Datenstrukturen des Empfängers der Sendungsdaten angepasst sind.

Somit ist es für den Spediteur nicht mehr notwendig, ein Bordero zu erstellen. Da der Empfangsspediteur aus diesen Daten auch entsprechende Zustellbelege für die Endempfänger ausdrucken kann, ist ein Mitführen und Ausstellen von Originallieferscheinen nicht mehr notwendig (Verlader kann seine Aufträge auch per DFÜ an Versandspediteur übermitteln). Da dieses System ferner hard- und softwareneutral ist, können letztlich, falls alle an der Transportabwicklung Beteiligten dieses Konvertierungsprogramm installiert haben, vom Versender bis zum Endempfänger alle die Daten papierlos transferieren; die Statusüberwachung ist durchgehend möglich.

Weitere Vorteile dieser Art der Datenübermittlung liegen in den Übertragungskosten und in der Übertragungsdauer. Der normale postalische Weg per Brief ist sehr teuer und die langsamste Art des Datentransfers. **TELEX** (**Tele**printer **ex**change) ist zwar in der Übertragungsdauer wesentlich schneller als Briefzustellung, aber noch teurer als Briefsendungen. Beide Kriterien werden bei der Übertragung per DV am vorteilhaftesten umgesetzt. **Die DV-Kommunikation hat die schnellste Übertragungszeit und die niedrigsten Kosten.**[1]

---

[1] *Eine ausführliche Darstellung zum EDIFACT-System befindet sich im Agplan-Handbuch zur Unternehmensplanung, Band 2, Kennziffer 2815, unter dem Titel: „Elektronischer firmenübergreifender Geschäftsverkehr nach Normen – EDIFACT" von H. E. Thomas.*

5.4.2.3 Der Einsatz von Barcode-Systemen zur Verbesserung der Qualität logistischer Dienstleister

Bei den Paketdiensten wurde die Überwachung der Auftragsabwicklung mit den schnell wachsenden Sendungszahlen vor große Probleme gestellt, sodass man gezwungen war, die Sendungsverfolgung mithilfe von Barcode-Systemen lückenlos zu gestalten, um die Auftragsabwicklung an den kritischen Punkten (Schnittstellen) besser überwachen zu können. Es waren somit differenzierte Kundenanforderungen und qualitätssichernde Maßnahmen, die zu einer Einführung von Sendungsverfolgungssystemen mithilfe der **Barcodetechnik** führte. Das Sendungsverfolgungssystem ermöglicht

- die Prüfung der Sendung auf Vollständigkeit,
- die frühzeitige Fehlererkennung und eine sofortige Bearbeitung der aufgetretenen Fehler,
- das Vermeiden einer mehrmaligen Dateneingabe,
- dem logistischen Dienstleister die Sendungsdaten der Sendung vorauseilen zu lassen,
- die Umschlags- und Prüfzeiten an den Schnittstellen wesentlich zu verkürzen,
- die Bereitstellung des jeweiligen Status der Sendung auch für den Auftraggeber.

Die **Etikettierung** der jeweiligen Versandeinheiten ist eine wichtige Voraussetzung zur Erfüllung vorstehend genannter Ziele, die mit dem Sendungsverfolgungssystem umgesetzt werden sollen. Das Etikett (= **label**) selbst kann die notwendigen Daten in einem sog. „sprechenden" Barcode beinhalten.[1] Bei der Barcodierung versucht man zu übergreifenden Standards zu gelangen; die Beratungen hierfür finden im **Comitée Européen de Normalisation (C.E.N.)** in Brüssel statt. Die Entwicklungen basieren derzeit auf dem Code **EAN 128** (EAN = European Article Numbering). Der Code beinhaltet auf jeden Fall die **NVE** (= Nummer der Versandeinheit), die weltweit unverwechselbar ist. Die Sendungen können an drei verschiedenen Stellen mit einem Barcode versehen werden:

- beim Versender, falls dieser ein Etikettiersystem hat, das eine Barcodierung vornimmt, die vom logistischen Dienstleister direkt übernommen werden kann (Systeme sind aufeinander abgestimmt);
- das Abholfahrzeug ist mit einem mobilen Etikettendrucker ausgestattet und der Abholfahrer übernimmt die Etikettierung;
- die Ware wird ohne Etikett angeliefert und muss sofort im Eingangsdepot etikettiert werden.

Wurden die Sendungsdaten vorher vom Versender per DFÜ an den logistischen Dienstleister übermittelt, kann bereits bei der Übernahme (1. Schnittstelle) eine Vollständigkeitskontrolle erfolgen, wenn der Fahrer einen mobilen Scanner mit Datenspeicher mitführt. Die aufgenommenen Daten können, falls das Fahrzeug entsprechend ausgerüstet ist, per Funk an das zuständige Depot weitergeleitet werden (Funkscanner), was die weitere Disposition wesentlich erleichtert.[2] Insgesamt kann man sich die Abwicklung, egal ob Paketsendung oder Sammelgutsendung, wie folgt vorstellen:[3]

---

[1] *Vgl. o. V.: Barcode sichert landesweit Qualitäts- und Produktivitätssprung, in: Aktuell Nr. 22, Dezember 1996, S. 4;*
vgl. o. V.: Qualitäts- und Produktivitätssprung mit Barcode, in: Kontakt Nr. 10, 1996, S. 4;
vgl. o. V.: Optimale Sendungsabwicklung, in: Güterverkehr Nr. 1, Januar 1997, S. 32;
[2] *Vgl. Hans-Peter Graf: Kontrollierte Transportqualität durch lückenlose Sendungsverfolgung, in: Distribution, Heft 10, Oktober 1996, S. 36/37, Vereinigte Fachverlage*
[3] *Hans-Peter Graf: a. a. O., S. 36*

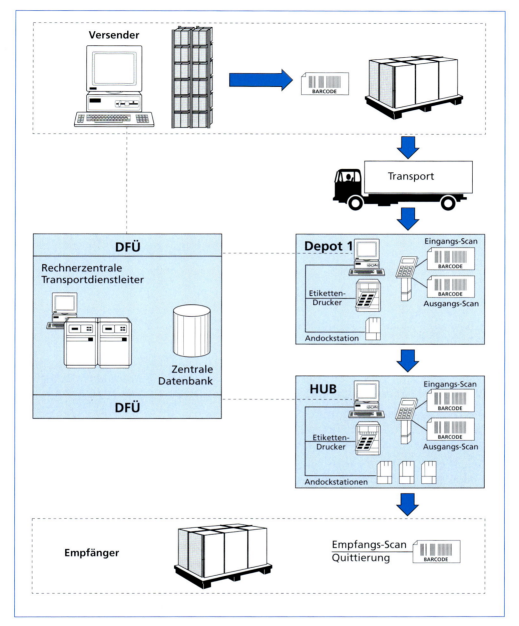

5.4.2.4 Die Verarbeitung der Daten im Speditionsbereich ohne Barcodierung

Ohne EDV-Einsatz kann ein logistischer Dienstleister seinen vielfältigen Aufgaben nicht mehr gerecht werden. Zumindest zwei Softwarepakete gelangen in den meisten Betrieben zum Einsatz. Ein Programmpaket, das der speditionellen Abwicklung dient, ein Programmpaket, das das gesamte betriebliche Rechnungswesen steuert. Beide Programmpakete laufen mithilfe einer **Menüsteuerung**, wobei man über das jeweilige **Hauptmenü** auf die einzelnen Bausteine der Programmpakete zugreifen kann. Das Speditionspaket muss es ermöglichen, die Daten, die im betrieblichen Rechnungswesen benötigt werden, auch zur Erstellung wichtiger Kennziffern des Logistikcontrollings, zu transferieren. Im Mittelpunkt einer Sammelgut abfertigenden Spedition werden neben den Kundenstammdaten die beiden Bausteine Sammelguteingang und Sammelgutausgang stehen, unterstützt von Bausteinen zu nationalen und grenzüberschreitenden Entfernungsberechnungen, Haustarifverwaltung, bzw. falls noch in Anwendung, Kundensätze und GVE.

Ein zentraler Baustein des Programmpaketes betriebliches Rechnungswesen wird die Finanzbuchhaltung sein, die zum einen den gesamten Zahlungsverkehr (ein- und ausgehend) mit dem damit verknüpften Mahnwesen beinhaltet, zum anderen die Debitoren- und Kreditorenbuchhaltung, die Lohnbuchhaltung, Übergabemöglichkeiten an die Kosten- und Leistungsrechnung, die dann als Planungs-, Steuerungs- und Kontrollrechnung ausgebaut sein sollte.

ZUSAMMENFASSUNG

1. Die Verkleinerung der Sendungsgrößen führte zu einer Erhöhung der Transportfrequenz und damit zum Zwang durch Bündelung von Sendungsaufträgen in bestimmte Regionen zu höheren Auslastungsgraden der eingesetzten Fahrzeuge zu gelangen.

2. Die Verbesserung der unterschiedlichen Nutzungsgrade, wie Zeitnutzungsgrad, gewichts- bzw. volumenmäßiger Nutzungsgrad, entfernungsbezogener Nutzungsgrad bedingt ein Absinken der Fixkosten pro geladener Mengeneinheit.

3. Beteiligte an diesen Relationsverkehren sind je nach Funktion (Stellung im operativen Ablauf) Versandspediteur, Empfangsspediteur, Beilader.

4. Die Bündelungen können auf Direktrelationen erfolgen oder über Hub-Systeme abgewickelt werden.

5. Die Abwicklung der Direktrelationstransporte ist wie folgt strukturiert: Abholung, Umschlag, Hauptlauf, Umschlag, Zustellung. Größere Teilsendungen werden dabei direkt zugestellt, sie verbleiben auf dem getauschten WAB zur Zustellung.

6. Bei den Empfangsspediteuren erfolgt i. d. R. nur noch ein Austausch von beladenen Ladeeinheiten.

7. Hub-Systeme sind mit einem mehrfachen Begegnungsverkehr vergleichbar, wobei maximal **n-1** Versanddepots an ein Empfangsdepot Sendungen zuführen.

8. Die einzelnen Sendungen werden über TTS verfolgt; hierbei gibt es bei Direktrelationen 6 Identifikationspunkte, bei Hub-Systemen 8 ID-Punkte.

9. Die Abrechnung dieser Verkehre erfolgt i. d. R. über selbst erstellte Haustarife, die auf der Kostenrechnung aufbauen. Sie beinhalten die anteiligen Abhol-, Umschlags-, Hauptlauf-, Umschlags- und Zustellkosten. Hinzu kommt ein Verwaltungskosten- und Gewinnzuschlag.

Lernfeld 6: Frachtverträge eines weiteren Verkehrsträgers bearbeiten

6 Der Eisenbahnverkehr

Einstiegssituation:

Die AGRARCO, Hansekai 47 in 50937 Köln versendet an ihre Niederlassung Sulzbacher Str. 2 in 90491 Nürnberg 27 200 kg Melasse. Der Umschlag erfolgt aus dem Binnenschiff im Hafen Köln-Niehl.

Heute erhält Ihre Spedition den Auftrag, diesen Güterversand zu besorgen. Da der Empfänger einen Gleisanschluss besitzt, entscheiden Sie sich für den Bahntransport.

Aus lebensmittelrechtlichen Gründen soll die Sendung durch Plomben gesichert werden. Aus abrechnungstechnischen Gründen muss der Wagen in Nürnberg verwogen werden. Empfangsbahnhof ist 90491 Nürnberg-Ost.

AUFGABEN

Organisieren Sie diesen Güterversand per Bahn.

6.1 Wirtschaftliche, geografische, technische Grundlagen

6.1.1 Historische Entwicklung

Der Eisenbahnverkehr schuf während der industriellen Revolution die Möglichkeit, Güter kostengünstig und für damalige Verhältnisse schnell über große Entfernungen zu transportieren. Er war die Voraussetzung, Rohstoffe wie Kohle und Erze zur verarbeitenden Industrie, die produzierten Waren von dem Ort der Erzeugung an den Ort der Nachfrage zu transportieren. Bis nach dem Zweiten Weltkrieg war die Eisenbahn in der Situation eines praktisch konkurrenzlosen Transportmittels. Durch den Einsatz des Lastkraftwagens fand dies faktisch nach dem Zweiten Weltkrieg ein Ende. Die Eisenbahnen verlagerten ihren Schwerpunkt auf den Transport von Massengütern, mit deren rückläufigem Aufkommen auch die Bedeutung der Eisenbahn abnahm.

Hinweis: In diesem Lernfeld folgen Ausführungen zu den Verkehrsträgern Eisenbahngüterverkehr und Binnenschifffahrt. Die Abhandlungen über die Verkehrsträger Seeschifffahrt und Luftverkehr folgen unter Lernfeld 10, Exportaufträge bearbeiten.

6.1.2 Eisenbahnen in Europa

Auch der Verkehrsmarkt Europas wächst und passt sich dem zunehmenden internationalen Arbeitsmarkt an. Der historisch in Deutschland dominierende Eisenbahnverkehrsunternehmer, DB AG, passt sich diesen Anforderungen nicht nur auf der Schiene an. Die Deutsche Bahn ist in den wichtigsten Wirtschaftsregionen vertreten und setzt besonders auf die Verknüpfung aller Verkehrsträger. Das Ergebnis ist die Bildung grenzüberschreitender Transportketten.

So zum Beispiel von Skandinavien nach Italien auf der Nord-Süd-Achse. Durch den Erwerb der britischen Güterbahn EWS, der mehrheitlichen Übernahme von Transfesa sowie der Gründung von East West Railways in Polen ist eine Ost-West-Achse geschaffen worden.

Vorteil bei dieser Entwicklung ist durchaus, dass die Trassen der Bundesrepublik in der Hand dieses Konzerns sind. Siehe auch dazu die beschriebene Problematik unter Punkt 6.2.8.

Zukunftsweisend wird der Börsengang der Bahn sein. Streitpunkt ist in diesem Zusammenhang die Entscheidung, ob das Netz in der AG verbleibt.

Am 28. April 2008 einigten sich die Regierungsparteien im Koalitionsausschuss auf die Eckpunkte des geplanten Börsengangs. Am 30. April folgte der Beschluss des Bundeskabinetts. Der Bundestag hat am 30. Mai 2008 dem Regierungsantrag zur Zukunft der Bahn zugestimmt.

Zukünftig sollen bis zu 24,9 Prozent des Personen- und Güterverkehrs an private Investoren verkauft werden. Die Infrastruktur der Bahn (Schienennetz, Bahnhöfe und Energieversorgung) bleiben zu 100 Prozent im Besitz des Bundes.

Unter dem Dach der DB-Holding, deren Eigentümer der Bund bleibt, soll es künftig zwei Unternehmen geben. Eine Säule des Bahn-Konzerns, die Bahninfrastruktur, bleibt voll-

Hinsichtlich einer neuen Namensgebung ein Artikel des Handelsblattes:

Deutsche Bahn gibt Marke Railion auf

Die Deutsche Bahn ordnet ihren Marktauftritt neu. Noch im laufenden Monat werden sämtliche Produkte des Personenverkehrs offiziell mit „DB Bahn" gekennzeichnet, wie das Unternehmen am Freitag in Berlin mitteilte. „DB Netze" ist die neue Marke für das Ressort Infrastruktur und Dienstleistungen. „DB Schenker" steht jetzt weltweit für Transport und Logistik der Deutschen Bahn. Die Marke „Railion" für die Güterbahn fällt damit weg.

HB FRANKFURT. Die Deutsche Bahn verwendet den Namen der Spedition Schenker ab sofort auch für den Güterverkehr auf der Schiene. Der Markenname „Railion" werde nach vier Jahren aufgegeben, teile die Bahn am Freitag mit. Die Umbenennung ist Teil einer Neuordnung der Marken im Konzern.

(...) die Transport- und Logistiksparte heißt „DB Schenker". An der Organisationsstruktur werde sich nichts ändern. Railion war erst 2003 als Bezeichnung für die Güterbahn eingeführt worden, die davor DB Cargo hieß.

Der neue Name für den Güterverkehr war auf Unmut in den betroffenen Konzernteilen gestoßen. Es wurde befürchtet, dass sich das Image von Schenker durch die engere Anbindung an die Bahn verschlechtere, hatte es bei dem Logistikunternehmen geheißen.

Fraglich wäre außerdem, ob Speditionen Kühne + Nagel die Bahn weiter nutzen, wenn auf den Lokomotiven der Name der Konkurrenz prange. Die Bahn stellte aber klar, dass bei eben diesen kombinierten Transporten der Name Schenker nicht auftauchen werde. Im sogenannten Intermodal-Verkehr, bei dem Container von Speditionen oder Reedereien auf die Züge geladen werden, werde der Name „DB" genutzt. „Im Bereich Intermodal setzen wir auf Neutralität und gehen deshalb nicht davon aus, dass es zu Konflikten kommen wird", sagte ein Bahn-Sprecher.

Quelle: Handelsblatt 4. September 2008

ständig in Bundesbesitz. Der gesamte Personenverkehr sowie Güterverkehr und Logistik werden in einer Aktiengesellschaft zusammengeführt. Von dieser Aktiengesellschaft werden bis zu 24,9 Prozent privatisiert.

Der Bund ist und bleibt somit Haupteigentümer bei der Deutschen Bahn AG. Mit 75,1 Prozent der zur Privatisierung freigegebenen Bereiche behält der Staat auch beim Personen- und Güterverkehr den bestimmenden Einfluss. Bahnhöfe und Schienennetz bleiben vollständig im Besitz des Bundes.

(Quelle: www.bmvbs.de/Verkehr/Schiene-,1455.1039634/Teilprivatisierung-der-Deutsch.htm

HGK Köln als Eisenbahnverkehrsunternehmer (siehe Punkt 6.2.8.1) fahren auch auf niederländischer Strecke fünfmal pro Woche einen Containerexpress Köln–Rotterdam und zurück. Damit erhalten die Rotterdamer Containerterminals ECT Maasvlakte und RSC-Eem-Waalhaven eine tägliche Direktverbindung zum Wirtschaftsraum Köln mit Anschluss nach München und Österreich. Ein Zug hat eine Kapazität von 72 TEU. Die für beide Bahnsysteme eingerichteten dieselelektrischen Lokomotiven erlauben den Transport ohne Halt an der Grenze. In Köln führt die HGK die gesamten Zustellungs- und Rangierfahrten durch und befördert die für den Kölner Raum bestimmten Container zum CTS-Umschlagterminal im Hafen Köln-Niehl.

Quelle: HGK
Mit der neuen 3 200 PS starken Lok fährt die HGK Güterzüge von Köln nach Antwerpen.

Eine weitere Containerzugdirektverbindung im Fernverkehr wurde mit dem Containerzug Köln-Niehl Hafen–Pomezia (bei Rom) realisiert. Dieser neue Containerzug wird im Auftrag der Hupac Intermodal Chiasso in Zusammenarbeit zwischen der HGK-Eisenbahn mit SBB Cargo und FS Cargo gefahren. Dabei werden die Traktionsleistungen zwischen Köln und Basel und die Lokführerleistungen zwischen Köln und Mannheim von der HGK übernommen. Zwischen Mannheim und Basel kommen Lokführer von SBB Cargo zum Einsatz. Der neue Containerzug verkehrt zunächst dreimal wöchentlich in beide Richtungen und soll später auf eine Frequenz von fünfmal wöchentlich in beide Richtungen gesteigert werden.

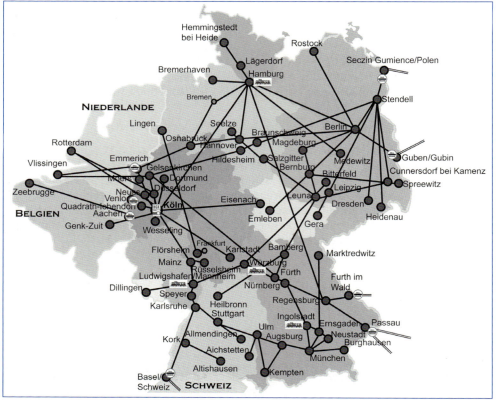

Quelle: *Häfen und Güterverkehr Köln AG*

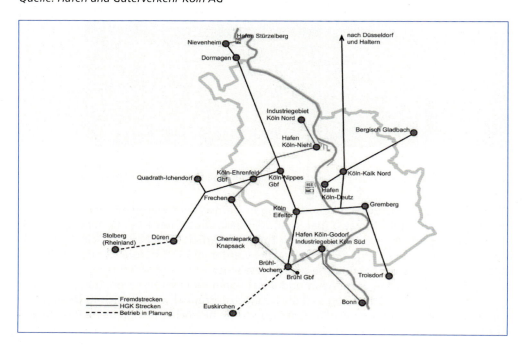

6.1.3 Verkehrsleistungen

Laut Statischem Bundesamt (Wirtschaft und Statistik 6/2007) transportierten 30 Eisenbahnverkehrsunternehmen auf dem deutschen Schienennetz im Jahre 2006 insgesamt 346,1 Mill. t Güter. Im Vergleich zum Vorjahr entsprach das einer Zunahme um 9,1 %. Die Transportleistung als Produkt aus Transportmenge und zurückgelegter Entfernung erreichte mit 107,0 Mrd. tkm ihren höchsten Wert seit Einführung der Eisenbahnstatistik. Innerhalb der letzten zehn Jahre ist die Transportleistung damit um über 50 % gestiegen.

Die Transportmenge des Binnenverkehrs stieg um 8,0 %. Als Zeichen für die Internationalisierung der Wirtschaftsbeziehungen und dem Zugang ausländischer Eisenbahnverkehrsunternehmer verzeichnete der grenzüberschreitende Versand und Empfang eine Steigerung um 13,3 bzw. 9.8 %, der Durchgangsverkehr eine von 7,6 %. Bezogen auf die Anteile an der gesamten Beförderungsmenge nahmen die grenzüberschreitenden Verkehre zulasten der Binnenverkehre zu.

Der Anteil von Massengütern, wie festen mineralischen Brennstoffen (2006: 51,3 Mill. t), verringerte sich von 22 % (1996) auf 15 % im Jahr 2006. Die höherwertigen Güter wie „andere Halb- und Fertigerzeugnisse" und „besondere Transportgüter" (2006: insgesamt 81,2 Mill. t) erhöhten ihren Anteilswert von 15 auf 24 %.

Im kombinierten Verkehr wurden im Jahr 2006 insgesamt 60,7 Mill. t transportiert. Das waren 29,6 Mrd. tkm. Dies ist der bisher höchste Wert für den kombinierten Verkehr auf Schienen. Die Transportmenge des kombinierten Verkehrs hat damit um 18,1 % im Vergleich zum Vorjahr zugenommen, die Transportleistung stieg um 14,9 %.

Eisenbahnverkehr 2006

Gegenstand der Nachweisung	Einheit	2005	2006	Veränderung 2006 gegenüber 2005 in %
Güterverkehr				
Beförderungsmenge	Mill. t	317,3	346,1	+ 9,1
Binnenverkehr	Mill. t	201,7	217,9	+ 8,0
Versand in das Ausland	Mill. t	48,2	54,6	+ 13,3
Empfang aus dem Ausland	Mill. t	51,1	56,1	+ 9,8
Durchgangsverkehr	Mill. t	16,2	17,5	+ 7,6
Beförderungsleistung	Mrd. tkm	95,4	107,0	+ 12,1
Binnenverkehr	Mrd. tkm	44,4	50,5	+ 13,8
Versand in das Ausland	Mrd. tkm	20,9	23,8	+ 14,2
Empfang aus dem Ausland	Mrd. tkm	19,2	21,2	+ 10,3
Durchgangsverkehr	Mrd. tkm	10,9	11,5	+ 4,9

Quelle: Statistisches Bundesamt, Wirtschaft und Statistik 6/2007

6.1.4 Verkehrswege

Der Verkehrsweg Schiene wird durch geografische und technische Bedingungen geprägt. Historisch haben sich bestimmte Merkmale herausgebildet, die für Verladungen in Güterwagen hinsichtlich deren Auswahl, ihrer Verwendung und Belastbarkeit zu berücksichtigen sind.

6.1.4.1 Spurweiten

Als **Spurweite** wird der Abstand zwischen den Schieneninnenkanten bezeichnet. Die meisten mitteleuropäischen Eisenbahnen haben sich auf 1 435 mm, die Normal-, Regel- oder Vollspur geeinigt. Darüber hinausgehende Maße werden als Breitspur bezeichnet

176

(Spanien: 1 674 mm, z. B. Finnland: 1 524 mm, Portugal: 1 665 mm). Schmalere Weiten finden sich vornehmlich bei Privatbahnen.

Uneinheitliche Spurweiten lassen innerhalb Europas nicht immer eine durchgängige Verwendung der Güterwagen zu. Privatgesellschaften vermieten Spezialgüterwagen (Transfesa nach Spanien und Portugal, Trans-Waggon für Finnland), die auf andere Maße verstellt bzw. umgeachst werden können.

6.1.4.2 Streckenklassen

Die gewichtsmäßige Belastung des Verkehrsweges Schiene hängt vornehmlich vom Gleisunterbau ab.

Die **Strecken** der Bahnverwaltungen sind zur Vereinfachung nach Belastbarkeit durch Radsatz und nach Wagenmeter klassifiziert.

$$\text{Radsatzlast} = \frac{\text{Eigengewicht des Wagens (t) + Ladung (t)}}{\text{Zahl der Achsen der Wagen}}$$

$$\text{Meterlast} = \frac{\text{Eigengewicht des Wagens (t) + Ladung (t)}}{\text{Länge über Puffer}}$$

Die Streckenklassen sind mit den Buchstaben A–D, innerhalb der Buchstaben mit arabischen Ziffern bezeichnet. Die sich dadurch für die DB ergebende **„Normalstreckenklasse"** entspricht der Bezeichnung C2. Diese Klassifizierungen findet man auf dem Lastgrenzenraster am Güterwagen wieder.

6.1.4.3 Lademaße

Das **Lademaß** stellt zur Verkehrssicherheit für Wagen eine Begrenzung der äußeren Maße dar.

Begegnungen mit anderen Zügen, Brücken, Tunnel und sonstige technische Einrichtungen würden den Transport gefährden. Grundsätzlich wird unterschieden in

- **Lademaß der deutschen Eisenbahnen,**
- **internationales Lademaß,**
- **Fährboot-Lademaß.**

Das Lademaß der deutschen Eisenbahnen entspricht auch dem von Bulgarien, Griechenland, Luxemburg, Rumänien, der Tschechischen Republik, der Slowakischen Republik, Dänemark, Niederlande, Österreich, Polen, Türkei, Syrien und Irak. Das internationale Lademaß gilt für die übrigen Bahnen und das Fährboot-Lademaß für den Fährverkehr nach England und Skandinavien.

6.1.4.4 Eisenbahnnetz Deutschlands

Auch nach der Privatisierung verblieb die Strecke im Eigentum der heutigen Bahn AG. Festgeschrieben ist allerdings der freie Zugang zum Schienenweg (der Trasse) für andere Eisenbahnen.

Vom Geschäftsbereich DB Netz werden rund 40 000 km Trasse betrieben und für den Güterverkehr eine Leistung von 224 Mio. Trassenkilometer erbracht. Ergänzt wird diese durch den Betrieb von 45 Umschlagbahnhöfen und 7 024 Privatgleisanschlüssen.

> **Art. 10 EU-Richtlinie 91/440: Die internationalen Gruppierungen erhalten Zugangs- und Transitrechte in den Mitgliedsstaaten, in denen die ihnen angeschlossenen Eisenbahnunternehmen ihren Sitz haben.**
>
> **§ 14 Abs. 1 AEG: Eisenbahnverkehrsunternehmen mit Sitz in der Bundesrepublik Deutschland haben das Recht auf diskriminierungsfreie Benutzung der Eisenbahninfrastruktur von Eisenbahninfrastrukturunternehmen, die dem öffentlichen Verkehr dienen.**

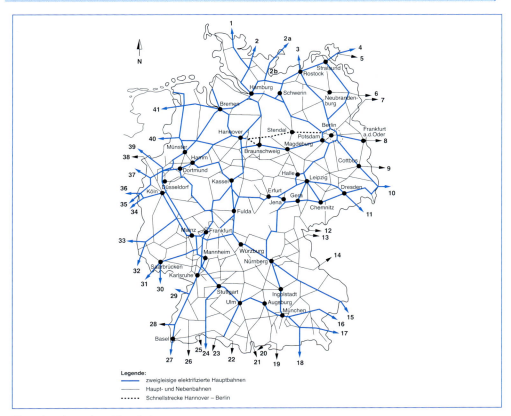

Netz der deutschen Eisenbahnen

6.1.5 Verkehrsmittel

Mehr als 120 000 Güterwagen stehen zur Verfügung. Offene und geschlossene Wagen, Flachwagen und Wagen mit öffnungsfähigem Dach, teilweise mit automatisierter oder mechanisierter Be- bzw. Entladung, sollen den Anforderungen der verladenden Wirtschaft gerecht werden.

6.1.5.1 Wagengattungen

Die Güterwagen werden von der Bauart her nach **Gattungen** unterschieden. Jeder Gattung ist ein Gattungsbuchstabe zugeordnet.

Die **Regelbauart** entspricht dem herkömmlichen „klassischen" offenen oder gedeckten Wagen, die **Sonderbauart** weist technische Merkmale wie öffnungsfähige Dächer, Stirn- oder Seitenwände oder Selbstentladeeinrichtungen für den Umschlag von Schüttgütern auf.

Gattungs-buchstabe	Wagenbauart
E	Offene Wagen in Regelbauart, stirn- und seitenkippbar, mit flachem Boden
F	Offene Wagen in Sonderbauart
G	Gedeckte Wagen in Regelbauart mit wenigstens 8 Lüftungsöffnungen
H	Gedeckte Wagen in Sonderbauart
I	Wagen mit Temperaturbeeinflussung Kühlwagen mit thermischer Isolierung der Klasse IN, mit Luftumwälzung durch Windmotor, mit Fußbodenrost und Eiskästen (von 3,5 m³ oder darüber) Wagen in Sonderbauart
K	Flachwagen mit 2 Radsätzen in Regelbauart mit klappbaren Borden und kurzen Rungen
L	Flachwagen in Sonderbauart mit unabhängigen Radsätzen
O	Offener/Flach-Mehrzweckwagen in Regelbauart mit 2 Radsätzen, umklappbaren Borden und Rungen
R	Drehgestell-Flachwagen in Regelbauart mit klappbaren Stirnborden und Rungen
S	Drehgestell-Flachwagen in Sonderbauart / mit Teleskophauben
T	Wagen mit öffnungsfähigem Dach in Sonderbauart
U	Sonderwagen, die nicht unter die Gattungen F, H, L, S oder Z fallen
Z	Kesselwagen mit Behältern aus Metall für den Transport von flüssigen oder gasförmigen Erzeugnissen

Wagen von links nach rechts: Gattung H; E; G; F; F; S.

Güterwagen Gattung E

Güterwagen Gattung H

6.1.5.2 Kennzeichen an Güterwagen

Jeder Güterwagen trägt an seinen Außenwänden Kennzeichen, die bahninterne Hinweise, aber auch für den Spediteur als Absender einer Wagenladung wichtige Auskünfte geben, z. B. Hinweise für die Beladung und für notwendige Eintragungen in die Frachtpapiere.

Anschriftenfeld

Im **Anschriftenfeld** sind bestimmte Angaben zeilenweise auf den linken Hälften der Seitenwände zusammengefasst.

Vorangestellt sind Ziffernkombinationen, die der Datenverarbeitung dienen. Die Angaben sind durch den Internationalen Eisenbahnverband „UIC" (Union Internationale des Chemins de fer) vereinheitlicht.

Beispiel:
Anschriftenfeld eines Güterwagens mit Wagenkasten

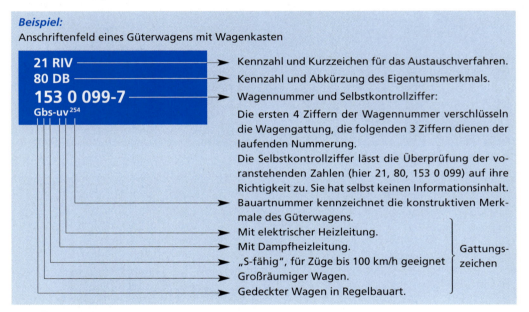

Quelle: DB AG

Austauschverfahren (RIV)

Der grenzüberschreitende Einsatz von Güterwagen stellte durch unterschiedliche technische Systeme besondere Anforderungen an die Vereinheitlichung. Wie selbstverständlich erscheint uns heute die Verwendung von einheitlichen Kupplungssystemen.

Die **RIV-Abkommen** legen fest, welche einheitlichen Anforderungen an Güterwagen zur Verwendung im internationalen Verkehr gestellt werden.

Die Abkürzungen sagen aus, ob die Wagen im Rahmen des „Übereinkommens über die gegenseitige Benutzung von Güterwagen" (RIV = Regolamento Internazionale Veicoli) im internationalen Verkehr eingesetzt werden dürfen. **RIV-Wagen** müssen anschließend leer oder beladen an die abgebende Bahnverwaltung zurückgesandt werden.

Eigentumsmerkmal

Das Eigentum am Wagen wird durch die **Kennziffer** und die **Abkürzung der Eisenbahnverwaltung** angegeben.

Beispiel:

51	Polnische Staatsbahnen	PKP
70	Britische Eisenbahnen	BR
80	Deutsche Bahn AG	DB
81	Österreichische Bundesbahnen	öBB
83	Italienische Staatsbahnen	FS
87	Nationale Gesellschaft der französischen Eisenbahnen	SNCF

Wagennummer

Die **Wagennummer** verschlüsselt technische Merkmale und dient zur Identifizierung des Güterwagens.

Aus den ersten vier Ziffern ist die Wagengattung zu ersehen, die letzten drei entsprechen der laufenden Nummer des Wagens in der Baureihe. Die Selbstkontrollziffer nach dem Bindestrich dient der EDV-mäßigen Überprüfung der ersten elf Stellen. Die Wagennummer ist bei Wagenladungen in den Beförderungsfrachtbrief einzutragen.

Gattung und Bauart

Im Gattungszeichen sind die Bauart (Punkt 6.1.5.1) des Wagens (Großbuchstabe) und seine technischen Merkmale (Kleinbuchstaben) verschlüsselt. Zusammen mit der hoch gestellten Bauartnummer ergibt sich die Bauartbezeichnung mit sämtlichen technischen Merkmalen.

Lastgrenzenraster

Aus dem **Lastgrenzenraster** ist zu ersehen, mit welchem Gewicht der betreffende Wagen beladen werden darf, wenn er über eine bestimmte Streckenklasse mit der jeweiligen Geschwindigkeit befördert werden soll.

Normalerweise stellt die Eisenbahn einen geeigneten Wagen zur Beförderung eines Gutes. Dies kann sie aber nur, wenn ihr entsprechende Angaben bei der Wagenbestellung (Punkt 6.2.1) gemacht werden. Dem Spediteur brauchen die berührten Streckenklassen nicht bekannt zu sein, darum kümmert sich die Bahn. Wichtig ist dieser Bereich für die Auswahl eines geeigneten Güterwagens für den Kunden, ganz besonders für den InterCargo-Verkehr, wo die Wagen für eine bestimmte Geschwindigkeit geeignet sein müssen.

ABC-Raster

Beispiel:

Beispiel für Wagen mit vier Radsätzen: zulässig bis:

	A	B	C	D	
90	39,5 t	47,5 t	55,5 t	65,5 t	← 90 km/h
S	39,5 t	47,5 t	55,5 t		** ← 100 km/h
120	00,0 t[1]				← 120 km/h (nur leer) = 120 km/h (beladen)

Sternchen neben dem Lastgrenzenraster bedeuten:

  * = lauftechnische Eignung für 100 km/h

** = lauftechnische Eignung für 120 km/h

auf bestimmten Strecken. Hat der Güterwagen Doppelstern ** am internationalen Lastgrenzenraster und einen Zusatzraster, kann die höchste im Zusatzraster angegebene Lastgrenze für 120 km/h genutzt werden.

Quelle: DB AG

---

[1]   *Bei Lastgrenzenangaben unter A bis D*

Das Lastgrenzenraster befindet sich außen am Wagen links oder an den Längsträgern. Waagrecht sind die Streckenklassen in Buchstaben (evtl. mit Unterklassen) vermerkt, senkrecht die Höchstgeschwindigkeiten. In Rastern älterer Wagen gilt für die erste Zeile 80 km/h, in der zweiten findet man „S" für 100 km/h und „SS" für 120 km/h. Aus den für jede Streckenklasse geltenden höchsten Radsatz- und Meterlasten ergibt sich je nach technischen Merkmalen des Wagens im Schnittpunkt dieser beiden Merkmale das höchstzulässige Ladungsgewicht.

Weitere wichtige Anschriften

Anschriften und Zeichen	Bedeutung
(← 15,5 m →)	Länge über Puffer
13 900	Eigenmasse
14,2 m	Ladelänge
⟨ 33,2 m² ⟩	Bodenfläche
125,5 m³	Laderaum
⟨ 50 000 l ◯	Fassungsraum der Behälterwagen
→ 8,00 m ←	Zeichen für den Abstand zwischen • den Endradsätzen in Drehgestellen • den Endradsätzen von Wagen ohne Drehgestelle • den Drehzapfen von Drehgestellwagen
(Tabelle) m t／ ★★ a–b 6 23 26 b–b 6 27 30 c–c 9 39 39	Schwere Einzellasten in Wagenmitte für drei verschiedene Anlagelängen bei • verteiler Auflage des Gutes (—). • Auflage des Gutes auf zwei Unterlage (★★)
(100 t)	Höhere Tragfähigkeit gegenüber Lastgrenzenraster bei bestimmten Wagen mit mehr als vier Radsätzen (besondere Beförderungsbedingungen!).
R 40 m	Halbmesser des kleinsten befahrbaren Bogens bei Drehgestellwagen.
EUROP	Der Wagen ist dem Park zum „Übereinkommen über die gemeinschaftliche Benutzung von Güterwagen" (Europ) beigestellt.
$25\frac{A}{35}$	A: loses Wagenbestandteil. Zahl vor dem Bruchstrich: Anzahl der losen Wagenbestandteile. Zahl unter dem Bruchstrich: Codierung für die Art der losen Wagenbestandteile.
P	Unmittelbar hinter der Wagennummer • Privatwagen. • vermietete bahneigene und als Privatwagen eingestellte Güterwagen.
⚠ ⚡	Warnzeichen für Hochspannung 1 (schwarz auf gelbem Grund). 2 (gelb auf dunklem oder rot auf hellem Grund).

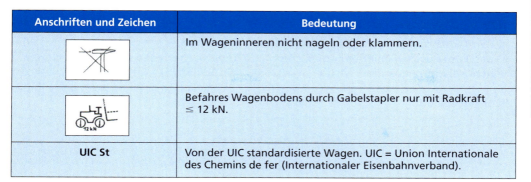

Anschriften und Zeichen	Bedeutung
	Im Wageninneren nicht nageln oder klammern.
	Befahres Wagenbodens durch Gabelstapler nur mit Radkraft ≤ 12 kN.
UIC St	Von der UIC standardisierte Wagen. UIC = Union Internationale des Chemins de fer (Internationaler Eisenbahnverband).

6.1.6 Lademittel/Container

Die Eisenbahn als schienengebundenes Verkehrsmittel ist im Haus-Haus-Verkehr, sofern die Kunden keinen Gleisanschluss besitzen, auf die Bildung von Transportketten angewiesen. Bei deren Abwicklung stellen sich grundsätzliche Probleme. Einmal verzögert sich durch notwendige Umladungen des Gutes die Laufzeit, gleichzeitig aber auch das Schadensrisiko. Deshalb hat die Eisenbahn schon früh begonnen, ihren Kunden Lademittel und Container anzubieten. Dadurch wird die Zusammenfassung von Gütern zu Lade- und Transporteinheiten möglich und das „Handling" des Gutes erleichtert, der Transportablauf beschleunigt, zudem auch gegen z. B. Druck, Stoß, Bruch, Nässe, Diebstahl gesichert, Menschen bzw. andere Güter vor Beschädigungen geschützt. Bei manchen Sendungen kann so sogar auf eine Verpackung des Gutes selbst verzichtet werden. Der Spediteur als Organisator einer Transportkette vom Haus des Versenders bis zum Haus des Empfängers benötigt also Kenntnisse über die von der Bahn angebotenen Ladehilfsmittel/Container, will er seine Aufgabe, für einen reibungslosen und schnellen Transport zu sorgen, erfüllen.

6.1.6.1 Paletten

Auf *Paletten* werden einzelne Packstücke zu Transport- und Lagereinheiten zusammengefasst.

Das wohl bedeutendste Lademittel, nicht nur für den Eisenbahnverkehr, sind die **Pool-Paletten**. Sie erlauben durch genormte Maße und Bauweise den Tausch von beladenen gegen leere Paletten. Ihre Norm hat sich auch bei anderen Verkehrsmitteln durchgesetzt. Im Güterkraftverkehr weisen z. B. Lkw regelmäßig innen eine „Eurobreite" von ca. 244 cm auf, die es erlaubt, drei Euro-Flach-Paletten längs oder zwei quer zu verladen. Dabei muss allerdings beachtet werden, dass die „Gitterbox" durch ihren „Kragen" oben etwas breiter ist.

Es gibt zwei **Arten** von Pool-Paletten:

- die **Flachpalette** (Fp) aus Holz (ohne Seitenwände) .... Eigengewicht   25 kg
- die **Gitterboxpalette** (Bp) aus Metall (mit Seitenwänden) ...... Eigengewicht   85 kg

Für beide gilt .... Tragfähigkeit   1 500 kg

Die Seitenwände der Gitterboxpalette sind aus Baustahlgitter, die Vorderseite kann zur Beladung herunter- oder heraufgeklappt werden. Beide Paletten sind unterfahrbar und werden mit Gabelstapler oder Hubwagen bewegt.

Im Eisenbahnverkehr gibt es

- den Tausch zwischen Kunden und den Eisenbahnen und
- den **Europäischen Palettenpool** für den Tausch zwischen DB und ausländischen Eisenbahnverwaltungen.

Pool-Flachpalette

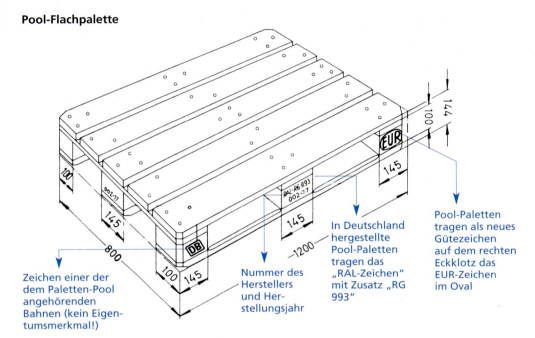

Zeichen einer der dem Paletten-Pool angehörenden Bahnen (kein Eigentumsmerkmal!)

Nummer des Herstellers und Herstellungsjahr

In Deutschland hergestellte Pool-Paletten tragen das „RAL-Zeichen" mit Zusatz „RG 993"

Pool-Paletten tragen als neues Gütezeichen auf dem rechten Eckklotz das EUR-Zeichen im Oval

Die Abwicklung von Transporten mit Euro-Paletten wird nach den „Allgemeinen Bedingungen über den Tausch von EUR-Paletten mit den Eisenbahnen (ATB)" durchgeführt.

Die Bedingungen regeln den Palettentausch zwischen

- den Eisenbahnen und dem Absender sowie
- dem Empfänger,

die palettierte Sendungen aufliefern oder in Empfang nehmen. Somit gelten sie auch gegenüber dem Empfänger einer palettierten Sendung, wenn er diese angenommen hat. Die Eisenbahnen sind zum Tausch jedoch nicht verpflichtet.

Ein Palettentausch ist

- in allen Orten innerhalb der Bundesrepublik Deutschland,
- in den Ländern des **„Europäischen Paletten-Pools der Eisenbahnen"**

möglich.

Dabei werden

- Flachpaletten und
- Gitterboxpaletten

getauscht, wenn sie in einwandfreiem Zustand sind. Da im Speditionsgeschäft sehr große Mengen Paletten zum Einsatz kommen, ist es auch für Spediteure bedeutsam, welche Qualitätsanforderungen an eine tauschfähige EUR-Palette gestellt werden. Wichtig dabei ist auch, dass die entsprechenden Bahnzeichen und Logos angebracht sind.

Pool-Gitterboxpalette

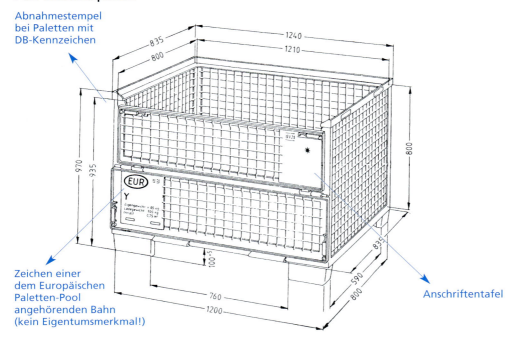

Abnahmestempel
bei Paletten mit
DB-Kennzeichen

Zeichen einer
dem Europäischen
Paletten-Pool
angehörenden Bahn
(kein Eigentumsmerkmal!)

Anschriftentafel

Mit der Durchführung und Abwicklung des Palettentauschs für Railion Deutschland ist die Kombiwaggon Servicegesellschaft für den kombinierten Verkehr mbH (KSG), Mainz (Kombiwaggon) beauftragt. Dort wird bei der zentralen Palettendisposition für jeden Kunden ein Palettenkonto geführt.

6.1.6.2 Großcontainer

Großcontainer sind genormte Behälter über 6 m Länge mit besonderen, einheitlichen Vorrichtungen für den Umschlag und die Beförderung durch unterschiedliche Verkehrsmittel.

Ein großer Anteil Haus-Haus-Verkehr der Eisenbahn entfällt auf den kombinierten Containerverkehr. Hier werden lange Strecken auf der Schiene, die kurzen auf der Straße zurückgelegt. Der Umschlag erfolgt auf Container-Terminals.

Es werden zwei **Typen** in unterschiedlichen Bauarten angeboten:

- ISO-Norm-Container
- DB-Binnencontainer

ISO-Container sind weltweit genormt (siehe dazu auch das Kapitel Seeverkehr). Umschlageinrichtungen und Transportmittel entsprechen den technischen Einrichtungen und den Maßen dieser Container. Grundsätzlich wird zwischen drei Größen (20 Fuß, 30 Fuß, 40 Fuß) unterschieden.

Sie finden im Eisenbahnverkehr zumeist in Vor- und Nachlauf zu den Seehäfen Verwendung. Für reine Kontinentaltransporte sind die ISO-Container weniger geeignet, weil ihre Außenmaße nicht alle Möglichkeiten der europäischen Verkehrswege ausschöpfen, die Innenmaße nicht der „Euro-Breite" für die optimale Nutzung der in Europa eingesetzten Euro-Paletten bzw. Industriepaletten aufweisen. Deshalb wurden von verschiedenen Eisenbahnverwaltungen Europas die **„Binnencontainer"** entwickelt. Sie stimmen mit den ISO-Containern in den drei Größen 20 Fuß, 30 Fuß und 40 Fuß überein. Die vier unteren Eckbeschläge zur Befestigung auf Tragfahrzeugen und die vier oberen Eckbeschläge zum Umschlag entsprechen der ISO-Norm. Binnencontainer unterscheiden sich von ISO-Containern aber durch folgende Eigenschaften:

- Eine größere Außenbreite, die eine palettengerechte Innenbreite von 2440 mm erlaubt. Dadurch können zwei Euro-Paletten quer oder drei Euro-Paletten längs geladen werden. So sind 20-Fuß-Container mit 14 und 40-Fuß-Container mit 28 Euro-Paletten zu beladen.
- Eine geringere Festigkeit, die den geringeren Belastungen des Landverkehrs entspricht.
- Binnencontainer können lediglich 2- bis 3fach übereinander gestapelt werden, teilweise auch nur unbeladen.
- Zusätzliche Ausrüstung mit Einrichtungen für den Greifzangenumschlag durch Ladegeräte im Terminal.
- Abweichende Längen (z. B. 7,15 m oder 13,60 m) zur besseren Ausnutzung der europäischen Fahrzeuge.

Geschlossener Großcontainer

Quelle: TFG

Es werden z. B. folgende Arten angeboten:

- Box als geschlossener Großcontainer.
- Open-Top-Container mit öffnungsfähigem oder durch eine Plane verschließbarem Dach.
- Thermal-Container mit Temperaturbeeinflussung.
- Tank-Container für Flüssigkeiten und Gase.
- Schüttgut-Container für Feinschüttgut mit dem Gut entsprechenden Be- und Entlademöglichkeiten und evtl. einem Inlett für besondere Ansprüche an die Reinheit.

- Flat für den Transport von Schwergut, mit herausnehmbaren Seitenrungen und Stirn-wänden.
- Open-Side-Container mit faltbaren oder durch Plane verschlossenen Seitenwänden zur optimalen seitlichen Beladung.

6.1.6.3 Collico

Collico

COLLICO
Norm- und
Standardtypen

COLLICO
Koffertypen

Quelle: Collico Verpackungslogistik und Service GmbH

Während bisher von den Warenversendern die Verpackungskosten lediglich betriebs-wirtschaftlich kalkuliert wurden, zwingt die 1991 in Kraft getretene **„Verordnung über die Vermeidung von Verpackungsabfällen" (Verpackungsverordnung)** zum Umdenken. Danach ist eine Entsorgung von Transportverpackungen über die öffentliche Abfallwirt-schaft nicht mehr möglich. So sollen

- Verpackungen aus umweltverträglichen Materialien hergestellt sein,
- Verpackungen vom Volumen und Gewicht her auf das Gut abgestellt sein,
- soweit möglich und zumutbar, wiederbefüllt werden,
- stofflich verwertet werden, soweit eine Wiederbefüllung nicht möglich ist.

Diesen Forderungen entspricht in besonderem Maße das Collico-System. Collico sind in der Regel kistenartige Behälter aus Aluminium. Sie sind zusammenlegbar, stapelfähig und belastbar. Sie schützen das Gut vor Druck, Schmutz und Nässe. Einige sind mit ange-schraubten Holzpaletten ausgerüstet, sie erlauben eine Belastung bis 1000 kg und das „Handling" mit Flurfördermitteln. Andere Collico weisen die Gestalt eines Koffers auf. Hier können insbesondere kleine und empfindliche Gegenstände wie EDV-Geräte, Film-rollen, Chemikalien aber auch Belege oder Bücher verpackt werden. Für flüssige Güter sind eine Vielzahl von Typen geschaffen worden.

Der Einsatz der Collico erfolgt als Mehrwegsystem, als Einweg- oder Exportverpackung. Vertrieben werden sie von der Firma Collico Verpackungslogistik und Service GmbH, Duisburg.

Sicherlich ist der Grundstoff Aluminium für Collico als rohstoff- und energieintensiv zu bezeichnen. Dagegen steht die Notwendigkeit der stabilen Bauweise für Mehrwegver-packungen, aber auch eine Lebensdauer von mehr als 10 Jahren. Entscheidend ist die durch das System zu erreichende Einsparung von Verpackungsmaterialien wie Wellpap-pe, Einwegpaletten, Kunststoff-Folien, Umreifungsbändern und besonders Schaumstof-fen. Aus diesem Grunde erfolgte schon 1986 die Auszeichnung **„Blauer Engel"** für die zusammenlegbaren Collico mit der Begründung „umweltfreundlich, weil Mehrweg-Transportverpackung".

6.1.6.4 Paltainer, Holzkisten, Einstofflösungen

Der **Paltainer** besteht aus einem großen Karton aus Wellpappe, der auf einer Pressholz-palette steht. Beide sind durch Kunststoffstopfen zu einer Einheit verbunden. Daraus ergibt sich eine große Stabilität und eine zusätzliche Umreifung ist nicht notwendig. Eine Klappe in der Vorderwand erleichtert das Beladen. Paltainer haben ein Volumen ab 88 l bis 984 l und ein Ladegewicht bis zu 1 250 kg. Besondere Ausführungen sind aus einer speziellen dreiwelligen Wellpappe und für besonders harte Beanspruchungen auch im Seetransport geeignet.

Für stärkere Beanspruchungen sind stabile **Holzkisten** geeignet. Sie können zusammen-gelegt bezogen und in wenigen Minuten aufgebaut werden. Gefertigt sind sie aus 10 mm starkem und dreischichtig verleimtem Nadelsperrholz. Verzinkte Winkelprofile halten sie form- und feuchtigkeitsbeständig. Einige Holzkisten haben die Zulassung für Gefahrgut (Typ 1–6) und sind mit einer UN-Zulassungsnummer versehen. Aufgrund ihrer Widerstandsfähigkeit sind sie auch für den Mehrwegeinsatz geeignet.

Bei **Einstofflösungen** wird nur ein Material verwandt. So gibt es stapelfähige Kartons aus Wellpappe, die zusätzlich Kufen aus demselben Material aufweisen, die sie unterfahrbar machen.

6.2 Leistungsangebot

Ist für eine Sendung ein ganzer Wagen notwendig oder will der Kunde in einem Wagen verladen, so entspricht die Sendung einer kompletten Wagenladung. Im kombinierten Verkehr können als Sendung Container, Wechselbrücken und Lastkraftwagen verladen werden.

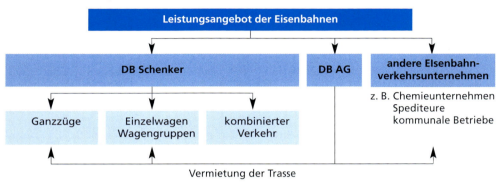

6.2.1 Einzelwagen und Wagengruppen der DB Schenker

Wagenladungen werden im Inlandsverkehr zwischen den im Bahnhofsverzeichnis genannten Güterverkehrsstellen der Deutsche Bahn AG und nicht bundeseigenen Eisenbahnen (NE) abgefertigt.

Der benötigte Güterwagen wird allgemein durch die Eisenbahn aus dem (oft auf einem anderen Bahnhof) bereitgestellten Wagenpark nach Bedienplan rangiert werden müssen. Dies geschieht zu bestimmten festgelegten Zeitpunkten.

Diese **Bestellung** ist an das KundenServiceZentrum in Duisburg zu richten und muss folgende **Angaben** enthalten:

- Name des Bestellers
- Bedarfstag (Verladetag, ggf. Ladebeginn)
- Anzahl und Gattung der benötigten Wagen
- Art des Gutes
- Gewicht, erforderlichenfalls Anzahl, Länge und Gewicht der Einzelstücke
- Empfangsbahnhof, bei Auslandstransporten auch Empfangsland
- gewünschte Beförderungsart
- Gestellungsort

Der Absender erhält zum Zeitpunkt der Erfassung seines Auftrags eine Auftragsquittung. Bei der Auswahl des Güterwagens ist die Bahn behilflich. Sie gibt Hinweise zum Empfangsbahnhof, über dessen Abfertigungsbefugnisse oder Beschränkungen oder vorhandene Einrichtungen (wie Rampen, Kräne usw.). Sie kennt die Streckenklassen, die entscheidend für die Lastgrenze sind. Die Angaben zum Gut und Gewicht ermöglichen eine Entscheidung über bestimmte Verladetechniken (z. B. Kran, Palette, Förderband) und die Zahl der benötigten Wagen (je nach Lastgrenze oder Raumbedarf). Trotzdem sollten beim Auftraggeber zumindest über die Wagengattungen (siehe Punkt 6.1.5.1) Kenntnisse vorhanden sein, um der Aufgabe, eine Güterversendung zu „besorgen" und damit auch zu planen, nachzukommen. Grundsätzlich werden Wagenladungen innerhalb der Lieferfrist in der Reihenfolge befördert, in der sie zur Beförderung angenommen wurden. Dabei werden sie entsprechend den Leitungsvorschriften in den nächstgeeigneten Güterzug eingestellt.

6.2.2 Ganzzüge

Mit Ganzzügen werden Güter, komplett und ohne Rangieren von A nach B gebracht.

Plantrain, das preisgünstigste Ganzzugprodukt, eignet sich zum Beispiel für die Montanindustrie. Die Anforderungen dort: Es werden regelmäßig große Mengen Kohle oder Erz transportiert. Der Bedarf kann lange im Voraus geplant werden. Bei der Bestellung eines Plantrain legt der Kunde Mengen, Verkehrstage und -zeiten für die komplette Vertragsdauer verbindlich fest. Die Bestellung muss mindestens zwei Monate vor Beginn des ersten Transports erfolgen.

Mit **Variotrain** können beispielsweise Baustofftransporte variabel geplant werden. Zwar stehen Verkehrstage und -zeiten über die gesamte Laufzeit fest, doch der Kunde kann unter Einhaltung bestimmter Fristen entscheiden, welche Züge wann genau zum Einsatz kommen.

Flextrain bietet mit nur 24 Stunden Bestellvorlauf größtmögliche Flexibilität. Das Angebot eignet sich für Kunden, die beispielsweise Konsumgüter transportieren wollen und Termine sowie Mengen sehr kurzfristig bestimmen. Deshalb werden keine festen Übergabezeiten und keine Mindestmengen im Voraus vereinbart, wie das bei Plan- und Variotrain der Fall ist.

6.2.3 Allgemeine Leistungsbedingungen (ALB)

Neben dem Inlandsfrachtrecht nach HGB werden auch im Eisenbahnverkehr Allgemeine Geschäftsbedingungen durch die Eisenbahnverkehrsunternehmen aufgestellt. Als Marktführer sollen nachfolgend die „Allgemeinen Leistungsbedingungen (ALB)" der Railion Deutschland AG dargestellt werden. Diese gelten auch für internationale Transporte, soweit die „Bestimmungen der Railion Deutschland für den internationalen Eisenbahnverkehr" keine abweichenden Bestimmungen enthalten. Von ihrer Rechtsnatur her gelten sie nicht für Geschäfte mit Verbrauchern.

Neben den ALB („Allgemeinen Leistungsbedingungen") schließt Railion mit ihren Kunden einzelvertraglich schriftliche **Leistungsverträge**. In ihnen werden individuelle Regelungen zwischen den Vertragspartnern, wie Relation, Ladegut, Wagentyp, Ladeeinheit, Preis pro Einheit, festgehalten. Diese haben eine Laufzeit von 12 Monaten. Eine Verlängerung, Änderung oder der Abschluss eines neuen bedürfen ebenfalls der Schriftform. Als Rangfolge der Rechtsvorschriften gilt daher:

1. **Leistungsvertrag**
2. **ALB**
3. **HGB**

Auf die „Allgemeinen Leistungsbedingungen" wird also nur zurückgegriffen werden, wenn sich aus den Leistungsverträgen keine Regelung ergibt. Das HGB wird so lediglich bestimmend in den AGB-festen Regelungen.

Die Leistungsverträge selbst werden in dem in Duisburg errichteten KundenServiceZentrum hinterlegt. Hier werden Frachtverträge zentral geschlossen, deren Abwicklung überwacht und auch abgerechnet.

6.2.3.1 Geltungsbereich

Als ihre Leistungen, die diese ALB betreffen, bezeichnet Railion
- Beförderung von Gut,
- Umschlag,

- (Zwischen-) Lagerungen und
- sonstige beförderungsnahe Leistungen.

Für Speditions-, Lager- und sonstige speditionsübliche Leistungen gelten die ADSp soweit vereinbart.
Ergänzend gelten für die Abwicklung des Vertrages folgende Vorschriften:

- Preise und Konditionen,
- Verladerichtlinien,
- Vorschriften für die Beförderung gefährlicher Güter mit der Eisenbahn,
- Allgemeine Bedingungen über den Tausch von EUR-Paletten,
- Geschäftsbedingungen für das Frachtausgleichsverfahren der Deutsche-Verkehrs-Bank AG.

6.2.3.2 Abschluss des Frachtvertrages

Der Frachtvertrag kommt durch Einigung zustande. Der Auftrag ist angenommen, wenn das KundenServiceZentrum nicht innerhalb einer angemessenen Frist widerspricht.

Soweit nichts anderes vereinbart ist, ist vom Kunden ein Frachtbrief nach dem in den „Preisen und Konditionen" der Railion Deutschland AB abgedruckten Muster auszustellen. Der Frachtbrief wird von der Eisenbahn nicht unterschrieben; gedruckte oder gestempelte Namens- oder Firmenangaben gelten nicht als Unterschrift.

Bei der Verwendung eines Frachtbriefs gemäß § 408 HGB gilt dieser als Transportauftrag.

Mit der Anbindung der Kunden an die Zentrale Aufgabenbearbeitung (ZAB) im KundenServiceZentrum (KSZ) wird als transportbegleitendes Dokument im Inlandsverkehr das 3-teilige ZAB-Beförderungspapier erstellt. Ein Inlandsfrachtbrief muss seither nur noch in Ausnahmefällen ausgestellt werden, z. B. für

- Sendungen unter Zollüberwachung, bei denen der Frachtbrief vorab vom Zoll zu behandeln ist,
- bestimmte radioaktive Güter,
- den Kombinierten Verkehr aus Umschlagbahnhöfen mit „Datenverarbeitung Kombinierter Verkehr",
- den internationalen Verkehr, er wird wie bisher mit einem CIM-Frachtbrief durchgeführt.

6.2.3.3 Wagen und Ladung

Nach Ziffer 4.2. ALB hat der Kunde die benötigte Anzahl und Gattung von Wagen und Ladeeinheiten anzugeben. Das heißt sicher nicht, dass die Bahn ihn bei diesen Entscheidungen nicht beraten wird. Erst recht aber auch nicht, dass deshalb der Spediteur über Wagengattungen und technische Einrichtungen keine Kenntnisse haben muss. Er würde nicht gut beraten sein, seinen Kunden in solchen Fällen an die Eisenbahn zu verweisen. Zudem muss der Bahnkunde die bereitgestellten Wagen und Ladeeinheiten des kombinierten Verkehrs vor der Verladung auf ihre Tauglichkeit und sichtbare Mängel überprüfen. Er kann sich also nicht darauf berufen, dass ein Schaden entstanden ist, weil die Bahn einen nicht geeigneten Wagen gestellt habe. Zudem müssen offensichtliche Mängel festgestellt werden, z. B., ob lose Bestandteile fehlen.

Beispiel:
Ein Transformator für ein Aluminiumwerk soll vom Spediteur ab dem Ruhrgebiet in den Hafen von Hamburg gebracht werden. Der verwandte Wagen der Gattung Samms weist 12 einsteckbare Seitenrungen auf. Deren Vollzähligkeit ist zu überprüfen.

Dies ist auch im Zusammenhang mit der Regelung für die Rückgabe der Wagen am Empfangsort zu sehen. Nach Ziffer 4.6. hat der Kunde die entladenen Wagen vollständig leer, gereinigt und komplett mit allen losen Bestandteilen zurückzugeben. Bei Nichterfüllung dieser Pflicht erhebt Railion ein Entgelt nach PKL für die entstandenen Aufwendungen. Werden bei der Rückgabe Mängel festgestellt, die der Spediteur sich am Versandort nicht hat bestätigen lassen, so wird vermutet, dass diese im Gewahrsam des Spediteurs entstanden sind. Dann ist er dafür haftbar. Es sei denn, er kann anderes nachträglich beweisen.

6.2.3.4 Beladung des Gutes und Abwicklung des Transports

Nach den ALB Ziffer 4. erfolgt die Bereitstellung eines bestellten Wagens zur Be- oder Entladung innerhalb der festgelegten Ladefristen.

Es ist dann innerhalb der Ladefristen zu be- bzw. auch zu entladen. Die Zeiten werden durch Aushang der Niederlassung bekanntgegeben bzw. können auch vereinbart werden. Werden diese überschritten, wird Standgeld als Entgelt (siehe ALB Ziffer 4.3.) erhoben. Dies richtet sich nach der Gattung des Güterwagens und ist nach Tagen gestaffelt.

Der Absender ist für die sichere Verladung und Entladung verantwortlich. Dies hat nach den Verladerichtlinien zu erfolgen, die mit Vertragsschluss Bestandteil des Vertrages werden.

Beispiel:
Würden bei der Verladung im obigen Beispiel mit einem Drehgestell-Flachwagen „Res" die Seitenladeborden herabgeklappt, um Breite zu gewinnen, würde gleichzeitig eine Lademaßüberschreitung vorliegen. Dies hat der Absender zu beachten.

Exkurs: § 415 HGB Kündigung des Vertrages
So wie jeder Vertrag kann auch der Frachtvertrag gekündigt werden. Dies legt § 415 HGB fest.
Das Transportrecht hat für diesen Fall Regelungen geschaffen. Danach kann der Absender den Frachtvertrag jederzeit kündigen.

Beispiel:
Der Absender will aus laufender Produktion verladen. Aufgrund technischer Fehler kann nicht produziert werden. Der bestellte Güterwagen bleibt 3 Tage leer.
Er muss dann allerdings
- die vereinbarte Fracht, etwaiges Standgeld und sonstige Aufwendungen oder, nach Wahl,
- dem Frachtführer ein Drittel der vereinbarten Fracht (Fautfracht) ersetzen.
Dabei muss sich der Frachtführer allerdings ersparte Aufwendungen anrechnen lassen.

Absatz 3 dieser Vorschrift bestimmt für die **Kündigung** des Absenders, dass er bereits geladenes Gut unverzüglich zu entladen hat. Kommt er dieser Verpflichtung nicht nach, so hat der Frachtführer dieselben Rechte wie im Falle eines Beförderungs- oder Ablieferungshindernisses. Beruht die Kündigung durch den Absender auf Gründen, die der Frachtführer zu vertreten hat, so entfällt dessen Recht auf Frachtersatz, und er muss in diesem Falle auch das Gut selbst entladen.

Für den Fall von **Beförderungs- und Ablieferungshindernissen** nach § 419 behält sich die Bahn ein Recht vor, das Transportmittel nicht weiterzubefördern, sondern abzustellen. Für diese Zeit haftet sie mit der Sorgfalt eines ordentlichen Kaufmanns.

Exkurs: Beförderungs- und Ablieferungshindernisse nach § 419 HGB.

Wenn während der Beförderung, also vor Ankunft des Gutes, Ereignisse eintreten, die eine vertragsgemäße Beförderung nicht mehr möglich machen (Beförderungshindernis), oder die Ablieferung nicht möglich ist (Ablieferungshindernis), so hat der Frachtführer Weisungen des Verfügungsberechtigten einzuholen. Dies ist in der Regel der Absender, kann aber auch der Empfänger sein.

Beispiel:
Der InterCargo-Zug von Osnabrück nach Frankfurt kann wegen eines Erdrutsches die Fahrt nicht fortsetzen, sodass die vereinbarte Lieferfrist nicht eingehalten werden kann. (Beförderungshindernis)
Der Empfänger in Köln hat am Rosenmontag geschlossen. (Ablieferungshindernis)

Wie auch im HGB, so widmen sich die ALB in einem besonderen Teil dem **Gefahrgut**. Zunächst wird in Ziffer 8.1 darauf verwiesen, dass für die Beförderung von gefährlichem Gut die einschlägigen Rechtsvorschriften sowie die eigene „Vorschrift für die Beförderung von gefährlichen Gütern mit der Eisenbahn" gelten.

Gefährliches Gut wird von Railion nur angenommen bzw. abgeliefert, wenn mit dem Absender bzw. Empfänger die Übernahme der Sicherheits- und Obhutspflichten vorher vereinbart wurde. Das bedeutet, die Zuständigkeit bis zur Übernahme verbleibt beim Kunden und geht mit der **Bereitstellung** des Gutes an den Empfänger über. Bei Gütern der Klassen 1 (explosiv) und 2 (Gase) muss zudem die körperliche Übernahme/Übergabe schriftlich vereinbart sein.

Im Rahmen seines Haftungsanteils stellt der Kunde die Eisenbahn frei für Verpflichtungen, die beim Transport, der Verwahrung oder sonstiger Behandlung gegenüber Dritten entstanden sowie auf die Eigenart des Gutes und die Nichtbeachtung der dem Kunden obliegenden Sorgfaltspflichten zurückzuführen sind.

6.2.3.5 Haftung nach den ALB

Die Haftung der Eisenbahn richtet sich nach dem HGB. Die dort zu findenden Regelungen sind teilweise AGB-fest, d. h. können zwar individuell, aber durch Allgemeine Geschäftsbedingungen (AGB) im Bereich der Haftungshöhe nur innerhalb eines Korridors geändert werden. Diese Änderungen sind drucktechnisch besonders hervorzuheben. Dies geschieht in den ALB im Punkt 12 durch Fettdruck.

Danach haftet DB Cargo im nationalen Verkehr für **Verlust und Beschädigung**

- mit **8,33 Rechnungseinheiten für jedes Kilogramm** des Rohgewichts der Sendung.

Je Schadenfall ist der Schadenersatz insgesamt

- auf **2 Rechnungseinheiten für jedes Kilogramm** oder
- auf **1 000 000,00 EUR**

beschränkt, je nachdem, welcher Betrag höher ist.

Darüber hinausgehende Ansprüche sind nur in den Fällen von

- Vorsatz oder grobfahrlässigem Verhalten,
- anderen zwingenden Rechtsvorschriften oder
- bei der Verletzung von vertragswesentlichen Pflichten

möglich.

6.2.4 Versandpapiere im Eisenbahnverkehr

6.2.4.1 Der Inlands-Frachtbrief nach HGB/ALB

Während der Frachtbrief die HGB-bekannten Funktionen übernimmt, wird das Beförderungspapier als Auftrag, z. B. per Fax, später zur papierlosen Auftragsabwicklung verwendet.

Für die Abwicklung von Aufträgen außerhalb des KundenServiceZentrums wurde ein Frachtbrief nach ALB entwickelt, der zwar den gleichen Inhalt wie das unten beschriebene Beförderungspapier hat, aber die traditionellen Aufgaben und Funktionen eines Frachtbriefs erfüllt.

Die Bestandteile des Frachtbriefs sind:

1. Blatt: **Versandblatt**
(Verbleibt beim Railion-Bahnhof)

2. Blatt: **Frachtbriefdoppel**
(erhält der Absender, auf das Frachtbriefdoppel kann verzichtet werden)

3. Blatt: **Empfangsblatt**
(erhält der Railion-Empfangsbahnhof)

4. Blatt: **Frachtbrief**
(begleitet das Gut bis zum Empfänger, verbleibt bei diesem)

Die Einzelformulare haben DIN-A4-Format; Endlosformulare zur EDV-Verarbeitung werden bereitgestellt. Die in den Klammern vorhandenen Zahlen an den Kreisen der Feldbezeichnungen verweisen auf Anmerkungen auf der Rückseite des Frachtbriefsatzes.

Die rechtlichen Funktionen des Frachtbriefs ergeben sich aus dem Transportrecht des Handelsgesetzbuches und den Allgemeinen Leistungsbedingungen (ALB) Railion:

- **Begleitpapier** für das Gut,
- **Beweisurkunde** über Abschluss und Inhalt des Frachtvertrages,
- **Sperrpapier** durch das Frachtbriefdoppel (Nur bei Vereinbarung).

In der „Preise und Konditionen" ist die Form und der Inhalt des Frachtbriefs/Beförderungspapiers geregelt. Nach den ALB hat der Absender das Papier zu erstellen und die innerhalb der fettgedruckten Linie gelegenen Felder auszufüllen. Sie sind Bestandteile des Frachtvertrages.

Mit einem Frachtbrief/Beförderungspapier können bis zu 3 Wagenladungen aufgeliefert werden, wenn diese an denselben Empfänger und an denselben Bestimmungsbahnhof gesandt werden. Nach besonderer Vereinbarung können auch Wagengruppen mit mehr als 3 Wagen oder ganze Züge gleichzeitig ausgeliefert werden. Dabei werden die Angaben für jede Einzelsendung eingetragen.

Mit ein und demselben Frachtbrief/Beförderungspapier können nicht ausgeliefert werden:

- Güter, die nach ihrer Beschaffenheit nicht ohne Nachteil zusammengeladen werden können, sowie Güter, die nach den Vorschriften der Anlage zur GGVSE (RID) weder miteinander noch mit anderen Gütern zusammengeladen werden dürfen;
- Güter, durch deren Zusammenladung Zoll- oder sonstige Verwaltungsvorschriften verletzt würden;
- Güter, die von der Eisenbahn verladen werden, mit Gütern, die der Absender verlädt.

6.2.4.2 Papierlose Abfertigung

Der an das KundenServiceZentrum gerichtete Auftrag wird dort erfasst, geprüft und elektronisch gespeichert.

Für besondere Sendungen, z. B. Gefahrgut und Zollgut, begleitet ein durch die Bahn ausgefertigter Transportschein das Gut bis zur Ablieferung. In allen anderen Fällen wird der Transport ohne Beförderungspapier ausgeführt. Die Aufgabe eines Versandpapiers übernehmen vorauseilende bzw. transportbegleitende DV-Informationen.

Der Empfänger wird durch einen Ablieferschein schon beim Empfang des Wagens im Vorknotenbahnhof zeitnah über die zulaufende Sendung informiert. Ein Avis erfolgt allerdings noch in den Fällen von Gefahrgut und Zollgut oder wenn der Kunde dies wünscht.

6.2.5 Preise und Konditionen

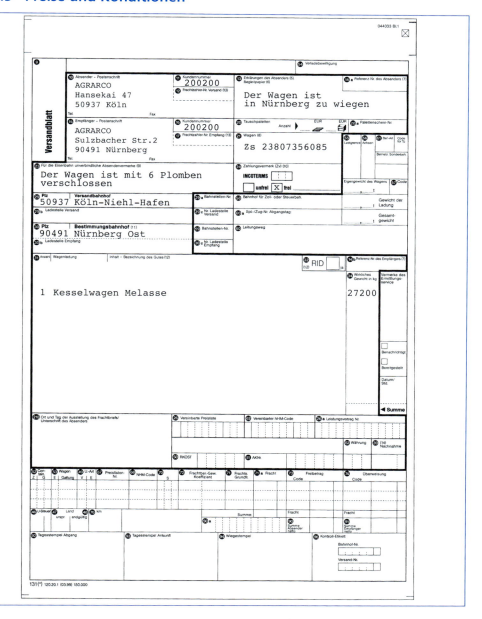

Die Preise und Konditionen Railion Deutschland AG betreffen den Wagenladungsver-
kehr, den Kombinierten Verkehr und werden ergänzt durch die Regelungen der Allgemeinen Preisliste (APL). Für Privatgüterwagen/Güterwagen anderer Halter gibt es zusätzlich die „Bestimmungen für Privatgüterwagen/Güterwagen anderer Halter". Für den
Kombinierten Verkehr zusätzlich die „Bestimmungen für den Kombinierten Verkehr".
Die Preise und Konditionen gelten für Transporte zwischen den im Bahnhofsverzeichnis
genannten Güterverkehrsstellen. Die Entfernungen werden dem Entfernungswerk von
Railion Deutschland für den Eisenbahngüterverkehr entnommen.

Häfen in alphabetischer Reihenfolge

Hafen	Güter-verkehrs-stellen-Nr.	Güterverkehrsstellen-Name	Hafenzugangspauschale – je beladenen Wg. –	– je Ladeeinheit –
Aschaffenburg	80226126	ASCHAFFENBURG HAFEN	28,00 EUR	8,00 EUR
Bamberg	80220913	BAMBERG HAFEN	25,00 EUR	–
	80332163	BAMBERG HAFEN UBF	15,00 EUR	5,50 EUR
Brake	80138222	BRAKE (UNTERWESER) HAFEN	5,00 EUR	3,00 EUR
Bremen	80127646	BREMEN HEMENLINGEN	11,00 EUR	–
	80137471	BREMEN MAHNDORF	11,00 EUR	–
	80135681	BREMEN GVZ	7,00 EUR	3,70 EUR
	80137570	BREMEN INLANDSHAFEN	7,00 EUR	3,70 EUR
	80137893	BREMEN ROLAND UBF	7,00 EUR	1,40 EUR
	80226654	BREMEN WESERBAHNHOF	7,00 EUR	3,70 EUR

Quelle: www.railion.com/alb, Heft „Allgemeine Bestimmungen für Gütertransportleistungen mit APL"

Auf einem Frachtbrief aufgelieferte Güter bilden eine Sendung. Andere Vereinbarungen
sind möglich. Für eine Sendung wird die Fracht berechnet. Geschlossene Züge werden als
eine Sendung auf der Gesamtstrecke von einem Gleisanschluss/Ladegleis und einem
Absender nach einem Gleisanschluss/Ladegleis zu einem Empfänger befördert.

Die Auftragsbearbeitung erfolgt durch das KundenServiceZentrum. Transportaufträge
sollten dort mindestens zwei Stunden vor Bedienung des Gleisanschlusses/öffentlichen
Ladegleises vorliegen.

Transportaufträge müssen die für den Frachtbrief vorgesehenen (siehe oben) Angaben
enthalten.

Für die Frachtberechnung wird das wirkliche Gewicht für jeden Wagen auf die volle
Tonne in der Weise gerundet, dass Gewichte unter 500 kg abgerundet, Gewichte von
500 kg und mehr aufgerundet werden. Das Gewicht bestimmt die anzuwendende Preis-
reihe in den Preistafeln.

EUR-Paletten zum Tausch werden im Volllauf frachtfrei befördert, wenn das Eigengewicht der Paletten im Frachtbrief getrennt von dem Gewicht des Ladegutes angegeben
ist.

Die Preise (Frachten) der Preislisten umfassen folgenden Leistungsumfang:
- die Bereitstellung der Wagen innerhalb der festgelegten Ladefristen für die Be- und Entladung sowie
- den Transport der Wagen bis in das öffentliche Ladegleis bzw. bis an die vereinbarte Übergabestelle.

Darüber hinausgehende Leistungen werden besonders berechnet.

So z. B. für:
- Sendungen, die nur unter besonderen technischen oder betrieblichen Bedingungen befördert werden können, wie bei Überschreiten des Lademaßes.
  - Für die Fährstrecke Sassnitz–Mukran Fährhafen
  - Wagen mit einer Ladelänge ab 27 m. Die Frachten werden verdoppelt.
  - Für explosive Stoffe/Gegenstände mit Explosivstoff
  - Für radioaktive Stoffe und Gegenstände der Klasse 7
- Standgeld wird berechnet für das Abbestellen von bestellten leeren Güterwagen.
  a) für noch nicht bereitgestellte Güterwagen,
  b) für einen bereitgestellten Güterwagen,
  c) für einen zu spät entladenen Güterwagen.

Standgeld

	Standgeldsätze je angefangene 24 Stunden und Güterwagen		
	Spalte A	Spalte B	Spalte C
	1.–7. Tag	ab dem 8.–30. Tag	bei hohem Wagenbedarf
Wagengattungen	EUR	EUR	EUR
E, G, K, L, O, T	24,–	27,–	35,–
Ea, F, Ga, H, I, Lg, Rmm, Remm, Rlmm, Tb, Td, U, Z	33,–	38,–	51,–
Fa, Ha, Hbb, Ki, La, R, Sl, Ta	43,–	49,–	63,–
Facns 133, Fal, Habb, Habi, Hi(i) (m)rrs-tt, Ia, Laa, Rb, S, Tadg, Tagnoo, Tamn, Ta(1)n, Ua, Za	51,–	58,–	77,–
Faal, Falrr, Fan, S(d)gg, Slps-u	64,–	75,–	97,–

Quelle: www.railion.com/alb, Heft „Allgemeine Bestimmungen für Gütertransportleistungen mit APL"

Die **Preistafel 1** der allgemeinen Preisliste enthält ausgerechnete Frachten für Transporte in einem Wagen mit zwei Achsen nach Gewichts- und Entfernungsstufen. Die **Preistafel 2** gilt für Wagen mit mehr als zwei Achsen bis zu einer Länge von 26,99 m. Bei Wagen mit mehr als 2 Achsen und einer Ladelänge ab 27 m werden die Frachten der Preistafel 2 verdoppelt. Für geschlossene Züge gilt die Allgemeine Preisliste nach Vereinbarung.

Branchen-Preislisten können für bestimmte Güterarten nach dem Harmonisierten Güterverzeichnis gelten. Deren Anwendung kann an den Abschluss einer Vereinbarung mit dem Kunden gebunden sein. In den Branchen-Preislisten können auch Mindest- und/oder Höchstentfernungen, Mindestgewichtsstufen, Mindestmengen, Frachtberechnungsmindestgewichte oder Mindestwagenzahlen für Wagengruppen/geschlossene Züge festgelegt sein. Für Listengüter der Liste 1 (GGVSE) und chemische Produkte gilt die Branchenpreisliste 360.

Preise und Konditionen
Allgemeine Preisliste (Auszug)

Für Transporte in einem Wagen mit zwei Achsen					
Sendungs-gewicht in t	bis 13,499	13,500 –17,499	17,500 –21,499	21,500 –25,499	25,500 –30,499	jede weitere Tonne kostet
Entfernung bis km	Wagenpreise in EUR				
100	431	431	431	475	532	19
110	440	440	452	504	566	21
120	440	440	476	532	596	22
130	495	495	499	558	624	23
140	495	495	523	583	653	24
150	518	518	545	609	683	25

Für die Beförderung innerhalb eines Güterbahnhofs werden **Locofrachten** erhoben. Dabei wird zwischen Bahnhofssendungen, der Beförderung innerhalb eines Güterbahnhofs und Umstellungen sowie einer Beförderung des Wagens nach der Bereitstellung, unterschieden.

Der Absender kann die folgenden Zahlungsvermerke wählen:

Zahlungsvermerk	Bedeutung	entspricht Incoterm
	Der Absender bezahlt	
frei Fracht	die Fracht für die gesamte Beförderungsstrecke	
frei Fracht einschließlich ...	die Fracht für die gesamte Beförderungsstrecke und die besonders bezeichneten Kosten	
frei	die Fracht für die gesamte Beförderungsstrecke und alle Kosten, die beim Versand berechnet werden können	CPT
frei ... (Bezeichnung der Kosten)	nur bestimmte Kosten	
frei aller Kosten	für die gesamte Beförderungsstrecke alle Kosten (Frachten, Entgelte, auch Zölle und sonstige während der Beförderung anfallende Kosten) jedoch nicht die vom Empfänger verursachten Kosten	CIP
unfrei	der Empfänger bezahlt die Fracht, Entgelte und alle sonstigen Kosten	

6.2.6 Zusammenarbeit der Eisenbahn mit Großverladern

Vor allem im Ganzzugverkehr von Gleisanschluss zu Gleisanschluss bieten sich Entwicklungsmöglichkeiten für den Ladungsverkehr. Ein Idealfall dabei ist der **Zwischenwerksverkehr**. Hier hat es die Eisenbahn an Start und Ziel mit dem gleichen Kunden zu tun und kann so selbst auf kurzen Strecken kostengünstig arbeiten.

Die Interessengemeinschaft der Bahnspediteure e. V. (IBS) würdigte das Otello-Konzept (Opel Trans European Lean Logistic) des Automobilbauers Opel für konventionellen und kombinierten Verkehr zwischen den europäischen Produktionsstätten und Lieferanten durch den IBS-Förderpreis.

Der bis zu 660 Meter lange Güterzug „Otello-Express" genannt, fährt Fahrzeug-Komponenten aus dem spanischen Werk Zaragoza zum Opel-Werk Eisenach. Seit Dezember 2003 verkehren täglich zwei Zugpaare. Aufgrund unterschiedlicher Schienenformate (die spanische Eisenbahn RENFE benutzt Breitspur) war es früher notwendig, die Wagen des kombinierten Verkehrs an der spanischen Grenze auszutauschen. Im Otello-Express kommen ausschließlich umachsbare Wagen zum Einsatz. Außerdem fasst der Zug konventionelle Großraumwagen und Container-Tragwagen zusammen.

Der Otello-Express ist in das europaweite Zugsystem eingebunden. Drehscheibe ist Mainz-Bischofsheim. Von hier aus werden Wagen in die Werke Szentgotthard in Ungarn, Wien-Aspern in Österreich, Antwerpen in Belgien und Zaragoza in Spanien sowie nach Eisenach, Rüsselsheim, Bochum und Kaiserslautern in Deutschland geleitet.

Quelle: www.schenker.de, Stand 18.06.2008

Güterwagen, im Bayer-Werk Dormagen.

6.2.7 Kombinierte Verkehre der Eisenbahnen

Der besondere Vorteil des Lastkraftwagens kommt in der Fläche zur Geltung. Hier ist es ihm möglich, auch den entlegensten Ort zu bedienen. Umwelt- und verkehrspolitische Aspekte zeigen seine Nachteile auf. Besonders bei seinem Einsatz auf langen Strecken wird deshalb nach Alternativen gesucht. Die Eisenbahn ist ein geeignetes Transportmittel für große Gewichte auf weiten Entfernungen, aber in der Fläche nicht beweglich genug.

Kombinierte Ladungs-Verkehre Straße/Schiene

Containerverkehre	Huckepackverkehre	Bimodale Systeme
• ISO-Norm-Container • Binnencontainer	• Wechselbehälter (Wechselpritschen) • Sattelauflieger (ohne Motorwagen) • Lastkraftwagen und Sattelzüge (Rollende Landstraße)	• Sattelauflieger als Schienenfahrzeug

Um die Vorteile dieser beiden Verkehrsträger im Sinne einer geeigneten **Aufgabenverteilung** zu verbinden, erfolgt der kombinierte Verkehr zwischen Straße und Schiene. Hier werden Güter für andere auf einem Teil der Strecke mit einem Kraftfahrzeug, auf einem anderen Teil mit der Eisenbahn in einem Kraftfahrzeug, einem Anhänger oder deren Aufbauten – **Huckepackverkehr** – oder in Behältern (Container) befördert.

6.2.7.1 Containerverkehr als kombinierter Verkehr

Das Binnencontainergeschäft liegt in den Händen der Stinnes AG Geschäftsfeld Intermodal. Es werden überwiegend eigene Container eingesetzt, hauptsächlich für Großkunden.

Internationale Verkehre und das Containergeschäft aus den Seehäfen heraus werden von der TFG **(Transfracht internationale Gesellschaft für kombinierten Güterverkehr mbH)** abgewickelt.

Die TFG tritt als Frachtführer auf und kann ihre Preise der jeweiligen Marktsituation anpassen, der Container wird dem Absender in einem Pauschalpreis (Miete und Fracht) je nach Empfangsort angeboten. Mit der Bahn schließt sie im eigenen Namen und auf eigene Rechnung die Frachtverträge und sorgt für die Zustellung von und zu den Umschlagplätzen für die Schienenverladung.

Ein Produkt ist der „AlbatrosExpress", ein internationales Leistungsangebot im Seehafenhinterlandverkehr von und nach Bremerhaven bzw. Hamburg. Die Containerzüge bedienen alle wichtigen Wirtschaftszentren in Deutschland und den angrenzenden Regionen in der Schweiz und Frankreich, auch samstags und sonntags. Die Buchung muss bis 18:00 Uhr am Vortrag erfolgen, dafür ist die Verladung garantiert. Ein Relationssystem mit festen Abfahrts- und Ankunftszeiten, grundsätzlich steigen Container spät am Vormittag ein, ermöglicht, dass die Container früh – meist noch mitten in der Nacht – am Terminal ankommen. Der gesamte Schienentransport zwischen Seehafen und Hinterland erfolgt innerhalb von sechs bis zwölf Stunden.

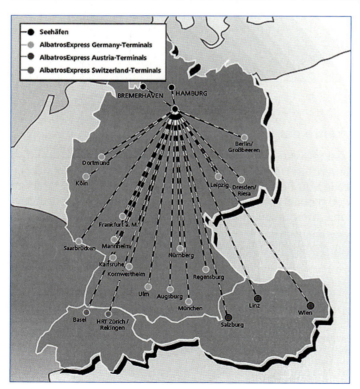

Quelle: TFG Transfracht Internationale Gesellschaft für kombinierten Güterverkehr mbH & Co. KG

Im grenzüberschreitenden europäischen Containerverkehr ist die TFG nationaler Vertreter der **INTERCONTAINER**, der Organisation der europäischen Eisenbahnverwaltungen für internationale Containertransporte. Innerhalb eines sich über 14 Länder erstreckenden Containerpools stellt sie im innereuropäischen Festlandsverkehr 20-/30-/40-Fuß-Container zur Verfügung. Sie befördert ISO-Container, Binnencontainer und Wechselbehälter auf der weiten Strecke per Bahn und sorgt für einen reibungslosen Umschlag, die Zustellung oder auch Abholung. Mit dem Container ist ein internationaler Übergabeschein abzugeben. **Intercontainer – Interfrigo (ICF)** ist ebenfalls eine Organisation europäischer Bahnen und wickelt europäische Kühlcontainer-Transporte ab.

Das Muster des Container-Frachtbriefes ist verkleinert dargestellt. Es besteht aus den Teilen:
– Blatt 1 Versandblatt Railion Deutschland
– Blatt 2 und Blatt 3 Ausfertigung für den Frachtführer
– Blatt 4 Empfangsblatt Railion Deutschland
– Blatt 5 Ausfertigung für den Empfänger
– Blatt 6 Ausfertigung für die Versandagentur
– Blatt 7 Frachtbriefdoppel für den Auftraggeber

Containerfrachtbrief
Quelle: Railion, 01.01.2006

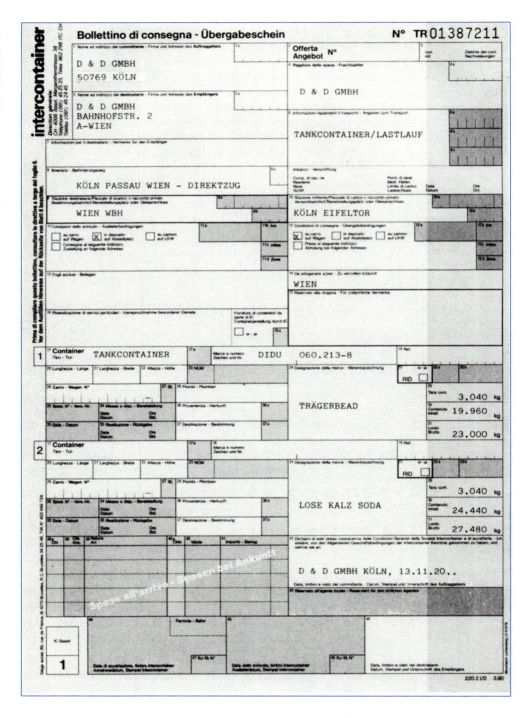

6.2.7.2 Huckepackverkehr als kombinierter Verkehr

Kennzeichen des Huckepackverkehres ist, dass der Frachtvertrag des Unternehmers mit dem Absender über die Gesamtstrecke geschlossen wird. In diesem Sinne wird auch von **„über die Schiene geleitetem Straßengüterverkehr"** gesprochen. Des Weiteren sind die § 452 ff. HGB zu beachten.

In der **Kombiverkehr** bieten Spediteure und Transporteure in Allianz mit der Railion Dienstleistungen im intermodalen Verkehr Straße-Schiene an. Sie hat die Rechtsform einer GmbH & Co. KG. 2002 waren neben der Deutsche Bahn 243 Kommanditisten an der Gesellschaft beteiligt. Das Eigenkapital betrug 13,4 Mio. EUR, wobei die Deutsche Bahn daran zu 50 % beteiligt ist.

Die „Kombiverkehr Deutsche Gesellschaft für kombinierten Güterverkehr mbH & Co KG" ist eine Kommanditgesellschaft. Persönlich haftende Gesellschafterin ist die Deutsche Gesellschaft für kombinierten Güterverkehr mbH, Frankfurt am Main.

Momentan sind 230 Kommanditisten an „Kombiverkehr" beteiligt. Spediteure und Transporteure sowie DB Mobility Logistics AG sind zu jeweils 50 Prozent beteiligt.

Diese Gesellschaftsstruktur ist die besondere Stärke des Unternehmens. Die **Kommanditisten** sind überwiegend Speditionsunternehmen, die sich mit ihrem Equipment und ihrer Ablauforganisation auf den Kombinierten Verkehr eingestellt haben und durch ihre finanzielle Beteiligung dieses Transportsystem unterstützen.

Ein **Beirat**, dem sechs Personen aus den führenden Gewerbeverbänden und Zusammenschlüssen des Speditions- und Güterkraftverkehrsgewerbes (z. B. BSL, AMÖ, BGL) angehören, unterstützt Kombiverkehr durch seine Fachkompetenz in gewerbe- und verkehrspolitischen Fragen. In vier **Arbeitsgruppen** findet ein wechselseitiger Know-how-Transfer zwischen Kombiverkehr und den Kommanditisten statt.

204

Techniken des Huckepackverkehrs

Unbegleiteter Kombinierter Verkehr

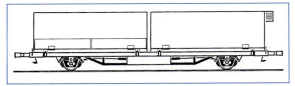

Frachtbehälter, Wechselbehälter und Container werden von einem Kran oder von einem mobilen Umschlaggerät auf Tragwagen verladen.

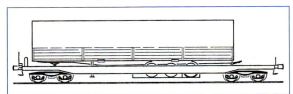

Kranbare Sattelanhänger werden von einem Kran oder von einem mobilen Umschlaggerät auf Taschenwagen verladen.

In enger Zusammenarbeit mit Kunden und Fahrzeugherstellern hat Kombiverkehr ein flexibles Konzept zum Transport der verschiedenen Behälterarten entwickelt. Es entstanden ein verbesserter Behälterwagen und ein neuartiger Taschenwagen. Beide zeichnen sich durch hohe Nutzlast bei niedrigem Eigengewicht aus. Zudem sind sie leise und wartungsfreundlich.

Taschenwagen

Die Vorteile des neuen Taschenwagens:

- vergrößerter Hüllraum für volumenoptimierte Sattelanhänger
- höhenverstellbarer Stützbock
- schnelleres Verladen am Terminal

Tragwagen

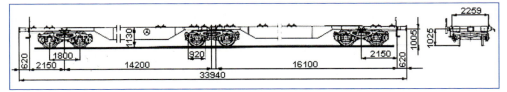

Die Vorteile des neuen Tragwagens:

- optimale Ausnutzung der Ladelänge
- nimmt bis zu drei Wechselbehälter/Container auf

Fahrzeuge im Zu- und Nachlauf zu den Kombi-Terminals dürfen ein Gesamtgewicht von 44 t haben, also 4 t mehr als normal. Kombiverkehr hat erreicht, dass diese Fahrzeuge keine Ausnahmegenehmigung mehr brauchen. Ist das Fahrzeug für den Transport der Ladeeinheiten geeignet, reicht jetzt ein entsprechender Vermerk der Zulassungsstelle um Kfz-Schein. Das macht den Einstieg in den Kombinierten Verkehr einfacher und erspart Behördengänge.

Quelle: www.kombiverkehr.de/Unternehmen/index-Techniken.html, 20.11.2006

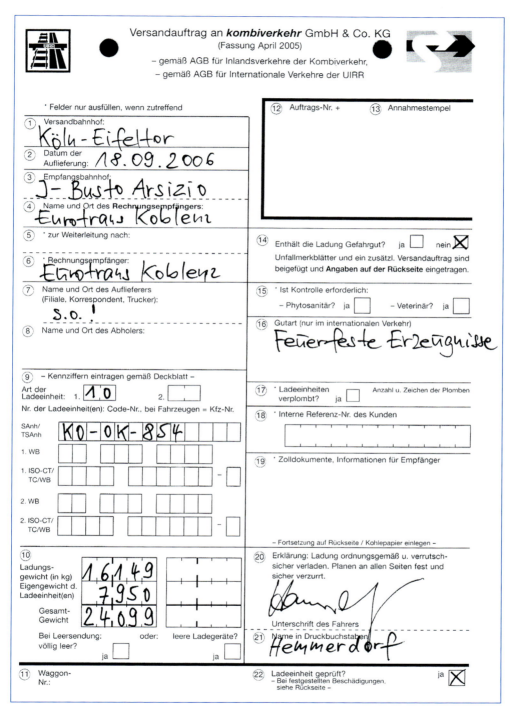

Versandauftrag an **kombiverkehr** GmbH & Co. KG
(Fassung April 2005)

– gemäß AGB für Inlandsverkehre der Kombiverkehr,
– gemäß AGB für Internationale Verkehre der UIRR

* Felder nur ausfüllen, wenn zutreffend

(1) Versandbahnhof:
Köln-Eifeltor

(2) Datum der Auflieferung: **18.09.2006**

(3) Empfangsbahnhof:
J- Busto Arsizio

(4) Name und Ort des **Rechnungsempfängers**:
Eurotraw Koblenz

(5) * zur Weiterleitung nach:

(6) * Rechnungsempfänger:
Eurotraw Koblenz

(7) Name und Ort des Auflieferers
(Filiale, Korrespondent, Trucker):
s.o.!

(8) Name und Ort des Abholers:

(9) – Kennziffern eintragen gemäß Deckblatt –

Art der Ladeeinheit: 1. **10** 2. ☐

Nr. der Ladeeinheit(en): Code-Nr., bei Fahrzeugen = Kfz-Nr.

SAnh/TSAnh **KO-OK-854**

1. WB

1. ISO-CT/TC/WB

2. WB

2. ISO-CT/TC/WB

(10)
Ladungs-gewicht (in kg) **16149**
Eigengewicht d. Ladeeinheit(en) **7950**
Gesamt-Gewicht **24099**

Bei Leersendung: oder: leere Ladegeräte?
völlig leer? ja ☐ ja ☐

(11) Waggon-Nr.:

(12) Auftrags-Nr. + (13) Annahmestempel

(14) Enthält die Ladung Gefahrgut? ja ☐ nein ☒
Unfallmerkblätter und ein zusätzl. Versandauftrag sind beigefügt und **Angaben auf der Rückseite** eingetragen.

(15) * Ist Kontrolle erforderlich:
– Phytosanitär? ja ☐ – Veterinär? ja ☐

(16) Gutart (nur im internationalen Verkehr)
Feuerfeste Erzeugnisse

(17) * Ladeeinheiten verplombt? ja ☐ Anzahl u. Zeichen der Plomben

(18) * Interne Referenz-Nr. des Kunden

(19) * Zolldokumente, Informationen für Empfänger

– Fortsetzung auf Rückseite / Kohlepapier einlegen –

(20) Erklärung: Ladung ordnungsgemäß u. verrutsch-sicher verladen. Planen an allen Seiten fest und sicher verzurrt.

Unterschrift des Fahrers

(21) Name in Druckbuchstaben
Hemmerdorf

(22) Ladeeinheit geprüft? ja ☒
– Bei festgestellten Beschädigungen, siehe Rückseite –

Beim Huckepack-Verkehr wird der Lkw für den Vor- bzw. Nachlauf zu und von den Um-schlagsplätzen eingesetzt. Im Hauptlauf reisen der komplette Lastzug, Sattelzug, Sattelauf-lieger oder ein Wechselbehälter auf besonders konzipierten Güterwagen über die Schiene.

Vorbemerkungen zum Gefahrgut:

Einzutragen sind: die Bezeichnung des Gutes, Gefahrzettel (bei Klasse 1 der Klassifzierungscode), Verpackungsgruppe, die Bruttomasse des einzelnen Gutes, Bescheinigungen, Vermerke zum jeweiligen Gefahrgut
wie in ADR und RID vorgeschrieben. Bei Versandstücken ist die Anzahl und Art anzugeben.

Die UN-Nr. ist bei allen Stoffen anzugeben. Bei der Beförderung von Stoffen, für die im Kapitel 3.2 Tabelle A, Spalte 20 eine
Gefahrnummer angegeben ist, in Tankcontainern / Tankfahrzeugen und bei loser Schüttung auch in Containern, ist zusätzlich diese Gefahrnummer anzugeben.

⑭ Angaben zum Gefahrgut

Sendung enthält **Listengüter** (Anlage 1) und ist deshalb   nein ☒   ja ☐
erlaubnispflichtig nach § 7 GGVSE:

LE Nr.	Gefahr- Nr.	UN Nr.	Benennung des Gutes: bei n.a.g.-Eintragungen/ Sammelbezeichnungen (Sondervorschrift 274) ist zusätzlich die Angabe der technischen Benennung nötig	Gefahrzettel & Verpackungs- gruppe	Anzahl & Art der Ver- packung	Brutto masse

Bestätigung bei Abholung:

Ich bin auf das gefährliche Gut und dessen Bezeichnung hingewiesen worden. Ich habe die erforderlichen
Schriftlichen Weisungen (Unfallmerkblätter) in der angegebenen Anzahl erhalten und werde mich sofort mit deren
Inhalt vertraut machen. Ich werde die Sendung sofort überprüfen und bestätige, falls ich nichts Gegenteiliges sofort
mitteile, daß die Sendung äußerlich unbeschädigt ist und die Kennzeichnungen/Gefahrzettel, falls nach 5.3 ADR
erforderlich, angebracht sind.

Falls erforderlich: Ich bin im Besitz einer ADR-Schulungsbescheinigung nach 8.2.1.1 und 8.2.1.3 ADR, einer
Fahrwegbestimmung/Reservierungsbestätigung nach § 7 GGVSE sowie einer Zulassungs- / Prüfbescheinigung für
Tanks nach 9.1.2 ADR.

Ich bestätige, daß das Fahrzeug und dessen Ausrüstung gemäß Abschnitt 7.5.1 und 8.1.5 ADR ordnungsgemäß und
funktionsfähig ist und den geltenden Vorschriften entspricht.

_____   _____   _____   _____

Datum   Name der abholenden Firma   Name des Fahrers   Unterschrift des Fahrers
                                                                          (in Blockschrift)

⑲ Angaben bei Zollgut   ⑲ Festgestellte Beschädigungen
                                                                          (Fehlende Angabe ist kein Beweis für schaden-
                                                                          freien Zustand bei Auflieferung)

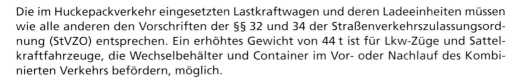

Die im Huckepackverkehr eingesetzten Lastkraftwagen und deren Ladeeinheiten müssen wie alle anderen den Vorschriften der §§ 32 und 34 der Straßenverkehrszulassungsordnung (StVZO) entsprechen. Ein erhöhtes Gewicht von 44 t ist für Lkw-Züge und Sattelkraftfahrzeuge, die Wechselbehälter und Container im Vor- oder Nachlauf des Kombinierten Verkehrs befördern, möglich.

Wechselbehälter müssen mit Befestigungsbeschlägen zur Sicherung auf den Fahrzeugen und vier Greifkanten für den Umschlag ausgerüstet sein. Die Klasse C muss mit Stützbeinen versehen sein, die das speditionsübliche „Handling" mittels luftgefederter Lkw ermöglichen.

Sattelauflieger müssen kranbar sein und deshalb ebenfalls vier Greifkanten aufweisen. Zusätzlich ist ein klappbarer Unterfahrschutz und eine möglichst nach innen einklappbare seitliche Schutzeinrichtung notwendig.

An Lastkraftwagen und Sattelzüge werden im begleiteten Huckepackverkehr keine besonderen Anforderungen gestellt. Derzeit sind allerdings nur Breiten bis 2,55 m möglich. Auf einigen Relationen über die Alpen können infolge niedriger Lademaße der Eisenbahn keine 4 m hohen Lkw befördert werden. Deshalb haben die hier eingesetzten Fahrzeuge zumeist niedrigere Eckhöhen.

Wechselbehälter und kranbare Sattelauflieger müssen eine technische Zulassung (Kodifizierung) aufweisen.

Im Rahmen der „Rollenden Landstraße" reist der Fahrer im Liegewagen mit, die anderen Huckepacksendungen sind unbegleitet. Ladeschluss ist allgemein am frühen Nachmittag, in wenigen Fällen um 21:00 Uhr. Am nächsten Morgen stehen die Sendungen den Empfängern zur Verfügung. Am Empfangsbahnhof werden Lastzüge vom Wagen gefahren, Sattelauflieger werden von Zugmaschinen, Wechselbehälter von geeigneten Lkw abgeholt. Auskunft über die Verbindungen gibt der **„Kombifahrplan"** der Kombiverkehr.

Kombi-Kern-Netz

Mit dem Fahrplanwechsel am 15. Dezember 2002 hat Kombiverkehr das internationale Zugangebot im unbegleiteten Kombinierten Verkehr Schiene/Straße weiter optimiert. Wöchentlich werden fast 560 Direkt- und Shuttlezüge in 830 Kernrelationen im europäischen Ganzzugnetz gefahren. Die Entwicklung vom Einzelwagenverkehr zu den leistungsfähigen und produktiven Ganzzügen setzt sich weiter fort: Etwa 98 Prozent des internationalen Sendungsaufkommens im unbegleiteten Kombinierten Verkehr wird inzwischen mit Ganzzügen befördert.

Das internationale Ganzzugnetz (ohne Deutschland) umfasst täglich 72 Züge und wird in Zusammenarbeit mit 17 internationalen Operateuren betrieben. Die wichtigste Verkehrsachse bilden die alpenquerenden Züge zwischen Deutschland und Italien, wo täglich 31 Züge pro Richtung verkehren. Mit dem Fahrplanwechsel intensiviert Kombiverkehr die Zusammenarbeit mit den privaten Eisenbahnunternehmen Lokomotion, München, und Rail Traction Company (RTC), Bozen. Die sechs täglich verkehrenden Zügen nach Italien via Brenner versprechen den Speditionsunternehmen eine durchschnittliche Pünktlichkeit von über 85 Prozent.

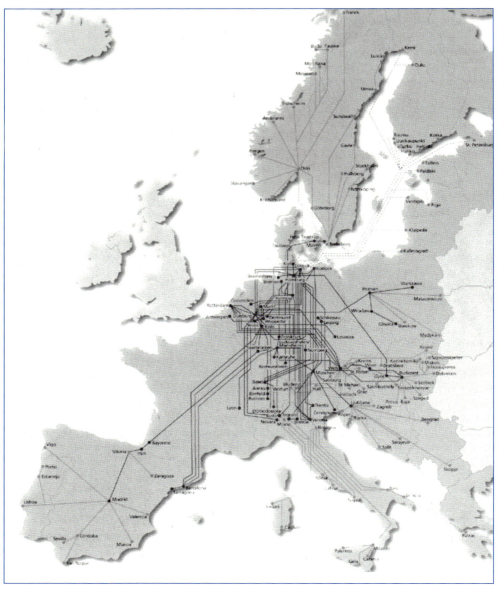

Quelle: Kombiverkehr GmbH, 23.04.2007

In Richtung Norden besteht eine Verbindung von Basel nach Lübeck. Zusätzlich Verbindungen aus dem Rhein-Ruhr-Gebiet nach Dänemark und Schweden.

Der Frühzug auf der sogenannten Mittelmeerstrecke von Mannheim nach Granollers/ Constantí und zurück bietet fünf Abfahrten wöchentlich. Die Strecke in Richtung nordspanische Atlantikküste mit dem Zug von Köln/Mannheim nach Bayonne/Irún mit Weiterleitungen nach Vitoria, Zaragoza, Madrid und zusätzlichen spanischen sowie portugie-

Fahrplan

zur Benutzung des Fahrplans

① KÖLN-EIFELTOR

② ADRESSE
Kombiverkehr Agentur Köln-Eifeltor
Am Eifeltor 2
D-50997 Köln
Phone   +49 2 21 / 14 14 13 -41 bis -46
Fax   +49 2 21 / 14 14 13 -51

ÖFFNUNGSZEITEN
Agentur   Mo – Fr   05:00 – 21:30 Uhr
           Sa   06:00 – 11:45 Uhr
Terminal   Mo – Fr   05:00 – 21:30 Uhr
           Sa   06:00 – 11:45 Uhr

	von Köln-Eifeltor				nach Köln-Eifeltor				Profile			
	Abfahrtstage ⑥	Annahmeschluss ⑦	Empfangstag	Abladebeginn ⑧	Abfahrtstage	Annahmeschluss	Empfangstag	Abladebeginn	Sattelanhänger ≤ 2,50 m Breite	Sattelanhänger ≤ 2,60 m Breite	Wechselbehälter ≤ 2,55 m Breite	Wechselbehälter ≤ 2,60 m Breite
③ **Basel-Weil am Rhein***	1 - 5	21:00	B	6:20	1 - 5	19:10	B	6:00	P 70	P 400	C 70	C 400
Hamburg-Billwerder	1 - 4	19:15	B	5:00	1 - 5	21:00	B	6:50	P 70	P 400	C 70	C 400
Hamburg-Billwerder	5	19:15	B	6:00	-	-	-	-	P 70	P 400	C 70	C 400
④ via Hamburg nach DK-Dänemark												
Kiel-Norwegenkai	1 - 5	19:15	B	12:30	1 - 5	13:30	B	6:50	P 70	P 400	C 70	C 400
via Kiel nach N-Oslo												

BENUTZUNGSHINWEISE

① Standort des Terminals

② Angaben zur Kombiverkehr-Agentur und zum Terminal

③ Terminals, mit denen eine Verkehrsverbindung besteht.
Zunächst sind in alphabetischer Reihenfolge die deutschen
Terminals aufgeführt, dann die ausländischen Terminals,
geordnet nach Nationalitätenkennzeichen.

④ Weiterleitungsmöglichkeiten ab diesem Terminal. Nähere
Informationen erhalten Sie bei unseren Achsenmanagern
(siehe Seite 20 im Allgemeinen Teil).

⑤ Es ist sowohl der Fahrplan für die Hinfahrt zu anderen
Terminals als auch für die Rückfahrt von anderen Terminals
angegeben.

⑥ Abfahrtstage sind die Tage, an denen die Verkehrsverbindung bedient wird; sie sind gekennzeichnet mit
1 = Montag, 2 = Dienstag, 3 = Mittwoch usw.

⑦ Annahmeschluss ist die Uhrzeit, zu der die letzte Ladeeinheit am Versandterminal angenommen wird.

⑧ Empfangstag und Abladebeginn geben Tag und Uhrzeit
an, an dem die Ladeeinheit am Empfangterminal frühestens abgeholt werden kann. Dabei gilt:
Tag A = Versandtag, Tag B = nächster Tag,
Tag C = übernächster Tag usw.
Bitte beachten Sie in diesem Zusammenhang unbedingt
auch die Abschnitte „Annahmeschluss und Abladebeginn" und „Sonderregelungen für Sonn- und
Feiertage" dieses Kapitels.

⑨ Profile geben die auf dieser Verbindung zulässige maximale
Eckhöhe von Ladeeinheiten an. Die Profile sind kodiert. Ist
auf einer Verbindung die Beförderung einer bestimmten
Ladeeinheitenart nicht möglich, so ist dies mit „-" gekenn-
zeichnet. Die Angaben gelten für die Hin- und Rückfahrt.
Eine Übersicht finden Sie auf Seite 8 im Allgemeinen Teil.

Quelle: Kombiverkehr GmbH, 23.04.2007

sischen Terminals wird fünfmal pro Woche in beiden Richtungen befahren. Neben höheren Kapazitäten hat das für Speditionen den Vorteil, dass ihr Equipment schnellere
Umlaufgeschwindigkeiten erreicht.

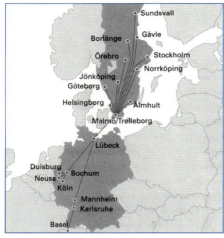

Ganzzugverbindungen via Lübeck nach Skandinavien

Osteuropakarte

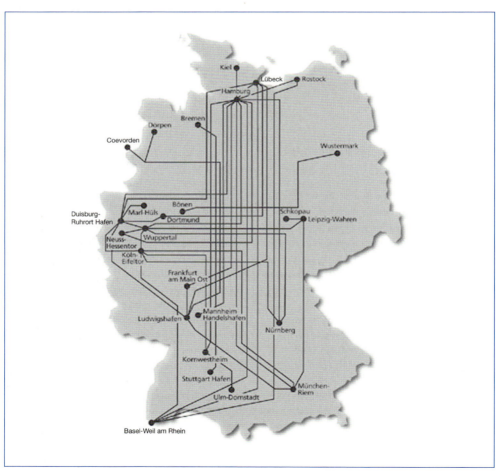

Quelle: Kombiverkehr GmbH, 23.04.2007

Sendungsaufkommen

Das natinale Ganzzugsystem Kombi-Netz 2000+ wurde mit dem internationalen Ganz-zugsangebot über Drehscheiben mit dem dichten europäischen Netz verbunden. Für den unbegleiteten Kombinierten Verkehr steht inklusive der Gatewaymöglichkeiten mit ca. 15 000 Verbindungen täglich ein vielfältiges Systemangebot zur Verfügung.

Daraus resultierend wurde durch Kombiverkehr die Grenzmarke von einer Million Sen-dungen überschritten und damit der Umwelt rechnerisch 980 000 Tonnen Ausstoß erspart.

Nachdem Kombiverkehr bereits in den beiden Vorjahren zweistellige Wachstumsraten im **nationalen Kombinierten Verkehr** erzielt hatte, gelang dies im Geschäftsjahr 2007 erneut. Das Aufkommen stieg um 10,7 Prozent auf 259 240 Sendungen (2006: 234 155 Sendungen). Dies entspricht rund 520 000 TEU. Damit hat sich das Sendungs-volumen in diesem Marktsegment im Fünfjahreszeitraum seit 2002 um insgesamt 82 % erhöht.

Ausgehend von einem bereits sehr hohen Auslastungsniveau verzeichneten die Ganz-zugverbindungen Duisburg–Hamburg, Wuppertal/Köln–Basel, Duisburg–Ludwigshafen/München und Duisburg–Leipzig im Jahre 2007 eine besonders starke Zunahme des Sen-dungsaufkommens.

Kombiverkehr beförderte **im internationalen Kombinierten Verkehr** 742 176 Sendungen, entsprechen 1,485 Millionen TEU. Damit wurde das Volumen des Jahres 2006 von 696 829 Sendungen (1,393 Mio. TEU) um 6,5 % übertroffen. Das entspricht umgerechnet ca. einer Dreiviertelmillion Lkw-Ladungen und einer Verdoppelung des Aufkommens seit 1999.

Im Jahr 2007 nahm das Beförderungsvolumen im Verkehr mit den nordeuropäischen und baltischen Staaten um neun Prozent ab. Es belief sich auf 109 356 Kombisendungen bzw. 220 000 TEU.

Im Verkehr mit den Beneluxstaaten, Deutschland und den mittel- und osteuropäischen hat sich mit einer Steigerungsrate von 30,4 % im Jahre das größte Wachstum für Kombi-verkehr ergeben.

In diesen Ost-West-Verkehren wurde erstmals die 100 000er-Marke erreicht. Das Be-förderungsvolumen nahm von 88 970 Sendungen (188 000 TEU) im Jahr 2006 auf 115 991 Sendungen (232 000 TEU) im Jahre 2007 zu.

Der Marktbereich Südeuropa umfasst den Kombinierten Verkehr Deutschland–Schweiz sowie zwischen Deutschland und Italien auf den beiden Korridoren via der Schweiz und Österreich. Hier verbesserte sich das Beförderungsvolumen um 5,4 %. Das Aufkommen stieg von 420 440 Sendungen (841 000 TEU) im Jahr 2006 auf 443 042 Sendungen (886 000 TEU) 2007.

Mit einem Plus von 9,7 % erreichte Kombiverkehr in den Trasportkorridoren mit und zwischen den Ländern West- und Südwesteuropas – Niederlande, Belgien, Frankreich, Spanien und Portugal – ein überdurchschnittliches Wachstum. Das Aufkommen stieg auf 73 788 Sendungen (148 000 TEU).

TRANSPORTAUFKOMMEN
in Sendungen

2007		1 001 416
	259 240	742 176
2006		930 984
	234 155	696 829
2005		812 520
	202 945	609 575

■ Nationaler unbegeleiteter Verkehr

■ Internationaler unbegeleiteter Verkehr

AUFKOMMEN NATIONALER UNBEGLEITETER VERKEHR
(exklusiv Ostseeverkehr) in Sendungen

2007	259 240
2006	234 155
2005	202 945

AUFKOMMEN INTERNATIONALER UNBEGLEITETER VERKEHR
(inklusiv Ostseeverkehr) in Kombisendungen

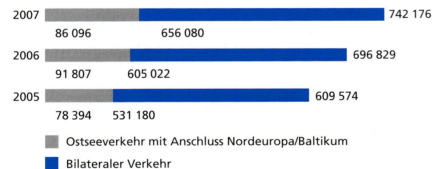

2007		742 176
	86 096	656 080
2006		696 829
	91 807	605 022
2005		609 574
	78 394	531 180

■ Ostseeverkehr mit Anschluss Nordeuropa/Baltikum

■ Bilateraler Verkehr

AUFKOMMEN NACH VERKEHRSACHSEN 2007
in Sendungen

Nordeuropaver. & dt. Ostseehäfen	109 356
Ost- und Südosteuropaverkehre	115 991
Südeuropaverkehre	443 042
Westeuropaverkehre	73 788

Quelle: Kombiverkehr Geschäftsbericht 2007

Abwicklung des Huckepackverkehrs

Die Allgemeinen Geschäftsbedingungen der Kombiverkehr KG sind Vertragsbestandteil jedes Versandauftrages im nationalen Verkehr. International gelten ergänzend die „Allgemeinen Bedingungen für den internationalen Huckepackverkehr" der UIRR.

Die Teilnahme am Kombinierten Verkehr ist auch für Spediteure oder Frachtführer möglich, die nicht Kommanditisten sind. Voraussetzung ist allerdings eine **Verkehrsfreigabe** der Kombiverkehr. Diese wird unter folgenden Voraussetzungen erteilt:

- der Kunde muss die voraussichtliche Sendungszahl und die Art der Ladeeinheiten je Verkehrstag und je gewünschter Verkehrsverbindung angeben,
- die Ladeeinheiten müssen kodifiziert sein, d. h., an jeder Längsseite muss ein Codenummernschild die Identifizierung möglich machen. Dadurch kann z. B. im Zusammenhang mit dem Versandauftrag geprüft werden, ob das Lademaß auf der entsprechenden Strecke eingehalten wird. Diese Kennzeichnung ist für den Container dann nicht erforderlich, wenn sie nach ISO-Norm 6346 gekennzeichnet sind. Für die Rollende Landstraße ist keine Kennzeichnung notwendig,
- eine Erklärung über die Einhaltung der Verladevorschriften.

Die Kombiverkehr wird als Zwischenspediteur tätig. Es gelten die „Allgemeinen Geschäftsbedingungen für Inlandsverkehre der Kombiverkehr GmbH & Co. KG" sowie die „Allgemeinen Geschäftsbedingungen für Internationale Verkehre der Internationalen Vereinigung der Gesellschaften für den kombinierten Verkehr Schiene-Straße (UIRR). Der mit den Kunden geschlossene Speditionsvertrag verpflichtet sie zur **Besorgung der Versendung von beladenen und unbeladenen Ladeeinheiten** im Rahmen des nationalen Kombinierten Ladungsverkehrs Schiene/ Straße. Dazu gehört auch der Umschlag, d. h. das Auf- und Abladen der Ladeeinheit auf und vom Waggon. Das Auf- und Abfahren der Fahrzeuge bei der Rollenden Landstraße hat der Kombi-Kunde selbst vorzunehmen.

Jeder Transport muss vor Anlieferung bei der örtlich zuständigen Kombi-Agentur gemeldet werden. Diese kann schriftlich (z. B. per Fax) aber auch per DFÜ (ALI BABA-System) auf einem Buchungsformular erfolgen und muss die notwendigen Angaben enthalten. So z. B.

- Versandbahnhof
- Empfangsbahnhof
- Versanddatum
- Art der Ladeeinheit

- voraussichtliches Gewicht
- ggf. Nummer der Ladeeinheit
- ggf. Gefahrgutangabe
- Versender/Empfänger/Rechnungsempfänger

Die Transportanmeldung muss bis zum örtlich festgelegten Anmeldeschluss, in der Regel bis 11:00 Uhr des Versandtages erfolgen. Spätere Anmeldungen werden dann nur noch im Rahmen der freien Kapazitäten berücksichtigt. Bei Überschreiten der Kapazität eines Zuges werden zuerst die Sendungen der Kunden verladen, die täglich diese Verbindung benutzen. Im nationalen Kombinierten Verkehr werden die Buchungen in der Reihenfolge ihres Eingangs bearbeitet. Gleichzeitig mit der Auflieferung der Kombisendung sind für den Versand ein vollständig ausgefüllter Versandauftrag dreifach und etwaige weitere notwendigen Papiere (z. B. Unfallmerkblätter) abzugeben. Für Transporte innerhalb der Europäischen Union werden für Gemeinschaftsware keine Zolldokumente benötigt. Dies gilt auch, wenn beim Transport nach Italien die Schweiz durchfahren wird. Durch beiderseitiges Unterzeichnen (Stempel genügt) dieses **Versandauftragsformulars** ist der Vertrag geschlossen. Bis zum Verweis des Gegenteils gilt es als Nachweis für dessen Abschluss und Inhalt sowie Übernahme der Ladeeinheit. Der Kunde haftet für die gemachten Angaben, dafür ist Verschulden nicht notwendig.

Es begründet aber lediglich die Vermutung, dass die Ladeeinheit äußerlich in einem für den Eisenbahntransport sicheren Zustand befunden hat. Der aufliefernde Kunde haftet dafür, dass sie und das geladene Gut für den Kombiverkehr geeignet und transportsicher sind. Hierbei ist ein Verschulden des Kunden nicht erforderlich. Kombiverkehr behält sich das Recht vor, die Ladeeinheit auf dem anliefernden Fahrzeug vom Boden aus zu besichtigen. Sie ist aber nicht verpflichtet, die Ladung auf Verpackungsmängel oder Beladefehler zu untersuchen. Beigegebene Papiere des Kunden brauchen nicht überprüft zu werden.

Besondere Regelungen gelten für **gefährliches Gut**. Dies ist vorzeitig anzumelden, wenn dies in den Fahrplan oder sonstige Weise bekannt gegeben wurde. Eine Ladeeinheit mit Gefahrgut muss den gesetzlichen Vorschriften für Straße und Schiene entsprechen.

Die Geschäftsbedingungen legen fest, dass, soweit nicht zwingende oder AGB-feste Rechtsvorschriften etwas anderes bestimmen, der Kunde für

- die Einhaltung der entsprechenden Vorschriften,
- die vollständigen Angaben über das Gut und die nach den Gefahrgutvorschriften richtige Bezeichnung im Versandauftrag,
- die Übergabe des entsprechenden Unfallmerkblattes und anderer notwendiger Unterlagen,
- die Mitteilung sonstiger vorgeschriebener oder notwendiger Vorsichtsmaßnahmen zuständig ist.

Wie auch im HGB vorgesehen, ist der Kunde zugleich Absender und Empfänger und hat für die **Auflieferung am Versandtag** und **Abholung am Bereitstellungstag** zu sorgen. Dies kann auch durch einen Vertreter erfolgen. Ausgeliefert wird nur gegen einen Abholschein.

Werden Ladeeinheiten vor dem vereinbarten Versandtag aufgeliefert, werden sie auf dem Terminal **kostenpflichtig abgestellt**. In diesem Falle erfolgt eine sorgfältige Trennung zwischen der Besorgertätigkeit der Kombiverkehr und der Lagerung der Ladeeinheit. Die kann auf Grundlage eines gesonderten Lagervertrages (§ 476 ff. HGB) mit den entsprechenden Beschränkungen der Haftung erfolgen. Automatisch endet der Vertrag mit Öffnung des Terminals am Versandtag. Da in der Regel der Betreiber eines Terminals DB Cargo ist, stimmt der Kombiverkehrs-Kunde einer Lagerung bei einem Dritten nach § 472 Abs. 2 HGB zu.

Gleiches gilt für die Abholung am Empfangsort. Der Speditionsvertrag endet mit der Übergabe der Ladeeinheit an den Kunden. Dies kann auch ein von ihm beauftragter Abholer (Trucker) sein. Nicht abgeholte Ladeeinheiten werden dann kostenpflichtig abgestellt. Nach 10 Tagen muss sie dann abgeholt sein. Ansonsten stehen der Kombiverkehr die Rechte aus § 419 HGB **(Ablieferungshindernis)** zu.

Ladeeinheiten mit gefährlichem Gut dürfen erst am Versandtag aufgeliefert werden und müssen am Bereitstellungstag abgeholt werden. Geschieht dies nicht, behält sich Kombiverkehr vor, das Gut auf Kosten des Kunden auszuladen, einzulagern, zurückzubefördern oder, soweit erforderlich, zu vernichten oder unschädlich zu machen. Dadurch tritt keine Haftung der Kombiverkehr ein.

Macht der Empfänger bei der Übernahme der Ladeeinheit keine Schadensmeldung gegenüber dem örtlichen Vertreter der Kombiverkehr oder dem Abliefernden, so wird davon ausgegangen, dass sie ordnungsgemäß, also ohne Beschädigungen und Fehlmengen, abgeliefert wurde. Äußerlich nicht erkennbare Schäden (verdeckte) sind innerhalb von fünf Tagen anzumelden.

Die Kombiverkehr haftet genüber dem Kunden für

- Verlust,
- Beschädigung und
- Überschreitung der Lieferfrist

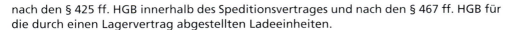

nach den § 425 ff. HGB innerhalb des Speditionsvertrages und nach den § 467 ff. HGB für die durch einen Lagervertrag abgestellten Ladeeinheiten.

Obwohl der Huckepackverkehr nach einem Fahrplan (Kombifahrplan) abgewickelt wird, gelten die darin bekannt gegebenen Zeiten nicht als Lieferfristen. Somit gilt für deren Überschreitung § 423 HGB, mit ein „vernünftiger Weise zugebilligten" bzw. „vereinbarten" Lieferfrist.

Für **Verlust und Beschädigung** haftet die Kombiverkehr nach der Regelung des § 431 HGB mit **maximal 8,33 SZR** für jedes Kilogramm des Rohgewichts der Beschädigten oder verlorenen Sendung.

Daneben werden, wie nach HGB erlaubt, in den Geschäftsbedingungen **Haftungsgrenzen** festgelegt. So haftet Kombiverkehr bei Verlust oder Beschädigung des Gutes **während der Abstellung**, auch bei gesonderter Lagerung, mit **maximal 5 Rechnungseinheiten**, für jedes Kilogramm des Rohgewichts der beschädigten Sendung, höchstens jedoch mit 5 000,00 EUR. Insgesamt ist die Haftung für jeden Güterschaden begrenzt auf 1 Million EUR je Schadensfall und 2 Millionen EUR je Schadensereignis oder auf 2 Rechnungseinheiten für jedes Kilogramm der verlorenen und beschädigten Güter, je nachdem, welcher Betrag höher ist. Bei mehreren Geschädigten aus einem Schadensereignis haftet Kombiverkehr anteilig im Verhältnis der einzelnen Ansprüche.

Lieferfristüberschreitungen werden bis zum **dreifachen Entgelt**, höchstens bis 100 000,00 EUR bezahlt, andere **sonstige Schäden** bis zum dreifachen Betrag der **im Falle eines Verlustes** zu zahlen wäre.

Haftungsbefreiungen und Haftungsbegrenzungen gelten nicht bei Vorsatz und grober Fahrlässigkeit der Kombiverkehr oder wenn der Schaden leichtfertig im Bewusstsein, dass er mit Wahrscheinlichkeit eintreten werde, verursacht wurde.

Alle Ansprüche aus dem Speditionsvertrag verjähren nach einem Jahr. Gerichtsstand für alle Beteiligten ist Frankfurt/Main.

Abrechnung im Huckepackverkehr

Bei jedem Transportauftrag an die Kombiverkehr sind individuelle Gegebenheiten zu berücksichtigen hinsichtlich

- der gewünschten **Verkehrsverbindung** (national/international),
- der Verkehrsart (begleiteter/unbegleiteter Verkehr),
- der Häufigkeit und der Größe des **Transportaufkommens** des Kunden,
- der **Außenlänge und des Gewichts** der Ladeeinheiten.

Grundlage bei der Preisbildung ist die „Kombisendung".

Für das Kombi-Netz 2000+ werden die Preise nach zwei Gewichtsstufen (L = 16,5 t; über) und drei Längenstufen (L = 8,15 m; 8,16 m–9,15 m; über 9,16 m bis 13,75 m) gestaffelt.

Außerhalb des Kombi-Netz 2000+ gelten andere Stufen.

Im internationalen unbegleiteten Verkehr ist der Brutto-Transportpreis abhängig von der **Außenlänge** und dem **Gesamtgewicht** jeder einzelnen Ladeeinheit. Basis ist eine Art Grundpreis, der sogenannte „**UTI-1-Preis**" (UTI = Unité de transport intermodal). Dieser Preis wird anschließend mit einem längen- und gewichtsabhängigen Faktor multipliziert und ergibt schließlich nach der Abrechnung von Rabatten, Ab- oder Zuschlägen den Netto-Transportpreis in Euro.

Rabatte werden auf die Preise gewährt. Voraussetzung ist allerdings die Teilnahme am Kombifracht-Kreditverfahren und Einhaltung der Zahlungsbedingungen. Grundsätzlich gibt es drei Rabattarten:

- Mengenrabatt nach Relationen oder Verkehrsverbindungen,
- Firmenrabatt am Jahresende,
- Kommanditistenbonus als zusätzlichen Rabatt ausschließlich für den Kommanditisten der Kombiverkehr.

Als Nebengebühren kommen Abstellgebühren infrage, soweit an den Terminals die Möglichkeit genutzt wird, Ladeeinheiten vor dem Versand bzw. nach dem Empfang abzustellen. Dies gilt nicht für den Lade- bzw. Entladetag und den darauf folgenden Tag. Sollte eine Sendung nicht aufgeliefert werden, so muss dies spätestens bis zum Anmeldeschluss am vereinbarten Ladetag geschehen. Andernfalls wird eine Stornogebühr erhoben.

Möglichkeiten der Nutzung des Huckepackverkehrs

Die Entscheidung, im Huckepacktransport zu verladen, ist an Bedingungen geknüpft. Rechtliche und technische Voraussetzungen wurden bereits behandelt. Welche innerbetrieblichen Gründe können aber für eine Spedition maßgebend sein, das Leistungsangebot der Kombiverkehr KG zu nutzen?

Wichtigste Voraussetzung ist hier die Übereinstimmung der durch die Spedition bedienten Relationen und der vorhandenen Umschlagsbahnhöfe. Zudem stellt sich die Frage, welche Art von Gütern anfällt. Eine Verladung lohnt sich nur, wenn genügend und regelmäßiges Aufkommen vorhanden ist, zudem auch paarige Verkehre aufgebaut werden können. Überwiegend wird der Huckepackverkehr deshalb für den Bereich des Sammelgutes genutzt. Im Rahmen des KLV-Konzeptes wurden viele Verladezeiten später gelegt.

Kostenrechnung am Transportbeispiel Köln–Verona (Muster, keine realen Preise!)
Kosten des Straßentransports

		EUR	EUR
– Fahrer			
1 Fahrer 2 Tage	x 150,00		300,00
– Fahrzeug			
fixe Kosten, 2 Tage	x 125,00		250,00
variable Kosten, 900 km	x 0,65		585,00
– Straßenbenutzungsgebühren:			250,00
			1 385,00

Kosten des Huckepacktransports

	EUR
– Vorlauf in Köln	200,00
Nachlauf in Verona	200,00
– Miete Wechselbehälter	70,00
Versicherung	30,00
– Huckepackfracht	700,00
	1 200,00

Vorteile des Huckepackverkehrs:
Von der Kraftfahrzeugsteuer befreit sind Fahrzeuge, die ausschließlich für die Zustellung oder Abholung von Kombiverkehrs-Sendungen dienen. Die äußere Kennzeichnung erfolgt

durch ein grünes Zulassungs-Kennzeichen für das Trägerfahrzeug. Damit dieses als ausschließlich für den Kombinierten Verkehr bestimmt erkennbar ist, muss es an seiner Rückseite rechts mit einem quadratischen Schild versehen sein, das auf grünem Untergrund ein weißes K zeigt und weiß gerändert ist. Eine Steuerbefreiung kann auch nachträglich beim Nachweis eines bestimmten Transportaufkommens ganz oder teilweise erfolgen.

Weitere Vorteile sind:

- Durch die Neufassung des § 30 der StVO sind Fahrzeuge im kombinierten Güterverkehr Schiene/Straße vom Versender bis zum nächsten Verladebahnhof oder vom Empfangsbahnhof bis zum Empfänger **vom Sonntags-Fahrverbot** bis zu einer Entfernung von 200 km **und Verbot nach der Ferienreiseverordnung** jedoch nur vom bzw. bis zum nächstgelegenen Terminal **ausgenommen**.
- Nach einer Sonderbestimmung ist die Möglichkeit gegeben, im kombinierten Verkehr Schiene/Straße, unter Einhaltung der Achslastgrenzen, Fahrzeuge mit einem **Gesamtgewicht bis zu 44 t** zu verwenden.
- Einsparung von Maut- und anderen Straßenbenutzungsgebühren.
- Da die Umschlagbahnhöfe als Grenzzollämter anerkannt sind, ist dort eine ausschließlich den Nutzern des begleiteten Verkehrs vorbehaltene Zollabfertigung möglich.

Gleichzeitig ist nach bisherigen Erkenntnissen die Schadenshäufigkeit im Huckepackverkehr so „günstig", dass die Bezugsgröße zur Berechnung der Versicherungsprämien nicht die Fracht, sondern die Huckepackfracht ist.

6.2.8 Zugang zum Schienennetz (Trasse)

6.2.8.1 Eisenbahnverkehrsunternehmen

Gemäß der EU-Richtlinie 91/440 haben die nationalen Regierungen dafür zu sorgen, dass nicht nur die nationalen Eisenbahnen, sondern auch andere Dritte die Schiene als Verkehrsweg benutzen dürfen. Mit der Bahnreform im Jahre 1994 und der dort verankerten **Trennung zwischen Fahrweg und Verkehrsabwicklung** wurden die gesetzlichen Voraussetzungen dafür in der Bundesrepublik geschaffen.

Nach Art. 87 e (4) GG bleibt der Bund Eigentümer der Trasse. Dafür ist er aber auch für den Bau und den Erhalt des Schienennetzes seiner Eisenbahnen (Infrastrukturverantwortung) und die Sicherstellung eines dem Gemeinwohl dienenden Verkehrsangebotes (Sicherstellungsgebot) verantwortlich.

Dritte dürfen allerdings ohne **Genehmigung** gewerbsmäßig weder öffentliche Eisenbahnverkehrsleistungen erbringen, noch eine Eisenbahninfrastruktur betreiben.

Die Genehmigung wird auf Antrag erteilt, wenn

- der Antragsteller als Unternehmer und für die Führung der Geschäfte bestellte Personen zuverlässig sind,
- der Antragsteller als Unternehmer finanziell leistungsfähig ist,
- der Antragsteller als Unternehmer oder die für die Führung der Geschäfte bestellten Personen die erforderliche Fachkunde haben

und damit die Gewähr für eine sichere Betriebsführung bieten.

Antragsteller kann jede natürliche Person sein, die Angehörige eines Mitgliedstaates der Europäischen Union ist. Das Gleiche gilt für Gesellschaften, die nach den Rechtsvorschriften eines Mitgliedstaates der EU gegründet wurden und dort ihren Sitz, ihre Hauptverwaltung oder ihre Hauptniederlassung haben.

Die Genehmigung wird erteilt für

- das Erbringen einer nach der Verkehrsart (hier: Schienengüterverkehr) bestimmten Eisenbahnverkehrsleistung,
- das Betreiben einer bestimmten Eisenbahninfrastruktur.

Die Genehmigungsdauer ist begrenzt:

- für Eisenbahnverkehrsunternehmen auf höchstens 15 Jahre,
- für Eisenbahninfrastrukturunternehmen auf höchstens 50 Jahre.

Für die Genehmigung und die Aufsicht nicht bundeseigener Eisenbahnen mit Sitz in der Bundesrepublik ist die von der Landesregierung bestimmte Behörde zuständig, für bundeseigene und ausländische Eisenbahnen das Eisenbahn-Bundesamt (EBA). Eisenbahnverkehrsunternehmen haben das Recht auf diskriminierungsfreie Benutzung des Schienenweges und der Infrastruktur von Bahnen, die dem öffentlichen Verkehr dienen.

6.2.8.2 Trassenpreise

Aufgaben der DB Netz AG sind die Vermietung von Zugtrassen und Anlagen sowie die Bereitstellung von Serviceleistungen. Unter einer Trasse versteht man die zeitliche und räumliche Bereitstellung des Fahrweges einer bestimmten Qualität.

Der Zugang zur Trasse erfordert eine zusätzliche Betriebsgenehmigung. Die DB Netz AG hat mit Wirkung vom 10.12.2006 ein neues Trassenpreissystem eingeführt. Danach wird der Trassenpreis wie folgt ermittelt:

- Kategoriengrundpreis   (Streckenkategorien)
- Auslastungsfaktor   (Anreizsystem zur Erhöhung der Leistungsfähigkeit)
- Produktfaktor   (Trassenprodukt)
- Regionalfaktor   (sonstige Entgeltkomponenten)
- Lastkomponenten   (sonstige Entgeltkomponenten)

Kategoriengrundpreis
Es gibt zwölf Streckenkategorien, aus denen sich der Grundpreis errechnet.

Grundpreis zzgl.		Grundpreis	Grundpreis mit Auslastungsfaktor
Fernstrecken			
Fplus	→	7,90 EUR/Trkm	9,48 EUR/Trkm
F1	→	4,02 EUR/Trkm	4,82 EUR/Trkm
F2	→	2,78 EUR/Trkm	3,34 EUR/Trkm
F3	→	2,47 EUR/Trkm	2,96 EUR/Trkm
F4	→	2,36 EUR/Trkm	2,83 EUR/Trkm
F5	→	1,82 EUR/Trkm	2,18 EUR/Trkm
F6	→	2,13 EUR/Trkm	2,56 EUR/Trkm
Zulaufstrecken			
Z1	→	2,21 EUR/Trkm	2,65 EUR/Trkm
Z2	→	2,29 EUR/Trkm	2,75 EUR/Trkm

Grundpreis zzgl.		Grundpreis	Grundpreis mit Auslastungsfaktor
Stecken des Stadtschnellverkehrs			
S1	→	1,55 EUR/Trkm	1,86 EUR/Trkm
S2	→	2,09 EUR/Trkm	2,51 EUR/Trkm
S3	→	2,51 EUR/Trkm	3,01 EUR/Trkm

Auslastungsfaktor

Leistungsabhängige Komponenten bieten Anreize zur Verringerung von Störungen im Betriebsablauf und sollen damit die Leistungsfähigkeit des Schienennetzes erhöhen. Dazu gehört ein Anreizsystem zur Verringerung von Störungen, dem beispielsweise Verspätungsminuten zugrunde liegen. Zur Schaffung von Anreizen, das Netz effektiver zu nutzen, wird ein Auslastungsfaktor für besonders stark ausgelastete Streckenabschnitte erhoben.

Produktfaktor

Die Art des Trassenprodukts bestimmt den **Produktfaktor**:

- Produktfaktor 1,65 für die **Express-Trasse**, die schnelle, direkte und zuverlässige Verbindungen zwischen den wichtigsten Wirtschaftszentren Deutschlands gewährleisten soll.
- Produktfaktor 1,00 für die **Standard-Trasse**, die allen Zügen des Güterverkehrs zur Verfügung steht.
- Produktfaktor 0,5 für die **Zubringer-Trasse**, die der Überführung der Wagen zwischen den Güterverkehrsstellen dient. Sie muss in einem unmittelbaren Zusammenhang zur Nutzung einer der beiden anderen Trassen stehen.

Sonderfaktoren

Hier wird zwischen multiplikativen und additiven Sonderfaktoren unterschieden:

- Einziger **multiplikativer** Sonderfaktor im Güterverkehr ist die Lademaßüberschreitung (Faktor 1,5).
- **Additive** Sonderfaktoren im Güterverkehr sind die Lastfaktoren, die bei Güterzügen ab einem Gesamtgewicht von 1 200 t oder einer Radsatzlast von mehr als 22,5 t berechnet werden:

Bei einer Radsatzlast von mehr als 22,5 t beträgt der Lastzuschlag 0,64 Euro/km.
Durch diese Zuschläge soll die unterschiedliche Belastung der Gleisanlagen berücksichtigt werden.

Zusatzentgelte verlangt die DB Netz AG für die Realisierung von Kundenwünschen, die nach Trassenbuchung zu Fahrplanänderungen führen. Auch kurzfristige Trassenbestellungen werden gesondert in Rechnung gestellt.

< 1 200 t	0,00 EUR/km
1 200–1 599 t	0,51 EUR/km
1 600–1 999 t	0,77 EUR/km
2 000–2 399 t	1,08 EUR/km
> 2 400 t	1,33 EUR/km

Auch die Abbestellung von Trassen kann zur Erhebung von Stornoentgelten führen, je nach zeitlicher Nähe des Abbestelltages zum Abfahrtstag.

6.3 Bahnspedition

6.3.1 Spediteure als Partner der Eisenbahn

Die Eisenbahn als schienengebundenes Verkehrsmittel ist, besonders im Haus-Haus-Verkehr, auf den Lastkraftwagen für die Flächenabdeckung angewiesen. Hier nun stellt sich die Aufgabe des auf diesem Gebiet vorherrschenden Spediteurs. Gerade die neuen Angebote haben gezeigt, dass der Güterkraftverkehrsunternehmer, aber auch der Spediteur, sich nicht nur der Eisenbahn als Verkehrsträger bedienen, sondern auch Aufgaben für die Bahn übernehmen.

6.3.1.1 Spediteure als Absender/Empfänger

Schließt der Spediteur für seinen Kunden im eigenen Namen einen Frachtvertrag mit der Bahn, so wird er Absender aus dem Vertrag mit dessen Rechten und Pflichten nach ALB. Deshalb ist es von besonderer Bedeutung, über diese Rechtsvorschrift Bescheid zu wissen. Als Empfänger einer Sendung sorgt der Spediteur zumeist für die Zustellung an seinen Kunden. Hier stehen ihm aus dem Frachtvertrag (zugunsten eines Dritten) auch dessen Rechte zu, die er dann für seinen Kunden wahrnimmt.

6.3.1.2 Kombinierte Verkehre

Bei Kombinierten Verkehren verlädt der Spediteur Fahrzeuge, Wechselbrücken (Huckepackverkehr) und Container per Bahn (siehe auch Kapitel Kombinierte Verkehre).

6.3.1.3 Adress- oder Vollmachtspediteure

Wird ein Spediteur aufgrund der Vorschrift des Versenders oder Endempfängers als Empfänger in den Frachtbrief eingesetzt, so spricht man von einem **Adressspediteur**. Gründe dafür können sein, dass die Sendung vor der Auslieferung neutralisiert oder verzollt, nur gegen Nachnahme ausgeliefert oder weitergeleitet bzw. verteilt werden soll.

Der **Vollmachtspediteur** wird vom Endempfänger beauftragt (bevollmächtigt), für ihn die eingehenden Sendungen von der Bahn in Empfang zu nehmen. Diese Vollmacht muss schriftlich erteilt werden.

6.3.1.4 Hausspediteure

Will ein Kunde der zuständigen Niederlassung selbst anliefern oder hat er mit ihr die Selbstabholung vereinbart, so setzt er häufig für diese Leistungen einen Spediteur ein. Das dafür zu entrichtende Entgelt unterliegt keiner Bindung.

6.4 Internationaler Eisenbahngüterverkehr

Der internationale Eisenbahnverkehr ist geprägt durch eine Vielzahl von zwischenstaatlichen Vereinbarungen oder Abkommen der beteiligten Eisenbahnverwaltungen.

6.4.1 Rechtsvorschriften

Grundlage ist das „Übereinkommen über den internationalen Eisenbahnverkehr" (COTIF = Convention relative aux transports internationaux ferroviaires) in der Fassung des Änderungsprotokolls vom 3. Juni 1999, das am 1. Juni 2006 in Deutschland in Kraft trat.[1]

---

[1] *Eine Auflistung der Mitgliedstaaten der COTIF befindet sich in Koller I.: Transportrecht, 5. Auflage, Beck Verlag, S. 1574*

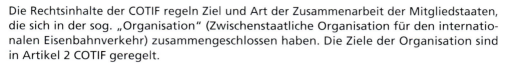

Die Rechtsinhalte der COTIF regeln Ziel und Art der Zusammenarbeit der Mitgliedstaaten, die sich in der sog. „Organisation" (Zwischenstaatliche Organisation für den internationalen Eisenbahnverkehr) zusammengeschlossen haben. Die Ziele der Organisation sind in Artikel 2 COTIF geregelt.

Wichtig für den Güterverkehr sind neben dem **Anhang B** (**CIM**, vgl. Abschnitt 6.4.2) folgende Rechtsgrundlagen:

- **der Anhang D:** einheitliche Rechtsvorschriften für Verträge über die Verwendung von Wagen im internationalen Eisenbahnverkehr **(CUV)**
- **der Anhang E:** einheitliche Rechtsvorschriften für den Vertrag über die Nutzung der Infrastruktur im internationalen Eisenbahnverkehr **(CUI)**
- **der Anhang F:** einheitliche Rechtsvorschriften für die Verbindlichkeitserklärung technischer Normen und für die Annahme einheitlicher technischer Vorschriften für Eisenbahnmaterial, das zur Verwendung im internationalen Verkehr bestimmt ist **(APTU)**

6.4.2 Internationale Wagenladungsverkehre

Nach Artikel 6,1 CIM wird durch den Beförderungsvertrag der Beförderer verpflichtet, das Gut gegen Entgelt zum Bestimmungsort zu befördern und dort an den Empfänger abzuliefern. Der Beförderungsvertrag ist in einem Frachtbrief nach einem einheitlichen Muster festzuhalten, wobei der Bestand und die Gültigkeit des Vertrages durch das Fehlen oder den Verlust oder die Mangelhaftigkeit des Frachtbriefes nicht berührt wird. Der Beförderer muss die Übernahme des Gutes auf dem Frachtbriefdoppel bescheinigen und das Doppel dem Absender übergeben (vgl. Art. 6.4 CIM). Der Frachtbrief selbst kann nur die Ladung eines einzigen Wagens zum Gegenstand haben (vgl. Art. 6.6 CIM). Der Frachtbrief dient somit bis zum Beweis des Gegenteils als Nachweis für den Abschluss und den Inhalt des Beförderungsvertrages sowie für die Übernahme des Gutes durch den Beförderer (vgl. Art. 12,1 CIM). Der Beförderungsvertrag ist somit ein **Konsensualvertrag**.

Das Verfügungsrecht über das Gut ist in Artikel 18,1 CIM geregelt. Danach ist der Absender berechtigt, den Beförderungsvertrag nachträglich zu ändern. Folgende Möglichkeiten stehen ihm hierbei offen:

- Das Gut soll nicht weiterbefördert werden,
- die Ablieferung des Gutes soll ausgesetzt werden,
- das Gut soll an einen anderen als den im Frachtbrief angegebenen Empfänger abgeliefert werden,
- das Gut soll an einen anderen als den im Frachtbrief angegebenen Ort abgeliefert werden.

Diese Rechte kann der Absender nur solange geltend machen, bevor der Empfänger den Frachtbrief nicht eingelöst oder das Gut angenommen hat (vgl. Artikel 18,2 CIM).
Der Beförderer verpflichtet sich ferner, die mit dem Absender vereinbarte Lieferfrist einzuhalten. Fehlt eine solche Vereinbarung gilt nach Art. 16,2 bis 4 CIM folgendes:

- für Wagenladungen gibt es eine **Abfertigungsfrist** von 12 Stunden und eine **Beförderungsfrist** je angefangene 400 km von 24 Stunden;
- für folgende Fälle kann eine **Zuschlagsfrist** festgelegt werden:
  a) Sendungen, die
    - über einen mit unterschiedlichen Spurweiten,
    - zur See oder auf Binnengewässern,
    - auf der Straße, wenn keine Schienenverbindung besteht,
    befördert werden;

b) außergewöhnliche Verhältnisse, die eine ungewöhnliche Verkehrszunahme oder ungewöhnliche Betriebsschwierigkeiten zur Folge haben

An Sonn- und Feiertagen ruht die Lieferfrist

6.4.3 Frachtbrief

Der Frachtbrief kann nach Art. 6,9 CIM formlos erstellt werden, da er auch aus elektronischen Datenaufzeichnungen bestehen kann, die allerdings in lesbare Schriftzeichen umwandelbar sein müssen. Den Inhalt des Frachtbriefes hat man sehr differenziert geregelt (vgl. Art. 7,1 ff. CIM). Jeder Frachtbrief muss zunächst folgende Angaben enthalten:

- Ort und Tag der Ausstellung,
- Name und Anschrift des Absenders,
- Name und Anschrift des Beförderers, der den Beförderungsvertrag geschlossen hat,
- Ort sowie Datum der Übernahme des Gutes,
- Ort der Ablieferung,
- Name und Anschrift des Empfängers,
- Bezeichnung der Art des Gutes und der Verpackung – bei gefährlichen Gütern gemäß den Vorschriften des RID,
- Anzahl der Frachtstücke, deren Zeichen und Nummern,
- Nummer des Wagens,
- Bei intermodalen Transporteinheiten die Art, die Nummer oder die zu ihrer Identifizierung erforderlichen sonstigen Merkmale,
- Die Bruttomasse des Gutes oder die Angabe der Menge in anderer Form,
- Die Lieferklausel.

Falls zutreffend sind beispielsweise einzutragen:

- der Betrag einer bei der Ablieferung des Gutes einzuziehenden Nachnahme,
- die Angabe des Wertes des Gutes und des Betrages des besonderen Interesses an der Lieferung,
- eine vereinbarte Lieferfrist,
- Angaben des Absenders über die Anzahl und die Bezeichnung der Verschlüsse, die er am Wagen angebracht hat.

Der Frachtbrief kann einen Vorbehalt dahingehend enthalten, dass dem Beförderer keine angemessenen Mittel zur Verfügung standen, um die Richtigkeit der Angaben in ihm zu überprüfen.

Sollten über die Zahlung der Kosten keine Vereinbarungen zwischen Absender und Beförderer getroffen worden sein, gilt Art. 10,1 CIM, nach dem der Absender die Kosten zu tragen hat.

Bei Beförderungshindernissen entscheidet der Beförderer, ob er die Beförderung unter Abänderung des Beförderungsweges durchführen will oder ob er Weisungen des Verfügungsberechtigten einholen will. Bei Ablieferungshindernissen muss der Beförderer hingegen den Absender in Kenntnis setzen und dessen Anweisungen einholen. Bei einer Annahmeverzögerung durch den Empfänger kann der Absender auch ohne Vorlage des Frachtbriefdoppels eine Weisung erteilen (vgl. Art. 21,3 CIM).

Die Haftung des Beförderers ist in Art. 23 CIM analog den Vorschriften des Art. 17 CMR geregelt. Bei gänzlichem oder teilweisem Verlust hat der Beförderer eine Entschädigung von max. 17 SZR je fehlendes Kilogramm Bruttomasse zu leisten, wobei folgende Werte zugrunde gelegt werden können:

- der Börsenpreis,
- der Marktpreis
- der gemeine Wert von Gütern gleicher Art und Beschaffenheit am Tag und am Ort der Übernahme.

Bei einer Überschreitung der Lieferfrist haftet der Beförderer max. bis zum Vierfachen der Fracht (vgl. Art. 33,1 CIM).

Sollte das Gut nicht binnen 30 Tage nach Ablauf der Lieferfrist dem Empfänger zugestellt sein, ist es als verloren zu betrachten, was einem Totalverlust gleichzusetzen ist (vgl. hierzu Art. 29,1 CIM).

Beispiel:

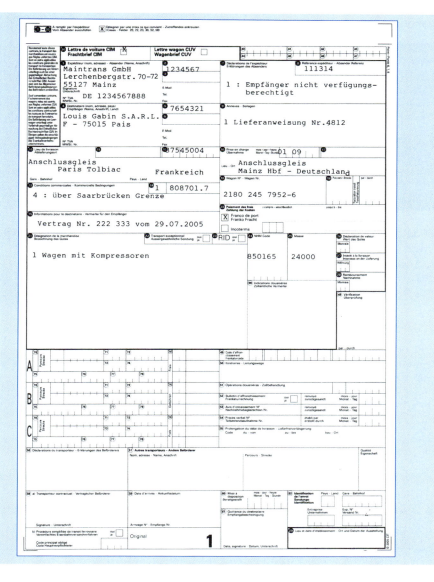

6.4.4 Frachtberechnung

Für die **Abrechnung** sind allgemein internationale Tarife, die Verbandsgütertarife, für die gesamte Strecke vorgesehen. In deren Stationstarifen kann das Entgelt von Bahnhof zu Bahnhof berechnet werden. Schnitttarife geben an, welche Entgelte jeweils zwischen Schnittpunkten (meist der Grenzübergang) berechnet werden. Existieren diese nicht, so wird von den beteiligten Bahnen jeweils bis oder ab der Grenze nach den Preisen der beteiligten Bahnen abgerechnet. Der Absender kann die Kosten selbst übernehmen oder ganz bzw. teilweise auf den Empfänger übertragen.

Ein in der Praxis häufig vorkommender Fall ist der gebrochene Transport durch die Abfertigung des Grenzspediteurs. Dies hat den großen Vorteil, dass durch ihn die Sendung gleichzeitig verzollt und behandelt (z. B. neutralisiert, bemustert) werden kann, führt aber zur Frage der Frachtabrechnung. Grundsätzlich ergeben sich, neben der durchgehenden Abrechnung, drei Möglichkeiten:

Abfertigung von Bahn zu Bahn	Hier entsteht zwar ein Frachtvertrag nach einheitlichem Frachtrecht und es erfolgt keine Umladung, aber die Facht wird nicht durchgehend berechnet, sondern wird gegenüber der jeweiligen Bahn entrichtet.
Reexpedition auf einem Gemeinschaftsbahnhof (z. B. Basel)	Hier wird nicht umgeladen, d. h., es wird mit der Auslands- oder Inlandsbahn kein Frachtvertrag geschlossen, aber ein Frachtbrief verwandt. Die Entgelte werden ebenfalls getrennt nach dem nationalen oder einem internationalen Anteil berechnet.
Reexpedition auf einem Inlandsbahnhof (nicht Grenzbahnhof)	Je nachdem, ob der Auflieferungsbahnhof im Ausland oder im Inland liegt, werden für die grenzüberschreitende Strecke internationale Bestimmungen und für die nationale Strecke die nationalen Bedingungen angewandt.

Bedeutendes Beispiel für eine internationale Preisvereinbarung ist der **„NORDEG"** für Wagenladungen:

Tarif Nr. 9927/28:	**Internationaler Eisenbahn-Gütertarif für Wagenfracht (Schweden/ Norwegen/Finnland–Bundesrepublik Deutschland).**

ZUSAMMENFASSUNG

1. Der Eisenbahnverkehr ist geprägt von internationalen Zusammenschlüssen und einer Erweiterung vom reinen Eisenbahn-Frachtführer zum Logistikanbieter.

2. Trotz der Marktmacht der ehemals staatlichen Bahnen treten verstärkt private Anbieter auf dem Eisenbahnverkehrsmarkt auf.

3. Trotz einer Ausweitung des Transportvolumens des Güterverkehrsmarktes stagniert der Anteil des Eisenbahnverkehrs.

4. Unterschiedliche Spurweiten und verschiedenartige Stromsysteme erschweren technisch europaweite Verkehre. Raum- und Gewichtsbegrenzungen engen Transportlösungen ein.

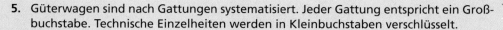

5. Güterwagen sind nach Gattungen systematisiert. Jeder Gattung entspricht ein Groß-buchstabe. Technische Einzelheiten werden in Kleinbuchstaben verschlüsselt.

6. Im Anschriftenfeld eines Güterwagens befinden sich die wichtigsten Aussagen zu seinen Eigenschaften.

7. Lademittel wie Paletten, Collico oder Paltainer sollen den Güterumschlag erleich-tern.

8. Binnencontainer weisen, im Gegensatz zu ISO-Norm, Palettenbreite auf.

9. Historisch bedingt ist die Railion Deutschland AG der national bestimmende Eisen-bahnverkehrsunternehmer Deutschlands.

10. Bei der Bestellung des Güterwagens sind u. a.
    • der Name des Bestellers
    • der Bedarfstag
    • Gattung der Wagen
    • Art des Gutes
    anzugeben

11. Plantrain (langfristig bestellt, preisgünstig), Variotrain (Transport innerhalb bestimm-ter Fristen) und Flextrain (24 Stunden-Service) sind Ganzzug-Angebote der Railion.

12. Die Allgemeinen Leistungsbedingungen (ALB) der Railion Deutschland AG enthal-ten die Beförderungsbedingungen.

13. Die Preise und Konditionen der Railion Deutschland AG, die Bestimmungen für Kombinierten Verkehr und die Bestimmungen für Privatgüterwagen enthalten die Abrechnungsgrundlagen.

14. Der Abschluss des Betrages erfolgt formlos.

15. Mangels anderer Vereinbarung ist vom Kunden ein Frachtbrief nach dem Muster „Preise und Konditionen" auszustellen.

16. Die Haftung der Railion ist in den allgemeinen Leistungsbedingungen für Güter-schäden bis max. 8,33 Rechnungseinheiten je Kilogramm des Rohgewichts der Sen-dung begrenzt. Je Schadensfall höchstens
    • 2,00 Rechnungseinheiten für jedes Kilogramm oder
    • 1 000 000,00 EUR,
    je nachdem, welcher Betrag höher ist.

17. Huckepackverkehr ist über die Schiene geleiteter Güterkraftverkehr.

18. Zur Verladung kommen:
    • Motorwagen und Anhänger (selten)
    • Sattelzüge
    • Sattelauflieger
    • Wechselbehälter
    • Container

19. Huckepackverkehr besorgten die Kombiverkehr KG und die UIRR.

20. Die Allgemeinen Geschäftsbedingungen der Kombiverkehr regeln das Rechtsver-hältnis zwischen Güterkraftverkehrsunternehmer und Kombiverkehr.

21. Die Frachtberechnung erfolgt je Kombisendung und Empfangsbahnhof nach Gewicht, Länge und Art des Fahrzeugs bzw. Behälters.

22. Wer Eisenbahnverkehr auf öffentlichen Strecken in der Bundesrepublik betreiben will, bedarf einer Genehmigung.

23. Die Deutsche Bahn Netz AG vermietet Zugtrassen und Anlagen an Eisenbahnverkehrsunternehmer.

24. Die Preise zur Nutzung der Trasse richten sich nach deren verkehrlichen Bedeutung.

25. Im internationalen Eisenbahnverkehr ist zwingend das „Übereinkommen über den internationalen Eisenbahnverkehr (COTIF)" anzuwenden.

26. Im COTIF enthalten sind die einheitlichen Rechtsvorschriften für den Vertag über die internationale Eisenbahnbeförderung von Gütern (CIM). Für Auslandtransport bilden sie das nationale Recht.

27. Die Höchsthaftung im internationalen Eisenbahnverkehr betrag 17 SZR je kg brutto.

28. Ein Frachtbrief ist im internationalen Eisenbahnverkehr vorgeschrieben.

29. Die Frachtberechnung ist im internationalen Verkehr stark an bilaterale Vereinbarungen gebunden.

7 Die Binnenschifffahrt

Einstiegssituation:

Die LAWO GmbH, Bruchsal, verkauft eine Partie Futtermittel, „fob Karlsruhe", an die Friedrich Meier KG, Oldenburg.
Den Binnenschiffstransport führt die Reederei Neptun GmbH im Auftrag der Karlsruher Binnenschifffahrts- und Umschlagsgesellschaft mbH durch.
Die Ladung von 900 t wird in Karlsruhe vom MS Ursula übernommen.

AUFGABEN

1. Welchen Fahrweg wählt der Schiffsführer bis zum Bestimmungshafen Oldenburg?

2. Warum wird ein Motorgüterschiff für diesen Transport eingesetzt?

3. Stellen Sie die Vertragsbeziehungen für diesen Transport dar.

4. Wie wird der Transportauftrag abgewickelt?

5. Welches Papier bzw. Dokument wird dabei verwendet?

6. Welche Kosten werden der Meier KG für diesen Transport in Rechnung gestellt?

7.1 Gesamtwirtschaftliche Bedeutung der Binnenschifffahrt

Wasserstraßen werden seit dem Altertum als leistungsfähige Verkehrswege genutzt. **Flüsse** und **Binnenseen** stehen als Geschenk der Natur für Transporte größerer Mengen sozusagen unentgeltlich zur Verfügung; ihre entsprechende Nutzung ergab sich deshalb von selbst. **Kanäle** erweitern als künstliche Wasserstraßen das Verkehrsnetz. Auch sie werden als Binnenwasserstraßen seit langem genutzt und leisten einen hervorragenden Beitrag zur Bewältigung des Transportaufkommens. Daneben erfüllen künstliche Wasserstraßen Funktionen im Rahmen der Wasserversorgung und der Entwässerung bestimmter Regionen.

Schifffahrtsabgaben sind von der Binnenschifffahrt nur für die Benutzung künstlicher Wasserstraßen zu zahlen; die natürlichen Wasserstraßen können abgabenfrei benutzt werden. Darin kann eine Förderung des **umweltfreundlichen** Verkehrsträgers Binnenschifffahrt gesehen werden.

Das **Binnenschiff** ist besonders geeignet zum Transport typischer **Massengüter** (z. B. Steine, Kohle, Erz, Getreide) und **Schwergüter**, wenn also ein großes Transportgefäß benötigt wird und besonders niedrige Transportkosten gefragt sind. Nur der Eisenbahnverkehr kann hierbei als Wettbewerber gesehen werden. Dabei hat das System Binnenschiff/Wasserstraße den Vorzug, da es über eine große Transportkapazität verfügt und preisgünstiger befördern kann.

Pro Fahrt können außerordentlich hohe Gewichtsmengen befördert werden. Wachsende Schiffsgrößen bedeuten zudem, dass heutige Binnenschiffe auch Transporte besonders großer und schwerer Güter bewältigen können.

Während früher Steinkohle und Braunkohle die wichtigsten Transportgüter waren (jetzt weitgehend durch das Heizöl verdrängt), stehen heute Baustoffe aller Art, Mineralöl und Mineralölerzeugnisse an der ersten Stelle der Transportgüter.

Güterverkehrsleistung der Binnenschifffahrt nach Güterbereichen (in Mrd. tkm)[*]

	2005	2006	2007	2008	05–06 %	06–07 %	07–08 %
Landwirtschaftliche Erzeugnisse	5,3	5,2	5,6	5,7	–1,9	7,7	1,8
Nahrungs- und Futtermittel	6,2	5,2	5,6	5,7	–16,1	7,7	1,8
Feste mineralische Brennstoffe	8,6	8,7	8,6	8,4	1,2	–1,1	–2,3
Erdöl, Mineralölerzeugnisse	10,7	10,5	10,2	10,3	–1,9	–2,9	1,0
Erze, Metallabfälle	6,3	6,2	6,6	6,7	–1,6	6,5	1,5
Eisen/Stahl/NE-Metalle	3,9	4,1	4,3	4,3	5,1	4,9	0,0
Steine/Erden/Baustoffe	10,2	11,3	12,1	12,3	10,8	7,1	1,7
Düngemittel	2,6	2,4	2,5	2,5	–7,7	4,2	0,0
Chemische Erzeugnisse	4,9	5,2	5,4	5,5	6,1	3,8	1,9
Halb- und Fertigwaren	5,4	5,2	5,2	5,4	–3,7	0,0	3,8
Alle Güterbereiche	64,1	64,0	66,1	66,8	–0,2	3,3	1,1

Quelle: Kraftfahrtbundesamt, BVU

---

[*] *Kursiv gedruckte Angaben sind Prognosewerte.*

Der Binnenschifffahrtstransport ist besonders energiesparend und umweltfreundlich. Eine gleiche Transportleistung erfordert bei der Eisenbahn 20 % mehr und beim Güterkraftverkehr sogar 250 % mehr Energie. Binnenschiffe haben somit gegenüber Landverkehrsträgern für die gleiche Transportleistung den geringsten Energieverbrauch. Der damit verbundene Kostenvorteil schlägt sich auch in relativ niedrigen Beförderungspreisen, den sog. Frachten bzw. Frachtraten, nieder. Abgas- und Lärmbelästigungen durch Binnenschiffe sind sehr gering. Durch Ausrüstung mit modernen Radaranlagen wird als weiterer Vorteil ein sog. „Rund-um-die-Uhr"-Betrieb möglich, der die Transportdauer erheblich verkürzt.

Ferner ist die Binnenschifffahrt für den **Containertransport** geöffnet. Container ermöglichen die Zusammenfassung kleinerer Stückgutsendungen zu größeren Ladeeinheiten und geben damit dem Stückgutverkehr beförderungs- und umschlagstechnisch gesehen Massengutcharakter. – Es kann auch weiterhin von großen Zuwachsraten ausgegangen werden.

Rund ein Fünftel aller deutschen Binnenschiffe sind **Tankschiffe**, die für den Transport von Benzin, Dieselkraftstoffen, Heizöl, chemischen Flüssigkeiten und Gasen in großen Mengen eingesetzt werden. Da die meisten dieser Güter hochexplosiv, brennbar oder auf andere Art gefährlich sind, sorgen scharfe Sicherheitsbestimmungen für sicheren Transport. Auch ist auf Binnenwasserstraßen, die in der Regel zudem abseits von Siedlungen verlaufen, die Verkehrsdichte weit geringer als auf Straßen, Autobahnen oder Hauptstrecken der Eisenbahn. Dadurch wird die Sicherheit zusätzlich erhöht. Eine Umweltgefährdung kann jedoch auch hier nicht ganz ausgeschlossen werden (z. B. Tankerunglücke durch menschliches Versagen u. Ä.).

Ausbau und Pflege von Binnenwasserstraßen sind sowohl für ihre Funktion als Transportwege als auch für die Wasserwirtschaft von großer Wichtigkeit für die weitere Entwicklung von Industrie und Handel in unserer Volkswirtschaft. Beim Ausbau der Wasserstraßen muss jedoch verstärkt auf die Umweltverträglichkeit geachtet werden.

Als **Hauptnachteile** der Binnenschifffahrt müssen die geringere Geschwindigkeit, das weniger dichte Verkehrsnetz und die zeitweilige Abhängigkeit vom Wasserstand auf den Flüssen gesehen werden. Eine mögliche Störung des Binnenschiffsverkehrs kann auch durch Eisgang im Winter, Hochwasser insbesondere im Frühjahr und Kleinwasser in heißen und regenarmen Zeiten eintreten.

Nicht nachteilig wirkt sich im Allgemeinen die längere Transportdauer bei Massengütern aus. Teilweise ist hier sogar ein zusätzlicher Vorteil gegeben, wenn z. B. die schwimmende Ware noch nicht verkauft ist und sonst nur zwischengelagert werden müsste. Für den Bereich höherwertiger Güter muss auch bedacht werden, dass die Transportdauer durch moderne „rund um die Uhr" einsetzbare Schiffe erheblich reduziert werden konnte. Andererseits darf wiederum nicht übersehen werden, dass sich – besonders bei relativ kurzen Entfernungen – die Transportdauer durch Laden und Löschen der großen Mengen verlängert.

Die geringe Dichte des Verkehrsnetzes bedeutet, dass häufig gebrochener Verkehr nicht zu vermeiden ist, weil die Möglichkeiten zur Durchführung direkter Binnenschiffstransporte zwischen Verladern und Empfängern begrenzt sind. Entsprechend ergibt sich, dass die Binnenschifffahrt unter den Verkehrsträgern den größten Anteil am gebrochenen Verkehr hat. Dabei fällt die beachtliche Zubringer- und Übernahmefunktion der Binnenschifffahrt im Zusammenhang mit dem Seeschiffsverkehr besonders ins Gewicht.

7.2 Binnenwasserstraßennetz der Bundesrepublik Deutschland und Mitteleuropas einschließlich Binnenhäfen

7.2.1 Überblick und Einteilung

Das deutsche Binnenwasserstraßennetz bildet das Kernstück des europäischen Wasserstraßennetzes. Als Binnenwasserstraßen bieten sich zunächst die großen Flüsse an. Ihr relativ geringes und konstantes Gefälle und die übers Jahr im Allgemeinen ziemlich gleichmäßig verteilten Niederschläge bieten günstige Voraussetzungen für den Binnenschiffsverkehr.

Den heutigen Bedürfnissen der Binnenschifffahrt werden aber diese natürlichen Wasserstraßen ohne wasserbautechnische Korrekturen meistens nicht gerecht.

Um den erforderlichen Wasserstand zu erreichen, werden **Staustufen** eingebaut. Zur Überwindung des Höhenunterschieds sind **Schleusen** erforderlich. Von sog. Doppelschleusen können gleichzeitig ein Schiff der Bergfahrt und eines der Talfahrt geschleust werden.

Zur Überwindung größerer Höhenunterschiede wurden und werden Schiffshebewerke gebaut.

Die **Einteilung der Binnenwasserstraßen** ist wie folgt vorzunehmen:

Für die Klassenzuordnung sind wie bei der früheren Klassifizierung die Grundrissabmessungen der Fahrzeuge (Länge x Breite) maßgebend. Zwar beginnt die internationale Bedeutung bei Klasse IV; die Empfehlung für den Fall des Ausbaus einer international wichtigen Wasserstraße zielt jedoch mindestens auf die Herstellung der Abmessungen der Klasse V a, möglichst sogar V b.

Fußnoten zur Klassifizierungstabelle auf der nächsten Seite:

[1] *Die erste Zahl berücksichtigt die bestehende Situation, während die zweite sowohl zukünftige Entwicklungen als auch – in einigen Fällen – die bestehende Situation darstellt.*
[2] *Berücksichtigt einen Sicherheitsabstand von etwa 30 cm zwischen dem höchsten Fixpunkt des Schiffes oder seiner Ladung und einer Brücke.*
[3] *Berücksichtigt die Abmessungen von Fahrzeugen mit Eigenantrieb, die im Ro-/Ro- und Containerverkehr erwartet werden. Die angegebenen Abmessungen sind annähernde Werte.*
[4] *Für die Beförderung von Containern ausgelegt:*
    5,25 m für Schiffe, die zwei Lagen Container befördern
    7,00 m für Schiffe, die drei Lagen Container befördern
    9,10 m für Schiffe, die vier Lagen Container befördern
    50% der Container können leer sein, sonst Ballastierung erforderlich.
[5] *Einige vorhandene Wasserstraßen können aufgrund der größten zulässigen Länge von Schiffen und Verbänden der Klasse IV zugeordnet werden, obwohl die größte Breite 11,40 m und der größte Tiefgang 4,00 m beträgt.*
[6] *Schiffe, die im Gebiet der Oder und auf den Wasserstraßen zwischen Oder und Elbe eingesetzt werden.*
[7] *Der Tiefgangswert für eine bestimmte Bundeswasserstraße ist entsprechend den örtlichen Bedingungen festzulegen.*
[8] *Auf einigen Abschnitten von Wasserstraßen der Klasse VII können auch Schubverbände eingesetzt werden, die aus einer größeren Anzahl von Leichtern bestehen. In diesem Fall können die horizontalen Abmessungen die in der Tabelle angegebenen Werte übersteigen.*

Klassifizierung der europäischen Binnenwasserstraßen

Typ der Binnenwasserstraße	Klasse der Binnenwasserstraße	Motorschiffe und Schleppkähne – Typ des Schiffes: Allgemeine Merkmale					Schubverbände – Art des Schubverbandes: Allgemeine Merkmale					Brückendurchfahrtshöhe[2]
		Bezeichnung	maxim. Länge L (m)	maxim. Breite B (m)	Tiefgang d (m)[7]	Tonnage T (t)	Formation	Länge L (m)	Breite B (m)	Tiefgang d (m)[7]	Tonnage T (t)	
1	2	3	4	5	6	7	8	9	10	11	12	13
von regionaler Bedeutung — westlich der Elbe	I	Penische	38,5	5,05	1,8–2,2	250–400						4,0
	II	Kempenaar	50–55	6,6	2,5	400–650						4,0–5,0
	III	Gustav Koenigs	67–80	8,2	2,5	650–1 000						4,0–5,0
von regionaler Bedeutung — östlich der Elbe	I	Gross Finow	41	4,7	1,4	180						3,0
	II	BM-500	57	7,5–9,0	1,6	500–630						3,0
	III	[6]	67–70	8,2–9,0	1,6–2,0	470–700		118–132[1]	8,2–9,0[1]	1,6–2,0	1 000–1 200	4,0
von internationaler Bedeutung	IV	Johann Welker	80–85	9,50	2,5	1 000–1 500		85	9,50[5]	2,50–2,80	1 250–1 450	5,25 od. 7,00[4]
	V a	Große Rheinschiffe	95–110	11,40	2,50–2,80	1 500–3 000		95–110[1]	11,40	2,50–4,50	1 600–3 000	5,25 od. 7,00 od.
	V b							172–185	11,40	2,50–4,50	3 200–6 000	9,10[4]
	VI a							95–110	22,80	2,50–4,50	3 200–6 000	7,00 od. 9,10[4]
	VI b	[3]	140	15,00	3,90			185–195[1]	22,80	2,50–4,50	6 400–12 000	7,00 od. 9,10[4]
	VI c							270–280[1]	22,80	2,50–4,50	9 600–18 000	9,10[4]
								195–200[1]	33,00–34,20[1]	2,50–4,50	9 600–18 000	
	VII							285	33,00–34,20[1]	2,50–4,50	14 500–27 000	9,10[4]

Vgl. Binnenschifffahrt – ZfB – Nr. 18
Das größte Rheinschiff hat folgende Abmessungen: Länge: 135,50 m, Breite: 16,48 m, Tiefgang: 3,50 m, Tonnage: 4 600 t.

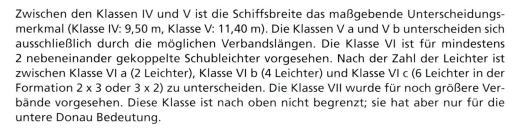

Zwischen den Klassen IV und V ist die Schiffsbreite das maßgebende Unterscheidungsmerkmal (Klasse IV: 9,50 m, Klasse V: 11,40 m). Die Klassen V a und V b unterscheiden sich ausschließlich durch die möglichen Verbandslängen. Die Klasse VI ist für mindestens 2 nebeneinander gekoppelte Schubleichter vorgesehen. Nach der Zahl der Leichter ist zwischen Klasse VI a (2 Leichter), Klasse VI b (4 Leichter) und Klasse VI c (6 Leichter in der Formation 2 x 3 oder 3 x 2) zu unterscheiden. Die Klasse VII wurde für noch größere Verbände vorgesehen. Diese Klasse ist nach oben nicht begrenzt; sie hat aber nur für die untere Donau Bedeutung.

Nach Anwendung des neuen Klassifizierungssystems entfallen von den 6 291 km des deutschen Wasserstraßennetzes
- 1 465 km auf die Klassen I bis III (23 %),
- 1 453 km auf die Klasse IV (23 %),
- 2 168 km auf die Klassen V a und V b (35 %),
- 1 205 km auf die Klassen VI a bis VI c (19 %).

Bei den Wasserstraßen der Klassen VI a bis VI c handelt es sich um
- den Rhein (Klasse VI b und VI c) mit 695 km,
- die Donau (Klasse VI a und VI b) mit 173 km,
- die Elbe unterhalb Lauenburg (Klasse VI b) mit 127 km (ohne den an die Freie und Hansestadt Hamburg delegierten Streckenabschnitt),
- den Nord-Ostsee-Kanal (Klasse VI b) mit 99 km,
- die Weser unterhalb der Weserbrücke Bremen (Klasse VI b) mit 84 km,
- die Trave (Klasse VI) mit 27 km.

Zur technischen Weiterentwicklung in der Binnenschifffahrt:

In Deutschland ist **Schubschifffahrt** mit einem Europa-Leichter II (Länge 76,50 m, Breite 11,40 m) möglich auf: Neckar, Nordabschnitt des Dortmund-Ems-Kanals, Main unterhalb Aschaffenburg, Datteln-Hamm-Kanal, Küstenkanal, Elbe-Lübeck-Kanal und teilweise auf dem Mittellandkanal. Mit 2 Europa-Leichtern kann Schubschifffahrt betrieben werden auf: Main und Main-Donau-Kanal, Südabschnitt des Dortmund-Ems-Kanals bis Henrichenburg-Dortmund, Rhein-Herne-Kanal teilweise, Wesel-Datteln-Kanal, Mosel, Saar. Mit 2 x 2 gekoppelten Leichtern kann Schubschifffahrt durchgeführt werden auf: Rhein oberhalb Koblenz, Donau Regensburg abwärts, Elbe oberhalb Hamburg. Mit 6 Schubleichtern ist Schubschifffahrt eigentlich nur auf dem Niederrhein möglich. Auf allen ostdeutschen Wasserstraßen ist Schubschifffahrt mit kleineren Schubleichtern möglich.

7.2.2 Natürliche Binnenwasserstraßen

Der **Rhein** mit seinen kanalisierten Nebenflüssen Neckar, Main und Mosel ist das Rückgrat der deutschen Binnenschifffahrt. Er ist schiffbar bis Rheinfelden, als Großschifffahrtsweg ausgebaut bis Basel und hat die Wasserstraßenklasse V. Der Rhein ist die verkehrsreichste Binnenwasserstraße der Welt.

Eingeteilt ist der Rhein in vier Bereiche:
- Hochrhein von Rheinfelden bis Basel
- Oberrhein von Basel bis Mannheim
- Mittelrhein von Mannheim bis Köln
- Niederrhein von Köln bis zur deutschen Grenze

Der km 0 des Rheins liegt in Konstanz; in Rotterdam wird km 1000 erreicht. Bis zur deutschen Grenze bei Emmerich sind es 716 km schiffbare Strecke.

Bereits in der Mannheimer Rheinschifffahrtsakte von 1868 wurde die uneingeschränkte Freiheit für Schiffe der Rheinschifffahrt vereinbart:

- Gleichbehandlung der Flaggen
- Wegfall der Schifffahrtsabgaben, Durchfuhrzölle, Umschlags- und Stapelrechte
- vereinfachte Zollabfertigung, einheitliche technische und schifffahrtspolizeiliche Vorschriften

1967 kam es zu einer Revision der Rheinschifffahrtsakte. Die Mannheimer Akte wurde an die neueste Entwicklung unter Beibehaltung der Grundsätze des Rheinregimes angepasst. Dieses Übereinkommen wurde zwischen Belgien, der Bundesrepublik Deutschland, Frankreich, Großbritannien, den Niederlanden und der Schweiz geschlossen.

Die **schiffbaren Nebenflüsse des Rheins** haben jeweils den km 0 bei der Mündung in den Rhein. Sie sind ausgebaut zum Befahren mit Schiffen der sog. Europaklasse, der Klasse IV.

Schiffbar ist:

- der Neckar bis Plochingen
- der Main bis Bamberg – dort erfolgt die Fortsetzung im Main-Donau-Kanal, der am 25. September 1992 dem Verkehr übergeben wurde
- die Donau von Kelheim bis zum Schwarzen Meer
- die Mosel bis zur französischen Stadt Metz
- die Saar von der Einmündung in die Mosel bis Dillingen

7.2.3 Künstliche Binnenwasserstraßen

Die großen Flüsse **Weser** und **Elbe** werden ebenfalls intensiv für den Binnenschiffsverkehr genutzt. Die Weser ist schiffbar bis Münden, die Elbe in Fortsetzung der Moldau bis Prag. Weser und Elbe sind untereinander durch den **Mittellandkanal (MLK)** verbunden; er verläuft zwischen Bergeshövede am **Dortmund-Ems-Kanal (DEK)** und Magdeburg an der Elbe.

Der MLK wurde nördlich des deutschen Mittelgebirgsrandes gebaut. Auf diese Weise konnten verschiedene große Industriestädte – teils durch sog. Zweigkanäle – an das deutsche Binnenwasserstraßennetz angeschlossen werden (z. B. Osnabrück, Hannover, Hildesheim, Salzgitter, Braunschweig, Wolfsburg).

Fortsetzung findet der MLK im **Elbe-Havel-Kanal**; die Verbindung nach Berlin ist damit hergestellt. Östlich schließt sich der Großschifffahrtsweg zur Oder an.

Nördlich des MLK verläuft noch der **Küstenkanal** als Verbindung zwischen Weser und Ems. Der DEK hat Anschluss an den **Rhein-Herne-Kanal**, den **Wesel-Datteln-Kanal** und den **Datteln-Hamm-Kanal**.

Der **Elbe-Seitenkanal (Nord-Süd-Kanal)** ermöglicht einen von den schwankenden Wasserständen der Elbe unabhängigen Anschluss Hamburgs an das westdeutsche Binnenwasserstraßennetz. Der **Elbe-Trave-Kanal** schafft die Verbindung nach Lübeck und damit zur Ostsee. Auch kann der für Seeschiffe eingerichtete **Nord-Ostsee-Kanal** von Binnenschiffen befahren werden, wobei aber die besonderen Belange der Seeschifffahrt bevorrechtigt beachtet werden müssen. Ebenso stehen auch die Seeschifffahrtsstraßen auf den Flüssen Ems, Weser und Elbe den Binnenschiffen zum Befahren zur Verfügung.

Mit Ausnahme des Rheins sind die übrigen bundesdeutschen Binnenwasserstraßen zwischenzeitlich meistens auf Klasse IV ausgebaut – mindestens haben sie Klasse III. Die für Seeschiffe ausgebauten, aber auch von Binnenschiffen benutzbaren Wasserstraßen sind zur Klasse V bzw. VI zu rechnen.

Die Freigabe des **Main-Donau-Kanals** am 25. September 1992 für den durchgehenden Verkehr bedeutet für das europäische Wasserstraßennetz, dass 6 westliche Binnenschifffahrtsländer durch eine leistungsfähige Wasserstraße mit den Donaustaaten verbunden sind.

7.2.4 Wasserstraßennetz und Verkehrsleistungen

Länge der Bundeswasserstraßen	
Rhein und Nebenflüsse	1 797 km
Rhein (Rheinfelden–niederländische Grenze)	623 km
Neckar (Mündung Rhein–Plochingen)	201 km
Main (Mündung Rhein–Hallstadt)	388 km
Main-Donau-Kanal (Mündung Main–Mündung Donau)	171 km
Mosel (französische Grenze–Mündung Rhein)	242 km
Saar (französische Grenze–Mündung Mosel)	105 km
Lahn (Mündung Rhein–Steeden)	67 km
Wasserstraßen zwischen Rhein und Elbe	1 437 km
Ruhr (Mündung Rhein–Mülheim	12 km
Rhein-Herne-Kanal (Duisburg–Mündung DEK)	49 km
Wesel-Datteln-Kanal (Wesel–Mündung DEK)	60 km
Datteln-Hamm-Kanal (Mündung DEK–Schmehausen)	47 km
Dortmund-Ems-Kanal und Unterems	303 km
Küstenkanal und Untere Hunte	95 km
Mittellandkanal (MLK) (Mündung DEK–Mündung Elbe)	326 km
Weser und Unterweser	430 km
Elbe-Seitenkanal (Mündung MLK–Mündung Elbe)	115 km
Elbegebiet	1 049 km
Nord-Ostsee-Kanal (Mündung Unterelbe–Kieler Förde)	109 km
Elbe-Lübeck-Kanal und Kanaltrave	88 km
Elbe und Unterelbe	728 km
Saale (Leuna-Kreypau–Mündung Elbe)	124 km
Wasserstraßen zwischen Elbe und Oder	916 km
Berliner Haupt- und Nebenwasserstraßen	189 km
Havel-Oder-Wasserstraße und Nebengewässer	485 km
Spree-Oder-Wasserstraße und Nebengewässer	242 km
Oder (polnische Grenze–Abzweigung Westoder)	162 km
Gewässer an der Ostseeküste	526 km
Donau (Kelheim–österreichische Grenze)	213 km
Sonstige Bundeswasserstraßen	1 376 km
Gesamt	**7 476 km**

Quelle: Statistisches Bundesamt, Wiesbaden, November 2006

Die folgende Karte zeigt das bundesdeutsche Wasserstraßennetz

BUNDESWASSERSTRASSEN
- Wasser- und Schifffahrtsverwaltung des Bundes -

Quelle: Bundesverband der Deutschen Binnenschifffahrt e. V. (BDB), Daten und Fakten

7.2.5 Binnenhäfen

Ein leistungsfähiges Binnenwasserstraßennetz benötigt auch mit allen notwendigen Umschlagseinrichtungen ausgestattete leistungsfähige *Binnenhäfen*. Diese haben aber nicht nur ihre **Verkehrsfunktion** zu erfüllen, sondern sind zugleich **Sammelpunkte für Industrieansiedlungen, für Handel und für Lagerung**.

Mancher Binnenhafen muss in seiner Gesamtstruktur unmittelbar im Zusammenhang mit einem oder mit mehreren **Seehäfen** gesehen werden; z. B. Emden–DEK–östliches Ruhrgebiet mit Dortmund als Schwerpunkt, Rheinmündungshäfen Rotterdam, Amsterdam, Antwerpen–Rhein–Duisburg, dem bei weitem umschlagsstärksten Binnenhafen der Bundesrepublik Deutschland.

Unsere Seehäfen liegen meistens an **Mündungen großer Flüsse**. Die an diesen Strömen liegenden Binnenhäfen sind deshalb eine zur verkehrsmäßigen Erschließung des Hinterlandes notwendige Ergänzung. Die Seehäfen selbst sind auch als Binnenhäfen in der Statistik erfasst. Erheblich kosteneinsparend ist der direkte Umschlag vom Seeschiff auf Binnenschiff oder umgekehrt.

Neben **öffentlichen Binnenhäfen**, die rd. 65 % des Güterumschlags registrieren können, gibt es in der Bundesrepublik Deutschland auch **private Binnenhäfen** (Werkshäfen), auf die rd. 35 % des Güterumschlags entfallen. Bekannt sind z. B. die Werkshäfen der großen Stahl- und Chemieunternehmen.

Ein Binnenhafen muss über Wasserflächen, befestigte Uferanlagen, Umschlagseinrichtungen aller Art für Schwergüter, verschiedenste Schüttgüter, flüssige Stoffe und Container verfügen. Auch müssen entsprechende Eisenbahngleise, Straßen und ebenso entsprechende Lagerhäuser und freie Lagerflächen vorhanden sein.

7.3 Betriebsformen

Nach der Art der Leistungserstellung lassen sich in der Binnenschifffahrt verschiedene **Betriebsformen** (Verkehrsarten) unterscheiden:

- Werkverkehr
- gewerblicher Verkehr
  - Partikuliere oder Einzelschiffer
  - Reedereien
  - Befrachter

Im **Werkverkehr** werden eigene Güter für eigene Zwecke mit eigenen Schiffen befördert, damit ist echter Werkverkehr gegeben. Im gewerblichen Verkehr dagegen werden die Binnenschiffstransporte gegen Entgelt für Dritte durchgeführt.

Partikuliere sind in Form des Kleinbetriebs tätig; sie betreiben in der Regel mit nur einem Schiff – höchstens mit drei Schiffen – Binnenschifffahrt. Häufig sind sie Eigentümer (Schiffseigner). Sie können aber auch als Ausrüster ein ihnen nicht gehörendes Schiff zum Erwerb durch die Binnenschifffahrt einsetzen. Es fehlt die kaufmännische Landorganisation. Vielfach ist sein Schiff dem als Schiffsführer tätigen Partikulier zugleich Arbeits- und Wohnstätte. Der Partikulier kann für eigene Rechnung oder für eine Reederei tätig sein. Um wirtschaftliche Betreuung zu haben, werden die Partikuliere zumeist entweder Mitglied einer entsprechenden Genossenschaft oder schließen sich als sog. „Hauspartikuliere" an eine Reederei an.

Die Genossenschaften sind für die Partikuliere von großer Bedeutung. In der Genossenschaft besteht eine Solidargemeinschaft, wobei Frachten oft relationsweise festgelegt sind und für jedes Schiff gelten. Durch diese Abrechnungsweise können schlecht bezahlte Relationen erträglich gestaltet und überdurchschnittliche Frachten relativiert werden.

Reedereien sind Schifffahrtsunternehmungen, die die gewerbsmäßige Ausführung von Transporten durch eigenen oder fremden Schiffsraum übernehmen. Geleitet werden die Transportausführungen vom Land aus. Somit ist eine Trennung zwischen kaufmännischer Organisation und technischer Durchführung des Schifffahrtsbetriebs gegeben. Reedereien bauen eine eigene Landorganisation auf, die für die Transportgüter wirbt, den Schiffsraum disponiert und die verwaltungsmäßigen Arbeiten übernimmt.

Befrachter schließen Frachtverträge ab, ohne eigenen Schiffsraum zu besitzen. Zur Erstellung der versprochenen Transportleistung müssen sie die übernommene Ladung durch Schiffseigner zum Bestimmungsort befördern lassen. Da sie im Frachtvertrag die Durchführung der Transportleistung versprechen, stehen die Befrachter den Absendern mit den Rechten und Pflichten eines Frachtführers gegenüber. Die „klassische" Spedition verfügt selten über direkte Kontakte zu Partikuliere; sie schaltet entweder Befrachter oder Reedereien ein. Die Reedereien setzen zur Transportdurchführung eigene Schiffe oder Partikuliere ein.

7.4   Beförderungsarten

Zur Durchführung eines Transports ist entweder das ganze Schiff zu chartern oder nur Teile des Schiffs oder der Frachtführer übernimmt das Gut als Stückgut.

Die **Gesamtverfrachtung** kann „in Fracht" oder „in Miete" erfolgen. „In Fracht" bedeutet, dass für die festgelegte Transportstrecke nach dem Ladungsgewicht das Entgelt festgelegt wird; bei „in Miete" sind für die Frachtberechnung die Tragfähigkeit des gemieteten Schiffs und die Beschäftigungszeit in Tagen von Bedeutung.

Als **Stückgüter** werden Sendungen bezeichnet, die sich zum einen nach Zahl, Maß oder Gewicht kennzeichnen lassen, zum anderen keine Teilladungen oder Schiffsladungen sind. Zu bedenken ist noch, dass beim Binnenschiff eine weit größere Transportkapazität als bei Lkw oder bei der Bahn gegeben ist. Somit können Stückgutsendungen einen wesentlich größeren Umfang annehmen, sodass Sendungen bis zu einem Gewicht von 300 t noch als Stückgut gelten können.

7.5   Beförderungsmittel

7.5.1   Schleppschifffahrt

Bis ca. 1960 war die **Schleppschifffahrt** die vorherrschende Art der Binnenschifffahrt auf dem Rhein. Mehrere Schleppkähne wurden von einem Schlepper gezogen.

Schleppverbände waren oft mehr als 1 km lang. Das Navigieren wurde mit zunehmender Verkehrsdichte immer problematischer. Jeder Schleppkahn musste selbstständig gesteuert werden. Hierdurch entstanden erhebliche Personalkosten. Heute sind Schleppkähne auf unseren Wasserstraßen nahezu vollständig verschwunden.

7.5.2   Selbstfahrer

Das **Motorgüterschiff (Selbstfahrer)** hat heute den größten Anteil am Gesamtfrachtraum der Binnenschifffahrt. Ein wesentlicher Grund hierfür ist, dass die Schiffe kompakte Motoren haben, die wenig Schiffsraum beanspruchen. Die Fahrgeschwindigkeit hat zugenommen. Umständliches Zusammenstellen von Schleppverbänden entfällt. Das für die Wasserstraßenklasse IV zugelassene Europa-Schiff ist 85 m lang, 9,50 m breit und hat bei 2,50 m Tiefgang 1 350 t Tragfähigkeit. Die größten Motorgüterschiffe auf dem Rhein haben heute eine Tragfähigkeit von rund 4 000 t.

7.5.3   Koppelverband

Selbstfahrer verfügen heute vielfach über Schubeinrichtungen, mit deren Hilfe sie ein antriebsloses Schiff (Leichter) vor sich herschieben können. Solche Koppelverbände bilden eine Zwischenstufe zur Schubschifffahrt. Sie sind für jene Fahrtgebiete vorgesehen, in denen Schubeinheiten noch nicht fahren können.

7.5.4   Schubverband

Der **Schubverband** besteht aus einem **Schubboot** und mehreren **Leichtern**. Im Gegensatz zum früheren Ziehen (Schleppen) wird jetzt geschoben. Die Leichter werden miteinander starr verbunden und bilden mit dem Schubboot einen einheitlichen Schiffskörper, der ähnlich einem Motorschiff navigiert werden kann.

Beim Schubverband konnte die Geschwindigkeit gegenüber dem Schleppzug um 20 % gesteigert werden. Hinzu kommt die enorme Personaleinsparung, da die Leichter selbst durch die starre Verbindung nicht mehr gesteuert werden müssen. Die Schubschifffahrt ist in der Regel die wirtschaftlichste Betriebsform. Dies gilt besonders dann, wenn 24 Stunden am Tag gefahren werden kann.

Ein Schubverband auf dem Rhein könnte folgende **Formationsbildung** haben:

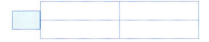

Auf Nebenflüssen des Rheins und auf Kanälen können wegen der Fahrwasserabmessungen nur kleinere Formationen gebildet werden, bei denen schwächere Schubboote genügen, z. B.:

Der besondere wirtschaftliche Vorteil der Schubschifffahrt ergibt sich durch Trennung der kapitalintensiven Antriebskraft und der Transporträume. Für das Schubboot entfallen Stilllegezeiten, weil es bereits zum Transport neu beladener Leichter eingesetzt werden kann, während die zuvor beladenen Leichter be- oder entladen werden.

Schubverbände erstellen mit geringem Personaleinsatz enorme Transportleistungen in kurzer Zeit. Auf dem Rhein können mit 4 Leichtern bis 12 000 t, mit 6 Leichtern bis 16 000 t befördert werden. Im durchgehenden Tag- und Nachtbetrieb werden die vorgesehenen verkürzten Beförderungszeiten in der Regel fahrplanmäßig eingehalten.

Auch der Transport von Barges zum **Barge-Carrier** (Leichter-Mutterschiff bei den Systemen Lash und Seabee) erfolgt als Schubschifffahrt. So ist z. B. direkter Haus-Haus-Verkehr vom Missouri in den USA zum Empfänger am Rhein (beispielsweise Mannheim) möglich.

Deutsche Binnenflotte

Schiffsgattung	01.01.2005		01.01.2006		01.01.2007	
	Anzahl	Tragfähig-keit in t	Anzahl	Tragfähig-keit in t	Anzahl	Tragfähig-keit in t
1. Motorgüter-schiffe total	1 300	1 663 897	1 306	1 718 615	1 277	1 700 400
– trockene Ladung	956	1 127 341	937	1 115 046	902	1 080 754
– Tankmotor-schiffe	344	536 556	369	603 569	375	619 646
2. Schubleichter total	970	926 617	962	918 562	948	916 724
– trockene Ladung	922	868 215	915	864 366	901	863 288
– Tankschub-leichter	48	58 402	47	54 196	47	53 436
3. Schleppkähne total	78	51 006	78	51 451	78	50 175
– trockene Ladung	66	47 507	66	47 952	66	46 676
– Tankschlepp-kähne	12	3 499	12	3 499	12	3 499
1.–3. zusammen	2 348	2 641 520	2 346	2 688 628	2 303	2 667 299
4. Trägerschiffs-leichter (Lash)	111	86 165	111	86 165	112	86 192
1.–4. zusammen	2 459	2 727 685	2 457	2 774 793	2 415	2 753 491
5. Bunkerboote	101	14 703	101	14 759	102	15 263
	Anzahl	kW	Anzahl	kW	Anzahl	kW
6. Schlepper	150	33 378	146	30 579	146	30 485
7. Schubboote	295	115 831	296	117 004	297	117 690
	Anzahl	Personen-/Betten-kapazität	Anzahl	Personen-/Betten-kapazität	Anzahl	Personen-/Betten-kapazität
8. Tagesausflugs-schiffe	932	232 470	947	234 584	955	237 402
9. Fahrgast-kabinenschiffe	46	4 985	53	5 901	58	6 675

Quelle: Zentrale Binnenschiffs-Bestandsdatei bei der Wasser- und Schifffahrtsdirektion Südwest, Mainz

7.5.5 Containerverkehr

Die Entwicklung der Anzahl der Containertransporte weist auf die Zukunft der Binnenschiff-fahrt hin. Seit 1968, als das erste Containerterminal in Mannheim eröffnet wurde, haben sich die Containertransporte vervielfacht, zumal auch hitze-, kälte- und feuchtigkeitsempfindliche Güter in diesen – standardisierten – Transportgefäßen befördert werden können.

Zwischenzeitlich sind mehr als 30 Containerterminals in Betrieb. Darunter u. a. Basel, Kehl, Straßburg, Germersheim, Wörth, Ludwigshafen, Mannheim, Frankfurt, Mainz, Koblenz, Köln, Duisburg und Emmerich.

Diese Häfen verfügen u. a. über die notwendige Infrastruktur in Form von leistungsfähigen Portal- und Mobilkränen sowie Umschlagsgeräten, durch die bis zu 20 TEU/Stunde umgeschlagen werden können. Neben konventionellen Containerchassis werden Kippchassis und Seitenladerfahrzeuge eingesetzt. Selbstverständlich werden Containerreparaturen schnell und fachgerecht vor Ort durchgeführt.

Auf Neckar, Main und Donau ist der Containertransport wegen der geringen Brückenhöhen nur zweilagig möglich und damit bei den gegenwärtigen Preisstrukturen aus ökonomischen Gründen nur bedingt akzeptabel.

Die Attraktivität des Containerverkehrs auf der Rheinschiene wird insbesondere durch drei Faktoren bestimmt:

● die **fahrplanmäßige Bedienung** der Seehäfen und umgekehrt, wie folgendes Beispiel der CONTARGO, einer Tochter der Rhenus AG, ausschnittweise beweist:

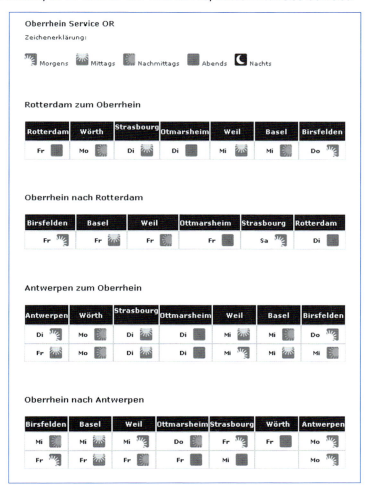

Quelle: Contargo GmbH & Co. KG

- die **Massenleistungsfähigkeit** der eingesetzten Schiffe, wobei es unterschiedliche Strategien gibt:
  - Einsatz besonders großer Schiffe, wie z. B. Amistade und Jowi:

Diese Schiffe mit einer Länge von 135,50 m und einer Breite von 16,84 m stellen eine neue Dimension in der Binnenschifffahrt dar. Da sie 6 Container nebeneinander und 5 Container übereinander laden können, ist eine Besetzung mit 470 Containern möglich. Nachteile dieser – weltweit größten – Containerschiffe auf Binnengewässern sind zum einen die fehlende Flexibilität bei mehreren Be- und Entladestellen, zum anderen die fehlende Verankerungsmöglichkeit der – besonders in „Short See-Verkehr" – zunehmend eingesetzten 45'-Container. Lösungsmöglichkeiten wären eine Quer-

verladung dieser Großcontainer, die allerdings durch eine Querentladung ergänzt werden müsste (nicht jedes Terminal verfügt über eine „Drehkatze") oder einer Entfernung der Stellagen in bestimmten Raumzonen.
– Einsatz von Motorschiffen, die zusammen mit Schubleichtern bis zu 370 TEU befördern können. Die Container werden 4 Lagen breit und 3 oder 4 Lagen übereinander gestapelt. Rhinecontainer arbeitet anstatt mit großen Rheinschiffen vorzugsweise mit sog. Koppelverbänden, d. h., ein Selbstfahrer (Motorgüterschiff) und ein oder mehrere Leichter werden aneinander gekoppelt. Dies hat den Vorteil, dass man flexibel bleibt. Bei großem Ladungsaufkommen setzt man dann den Koppelverband ein. Ist das Aufkommen geringer, fährt man dagegen nur mit dem Motorgüterschiff und kann den oder die Leichter anderweitig einsetzen. Ein weiterer Vorteil ergibt sich dadurch, dass man den Leichter zu einer Lade- bzw. Löschstelle zum Be- oder Entladen fahren kann und das Motorschiff nicht dabeibleiben muss. Dieses kann zwischenzeitlich eine andere Lade- oder Löschstelle anlaufen und den Leichter auf dem Rückweg wieder mitnehmen. Durch die so jeweils gewonnene Zeitersparnis lassen sich die engen Fahrpläne optimal einhalten.

• Die Einbindung in ein **logistisches Gesamtkonzept**, das u. a. durch folgende Leistungsfaktoren gekennzeichnet ist:
– Einsatzbereitschaft von zuverlässigen und pünktlichen Fahrern und Fahrzeugen mit entsprechender Ausrüstung zur Durchführung der termingerechten Vor- und Nachläufe auf relativ kurzen Instanzen
– Stuffing and Stripping, also Öffnung der Container-Türen zum Be- oder Entladen, Stauen, Sichern oder Zwischenlagern
– Containerlagerung in Depots zur sorgfältigen Behandlung der Güter und kurzfristigen Verfügbarkeit für Kunden
– Erfassung und Transfer von Daten

Die Kosten für einen Containertransport können angesichts der Einführung der Lkw-Maut als wettbewerbsfähig bezeichnet werden.

Beispiele:

Location:	CH-4000 Basel	
Seaport:	Rotterdam	
via Terminal		Basel
Oneway		
20' < 16,5 t:		451,00 EUR
20' > 16,5 t:		451,00 EUR
30':		511,50 EUR
40':		572,00 EUR
45':		643,00 EUR
Roundtrip		
20' < 16,5 t:		633,00 EUR
20' > 16,5 t:		633,00 EUR
...		...

Location:	D-67059 Ludwigshafen	
Seaport:	Antwerpen	
via Terminal		Ludwigshafen
Oneway		
20' < 16,5 t:		332,00 EUR
20' > 16,5 t:		332,00 EUR
30':		374,00 EUR
40':		414,00 EUR
45':		468,00 EUR
Roundtrip		
20' < 16,5 t:		451,00 EUR
20' > 16,5 t:		451,00 EUR
...		...

Preisunterschiede zwischen Berg- und Talfahrt bestehen nicht. Großkunden werden Preisnachlässe gewährt.

241

242

Neben diesen günstigen Transportkosten ist auf weitere Vorteile der Container-Binnen-schifffahrt zu verweisen:

- Kapazitätsreserven sind in ausreichendem Maße vorhanden – im Gegensatz zum Güterkraftverkehr und Eisenbahnverkehr.
- Besondere Eignung zum Transport von Gefahrgut – angesichts verstärkter Auflagen für Straße und Schiene.
- Primär-Energie-Verbrauch von 1,3 l Diesel pro 100 tkm gegenüber 4,1 l beim Lkw und 1,7 l beim Eisenbahnverkehr.
- Kohlenmonoxyd-Emission von 41,2 g pro 100 tkm gegenüber 141,8 g beim Lkw und 47,9 g bei der Eisenbahn.
- Modernste Einrichtungen, wie Radar Echolot, ermöglichen fast immer eine 24-Stun-den-Fahrt – auch an Sonn- und Feiertagen sowie in der Ferienreisezeit. Unter Berück-sichtigung des Wochenendfahrverbots kann es z. B. sein, dass ein mit dem Binnen-schiff von Mannheim nach Rotterdam beförderter Container trotz ca. 28 Std. Fahrzeit letztlich schneller am Seehafenterminal ist als bei Beförderung mit dem Lkw, für den ca. 8 Std. Fahrzeit anzusetzen sind.

Des Weiteren sind Containerschiffe in ihrem Ladevermögen weniger von Wasserstands-schwankungen betroffen als Schiffe, die Massengut befördern. Dies liegt daran, dass das Verhältnis Masse zu Volumen bei Containern im Vergleich zu Massengütern in der Regel deutlich niedriger liegt. Somit müssen erst bei sehr niedrigen Wasserständen Einschrän-kungen hinsichtlich der geladenen Anzahl an Containern hingenommen werden. Bei hohen Wasserständen muss beachtet werden, ob die Brücken auf der zu befahrenden Strecke eine Durchfahrt mit 4 übereinander gestapelten Containerlagen erlauben.

Daher verwundert es nicht, dass die Prognosen des Containeraufkommens äußerst positiv ausfallen:

Prognose des Containeraufkommens im Hinterlandverkehr der Seehäfen per Binnenschiff 1995–2010 von, nach und durch Deutschland (in 1000 t)

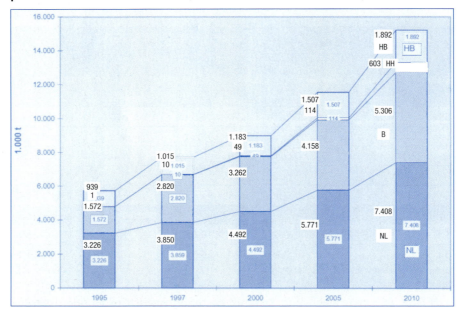

Quelle: PLANCO Consulting GmbH, Essen 2006

7.5.6 Ro-Ro-Verkehr

In Verbindung mit niederländischen Partnern hat die Rhenania Intermodal im Jahre 1985 einen **Roll-on/Roll-off-Verkehr auf der Strecke Oberrhein–Rotterdam/Antwerpen** und zurück eingerichtet. Bedient werden der Binnenhafen Mannheim und bei Bedarf die Binnenhäfen Karlsruhe, Wörth und Mainz.

Befördert werden Traktoren und Erntemaschinen, Mobilkräne, Schwergüter auf Tieflader bis zu einem Gesamtgewicht von 280 t und vor allem Trailer. Das Ein- und Ausrollen der Trailer im Seehafen und in den Binnenhäfen erfolgt auf eigener Achse mit einem „Ro-Truc". Auf diese Art können 10 Trailer pro Stunde umgeschlagen werden. Durch stufenlos verstellbare Laderampen sind die Spezialschiffe, deren Anschaffungskosten jeweils 13 000,00 EUR betrugen, unabhängig vom Wasserstand. Vor- und Nachtransporte werden auf der Straße durchgeführt. In den genannten Häfen stehen eigene Ro-Ro-Terminals zur Verfügung. Eine gute Autobahnanbindung ist gegeben.

Vorlauf ➡ Aufrollen ➡ Binnenschifftransport ➡ Ausrollen ➡ Nachlauf

Der RHINE RO-RO-Service wird zurzeit von MS „VERA" und MS „DYNAMICA" bedient. Beide Motorschiffe werden durch je einen Schubleichter ergänzt (RO-RO 1 bzw. RO-RO 2). Ein Koppelverband, bestehend aus MS und SL, hat eine Ladekapazität von 72 Trailer-Stellplätzen auf zwei Ebenen (ein Trailerstellplatz ca. 12,50 x 2,50 m).

Die Fahrzeit Mannheim–Rotterdam beträgt bei der Talfahrt ca. 30, bei der Bergfahrt ca. 50 Std. Von Karlsruhe aus müssen 3 bzw. 6 Std. hinzugerechnet werden.

Bei Hochwasser ist mit einer Fahrzeitverlängerung von 5 bis 10 Stunden zu rechnen.

Das Entgelt ist pro Trailer zu zahlen und beträgt 250,00 EUR. Gegenüber dem Straßenverkehr lässt sich beim Trailertransport ein Kostenvorteil bis 40 % erzielen. Der Lkw-Absender behält aufgrund des Frachtvertrags die CMR-Haftung des Unternehmers. Das Fahrzeug ist versichert.

Die Abwicklung des Ro-Ro-Dienstes erfolgt fahrplangemäß:

1. Schiff:	Freitag ab Antwerpen via Rotterdam, Montag/Dienstag an Mannheim; Dienstag abend ab Mannheim, Donnerstag an Rotterdam, Freitag an Antwerpen.
2. Schiff:	Montag ab Antwerpen via Rotterdam, Donnerstag an Mannheim; Freitag ab Mannheim, Sonntag an Rotterdam, Montag an Antwerpen.

Die Abfahrten werden nach Bedarf der Verladerschaft flexibel eingerichtet. Die Löschung wird jeweils sofort nach Ankunft vorgenommen.

Die Vorteile der „schwimmenden Landstraße" entsprechen denen des Containerverkehrs. In Zahlen: Allein im Jahre 2003 wurden ca. 25 000 Einheiten im Hafen Mannheim verladen. Probleme bereiten jedoch die ungleichgewichtigen Export- und Importströme. Während die Auslastung zu Tal bei nahezu 100 % liegt, sind die Bergfahrten nur zu 30 % bis 40 % ausgelastet.

Seit 1989 sind sog. Auto-Carrier als weitere Spezialschiffe auf dem Rhein im Einsatz. Diese Schiffe haben 5 bis 6 Decks und können ca. 100 Pkw pro Deck und Reise laden.

Um eine solche Schiffsladung auf der Straße zu befördern, müssten 60 bis 75 Straßentransporter eingesetzt werden. Eingeleitet wurde diese Entwicklung 1983 von dem Automobilhersteller Ford, der seitdem Neuwagen ab Köln zu den Rheinmündungshäfen Amsterdam, Rotterdam und Antwerpen bzw. von den Rheinmündungshäfen zu Zwischenlagern im Binnenland befördern lässt. Auch japanische Pkw-Produzenten setzen jetzt auf das Binnenschiff, wenn es darum geht, ihre Neuwagen näher an die Kunden heranzubringen. Wichtige Pkw-Verteilzentren wurden in Neuss, Wörth und Karlsruhe eingerichtet.

Folgende deutsche Binnenhäfen verfügen über Roll-on/Roll-off-Anlagen:

Breisach	Kehl	Mülheim/Ruhr	Saarlouis/Dillingen
Duisburg	Köln	Neuss	Salzgitter-Beddingen
Gernsheim	Leer	Nürnberg	Straubing
Heilbronn	Mannheim	Osnabrück	Wörth
Karlsruhe	Mainz	Passau	

Quelle: Binnenschifffahrt Daten und Fakten

7.6 Ordnung und Organisation der Binnenschifffahrt

Ein Schiffsführer muss befähigt sein, ein Binnenschiff zu führen. Sein **Schifferpatent** erbringt den entsprechenden Nachweis. Ein Patent gilt nur für ein bestimmtes Fahrtgebiet, z. B. für den Rhein das „Rheinschifferpatent". Man kann allerdings als Schiffsführer auch mehrere Patente erwerben. Das Große Schifferpatent setzt eine 3-jährige Ausbildung und anschließend 4 Jahre Fahrzeit als Decksmann und Matrose voraus.

Seit 1. Januar 1994 muss jeder Unternehmer in der Binnenschifffahrt, dazu zählt auch jeder Partikulier, seine kaufmännische Qualifikation nachweisen. So sind u. a. ausreichende Kenntnisse in den Bereichen Recht, kaufmännische und finanzielle Betriebsführung, Zugang zum Markt, technische Normen und Begriffe sowie Sicherheit nachzuweisen.

Die in der Binnenschifffahrt eingesetzten Schiffe müssen im Schiffsregister ihres Heimathafens eingetragen werden. Das Schiffsregister wird beim zuständigen Amtsgericht geführt und ist mit dem Grundbuch vergleichbar. Es existiert jedoch als Belastung (Verpfändung) nur die Hypothek (Schiffshypothek), nicht die Grundschuld. Auch ist zur Einsichtnahme in das Register nicht der Nachweis eines berechtigten Interesses notwendig. Eingetragen werden alle wesentlichen Merkmale und Tatsachen über das Schiff selbst, den Eigentümer und die Pfandrechte. Über diese Eintragungen, die öffentlichen Glauben genießen, wird ein **Schiffsbrief** ausgestellt und dem Schiffseigner ausgehändigt.

Die Tragfähigkeit eines Schiffes wird nach Gewichtstonnen bemessen. Sie wird durch amtliche Eichung festgelegt. Über das Eichergebnis wird ein **Eichschein** ausgestellt. Festgesetzt wird die untere Eichebene – auch Leergang genannt –, die das unbeladene, aber voll ausgerüstete und mit Vorräten versehene Schiff einnimmt. Die obere Eichebene setzt fest, wie weit das Schiff höchstens beladen werden darf. Dabei sind die Vorschriften über Freibord zu beachten. Das beladene Schiff muss mit einer Mindestseitenbordfläche noch über die Wasserlinie hinausragen.

Beispiel:
Beispiel für eine erteilte Erlaubnis:

Erlaubnisurkunde

über den Zugang zum Beruf des Unternehmers
im innerstaatlichen und grenzüberschreitenden
Binnenschiffsgüterverkehr

```
Herrn            Henry Müller — Geschäftsführer
geboren am       8. August 1968 in Mannheim
                 wohnhaft in 67098 Bad Dürkheim,
                 Schöne Aussicht 18
```

Name und Sitz des Unternehmens:

```
H. Müller & Sohn GmbH
Rheinallee 76
68026 Mannheim
```

wird hiermit gemäß §2 Absatz 4 Binnenschiffsgüter-Berufszugangsverordnung die Erlaubnis erteilt, den Beruf des Unternehmers im innerstaatlichen und grenzüberschreitenden Binnenschiffsgüterverkehr auszuüben.

Urkunden-Nr. 06/03

Mainz, den 25. März 2009

Wasser- und Schifffahrtsdirektion
Südwest
Im Auftrag

(Siegel)

Die Tauglichkeit eines Schiffes zum Befahren bestimmter Wasserstraßen wird im **Schiffszeugnis** bescheinigt, das das Ergebnis der amtlichen Tauglichkeitsprüfung enthält. Dieses Schiffszeugnis wird auch von der Versicherungsgesellschaft verlangt, bei der das Schiff gegen Verlust oder Beschädigung versichert werden soll.

Nach der Rheinschiffsuntersuchungsordnung (RheinSchUO) muss statt des bisherigen Fahrtenbuchs ein amtliches **Bordbuch** auf dem Schiff mitgeführt werden. Das erste Bordbuch eines jeden Schiffes muss von der Untersuchungskommission ausgestellt sein, die dem Schiff das **Schiffsattest** erteilt hat.

Die vom Schiffsführer im Bordbuch vorzunehmenden Eintragungen müssen der RheinSchUO entsprechen. Nach § 14.04 dieser Ordnung wird für den gesamten Rheinverkehr außerdem ein Schifferdienstbuch eingeführt, das insbesondere Eintragungen über die Qualifikationen des Schiffers enthält.

Schiffsattest, Eichschein und Schiffszeugnis müssen als Schiffspapiere ständig an Bord sein. Ferner hat der Schiffsführer sein Patent, die Dienstbücher der Mannschaft und die Papiere über die Ladung mitzuführen.

Die Interessen der gewerblichen Binnenschifffahrt werden vom **Bundesverband der Deutschen Binnenschiffahrt e. V.** und dem Bundesverband der Selbstständigen Abt. Binnenschiffahrt e. V. vertreten.

7.7 Zustandekommen und Ausführung von Frachtverträgen

7.7.1 Abschluss des Frachtvertrags

Nach § 407 HGB wird der Frachtführer durch den Frachtvertrag verpflichtet, das Gut zum Bestimmungsort zu befördern und dort an den Empfänger abzuliefern. Die Vorschriften über das Frachtgeschäft gelten, wenn das Gut zu Lande oder auf **Binnengewässern** befördert werden soll und die Beförderung zum Betrieb eines gewerblichen Unternehmens gehört.

Da der Frachtvertrag auf die Erstellung eines Werkes gerichtet ist, nämlich auf die Beförderung von Gütern von der Beladestelle in A zur Entladestelle in B, sind auch die **BGB-Regelungen** über den Werkvertrag zusätzlich zu den Vorschriften des HGB und des besonders für die Binnenschifffahrt geschaffenen **Binnenschifffahrtsgesetzes (BSchG)** zu beachten.

Die genannten gesetzlichen Vorschriften erlauben den Parteien, den Inhalt des Frachtvertrags frei zu vereinbaren. So ist es möglich, dass die von den Schifffahrtstreibenden erarbeiteten Verfrachtungsbedingungen nach Zustimmung des Vertragsbeteiligten (des Absenders) Bestandteil des Frachtvertrags werden.

Nach HGB ist der Frachtvertrag ein reiner Konsensualvertrag. Als abgeschlossen gilt der Frachtvertrag, wenn sich Absender und Frachtführer über den Vertragsinhalt geeinigt haben. Die Übergabe des Frachtbriefes und des Gutes sind als Folge des zuvor geschlossenen Frachtvertrages anzusehen.

Eine Reederei kann sich durch einen Agenten vertreten lassen oder ein Spediteur handelt aufgrund eines vorher geschlossenen Speditionsvertrags für den eigentlichen Absender. Auch kann es sein, dass beim Frachtvertrag ein Makler mitwirkt, der die Interessen beider Parteien zu vertreten hat.

Sollte der Absender den Frachtvertrag mit einem **Befrachter** abschließen, dann gilt bekanntlich dieser ihm gegenüber als Frachtführer. Zur Vertragserfüllung bedient sich der Befrachter eines Unterfrachtführers, der dem Absender gegenüber als Erfüllungsgehilfe des Befrachters anzusehen ist.

Bei internationalen Transporten kann nationales Recht nicht ohne Weiteres angewendet werden. Entscheidend ist der Wille der Parteien. Zweckmäßigerweise sollte mit genauen

Einzelabsprachen oder Transportbedingungen (Konnossementsbedingungen) gearbeitet werden. Man kann aber auch vereinbaren, dass z. B. das deutsche BSchG in Verbindung mit dem HGB gelten soll. Sollte der Parteiwille nicht zu ermitteln sein, ist das nationale Recht am Erfüllungsort anzuwenden.

Im Frachtvertrag verpflichtet sich der Frachtführer, die Güter zu befördern und an den Empfänger zu übergeben. Der Absender verpflichtet sich zur Zahlung der vereinbarten oder der üblichen Fracht. Der Empfänger ist begünstigter Dritter; an ihn sind die übernommenen Güter am Bestimmungsort auszuliefern. Der Frachtführer kann zwar die Beförderung ganz oder teilweise durch einen anderen Frachtführer (Unterfrachtführer) ausführen lassen, aber er haftet dennoch dem Absender für die Ausführung der Beförderung bis zur Ablieferung des übernommenen Gutes an den Empfänger.

7.7.2 Ausführung des Frachtvertrags

Die Ausführung des Frachtvertrags hat entsprechend den Vereinbarungen bzw. den ergänzenden gesetzlichen Regelungen zu erfolgen.

7.7.2.1 Ladeplatz

Bei einer Ganzbefrachtung bestimmt der Absender den Ladeplatz für die Übernahme der Ladung. Es ist aber zu beachten, dass der Ladeplatz auch für die Beladung des vorgesehenen Schiffes geeignet sein muss. Der Frachtführer hat auf seine Kosten das Schiff dorthin zu bringen. Sollen die Frachtgüter an verschiedenen Ladeplätzen eines Ladeorts (Hafens) übernommen werden, ist hierzu der Frachtführer nur nach besonderer Vereinbarung verpflichtet. Im Übrigen versteht es sich von selbst, dass ihm zusätzliche Kosten zu ersetzen sind.

Bei Teilverfrachtung oder Stückgutverfrachtung kann der Frachtführer grundsätzlich an einem der ortsüblichen Ladeplätze anlegen. Der einzelne Absender kann nur dann einen Ladeplatz bestimmen, wenn dies mit dem Frachtführer vereinbart ist.

7.7.2.2 Ladezeit

Nach § 1 Abs. 1 der **Verordnung über Lade- und Löschzeiten sowie das Liegegeld in der Binnenschifffahrt (BinSchLV)** vom 23. November 1999 beginnt die Ladezeit in der Trockenschifffahrt nach Ablauf des Tages, an dem der Frachtführer die **Ladebereitschaft** dem Absender oder der vereinbarten Meldestelle anzeigt (Meldetag).

Haben die Vertragsparteien jedoch eine Voranmeldung des Zeitpunkts der Ladebereitschaft vereinbart, so beginnt die Ladezeit zwei Stunden nach dem in dieser Voranmeldung genannten Zeitpunkt. Dies ist allerdings an folgende Voraussetzungen gebunden:

- Die Voranmeldung muss mindestens acht Stunden vor dem angekündigten Ladebeginn dem Absender oder der vereinbarten Meldestelle zugehen.
- Der Frachtführer muss zum angekündigten Zeitpunkt ladebereit sein.

Ladebereitschaft ist grundsätzlich gegeben, wenn das Schiff so instand gesetzt, ausgerüstet und bemannt ist und über die benötigte Ladekapazität verfügt, dass die Beladung erfolgen kann.

Die **Ladezeit** hat der Frachtführer dem Absender ohne besondere Vergütung zu gewähren. Die Entschädigung für seine Kosten in dieser Zeit ist mit in der Fracht enthalten.

Die Ladezeit beträgt eine Stunde für jeweils 45 Tonnen Rohgewicht der für ein Schiff bestimmten Sendung (§ 2 BinSchLV). Als Ladetag gilt der Werktag von 06:00 bis 20:00 Uhr. Nicht mitgerechnet werden der Meldetag sowie Sonn- und Feiertage.

Beispiel:
Bei einem Hafenspediteur sollen 900 Tonnen Ton geladen werden. Der Meldetag ist ein Montag. Folglich muss die Beladung spätestens am Mittwoch um 12:00 Uhr beendet sein, wenn in die betreffende Woche kein Feiertag fällt.
Begründung:
- Ladezeit lt. BinSchLV: 20 Stunden (900 : 45)
- Anzurechnende Ladezeit für den Dienstag: 14 Stunden (06:00 bis 20:00 Uhr)
- Abzurechnende Ladezeit für den Mittwoch: 6 Stunden (06:00 bis 12:00 Uhr)

Durch einzelvertragliche Absprachen können jedoch abweichende Regelungen getroffen werden, da die BinSchLV dispositiven Rechtscharakter besitzt.

Für die **Überschreitung der Ladezeit** kann der Frachtführer ein besonderes Liegegeld verlangen. Die Höhe bestimmt sich nach der Tragfähigkeit des Motorschiffs bzw. der Schubleichter. Dieses **Liegegeld für die Trockenschifffahrt** ist nach § 4 BinSchLV wie folgt gestaffelt:
- Bei einem Schiff mit einer Tragfähigkeit bis zu 1 500 Tonnen für jede angefangene Stunde 0,05 EUR je Tonne Tragfähigkeit.
- Bei einem Schiff mit einer Tragfähigkeit über 1 500 Tonnen für jede angefangene Stunde 75,00 EUR zuzüglich 0,02 EUR für jede über 1 500 Tonnen liegende Tonne.

Beispiel:
Angenommen, die Verladung der Partie Ton wäre erst am Mittwoch um 16:00 Uhr abgeschlossen gewesen, so hätte der Frachtführer bei einer Tragfähigkeit des Schiffes von 1 400 Tonnen Anspruch auf Liegegeld in folgender Höhe:
1 400 x 0,05 EUR x 4 = 280 EUR.

Durch Vereinbarung können jedoch auch hier abweichende Regelungen getroffen werden.

Es kann auch eine **Überliegezeit** vereinbart werden, wenn der Frachtführer nach Ablauf der Ladezeit noch auf Ladung warten soll. Diese beträgt höchstens eine Woche, sofern keine besondere Frist vereinbart wurde. Für die vereinbarte Überliegezeit, die automatisch mit Ablauf der Ladezeit beginnt, ist ein entsprechendes Liegegeld für Werktage zu zahlen.

Nach Ablauf der Ladezeit oder der vereinbarten Liegezeit muss der Frachtführer nicht länger auf Lieferung der Ladung warten. Dies muss er jedoch bei Ladungen bis 10 t einen Werktag, bis 50 t zwei Werktage und über 50 t drei Werktage vor Ablauf obiger Fristen dem Absender in der üblichen Geschäftszeit erklären, da vorher die einzuhaltende **Wartezeit** nicht abläuft. Allgemein rechtlich gesehen ist die Wartezeit nichts anderes als eine gesetzliche Kündigungsfrist.

Wird das Schiff bis Ablauf der Wartezeit überhaupt nicht beladen, ist der Frachtführer an den Frachtvertrag nicht länger gebunden. Er kann zurücktreten und als Entschädigung neben dem bis dahin entstandenen Anspruch auf Liegegeld bei Gesamtverfrachtung ein

Drittel, bei Teil- und Stückgutverfrachtung die Hälfte der vereinbarten Fracht als Fehlfracht oder Fautfracht verlangen. Anderweitig verdiente Fracht ist nicht auf die Fehlfracht anzurechnen.

Wurde bis zum Ablauf der Wartezeit nur ein Teil der Ladung geliefert, kann der Frachtführer mit unvollständiger Ladung die Reise antreten und die ganze Fracht verlangen. Hier ist jedoch eventuell anderweitig verdiente Fracht anzurechnen.

Nach § 415 HGB kann der Absender den Frachtvertrag jederzeit kündigen. Durch dieses einseitige Kündigungsrecht des Absenders kann aber dem Frachtführer ein Vermögensschaden entstehen, den der Absender zu vertreten hat (z. B. wird ein bestelltes Binnenschiff ungeladen zurückgeschickt, weil die zu befördernde Ware noch nicht fertig geworden ist). Bei Kündigung durch den Absender kann der Frachtführer dann entweder die vereinbarte Fracht, Standgeld und sonstige Aufwendungen oder ein Drittel der vereinbarten Fracht (Fautfracht) verlangen, sofern die Kündigung nicht auf Gründen beruht, die dem Risikobereich des Frachtführers zuzurechnen sind. Verlangt der Frachtführer die vereinbarte Fracht usw., muss er sich dasjenige anrechnen lassen, was er infolge der Aufhebung des Vertrags an Aufwendungen erspart oder anderweitig erwirbt oder zu erwerben böswillig unterlässt.

Auch dem Frachtführer steht nach § 417 HGB ein Recht auf Kündigung zu, wenn der Absender das Gut nicht innerhalb der Ladezeit verlädt oder zur Verladung zur Verfügung stellt. Jedoch kann der Frachtführer nicht fristlos kündigen. Er muss vielmehr dem Absender eine angemessene Frist mit der Erklärung setzen, dass er nicht länger warten werde, wenn das Gut nicht bis zum Ablauf dieser Frist verladen oder zur Verfügung gestellt wird. Erfüllt innerhalb der gesetzten Nachfrist der Absender seine Verpflichtungen nicht, hat der Frachtführer dieselben Rechte auf Schadenersatz wie bei einer Kündigung durch den Absender.

7.7.2.3 Beladung

Mangels anderweitiger Vereinbarung hat der Absender gepackte Güter auf das Schiff, lose Güter in das Schiff zu liefern (= in die Laderäume hineinzuschütten bzw. -zuwerfen), während der Frachtführer für die weitere Verladung und die Verstauung zu sorgen hat. In der Praxis wird aber auch vereinbart, dass die Verladung ganz durch den Absender erfolgt und die Entladung ganz durch den Empfänger. In den Beförderungsbedingungen heißt es dann „ab frei gestaut Schiff Ladestelle" bzw. „bis frei Ankunft Schiff Löschstelle".

Der Schiffsführer muss die Beladung beaufsichtigen, um den Empfang der Ladung quittieren und sich vom sachgemäßen Verstauen der Ladung überzeugen zu können. Die Feststellung der Menge und des Umfangs der Frachtgüter durch Zählen, Messen, Wiegen kann der Absender nicht vom Frachtführer verlangen; der Absender kann dies aber auf seine Kosten vornehmen lassen. Im letzteren Fall kann dann nicht die Klausel „Zahl, Maß und Gewicht unbekannt" in den Frachtpapieren aufgenommen werden.

7.7.2.4 Eichaufnahme

Das Gewicht der übernommenen Ladung kann durch Eichaufnahme ermittelt werden. Ein Binnenschiff wird amtlich geeicht; das Eichergebnis pro Zentimeter Eintauchtiefe wird im Eichschein dokumentiert. An der Außenhaut des Schiffes wird vorne, in der Mitte

Eichaufnahme

Schubleichter/~~MS~~: Erz 25

Ankunft am: 30.11.20..

Beladung:

begonnen am: 30.11.20..,   14:00   Uhr

beendet am: 30.11.20..,   16:00   Uhr

Leertiefgang
lt. Eichschein: 60   cm

Volltiefgang
lt. Eichschein: 397   cm

Leereiche		vom Wasserspiegel bis Eichmarke	Volleiche	
336	cm	Stb vorne	1	cm
335	cm	Stb Mitte	2	cm
334	cm	Stb hinten	3	cm
336	cm	Bb vorne	1	cm
335	cm	Bb Mitte	2	cm
334	cm	Bb hinten	3	cm
2010	cm	zusammen	12	cm
335	cm	im Mittel	2	cm

ermittelter Leertiefgang: 62   cm   2   cm Verlust/~~Notier~~

ermittelter Ladetiefgang: 395   cm

Ladegewicht bei: 395   cm   2766,580   t

~~+~~/ ~~Mehr~~-/Mindergewicht der ermittelten Leereiche: 15,740   t

Ladegewicht lt. Eichaufnahme: 2750,840   t

Rotterdam   den   30.11.20..

(Eichaufnehmer)

* Zutreffendes ankreuzen

und hinten das Eichzeichen sichtbar in je 10 cm Skalen angebracht und der volle Tiefgang durch einen weißen Strich gekennzeichnet. Da das Gesamtgewicht eines Schiffes gleich dem Gewicht der von ihm verdrängten Wassermasse ist, so ist das Gewicht der Ladung gleich dem Gewicht der von dem beladenen Schiff verdrängten Wassermasse, vermindert um das Gewicht der durch das leere Schiff verdrängten Wassermasse.

| Eichschein | | | Nr. Seite 8 | | | | | | | |

Eichung nach Artikel 4 der Anlage des Übereinkommens

33 Wasserverdrängung und Veränderung der Wasserverdrängung des Schiffes je Zentimeter gemittelter Eintauchung, beginnend von der in Süßwasser ermittelten Leerebene an.

Gemittelte Eintauchung in cm	Entsprechende Verdrängung in m³	Gemittelte Eintauchung in cm	Entsprechende Verdrängung in m³	Gemittelte Eintauchung in cm	Entsprechende Verdrängung in m³	Gemittelte Eintauchung in cm	Entsprechende Verdrängung in m³
9	1952 445	9	2205 333	9	2459 570	9	2715 257
300	1960 840	330	2213 780	360	2468 060	390	2723 800
1	1969 254	1	2222 242	1	2476 565	1	2732 356
2	1977 668	2	2230 704	2	2485 070	2	2740 912
3	1986 082	3	2239 166	3	2493 575	3	2749 468
4	1994 496	4	2247 628	4	2502 080	4	2758 024
5	2002 910	5	2256 090	5	2510 585	5	2766 580
6	2011 324	6	2264 552	6	2519 090	6	2775 136
7	2019 738	7	2273 014	7	2527 595	397	2783 692
8	2028 152	8	2281 476	8	2536 100	8	
9	2036 566	9	2289 938	9	2544 605	9	
310	2044 980	340	2298 400	370	2553 110	0	
1	2053 413	1	2306 876	1	2561 636	1	

Mittlere Zu / Mittlere / Mittlere / Mittlere

Mittlere Zunahme je cm 8 414 m³ — Mittlere Zunahme je cm 8 462 m³ — Mittlere Zunahme je cm 8 505 m³ — Mittlere Zunahme je cm 8 556 m³

Die Eichaufnahme erfolgt nach Beladung durch einen öffentlich bestellten und vereidigten Eichaufnehmer. Der Eichaufnehmer ermittelt den Ladetiefgang und entnimmt aus dem Eichschein das Ladegewicht. Aus der abgedruckten Eichaufnahme und dem Auszug aus der Seite 8 des Eichscheins ist die Vorgehensweise des Eichaufnehmers genau zu ersehen.

7.7.2.5 Lieferfrist

Für die Binnenschifffahrt gibt es **keine gesetzlichen Fristen**, in denen die Beförderungen durchzuführen sind. Der Frachtführer hat jedoch die Reise in einer den Umständen **angemessenen Frist** anzutreten und die Beförderung ohne schuldhaftes Verzögern und allgemein **mit der Sorgfalt eines ordentlichen Frachtführers** durchzuführen.

Es kann eintreten, dass die Beförderung durch ein zufälliges Ereignis verhindert ist, das weder vom Frachtführer noch vom Absender oder Empfänger als Ladungsbeteiligte zu vertreten ist (z. B. behördliche Anordnung). Bei einem vor Antritt der Reise eingetretenen dauernden zufälligen Beförderungshindernis besteht nur Anspruch auf bis dahin angefallenes Liegegeld und andere Auslagen; bei Eintritt während der Reise kommt für den Frachtführer noch Anspruch auf angemessene Distanzfracht hinzu. Bei unverschuldetem zeitweiligem Beförderungshindernis liegt die Entscheidung über Abwarten oder Rücktritt beim Absender. Dies gilt nicht für die Verursachung durch Winterfrost (Eisgang, Zufrieren); hier ist die Möglichkeit zur Reisefortsetzung abzuwarten.

7.7.2.6 Nachträgliche Verfügung

Eine **nachträgliche Verfügung** des Absenders ist grundsätzlich möglich, wenn das Gut noch nicht im Bestimmungshafen eingetroffen und der Frachtbrief noch nicht dem Empfänger ausgehändigt ist. Ferner ist der Original-Ladeschein vorzulegen, wenn ein solcher ausgestellt wurde. Dem Frachtführer dürfen dadurch keine wirtschaftlichen Nachteile entstehen. Es steht ihm der volle Frachtbetrag und Ersatz seiner Aufwendungen zu.

Eine Änderung der Reiserichtung oder Zurücklegen einer weiteren Strecke kann dem Frachtführer nicht zugemutet werden. Die Güter sind dann an dem Ort auszuladen, an dem der Schiffsführer Kenntnis von der nachträglichen Verfügung bekommt. Bei Teil- und Stückgutverfrachtung müssten auch die übrigen Absender zustimmen.

7.7.2.7 Löschen

Die **Regelungen bezüglich Löschen** entsprechen in vielem denen für Beladen. **Genaue vertragliche Abmachungen** sind auch hier empfehlenswert. Die Löschbereitschaft ist dem Empfänger telefonisch oder bei der Meldeadresse anzuzeigen. Die Löschzeit beginnt mit dem auf den Meldetag folgenden Werktag. Die dem Frachtführer für die vertragliche oder gesetzliche Löschzeit anfallenden Kosten sind mit der Fracht abgegolten. Liegegeldanspruch besteht, wenn die Löschzeit überschritten wird oder eine Überliegezeit vereinbart wurde. Entsprechend den Regelungen für Beladung ist auch für das Löschen eine **Wartezeit** festgesetzt, die als Kündigungsfrist zu verstehen ist.

Der Empfänger trägt die Löschkosten. Lose Güter sind im Schiff, gepackte Güter auf dem Schiffsdeck abzunehmen. Beim Löschen geschütteter Ladung besteht Mitwirkungspflicht der Schiffsbesatzung.

7.7.2.8 Ablieferungshindernisse

Ablieferungshindernisse sind dem Absender sofort mitzuteilen und dessen Anweisungen sind einzuholen. Wenn die Absenderanweisung nicht gegeben wird oder diese nicht ausführbar ist, kann der Frachtführer die Güter unverzüglich selbst löschen lassen und in seinem Namen, aber auf Rechnung und Gefahr des Absenders pfandrechtsicher einlagern lassen. Von seinen getroffenen Maßnahmen muss der Frachtführer Absender und Empfänger unterrichten. Eine sofortige Versteigerung ist dem Frachtführer bei Gütern möglich, die raschen Verderb befürchten lassen oder sonstiger erheblicher Wertminderung ausgesetzt sind.

7.7.3 Pfandrecht

Entsprechend § 441 HGB steht auch dem Frachtführer in der Binnenschifffahrt ein **gesetzliches Pfandrecht** für alle mit der Güterbeförderung zusammenhängenden **Forderungen für**

Fracht, Fehlfracht, Liegegeld und Auslagen zu. Ist die Beförderung „frachtfrei" durchzuführen, müsste das Pfandrecht bezüglich Fracht besonders im Frachtvertrag vereinbart sein. Das Pfandrecht kann noch innerhalb von drei Tagen nach Auslieferung gerichtlich geltend gemacht werden, wenn sich das ausgelieferte Gut dann noch im Besitz des Empfängers befindet.

7.8 Beförderungsdokumente

7.8.1 Frachtbrief

Wie beim Landtransportgeschäft kann der Frachtführer vom Absender die Ausstellung eines **Frachtbriefs** verlangen, der die **Angaben** gemäß § 408 HGB zu enthalten hat.

Der Frachtbrief wird in drei vom Absender zu unterzeichnenden Originalausfertigungen ausgestellt. Der Absender kann vom Frachtführer Gegenzeichnung verlangen. Eine Ausfertigung ist für den Absender bestimmt, eine begleitet das Gut und eine behält der Frachtführer.

Der Frachtbrief ist auch in der Binnenschifffahrt Beweisurkunde über Abschluss des Frachtvertrags und Empfang des Gutes; er ist ein Warenbegleitpapier und wird zusammen mit dem Gut dem Empfänger ausgehändigt.

Der Absender haftet dem Frachtführer für die Richtigkeit und Vollständigkeit der im Frachtbrief gemachten Angaben. Außerdem ist der Absender verpflichtet, die Begleitpapiere zu übergeben, die zur Erfüllung der Zoll-, Steuer- oder Polizeivorschriften erforderlich sind. Durch die Annahme des Gutes verpflichtet sich der Empfänger, die Kosten gemäß Frachtbrief zu bezahlen.

7.8.2 Ladeschein

Der Absender kann aber auch verlangen, dass ihm der Frachtführer nach Verladung der Güter einen **Ladeschein** ausstellt, in dem er sich zur Auslieferung der Güter an den legitimierten Empfänger verpflichtet. In der Rheinschifffahrt wird der Ladeschein auch Konnossement genannt oder Rheinkonnossement. Der Ladeschein ist wie der Lagerschein und das Konnossement ein Warenwertpapier. Der Berechtigte ist Eigentümer der genannten Güter.

Wie der Frachtbrief enthält auch der Ladeschein eine Empfangsbescheinigung, ein Beförderungs- und ein Auslieferungsversprechen (Übernahme der aufgeführten Güter zur Beförderung an den Empfänger gegen Zahlung der aufgeführten oder noch entstehenden Kosten und etwaiger Nachnahmen). – Hinzu kommt aber jetzt die Verpflichtung des Frachtführers, das übernommene Gut nur gegen Rückgabe der von ihm unterzeichneten Urkunde an den legitimierten Empfänger auszuliefern. Diese Verpflichtung macht den Ladeschein zum Warenwertpapier und den Berechtigten letztlich zum Eigentümer des Gutes.

Der Ladeschein ist bestimmend für das **Rechtsverhältnis zwischen Frachtführer und Empfänger**. Die Abmachungen des zwischen dem Absender und dem Frachtführer geschlossenen Frachtvertrags sind deshalb für das Rechtsverhältnis Frachtführer/ Empfänger nur wirksam, soweit sie in den Ladeschein übernommen werden.

Im Allgemeinen genügt ein Hinweis wie „im Übrigen gelten die Bestimmungen des Frachtvertrags". Jedoch gilt dies nicht für die Zahlung außerordentlicher Kosten; diese müssen gesondert aufgeführt werden. Ist nur vermerkt, dass „Fracht laut Frachtvertrag" vom Empfänger zu zahlen ist, sind Abmachungen über Löschzeit, Überliegezeit und Liegegeld für den Empfänger nicht verbindlich.

F R A C H T B R I E F

Regionalstelle Mannheim
Rheinkaistraße 2
68159 Mannheim

Telefon (0621) 177-0
Telefax (0621) 177 275

partnership

Absender:	BAUSTOFF- GMBH. KIESHANDEL BREISACH	**Empfänger:**	KIESVERARBEITUNG U. AUF- BEREITUNG GMBH. STUTTGART
Meldeadresse:	HAFENBETRIEB STUTTGART	**Ladehafen:** **Ladestelle:** **Löschhafen:** **Löschstelle:**	OTTMARSHEIM KIESWERK STUTTGART BAU GMBH.
Schiff:	KIESTRANSPORTER 12	**Schiffsführer:**	LANGER

Markierung	Anzahl und Art	Inhalt	angebliches Gewicht kg
KEINE	LOSE	KIES 2-4 MM	1.875.000 KG

Unverantwortlich für Stückzahl, Maß, Gewicht, Nummern, Merkzeichen, Inhalt, Art, Gattung, Qualität, Zustand, Wert, Beschaffenheit der Verpackung. Ohne schriftlichen Auftrag wird keinerlei Versicherung gedeckt!

Ladezeiten:

							Löschzeiten:				
angekommen	am: 12.07.		um:	00:00 Uhr		angekommen	am:		um:		Uhr
gemeldet	am: 12.07.		um:	06:15 Uhr		gemeldet	am:		um:		Uhr
geladen	am: 12.07.	von 06:30	bis	10:00 Uhr		gelöscht	am:	von	bis		Uhr
	am:	von	bis	Uhr			am:	von	bis		Uhr
	am:	von	bis	Uhr			am:	von	bis		Uhr

Leichterung:

Zollformalitäten / Zollabfertigung
KEINE

Positions-Nr.: 1295

Güterklasse: VI

Sped.-Nr.: 112

Lade- /Löschtermin: 16.07.

Weitere Vermerke:

24 STUNDEN VOR ANKUNFT ANMELDEN UNTER DER TEL.-NR.
0711/10

Die weiteren Bedingungen des Transportes sind im Frachtvertrag einschließlich der Konnossementsbedingungen festgelegt.

Der Schiffsführer ist verpflichtet, uns jeden außergewöhnlichen Aufenthalt <u>sofort</u> fernmündlich zu melden.

, den

für den / der Schiffsführer:

Ausgestellt wurden **ein** Original- sowie 3 Kopien

Allen gegenwärtigen und zukünftigen Transporten für den Frachtnehmer/Frachtzahler liegen unsere Allgemeinen Verlade- und Transportbedingungen (AVT) zugrunde, für Transporte, deren Lade- und / oder Löschstelle im Donaustromgebiet liegt, wobei die Grenze die Mündung des Main-Donau-Kanal in die Donau bildet, gelten an deren Stelle unsere Donaubedingungen. Dies gilt auch, wenn wir abweichenden Bedingungen oder Gegenbestätigungen, die wir hiermit ausdrücklich ablehnen, nicht widersprechen. Die AVT und die Donaubedingungen können bei uns angefordert werden.

Auslagen, die erst nach Aushändigung (Begebung) des Ladescheins entstanden sind und deshalb auch nicht vermerkt werden konnten, kann der Frachtführer dem Empfänger gegenüber geltend machen, z. B. Auslagen auf der Reise, Liegegeld für Überschreitung der Löschzeit am Ablieferungsort. Dies gilt auch für alle durch das Verhalten des Empfängers verursachten Forderungen. Im Übrigen umfasst das gesetzliche Pfandrecht des Frachtführers auch diese Bereiche.

LADESCHEIN

Regionalstelle Mannheim
Rheinkaistraße 2
68159 Mannheim

Telefon (0621) 177-0
Telefax (0621) 177 275

partnership

Absender:	GETREIDE- U. FUTTERMITTEL GMBH. STUTTGART	**Empfänger:**	GETREIDE-EXPORT GMBH. BALLINDAMM HAMBURG
Meldeadresse:	SAMGA GETREIDELAGERHAUS ANTWERPEN	**Ladehafen:** **Ladestelle:** **Löschhafen:** **Löschstelle:**	HEILBRONN RUTSCHE ANTWERPEN ANZUWEISEN
Schiff:	WASSERFAHRZEUG 125	**Schiffsführer:**	ENGELHARDT

Der Frachtführer verpflichtet sich, die nachfolgend genannten Güter zu transportieren und dieselben nach glücklich zurückgelegter Reise an den legitimierten Besitzer diese Ladescheines auszuliefern:

Markierung	Anzahl und Art	Inhalt	angebliches Gewicht kg
KEINE	LOSE	QUALITÄTS-WEIZEN	1.775,000 KG

Unverantwortlich für Stückzahl, Maß, Gewicht, Nummern, Merkzeichen, Inhalt, Art, Gattung, Qualität, Zustand, Wert, Beschaffenheit der Verpackung. Ohne schriftlichen Auftrag wird keinerlei Versicherung gedeckt!

Ladezeiten:

angekommen	am: 13.01.	um:	Uhr
gemeldet	am: 13.01.	um: 07:00
geladen	am: 13.01.	von 07:30	bis 19:00
	am: 14.01.	von 07:00	bis 09:00
	am:	von	bis	Uhr

Löschzeiten:

angekommen	am:		um:	Uhr
gemeldet	am:		um:	Uhr
gelöscht	am:	von	bis	Uhr
	am:	von	bis	Uhr
	am:	von	bis	Uhr

Leichterung:

Zollformalitäten / Zollabfertigung
IN ANTWERPEN

Positions-Nr.: 524

Güterklasse: III/IV

Sped.-Nr.: 1.312

Lade-/Löschtermin: OFFEN

Weitere Vermerke: BITTE WARE VOR FEUCHTIGKEIT SCHÜTZEN.

Die weiteren Bedingungen des Transportes sind im Frachtvertrag einschließlich der Konnossementsbedingungen festgelegt.

Der Schiffsführer ist verpflichtet, uns jeden außergewöhnlichen Aufenthalt sofort fernmündlich zu melden.

, den

für den / der Schiffsführer:

Ausgestellt wurden **ein** Original- sowie **3** Kopien

Allen gegenwärtigen und zukünftigen Transporten für den Frachtnehmer/Frachtzahler liegen unsere Allgemeinen Verlade- und Transportbedingungen (AVT) zugrunde; für Transporte, deren Lade- und / oder Löschstelle im Donaustromgebiet liegt, wobei die Grenze die Mündung des Main-Donau-Kanal in die Donau bildet, gelten an deren Stelle unsere Donaubedingungen. Dies gilt auch, wenn wir abweichenden Bedingungen oder Gegenbestätigungen, die wir hiermit ausdrücklich ablehnen, nicht widersprechen. Die AVT und die Donaubedingungen können bei uns angefordert werden.

Die im Ladeschein enthaltenen ausdrücklichen Bestimmungen gehen im Verhältnis Frachtführer/Empfänger vor, wenn sie im Widerspruch zu dem vermerkten Frachtvertrag stehen. Durch Mitunterzeichnung des Ladescheins kann vom Absender Anerkennung des Inhalts einschließlich der genannten Verfrachtungsbedingungen erreicht werden.

Unter Berücksichtigung von § 444 HGB soll der Ladeschein alle auch für den Frachtbrief genannten Angaben enthalten.

7.8.2.1 Namensladeschein

Warenwertpapiere sind gekorene Orderpapiere. Fehlt die Orderklausel und ist der Empfänger genannt, liegt ein Namenspapier vor. Beim Namenspapier, so auch beim Namensladeschein, ist der namentlich Genannte empfangsberechtigt. Durch Abtretung (Zession) kann er seine Rechte auf einen anderen übertragen. Dieser erwirbt aber nur diejenigen Rechte, die der Abtretende im Zeitpunkt der Abtretung noch an den Frachtführer hat. Es gilt auch hier der Rechtsgrundsatz, dass niemand mehr Rechte abtreten kann, als er selbst hat. Der neue Erwerber müsste sich mit Einwendungen des Frachtführers, z. B. dass ein Teil der Güter schon ausgeliefert sei, diesem gegenüber abfinden.

7.8.2.2 Orderladeschein

Im Handelsverkehr bietet deshalb der **Orderladeschein** die größere Sicherheit. Ein Orderpapier ist letztlich ein **abstraktes Schuldverhältnis**, weil der Inhalt der Urkunde entscheidend ist. Ein Orderpapier hat also unbedingten Glauben. Der Berechtigte kann das vom Frachtführer herausverlangen, was er nach dem Orderpapier herauszugeben hat. Der Berechtigte kann sich in seinen Ansprüchen an den Frachtführer unbedingt an den Inhalt des Ladescheins halten. Nur solche Einwendungen kann der Frachtführer dem Berechtigten entgegenhalten, die die Gültigkeit seiner Erklärungen betreffen (Fälschungen), sich aus dem Inhalt der Urkunde ergeben (z. B. Menge, Gewicht, Inhalt nicht bekannt) oder die ihm unmittelbar gegen den Berechtigten zustehen.

Übertragen wird der Orderladeschein durch Indossament. Das Indossament ist eine Erklärung, mit der der Berechtigte (Indossant) seine Rechte aus dem Ladeschein auf den neuen Berechtigten (Indossatar) überträgt. – Der berechtigte Inhaber des Orderladescheins ist Eigentümer der darin vermerkten Güter.

Die Angabe einer Meldeadresse kann der Frachtführer bei an Order gestellten Ladescheinen fordern, wenn der Berechtigte am Ablieferungsort weder Wohnsitz noch Niederlassung hat. Zweckmäßigerweise verlangen Frachtführer in den Verfrachtungsbedingungen stets die Nennung einer Meldeadresse. Hier meldet der Schiffer seine Löschbereitschaft, erfährt den Empfangsberechtigten und bittet um Rückgabe des Ladescheins.

7.8.3 Zusätzliche Dokumente im grenzüberschreitenden Verkehr

Im grenzüberschreitenden Verkehr ist auf die Zollverfahren zu verweisen:
- Ausfuhrverfahren
- Versandverfahren
- Überführung in den zollrechtlich freien Verkehr.

Näheres ist den Lernfeldern 10 und 11 zu entnehmen.

7.9 Haftungsbestimmungen und Schadensregelungen bei Schiffsunfällen

7.9.1 Die Haftung des Frachtführers

Die Haftung des Frachtführers ergibt sich aus den §§ 425–439 HGB. Das Haftungsprinzip ist aus dem § 425 HGB herzuleiten. Danach haftet der Frachtführer für den Schaden, der durch Verlust oder Beschädigung des Gutes in der Zeit von der Übernahme zur Beförde-

rung bis zur Ablieferung oder durch Überschreitung der Lieferfrist entsteht. Diese Obhutshaftung wird durch Haftungsausschlüsse auf eine sog. Gefährdungshaftung reduziert.

Der Frachtführer ist jedoch bei Vorliegen eines **unabwendbaren Ereignisses** (z. B. Streiks
oder Naturkatastrophen) von der Haftung befreit, wenn also entsprechend § 426 HGB
Verlust, Beschädigung oder Überschreitung der Lieferfrist auf Umständen beruhen, die
der Frachtführer nicht vermeiden und deren Folgen er nicht abwenden konnte. Auf
Mängel des für die Beförderung verwendeten Fahrzeugs kann er sich jedoch nur berufen, wenn es ihm der Absender gestellt hat.

Neben dem soeben dargelegten allgemeinen **Haftungsausschluss** sind in § 427 HGB noch
besondere Haftungsausschlüsse genannt.

Gemäß § 428 HGB hat der Frachtführer auch für Handlungen und Unterlassungen seiner
Leute und anderer Personen, deren er sich bei der Ausführung der Beförderung bedient,
zu haften.

Wertersatz für Verlust und Beschädigung ist in § 429 HGB, der Haftungshöchstbetrag
und die Haftung für Überschreitung der Lieferfrist sind in § 431 HGB geregelt. Bei gänzlichem oder teilweisem Verlust ist der Wert am Ort und zur Zeit der Übernahme zur
Beförderung zu ersetzen, bei Beschädigung des Gutes der Unterschied zwischen dem
Wert des unbeschädigten Gutes am Ort und zur Zeit der Übernahme zur Beförderung
und dem Wert, den das beschädigte Gut am Ort und zur Zeit der Übernahme gehabt hätte. Wegen Überschreitung der Lieferfrist ist die Haftung des Frachtführers auf den dreifachen Betrag der Fracht begrenzt.

Bei Verlust oder Beschädigung ist die Haftung auf 8,33 SZR/kg begrenzt. Dies entspricht
der CMR-Regelung. Maßgeblich zur Berechnung der Haftungsbegrenzung bei Güterschäden ist das Rohgewicht der vom Schaden betroffenen Sendungsteile. Durch Einzel-
vereinbarung oder durch Allgemeine Geschäftsbedingungen kann die Haftungsbegrenzung angehoben oder abgesenkt werden.

Bei Transportschäden ist eine Korridorlösung vorgesehen. Danach kann die Haftungs-
obergrenze zwischen 2 und 40 SZR/kg liegen. Durch Allgemeine Geschäftsbedingungen
kann innerhalb dieser Haftungsbreite von der gesetzlichen Regelhaftung von 8,33 SZR/kg
abgewichen werden. Dies gilt aber nur für die Haftungshöhe. Von den Haftungsregelungen
selbst darf dagegen nur im Rahmen einzelvertraglicher Vereinbarungen abgewichen werden. Es besteht also nur einzelvertragliche Dispositionsfreiheit. Die Haftungsregelungen
sind somit AGB-fest.

Neben der vertraglichen Haftung aus der Verletzung von Vertragspflichten darf für die Praxis die **außervertragliche Haftung** aus unerlaubter Handlung gemäß §§ 823 ff. BGB nicht
unbeachtet bleiben. Diese Verschuldenshaftung ist summenmäßig nicht begrenzt. Wer
einen Schaden grob fahrlässig oder vorsätzlich herbeigeführt hat, kann sich grundsätzlich
nicht auf Haftungsbegrenzungen stützen. Grobe Fahrlässigkeit ist im Allgemeinen dann
gegeben, wenn die erforderliche Sorgfalt in grober Weise außer Acht gelassen wurde.

Juristisch wird zwischen unbewusster und bewusster grober Fahrlässigkeit unterschieden. Entsprechend ist im § 435 HGB festgelegt, dass die gesetzlichen Regelungen für das
Frachtgeschäft und die im Frachtvertrag vorgesehenen Haftungsbefreiungen und Haftungsbegrenzungen dann nicht gelten sollen, wenn der Schaden auf eine Handlung
oder Unterlassung zurückzuführen ist, die der Frachtführer, seine Leute oder die von ihm
beauftragten Personen vorsätzlich oder leichtfertig und im Bewusstsein, dass ein Schaden mit Wahrscheinlichkeit eintreten werde, begangen haben.

Andererseits sagt § 436 HGB, dass sich die Leute des Frachtführers bei außervertraglichen
Haftungsansprüchen gegen sie auf die im Frachtrecht des HGB und im Frachtvertrag vorgesehenen Haftungsbefreiungen und -begrenzungen berufen können.

7.9.2 Schadenregelungen bei Schiffsunfällen

Gegen alle durch Unfall verursachten Beschädigungen an Schiff und Ladung kann sich der Ladungseigentümer nur durch Abschluss einer Transportversicherung schützen. Für dieses Risiko kann kein am Frachtvertrag Beteiligter verantwortlich gemacht werden.

Große Havarie	**Große Havarie** liegt vor, wenn dem Schiff oder der Ladung oder beiden vorsätzlich Schäden zugefügt wird, um beide aus der gemeinsamen Gefahr zu retten. Die Kosten der großen Haverei tragen Schiff und Ladung gemeinsam entsprechend ihrer Werte. Von einem amtlich anerkannten Sachverständigen (Dispacheur) wird ein Schadensverteilungsplan (Dispache) aufgestellt.
Besondere Havarie	Als **besondere Havarie** sind alle durch Unfall verursachten Schäden und Kosten zu verstehen, ohne dass eine gemeinsame Gefahr bestanden hat. Die Kosten werden jeweils von dem geschädigten Eigentümer des Schiffes oder der Ladung für sich getragen. Das Risiko des Schiffsschadens für den Frachtführer ist durch eine Kasko-Versicherung, das des Ladungsschadens für den Absender oder Empfänger durch eine Transportversicherung versicherbar.
Kleine Havarie	Unter **kleiner Havarie** sind die im Rahmen der Beförderung entstehenden regelmäßigen Kosten zu verstehen. Es ist also kein Schadensfall, sondern nur ein Kostenfall gegeben. In der Regel werden Hafengebühren, Schleusengebühren, Kanalgelder, Brückengelder, Lotsengebühren und Schlepplohn zu Lasten des Frachtführers, Ufer-, Kran- und Liegegelder zu Lasten des Absenders abgerechnet.

7.9.3 Gefahrguttransporte in der Binnenschifffahrt

Bereits Mitte der fünfziger Jahre hat die Wirtschaftskommission der Vereinten Nationen für Europa (ECE) einen Entwurf zur Beförderung gefährlicher Güter in der Binnenschifffahrt erarbeitet. Dieser Entwurf wurde von der Zentralkommission für die Rheinschifffahrt (ZKR) als Beratungsgrundlage übernommen und daraus wurde bis zum Jahre 1970 die **„Verordnung über die Beförderung gefährlicher Güter in der Rheinschifffahrt"** (ADNR) entwickelt und verabschiedet, die im Jahre 1971 (23. Nov. 1971) in Kraft trat und nun i. d. F. vom 1. Januar 1995 vorliegt einschließlich der 3. ADNR-Änderungsverordnung vom 4. Dezember 1997.

Die Abkürzung „ADNR" geht auf den Arbeitstitel der Wirtschaftskommission zurück, der lautet: Project d'**A**ccord européen relatif au transport international des marchandises **D**angereuses par voie de **N**avigation intérieure (ADN). Der Zusatz **„R"** bedeutet, dass diese Regelung für den Rhein gilt.

Neben der „Verordnung über die Beförderung gefährlicher Güter in der Rheinschifffahrt" gibt es die **„Verordnung über die Beförderung gefährlicher Güter auf der Mosel"**; beide Verordnungen sind Bestandteil der **ADNR-Verordnung**. In Artikel 1,1 der ADNR-Mosel ist vorgeschrieben, dass auf alle Beförderungen gefährlicher Güter die Verordnung über die Beförderung gefährlicher Güter auf dem Rhein anzuwenden ist.

Die **„Verordnung über die Beförderung gefährlicher Güter auf Binnengewässern" (Gefahrgutverordnung Binnenschifffahrt – GGVBinSch i. d. F. vom 31.01.2004)** legt fest (vgl. dort § 1,3 Nr. 1 und 2), dass die ADNR auf allen Binnengewässern gelten, wobei die Anlage 1 der GGVBinSch zu beachten ist, die die Abweichungen der Teile 1–9 des ADNR für innerstaatliche und grenzüberschreitende Beförderungen beinhaltet.

Die ADNR ist in neun Teile gegliedert, die folgende Inhalte aufweisen:

1. Allgemeine Vorschriften
2. Klassifizierung
3. Verzeichnis der gefährlichen Güter, Sondervorschriften sowie Freistellungen in Zusammenhang mit der Beförderung von in begrenzten Mengen verpackten Gütern (vgl. Rnd.-Nr. 3.4)

4. Vorschriften für die Verwendung von Verpackungen und Tanks
5. Vorschriften für den Versand
6. Bau- und Prüfvorschriften für Verpackungen (einschließlich Großpackmittel (IBC) und Großverpackungen) und Tanks
7. Vorschriften für das Laden, Befördern, Löschen und sonstige Handhabung der Ladung
8. Vorschriften für die Besatzung, die Ausrüstung, den Betrieb der Schiffe und die Dokumentation
9. Bauvorschriften

Die Kapitel 1–6 sind weitgehend mit dem Aufbau der ADR vergleichbar. Die Verzeichnisse der gefährlichen Güter (Tabelle A und B, ADR und ADNR) sind weitgehend identisch aufgebaut. In den ADNR befindet sich unter der Rnd.-Nr. 3.2.3 noch eine **Tabelle C** – Verzeichnis der zur Beförderung in Tankschiffen zugelassenen gefährlichen Güter in numerischer Reihenfolge. Auch diese Tabelle hat 20 Spalten, jedoch mit anderen Inhalten. So enthalten die Spalten 6–9 Hinweise auf den Tankschifftyp (Typ G, C oder N), den Ladetankzustand , den Ladetanktyp und die Ladetankausrüstung.

Die Klasseneinteilung und die Einteilung der Verpackungsgruppen ist identisch mit der ADR. Die Begrenzung der zu befördernden Mengen ist in der Rnd.-Nr. 7.1.4.1.1 geregelt. So dürfen beispielsweise von allen Stoffen der Klasse **1**, Unterklasse **1.1**, Verträglichkeitsgruppe **A** nur **90** kg befördert werden, wobei zu beachten ist, dass diese Menge in **drei** Partien zu maximal je **30** kg und mindestens 10,0 m Abstand zwischen den einzelnen Partien verladen werden muss. Vom Gut der Klasse 5.2 mit der UN-Nummer 3101 (ORGANISCHES PEROXID TYP B, FLÜSSIG) dürfen beispielsweise nur 15 000 kg befördert werden.

Für **Doppelhüllenschiffe** gelten insbesondere die Bauvorschriften der Rnd.-Nr. 9.1.0.80 ff. für Trockengüterschiffe, 9.2.0.80 ff. für Doppelhüllen-Seeschiffe, 9.3.1.11.2 ff. z. B. für Tankschiffe des Typs G (Gastanker).

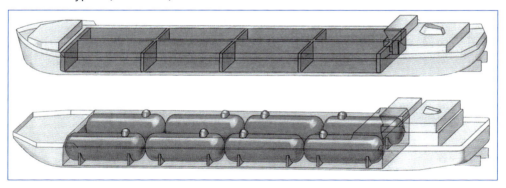

Für das Be- und Entladen der Schiffe liegen differenzierte Vorschriften vor. So muss der Schiffsführer alle Güter, die in den einzelnen Laderäumen oder an Deck sind, in einen Stauplan eingetragen (vgl. Rnd.-Nr. 7.1.4.11.1). Bei der Beförderung von gefährlichen Stoffen in Containern ist eine Liste zu erstellen, in der alle Container mit ihren Nummern, den in den Containern enthaltenen Stoffen mit UN-Nummer, die offizielle Bezeichnung für die Beförderung , die Klasse und, soweit vorhanden, die Verpackungsgruppe erfasst sind. Die einzelnen Teile einer Ladung müssen so gestaut sein, dass sie ihre Lage zueinander und zum Schiff nicht ändern und nicht von anderer Ladung beschäftigt werden können. Grundsätzlich sind gefährliche Güter innerhalb der Laderäume unterzubringen, wobei

- Container mit vollwandigen spritzwasserdichten Wänden,
- MEGG (= Gascontainer mir mehreren Elementen),
- Straßenfahrzeuge mit vollwandigen spritzwasserdichten Wänden,

260

- Tankcontainer und
- Tankfahrzeuge

auch außerhalb der Laderäume im geschützten Bereich an Deck befördert werden können.

Spalte 9 der Tabelle A (Rnd.-Nr. 3.2.1) hält fest, welche Ausrüstungen in der Abhängigkeit vom beförderten Gefahrgut mitzuführen sind. Dabei bedeuten die eingetragenen Abkürzungen Folgendes (vgl. Rnd.-Nr. 8.1.5.1):

PP	Je Besatzungsmitglied eine Schutzbrille, ein Paar Schutzhandschuhe, ein Schutzanzug und ein Paar geeignete Schutzschuhe. An Bord von Tankschiffen in jedem Fall Schutzstiefel
EP	Ein geeignetes Fluchtgerät für jede an Bord befindliche Person
EX	Ein Gasspürgerät sowie eine Gebrauchsanweisung für dieses Gerät
TOX	Ein Toximeter sowie eine Gebrauchsanweisung für dieses Gerät
A	Ein geeignetes umluftabhängiges Atemschutzgerät

Spalte 12 der Tabelle A enthält Vorschriften zur Kennzeichnung der Schiffe und Liegestellen. Nach Rnd.-Nr. 7.1.5.02 sind sie in Abhängigkeit von der Gefahr, die vom geladenen Gut ausgeht, wie folgt zu kennzeichnen:

Kennzeichnung von Liegestellen für Gefahrgutschiffe

Liegestellen für Fahrzeuge der Schubschifffahrt

Fahrzeuge, die 1 blauen Kegel oder 1 blaues Licht führen	Fahrzeuge, die 2 blaue Kegel oder 2 blaue Lichter führen	Fahrzeuge, die 3 blaue Kegel oder 3 blaue Lichter führen

Liegestellen für Fahrzeuge, die nicht Fahrzeuge der Schubschifffahrt sind

Fahrzeuge, die 1 blauen Kegel oder 1 blaues Licht führen	Fahrzeuge, die 2 blaue Kegel oder 2 blaue Lichter führen	Fahrzeuge, die 3 blaue Kegel oder 3 blaue Lichter führen

Liegestellen für Fahrzeuge der Schubschifffahrt wie auch für andere Fahrzeuge

Fahrzeuge, die 1 blauen Kegel oder 1 blaues Licht führen	Fahrzeuge, die 2 blaue Kegel oder 2 blaue Lichter führen	Fahrzeuge, die 3 blaue Kegel oder 3 blaue Lichter führen

- Drei blaue Kegel oder drei blaue Lichter: Schiff muss mindestens 500 m von geschlosse-nen Wohngebieten, Kunstbauten und Tankanlagen entfernt festmachen. Vor Schleusen beträgt der Mindestabstand 100 m.
- Zwei blaue Kegel oder zwei blaue Lichter: falls das gefährliche Gut der Verpackungs-gruppe I oder der Klasse 2 angehört und die Bruttomassen dieser Güter zusammen mehr als 30 000 kg betragen. Der Liegeplatz muss mindestens 100 m von Kunstbauten und Tanklagern und 300 m von geschlossenen Wohngebieten entfernt sein.
- Ein blauer Kegel oder ein blaues Licht: falls das gefährliche Gut der Verpackungs-gruppe I oder der Klasse 2 angehört und die Bruttomasse dieser Güter zusammen mehr als 130 000 kg betragen. Der Liegeplatz muss mindestens 100 m von geschlosse-nen Wohngebieten, Kunstbauten oder Tanklagern entfernt sein.

Für den Transport der gefährlichen Güter sind gemäß Rnd.-Nr. 5.4.3 ff. **schriftliche Weisungen** mitzugeben. Diese sind vom Absender bereitzustellen und dem Schiffsführer spätestens zum Zeitpunkt des Verladens der gefährlichen Güter in das Schiff zu übergeben. Der Absender ist für den Inhalt dieser schriftlichen Weisungen verantwortlich. Die Weisungen sind in einer Sprache bereitzustellen, die der Fahrzeugführer, der die gefährlichen Güter übernimmt, lesen und verstehen kann, sowie in allen Sprachen der Herkunfts-, Transit- und Bestimmungsländer der Sendung (vgl. Rnd.-Nr. 5.4.3.3). Die Weisung muss folgende Punkte enthalten:

- Ladung (Angabe nach Gefahrgutvorschriften und Beschreibung der Ladung)
- Art der Gefahr (Haupt- und Zusatzgefahren einschließlich möglicher Langzeitwirkun-gen und Gefahren für die Umwelt; Verhalten bei Brand; Reaktion mit Wasser)
- Persönliche Schutzausrüstung
- Von der Besatzung zu treffende allgemeine Maßnahmen
- Von der Besatzung zu treffende zusätzliche und/oder besondere Maßnahmen
- Erste Hilfe

7.10 Abrechnung von Transportleistungen

Seit dem 1. Januar 1994 können durch das Tarifaufhebungsgesetz innerdeutsche Frachtent-gelte frei vereinbart werden. Anhand seiner Kosten muss nun jeder Frachtführer selbst er-rechnen, zu welcher Frachtrate er einen angebotenen Transportauftrag übernehmen kann.

Für die Benutzung von Kanälen und kanalisierten Flüssen sind öffentlich-rechtliche Schifffahrtsabgaben (Schleusen- und Kanalgebühren) zu entrichten. Diese vom Fracht-führer zu tragenden Aufwendungen sollten in seinen Preis voll eingerechnet werden. Zusätzlich können Zuschläge für Niedrigwasser (Kleinwasserzuschläge, Bunkerzuschläge), und Liegegeld für Überschreiten der Lade- und Löschzeiten vereinbart werden.

Beispiel:
Beispiel für den Kleinwasserzuschlag (KWZ) im Containerverkehr:

Für Terminals, die südlich von Koblenz liegen, gilt der Pegel Kaub als maßgebender Pegel			
Pegel Kaub	**KWZ per 20' voll**	**KWZ per 40' voll**	**Tankctr. voll**
150–131 cm	25 EUR	30 EUR	35 EUR
130–111 cm	35 EUR	40 EUR	50 EUR
110–96 cm	45 EUR	55 EUR	65 EUR
95–81 cm	75 EUR	95 EUR	110 EUR
ab 80 cm und darunter: freie Vereinbarung			

7.11 Binnenschifffahrt in Europa

Am 03.10.2000 wurde mit der Verabschiedung des **Budapester Übereinkommens über den Vertrag über die Güterbeförderung in der Binnenschifffahrt (CMNI)** ein einheitliches Frachtrecht für die Binnenschifffahrt in Europa geschaffen.

Damit wurde der Tatsache Rechnung getragen, dass die Binnenschifffahrt traditionell den größten Teil ihrer Transportleistungen im grenzüberschreitenden Verkehr erbringt.

Das Übereinkommen ist am 01.11.2007 für die Bundesrepublik Deutschland in Kraft getreten. Nach Art. 2 CMNI ist es anzuwenden, wenn Ladehafen/Übernahmeort und Löschhafen/Ablieferungsort in zwei verschiedenen Staaten liegen, von denen mindestens einer die CMNI ratifiziert haben muss.

Hat der Frachtvertrag die durchgehende Beförderung des Gutes auf Binnen- als auch auf Seegewässern zum Gegenstand, so ist die CMNI nur dann anzuwenden, wenn

- kein Seekonnossement ausgestellt wurde oder
- die auf Binnengewässern zurückzulegende Strecke die größere ist.

Eine Vielzahl der CMNI-Bestimmungen entsprechen inhaltlich dem Frachtrecht des HGB. Als Beispiele seien genannt:

Bestimmungen	Fundstelle CMNI	Fundstelle HGB
1. Verantwortlichkeiten für Übernahme, Beförderung und Ablieferung der Güter	Art. 3	§ 407, § 412
2. Rechtsverhältnis vertraglicher/ausführender Frachtführer	Art. 4	§ 437
3. Lieferfrist	Art. 5	§ 423
4. Pflichten des Absenders	Art. 6	§ 407 (2) §§ 411–413
5. Gefahrgut	Art. 7	§ 410
6. Rücktrittsrecht des Frachtführers	Art. 9	§ 415
7. Ablieferung der Güter	Art. 10	§ 421
8. Art und Inhalte der Frachturkunde (Frachtbrief)	Art. 11	§ 408
9. Vorbehalte in den Frachturkunden	Art. 12	§ 409
10. Konnossement	Art. 13	§§ 444–447
11. Verfügungen	Art. 14–15	§ 418

Abweichungen sind insbesondere im **Haftungsbereich** festzustellen.

Nach Art. 8 CMNI haftet der **Absender** für alle Schäden und Aufwendungen, die sich aus der Pflichtverletzung nach Art. 6 und 7 CMNI ergeben, auch wenn ihn kein Verschulden trifft. Im Gegensatz zu § 414 HGB legen die CMNI jedoch keine Haftungsbegrenzungen für diesen Fall fest.

Die **Frachtführerhaftung** ist auf das internationale Landfrachtrecht und das Seefrachtrecht ausgerichtet, was zu Unterschieden zum Frachtrecht des HGB führt:

Frachtführer-haftung	Vergleich: CMNI – HGB
Haftungs-prinzip	Nach Art. 16 CMNI haftet der Frachtführer für Schäden, die durch Verlust oder Beschädigung der Güter in der Zeit von der Übernahme zur Beförderung bis zur Ablieferung oder durch Überschreitung der Lieferfrist entstehen, sofern er nicht beweist, dass ein unabwendbares Ereignis vorliegt. Es gilt also – wie im Frachtrecht des HGB – die Obhutshaftung. Jedoch beginnt diese nach CMNI erst ab vollendeter Beladung des Schiffes und endet bereits mit der Bereitstellung im Löschhafen. Die Haftung des Frachtführers während des Lade- und Löschvorgangs bestimmt sich nach dem auf den Frachtvertrag anwendbaren Recht des Staates (Art. 16 Abs. 2 CMNI).
Haftung für Bedienstete und Beauftragte	Die Haftung für andere („Leutehaftung") ist zunächst entsprechend § 428 HGB geregelt. Jedoch fallen Lotsen, die von einer Behörde bestimmt und nicht vom Frachtführer ausgewählt wurden, nicht unter diese Regelung (Art. 17 CMNI).
Schadens-berechnung	Nach Art. 19 CMNI ist der Wert des Gutes am Ablieferungsort bei einer Schadensersatzleistung zu Grunde zu legen und nicht – wie nach § 429 HGB – der Wert des Gutes am Übernahmeort. Dabei ist bei Schüttgütern ein normaler Schwund an Volumen oder Gewicht mit zu berücksichtigen.
Haftungs-ausschlüsse	Die besonderen Haftungsausschlussgründe entsprechen der Auflistung in § 427 HGB. Hinzu kommt, dass der Frachtführer auch nicht für Güter- und Verspätungsschäden haftet, die auf die erfolgte oder versuchte Hilfeleistung oder Rettung auf Binnenwasserstraßen zurückzuführen sind (Art. 18 CMNI).
Haftungs-begrenzungen	Nach Art. 20 CMNI haftet der Frachtführer mit maximal 666,67 SZR je Packung/Ladeeinheit oder 2 SZR/kg der verlorenen oder beschädigten Güter, sofern Vorsatz oder bewusst grobe Fahrlässigkeit nicht gegeben sind.
	Handelt es sich bei der Ladungseinheit um einen Container und wird in der Frachturkunde nicht die Anzahl der im Container verladenen Packstücke angegeben, so haftet der Frachtführer für den Container mit 1 500,00 SZR und für die im Container verstauten Güter mit 25 000,00 SZR.
	Bekannterweise begrenzt das HGB-Frachtrecht den Haftungshöchstbetrag auf 8,33 SZR/kg.
	Die Haftung für Verspätungsschäden ist auf den einfachen Betrag der Fracht begrenzt (Art. 20 Abs. 3 CMNI) gegenüber dem dreifachen Betrag nach HGB-Frachtrecht (§ 431 HGB).
	Schließlich wird in Art. 20 Abs. 4 CMNI auf die Möglichkeit der Anhebung der Haftungshöchstbeträge verwiesen.

7.12 Besonderheiten der Binnenschifffahrtsspedition

Verlader, die Transporte mit dem Binnenschiff ausführen lassen wollen, können sich direkt an ein Binnenschifffahrtsunternehmen wenden oder an einen **Spediteur**, der diesen Bereich in seine Leistungspalette aufgenommen hat. Je mehr die Binnenschifffahrts- und Binnenumschlagsspedition Leistungsschwerpunkt seiner speditionellen Aktivitäten ist, umso besser dürfte der Spediteur bei der Abwicklung von Binnenschifffahrtstransporten behilflich sein können.

Der Spediteur besorgt die Transportdurchführung durch einen zuverlässigen Frachtführer. Dabei übernimmt er die papier- und informationsmäßige Abwicklung, sorgt im Versandhafen für pünktliche Anlieferung, korrektes Verwiegen und Zählen sowie sorgfältiges Laden; im Empfangshafen organisiert er das pünktliche und sorgfältige Löschen der Ladung und bei Bedarf auch die ordnungsgemäße Lagerung. Des Weiteren kann der Spediteur mit Besorgung von Dokumenten, der Versicherung und der Zollbehandlung beauftragt sein. Ferner kann er für seinen Auftraggeber die Fracht und sonstige Kosten vorlegen und den erhaltenen Ladeschein an den Berechtigten umgehend weiterleiten.

Es könnte auch sein, dass der Spediteur als **Vertreter (Agent) einer Reederei** tätig ist, den Abschluss von Frachtverträgen für diese vornimmt und für die Abfertigung der Reedereischiffe sorgt. Auch kann der Spediteur einzelne Arbeiten oder sogar den Gesamtauftrag im Selbsteintritt durchführen, wenn er über entsprechende Einrichtungen und den notwendigen Transportraum verfügt.

Bei seinen **Speditions- und Umschlagstätigkeiten** wird der Spediteur möglichst nach den **ADSp** arbeiten. Für den Transport selbst gelten die vereinbarten Transportbedingungen. Ebenso kann es sein, dass Umschlagsleistungen nur zu den Bedingungen der Umschlagsanlagen möglich sind. Bei Schadensfällen, die nicht von der Speditionsversicherung reguliert werden, tritt der Spediteur die Ersatzforderungen an seinen Auftraggeber ab.

Beim Binnenschiffsversand kann die Umschlagsspedition als Hauptbetätigungsfeld des Spediteurs gesehen werden. Es ist dafür zu sorgen, dass die Güter vom Landverkehrsmittel (Bahn, Lkw) oder vom Seeverkehrsmittel ins Binnenschiff verladen werden oder umgekehrt. Dabei können auch Zwischenlagerungen notwendig werden. Da in erster Linie Massengüter befördert werden, müssen die Umschlags- und Ladeeinrichtungen diesen Anforderungen entsprechen.

Als wesentliche **Aufgaben des Binnenumschlagsspediteurs** können genannt werden:
- Abnahme eintreffender Güter und Wahrung etwaiger Ersatzansprüche gegenüber dem Frachtführer
- unmittelbare Verladung in das neue Verkehrsmittel (vom Seeschiff ins längsseits gelegte Binnenschiff oder in Waggons der Bahn bzw. in Lkw) oder Übernahme zur Zwischenlagerung
- Abschluss von Frachtverträgen für den Weitertransport und von Lagerverträgen für Zwischenlagerungen
- Vorlage der Umschlagskosten

Binnenumschlagsspediteure können Eigentümer der erforderlichen Anlagen sein, die sehr kapitalintensiv sind, oder Pächter. Es kann aber auch sein, dass der öffentliche Eigentümer der Anlagen diese selbst betreiben will. Der Spediteur kann dann den Umschlag nur im eigenen Namen für Rechnung seines Auftraggebers durchführen lassen.

ZUSAMMENFASSUNG

1. Befördert werden in der Binnenschifffahrt vorwiegend Massengüter, Schwergüter und neuerdings auch Container.

2. Vorteile:
   - niedrige Transportkosten
   - große Ladekapazität
   - sparsamer Energieverbrauch
   - besonders umweltfreundlich

3. Nachteile:
   - geringere Geschwindigkeit
   - relativ kleines Verkehrsnetz
   - zeitweilig starke Abhängigkeit vom Wasserstand (Hoch- und Kleinwasser) und von Vereisung der Wasserstraßen

   (Die genannten Nachteile werden im Massengutverkehr nur in geringem Maße als störend empfunden.)

4. Hauptkonkurrent der Binnenschifffahrt ist der Eisenbahnverkehr.

5. Im Vergleich mit den anderen binnenländischen Verkehrsträgern hat die Binnen-schifffahrt den größten Anteil am gebrochenen Verkehr.

6. Mit Ausnahme des Rheins werden die von der gewerblichen Binnenschifffahrt be-fahrenen Flüsse erst durch Einbau von Staustufen in Verbindung mit Schleusen nutz-bar.

7. Von der Wirtschaftskommission für Europa wurden die europäischen Binnenwasser-straßen in die Klassen I bis V eingeteilt.

8. Die meisten bundesdeutschen Binnenwasserstraßen haben die Klasse IV (Europa-Klasse).

9. Ein leistungsfähiges Binnenwasserstraßennetz benötigt entsprechend leistungsfähige Binnenhäfen.

10.

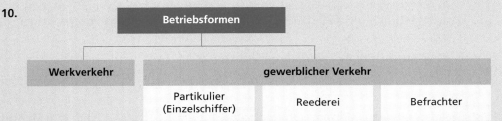

11. Partikulier:
    - besitzt i. d. R. ein Schiff, das er selbst fährt und auf dem er wohnt
    - ist i. d. R. ohne Landesorganisation
    - ist zumeist entweder Mitglied einer Genossenschaft oder bindet sich als „Haus-partikulier"

12. Reederei:
    - Schifffahrtsunternehmung mit Landorganisation für Akquisition, Verwaltung und Technik
    - hat in großen Hafenplätzen eigene Niederlassung oder Vertreter

13. Befrachter:
    - schließt Frachtverträge ab, ohne eigenen Schiffsraum zu besitzen
    - hat gegenüber dem Absender Rechte und Pflichten eines Frachtführers
    - schließt zur Vertragserfüllung Unterfrachtverträge ab
    - ausführende Frachtführer sind als Erfüllungsgehilfen des Befrachters anzusehen

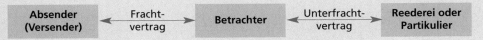

14.

Beförderungsarten		
Gesamtverfrachtung	**Teilverfrachtung**	**Versand von Stückgütern**
in Fracht / **in Miete**		

15. Stückgüter:
- sind keine Teilladungen oder Schiffsladungen
- lassen sich nach Zahl, Maß oder Gewicht kennzeichnen

16. Die Schleppschifffahrt ist technisch und wirtschaftlich überholt.

17. Vorherrschend ist heute das Motorgüterschiff als Selbstfahrer.

18. Der Koppelverband bildet eine Zwischenstufe zur Schubschifffahrt; mit einem Selbstfahrer wird ein Leichter fest verbunden.

19. Der Schubverband besteht aus einem Schubboot und mehreren fest mit ihm verbundenen Leichtern und kann ähnlich wie ein Motorschiff navigiert werden. Dieses Beförderungsmittel kann besonders wirtschaftlich auf dem Rhein eingesetzt werden.

20. Containertransport und Ro-Ro-Dienst sind moderne Beförderungsangebote der Binnenschifffahrt, deren bisherige jährliche Transportleistungen extreme Steigerungen ergaben.

21. In der Binnenschifffahrt herrscht Gewerbefreiheit.

22. Ein Schifferpatent berechtigt zum Führen eines Binnenschiffs in einem bestimmten Fahrtgebiet.

23. Die in der Binnenschifffahrt eingesetzten Schiffe werden in das beim Amtsgericht des jeweiligen Heimathafens geführte Schiffsregister eingetragen.

24. Ein Binnenschiff kann mit einer Schiffshypothek belastet werden.

25. Über die für ein Binnenschiff vorgenommenen Eintragungen wird auch ein Schiffsattest ausgestellt, das zusammen mit dem Eichschein und dem Schiffszeugnis ständig an Bord mitgeführt werden muss.

26. Der Bundesverband der Deutschen Binnenschiffahrt e. V. in Duisburg-Ruhrort vertritt die Interessen der deutschen Binnenschifffahrt.

27. Bei Frachtverträgen in der Binnenschifffahrt sind die Regelungen des HGB über Frachtvertrag, des BGB über Werkvertrag und die des BSchG als ergänzendes Recht anzusehen. Einzelabsprachen oder Zustimmung zu Transportbedingungen sind deshalb möglich.

28. Der Frachtvertrag wird durch Vereinbarung geschlossen; Formvorschriften bestehen nicht.

29. Möglichkeiten des Vertragsabschlusses:
- unmittelbar:

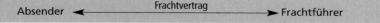

Absender ◄——— Frachtvertrag ———► Frachtführer

- mittelbar:

30. Der Frachtvertrag ist entsprechend den Vereinbarungen bzw. ergänzenden gesetzlichen Regelungen auszuführen.

31. Der Ladeplatz kann grundsätzlich nur bei Ganzbefrachtungen vom Absender bestimmt werden.

32. Die Lade- und Löschzeit hat der Absender ohne besondere Vergütung zu gewähren.

33. Für Überschreitung der Lade- und Löschzeit und Vereinbarung einer besonderen Überliegezeit hat der Frachtführer Liegegeldanspruch.

34. Mit einer nachträglichen Verfügung dürfen dem Frachtführer keine wirtschaftlichen Nachteile entstehen.

35. Bei Ablieferungshindernissen ist der Absender sofort zu benachrichtigen; ausführbare Anweisungen sind zu befolgen.

36. Der Frachtführer hat ein gesetzliches Pfandrecht.

37. Der in der Binnenschifffahrt verwendete Frachtbrief hat dieselben inhaltlichen Merkmale wie der des Landfrachtgeschäfts.

38. Mit der Annahme der Sendung verpflichtet sich der Empfänger zur Zahlung der Kosten gemäß Frachtbrief.

39. Der Ladeschein hat alle Merkmale des Frachtbriefs und ist zusätzlich Warenwertpapier.

40. Der Inhalt des Ladescheins ist bestimmend für das Rechtsverhältnis Frachtführer/Empfänger.

41. Der Namensladeschein wird durch Abtretungserklärung auf den neuen Berechtigten übertragen.

42. Der Orderladeschein bietet für den Handelsverkehr die größere Sicherheit, weil ein Orderpapier unbedingten Glauben hat. Die Übertragung auf den neuen Berechtigten erfolgt durch Indossament.

43. Der Frachtführer unterliegt einer verschuldensunabhängigen Gefährdungshaftung.

44. Äußerlich erkennbare Schäden sind vor Annahme zu beanstanden; äußerlich nicht erkennbare Schäden sind spätestens eine Woche nach Ablieferung dem Frachtführer anzuzeigen.

45. Nicht gehaftet wird, wenn der Schaden aus vereinbarter Transportart oder Eigenart der Güter entstanden ist.

46. Für Schäden aus nautischem Verschulden haftet der angestellte Schiffsführer unbeschränkt persönlich, der gleichzeitige Schiffseigner beschränkt mit Schiff und Fracht.

47. Da die gesetzliche Haftung ergänzendes Recht ist, sind in den Transportbedingungen Haftungsbegrenzungen üblich.

48. Die Ladungseigentümer schützen sich zweckmäßigerweise durch Transportversicherung.

49. Das Schiffsschadenrisiko ist durch Kaskoversicherung eingrenzbar.

50. Bei großer Haverei – Rettung von Schiff und Ladung aus gemeinsamer Gefahr – werden die Kosten von Schiff und Ladung gemeinsam entsprechend ihrer Werte getragen.

51. Bei besonderer Haverei – durch Unfall verursacht – werden die Kosten vom jeweils Geschädigten für sich getragen.

52. Die Beförderung gefährlicher Güter im Binnenschiffsverkehr ist in der ADNR geregelt.

53. Für Transporte im innerdeutschen Verkehr waren bis Ende 1993 die Entgelte im FTB verbindlich festgelegt; es handelte sich dabei um Festentgelte oder Höchst-Mindestentgelte.

54. Heute sind die Entgelte wie schon früher im grenzüberschreitenden Verkehr frei vereinbar.

55. Vielfach möchten die Verlader einen Übernahmesatz genannt haben.

56. Bei den frei vereinbarten Entgelten sollte mindestens Kostendeckung gegeben sein; eine detaillierte Kostenrechnung ist unbedingt nötig.

57. Als Rechtsgrundlage für den grenzüberschreitenden Binnenschifffahrtsverkehr in Europa dient das Budapester Übereinkommen über den Vertrag über die Güterbeförderung in der Binnenschifffahrt (CMNI).

58. Viele CMNI-Bestimmungen entsprechen inhaltlich den Vorgaben des HGB-Frachtrechts.

59. Abweichungen sind insbesondere in folgenden Bereichen der Frachtführerhaftung festzustellen:
    • Haftungsprinzip
    • Leutehaftung
    • Schadensberechnung
    • Haftungsausschlüsse
    • Haftungsbegrenzungen

60. Spediteure können bei Binnenschifffahrtstransporten als Verkehrsmittler tätig werden. Sie besorgen die Transportdurchführung und die notwendigen Dokumente und übernehmen verschiedene Aufgaben zur reibungslosen Auftragsabwicklung.

61. Spediteure können auch als Reedereiagenten arbeiten.

62. Die Umschlagsspedition kann als Hauptbetätigungsfeld der Binnenschifffahrtsspedition gesehen werden.

63. Bei den Speditions- und Umschlagtätigkeiten im Binnenschifffahrtsverkehr arbeitet der Spediteur möglichst nach den ADSp.

Lernfeld 9:
Lagerleistungen anbieten und organisieren

Einstiegssituation:

Anzeige in einer regionalen Tageszeitung:

> ## MARKENARTIKEL-UNTERNEHMEN
> ### s u c h t
>
> in Koblenz oder Umgebung für das Ein- und Auslagern
> sowie Kommissionieren von Süßwaren
>
> ## SPEDITIONS-LAGER
>
> zum 1. Januar 2009 Platzbedarf ca. 200 Euro-Paletten.
> Ausführliche Angebote erbeten unter ZK 30555 an …

Der Geschäftsführer einer ortsansässigen Spedition möchte eine Offerte abgeben.

AUFGABEN

1. Welche Komponenten müssten darin enthalten sein?

2. Welche Investitionen in die Lager- und Büroausstattung könnten notwendig werden, wenn die Spedition bislang noch nicht im Lagergeschäft tätig war?

8 Die Lagerei

8.1 Wirtschaftliche und technische Grundlagen der Lagerei

8.1.1 Wesen und Funktion der Lagerei

Produktionsvorgänge finden in allen Betrieben einer Volkswirtschaft statt. Sachleistungsbetriebe erstellen Rohstoffe, Investitionsgüter, Konsumgüter oder Energie. Handelsbetriebe bilden Sortimente, um ihre Produkte verkaufsfähig zu gestalten. Diese Hauptaufgaben können nur erfüllt werden, wenn die entsprechenden Grundprodukte vom Beschaffungsmarkt bezogen werden. Industriebetriebe kaufen z. B. Werkstoffe, Werkzeuge und Maschinen von ihren Lieferanten. Handelsbetriebe sind ihrerseits an Endprodukten aus dem industriellen Leistungsprozess interessiert.

Auf der anderen Seite sollen die erstellten Leistungen am Absatzmarkt verkauft werden.

In der Praxis ist aber eine reibungslose und unmittelbare Aufeinanderfolge der Funktionsbereiche Beschaffung, Leistungserstellung und Absatz technisch nicht zu erreichen und aus wirtschaftlichen Gründen nicht immer empfehlenswert. Folglich bilden sich – zwangsläufig oder geplant – Läger.

Einkaufs- und transportbedingte Lagerung

Lagerbestände sind erforderlich, wenn ein Unternehmen Vorteile durch günstige Einkaufs- und/oder Transportmöglichkeiten ausnutzen möchte.

Beispiel:
Ein deutscher Papierhersteller kauft einen größeren Posten Zellulose in den USA wegen des günstigen Wechselkurses und der gerade niedrigen Frachtraten im Überseeverkehr.

Der Aufbau von Lägern kann auch aus **spekulativen** Gründen erfolgen, wenn Preissteigerungen erwartet werden.

Beispiel:
Der Markt für Altpapier ist durch Preisverfall gekennzeichnet. Ein Papierhersteller deckt sich mit einem größeren Posten ein, da er einen Anstieg der Preise in nächster Zeit erwartet.

Beschaffungsbedingte Lagerung
Die Beschaffung von Gütern ist Unsicherheiten unterworfen. Durch die Bildung von Reservebeständen soll ein Ausgleich von nicht vorhersehbaren Veränderungen auf dem Beschaffungsmarkt erreicht werden **(Sicherungsfunktion** des Lagers**)**.

Beispiel:
Ein Zeitungsverlag, der seine Papierrollen vorwiegend aus Russland und der Ukraine bezieht, unterhält ein Lager, um trotz möglicher Lieferungsverzögerungen seine Druckerzeugnisse stets termingerecht auf den Markt bringen zu können.

Produktionsbedingte Lagerung
Die Leistungserstellung unterliegt in bestimmten Betrieben saisonalen Schwankungen, während die hergestellten Produkte gleichmäßig nachgefragt werden.

> **Beispiel:**
> Landwirtschaftliche Betriebe können ihre Getreideernten nur innerhalb bestimmter Zeiträume ein-
> bringen. Folglich übersteigen die produzierten Mengen den aktuellen Bedarf bei weitem. Durch die
> Lagerung des überschüssigen Getreides wird gewährleistet, dass der Bedarf auch noch in jenen Zei-
> ten gedeckt werden kann, in denen kein Getreide geerntet werden kann. Hier liegt also eine **Aus-**
> **gleichsfunktion** des Lagers vor.

In bestimmten Fällen kann die Lagerung auch als Teil des Leistungsprozesses angesehen
werden. Hierzu gehört die Aufbewahrung und Pflege von Materialien und Produkten
für eine gewisse Reifungsdauer (z. B. Holz, Wein, Tabak). In diesen Fällen nimmt die
Lagerung eine **Veredelungsfunktion** wahr.

Absatzbedingte Lagerung
Betriebe sind an einer gleichmäßigen Leistungserstellung interessiert, obwohl die Nachfrage saisonalen Schwankungen unterliegt.

> **Beispiel:**
> Konsumgüter, die besonders zur Oster- und/oder Weihnachtszeit nachgefragt werden, werden
> bereits Monate vor den festlichen Ereignissen auf Lager produziert. Ansonsten wären die Hersteller
> gezwungen, die Kapazitäten ihrer Betriebe nach der höchsten Absatzmenge der betreffenden Zeit-
> räume auszurichten. Dies hätte zwangsläufig zur Folge, dass außerhalb der Spitzenzeiten betriebli-
> che Kapazitäten ungenutzt blieben.

Eine absatzbedingte Lagerung liegt auch dann vor, wenn eine schnelle Belieferung von
Werkstätten mit Ersatzteilen und SB-Märkten mit Konsumgütern erreicht werden soll.
Dieser Lagerung aus Gründen des Kundenservices ist eine **Sortierfunktion** zuzuweisen.

Da die Verladerschaft bestrebt ist, ihre hohen Logistikkosten zu senken, wird die Bedeutung des Spediteurs im modernen Lagergeschäft davon abhängen, inwieweit er ihr ein
attraktives Paket an Logistikleistungen anbieten kann. Es müsste sowohl den Versor-
gungsservice mit Roh-, Hilfs- und Betriebsstoffen, Normteilen usw. als auch den Lieferservice mit Fertigfabrikaten, Handelswaren, Ersatzteilen usw. umfassen. Diese Servicear-
ten sind so zu gestalten, dass stets das richtige Gut im richtigen Zustand zur richtigen Zeit
am richtigen Ort zur Verfügung steht (Just-in-Time-Lieferung). Um dieser Anforderung
gerecht zu werden, bedarf es einer Lagerkonzeption, die in ein flexibles und leistungsfähiges Transportsystem integriert ist und durch eine Vielzahl an Nebenleistungen (Verzollen, Kommissionieren, Verpacken, Abfüllen usw.) ergänzt wird.

8.1.2 Lagerarten

Die Läger der Spediteure und Lagerhalter können nach folgenden Gesichtspunkten
unterschieden werden:

Lagerarten			
Verwendungszweck der Läger	Standort der Läger	Bauart der Läger	Einrichtungstechnik der Läger

8.1.2.1 Verwendungszweck der Läger

Dauerläger

Dauerläger dienen Bevorratungszwecken. Die Güter werden über einen längeren Zeitraum gelagert, ohne dass wesentliche Lagerbewegungen vorgenommen werden.

Beispiel:

Läger der Bundesanstalt für Landwirtschaft und Ernährung (BLE).

Aufgabe der BLE ist auch die Durchführung von Maßnahmen der europäischen Agrarpolitik in der Bundesrepublik Deutschland. Dazu gehören u. a.:

- Aufkäufe und Lagerhaltung von Getreide, Rindfleisch, Magermilchpulver, Butter, Weinalkohol u. a.
- Verkäufe für die Versorgung des Binnenmarktes zum Ausgleich von saisonalen und regionalen Marktungleichgewichten sowie für Nahrungsmittelhilfelieferungen und Exporte.

Da die BLE keine eigenen Lagerhäuser hat, bedient sie sich zum Lagern der von ihr aufgekauften Güter der Spediteure und gewerblichen Lagerhalter.

Umschlagläger

Umschlagläger sind zur kurzfristigen Vor-, Zwischen- oder Nachlagerung von Gütern bestimmt. Die Lagerbildung ist ausschließlich verkehrsbedingt.

Beispiel:

Lagerung von Transitgut

Verteilungsläger

Markenartikelhersteller sind an einer schnellen und reibungslosen Auslieferung ihrer Produkte an Groß- und Einzelhandelsgeschäfte, Handwerksbetriebe usw. interessiert. Die Produktionsstätten liegen aber häufig weit entfernt von den Absatzgebieten. Daher werden **Auslieferungsläger** – auch Konsignationsläger genannt – bei Spediteuren und Lagerhaltern eingerichtet, um eine hohe Lieferbereitschaft und kurze Lieferzeiten in Kundennähe zu erreichen.

Die Liefereinheiten des Herstellers (z. B. Palettenware) sind in der Regel wesentlich größer als die Verkaufseinheiten (z. B. Kartonware). Folglich ist in den Lägern die Ware zunächst zu kommissionieren, damit auch mittlere und kleinere Abnehmer versorgt werden können.

Verteilungsläger können auch in Form von **Fabrik- oder Werksaußenlägern** betrieben werden. Sie liegen häufig in der Nähe der Produktionsstätten und dienen der Lagerung von Werkstoffen und/oder Endprodukten für den Hersteller.

Je nach der Richtung des Güterflusses kann von einem Zulieferungs- oder Auslieferungslager gesprochen werden.

Ein **Zulieferungslager** liegt vor, wenn die Lagergüter an den Hersteller verteilt werden. Diese Voraussetzung ist bei Werkstoffen praktisch immer gegeben, bei werkseigenen Endprodukten nur insoweit, als der Hersteller selbst die Kommissionierung und Versendung der Güter vornimmt. Sofern der Spediteurlagerhalter die Endprodukte an die Kunden verteilt, übernimmt das Fabriklager auch die Funktion eines **Auslieferungslagers**.

8.1.2.2 Standort der Läger

Wasserseitige Läger

Wasserseitige Läger verfügen über eine Binnenwasserstraßen-, Kanal- oder Seeverbindung, die einen direkten Umschlag vom Schiff ins Lager oder umgekehrt ermöglicht.

Früher wurden fast ausschließlich Massengüter (Düngemittel, Koks, Kies usw.) gelagert. Heute werden durch den Containereinsatz in zunehmendem Maße auch Stückgüter gelagert.

Landseitige Läger
Landseitige Läger sind vorwiegend in den Industriezentren der Großstädte angesiedelt. Sie haben Straßenverbindungen und/oder Gleisanschlüsse, die einen direkten Umschlag vom Lkw bzw. Waggon ins Lager und umgekehrt zulassen.

8.1.2.3 Bauart der Läger

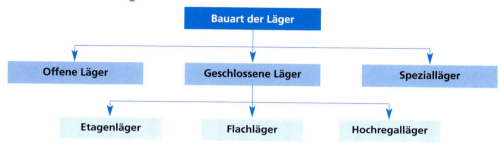

Offene Läger
Freilagerflächen eignen sich für jene Güter, die keine Qualitätseinbußen durch Witterungseinflüsse erleiden können.

Beispiele:
Eisenerz, Schrott, Kies

Geschlossene Läger
Der überwiegende Teil der Stückgüter wird in Gebäuden aufbewahrt, wobei zwischen folgenden Bauformen unterschieden werden kann:

• **Etagenläger** bestehen aus mehreren Stockwerken, die durch Lastenaufzüge miteinander verbunden sind.
• **Flachläger** sind eingeschossige Lagergebäude bis ca. 8 m Höhe, in denen mit oder ohne Lagergestelle eingelagert wird.
• **Hochregalläger** sind eingeschossige Lagergebäude mit einer Höhe von über 12 m.[1] Die Regalanlage ist entweder als gebäudetragende Konstruktion ausgebildet oder wird frei stehend in einen festen Betonbau eingebracht. Hochregalläger sind grundsätzlich Einzweckanlagen.

Spezialläger
Die Bauart richtet sich vornehmlich nach den physischen Eigenschaften der Lagergüter.

Beispiele:
– Silos für Getreide
– Tanks für Flüssigbrennstoffe
– Kühlhäuser für Gefrierprodukte

---

[1] *Läger mit einer Höhe zwischen 8 und 12 m werden zuweilen als Hochflachläger bezeichnet.*

8.1.2.4 Einrichtungstechnik der Läger

In der folgenden Übersicht wird die Einrichtungstechnik von geschlossenen Lägern dargestellt.

274

Lageraus-stattung	Formen der Lagerung	Merkmale
Läger *ohne* Lagergestelle	Einzel-lagerung	Die Güter werden einzeln – z. T. palettiert – auf dem Boden gelagert.
	Block-lagerung	Das palettierte Gut wird auf-, neben- und hintereinander gestellt. Ein direkter Zugriff zum Gut ist somit nicht immer gegeben.
Läger *mit* Lagergestellen	Fachboden-regale	Zwischen Seitenstützen sind durchgehende Fachböden befestigt, deren Höhe sich nach dem Lagergut richtet; sie sind zur Lagerung von Kleinteilen geeignet. Die Bedienung der Regale erfolgt vorwiegend manuell.
	Paletten-regale	Die Regale bestehen lediglich aus Quer- oder Längstraversen zur Auflage für das palettierte Lagergut. Sie sind der Höhe nach verstellbar. Die Bedienung erfolgt üblicherweise durch Gabelstapler.
	Durchlauf-regale	Die palettierten Güter fließen auf geneigten Rollbahnen von der Einlagerungs- zur Auslagerungsseite. Der Antrieb erfolgt durch die eigene Schwerkraft des Lagergutes. Bremsen regulieren die Geschwindigkeit und verhindern das Überfahren der Ausgabestation.
	Hoch-regale	Dies sind Fachboden- oder Palettenregale mit großen Regalhöhen, die vorwiegend von automatisierten Regalförderzeugen bedient werden.

Zur Durchführung von Lagerbewegungen bedarf es des Einsatzes von **Flurförderzeugen.**

Dazu gehört auch der **Hand-Gabel-hubwagen**, der wegen seiner einfachen Handhabung, seines geringen Eigengewichts und des relativ niedrigen Preises häufig in Speditionslägern eingesetzt wird. Diese Geräte werden zuweilen auch als Ameisen bezeichnet, da deren Lastgewicht (zwischen 1 000 kg und 3 000 kg) ein Vielfaches des Eigengewichts (unter 100 kg) beträgt.

Die Deichsel dient zum Ziehen, Schieben, Lenken und Heben des Geräts. Zum Hub der Lasten sind nur wenige Pumpbewegungen notwendig; durch das Ziehen eines Hebels am Deichselkopf erfolgt das Absenken der Gabeln. Zur Vermeidung von Unfällen kehrt die Deichsel nach dem Loslassen automatisch in die senkrechte Position zurück.

Das Standardmodell ist in den letzten Jahren stets durch **Zusatzmodule** ergänzt worden, wie z. B. die Schnellhubfunktion (volle Hubhöhe durch wenige Hubbewegungen), Wiegeeinrichtung (digitale Anzeige der gemessenen Last) und Pro-Lift-Funktion (erhebliche Verringerung der erforderlichen Zugkraft beim Anfahren).

Zur Erleichterung der Lagerarbeiten können elektrohydraulische Stapler mit und ohne Fahrantrieb eingesetzt werden.

Elektro-Fahrersitz-Gabelstapler sind als Drei- oder Vierradstapler im Einsatz. Marktführer ist dabei der Dreiradstapler in der Version des frontgetriebenen 1,6 Tonner, dessen Pluspunkte in der Wendigkeit und den Kosten zu sehen sind, sofern ein Drehstrommodell gewählt wird. Einige technische Daten zu den gängigen Modellen dieser Serie:

- Eigengewicht: 2 760 kg bis 3 335 kg
- Standardhub: 2 840 mm bis 4 365 mm
- Wenderadius: 1500 mm bis 1759 mm.

Früher angeführte technische Nachteile gegenüber dem Vierradstapler wurden in den neueren Modellen sukzessiv beseitigt. Danach werden Fahr- und Lenkgeschwindigkeit sowie der Lenkradeinschlag ständig vom Bordrechner verglichen. Werden dabei bestimmte Grenzwerte überschritten, reduziert das Fahrzeug automatisch sein Tempo, um jede Kippgefahr zu vermeiden.
Neben den Anschaffungskosten ist auch die Bedienbarkeit der Modelle eine wichtige Entscheidungsgröße. Dies betrifft vor allem die Steuerung der verschiedenen Hydraulikfunktionen der Gabeln (Heben, Senken, Neigen, seitliches Verschieben). Grundsätzlich im Vorteil ist hier der „Joystick", der alle Funktionen in einem Hebel zusammenfasst. Das zeitgleiche Bedienen verschiedener Funktionen führt nämlich bei versierten Fahrern zum

Zeitgewinn. Sofern am Stapler jedoch spezielle Aufbauten notwendig sind (z. B. zum Greifen von Papierrollen), wird das Risiko einer Fehlbedienung durch den „Joystick" zu groß. Die Bedienung der traditionellen Einzelhebel wäre dann vorteilhafter.

Zur Bedienung von Palettenregalen in Flachlägern werden deichselgeführte Stapler und **Schubmast-Stapler** eingesetzt. Letztere verfügen über eine Tragfähigkeit von 1 000 kg bis 3 000 kg und können Hubhöhen von bis zu 9 Metern bewältigen.

Sofern diese Hubhöhen nicht ausreichen, ist auf Hochregalstapler zurückzugreifen, die über 13 Meter Hubhöhe und mehr verfügen.

8.2 Rechtliche Grundlagen der Lagerei

Durch den Lagervertrag wird der Lagerhalter verpflichtet, das Gut zu lagern und aufzubewahren (§ 467 HGB).

Eine zentrale Bedeutung kommt dabei der Übernahme der **Aufbewahrung** zu. Lagerung bedeutet nämlich nur, dass Flächen oder Räume zur Verfügung gestellt werden, wo die einzulagernden Güter verbleiben können. Aufbewahrung heißt hingegen, dass der Lagerspediteur die Güter auch in seine **Obhut** nimmt.

Die Rechte und Pflichten des Spediteurlagerhalters ergeben sich aus den **ADSp**, sofern sie nicht einzelvertraglich geregelt sind. Die Bestimmungen des HGB (§ 467 ff.) gelten für jene Sachverhalte, die in den ADSp nicht enthalten sind. Zur Ergänzung sind die Bestimmungen des BGB (§ 688 ff.) anzuwenden (Verwahrungsgeschäft).

8.2.1. Pflichten des Lagerhalters

Die Hauptpflicht des Lagerhalters ist die sachgerechte Lagerung der ihm anvertrauten Güter. Dabei hat er u. a. Entscheidungen zu fällen bezüglich der Art und des Ortes der Lagerung sowie der einzuleitenden Maßnahmen zum Schutz des Gutes.

Art der Lagerung
Die Art der Lagerung wird durch den Lagerhalter bestimmt. Der Einlagerer kann vom Lagerhalter erwarten, dass die Lagerräume und -vorrichtungen jene Eigenschaften aufweisen, die dem **verkehrsüblichen Standard** entsprechen. Einwände gegen die Unterbringung des Gutes hat der Einlagerer im Rahmen einer Lagerbesichtigung unverzüglich dem Lagerhalter anzuzeigen.

Ort der Lagerung
Der Lagerhalter kann den Ort der Einlagerung frei wählen. Er kann demnach die Einlagerung in eigenen oder fremden Lagerräumen vornehmen. Wird die Ware in ein fremdes Lager eingelagert, so hat der Lagerhalter den Lagerort und den Namen des fremden Lagerhalters dem Einlagerer unverzüglich schriftlich mitzuteilen, damit dieser das Gut besichtigen und ohne Schwierigkeiten darüber verfügen kann.

Maßnahmen zum Schutz des Gutes

Der Lagerhalter ist zur Sicherung und Bewachung der – eigenen oder gemieteten – Lagerräume verpflichtet, so weit dies den Umständen nach geboten und ortsüblich ist.

Die Pflicht zur **Sicherung** der Lagerräume wird durch Maßnahmen wie Erlass eines Rauchverbots, Installation von Blitzableitern und Feuerlöschern usw. erfüllt.

Die **Bewachung** der Lagerräume kann u. a. durch folgende Maßnahmen erfolgen: Anstellung von Wachpersonal, Anbringung von Sicherheitszäunen und -schlössern, Alarmanlagen und Scheinwerfern.

Empfangnahme des Gutes

Der Lagerhalter hat die Interessen des Einlagerers gegen Transportpersonen zu wahren, wenn das Gut in beschädigtem oder mangelhaftem Zustand ankommt, der *äußerlich* erkennbar ist.

Dazu gehören Mängel, die der Lagerhalter ohne Beschädigung der Verpackung in einer zumutbaren Weise festzustellen imstande ist. Er hat den Einlagerer über die Mängel zu informieren, damit dieser die notwendigen Maßnahmen ergreifen kann.

Veränderungen am Gut

Der Lagerhalter hat den Einlagerer unverzüglich zu **benachrichtigen**, wenn an dem eingelagerten Gut Veränderungen auftreten, die dessen Entwertung befürchten lassen. Um solche Veränderungen feststellen zu können, muss der Lagerhalter Kontrollmaßnahmen durchführen.

Beispiel aus der Getreidelagerei:
Die Steckthermometer und Käferfallen werden zweimal wöchentlich kontrolliert.

Der Lagerhalter ist grundsätzlich nicht zur Behandlung des Gutes verpflichtet; allerdings ist im HGB festgelegt, dass er berechtigt und im Falle einer Sammellagerung auch verpflichtet ist, die zur Erhaltung des Gutes erforderlichen Maßnahmen selbst durchzuführen.

Beispiel:
Der Lagerhalter nimmt eine Nachkühlung des Getreides vor, wenn es eine zu hohe Temperatur aufweist. Wird hingegen ein Käferbefall festgestellt, so ist es dem Lagerhalter untersagt, von sich aus Begasungen durchzuführen. Er muss zunächst die Erlaubnis des Einlagerers und der zuständigen Behörde einholen.

Besichtigung des Gutes, Entnahme von Proben und Handlungen zur Erhaltung des Gutes

Der Lagerhalter hat dem Einlagerer die Besichtigung des Gutes zu gestatten. Dazu muss er ihm den Zutritt zu den Lagerräumen gestatten und ihm den exakten Lagerort zeigen.

Dabei darf der Einlagerer Handlungen mit dem Gut vornehmen (z. B. Probeentnahmen). In diesem Fall kann der Spediteur verlangen, dass Anzahl, Gewicht und Beschaffenheit des Gutes gemeinsam mit dem Auftraggeber festgestellt werden.

Neben der grundsätzlichen Bedingung, dass der Lagereibetrieb durch den Einlagerer nicht in unzumutbarer Weise beeinträchtigt wird, schränken die ADSp den Anspruch des Einlagerers auf Zutritt zum Lager, Entnahme von Proben und Erhaltungsmaßnahmen ein:

- Das Betreten der Lagerräume ist dem Einlagerer nur in Begleitung des Lagerhalters oder einer vom Lagerhalter beauftragten Person erlaubt.
- Die Besichtigung hat während der eingeführten Geschäftsstunden zu erfolgen.

Rückgabe des Gutes
Der Lagerhalter hat das Gut jederzeit dem Einlagerer auf dessen Verlangen zurückzugeben. Dies gilt auch für den Fall, dass eine Lagerfrist vereinbart worden ist.

8.2.2 Rechte des Lagerhalters

Lagergeld und Aufwendungsersatz
Als Gegenleistung für die Lagerung und Aufbewahrung des Gutes hat der Lagerhalter Anspruch auf die vereinbarte Vergütung und einen evtl. erforderlichen Aufwendungsersatz.

Schaden- und Aufwendungsersatz
Der Lagerhalter hat gegenüber dem Einlagerer ein Recht, Schäden und Aufwendungen ersetzt zu bekommen, wenn diese verursacht werden durch

- ungenügende Verpackung oder Kennzeichnung des Lagergutes,
- Unterlassen der Mitteilung über die Gefährlichkeit des Gutes,
- Fehlen, Unvollständigkeit oder Unrichtigkeit der zu übergebenden Urkunden oder zu erteilenden Auskünfte.

Pfandrecht
Zur Sicherung des Anspruchs auf Lagerentgelte stehen dem Lagerhalter das konnexe und inkonnexe Pfandrecht zu.

Selbsthilfeverkauf
Der Lagerhalter ist berechtigt – unter Einhaltung der Vorschriften – den Selbsthilfeverkauf durchzuführen, wenn Güter eingelagert werden, die Nachteile für andere Güter oder sonstige Gegenstände, Tiere oder Personen zur Folge haben können oder einem schnellen Verderb ausgesetzt sind.

Kündigung
Der Lagerhalter kann einen **unbefristeten Lagervertrag** mit einmonatiger Frist kündigen.

Wurde ein **befristeter Lagervertrag** abgeschlossen, so hat der Lagerhalter das Gut grundsätzlich während der gesamten vereinbarten Zeit aufzubewahren.
Eine **fristlose Kündigung** ist dem Lagerhalter möglich, wenn ein wichtiger Grund vorliegt.

Beispiel:
Die Gefährlichkeit eines Gutes für andere Güter, die bei Vertragsabschluss vom Lagerhalter nicht zu erkennen war und die mit üblichen Lagermitteln nicht eingedämmt werden kann.

8.3 Abschluss und Abwicklung des Lagervertrages

8.3.1 Abschluss des Lagervertrages

Der Lagervertrag kommt durch zwei übereinstimmende Willenserklärungen – Antrag und Annahme – zustande:

Der Abschluss des Lagervertrages kann grundsätzlich **formfrei** erfolgen. Allerdings trägt diejenige Partei, die ihre Willenserklärung nur mündlich oder fernmündlich abgibt und sie nicht schriftlich bestätigt oder bestätigen lässt, die Gefahr von Schäden, die daraus resultieren, dass der Auftrag nicht oder nicht richtig ausgeführt wird (Ziffer 3.1 ADSp).

Die **Schriftform** gilt jedoch für Lagerverträge über gefährliche Güter (Ziffer 3.5 ADSp). Dabei handelt es sich insbesondere um Güter, die von der Verordnung über gefährliche Stoffe **(GefStoffV)** erfasst werden.

Sofern diese Güter dem Lagerhalter ohne besonderen Hinweis übergeben werden, haftet der Kunde auch ohne Verschulden für jeden daraus resultierenden Schaden.

Ausnahme: Der Lagerhalter kannte die Gefährlichkeit oder hätte die Gefährlichkeit des Gutes erkennen müssen (z. B. an den Besonderheiten der Verpackung).

Bestimmte **Nebenleistungen** können ebenfalls Bestandteil des Lagervertrages sein. Dazu gehören Handlungen wie das Kommissionieren, Bezetteln, Abwiegen, Absacken usw. Demgegenüber sind Verkehrsleistungen, die der Lagerhalter in seiner Eigenschaft als Spediteur erbringt, *kein* Bestandteil des Lagervertrages. Es handelt sich vielmehr um die Abwicklung eines **Verkehrsvertrages**.

Beispiel:
Ein Spediteur betreibt ein Konsignationslager. Er erhält täglich Anweisungen des Auftraggebers zur Auslieferung von Gütern. Durch die Annahme dieser Aufträge werden Verkehrsverträge abgeschlossen.

8.3.2 Abwicklung des Lagervertrages

Zur Abwicklung des Lagervertrages gehören grundsätzlich die Einlagerung, Lagerung und Auslagerung der Güter sowie die Abrechnung des Lagerauftrags:

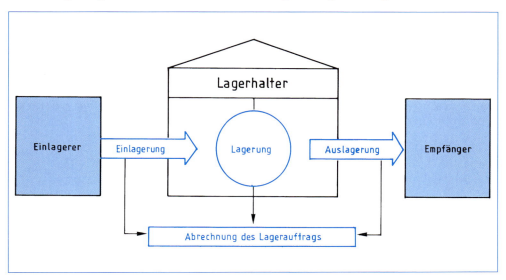

Die kaufmännische und technische Abwicklung der Lagerverträge wird auf vielfältige Art und Weise vorgenommen.

In den folgenden Ausführungen sollen am Beispiel eines **Verteilungslagers** jene Einlagerungs-, Lagerungs- und Auslagerungsvorgänge aufgezeigt werden, die für die Praxis typisch sind.

Zur Vereinfachung wird unterstellt, dass Anlieferung und Versand der Güter per Lkw erfolgen.

8.3.2.1 Einlagerung

Vor der Anlieferung erhält der Lagerhalter vom Einlagerer ein **Einlagerungsavis**, um die notwendigen Stellplätze termingerecht disponieren zu können.

Nach der Anlieferung sind die Waren vom Lagerhalter mithilfe von Umschlaggeräten (Gabelstapler, Hubwagen u. Ä.) zu entladen. Dabei hat der Lagermeister in Anwesenheit des Zustellers zu prüfen, ob die Lieferung richtig, vollständig und in ordnungsgemäßem Zustand ist. Der ordnungsgemäße Zustand wird i. d. R. am Erscheinungsbild der Verpackung sichtbar. Die Lieferung ist richtig und vollständig, wenn sie den Positionen entspricht, die auf dem **Lieferschein** aufgeführt sind.
Nach der Kontrolle ist der Lieferschein, der in zweifacher Ausfertigung vorliegt, vom Lagermeister zu unterschreiben. Ein Exemplar erhält der Zusteller zurück, das andere Exemplar ist für das Lagerbüro bestimmt.
Abweichungen zwischen den Angaben auf dem Lieferschein und der tatsächlichen Lieferung sind vom Lagermeister entweder auf dem Lieferschein oder auf einem gesonderten Reklamationsschein zu vermerken und vom Fahrer durch Gegenzeichnen zu bestätigen. Dies gilt auch für den Fall, dass die Ware beschädigt ist und an das Werk zurückgeht. Spediteure, die ein Konsignationslager führen, bestätigen i. d. R. die Einlagerung. Je nach der eingesetzten Informationstechnologie erfolgt die **Einlieferungsanzeige** (Lagerergänzungsanzeige) per DFÜ, E-Mail oder Fax.

8.3.2.2 Lagerung

Die Lagerungsbedingungen werden zum einen durch bau- und feuerpolizeiliche Vorschriften bestimmt. Dazu gehören der Einbau von Brandabschnitten zwischen den Lagerhallen, Installation von Feuerwarnanlagen und Sprinkleranlagen usw.

Zum anderen geben die Einlagerer Anweisungen über die Art der Lagerung, die sich vor allem auf folgende Bereiche beziehen:

Das **Fifo-Prinzip** bedeutet, dass die zuerst eingelagerte Ware auch zuerst ausgelagert werden muss (vom engl.: first in/first out). Nach diesem Prinzip wird bei einem Durchlaufregal automatisch verfahren; bei einem Palettenregal sind mehrere Techniken denkbar.

Beispiel:

Nach einer Auslieferung werden die Paletten in die nächst tieferen Fächer gesetzt, damit die neu eintreffende Ware stets in die oberen Fächer platziert werden kann (rollierendes Verfahren). Die Platzierung wird derart vorgenommen, dass das Herstellungsdatum an der Verpackung abgelesen werden kann.

Das **Lifo-Prinzip** bedeutet, dass die zuletzt eingelagerte Ware zuerst ausgelagert werden muss (engl.: last in/first out). Nach diesem Prinzip wird bei witterungsunempfindlichen Schüttgütern verfahren, wie z. B. Kies, Schrott oder Gussbruch. Es findet aber auch bei Nahrungsmittel mit deutlichem Frischebezug Anwendung.

Beispiel:

Molkereierzeugnisse, die gestern eingelagert wurden, und über ein längeres MHD verfügen als die übrigen Bestände (hohe Frischezahl), werden bereits heute für einen SB-Markt entnommen, der wegen seines ungünstigen Standorts einen langsamen Warenumschlag (Absatzweg) aufweist („Langsamdreher").

Die **Klimabedingungen** beziehen sich auf die **Temperatur** und die relative **Luftfeuchtigkeit** der Lagerräume.

Beispiel:

Schokoladenprodukte sind frostfrei zu lagern. Die Temperatur des Raums darf höchstens 14 °C betragen bei einer Luftfeuchtigkeit zwischen 60 und 70 %. Der Lagerhalter hat die Einhaltung der Werte nachzuweisen, sofern dies vom Einlagerer verlangt wird. Dazu kann er ein Hygrometer verwenden, das Temperatur und Luftfeuchtigkeit ständig aufzeichnet. Bei Abweichungen von den vorgegebenen Grenzwerten hat der Lagerhalter sofort die entsprechenden Maßnahmen zu ergreifen (z. B. Anstellen von Heizaggregaten).

Die **Stapelhöhe** wird bei Blocklagerung durch die Stabilität der Güter und ihrer Verpackungen vorgegeben.

Beispiel:

Es sollen 30 Paletten Sekt einem Blocklager zugeführt werden. Wenn eine Palette 80 Kartons à 6 Flaschen trägt, ist maximal eine Dreifachstapelung möglich.

Im Lagerbüro werden die Lagerbestände buchmäßig erfasst. Grundlage der modernen Lagerbuchhaltung ist die **Bestandsliste**. Sie zeigt die verfügbaren Artikel des Lagerhalters zu einem bestimmten Stichtag auf.

Beispiel:

```
LAGERBESTAND VOM 19.02...  15:49 UHR   KUNDE 9920  KARL KAISER KG          SEITE    1
                                                   ELMSHORN

POS. ARTIKEL        CHARGE BEZEICHNUNG                    BESTAND VERPACKUNG      GEWICHT KG
----------------------------------------------------------------------------------------
   1  4001                 WEIZENMEHL 20 X 500 GRAMM       15,00 KARTON            159,00
   2  4002                 WEIZENMEHL 10 X 1 KG            10,00 KARTON            104,60
   3  4003                 WEIZENMEHL 1 X 5 KG              8,00 BEUTEL             44,00
   4  4010                 INSTANT-MEHL 10 X 1 KG          14,00 KARTON            144,50
   .    .                       .                            .    .                    .
```

Die **Bewegungsliste** gibt hingegen auch über Lagerbewegungen zwischen zwei Stichtagen Auskunft. In dem folgenden Beispiel ist jede Lagerbewegung durch eine interne Verwaltungs-Nr. des Lagerbüros und eine externe Beleg-Nr. des Einlagerers (z. B. Lieferschein-Nr.) gekennzeichnet. Dadurch können Bestandsdifferenzen bei Lagerinventuren schneller aufgeklärt werden.

Beispiel:

```
ARTIKELKONTO VOM 29.01.. BIS 19.02... KUNDE 9920 KARL KAISER KG      ELMSHORN      SEITE 1

ARTIKEL/CHARGE          DATUM LAG-NR BELEG      ZUGANG      ABGANG      BESTAND
-----------------------------------------------------------------------------------------
4001        WEIZENMEHL 20 X 500 GRAMM
                        29.01... 000145 0                               30,00
                        05.02... 000317 022332              7,00        23,00
                                 000318 022333              4,00        19,00
                        11.02... 000475 022879              8,00        11,00
                        17.02... 000523 0540-3  15,00                   26,00
                                 000530 023471              6,00        20,00
                        19.02... 000551 023680              5,00        15,00
4002        WEIZENMEHL 10 X 1 KG
   .                 .              .          .          .          .
```

Konsignationsläger mit einer hohen Umschlagshäufigkeit erhalten nach jeder Lagerbewegung die Lagerbestandsliste des Einlagerers, die mit den Beständen des Lagerbüros abzugleichen ist. Werden Mengendifferenzen festgestellt, die nicht dem Lagerhalter zuzuschreiben sind, so wird – per DFÜ oder Fax – eine Änderungsmitteilung zur Lagerbestandsliste an den Einlagerer vorgenommen.

Die **Lagerbestandskontrolle** dient dem Vergleich der tatsächlich vorhandenen mit den buchmäßig erfassten Gütermengen.

Sie wird vom Lagerhalter (interne Kontrolle) oder vom Einlagerer (externe Kontrolle) unregelmäßig oder in regelmäßigen Zeitabständen durchgeführt – je nach vertraglicher Vereinbarung.

Beispiel:
Interne Kontrolle erfolgt jeweils am Ende des Kalendervierteljahres (Quartalsinventur), externe Kontrolle am Ende des Kalenderjahres (Jahresinventur). Daneben behält sich der Einlagerer das Recht auf unangemeldete Stichprobenkontrollen während der üblichen Geschäftszeit vor.

8.3.2.3 Auslagerung

Die Auslagerung aus einem Konsignationslager erfolgt nach einer **Auslieferungsanweisung**. Dabei können moderne Verteilungsläger, deren Geschäfte per DFÜ abgewickelt werden, in folgendes Verfahren eingebunden sein:

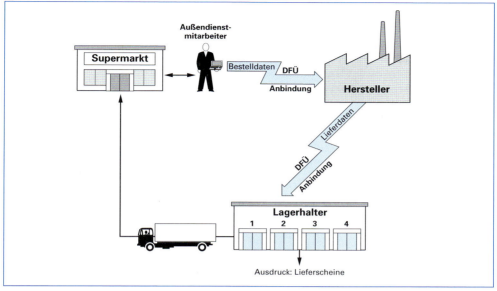

Erläuterung:

Der Außendienstmitarbeiter eines Süßwarenherstellers erhält am Tag A Aufträge von Groß- und Einzelhandelsbetrieben. Aufgrund der Lagerbestandsliste ist ihm bekannt, dass die gewünschten Artikel beim zuständigen Lagerhalter vorrätig sind: Die Auftragsdaten werden mit einem MDE-Gerät erfasst und nach 18:00 Uhr in das Rechenzentrum des Herstellers (Einlagerers) überspielt. Dort werden die Auslieferungsanweisungen zusammengestellt und am Morgen des Tages B dem Spediteurlagerhalter, der mit dem Einlagerer online verbunden ist, erteilt. Es erfolgt u. a. der Ausdruck des mehrteiligen Lieferscheins. Die Auslieferung erfolgt dann am Tag C.

Die einzelnen Teile des Lieferscheins werden wie folgt verwendet:

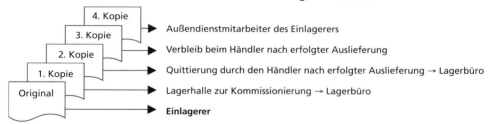

Spediteure, deren Lagergeschäfte noch ohne DFÜ abgewickelt werden, erhalten die Auslieferungsanweisungen per Telefon oder Fax. Wenn die Artikel laut Lagerbestandsliste vorrätig sind, wird anhand der übermittelten Daten ggfs. ein mehrteiliger Lieferschein des Einlagerers oder ein Speditionsauftrag im Lagerbüro ausgestellt.

Vor der Auslieferung sind die noch fehlenden Papiere von der Versandabteilung auszustellen (z. B. Rollkarten).

Ausnahme: Selbstabholung der Waren.

8.3.2.4 Abrechnung von Lageraufträgen (Lagerentgelte)

Die **Spesensätze** – so werden in der Praxis die Lagerentgelte genannt – werden zwischen dem Lagerhalter und dem Einlagerer frei vereinbart. Zur Kalkulation eines Lagerauftrags benötigt der Lagerhalter zunächst ein genaues Bild über seine Kosten, da nur der selbstkostendeckende Preis langfristig die betriebliche Stabilität garantiert.

Typische Kosten des Lagereibetriebs sind u. a.:
- Gebäude- und Anlagenabschreibung
- Miete für Räume und Hallen
- Personalkosten (Bruttolöhne und -gehälter, Lohnnebenkosten usw.)
- Umschlaggerätekosten (Gabelstapler, Hubwagen usw.)
- Kosten für Büromaschinen und Bürohilfsmittel
- Energiekosten
- Reinigungs- und Wartungskosten
- Überwachungskosten
- Kosten für die Kommunikation (Telefon, Telex, Porti usw.)
- anteilige Kosten für die allgemeine Verwaltung des Speditionsbetriebs

Daneben muss der Lagerhalter Informationen erhalten über:
- Anzahl und Gewicht der Ein- und Ausgänge im Monatsdurchschnitt
- Lagerbestand im Monatsdurchschnitt
- Anzahl der Artikel
- Gewicht pro Stück bzw. Palette
- Stapelfähigkeit

Aus diesen Kosten- und Informationsvorgaben werden die Spesensätze ermittelt, wobei unterschiedliche Maßeinheiten herangezogen werden können:

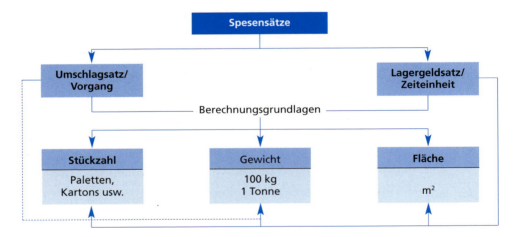

Viele Lagerhalter bevorzugen das **Gewicht** als Maßeinheit für die Spesensätze.

Beispiele:
- Ein Spediteur betreibt ein Verteilungslager für einen Backmittelhersteller. Das Lagerentgelt wurde wie folgt vereinbart:

Einlagern.	0,90 EUR/100 kg
Auslagern	1,50 EUR/100 kg
Lagern.	0,70 EUR/100 kg
Spesensatz.	3,10 EUR/100 kg

  Die Backmittel werden palettiert ein- und ausgelagert, wobei der höhere Satz für die Auslagerung durch den Kommissionieraufwand bedingt ist.

Nach Einlagerung von 12 912 kg ist demnach – unter Beachtung der Rundungsregel – dem Kunden folgender Betrag in Rechnung zu stellen:

$$\text{Lagerspesen} = \frac{13\,000 \times 3{,}10}{100} = 403{,}00 \text{ EUR}$$

- Die Einlagerer aus der Getränkebranche sind häufig an einem Spesensatz pro Flasche interessiert. Der sogenannte Flaschensatz umfasst neben den Leistungsbereichen der Einlagerung, Lagerung und Auslagerung auch die Zustellung des Lagergutes zu den Empfängern.
  Angenommen, der Betreiber eines Sektlagers würde mit einem Spesensatz von 8,40 EUR/100 kg kalkulieren, so würde für den Kunden wie folgt umgerechnet:
  100 kg = ca. 70 Flaschen

$$\text{Flaschensatz} = \frac{8{,}40 \text{ EUR}}{70 \text{ Flaschen}} = 12 \text{ ct/Flasche}$$

Nach Einlagerung von 30 FP zu je 480 Flaschen (6 Flaschen pro Karton) wäre demnach folgende Rechnung aufzumachen:

14 400 x 0,12 EUR = 1 728,00 EUR

8.4 Dokumente des Lagergeschäftes

Nach der ordnungsgemäßen Einlagerung der Güter hat der Einlagerer Anspruch auf Ausstellung eines Lagerscheins, wobei folgende Möglichkeiten zur Verfügung stehen (§§ 475 c und g HGB):

Bezüglich dieser Dokumente sind in § 475 c HGB inhaltliche Mindestangaben festgelegt wie z. B. Name und Anschrift des Einlagerers und Lagerhalters, Rohgewicht des Gutes usw. Jeder Lagerschein ist vom Lagerhalter zu unterschreiben, wobei die Unterschrift auch gedruckt oder durch Stempel ersetzt werden kann.

Im internationalen Lagergeschäft ist gelegentlich das FIATA Warehouse Receipt (FWR) vorzufinden.

Lagerscheine sind **Wertpapiere**. Sie verbriefen entweder ein Forderungsrecht auf Herausgabe der eingelagerten Ware oder ein dingliches Recht am eingelagerten Gut.

8.4.1 Namenslagerschein

Der **Namenslagerschein** verpflichtet den Lagerhalter das Gut *nur* gegen Aushändigung des Lagerscheins an denjenigen herauszugeben, der im Schein *namentlich* genannt ist. Lieferscheine, Abholaufträge oder sonstige Weisungen des Einlagerers reichen also nicht mehr aus, um das Gut in Empfang nehmen zu können. Dritte, die am Lagervertrag nicht beteiligt sind, können mit Lagerschein das Gut nur dann – ganz oder teilweise – abholen, wenn sie über die formgemäße Berechtigung verfügen. Diese Legitimation wird durch eine **zusammenhängende Kette von Abtretungserklärungen** bewirkt, die auf der Rückseite des Lagerscheins stehen.

Beispiel (vgl. nachfolgende Abbildung):
Der Getreidehändler Ernst Korn, 56564 Neuwied, lagert am 14. September 20.. bei der Cusanus Spedition GmbH, 56070 Koblenz, Hafenstr.16–22, 1 000 t Inl.-Weizen E.20.. ein.

Die Cusanus Spedition GmbH stellt auf Verlangen des Getreidehändlers einen Namenslagerschein aus. Darin verpflichtet sie sich, nur gegen Rückgabe des Scheins an Ernst Korn oder dessen legitimierten Rechtsnachfolger auszuliefern. Das Original erhält Ernst Korn, das Duplikat kommt zu der Lagerakte.

Am 15. September 20.. nimmt Ernst Korn einen Kredit bei der Landbank AG in 56566 Neuwied auf. Zur Sicherung des Bankkredits muss er seine Forderung gegenüber der Cusanus Spedition GmbH an die Landbank AG abtreten. Es kommt ein Abtretungsvertrag (Zessionsvertrag) zwischen Ernst Korn und der Landbank AG zu Stande, durch den die Landbank AG als neuer Gläubiger legitimiert wird.

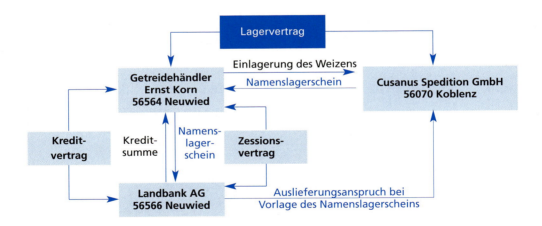

Am 16. Dezember 20.. zahlt Ernst Korn den Kredit zurück. Die Bank händigt dem Getreidehändler den Namenslagerschein aus, nachdem sie in einer zweiten Erklärung die Rechte und Pflichten aus dem Lagerschein wieder an ihn abgetreten hat. Damit erlischt der Auslieferungsanspruch der Landbank AG.

Der Lagerhalter ist dabei grundsätzlich nicht zur Prüfung der Echtheit der Unterschriften und Abtretungserklärungen und der Befugnis der Zessionare (= neue Gläubiger) verpflichtet.

Ausnahmen:
- Einlagerer und Lagerhalter haben eine andere Vereinbarung getroffen.
- Der Mangel an Echtheit oder Befugnis ist offensichtlich erkennbar.

Namenslagerschein Nr. 4/20..

Lagerbuch Fol. 1 **Nr.** 2)

Am 14. September 20.. **lagerte(n)** ~~ich~~/wir für Ernst Korn

Postfach 8 70 **in** 56564 Neuwied

oder dessen/deren auf der Rückseite legitimierten Rechtsnachfolger ein:

Zeichen	Nummer	Anzahl	Art	Benennung der Ware lt. Anmeldung	Angegebenes	Ermitteltes
	der Kolli				Bruttogewicht in Kilo	
		lose		Inl.-Weizen E 20..		1.000.000

(in Buchstaben) Eine-Millon kg)

Lagerung: Die Ware ist zur Zeit eingelagert,

      a) getrennt von anderen Partien,

      ~~b) als Teil einer größeren Partie~~,

in meinen/unseren Lägern in 56070 Koblenz, Hafenstraße 16–22

_____ **Straße.**

Zu b): Sollte mir/uns bis zum _____ kein Auftrag des Lagerscheininhabers zugehen, die oben genannte Menge abzuwiegen und zu separieren, so ist der Lagerscheininhaber am Mehr- oder Mindergewicht der ganzen Partie beteiligt.

~~Ich bin~~/Wir sind zur Umlagerung des Gutes berechtigt. Bei Umlagerung in andere als oben genannte Läger wird Anzeige erstattet.

~~Ich bin~~/Wir sind im Allgemeinen nicht verpflichtet, Arbeiten zur Erhaltung der Ware vorzunehmen.

Versicherung: Die Ware ist durch ~~mich~~/uns gegen Feuergefahr[1] und/oder Einbruch-Diebstahl[2] ~~versichert~~/nicht versichert für Rechnung wen es angeht für die Dauer der Lagerung zum Tages-Wert von

    EUR[1]) _____ (in Worten _____)

         Prämie monatlich EUR _____

    EUR[2]) _____ (in Worten _____)

         Prämie monatlich EUR _____

Die Policebedingungen sind für den Verfügungsberechtigten verbindlich; er hat keine weiteren Rechte gegen mich/uns, als mir/uns gegen den Versicherer zustehen.

Der Einlagerer oder dessen Rechtsnachfolger verpflichtet sich, die im Schadensfalle entstehenden Aufräumungs- und Bergungskosten anteilmäßig zu tragen und sich in Bezug auf Schadensregelung, Abwicklung der Aufräumung, Verwendung der beschädigten Ware usw. den Anordnungen der führenden Versicherungsgesellschaft zu unterwerfen.

Lagerkosten: Auf der Ware ruhen zurzeit folgende Kosten:

    Lagergeld in Höhe von EUR 2,20 je t/Monat seit ~~September 20..~~
                           (Zeitabschnitt)

    Frachtvorlage EUR _____ **Sonstiges:** ~~Einl. Kosten 5,00 EUR/t~~

Die Auslieferung obiger Ware oder eines Teils derselben erfolgt nur gegen Vergütung der daraufruhenden Kosten.

                                                   b. w.

Auslieferung: Ich/Wir verpflichte(n) mich/uns, die Ware nur gegen Rückgabe dieses Lagerscheins nach Maßgabe der aus dem Schein ersichtlichen Bedingungen an den Einlagerer oder dessen legitimierten Rechtsnachfolger auszuliefern. Bei Teilauslieferungen ist der Lagerschein zwecks Abschreibung vorzulegen. Ich bin/Wir sind berechtigt, aber nicht verpflichtet, eine besondere Prüfung der Legitimation vorzunehmen.

Rechtsgrundlage: Ich/Wir arbeite(n) ausschließlich aufgrund der Allgemeinen Deutschen Spediteurbedingungen (ADSp) — neueste Fassung —

Bemerkungen: ....

....

Koblenz ...., den 14.09.20..

CUSANUS SPEDITION GmbH
56070 Koblenz

(Stempel und Unterschrift des Lagerhalters)

Unzutreffendes durchstreichen!

Abschreibungen siehe nachfolgend!

Abschreibungen auf umseitig verzeichnete Ware.

Datum	Zeichen	Nummer der Kolli	Anzahl	Art	Benennung der Ware	Gewicht in Kilo	Unterschrift des Lagerhalters

Abtretungserklärungen:

Alle Rechte und Pflichten aus diesem Lagerschein übertrage(n) ich/wir hierdurch auf:

die LANDBANK AG Neuwied

....

Neuwied .... den 15.09.20..

ERNST KORN
Getreidehandel

Unterschrift

Alle Rechten und Pflichten aus diesem Lagerschein übertrage(n) ich/wir hierdurch auf

Ernst Korn, Getreidehandel, 56564 Neuwied

Neuwied, 16. Dezember 20..

LANDBANK AG
56566 Neuwied

8.4.2 Orderlagerschein

Der **Orderlagerschein** verpflichtet den Lagerhalter, das Gut *nur* gegen Aushändigung des Scheins an denjenigen herauszugeben, der im Schein zuerst *namentlich* bezeichnet ist oder durch die Order des namentlich Bezeichneten berechtigt wird.

Der Orderlagerschein hat in der gewerblichen Lagerei an Bedeutung verloren. Dies ist darauf zurückzuführen, dass auch durch die ordnungsgemäße Ausstellung eines Namenslagerscheines eine ausreichende Sicherung der Rechtsansprüche aller am Lagergeschäft Beteiligten gewährleistet ist.

8.4.3 FIATA Warehouse Receipt (FWR)

Das FWR ist ein Lagerschein, der – auf der Basis standardisierter Geschäftsbedingungen – insbesondere für den internationalen Gebrauch bestimmt ist. Er ist in rechtlicher Hinsicht mit dem Orderlagerschein vergleichbar und wird von deutschen Lagerhaltern nur ausgestellt, wenn dies von ausländischen Einlagerern verlangt wird.

8.5 Haftung und Versicherung

Auch der Lagerhalter, der auf der Grundlage der ADSp arbeitet, ist zum Abschluss einer Haftungsversicherung verpflichtet, die seine verkehrsvertragliche Haftung im Umfang der Regelhaftungssumme abdeckt. Der Geltungsbereich des Versicherungsschutzes wird von den Versicherern unterschiedlich geregelt. Er reicht gebietsmäßig von Deutschland bis zur EU und dem EWR.

Eine Erweiterung des Geltungsbereiches kann gegen Zahlung einer Mehrprämie vereinbart werden.

8.5.1 Haftung und Haftungsversicherung

Der Lagerhalter haftet bei all seinen Tätigkeiten nach den gesetzlichen Vorschriften (Ziffer 22.1 ADSp). Danach wird für die Haftung des Lagerhalters das **Verschuldensprinzip** zugrunde gelegt. Verschulden umfasst Vorsatz und Fahrlässigkeit, wobei es gleichgültig ist, ob der Lagerhalter selbst oder seine Mitarbeiter fahrlässig handeln.

In der Lagereipraxis sind vor allem folgende Schäden von Bedeutung:

* Beschädigung des Lagergutes durch Lagerbewegungen
* Verlust des Lagergutes durch fehlerhafte Auslagerung
* Lagerinventurdifferenzen

Die Entlastungspflicht trifft den Lagerhalter insoweit, als der Schaden am Gut äußerlich erkennbar ist. Ist der Schaden am Gut äußerlich nicht erkennbar, so wird zugunsten des Lagerhalters die Beweislast umgekehrt. Der Einlagerer hat nunmehr zu beweisen, dass der Lagerhalter den Schaden verursacht hat.

Beispiel:
Nach der Auslagerung von vier Paletten mit Fernsehgeräten stellt der Einlagerer fest, dass zwei Geräte funktionsuntüchtig sind. Der Schaden beläuft sich auf 1 000,00 EUR. Da die Kartons bei der Auslagerung keinerlei Schäden aufwiesen, hat der Einlagerer das Verschulden des Lagerhalters zu beweisen.

Zudem ist die **Haftung** des Spediteurs bei einer verfügten Lagerung **begrenzt**:

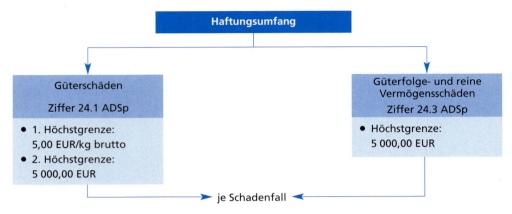

| **Haftungsumfang** |

Güterschäden

Ziffer 24.1 ADSp

- 1. Höchstgrenze:
  5,00 EUR/kg brutto
- 2. Höchstgrenze:
  5 000,00 EUR

Güterfolge- und reine Vermögensschäden

Ziffer 24.3 ADSp

- Höchstgrenze:
  5 000,00 EUR

➤ je Schadenfall ◄

Beispiel:

Im Rahmen einer Umlagerung fällt in einem Lager eine Palette mit 80 Kartons Feinspachteldosen vom Gabelstapler, wobei 10 Kartons zerstört werden. Jeder Karton wiegt 12 kg und hat einen Verkaufspreis von 80,00 EUR.

Der Schaden ist wie folgt zu beziffern:
10 Kartons à 80,00 EUR = 800,00 EUR

Der Einlagerer erhält folgende Gutschrift:
10 Kartons à 12 kg = 120 kg
120 kg x 5,00 EUR/kg = 600,00 EUR

Die Differenz von 200,00 EUR wird folglich von der Haftungsversicherung nicht reguliert.

Zur Ermittlung der Entschädigungshöhe bei **Lagerinventurdifferenzen** sind folgende Grundsätze zu beachten:
- Plusbestände sind Eigentum des Einlagerers
- Plus- und Minusbestände werden wertmäßig aufgerechnet (Vorteilsausgleich)
- Bruttogewicht der fehlenden Packstücke ist Grundlage des Haftungshöchstbetrages

---

Beispiel:

Eine Lagerbestandsaufnahme führt zu folgendem Bild:
Minusbestand: 5 Kartons Champagner à 7,8 kg; Wert je Karton: 90,00 EUR
Plusbestand: 5 Kartons Jahrgangssekt à 7,6 kg; Wert je Karton: 21,00 EUR

Schadenrechnung:
Minusbestand: 5 x 7,8 kg = 39 kg; Gesamtwert: 450,00 EUR
Plusbestand: 5 x 7,6 kg = 38 kg; Gesamtwert: 105,00 EUR

Schaden nach Vorteilsausgleich: . . . .   345,00 EUR
Höchsthaftung: 39 kg x 5,00 EUR/kg . . . .   195,00 EUR

- Die Höchsthaftung je (Jahres-)Inventurdifferenz beträgt – unabhängig von der Anzahl der Schadenfälle, die zu diesem Manko geführt haben – 25 000,00 EUR.
  Um eine Schadenshäufung zu vermeiden, sind die Versicherer berechtigt, bei Verteilungslägern außer der Jahresinventur weitere Inventuren zu verlangen (Ziffer 7.1.9 DTV-Verkehrshaftungsversicherung 2002).

In Ziffer 22.4 ADSp ist eine Reihe von Ereignissen aufgeführt, die den **Haftungsausschluss** für den Lagerspediteur bewirken. Grund: Es wird sein Nichtverschulden vermutet, selbst wenn der Schaden äußerlich sichtbar ist. Dazu gehören insbesondere Schäden aus

- nicht ordnungsgemäß erfolgter Verpackung oder Kennzeichnung der Güter durch den Einlagerer,
- der vereinbarten oder üblichen Aufbewahrung von witterungsunempfindlichen Gütern im Freien,
- schwerem Diebstahl oder Raub,
- Witterungseinflüssen,
- defekten Geräten oder Leitungen.

Der Einlagerer kann Ansprüche gegen den Lagerhalter nur dann geltend machen, wenn er nachweisen kann, dass

- trotz einer oder mehrerer der oben genannten Möglichkeiten der Schaden vom Lagerhalter schuldhaft verursacht wurde (z. B. Unterlassung der Diebstahlsicherungen bei einbruchgefährdeten Lagerräumen),
- der Schaden aus einer anderen Ursache resultiert (z. B. mangelhaft verpackte Güter werden in der Lagerhalle durch einen Gabelstapler angefahren und beschädigt).

Auch für das Lagergeschäft wird der Umfang des Haftungsschutzes durch die Betriebsbeschreibung festgelegt. Sie ist vollständig und wahrheitsgemäß abzugeben. Falsche Angaben zu den Gefahrumständen können den Versicherer zur Versagung des Versicherungsschutzes berechtigen.

Sofern dem Lagerspediteur besonders wertvolle oder diebstahlgefährdete Güter („sensible" Güter) zur Einlagerung übergeben werden sollen, hat er zu prüfen, ob

- Versicherungsschutz für diese Güter im Rahmen der Haftungsversicherung besteht oder besorgt werden kann.
- Maßnahmen für eine sichere und schadenfreie Einlagerung getroffen werden können, falls ein Versicherungsschutz nicht zu realisieren ist.

Muster für eine Betriebsbeschreibung

Lagerhalter		
1. Tätigkeiten als Lagerhalter (verfügte Lagerungen)?	☐ ja	☐ nein
2. Tätigkeit als Lagerhalter (Umschlagslager)?	☐ ja	☐ nein
3. Art des Lagers?		
Lagerart:	**Anteil vom Lagerumsatz in %**	
	Verfügte Lagerungen	Umschlaglager
(A) Konsignation*		
(B) Kühlhaus		
(C) Gefahrgut		
(D) Umzugsgut/Handelsmöbel		
(E) Tank-/Siloware		
(F) Sonstige		
*) *Gesondert aufgeben: Warenart/Werte (Maxima) besondere Vereinbarungen*		

Lagerhalter	
4.	**Angaben zum Lager (sind mehrere Lager vorhanden, bedarf es einer separaten Aufstellung laut nachfolgendem Muster):**

Lagerort:	
Durchschnittliche Mengen	_____ t per Monat)
Lagerart (siehe oben)	
Bauart der Umfassungswände	
Art der Bedachung	
Lage des Grundstücks	
Nachbarschaft	
Art der Türschlösser	
Baujahr von Gebäude, Heizung, Leitungswasserrohre	
Überprüfung der E-Anlage Wann zuletzt?	_____ mal jährlich _____
Gleisanschluss?	☐ ja ☐ nein Wenn ja, jährlicher Waggondurchlauf:
Einbruchmeldeanlage?	☐ ja ☐ nein Wenn ja, Typ und Hersteller:
Brandschutzvorrichtungen?	☐ ja ☐ nein Wenn ja, welche?
Lagerfläche	_____ qm
Umzäunt?	☐ ja ☐ nein
Bewachung?	☐ ja ☐ nein
Gesichertes Warenlager?	☐ ja ☐ nein
Hochwassergefährdet?	☐ ja ☐ nein
Warenarten (siehe oben)	
Maximal eingelagerte Warenwerte	_____ Euro
5. **Sonstige Dienstleistungen im Lagerbereich**	Bitte beschreiben:

8.5.2 Lagerversicherung

Der Lagerspediteur ist zur Eindeckung der Lagerversicherung nur dann verpflichtet, wenn ihn der Einlagerer dazu beauftragt hat oder die Eindeckung in dessen Interesse liegt.

Die Lagerversicherung ist eine Sachversicherung, die folgende **Elementarrisiken** abdeckt:

- Feuer
- Einbruch-Diebstahl
- Leitungswasser
- Sturm

Die Lagerversicherung deckt alle Schäden an der Ware, die aus diesen vier Gefahren entstehen. Dabei spielt es keine Rolle, ob der Lagerspediteur den Eintritt des Schadens verschuldet hat oder ob der Schaden durch andere Ereignisse (z. B. Kurzschluss in einem Batterieaufladegerät) eingetreten ist. Der Versicherungsschutz bezieht sich nur auf das **eingelagerte Gut**, nicht aber auf Schäden an Gebäuden oder an Betriebseinrichtungen in der Lagerhalle.[1]

Die Versicherungsprämien für die Lagerversicherung werden zwischen Spediteur und Versicherung vereinbart. Ihre Höhe ist u. a. von folgenden Faktoren abhängig:

- Bauart und Sicherheitsstand des Lagers,
- Art des Lagergutes,
- Lokalität der Lagerhalle.

Beispiel:
1. Für die Versicherung von Lägern in Ballungsräumen werden höhere Prämien verlangt, da dort das Einbruch-Diebstahl-Risiko höher ist als in ländlichen Gebieten.
2. Läger mit Brandschutzvorrichtungen (z. B. Rauchmelder, Berieselungsanlagen) werden wegen des geringeren Feuer-Risikos zu geringeren Prämien versichert im Vergleich zu Lägern ohne Brandschutzvorrichtungen.

Schwund oder Beschädigung an der eingelagerten Ware wird durch die Lagerversicherung jedoch nicht abgedeckt. Zuständig dafür ist die Haftungsversicherung des Lagerspediteurs, die auch für hohe Lagerwerte Deckungssummen anbietet (z. B. bis zu 250 000,00 EUR bei Lagerinventurdifferenzen).

ZUSAMMENFASSUNG

1. Läger werden aus folgenden Gründen gebildet:
   - einkaufs- und transportbedingte Lagerung
   - beschaffungsbedingte Lagerung
   - produktionsbedingte Lagerung
   - absatzbedingte Lagerung

2. Läger können folgende Funktionen wahrnehmen:
   - Sicherungsfunktion
   - Ausgleichsfunktion
   - Sortierfunktion
   - Veredelungsfunktion
   - Spekulationsfunktion

3. Die Leistungspalette des modernen Spediteurs und Lagerhalters umfasst
   - Lagerdienstleistungen,
   - Transportleistungen,
   - Nebenleistungen.

---

[1] *Thonfeld: Fachkommentar Transportrecht, München 2002*

294

4. Es kann zwischen verschiedenen Lagerarten unterschieden werden:
   - Verwendungszweck der Läger
     - Dauerläger
     - Umschlagläger
     - Verteilungsläger
   - Standort der Läger
     - wasserseitige Läger
     - landseitige Läger
   - Bauart der Läger
     - offene Läger
     - geschlossene Läger
     - Spezialläger
   - Einrichtungstechnik der Läger
     - Läger ohne Lagergestelle
     - Läger mit Lagergestellen

5. Der Lagerumschlag erfolgt vorwiegend durch den Einsatz von Gabelstapler und Hubwagen.

6. Durch den Lagervertrag wird der Lagerhalter verpflichtet das Gut zu lagern und aufzubewahren.

7. Der Lagerhalter hat gegenüber dem Einlagerer Rechte und Pflichten:

Lagerhalter	
Rechte	**Pflichten**
• Anspruch auf Lagergeld und Aufwendungsersatz • Pfandrecht am Gut • Selbsthilfeverkauf des Lagergutes • Kündigung des Lagervertrages • Schaden- und Aufwendungsersatz bei Pflichtverletzungen des Einlagerers	• Lagerung und Aufbewahrung des Gutes • Kontrolle des einzulagernden und eingelagerten Gutes • Benachrichtigung bei Schäden am Gut • Erlaubnis zur Besichtigung des Gutes, zu Entnahmen von Proben und Handlungen zur Erhaltung des Gutes durch den Einlagerer • Rückgabe des Gutes

8. Der Lagervertrag kommt durch Antrag und Annahme zu Stande.

9. Der Lagervertrag kann grundsätzlich formfrei abgeschlossen werden.

10. Nebenleistungen können Bestandteil des Lagervertrages sein (Ausnahme: Verkehrsleistungen).

11. Die Abwicklung des Lagervertrages umfasst die Einlagerung, Lagerung und Auslagerung der Güter sowie die Abrechnung des Lagerauftrags.

12. Die Richtigkeit und Vollständigkeit der einzulagernden Waren wird anhand des Lieferscheins festgestellt.

13. Die Art der Lagerung wird bestimmt durch
    - bau- und feuerpolizeiliche Vorschriften,
    - die Art der Güter,
    - Anweisungen der Einlagerer.

14. Grundlage der modernen Lagerbuchhaltung sind Lagerbestands- und -bewegungslisten.

15. Die Lagerbestandskontrolle dient dem Vergleich der tatsächlich vorhandenen mit den buchmäßig erfassten Gütermengen.

16. Auslagerungen werden nach Auslagerungs- oder Auslieferungsanweisungen vorgenommen.

17. Die Spesensätze werden zwischen dem Lagerhalter und Einlagerer grundsätzlich frei vereinbart.

18. Zur Ermittlung der Spesensätze können unterschiedliche Maßeinheiten herangezogen werden:
    ● Stückzahl
    ● Gewicht
    ● Fläche
    ● Zeit

19. Das Gewicht ist jene Maßeinheit, die in der Praxis am häufigsten angewendet wird.

20.

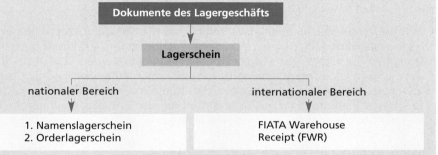

21. Der Lagerhalter haftet bei allen seinen Verrichtungen nur, soweit ihn ein Verschulden trifft.

22. Die Entlastungspflicht besteht für den Lagerhalter nach den ADSp nur für Schäden, die am Gut äußerlich erkennbar sind.

23. Der Lagerhalter kann sich auf Haftungshöchstbeträge und Haftungsausschlüsse berufen.

24. Bei der verfügten Lagerung kann die Haftungsversicherung des Lagerspediteurs durch eine Lagerversicherung ergänzt werden.

Lernfeld 10:
Exportaufträge bearbeiten

Ein im europäischen Binnenmarkt erfolgreiches Maschinenbau-Unternehmen hat auf der Hannover-Messe neue Kunden in Südamerika gewonnen. Ersatzteile müssen wegen der Dringlichkeit häufig per Luftfracht nachgesendet werden. Zur Abwicklung dieser Geschäfte will das Unternehmen sich von einer internationalen Spedition beraten lassen, sowohl zu den Versandmöglichkeiten, den Transport- und Versicherungskosten, den Haftungsregelungen usw. als auch zur Gestaltung der Lieferbedingungen im Kaufvertrag und der Absicherung der Zahlungsmodalitäten.

10 Transportabwicklung in der Seeschifffahrt

10.1 Bedeutung der Seeschifffahrt für die Bundesrepublik Deutschland

Die Bundesrepublik Deutschland ist in starkem Maße vom Außenhandel abhängig. Als **rohstoffarmes Land** müssen die meisten Rohstoffe eingeführt werden, und um diese bezahlen zu können, muss ein großer Teil der bei uns produzierten Güter wieder ausgeführt werden. Daher ist die Bundesrepublik Deutschland seit Jahren in der Liste der größten **Exporteure** der Welt an der Spitze oder auf dem zweiten Platz.

Der Im- und Export kann sowohl über die „trockene Grenze" als auch über die „nasse Grenze" erfolgen. Insgesamt wird weit über die Hälfte des Außenhandels über die nasse Grenze abgewickelt. Hieran erkennt man die Bedeutung der Seeschifffahrt: Sie bewältigt, was die Tonnage betrifft, mehr als die Hälfte des Außenhandels, während sich den kleineren Teil noch Straße und Schiene teilen. Den Luftverkehr kann man – was die Tonnage betrifft – vernachlässigen.

Einstiegssituation:

Das Maschinenbauunternehmen will eine CNC-gesteuerte Drehmaschinen mit den Maßen 5,25 x 2,25 x 2,10 m nach Chile liefern.

AUFGABEN

1. Unterbreiten Sie dem Kunden ein Angebot unter Angabe aller Kosten, die bei einem solchen Seetransport anfallen.

2. Beraten Sie Ihren Kunden über die bestmögliche Verpackung bzw. Versendungsart.

3. Klären Sie Ihren Kunden über die Bedeutung des Konnossements auf.

4. Weisen Sie ihn auf Haftungsrisiken im Seeverkehr hin – auch für den Fall eines Beitrages zur großen Havarie.

Entwicklung des Welthandels und des Weltseehandels 1989 bis 2004 und Prognose bis 2006

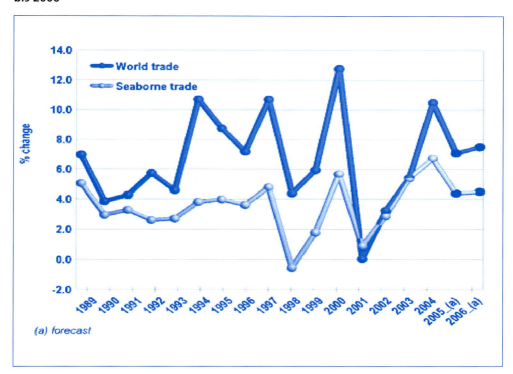

Quelle: ISL, basierend auf Daten des Weltwährungsfonds (IMF), 20.11.2006

Deutschland hat als Schifffahrtsnation inzwischen den 6. Rang auf der Weltrangliste, was einem Marktanteil von 12 % der Welthandelsflotte entspricht. Davon fahren allerdings mehr als zwei Drittel unter fremder Flagge (siehe Statistik; umfangreiches statistisches Material finden Sie unter www.isl.org).

Die Top-Ten-Schifffahrtsnationen der Welt zum 1. Januar 1998, 2000 und 2001

Country of domicile	National flag		Foreign flag		Total fleet controlled			Foreign flag		
	mio. dwt	av. age (years)	mio. dwt	av. age (years)	mio. dwt			dwt-% share		
dwt-rank 2002 (2001)					2002	2001	1998	2002	2001	1998
1 (1) Greece	45,6	18,0	99,6	20,1	145,2	142,2	121,3	68,6	70,2	65,1
2 (2) Japan	14,3	10,8	87,0	8,6	98,0	98,0	89,0	88,7	84,5	77,3
3 (3) Norway	27,4	16,5	33,8	17,3	57,4	57,4	52,0	58,9	52,9	44,7
4 (5) China, PR of	21,0	22,2	19,9	13,9	41,6	39,9	37,3	47,8	45,6	43,0
5 (4) US	9,4	25,0	29,6	16,1	39,9	41,6	42,8	74,1	78,0	72,8
6 (7) Germany	7,3	9,1	30,0	10,7	35,5	32,5	21,2	84,5	76,3	65,0
7 (6) Hong Kong (SAR)	11,0	10,8	25,4	13,7	32,5	35,5	33,6	78,1	75,4	82,7
8 (8) Korea, Rep. of	7,6	17,0	17,9	11,5	25,4	25,4	24,7	70,4	71,0	62,1
9 (10) Taiwan	6,7	14,1	15,1	12,1	19,8	18,6	16,0	76,1	60,5	51,1
10 (12) UK	7,8	14,4	10,5	15,2	18,6	17,7	21,2	56,1	58,7	70,2
Total Top ten countries	**158,0**	**15,8**	**368,6**	**13,9**	**513,9**	**508,8**	**459,1**	**71,7**	**69,8**	**65,0**

Ships of 1 000 gt and over   *ISL based on LR/Fairplay*

Viele Reedereien flaggen ihre Schiffe aus (d. h., sie fahren unter der Flagge eines anderen Staates), weil andere Nationen weniger strenge Vorschriften über Besatzungen, Sicherheit, Zuverlässigkeit usw. haben und auch oft steuerliche Vorteile wie schnellere Abschreibungsmöglichkeiten bieten. Aus diesen Gründen wird trotz steigender Importe und Exporte immer weniger Tonnage mit deutschen Seeschiffen befördert. Um dem entgegenzuwirken, gibt es in der Bundesrepublik Deutschland wie in manch anderen europäischen Staaten ein sogenanntes Zweitregister, das allerdings umstritten ist.

Dass nach wie vor viele deutsche Reedereien trotz evtl. höherer Kosten ihre Schiffe auch unter deutscher Flagge führen, liegt an der politischen Einsicht, dass eine so stark vom Außenhandel abhängige Nation nicht völlig auf eine eigene Flotte verzichten kann. Diese Einsicht haben nicht nur Politiker, sondern auch große Teile der verladenden Wirtschaft.

10.2   Schiffe

Im Seeverkehr sollte man zwei große Unterscheidungen treffen, nämlich in **Seeschiffe** und **Küstenschiffe**, letztere werden im sogenannten „short-sea-Verkehr" eingesetzt.

Die Größe von Schiffen wird mit der **Bruttoraumzahl (BRZ)** bemessen. Dies ist eine künstliche Messzahl, die die frühere Bruttoregistertonne (1 BRT = 2,83 m^3) abgelöst hat. Statistiken nennen beide Begriffe oft direkt nebeneinander und tatsächlich entspricht ein Schiff mit 10 000 BRZ etwa einem Schiff mit 10 000 BRT. Die Tragfähigkeit eines Schiffes in Tonnen wird in **tdw = total dead weight** gemessen.

10.2.1   Seeschiffe

Bei den Seeschiffen lassen sich drei generelle Typen unterscheiden:
- Stückgutschiffe
- Massengutschiffe
- Spezialschiffe

10.2.1.1 Stückgutschiffe

Stückgutschiffe spielen gerade für den Spediteur die größte Rolle, denn was ein Spediteur an Ladung bringt, ist für das Seeschiff in der Regel Stückgut; auch wenn es vorher im Landtransport gleich mehrere Wagenladungen oder gar ein ganzer Zug waren. Auch innerhalb der Stückgutschiffe unterteilt man wieder in vier prinzipielle Typen –

- konventionelle Stückgutschiffe,
- Containerschiffe,
- Ro/Ro-Schiffe und
- Leichterschiffe,

wobei es immer Misch- und Sonderformen gibt.

Konventionelle Stückgutschiffe

Konventionelle Trockenfrachter für Stückgut kommen überwiegend in der traditionellen Linienschifffahrt zum Einsatz. Sie befördern auf jeder Reise eine Vielzahl relativ kleiner Einzelpartien hochwertiger Ladung. Entsprechend verfügt der Schiffstyp über ein eigenes umfangreiches Ladegeschirr[1] und meistens auch über Zusatzeinrichtungen für Spezialladungen wie Schwergut-, Kühl- und/oder Flüssigladungen. Dieser Schiffstyp ist jedoch aufgrund der Entwicklung neuer Transporttechniken und -systeme (wie z. B. die Einführung des Containertransports) tendenziell rückläufig.

Containerschiffe

Heute werden über 90 % der Stückgutladung in Containern verschifft. Erfunden wurden sie schon 1956 von dem US-amerikanischen Lkw-Unternehmer Malcolm McLean, der sie zunächst im Verkehr an der amerikanischen Ostküste einsetzte. Später erwarb er eine Reederei (Sealand), den Durchbruch erreichte er, als er im Vietnamkrieg eine kostenlose „Probeverschiffung" von Nachschubmaterial anbot und damit demonstrierte, wie schnell der Schiffsumschlag erfolgen kann. Die „genormte Kiste" trat ihren Siegeszug an.

---

[1] *Kräne, Luken (Öffnungen), Gabelstapler usw.*

Aus dem modernen kombinierten Güterverkehr ist der Container nicht mehr wegzudenken. Man betrachtet die Verkehrsströme auch nicht mehr isoliert mit Vor- und Nachlauf, sondern man sieht eine durchgehende Transportkette, die vom Hersteller der Ware bis zum Empfänger reicht.

Beispiel:
Eine Druckmaschine wird beim Hersteller in Heidelberg in den Container verladen und erst bei dem einkaufenden Zeitungsverlag wieder entladen. Hersteller achten deshalb schon bei der Konstruktion auf Containermaße.

Die heute üblichen Container in der Seeschifffahrt sind der 20-Fuß-Container (etwas über 6 m Länge) und der 40-Fuß-Container (etwas über 12 m Länge) mit einer Breite von 8 Fuß und Höhen zwischen 8 und 9 Fuß. Bildlich gesprochen: der 20-Fuß-Container entspricht im Laderaum einem Lkw, der 40-Fuß-Container einem Sattelauflieger. Festgelegt sind diese Maße in der **ISO-Norm**[1] **688**. Einige Reedereien (Maersk) bieten jetzt auch den 45-Fuß-Container an, in den USA auch 48er.

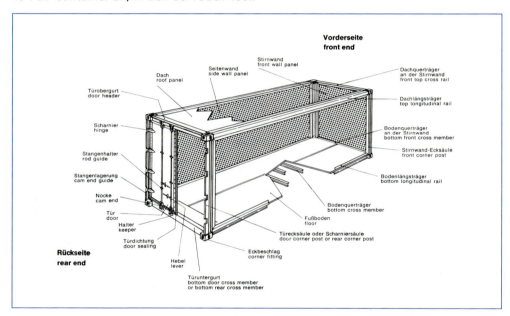

Es gibt sehr unterschiedliche und für jeden besonderen Bedarf anders eingerichtete Container[2]. Die wichtigsten **Containertypen** sind:

Standard-Container	● 20' ● 40' ● 40' High-Cube-Version Für Standardladung. Die Lashpunkte sind für den Einbau von Spezialvorrichtungen ausgelegt.
Hardtop-Container	● 20' ● 40' ● 40' High-Cube-Version Standard-Container mit abnehmbarem Stahldach. Speziell für schwere oder überhohe Ladung. Beladung von oben oder von der Türseite möglich, Türquerträger ausschwenkbar.

---

[1] ISO = International Standard Organisation
[2] Ausführliche Informationen gibt es z.B. in: „CECON Container-Handbuch", CIMT Verlag

Open-Top-Container	• 20′ • 40′ Mit abnehmbarer Plane. Speziell für überhohe Ladung. Beladung von oben oder von der Türquerseite bei ausgeschwenktem Türquerträger.
Flatrack	• 20′ • 40′ • 40′ High-Cube-Version Speziell für Schwergut und überbreite Ladung.
Platform	• 20′ • 40′ Speziell für Schwergut und übergroße Ladung (nicht für Inlandtransporte).
Ventilated Container	• 20′ Speziell für Ladung, die belüftet werden muss.
Refrigerated-Container	• 20′ • 40′ • 40′ High-Cube-Version Die Kühlung/Heizung erfolgt über ein eingebautes elektrisch betriebenes Kühlaggregat. Die Stromversorgung erfolgt entweder durch Stromnetze an Bord oder an Land oder durch „Clip-on"-Dieselgeneratoren während des Landtransports.
Insulated-Container Porthole Type	• 20′ • 40′ Dieser Container besitzt kein eigenes Kühlaggregat. Die Kühlung/Heizung erfolgt über Öffnungen (Portholes) entweder durch die Schiffskühlanlage, ein Landterminal oder durch ein „Clip-on"-Kühlaggregat während des Landtransports.
Tank Container	• 20′ Für den Transport von flüssigen Lebensmitteln, z. B.: – Alkohol – Speiseöle – Fruchtsäfte – Lebensmittelzusätze.

301

Beispiel:
Beispiel des Hebens mit Lastaufnahmemitteln (hier: Spreader) mit eingebautem Drehzapfen am Spezialkran

Quelle: Malchow und Schulze: „Güterverkehr über See"; Herausgeber: Zentralverband Deutscher Schiffsmakler e. V. Hamburg und Verband Deutscher Reeder e. V. Hamburg, S. 7, 2006

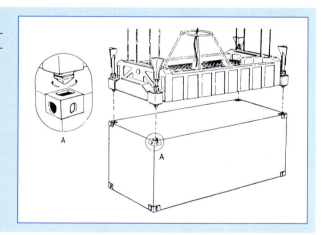

Statistiken und Größenangaben beziehen sich immer auf den 20-Fuß-Container. Diese 20-Fuß-Einheit wird als ein TEU bezeichnet. Wenn also ein Schiff die Größe von 1234 TEU[1] hat, so kann es diese Anzahl in 20-Fuß-Einheiten laden. Nimmt es 40-Fuß-Container, verringert sich diese Zahl, da je 40-Fuß-Container zwei TEU gerechnet werden.

Containerschiffe werden in Generationen eingeteilt, wobei „Generation" nichts mit dem Alter, sondern mit der Größe zu tun hat. **Vollcontainerschiffe** der

1. **Generation** haben eine Kapazität von bis zu 1000 TEU,
2. **Generation** eine von bis zu 2 000 TEU,

---

[1] *TEU = Twenty Foot Equivalent Unit = 20-Fuß-Container-Einheit*

3. **Generation** eine von bis zu 3 000 TEU,
4. **Generation** eine von bis über 4 000 TEU.

Schneller als erwartet traf am 10. September 2006 die „Maersk Sealand" auf ihrer Jungfernfahrt in Bremerhaven ein, ein Schiff der Suezmax-Klasse mit bis zu 13 000 Stellplätzen (TEU).

Entwicklung der Containerflotte von 1986 bis 2005

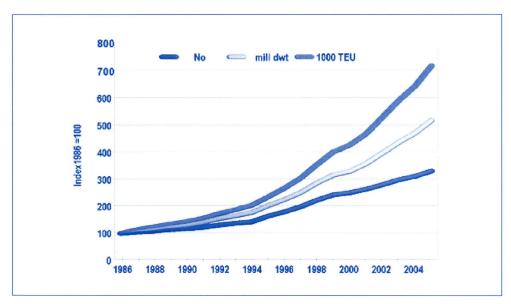

Quelle: ISL, 20.11.2006

Mit dem Trend zum immer größeren Schiff wird es unrentabel, jeden im Tarif genannten Hafen anzulaufen. Zurzeit läuft jedes Containerschiff im Durchschnitt 9,4 Häfen an. Man denkt daran, in jedem Land nur noch einen Hafen oder gar z. B. in Nordeuropa nur einen Hafen anzulaufen. Aus diesem Grunde wurden **Feeder-Dienste** eingerichtet: Kleinere Schiffe bedienen etwa die skandinavischen Häfen und schlagen auf große Vollcontainerschiffe in Hamburg oder Bremen um. Vergleichbar ist das mit dem Sammelgutverkehr des Spediteurs, der mit kleinen Nahverkehrslastwagen Güter sammelt, um sie im Hauptlauf zusammenzufassen.

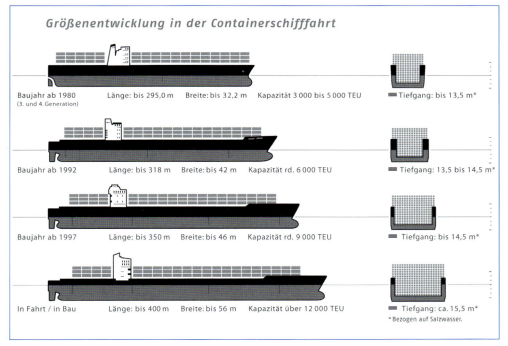

Größenentwicklung in der Containerschifffahrt

Baujahr ab 1980   Länge: bis 295,0 m   Breite: bis 32,2 m   Kapazität 3 000 bis 5 000 TEU   Tiefgang: bis 13,5 m*
(3. und 4. Generation)

Baujahr ab 1992   Länge: bis 318 m   Breite: bis 42 m   Kapazität rd. 6 000 TEU   Tiefgang: 13,5 bis 14,5 m*

Baujahr ab 1997   Länge: bis 350 m   Breite: bis 46 m   Kapazität rd. 9 000 TEU   Tiefgang: bis 14,5 m*

In Fahrt / in Bau   Länge: bis 400 m   Breite: bis 56 m   Kapazität über 12 000 TEU   Tiefgang: ca. 15,5 m*
                                                                              * Bezogen auf Salzwasser.

Quelle: Initiative Zukunft Elbe

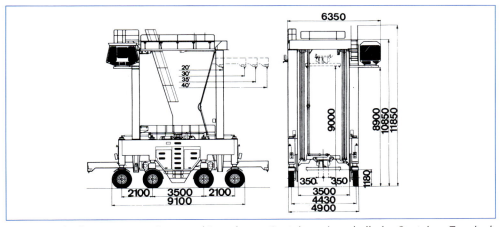

Transportmittel zum Transportieren und Stapeln von Containern innerhalb des Container-Terminals

Im Hafen erfordert der Container spezielles Umschlaggerät. Um direkt von Bahn, Lkw oder Binnenschiff umzuschlagen, bedarf es der **Containerbrücken**. Dies sind spezielle Kräne mit klappbarem Ausleger und einer Tragfähigkeit bis über 50t. An Land werden die Container von **Straddle Carriern** bzw. **Van Carriern** befördert, die auch in der Lage sind, Container bis zu vier Lagenhöhen zu stapeln.

Roll-On/Roll-Off-Schiffe (Ro/Ro-Schiffe)

Ro/Ro-Schiffe haben ein oder mehrere geschlossene oder offene Decks, die normalerweise nicht unterteilt sind und über die ganze Länge des Schiffes laufen. Die Güter werden auf Schienen- oder Straßenfahrzeugen, Anhängern, Containern, Paletten usw. auf das Schiff *gerollt*. Der Umschlag erfolgt also in horizontaler Richtung, d. h., die Ladung rollt auf das oder vom Schiff (ohne Kräne usw.).

Diese Verladungsform wird vor allem bei Autotransporten, aber auch bei Transporten von besonders schwerem Gut (etwa große Papierrollen, Kräne, Bahnwaggons, Großkessel usw.) angewendet.

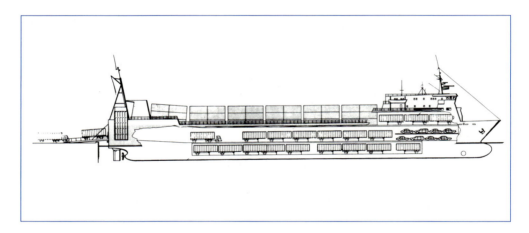

Barge-Carrier-System

Eine besondere Form von Spezialschiffen hat sich im Stückgutverkehr auf den Strecken entwickelt, bei denen von den Seehäfen aus über Flüsse das Hinterland gut erreicht werden kann. **Bargen** (genormte, schwimmfähige Großcontainer) werden in einem Binnenhafen geladen, auf dem Fluss mit einem **Schubverband** (mehrere dieser Bargen werden zusammen-geschlossen und von einem Schubschiff geschoben) zum Seehafen gebracht. Dort werden diese Bargen (auch Leichter genannt) entweder von einem schiffseigenen Spezialkran an Bord gehoben oder durch Absenken des Mutterschiffes eingeschwommen.

Das Mutterschiff bringt die Leichter nach Übersee, löscht und im Schubverband werden sie dann zum dortigen Binnenhafen gebracht.

Man kennt zwei **Typen von Bargen**:

- Lash-(Lighter-aboard-ship) Leichter mit etwa 370 t Tragfähigkeit und
- Lykes Seabee mit etwa 850 t Tragfähigkeit

Wegen der einengenden Nutzungsmöglichkeiten (anschließende Flusssysteme im Abgangs- und Bestimmungsland, hohe Tonnagen des jeweiligen Absenders) hat sich dieses System eigentlich nur im Verkehr zwischen Nordeuropa und dem US-Golf entwickelt.

Mischformen

Es gibt von den bisher genannten Schiffstypen auch Mischformen. So nimmt heute jeder konventionelle Stückgutfrachter auch Container mit. Die bekannteste Mischform ist das **Con/Ro-Schiff**, eine Mischung zwischen Container- und Ro/Ro-Schiff.

10.2.1.2 Massengutschiffe

Für den Spediteur spielen Massengutschiffe in der Praxis kaum eine Rolle; sie sollen nur der Vollständigkeit halber genannt werden. Prinzipiell unterscheidet man zwischen Massengutschiffen für Trocken- und Flüssigladung bzw. Mischformen davon. Sie werden in der Regel für Rohstofftransporte wie Erze, Mineralöl, Getreide, Gas usw. benutzt. Häufig treten die Rohstoffförderer oder deren Tochterfirmen selbst als Verfrachter[1] auf. Sie sind meist spezialisiert für trockene (Getreide) oder flüssige Ladung (Öl), aber auch hier gibt es Mischformen. Schüttgutschiffe werden Bulk-Carrier genannt.

10.2.1.3 Spezialschiffe

Mit dem Fortschritt der Technik sind auch immer mehr Spezialschiffe entwickelt worden, wobei die Spezialisierung sich entweder auf

- die zu befördernde Ware oder
- die Leistung des Schiffes

bezieht. Zu nennen sind unter anderen Hochsee- und Bergungsschlepper, Bohrinselversorger (Off-shore), Kühlschiffe, Autotransporter, Viehtransporter.

10.2.2 Küstenschiffe

Küstenschiffe sind „kleine" Seeschiffe bis maximal 1 600 BRZ, die die europäischen Küsten bedienen, Großbritannien mit dem Kontinent verbinden, im Mittelmeer, dem Schwarzen Meer usw. eingesetzt werden. Hin und wieder werden sie sogar im Atlantik- oder Australverkehr eingesetzt.

Eine besondere Form sind die **See-/Flussschiffe**, die einerseits vollwertige Seeschiffe sind und andererseits aufgrund ihres geringen Tiefgangs in der Lage sind, Binnenhäfen anzulaufen. Diese Spezialschiffe werden z. B. im **Short-Sea-Verkehr** mit Großbritannien eingesetzt. Rheinaufwärts fahren diese Schiffe meist bis Duisburg, aber auch bis Mannheim können sie eingesetzt werden.

---

[1] *Verfrachter siehe Seite 35.*

10.2.3 Schiffsklassifikation

Mit dem Entstehen des Seeversicherungswesens begann man, Seeschiffe bestimmten Klassen zuzuordnen, die etwas über die Konstruktion, Festigkeit der Verbände, Ausrüstung, Unterhaltungszustand, Alter und dergleichen aussagen.

Begonnen hat damit ein Gastwirt namens Edward Lloyd (1648–1713), in dessen Coffee-House sich die ersten Versicherer trafen. Lloyd sammelte diese Informationen, die er von verschiedenen Mitversicherern erhielt, und gab sie als Schifffahrtsnachrichtenmagazin „Lloyds News" ab 1696 heraus. Seit 1734 heißt diese Zeitschrift „Lloyds List" und erscheint noch heute.

Heute gibt es folgende **Klassifikationsgesellschaften**, die aufgrund einheitlicher Beurteilungsmerkmale ein anerkanntes Klassenzertifikat erteilen können:

- seit 1760 Llodys Register of British and Foreign Shipping (LR)
- seit 1828 Bureau Veritas Antwerpen, ab 1832 in Paris (BV)
- seit 1861 Registro Italiano Navale in Genua (RINA)
- seit 1862 The American Bureau of Shipping in New York (ABS)
- seit 1864 Det Norske Veritas in Oslo (DNV)
- seit 1867 Germanischer Lloyd in Hamburg (GL)
- seit 1900 Nippon Kaiji Kyokay in Tokio (Japanese Marine Corporation) und die Deutsche Schiffs-Revision und Klassifikation in Rostock

Lloyd's in London ist immer noch der größte Markt für Seeversicherer – es ist keine Versicherungsgesellschaft, sondern ein Markt, an dem neben verschiedenen Versicherungen auch Privatleute das Versicherungsrisiko übernehmen und mit ihrem Privatvermögen haften.

10.2.4 Schiffsflaggen und Schiffsregister

Jeder Staat kann ein **Schiffsregister** führen. Er legt den gesetzlichen Rahmen fest, nach welchen Bedingungen Schiffe in das nationale Register eingetragen werden. Durch die Eintragung erhält das Schiff die Nationalität des registrierenden Staates; äußeres Zeichen ist das Führen der Flagge. Das Schiff unterliegt mit der Eintragung der Rechtsordnung des Staates und genießt dessen diplomatischen Schutz.

Das Schiffsregister hat die Funktion des Grundbuches im Liegenschaftsrecht und wird beim Registergericht geführt. Wie das Grundbuch hat es drei Abteilungen:

1. Beschreibung des Schiffes
2. Eigentumsverhältnisse
3. Belastungen (Schiffshypotheken)

Aufgrund der Eintragung in das Schiffsregister erhält man das **Schiffszertifikat**, das stets mit an Bord geführt werden muss.

In der Regel müssen bestimmte Voraussetzungen (z. B. Nationalität der Eigentümer, der Besatzung, Besatzungsstärke usw.) erfüllt sein, damit das Schiff in das nationale Schiffsregister eingetragen werden kann. Manche Staaten sind hier sehr großzügig und man spricht von „offenen Registern" (z. B. Liberia, Panama, Singapur, Zypern). Um dem Ausflaggen zu begegnen haben viele Staaten, auch Deutschland, ein Zweitregister eingeführt, das zulässt, dass Besatzungsmitglieder zu den in der Regel günstigeren Konditionen ihrer Heimatländer angeheuert werden, um so Kosten zu sparen.

Die zehn führenden Flaggenstaaten

Flagge	Flottengröße		BRZ-Anteil
	Mio. BRZ	Mio. tdw	
1. Panama	155,0	229,4	21,5 %
2. Liberia	68,4	103,2	9,5 %
3. Bahamas	40,8	52,1	5,7 %
4. Marschall-Inseln	32,8	53,5	4,5 %
5. Hongkong	32,7	54,7	4,5 %
6. Singapur	32,2	50,3	4,5 %
7. Griechenland	32,1	54,7	4,4 %
8. Malta	24,9	40,3	3,4 %
9. China	23,5	34,0	3,3 %
10. Zypern	19,0	30,0	2,6 %

Quelle: Lloyd's Register, World Fleet Statistics 2006
Stand: 31. Dezember 2006. Schiffe über 100 BRZ; tdw-Angaben ohne Fischerei- und Spezialfahrzeuge

10.3   Frachtverträge in der Seeschifffahrt

Das Seefrachtrecht für die Bundesrepublik Deutschland ist im **5. Buch HGB** festgelegt, das auf den international entwickelten Haager Regeln basiert – so auch das Vertragsrecht in den § 556 ff. Man unterscheidet zwischen zwei Grund-Vertragstypen, nämlich

- Stückgutfrachtvertrag und
- Chartervertrag.

Ein Frachtvertrag wird geschlossen zwischen dem **Verfrachter** und dem **Befrachter**.

Da für den Spediteur der Stückgutfrachtvertrag der wesentliche Vertrag ist (selbst eine komplette Zugladung wird in der Seeschifffahrt noch als Stückgut angesehen), soll auf die Charter nur kurz eingegangen werden.

10.3.1   Chartervertrag (Charterpartie)

Bei einem Chartervertrag wird ein komplettes Schiff oder ein Teil davon für eine Reise oder für einen bestimmten Zeitraum „angemietet".

In der Regel wird das Schiff für eine oder mehrere Reisen gechartert. Man spricht dann von einer **Reise-Charter**. Diese Vertragsform kommt häufig in der **Trampschifffahrt** vor. (Trampschifffahrt: Ein Schiff fährt ohne Plan nur auf besonderen Auftrag Häfen an, in denen Ladung angeboten wurde.) Innerhalb der Reisecharter kann man wiederum unterscheiden in

- Voll- oder Ganzcharter (für das ganze Schiff),
- Teilcharter (für einen verhältnismäßigen Teil), hierzu gehört auch die
- Slotcharter (Reedereien chartern bei einer anderen Reederei Container-Stellplätze – Slots – um ihren Kunden häufigere Abfahrtsdichten bieten zu können. Dies geschieht meist wechselseitig bei sogenannten Konsortien, siehe Ziffer 3.2.5.1),
- Raumcharter (für bestimmt bezeichnete Laderäume, z. B. Tanks).

Neben der Reisecharter gibt es noch die **Zeit-Charter**, die in Anspruch genommen wird, wenn z. B. das eigene Schiff wegen Reparaturen für einen bestimmten Zeitraum ausfällt, neue Reedereien noch nicht über die Kapitaldecke verfügen, um eigene Schiffe bauen zu lassen, Industrieunternehmen die eigenen Güter in eigener Regie über See befördern wollen (z. B. Erdöl), die eigene Tonnage nicht mehr für das Ladungsaufkommen ausreicht usw.

Wenn der Charterer den Schiffsraum „zum Erwerb durch die Seefahrt für seine Rechnung verwendet" (§ 510 HGB), so heißt er **Ausrüster** und gilt gegenüber Dritten als Reeder.

10.3.2 Stückgutfrachtvertrag

10.3.2.1 Wesen des Vertrages

Der Stückgutfrachtvertrag – juristisch ein Werkvertrag – ist der **vorherrschende Vertragstyp** in der Linienschifffahrt. (Linienschifffahrt: Ein Schiff fährt regelmäßig nach Fahrplan bestimmte Häfen an.)

Verfrachter kann der Eigentümer oder Charterer eines Schiffes sein, Befrachter ein Hersteller, Händler, Exporteur oder Importeur von Waren oder auch ein Spediteur.

Inhalt des Vertrages ist

- **die Beförderung von Stückgutladung** (Packstücke oder Ladungspartien),
- **durch den Verfrachter,**
- **im Auftrag und für Rechnung des Befrachters,**
- **von einem genau bezeichneten Ort** (Übernahmeort = place of receipt) **oder Hafen** (Ladehafen = port of loading),
- **nach einem vereinbarten Hafen** (Löschhafen = port of discharge) **oder Ort** (Ablieferungsort = place of delivery) **und**
- **die Auslieferung an einen oder mehrere Empfänger.**

Da diese Vertragsabschlüsse tagtägliches Geschäft sind und somit massenhaft vorkommen, sind die Form des Abschlusses und die Beurkundungsart des Vertrages stark vereinheitlicht. Generell herrscht Vertragsfreiheit und Verfrachter und Befrachter können individuelle Absprachen z. B. über Beförderungs- oder Haftungsbedingungen treffen. Die gesetzlichen Regeln[1] werden erst bei Unklarheiten des Einzelvertrages herangezogen. Außerdem finden bei Stückgutfrachtverträgen auf Konnossement (siehe Kap. 3.2.4) die Haager Regeln Anwendung, die seit 1937 im Wesentlichen Bestandteil des HGB sind. Die Haager Regeln wurden 1963 ergänzt durch die Visby Rules, die insbesondere die Einführung der Containerschifffahrt berücksichtigen. 1978 wurden dann im Rahmen einer Diplomatischen Konferenz der Vereinten Nationen über die Beförderung von Gütern auf See die Hamburg Rules verabschiedet, die insbesondere eine Veränderung der Haftungsbedingungen mit sich brachten und von der Bundesrepublik Deutschland übernommen wurden (siehe §§ 659, 660 HGB, Haftung).

10.3.2.2 Zustandekommen des Vertrages

Wegen des massenhaften Vorkommens von Stückgutfrachtverträgen kann die Vertragsfreiheit in der Praxis kaum angewendet werden. Von den Reedereien und Konferenzen (siehe Kap. 3.2.5) liegen in der Regel „allgemeine Verschiffungsbedingungen" vor (Terms and Conditions of Carriage oder Conditions and Rules).

---

[1] *HGB, 5. Buch: Seehandel*

Der Vertrag kommt zustande, wenn der Befrachter beim Verfrachter oder dessen Beauftragtem eine **feste** oder **konditionelle Buchung** veranlasst.

Dies bedeutet, dass der Befrachter beim Reedereikontor, beim Reedereiagenten oder beim Schiffsmakler fest den benötigten Laderaum bucht (oft schon für ein bestimmtes Schiff). Er erhält dann vom Verfrachter die Zusage zur Beförderung. Als Beleg kann der Verfrachter eine **Buchungsnote** erstellen.

- **Reedereikontor:** Büro einer Reederei – häufig in den Großstädten des Binnenlandes.
- **Reedereiagent:** Vertreter einer Reederei im Agenturverhältnis – meist im Ausland.
- **Schiffsmakler:** Selbstständiger Makler von Schiffsraum, der oft mehrere Reedereien vertritt. Der Makler nimmt nicht nur Schiffsraumbuchungen entgegen, sondern sorgt in der Regel auch für die Reederei für die hafenmäßige Abfertigung (Liegeplatz, Versorgung, ggf. Besorgung eines Stauereibetriebes usw.).

Neben der festen Buchung gibt es auch die **konditionelle Buchung**. Diese wird dann vorgenommen, wenn sich der Befrachter für eine bestimmte Buchungsperiode (i. d. R. der laufende und zwei folgende Monate) eine feste Frachtrate sichern will, ohne dass er den genauen Abladetermin weiß. Erst mit Bekanntgabe der Abladung durch den Befrachter wird die Buchungsnote ausgestellt und der Frachtvertrag ist zustande gekommen.

Unter einer **Quotierung** versteht man eine verbindliche, zeitlich befristete Frachtauskunft seitens der Reederei.

10.3.2.3 Abladung und Beförderung der Güter

Unter **Abladung** versteht man das Heranbringen der Güter an das Schiff bzw. die Übergabe der Güter an den Verfrachter oder seinen Agenten zur Beförderung.

Ablader ist der Befrachter oder eine beauftragte Person oder Firma (i. d. R. ein Seehafenspediteur). Der Ablader hat Anspruch auf das Konnossement. (Siehe Kap. 10.3.2.4)

Meistens wird die Abladung bewirkt durch das Heranschaffen der Güter an den Kai oder durch Anlieferung an den Schuppen. Oft steht zwischen Ablader und Verfrachter eine Kaianstalt (Umschlagsbetrieb) als Mittler, jedoch gilt deren Annahmeschein nicht als Übernahmequittung im Sinne eines Stückgutfrachtvertrages.

Stückgüter müssen sicher in den Laderäumen des Schiffes verstaut werden, d. h. unter Deck, es sei denn, dass der Befrachter eine An-Deck-Ladung ausdrücklich erlaubt hat oder dass sie aufgrund der Gefahrgutverordnung See (bzw. IMDG-Code[1]) ausdrücklich vorgeschrieben ist.

Die **Gefahrgutbestimmungen** in der Seeschifffahrt (national: GGVSee, international IMDG-Code) sind die strengsten Gefahrgutbestimmungen aller Verkehrsträger überhaupt, jedoch sollen andere Regelungen (z. B. GGVS, GGVE) an die schärferen Bestimmungen der Seeschifffahrt angepasst werden. Eine genaue Kennzeichnung und Klassifizierung des Gefahrgutes ist erforderlich. Die zu verwendenden „Labels" entsprechen im Wesentlichen den im Bereich Luftfracht dargestellten Kennzeichnungen (siehe unten).

Die Aufteilung der Lade- und Löschkosten zwischen Verfrachter und Befrachter erfolgt nach den **liner terms** (Reederei-Bedingungen). Im konventionellen Stückgutverkehr lie-

---

[1] *IMDG-Code = International Maritime Dangerous Goods Code*

fert der Befrachter die Güter auf eigene Kosten entweder am Kaischuppen des Schiffsliegeplatzes oder „Längsseite Schiff" (under ship's tackle) an.

Der Befrachter trägt nach dieser Regelung sämtliche Kosten des Ladungsumschlages im Hafen wie:

- Entladen des Lkw/Waggons
- Sortieren und Lagern im Schuppen
- Zwischenbehandlung der Waren am Lager
- Verbringen zum Umschlagsgerät
- Umschlag in das Seeschiff

Hierzu gehören auch eventuelle Vermessungskosten, falls die Maße nicht oder falsch vom Absender angegeben wurden. Vermessungen werden durch **Tailleurbetriebe** (Tallymänner) durchgeführt.

Der Verfrachter übernimmt die direkten Kosten für das Beladen des Schiffes und das Stauen im Laderaum. In der konventionellen Schifffahrt wird das Stauen häufig von eigenständigen Betrieben, den **Stauereien**, durchgeführt. Für die Abnahme der Güter im Löschhafen gilt diese Aufteilung analog.

Aufgrund der Hafenusancen (-gebräuche) einzelner Häfen kann es allerdings Abweichungen dieser Kostenaufteilung geben. Eventuell übernimmt dann der Verfrachter die Kosten für Umschlag und Lagern.

Besonderheiten im Containerverkehr

Im Containerverkehr erfolgt die **Übergabe** entweder am Gate (Tor) des Container Terminals oder bereits im Binnenland.

Für das **Stauen** der Container besteht für den Verfrachter eine größere Wahlfreiheit, welche Güter er an Deck stauen lässt – seine Sorgfaltspflicht erhöht sich hier.

Auch bei der **Kostenaufteilung** haben sich Besonderheiten ergeben:

Im **LCL-Verkehr (**LCL = Less than Container Load = Stückgut im herkömmlichen Sinn) wird die Ware auf Kosten des Verladers zur Containerpackstation transportiert.

Die Anlieferungskosten sowie die Lagerkosten trägt der Befrachter (Verlader). Die Kosten für das Stauen der Waren in den Container und das Verbringen des Containers zum Schiff übernimmt zunächst der Verfrachter. In der Regel werden hierfür dem Befrachter Gebühren gesondert in Rechnung gestellt (LCL-Service Charges).

Im **FCL-Verkehr** (FCL = Full Container Load = kompletter Container) wurden insbesondere für den Vor- und Nachtransport der Container drei verschiedene Variationen der Kostenaufteilung entwickelt:

Im Falle eines Haus/Haus-Containers (FCL/FCL) sind bezüglich der Inlandsfracht (inland haulage) nach Wahl des Befrachters folgende Kombinationen möglich:

1. **Merchants Haulage:** Der Kaufmann (merchant) übernimmt Organisation und Kosten für den Vor- und Nachlauf des leeren und des beladenen Containers.
   Unter dem Merchant ist hier in der Regel der Spediteur zu verstehen. Er kann den Vorlauf mit Lkw, Bahn oder – falls die Verladung über Rotterdam erfolgen soll – mit dem Binnenschiff organisieren. Der Vorlauf mit dem Binnenschiff gewinnt zunehmend an Bedeutung, weil er preislich sehr viel günstiger ist – und auch die Zeitdifferenz ist nicht sehr groß durch doppelte Schiffsbesatzung und Einsatz von Radar.
   Viele Reedereien unterhalten deshalb Containerdepots an Binnenumschlagplätzen.

2. **Carriers Haulage:** Der Verfrachter übernimmt Organisation und Kosten für Vor- und Nachlauf des leeren und des beladenen Containers. Er gibt sie in Form einer

Rundlaufpauschale im Rahmen seines Tarifs ganz oder teilweise an den Auftrag-geber (merchant) weiter. Die Preise für die Inlandsfrachten der Reedereien lassen sich im Internet ablesen (z. B. bei Hapag-Lloyd unter www.hlcl.de/Tarife/Inlands-ta-rife).

3. **Mixed Arrangement:** Der Verfrachter übernimmt Organisation und Kosten für den Vor- bzw. Nachlauf des leeren Containers. Für die Gestellung des Leercontainers be-rechnet er eine Gebühr (positioning fee), die vom tatsächlichen Transportweg unab-hängig ist. Der Merchant übernimmt Organisation und Kosten des Lastlaufes.

Die auf dem Terminal entstehenden Kosten für das Handling des Containers (lift on/lift off charges) sind häufig Bestandteil der Seefracht. Für sie gibt es die Begriffe „Container Service Charges" oder „Terminal Handling Charges".

Sowohl im konventionellen Stückgutverkehr als auch im Containerverkehr ist eine optio-nelle Stauung möglich, d. h. der Löschhafen steht bei Abfahrt des Schiffes noch nicht fest, daher muss die Ladung in jedem Hafen „griffbereit" sein. Auf Anweisung des Be-frachters wird die Ware in einem der angelaufenen Häfen gelöscht. Für eine optionelle Stauung wird eine gesonderte Gebühr berechnet.

Beispiel:
Ein Hersteller für Haushaltsgeräte hat zwei Interessenten für ein Produkt: einen in Boston, einen in New York. Er schickt die Ware auf die Reise. Demjenigen, der den höchsten Preis zahlt, wird die Ware ausgeliefert.

Außer den bereits genannten Begriffen hat sich in der Containerschifffahrt eine beson-dere Sprache und Begriffsbildung entwickelt, deren wichtigste Ausdrücke und Abkür-zungen hier in alphabetischer Reihenfolge genannt werden sollen:

Break Bulk	Ladung, die weder in Containern noch auf Paletten befördert wird.
CH	Carriers Haulage (siehe oben).
CFS	Container Freight Station. Eine Anlage, an der der Reeder oder sein Beauftrag-ter eine LCL-Ladung vom Kunden empfängt oder an ihn ausliefert.
Consolidation	Zusammenstellung von Ladung mehrerer Verlader in einen oder mehrere Con-tainer wird von der Reederei organisiert. Die verschiedenen Ablader liefern ihre LCL-Ladung an einer CFS zur Auslieferung an *einen* Empfänger an einem Bestim-mungsort an. Die Verschiffungen erfolgen LCL/FCL mit Combined Transport Bill of Lading. Für jede Sendung wird ein separates B/L gezeichnet.
CSP	**Container Service Port.** Ein Hafen, in dem FCL und LCL-Container-Dienste ein-kommend und ausgehend **nur von direkten Schiffen** geboten werden.
CST	**Container Service Tariff = Container-Tarif.**
CT B/L	**Combined Transport Bill of Lading.** Dieses Konnossement wird für alle Verladun-gen ausgestellt, die in Containern und nach den Regeln des Container Service-Tarifs erfolgen.
CY	Container Yard. Eine Anlage, an der die Reederei oder deren Beauftragter FCL und leere Container vom Kunden in Empfang nimmt oder an ihn ausliefert.
EZC	**European Zone Charge.** Kosten für den Inlandstransport von Containern in Europa bei Carriers Haulage (s. o.).

Feeder Service	Zubringerdienst. Ein zusätzlicher Dienst, der Waren nach und von Häfen/Regionen befördert, die nicht direkt von den Containerschiffen der Reederei bedient werden.
MH	**Merchants Haulage** (s. o.)
Slot	Der Teil einer Zelle eines Containerschiffes, in dem ein Container geladen werden kann.
Stripping	Entladen eines Containers.
Stuffing	Beladen eines Containers.
Terminal	Liegeplatz, an dem das Containerschiff geladen oder gelöscht wird.

10.3.2.4 Konnossement

Das Konnossement (engl.: Bill of Lading; B/L) ist ein sogenanntes Traditionspapier, d. h. ein handelbares oder beleihbares (begebbares) Wertpapier. Es ist somit eine übertragbare Urkunde, die vom Verfrachter oder einem bevollmächtigten Vertreter bzw. vom Kapitän ausgestellt wird.

Anspruch auf das Konnossement hat der Ablader, also derjenige, der die Ware an das Schiff heranbringt.

Im Prinzip wird gegen Übergabe der Ware das Konnossement ausgehändigt. Bei der Auslieferung der Ware geschieht dies genau umgekehrt: Auslieferung gegen Rückgabe des Wertpapiers Konnossement. Vom Gesetzgeber wurde das Konnossement mit verschiedenen Eigenschaften ausgestattet und es erfüllt deshalb gleichzeitig mehrere Aufgaben:

- Es ist eine **Quittung** über die vom Verfrachter zur Beförderung übernommenen Güter. Diese Quittung sagt etwas aus über Menge, Art und Zustand der verladenen Güter.
- Es ist ein **Wertpapier**. Es weist den Empfangsberechtigten aus und verbürgt dem rechtmäßigen Konnossementsinhaber einen Auslieferungsanspruch an den Verfrachter. Das Papier selbst repräsentiert die Ware: Die Übergabe des Papiers ersetzt die Übergabe der Ware (Traditionspapier).
- Es ist eine **Beweisunterlage** für den Frachtvertrag und dessen Inhalt. (Das Konnossement selbst ist nicht der Vertrag, da dieser schon vorher durch die feste Buchung zu Stande kam.)

Von einem Konnossement können beliebig viele Originale und Kopien erstellt werden. In der Praxis werden im Europaverkehr jedoch meist zwei, im Überseeverkehr meist drei Originale erstellt. Die Anzahl der Originale muss auf dem Konnossement vermerkt sein.

Beispiel:
„number of original B's/L: 3/3". Hier wurden drei Originale ausgestellt für einen Transport (3/3 = 1). Diese Zahl sagt nichts aus über die Anzahl der gefertigten Kopien.

Jedes Original hat die gleichen Rechte. Sofern nichts anderes vereinbart wurde, ist der Verfrachter berechtigt, bei Vorlage nur eines Originals (1/3) die Ware auszuhändigen. Die übrigen Originale werden damit ungültig und wertlos.

Es gibt eine Reihe von verschiedenen Konnossementen mit verschiedenen „Qualitäten". Daher gibt es für das Konnossement verschiedene „Vornamen":

Inhaber-konnossement	Der jeweilige Inhaber hat den Herausgabeanspruch an der Ware gegenüber dem Verfrachter. (In der Praxis kommt diese Form kaum vor.)
Namens- oder Rekta-konnossement	Ein im Konnossement namentlich Benannter hat den Herausgabeanspruch. Er kann diesen Anspruch durch Zession (Abtretungserklärung) übertragen (z. B. bei Verkauf der Ware oder Auftrag an den Spediteur zur Abholung).
Order-konnossement	Hier kann neben dem Empfänger (Consignee) der Vermerk „or order" oder an Stelle des Empfängers nur der Vermerk „to order" angebracht werden. Im ersten Fall kann der Empfänger, im zweiten Fall der Ablader Anweisungen geben. Beim Verkauf der Ware muss das Orderkonnossement indossiert werden (z. B. durch den Importeur an einen anderen Empfänger der Ware).

Diese drei Konnossementsarten können wiederum ausgestellt werden als:

Übernahme-konnossement	Der Verfrachter bescheinigt lediglich, dass er die Ware übernommen hat. Sie wurde noch nicht verladen.
Bord-konnossement	Der Verfrachter bescheinigt, dass die Ware bei Ausstellung auch tatsächlich an Bord eines bestimmten Schiffes verladen war. (Diese Form wird besonders bei Akkreditivgeschäften verlangt.)

Außerdem kann im Konnossement etwas über die Ware ausgesagt sein. Daher gibt es:

Reine Konnossemente	Die Ware wurde angenommen ohne äußerlich erkennbare Schäden (clean).
Unreine Konnossemente	Das Konnossement enthält einen Beschädigungsvermerk.
Durchfracht-konnossement (im Container-verkehr)	Vor- und Nachlauf des Containers werden durch den Verfrachter organisiert (insbesondere im FCL/FCL-Verkehr).

Beispiel:

Ein Hersteller verkauft einem Importeur in Übersee Ware. Die Zahlung soll durch Akkreditiv gesichert werden. Ausgestellt wird hier in der Regel ein *reines Bordkonnossement* an Order.

Begründung: Adressiert wird das Konnossement an die Bank (Consignee), weil diese für die Zahlung garantiert. Sie kann „Order" geben, es an den Importeur auszuliefern (wenn dieser noch zahlungsfähig ist). Die Bank wird aus Sicherheitsgründen ein reines Bordkonnossement (clean on board) verlangen, weil dann die Ware äußerlich unbeschädigt ist und sie auch sicher ist, dass die Ware bereits verladen ist (und nicht erst in einem halben Jahr verladen wird).

Der Verfrachter händigt i. d. R. die Ware gegen Vorlage eines Originals an den Berechtigten aus (Inhaber, namentlich Genannter oder durch Zession oder Indossament Legitimierter).

Offen ist noch die Frage, wie denn der Empfänger in den Besitz des Konnossements gelangt, um seinen Herausgabeanspruch geltend zu machen. Sie wissen, dass bei der Übergabe der Ware an den Verfrachter der Ablader vom Verfrachter das Konnossement erhält. Nun muss dieser das Konnossement dem Befrachter weitergeben (sofern Ablader und Befrachter nicht identisch sind), damit der Befrachter es per Post an den Empfänger schickt. Da auf dem Postweg etwas verloren gehen kann, werden eben mehrere Originale erstellt und mit separater Post an verschiedenen Tagen an den Empfänger geschickt.

Sollte ein Kuvert verloren gehen, kommt das Zweite sicher an. Das dritte Konnossement hält der Befrachter oder die Bank manchmal aus Sicherheitsgründen zurück für den Fall, dass die beiden anderen Originale verloren gehen. Er selbst kann damit nichts anfangen, da die Herausgabe in Übersee erfolgt. Nachträglich verfügen kann der Befrachter nur gegen Rückgabe *aller* Originale.

Hinweise zum Konnossement (Seite 315):

① Name des Befrachters

② Name des Empfängers bzw. des Order-Berechtigten

③ Meldeadresse (wird vom Befrachter bei Ankunft der Ware benachrichtigt)

④ Übernahmeort (C. F. S. = Container Freight Station)

⑤ Schiffsname

⑥ Ladehafen

⑦ Löschhafen

⑧ Auslieferungsort (siehe auch ④)

⑨ Markierungen und Nummern des Packstücks

⑩ Containernummer und Verschluss-(Siegel-)nummer

⑪ Beschreibung der Ware

⑫ Gewicht und Maß der Sendung

⑬ Datum und Bestätigung der Übernahme an Bord

⑭ Bestätigung, dass die Fracht vorausbezahlt wurde zur Kontrakt-Rate (siehe Abschnitt 10.3.2.5)

⑮ „Stückgutsendung", ergibt sich aus den Feldern ④ und ⑧, da die Kiste erst im Hafen in den Container geladen wurde („gestufft") und im Hamburger Hafen dem Container wieder entnommen wurde („gestrippt")

⑯ Zahlungsort

⑰ Ausstellungsort

⑱ Anzahl der Originalkonnossemente

⑲ Kosten für das „Strippen" (siehe ⑮)

⑳ Seefrachtzahlung

㉑ Kosten für das „Stuffen" (siehe ⑮)

㉒ Unterschrift des Agenten oder Maklers, der das Konnossement ausgestellt hat

Beispiel:

Combined Transport Bill of Lading

Shipper VARTA PTE LTD! 7500 CHAI CHEE ROAD, SINGAPORE ①	**B/L No.** STA 010 Ref No.

MISC

MALAYSIAN INTERNATIONAL SHIPPING CORPORATION BERHAD

Consignee or order
FIRMA TRI WERKE
FÜRTHER STRABE 212
90429 NÜRNBERG
GERMANY ②

Notify party
DEUGRO SPEDITION
RABOISEN 67
20095 HAMBURG
GERMANY ③

RECEIVED in apparent good order and condition except as otherwise noted the total number of containers or other packages or units enumerated below for transportation from the place of receipt to the place of delivery subject to the terms hereof. One of the Bills of Lading must be surrendered duly endorsed in exchange for the goods or delivery order. On presentation of this document (duly endorsed) to the Carrier by or on behalf of the Holder, the rights and liabilities arising in accordance with the terms hereof shall (without prejudice to any rule of common law or statute rendering them binding on the Merchant) become binding in all respects between the Carrier and the Holder as though the contract evidenced hereby had been made between them. IN WITNESS whereof TWO (2) original Bills of Lading have been signed, if not otherwise stated below. One of which being accomplished, the other(s) to be void.

	Place of receipt P.S.A./C.F.S. ④	
Ocean vessel/Voyage No. BUNGA SURIA ⑤	**Port of loading** SINGAPORE ⑥	
Port of discharge HAMBURG ⑦	**Place of delivery** HAMBURG C.F.S. ⑧	

For FCL shipments container marks and Nos. to be stated. Marks and Nos.	Quantity and kind of packages	Description of goods	Gross weight, kos.* Measurement, m³*
TRI NÜRNBERG SF 80104 HAMBURG GERMANY C/NO. 1 ⑨ MNLU 4004728 SEAL 81704 ⑩		1 CASE RECHARGEABLE NICKEL CADMIUM BATTERIES ⑪ "FREIGHT PREPAID"	30KGS ⑫ 0.095 M3 **SHIPPED ON BOARD** **3 0 JUL 20..** ⑬

Particulars declared by Shipper

⑭ **FREIGHT PREPAID AT CONTRACT RATE**   ⑮ **LCL/LCL**

Freight and charges	Revenue tons	Rate	Per	Prepaid	Collect

* Weight and measurement of containers not to be included.	Freight and charges payable at** SINGAPORE ⑯	Place and date of issue SINGAPORE . ⑰ **3 0 JUL 20..**

** If same place of payment not applicable for total freight, this box to be filled in.	Number of original Bs/L THREE(3). ⑱	Signed for the Carrier

European side		Ocean freight	Far Eastern side		⑳ **COPY NOT NEGOTIABLE**
Inland haulage	LCL service charge ⑲ COLLECT	PREPAID ⑳	LCL service charge ㉑ PREPAID	Inland haulage	As Agents only

Der Vollständigkeit halber sollen hier noch folgende weitere Konnossementsarten bzw. sonstige Papiere genannt werden:

Durch-konnossement	Wenn mehr als ein Transportunternehmen am Gesamttransport beteiligt ist, aber nur ein durchgehendes Papier erstellt werden soll. Je nach Art kann nur ein Beteiligter oder können alle haftungsrechtlich in Anspruch genommen werden.
Teil-konnossement	Gegen Einzug des Originalkonnossements können mehrere Teilkonnossemente über Ladungsteile erstellt werden.
Sammel-konnossement	Wenn ein Spediteur als Befrachter auftritt und viele Kleinsendungen zusammen auf ein Konnossement nimmt, um viele Minimalfrachten zu sparen.
Parcel Receipt	Ein „Paketschein" für Kleinsendungen. Es ist kein Wertpapier, dafür niedrigere Frachten (Minimalfrachten können unterschritten werden). Keine Haftung.
Mate's Receipt (Steuermanns-quittung)	Wird auf Verlangen des Befrachters ausgestellt und dient als Empfangsbescheinigung. Gegen Vorlage des Mate's Receipt kann der Verfrachter später die Originalkonnossemente erstellen. Wird zur Lieferungs- und Zahlungssicherung zwischen einem Hersteller und einem Außenhändler genutzt.
Express Cargo Bill (ECB)	ist ein dem Luftfrachtbrief vergleichbares Papier. Es wird ausgestellt, wenn kein Konnossement gewünscht wird. Dieses Papier ist nicht begebbar; dem darin genannten Empfänger wird die Ware ausgeliefert. Es ist dann wichtig, wenn z. B. die Konnossemente nicht rechtzeitig beim Empfänger eintreffen und er deshalb nicht an die Ware kann. Benutzt werden kann es vor allen Dingen, wenn kein Konnossement zur Zahlungssicherung benötigt wird, also bei z. B. multinationalen Konzernen, deren Gesellschaften untereinander Geschäfte betreiben.

10.3.2.5 Seefracht

Konferenzen, Pools

Anders als in weiten Bereichen des Land- und Luftverkehrs gab es in der Seeschifffahrt keine bindenden Tarife. In der Trampschifffahrt richtet sich der Preis nur nach Angebot und Nachfrage. Auch in der – für den Spediteur wichtigeren – Linienschifffahrt war dies zunächst so. Hier haben sich jedoch frühzeitig mehrere Reeder, die die gleichen Fahrtgebiete (z. B. Australien) bedienen, an einen Tisch gesetzt, um einen ruinösen Wettbewerb zu verhindern. Man „konferierte" darüber, wie man das Problem lösen könne: Es entstanden die Konferenzen.

Diese Konferenzen bildeten rechtlich gesehen Preis-, Gebiets- und Konditionenkartelle, also etwas, was in vielen Staaten schlicht verboten ist. Dennoch hielten sich diese Kartelle über Jahrzehnte, weil die Seeschifffahrt außerhalb der Nationalstaatsgrenzen stattfindet. Selbst die USA duldeten diese, jedoch waren sie meldepflichtig. In der EG gab es auch in den letzten Jahren steigenden Widerstand, und so sind diese Konferenzen definitiv ab dem 18. Oktober 2008 verboten – zumindest was die Preisbildung betrifft. Die einzelnen Reedereien müssen nun ihre Preise selbst bilden und auf Verlangen der Behörden ggf. ihre Kalkulation darlegen.

Beibehalten werden sicherlich die Konditionen, die in den bisherigen Tarifen festgehalten sind, denn im Transportwesen gelten sehr häufig gleiche Konditionen oder sogar Gesetze für einen Verkehrsträger oder für Speditionen (auch die ADSp sind ein Konditionenkartell).

Diese unterschiedlichen Konditionen richten sich nach den jeweiligen Fahrtgebieten, also z. B. Fernost, USA–Ostküste, Australien–Neuseeland usw. Innerhalb eines Fahrtgebietes fahren die Schiffe einer Reederei unterschiedliche „Loops", d. h. sie fahren auf Hin- und Rückseite unterschiedliche Häfen an.

Beispiel eines (von mehreren) Loops der Reederei Hapag-Lloyd im Rahmen ihres Ostasienverkehrs. Andere Loops bedienen andere Häfen.

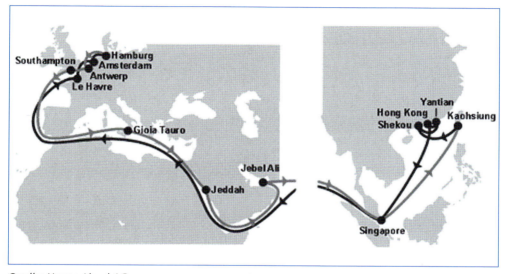

Quelle: Hapag-Lloyd AG

Ein weiterer Schritt ist die Bildung von **Konsortien** (z. B. 1992 im Pazifikdienst eingeführt). Reedereien nutzen ihr Equipment (Ausstattung) gemeinsam, um Überkapazitäten abzubauen. Reedereien schließen sich zu einer Gruppe zusammen, deren Mitglieder „Slots" (Container-Stellplätze) bei den anderen Mitgliedern des Konsortiums chartern (z. B. bilden Hapag-Lloyd, MISC, NYK und OOCL zusammen die „Grand Alliance"). Eine ähnliche Entwicklung gab es ja auch in der Luftfracht.

Seefrachttarife

Trotz des Privatkartellverbots wird es nach wie vor Bestimmungen geben, die die Einzelheiten der Beförderung regeln. Das werden die „Reste" der bisherigen Tarife sein. Wobei es weltweit gesehen natürlich auch Tarife mit Preisen geben wird. Heute berechnen die Reedereien ohnehin nur noch CBR (Commodity Box Rates), also für den kompletten Container. Das Stückgut- oder LCL-Geschäft wird den Spediteuren überlassen.

Die umfangreichen Tarifbestimmungen geben Auskunft darüber, unter welchen Voraussetzungen und zu welchen Konditionen der Seetransport durchgeführt wird: **Das Konnossement ist Tarifbestandteil**. In den Dokumentationsregeln werden z. B. geklärt:

- Bestimmungshafenänderung,
- Wertangabe,
- korrekte Warendeklaration,
- Ausfertigung der Konnossemente (bzw. Parcel Receipts für Kleinstsendungen),
- Haftungserhöhung durch Wertangabe im Konnossement.

Umfangreicher sind die Tarifbedingungen hinsichtlich der Ladung, da das Warenverzeichnis nur für „normales" Stückgut Gültigkeit hat. Schwergut, Überlängen, Kühlladung, flüssige Ladung, Tiere, Gefahrgut usw. werden gesondert behandelt. So gibt es Verpackungshinweise und Markierungsvorschriften, Bestimmungen über Schwergutstücke (meist ab 5 Tonnen, außer im Containerverkehr) und Überlängen (meist ab 12 Meter = 40-Fuß-Container-Größe), darüber hinaus Bestimmungen für Reinigungsarbeiten bei Flüssigladung in Schiffstanks, Haftung bei ungenügend verpackten oder markierten Ladungen, Auslieferungsklauseln usw.

Wichtige Begriffe des Seefracht-Tarifwesens:

1. Tarif-währung	Jeder Tarif basiert auf einer Grundwährung. Meist ist dies US-Dollar, aber auch EUR, englisches Pfund usw. werden verwendet.
2. Währungs-klauseln	Fast alle Tarife enthalten Klauseln, dass bei Frachten Zu- oder Abschläge zu berechnen sind, falls es starke Schwankungen bei den Währungsparitäten gibt (Currency Adjustment Factor = CAF oder Currency Adjustment Charge = CAC).
3. Umrech-nungskurs	Stichtagskurs für die Umrechnung der Seefrachtrechnung von der Tarifwährung in die jeweilige Landeswährung.
4. Zahl-währung	Nicht jede Landeswährung wird für die Frachtzahlung akzeptiert. In der Regel nur „harte" Währungen.
5. Frachtzah-lungsort	Im Regelfall sind Seefrachten „prepaid" zu zahlen, also vor der Konnossements-ausgabe. Aber auch „collect"-Sendungen sind möglich, d. h., die Fracht ist im Bestimmungshafen zahlbar. Persönliche Effekten, Umzugsgüter, Autos, Tiere oder auch Leichen usw. sind grundsätzlich im Voraus zu zahlen. Geregelt sind hier auch Nachnahmebeträge (Vorlauf- und Spediteurkosten) und die entsprechenden Einzugsgebühren (collection fee), die meist zwischen 2,5 % und 10 % liegen. Aufgrund unsicherer Währungsverhältnisse bzw. durch Devisenvorschriften kann es einen Frankaturzwang geben, d. h., die Fracht ist grundsätzlich im Ladehafen zahlbar.
6. Fracht-berech-nungsbasis	Hier ist festgelegt, auf welcher Einheit (**M**aß oder Gewicht, **M**easurement/**W**eight) die Frachtberechnung basiert. Überwiegend wird per 1 000 kg oder per cbm (Kubikmeter) abgerechnet, und zwar in Schiffswahl (ship's option). Der Reeder kann also die Einheit wählen, die ihm das höhere Frachtergebnis bringt. Das früher verbreitete englische Maß- und Gewichtssystem spielt heute fast keine Rolle mehr. Aber z. B. bei Import-Seefrachttarifen USA–Europa ist die Berech-nungsbasis noch 2 240 lbs (= 1 016 kg = longton) oder 40 cbf (Kubikfuß).
7. Frachttonne	Frachttonnen (freight-tons) können sowohl Gewichtstonnen als auch Maßton-nen sein, je nachdem, was in der *Frachtberechnung* als Grundlage gilt.
8. Werterklä-rungen	Bei hochwertigem Gut gibt es wertbezogene Raten (ad valorem rates), bei denen ein gewisser Prozentsatz vom fob-Wert als Seefracht erhoben wird. Es setzt sich allerdings immer mehr durch, dass je nach Wert des Gutes unterschied-liche Frachtraten – wieder nach Maß/Gewicht – berechnet werden.
9. Minimum-Frachten	Jedes Konnossement muss einen Mindestfrachtbetrag erbringen (Minimum-Charge).
10. Sonstige Berech-nungs-grundlagen	Wertfrachten: siehe Punkt 8. Pauschalfrachten (lumpsum oder in full), insbesondere für die Verschiffung von ganzen Anlagen. Container Festraten (CBR = Commodity Box Rates), Festpreis für einen Container unabhängig von seiner Auslastung. In diesem Zusammenhang seien auch die Point-to-Point-Rates erwähnt. In der Frachtrate ist der Vor- und Nachlauf an Land vom Abgangspunkt bis zum Bestimmungspunkt enthalten.

↓

11. Zuschläge	Surcharges sollen temporäre Veränderungen der Kosten abfangen. Die wichtigsten Zuschläge sind: • Währung (currency); siehe Punkt 2. • Treibstoff (bunker adjustment factor, BAF) für Ölverteuerungen • Schwergut (heavy lift) • Längen (long lenghts) • Winter (winter) • Eis (ice) • Hafenüberlastung/-verstopfung (congestion) • Konsulatskosten (consular charges) • Nebenhafengebühren (port charges) • Nachnahmeprovisionen (collection fee)
12. Abschläge	Sie können bei *umschlagsbeschleunigenden* Ladungseinheiten gewährt werden, z. B. bei Paletten, Skids, Unit Loads. Ebenso bei Investitionsgütern in Form kompletter Anlagen. Der Containerverkehr von Haus zu Haus verbilligt sich evtl. durch den FCL-Abschlag.
13. Quotierungsperiode	Eine vom Verfrachter gegebene Seefrachtquotierung (Ratenauskunft) mit sofortiger Schiffsraumbuchung hat für Stückgüter eine verbindliche Gültigkeit für den laufenden und zwei weitere Monate.
14. Optionspartien	Seefrachtgüter können unter bestimmten Voraussetzungen „optionell gestaut" werden, d. h., der endgültige Löschhafen ist im Verladezeitpunkt nicht bekannt. Innerhalb einer gewissen Frist vor Schiffsankunft muss die Option geklärt werden. Auf eine solche Stauung wird ein Frachtzuschlag erhoben.

Der Preis für einen 20-Fuß-Container nach Fernost betrug im Sommer 2008 nur noch 100 USD, teilweise nur 50 USD, dazu aber 460 USD BAF (Treibstoffzuschlag). Grund für die niedrigen Preise: In Fernost benötigt man die Container für Sendungen nach Europa, und ehe man sie leer zurückschickt, bietet man Niedrigstpreise für europäische Exporteure.

Auf den folgenden Seiten sehen Sie zunächst ein Beispiel einer Tarifseite aus dem bisherigen Fernost-Tarif, anschließend ein im Internet abrufbares Angebot für einen Container ab Frankfurt am Main über Hamburg nach Schanghai und danach eine Reederei-Offerte aktuell für dieses Fahrtgebiet dargestellt (Export).

Die **erste** Seite stellt den Ostasien-Tarif für Container dar. In der ersten Spalte werden die zu verladenden Produkte genannt. Spediteur-Sammelgut (Consolidated Cargo) kostet demnach von den Haupthäfen des europäischen Nordkontinents (N.C.M.P. „North Continent Main Ports") US-$ 650 per 20-Fuß-Container bzw. US-$ 850 im 40-Fuß-Container. In den Spalten drei und vier sind die Preise für Skandinavien bzw. Finnland genannt (nachzulesen unter www.fefclondon.com, Tarife, Tarif NT90).

Die **zweite** Seite enthält eine Komplett-Berechnung aus der Webseite der Reederei Hapag-Lloyd mit sämtlichen Kosten und Gebühren sowie alternativen Vorlauf-Varianten. Danach ein schriftliches Reederei-Angebot.

1st quartre 20… Rate Guideline	N.C.M.P. Rates covering AOTJ		DEN/SWE/NOR Rates covering AOTJ TAL to be added		FINLAND Rates covering AOTJ TAL to be added	
Commodity	20 FT^3	40 FT	20 FT^3	40 FT	20 FT^3	40 FT
A Animal feed	625	825	725	925	775	1 075
B Beverages (excl. wines/spirits)	650	850	725	925	775	1 075
C Cargo nos/freight all kinds	675	875	775	925	800	1 125
Chemicals	650	850	725	925	775	1 075
Consolidates cargo^2	650	850	725	950	775	1 100
Constructions materials	625	825	725	950	775	1 050
D Daily products	625	825	725	925	775	1 075
E Electrical Goods	650	850	775	950	825	1 100
F Floor coverings	650	850	700	950	750	1 050
furniture	650	850	725	950	775	1 100
G Glass/glassware	650	850	725	925	775	1 050
H Hides (processed)/leather goods	675	875	725	925	775	1 050
hides, wet salted	Refer	Refer	800	1 050	825	1 150
I Iron & steel scrap	625	825	700	925	750	1 050
iron & steel unworked	650	875	750	950	800	1 075
M Machinery	675	850	725	925	775	1 075
malt^1	675	875	750	950	775	1 100
metals	650	825	700	925	750	1 075
milkpowder	650	825	675	900	725	1 075
mineral water	650	825	725	925	775	1 075
minerals/clay	625	825	725	925	775	1 075
motor vehicles & parts	650	875	750	950	775	1 100
O Oils/greases	650	850	700	925	775	1 075
P Paper, new incl. Thcs	975	1 000	Please refer to EHQ		Please refer to EHQ	
paper, waste incl. thcs	925	950	Please refer to EHQ		Please refer to EHQ	
pharmaceuticals	675	875	725	950	775	1 050
plastic scrap	625	825	925	925	725	1 075
plastics & manufactures	650	850	725	900	775	1 075
provisions	675	875	725	925	775	1 050
R Resins	625	825	700	900	750	1 050
rubber manufactures	625	825	700	900	750	1 050
S Starch	625	825	700	900	750	1 050
T Textiles	625	825	725	925	750	1 050
tabacco & products	650	850	725	950	750	1 100
toilet preparations	625	825	725	950	750	1 100
W White goods	625	825	725	950	750	1 100
wines & spirits	625	875	775	975	800	1 125
Open top cntrs (in gauge)	1 750	2 750	1 750	2 750	1 750	2 750
Flat rack cntrs (in gauge)	1 750	2 750	2 750	2 750	1 750	2 750

Remarks:
1) *Subject to shipper supplying linings*
2) *Subject to min 2 customers/3 commodities per cntr*
3) *For japan baseports 20th rate + USD 50.– per cntr*

All rates subject to CAF/BAF

Please not not accept cargo marked like this without ehq confirmation

Seetarif Raten Details

Service

Starthafen HAMBURG **Abgangsort** FRANKFURT AM MAIN **Service Typ** YARD/YARD
Via   **Container** 20' STANDARD CONTAINER
Zielhafen SHANGHAI **Bestimmungsort** BEIJING
Warenart FREIGHT ALL KIND

Die angezeigten Frachtraten und Zuschläge gelten lediglich als Indikation und sind für keinen der Beteiligten bindend. Die Raten können Veränderungen unterliegen und sollten vor Verschiffung überprüft werden.

Charge Type Code	Charge Type	Wäh.	Betrag	Basis	Spezial	Gültig für	Dauer	Verkehrsträger	gültig ab	Gültigkeitsende	Detail	Rules
OLF	ORIGIN LANDFREIGHT	EUR	772	PER CONTAINER				TRUCK	15.04.2008	31.01.2009	■	■
OLF	ORIGIN LANDFREIGHT	EUR	774	PER CONTAINER				TRUCK	01.02.2009		■	■
OLF	ORIGIN LANDFREIGHT	EUR	417	PER CONTAINER	see Details			COMBINED RAIL	15.04.2008		■	■
OLF	ORIGIN LANDFREIGHT	EUR	332	PER CONTAINER	see Details			COMBINED RAIL	15.04.2008		■	■
FSO	FUEL SURCHARGE ORIGIN LAND		15	PERCENT	see Details			TRUCK	01.08.2008	31.01.2009	■	■
FSO	FUEL SURCHARGE ORIGIN LAND		12	PERCENT	see Details			TRUCK	01.02.2009		■	■
THO	TERMINAL HANDLING CHARGE ORIG.	EUR	210	PER CONTAINER					01.10.2008		■	■
TSO	TERMINAL SECURITY CHARGE ORIG.	EUR	9	PER CONTAINER					01.07.2008		■	■
SEA	SEAFREIGHT	USD	100	PER CONTAINER					01.01.2009	31.01.2009	■	■
BUC	BUNKER CHARGE	USD	330	PER CONTAINER					01.01.2009	31.01.2009	■	■
BUC	BUNKER CHARGE	USD	301	PER CONTAINER					01.02.2009		■	■
EMS	EMERGENCY SURCHARGE	USD	25	PER CONTAINER					27.01.2009		■	■
LSF	LOW SULPHUR FUEL SURCHARGE SEA	USD	13	PER CONTAINER					01.09.2008		■	■
SCC	SUEZ CANAL TRANSIT CHARGE	USD	9	PER CONTAINER					01.07.2008		■	■
CAF	CAF SEAFREIGHT		8,71	PERCENT	see Details				01.01.2009	31.01.2009	■	■
CAF	CAF SEAFREIGHT		11,42	PERCENT	see Details				01.02.2009		■	■
CSF	CARRIER SECURITY FEE	USD	7	PER CONTAINER					01.07.2008		■	■
FAC	FORWARDING AGENT COMMISSION		*1		see Details						■	■
THD	TERMINAL HANDLING CHARGE DEST.	CNY	370	PER CONTAINER					01.07.2008		■	■
DLF	DESTINATION LANDFREIGHT		*1								■	■

In den Tarif Regeln finden Sie zusätzliche Kosten für z.B. Spezialcontainer, besondere Dienste, Benzinzuschläge und Gebühren für Überzeiten.
Diese Rate gilt nicht für alle Warenarten. Die Liste der Ausnahmen zu "FAK" oder anderen begrenzten Warenarten finden Sie in den "Commodity Exceptions" Regeln im globalen Hapag-Lloyd Tarif.
*1 Kein Betrag verfügbar. Bitte kontaktieren Sie Ihr nächstes Hapag Lloyd Office für weitere Information.

Beispiel eines Seefrachtangebots einer Reederei (Frühling 2008)

<u>Vorlauf:</u>

ab **D-70569 Stuttgart**

① **per Bahn-Truck-Kombi bis Hamburg**
EUR 452,00/20'DC bis 16,5 to inkl. Conl:.-Tara

inkl.: deutsche Autobahnmaut, 3 Std. freie Beladezeit,
danach je angef. 1/2 Std. EUR 30,00 exkl.: jeglicher Stops, THC, Verzollung

② **per Barge-Truck-Kombi bis Rotterdam/Antwerpen**
EUR 470,00/20'DC

inkl.: deutsche Autobahnmaut, 2 Std. freie Beladezeit, danach je angef. Std. EUR 50,00
exkl.: jeglicher Stops, THC, Verzollung

plus congestion
EUR 15,00/Unit

<u>Seefracht</u> ab Hamburg/Rotterdam/Antwerpen
bis cfr

	20'DC
③ **FAR-EAST** Shanghai	<u>valid up</u> to 2008-03-3 1 USD 100.00 ①

<u>Zuschläge:</u>

④ ISPS	Hamburg	EUR 14,00
	Rotterdam	EUR 13,50
	Antwerpen	EUR 14,00
⑤ **FAR EAST**	THC Hamburg	EUR 152,36/CTR.
	Rotterdam	EUR 137,50/CTR.
	Antwerpen	EUR 111,63/CTR.
⑥ BAF	USD 461,00/TELI FEB'08 vatos	
	USD 461,00/TEU MAR'08 vatos	
	USD 465,00/TEU APR'08 vatos	
⑦ CAF	14,60 % FEB'08 vatos	
	14,60 % MAR'08 vatos	
	15,00 % APR'08 vatos	
⑧ IMO-Zuschlag	USD 100,00/CTR.	
⑨ PSA II bei T/S via	SIN USD 350,00/20'	
	USD 520,00/40'	
⑩ SpeCo	2,5 %	

Nebenkosten in Hamburg
EUR 77,00 pauschal für B-Nummer und B/L

Nebenkosten in Antwerpen/Rotterdam
EUR 35,00 pauschal für B/L-Erstellung

Carriers Haulape

evtl. Congestion im Ladehafen.
evtl. Klein-/Hochwasserzuschlag bei Barge-Verladungen nach RTM/ANT

RATES ARE ON BASIS FCL/FCL
GENERAL CARGO HARMLESS + IMO FOR GERMAN ORIGIN CARGO
EXCL. LOOSE METALS/METAL SCRAP
SUBJECT TO CAF, BAF, ISPS, THC BOTH ENDS
SUBJECT TO LOW- OR HIGH-WATER ADDITIONAL, CONGESTION AT POL
SUBJECT TO WAR RISK S/C, IMO SURCHARGE, TAC AND OTHER SURCHARGES
APPLICABLE AT TIME OF SHIPMENT
SIDE PORT MOVES ARE SUBJECT TO TAC AS PER YML-TARIFF
SUBJECT TO OPERATIONAL ACCEPTANCE
SUBJECT IMO CARGO ACCEPTABLE
SUBJECT EQUIPMENT AND SPACE AVAILABLE

Verschiffungsmöglichkeiten

⑪ **SERVICE: AEX** Terminal: **EUROGATE   ECT DDN TPO TMNL**
                    Closing: **DO 12:00h, FR 11:00h, DI 12:00h**

⑫ **Vessel Voy Int. Voy. Hamburg Rotterdam Le Havre Port Kelang Hong Kong Shanghai Ningb**
HANJIN VIENNA 046E AEX8O6E   09. **Mrz 08**   11. Mrz 08   13. Mrz 08   31. Mrz 08
3. Apr 08 6. Apr 08 7. Apr 08
HANJIN GENEVA 048E **AEX8O8E**   **23. Mrz 08** 25. Mrz 08   27. Mrz 08   14. Apr 08   17.
Apr 08 20. Apr 08 21. Apr 08
HANJIN OTTAWA 058E AEX8O9E   30. Mrz 08   1. Apr 08   3. Apr 08   21. Apr 08
24. Apr 08 27. Apr 08 28. Apr 08
HANJIN LISBON 036E AEX8I OE   6. Apr 08   8. Apr 08   10. Apr 08   28. Apr 08
1. 8 4. Mai 8 5. Mai 08

SERVICE: NCX

Terminal: **CTT EC1F DDN   AGT 1700**
Closing: **FR 12:00h, DI 12:00h, MO 18:00h**

Vessel Voy Int. Voy. Hamburg Rotterdam Antwerp Singapore Hongkong Shanghai Ningbo Xiamen

COSCO GERMANY 013E NCX8O6E   2. Mrz 08   7. Mrz 08   13. Mrz 08   30. Mrz 08
2. Apr 08
COSCO BEIJING 012E NCX8O7E   18. Mrz 08   14. Mrz 08   20. Mrz 08   6. Apr 08
9. Apr 08 12. Apr 08 13. Apr 08 15.Apr 08
COSCO GUANGZHOU 014E NCX8O8E 25. Mrz 08 21. Mrz 08 27. Mrz 08   13. Apr 08
16 Apr 08 19. Apr 08 20. Apr 08 22. Apr 08
COSCO YANTIAN 013E NCX8O9E   1. Apr 08   28. Mrz 08   3. Apr 08   20. Apr 08
23. Ap 08 26. Apr 08 27. Apr 08 29. Apr 08
COSCO ASIA 005E NCX81OE   8. Apr 08   4. Apr 08   10. Apr 08   27. Apr 08
30. Ap 08   3. Mai 08   4. Mai 08   6. Mai 08

Erläuterungen zu den beiden vorherigen Seiten:

1. Vorlauf von Stuttgart nach Hamburg mit Lkw und Bahn in „merchants haulage"
2. Wie 1, jedoch Lkw und Binnenschiff bis Rotterdam oder Antwerpen
3. Die eigentliche Seefrachtrate. Im Export kostete ein 20 Fuß-Container nach China tatsächlich nur 100.00 USD, weil die leeren Container in Asien dringend benötigt wurden, es für die Reedereien also „egal" war, ob sie voll oder leer waren (die Preise sanken sogar auf 50,00 USD).
4. Sicherheitsgebühren
5. THC = Terminal Handling Charge, Umschlag im Hafen
6. Der Bunkerölzuschlag, für Februar und März 461,00 USD, für April 465,00 USD mit Tendenz weiter steigend wegen steigender Ölpreise. Der Zuschlag also fast das Fünffache der Fracht.
7. Der Währungszuschlag – auch steigend wegen des Verfalls des US-Dollars.
8. Eventueller Gefahrgutzuschlag
9. Transshipment bzw. Umladungszuschlag, falls in Singapur umgeschlagen werden soll.
10. Spediteurprovision in Höhe von 2,5 %
11. Die Angabe der Verschiffungsmöglichkeiten (Auswahl)
    über verschiedene Loops bzw. Dienste. Bei dem ersten Beispiel (Service AEX) sind erst die von Eurogate betriebenen Terminals in Hamburg (ECT), Rotterdem (DDN) und Le Havre (TPO) genannt, darunter der Ladeschluss in der gleichen Reihenfolge, also für Hamburg jeweils Donnerstag um 12 Uhr, Rotterdam Freitag 11 Uhr usw.
12. Verschiedene Abfahrtsmöglichkeiten. Alles Schiffe im AEX-Service fahren Hamburg, Rotterdam, Le Havre, Port Kelang, Hong Kong, Shanghai und Ningbo Xiamen. Darunter dann die verschiedenen Abfahrtsmöglichkeiten. So beginnt die Hanjin Vienna die Reise am 9. März in Hamburg, sie wird am 6. April in Shanghai sein. Ebenso sind die anderen Daten zu lesen.

10.3.3 Manifest

Über die Gesamtzahl der an Bord genommenen Stückgüter/Container/Ladungspartien wird von der Reederei ein Gesamtverzeichnis, das sogenannte **Manifest**, erstellt (auch z. B. in der Luftfracht üblich). Dieses Manifest kann innerhalb der Europäischen Gemeinschaft auch als Zollversandpapier verwendet werden (siehe Themenkreis 11, Abschnitt 6.1.1).

10.4 Gefahrguttransporte in der Seeschifffahrt

Grundlage für die Beförderung gefährlicher Güter ist u. a. das **„Internationale Übereinkommen zum Schutz des menschlichen Lebens auf See" (SOLAS-Übereinkommen** des Jahres 1974), das in seinem Kapitel VII, Teil A, verbindliche Vorschriften zur Beförderung verpackter gefährlicher Güter sowie loser geschütteter und fester gefährlicher Güter beinhaltet. Dieses Kapitel VII Teil A ist Bestandteil des **IMDG-Codes** und in 7 Regeln unterteilt.

Die Regel 2 beinhaltet die Klasseneinteilung der gefährlichen Güter, die mit der der anderen Verkehrsträger **identisch** ist. Von großer Bedeutung ist hier die Regel 5 (i. d. F. vom 5. Juni 2001). Die Regel 5 beinhaltet Vorschriften zu den Beförderungspapieren. Auch hier ist festgelegt, dass der **technische** Name zu verwenden ist und die Angaben entsprechend der Klasseneinteilung vorgenommen werden. Wichtig ist, dass den ausgefüllten Beförderungspapieren eine **Bescheinigung** oder **Erklärung** beigefügt ist, aus der hervorgeht, dass die zu befördernde Ladung ordnungsgemäß verpackt und gekennzeichnet ist und sich in einem für die Beförderung geeigneten Zustand befindet. Für in Containern bzw. Straßenfahrzeugen verladene gefährliche Güter muss ein unterschriebenes **Containerpackzertifikat** bzw. eine unterschriebene **Fahrzeugbeladeerklärung** vorliegen. Werden die Papiere nicht vorgelegt, ist eine Beförderung **nicht zulässig**.

Auf jedem Schiff muss eine besondere Liste bzw. ein besonderes Verzeichnis der gefährlichen Güter mitgeführt werden, die sich an Bord befinden. Diese Liste (das Verzeichnis) kann durch einen ausführlichen **Stauplan** ersetzt werden, in dem alle gefährlichen Güter an Bord nach Klassen aufgeführt sind und ihr Stauplatz angegeben ist.

In der Containerschifffahrt wird i. d. R. niemals die gesamte Ladung in einem Löschhafen entladen, da bei einem Loop eine Mehrzahl von Ablade- und Löschhäfen angelaufen werden, in denen jeweils gelöscht und geladen wird. Somit muss nach Regel 4.3 der **Anlage III der Regeln zur Verhütung der Meeresverschmutzung durch Schadstoffe, die auf See in verpackter Form befördert werden**, gemäß der Vorschrift zur einheitlichen Interpretation der Regel 4.3 in jedem angelaufenen Hafen eine überarbeitete Fassung der Beförderungspapiere erstellt werden, die die geladenen Schadstoffe den jeweiligen aktuellen Stauplätzen zuordnen.

Da bei einem Schiffsunfall durch die geladenen verpackten gefährlichen Güter auch eine nachhaltige Meeresverschmutzung bewirkt werden kann, ist ferner das **„Internationale Übereinkommen von 1973/78 zur Verhütung der Meeresverschmutzung durch Schiffe"**, insbesondere dessen Anlage III in der Fassung vom 1. Januar 1994, heranzuziehen.

Hierin wird in Regel 4 festgelegt, dass dem Schadstoffnamen der Zusatz **„Marine Pollutant"** hinzugefügt werden muss, falls es sich um Schadstoffe handelt, die von der **GESAMP** (= Gemeinsame Sachverständigengruppe für die wissenschaftlichen Aspekte der Meeresverschmutzung) mithilfe eines **Gefahrenprofils** so definiert wurden. Das Gesamtverzeichnis dieser Gefahrenprofile wird durch die **IMO** an die Mitgliedstaaten verteilt.

Beispiel:
Ein Stoff ist dann ein Schadstoff, wenn er für die Tier- und Pflanzenwelt im Wasser sehr giftig ist, eine Letal-Konzentration von LC_{50}/96 Std. aufweist, was bedeutet, dass innerhalb von 96 Std. 50 % der diesem Stoff ausgesetzten Versuchsorganismen **getötet** werden.
Auf das Anbringen der entsprechenden Gefahrenkennzeichnung dieser Schadstoffe darf nur verzichtet werden, wenn

- Versandstücke, die Meeresschadstoffe in Innenverpackungen mit einem Inhalt von 5 l oder weniger bei Flüssigkeiten oder
  5 kg oder weniger bei festen Stoffen enthalten,
- Versandstücke, die starke Meeresschadstoffe in Innenverpackungen mit einem Inhalt von 0,5 l oder weniger bei Flüssigkeiten oder
  500 g oder weniger bei festen Stoffen enthalten,

zum Versand gelangen.

Die **Verordnung über die Beförderung gefährlicher Güter mit Seeschiffen (GGV See** vom 4. März 1998) legt im § 2 Nr. 1 fest, dass alle Stoffe und Gegenstände, die unter die Begriffsbestimmungen der Kl. 1 bis 9 des IMDG-Code deutsch fallen, den gefährlichen Gütern zuzuordnen sind. Sie dürfen nur zur Beförderung zugelassen werden (§ 3, 1 GGVSee), wenn alle Vorschriften des IMDG-Code eingehalten sind.[1] Nach § 8 GGVSee muss der Verteiler oder Hersteller gefährlicher Güter eine **„Verantwortliche Erklärung"** abgeben. In diese sind die im Abschnitt **„Allgemeine Einteilung"** (IMDG-Code) geforderten Angaben einzutragen, insbesondere auch

- die zutreffenden **Verpackungsgruppen**
  1. **Verpackungsgruppe I:** gefährliche Güter, die ein großes Gefahrenpotenzial aufweisen
  2. **Verpackungsgruppe II:** gefährliche Güter mit einem mittleren Gefahrenpozential
  3. **Verpackungsgruppe III:** gefährliche Güter mit einem niedrigen Gefahrenpotenzial
- die EmS-Nummer: Nummer der Gruppenunfallmerkblätter (vgl. Richtlinie über Unfallmaßnahmen für Schiffe, die gefährliche Güter befördern)
- die MFAG-Tafel-Nummer: dies sind Leitfäden für medizinische Maßnahmen bei Unfällen mit gefährlichen Gütern, enthalten im: **M**edical **F**irst **A**id **G**uide for Use in Accidents involving Dangerous Goods

Der **IMDG-Code** selbst ist gemäß Amendment 30-00 wie folgt aufgebaut:

Teil 1: Allgemeine Vorschriften, Begriffbestimmungen und Schulung	
Kapitel 1.1	Allgemeine Vorschriften
Kapitel 1.2	Begriffsbestimmungen, Maßeinheiten und Abkürzungen
Kapitel 1.3	Schulung
Teil 2: Klassifizierung	
Kapitel 2.0	Einleitung
Kapitel 2.1	Klasse 1 – Explosive Stoffe und Gegenstände mit Explosivstoff
Kapitel 2.2	Klasse 2 – Gase
Kapitel 2.3	Klasse 3 – Entzündbare flüssige Stoffe
Kapitel 2.4	Klasse 4 – Entzündbare feste Stoffe, Selbstentzündliche Stoffe, Stoffe, die in Berührung mit Wasser entzündbare Gase entwickeln
Kapitel 2.5	Klasse 5 – Entzündend (oxidierend) wirkende Stoffe und organische Peroxide
Kapitel 2.6	Klasse 6 – Giftige Stoffe und infektiöse Stoffe
Kapitel 2.7	Klasse 7 – Radioaktive Stoffe
Kapitel 2.8	Klasse 8 – Ätzende Stoffe
Kapitel 2.9	Klasse 9 – Verschiedene gefährliche Stoffe und Gegenstände
Kapitel 2.10	Meeresschadstoffe
Teil 3: Gefahrgutliste und Ausnahmen für begrenzte Mengen	
Kapitel 3.1	Allgemeines
Kapitel 3.2	Gefahrgutliste (vgl. Beispiel für UN-Nr. 0160)
Kapitel 3.3	Anzuwendende Sondervorschriften für bestimmte Stoffe oder Gegenstände
Kapitel 3.4	Begrenzte Mengen
Kapitel 3.5	Transportbehälter für Klasse 7 – Radioaktive Stoffe
Teil 4: Vorschriften für Verpackungen und Tanks	
Kapitel 4.1	Verwendungen von Verpackungen, einschließlich Großpackmittel (IBC) und Großverpackungen
Kapitel 4.2	Verwendung ortsbeweglicher Tanks
Kapitel 4.3	Verwendung von Bulkverpackungen

Teil 5: Verfahren für den Versand

Kapitel 5.1	Allgemeine Vorschriften
Kapitel 5.2	Beschriftung, Markierung und Kennzeichnung von Versandstücken einschließlich Großpackmittel (IBC)
Kapitel 5.3	Plakatierung, Markierung und Beschriftung von Beförderungseinheiten
Kapitel 5.4	Dokumentation
Kapitel 5.5	Sondervorschriften

Teil 6: Vorschriften für den Bau und die Prüfung von Verpackungen, Großpackmitteln (IBC), Großverpackungen, Ortsbeweglichen Tanks und STraßentankfahrzeugen (mit 9 Kapiteln 6.1–6.9)

mit 9 Kapiteln 6.1–6.9

Teil 7: Vorschriften für die Beförderung

Kapitel 7.1	Stauung
Kapitel 7.2	Trennung
Kapitel 7.3	Besondere Bestimmungen für Unfälle und Brandschutzmaßnahmen bei gefährlichen Gütern
Kapitel 7.4	Beförderung von Beförderungseinheiten mit Schiffen
Kapitel 7.5	Packen von Beförderungseinheiten
Kapitel 7.6	Beförderung gefährlicher Güter in Trägerschiffsleichtern auf Trägerschiffen
Kapitel 7.7	Vorschriften für die Temperaturkontrolle
Kapitel 7.8	Beförderung von Abfällen
Kapitel 7.9	Zulassungen/Genehmigung der zuständigen Behörden

Sollte das gefährliche Gut **Treibladungspulver** im Seeverkehr befördert werden, wird man Teil 3, Kapitel 3.2 heranziehen in dem sich die Gefahrgutliste befindet. Dort sind für die erfassten gefährlichen Güter folgende Daten festgehalten:

UN-Nr. (1)	Richtiger technischer Name (2)	Klasse (3)	Nebengefahr (4)	Verpackungsgruppe (5)	Sondervorschriften (6)	Begrenzte Mengen (7)	Verpackung Anweisungen (8)	Verpackung Vorschriften (9)
0160	TREIBLADUNGSPULVER	1.1C	–	–	–	keine	P114(b)	PP50 PP52

IBC Anweisungen (10)	IBC Vorschriften (11)	Tankanweisungen IMO (12)	Tankanweisungen UN (13)	Tankanweisungen Vorschriften (14)	Ems (15)	Stauung und Trennung (16)	Eigenschaften und Bemerkung (17)
–	–	–	1–01	–	–	Staukategorie 13. Nichtmetallene Auskleidung erforderlich, wenn nicht in verschlossenen staubdichten Verpackungen. Oder Staukategorie 10, wenn in wirksam staubdicht verschlossenen Verpackungen.	Stoffe, die auf Nitrocellulosebasis aufgebaut sind und die als Treibladungspulver verwendet werden. Empfindlich gegenüber Funken, Reibung, Druck und elektrostatischer Entladung.

Aus der Übersicht zur UN-Nr. 0160 ergibt sich bezüglich der Verpackungen folgendes:

Spalte (8):

Die Anweisung P114(b) darf nur dann angewandt werden, wenn die allgemeinen Verpackungsvorschriften des Teil 4 (IMDG-Code), insbesondere die Vorschriften 4.1.1, 4.1.3 und 4.1.5 erfüllt sind.

In Ziff. 4.1.1.15 ist festgelegt, dass die Güter der Klasse 1, falls keine Verpackungsgruppe in Spalte (5) angegeben ist, die Verpackung den Vorschriften der Gruppe für die mittlere Gefährlichkeit (Verpackungsgruppe II) entsprechen.

Die Anweisung P114(b) differenziert weiter nach

Inenverpackungen:	hier Säcke aus unterschiedlichen Materialien und Behälter aus verschiedenen Materialien (z. B. Pappe, Metall, Kunststoff)
Zwischenverpackungen:	hier keine erforderlich
Außenverpackungen:	hier Kisten, z. B. aus Naturholz, Sperrholz, Holzfaserwerkstoff und Fässer, z. B. aus Stahl mit abnehmbaren Deckel (1A2). Der Zusatz „1A2" basagt, dass als Einzelverpackung in der Verpackungsgruppe II **max. 400 kg** Nettomasse zur Verladung gelangen dürfen.

Die Vorschrift „PP50" besagt, dass beim Versand des Treibladungspulvers bei Verwendung von Fässern (Stahl oder Aluminium [1B2]) als Außenverpackung keine Innenverpackung notwendig ist.

Die Vorschrift „PP52" besagt, dass beim Versand des genannten Produktes in Fässern als Außenverpackung (1A2 oder 1B2), diese so hergestellt sein müssen, dass eine Explosionsgefahr infolge eines Anstiegs des Innendrucks aufgrund innerer oder äußerer Ursachen verhindert wird.

Die Stauung der Gefahrstoffe selbst ist in Kapitel 7, insbesondere der Ziffer 7.1.7 geregelt.

Spalte (16):

Die **Staukategorie 13** besagt, dass auf Frachtschiffen (mit max. 12 Fahrgästen) das Gut der UN-Nr. 0160 „AN DECK IN GESCHLOSSENEN BEFÖRDERUNGSEINHEITEN ODER UNTER DECK MAGAZINSTAUUNG TYP A" zur Verladung gelangen kann.

Die Begriffe „Geschlossene Beförderungseinheit" und „Magazinstauung Typ A" sind in den Randziffern 7.1.7.1.1 und 7.1.7.1.5 des IMDG-Code ausführlich beschrieben.

Die **Staukategorie 10** besagt, dass auf Frachtschiffen (mit max. 12 Fahrgästen) das Gut der UN-Nr. 0160 „AN DECK IN GESCHLOSSENEN BEFÖRDERUNGSEINHEITEN ODER UNTER DECK IN GESCHLOSSENEN BEFÖRDERUNGSEINHEITEN" zur Verladung gelangen kann.

Nun muss noch untersucht werden, inwieweit eine **Trennung** von anderen beigeladenen Gütern vorgenommen werden muss.

- Die Vorschriften zur Trennung von gefährlichen Gütern befinden sich in Ziff. 7,2 IMDE-Code.
  Danach könnte unser Treibladungspulver beispielsweise mit dem gefährlichen Produkt Ethylacetylen auf einem Schiff verladen werden. Da das genannte Gut der Kl. 2.1 angehört (entzündbare Gase), ist die **Trennvorschrift „4"** einzuhalten, die besagt, dass die Güter „in Längsrichtung getrennt durch eine dazwischenliegende ganze Abteilung oder einen dazwischenliegenden Laderaum" zu stauen sind.

Produkte mit einer extremen Entzündbarkeit dürfen auf Schiffe, die gefährliche Güter der Kl. 1 geladen haben, überhaupt nicht verladen werden (z. B. Diethylzink, UN-Nr. 1366, Kl. 4.2).

Innerhalb der Kl. 1 gibt es spezielle Trennvorschriften (vgl. Tabelle unter Ziff. 7.2.7.2.1.4 IMDE-Code).

Eine Tabelle, die über allgemeine Trennvorschriften, die zwischen den einzelnen Klassen zu berücksichtigen sind, informiert, ist unter Ziffer 7.2.1.16 IMDG-Code zu finden.

10.5 Rechtsgrundlagen und Schadenregelungen

10.5.1 Rechtsgrundlagen

Schon sehr früh hat man sich auf internationaler Ebene bemüht, einheitliche Grundlagen für das Seerecht, insbesondere für die Konnossementsregeln, zu schaffen. Bereits im September 1921 fasste die International Law Association die nach ihrem Tagungsort benannten **Haager Regeln**, die in Deutschland in das 4. Buch HGB übernommen wurden und von 1940 bis 31. Juli 1986 Gültigkeit hatten.

Eine Verbesserung dieser Regeln ist 1968 in Brüssel aufgrund der 1963 in Stockholm vom Comité Maritime International (CMI) erarbeiteten **Visby-Regeln** beschlossen worden, die am 23. Juni 1977 in den Vereinigten Staaten in Kraft traten, die diese Regeln ratifiziert hatten. Die Bundesrepublik Deutschland hat diese Regeln nicht ratifiziert, sie aber mit Wirkung vom 25. Juli 1986 durch das zweite Seerechtsänderungsgesetz in das HGB (nun 5. Buch) übernommen.

Inzwischen gab es eine weitere Fortsetzung dieser Beratungen, die von den UN einberufen wurden. So wurden im März 1978 die **Hamburger Regeln** erarbeitet. Diese traten am 1. Nov. 1992 in Kraft, ein Jahr nachdem zwanzig Teilnehmerstaaten diese Regeln ratifiziert hatten, darunter aber nur Chile und Nigeria als bedeutendere Schifffahrtsnationen. Mit einer Ratifizierung durch die Bundesrepublik Deutschland ist nicht zu rechnen.

10.5.2 Havarie

Der Begriff der Havarie wird in der Praxis oft missverständlich gebraucht. Weil er oft im Zusammenhang mit einem Schaden steht, denkt man häufig, eine Havarie sei ein Schadenfall. Tatsächlich bezeichnet die Havarie den Seeunfall als **technischen Tatbestand** in Bezug auf seine Ursachen und Folgen. Der deutsche Begriff Havarie bezieht sich dagegen auf die **vermögensrechtliche** Abwicklung des Falles, es geht also um Kosten.

Das HGB unterscheidet drei **Formen der Havarie**:

- kleine Havarie
- besondere Havarie und
- große Havarie (Havarie grosse)

10.5.3 Kleine Havarie § 621 HGB

Unter der kleinen Havarie versteht das HGB Nebenkosten und Gebühren, die während der Fahrt anfallen (Kanalgebühren, Lotsenkosten, Schlepplohn usw.). Diese Kosten fallen in der Regel dem Verfrachter zur Last, sofern nichts anderes vereinbart wurde.

10.5.4 Besondere Havarie § 701 HGB

Unter der besonderen Havarie versteht das Gesetz alle durch einen Unfall verursachten Schäden und Kosten, die nicht zur großen Havarie gehören. Gemeint sind hier Schäden und Kosten, die entweder *nur* das Schiff oder *nur* die Ladung betreffen und somit vom Verfrachter oder Befrachter allein zu tragen sind.

10.5.4.1 Große Havarie (Havarie grosse) § 700 HGB

Hier sei zunächst der wichtige **§ 700 HGB** wörtlich zitiert:

(1) Alle Schäden, die dem Schiffe oder der Ladung oder beiden zum Zwecke der Errettung beider aus einer gemeinsamen Gefahr von dem Kapitän oder auf dessen Geheiß vorsätzlich zugefügt werden sowie auch die durch solche Maßregeln ferner verursachten Schäden, ingleichen die Kosten, die zu demselben Zwecke aufgewendet werden, sind große Havarie.

(2) Die große Havarie wird von Schiff, Fracht und Ladung gemeinschaftlich getragen.

Es kann somit festgehalten werden: Zur großen Havarie gehören alle Schäden und Kosten, die

- dem Schiff und/oder der Ladung vorsätzlich zugefügt werden
- auf Veranlassung des Kapitäns
- zur Rettung von Schiff und Ladung
- aus einer gemeinsamen Gefahr.

So ist also der Untergang eines Schiffes zwar ein Unglück, aber keine große Havarie. Verliert ein Schiff aufgrund schwerer See Ladung, so ist dies auch keine große Havarie, denn es fehlt der Vorsatz; ebenso bei einem Zusammenstoß zweier Schiffe.

Beispiel 1:
Durch schwere See verrutscht die Ladung, das Schiff droht zu kentern. Schiff und Ladung sind in Gefahr. Der Kapitän veranlasst, dass einige Container Ladung über Bord geworfen werden. Entstandene Kosten: Wert der über Bord gegangenen Ladung. Diese Kosten müssen sich der Verfrachter und alle Befrachter teilen.

Beispiel 2:
Ein Schiff ist gestrandet und kommt aus eigener Kraft nicht mehr frei. Der Kapitän ruft ein Bergungsschiff zu Hilfe. Entstandene Kosten: Schlepplohn, evtl. Reparaturkosten am Schiff. Auch diese Kosten werden vom Verfrachter und allen Befrachtern geteilt.

Der ermittelte Schaden wird auf den Wert des Schiffes, den Wert der Ladung und den Wert der Seefracht verteilt. Die **Schadenrechnung** nennt man **Dispache**, denjenigen, der die Schadenrechnung aufmacht, den Dispacheur.

Beispiel:

Wert des Schiffes	20 000 000,00 EUR
Wert der Ladung	10 000 000,00 EUR
Wert der Seefracht	5 000 000,00 EUR
Gesamtwert	35 000 000,00 EUR

Bei einem angenommenen Schaden von 70 000,00 EUR muss nun das Schiff 4/7 = 40 000,00 EUR (zu Lasten des Verfrachters), die Ladung 2/7 = 20 000,00 EUR (zu Lasten des/der Befrachter) und die Seefracht 1/7 = 10 000,00 EUR (zu Lasten des Verfrachters) tragen. Oder einfacher: Der Reeder trägt 50 000,00 EUR, die Verlader gemeinsam 20 000,00 EUR.

Auch ein Verlader, dessen Ware unbeschädigt im Bestimmungshafen ankommt, muss im Falle einer großen Havarie einen Schadensbeitrag leisten. Hat er eine Seetransportversicherung abgeschlossen, übernimmt diese die Kosten.

10.5.5 Haftung des Verfrachters

Die Haftung des Verfrachters ergibt sich in der Regel aus den Konnossementsbedingungen. Auch das HGB sieht eine Regelung vor, nämlich dass der **gemeine Handelswert** bzw. der gemeine Wert zu ersetzen seien. Es wird also der Sachschaden in Höhe des Wiederbeschaffungswertes ersetzt.

Die **gesetzliche Höchstgrenze** der Haftung ist nach dem 1986 von der Bundesrepublik Deutschland vorgenommenen Zweiten Seerechtsänderungsgesetz, in dem die seit 1977 international geltenden **Visby-Regeln (Visby Rules)** übernommen wurden, wie folgt:

Wahlweise:

- 666,67 SZR pro Stück bzw. Einheit oder
- 2 SZR pro kg.

Werden somit einzelne Stücke oder Einheiten als im Container befindlich auf dem Konnossement angegeben (vgl. § 660, 2 HGB), erfolgt die Haftung nach Stück. Gelangt ein shipper's own Container zum Einsatz, so ist der Container als **ein** zusätzlich der Haftung unterliegendes Stück anzusehen. Für jedes einzelne Stück ist der Vergleich zwischen Stückhaftung und Gewichtshaftung rechnerisch zu ziehen und die jeweils höhere Haftungsgrenze zugrunde zu legen.

Die genannte Haftungsbeschränkung entfällt nach § 660 Abs. 3 HGB, wenn dem Verfrachter Vorsatz oder grobe Fahrlässigkeit nachzuweisen ist.

10.6 Die landseitige Abwicklung des Seetransports

10.6.1 Die Wahl des Hafens

Die Auswahl des Seehafens durch den Versender oder Spediteur hängt meist nicht von den Seefrachtkosten ab, weil z. B. im Überseeverkehr die Frachtraten von allen Häfen zwischen Hamburg und Bordeaux gleich hoch sind. Lediglich bei europäischen Relationen kann es unterschiedlich hohe Seefrachtraten geben. Für den süddeutschen Raum kann es allerdings auch interessant sein, über einen „Südhafen" (Triest, Genua usw.) zu verladen.

Entscheidend für die Wahl des Hafens können mehrere Kriterien sein:

- Kosten des Vortransports, Anbindung an das Hinterland (z. B. Flüsse)
- Kosten des Umschlages
- Fahrtgebiet (nicht jeder Hafen bedient alle Zielgebiete)
- Reederei, bei der gebucht wurde (nicht jedes Schiff läuft alle Häfen an)
- Abfahrtsdatum und Transportdauer (wann erreiche ich das Schiff wo, werden erst noch weitere Häfen bedient?)
- Service-Angebot des Hafens (Behandlung der Sendung, Wochenendumschlag, Spezialanlagen usw.)

Diese Aufzählung erhebt keinen Anspruch auf Vollständigkeit. Die wichtigsten deutschen Seehäfen sind **Bremen, Bremerhaven und Hamburg** an der Nordsee und **Lübeck, Kiel und Rostock** an der Ostsee. Größter Container-Umschlagplatz ist Bremerhaven mit seinem direkt am offenen Meer gelegenen Containerterminal.

Inzwischen gibt es wegen der immer größer werdenden Containerschiffe Planungen für einen „Jadeport" als Tiefseehafen.

In Konkurrenz zu den deutschen Häfen stehen die „Westhäfen" oder auch **ARA-Häfen** (Amsterdam, Rotterdam, Antwerpen), die vor allem für Westdeutschland geografisch günstig liegen und somit für den Vortransport oft Kostenvorteile haben. Dazu zählt auch die Binnenschiffsanbindung durch den Rhein, auf dem Containertransporte in den letzten Jahren stark zugenommen haben. So kostet ein 20-Fuß-Container im kombinierten Schiff-Lkw-Verkehr von Rotterdam nach Frankfurt nur etwa 425,00 EUR, reiner Lkw-Transport aber etwa 745,00 EUR in merchants haulage (Sommer 2008).

Auch wenn der beauftragte Hauptspediteur ein im Binnenland ansässiger Spediteur ist, wird dieser sich in der Regel eines Seehafenspediteurs zur Abwicklung im Seehafen bedienen. Diesem kommt zentrale Bedeutung zu, denn alle sendungsbezogenen Daten werden von ihm an Reederei, Zoll, Umschlagsbetrieb, Hafenpolizei usw. weitergegeben. Insbesondere wenn es eine zentrale Datenverarbeitung „on line" gibt, müssen sich alle auf die Angaben des Seehafenspediteurs verlassen können.

10.6.2 Aufgaben des Seehafenspediteurs beim Export

Der Seehafenspediteur ist im Gegensatz zu vielen Landspediteuren in der Regel ein Spediteur, wie er im HGB beschrieben ist: Er **besorgt** Güterversendungen. Selbsteintritt kommt hier kaum vor. Allerdings kann ein Spediteur als **NVOCC** (Non Vessel Operating Common Carrier) auftreten, das heißt, er hat kein eigenes Schiff, tritt aber als „Carrier", also als Verfrachter auf. Er kann eigene Konnossemente erstellen und für ihn gelten die Rechte und Pflichten des Verfrachters.

Welche Aufgaben hat der Seehafenspediteur?

Er organisiert beim Export den kompletten Ablauf im Hafen vom Eintreffen der Ware bis zur Verschiffung. Zu seinen Aufgaben gehört

- die Empfangnahme der Ware,
- der Abschluss des Seefrachtvertrages, Buchung des Schiffsraums (sofern nicht schon vom Versender veranlasst),
- Heranbringen an den Schuppen oder Kai,
- Beauftragung der Umschlagsgesellschaften,
- Ausfuhrzollabfertigung,
- Besorgung, Aufmachung und Legalisierung von Konsulatsfakturen und Konnossementen; Erstellen von Zollfakturen,
- Entgegennahme und Weiterleitung der Konnossemente an seinen Auftraggeber bzw. an den Empfänger oder an Banken (z. B. bei Akkreditivgeschäften),
- Ladungskontrollen, Verpackungen, Signierungen,
- Transportberatung, Nachweis von Empfangsspediteuren in Übersee, Besorgung von Anschlusstransporten, Abschluss von Seetransportversicherungen und vieles andere mehr.

Diese Liste ließe sich noch beliebig fortsetzen. Der Seehafenspediteur ist entweder der direkte Vertragspartner des Versenders oder auch eines Spediteurs im Binnenland.

Schließt der Seehafenspediteur den Vertrag mit dem Verfrachter, so ist er Befrachter und Ablader zugleich. Hat sein Auftraggeber (Verlader) den Frachtvertrag geschlossen, so ist dieser Befrachter, der Seehafenspediteur ist, nur Ablader.

10.6.3 Die Aufgaben des Seehafenspediteurs beim Import

Hier handelt der Seehafenspediteur in der Regel im Auftrag des Empfängers. Seine Aufgaben erstrecken sich von der Abnahme der Sendung seitens der Reederei bis zur Ablieferung beim Empfänger. Hierzu gehören unter anderem:

- Empfangnahme der Ware
- Durchführen der Empfangskontrolle
- Wahrung der Rechte aus dem Frachtvertrag
- Eventuell Schadensregulierungen
- Besorgung der Zollbehandlung (Abfertigung in den freien Verkehr, einen besonderen Zollverkehr oder Zollgutversand)
- Bei Abfertigung in den freien Verkehr: evtl. Mithilfe bei der Zahlungabwicklung oder Vorlage der Eingangsabgaben
- Besorgung des Anschlusstransportes

Auch hier ließe sich das Aufgabengebiet noch erweitern.

Beispiel Speditionsangebot Seefracht Import (Frühjahr 2008):

Transportübernahme ab **FOB Ho Chi Minh City** bis frei Ankunft Seeschiff Hamburg

für 1 x 20' Container	USD	1 200,00
zzgl. BAF		
ab 01.04.2008	USD	465,00/TEU
ab 01.05.2008	USD	517,00/TEU
zzgl. CAF		
ab 01.04.2008		15,0 % der Seefracht
ab 01.05.2008		17,7 % der Seefracht
THC – Terminal Handling Charges/je Container	EUR	153,00
ISPS – International Ship and Port Facility Security Code	EUR	15,00/Cont.
Transportübernahme ab Seeschiff Hamburg bis frei Haus Wetzlar, inkl. Leercontainerrückführung; bei Verschiffung via ....., im Bahn/Kombi		
für 1 x 20' Container bis 14,5 t netto	EUR	585,00
Mautgebühren je Container	EUR	21,10

NEBENKOSTEN

– Importzollabfertigung, inkl. 1 Zolltarifposition	EUR	45,00
– je 2. und weitere Zolltarifposition	EUR	4,50
– Atlasgebühr	EUR	8,00
– Erstellen einer Unbedenklichkeitsbescheinigung (nur bei Bedarf)	EUR	50,00
– Zolleingangsabgaben lt. Auslage		
– Zollbeschau je nach Aufwand, falls erforderlich	EUR	35,00–50,00
– Kapitalbereitstellung 1,5 %		
– Eindecken der Transportversicherung – weltweit – Prämie: vom Warenwert	5,0 Promille	
– Minimum	EUR	30,00
– Besorgen der Transportversicherung	EUR	20,00
– Besorgen der Versicherungspolice (nur bei Bedarf)	EUR	20,00
– im Voraus nicht erfassbare und nicht durch uns verschuldete Kosten, wie Kailagergeld, Verzögerungsgebühren oder ähnl. berechnen wir lt. Auslage		

Ratengültigkeit ab 08.04. bos 30.04.2008 bei Abruf/Verschiffung via ...

333

10.6.4 Der Dienstleistungstarif Deutscher Seehafenspediteure (DDS)

Der 1953 entwickelte Seehafenspeditionstarif (SST), nach dem die Leistungen der Seehafenspediteure abgerechnet wurden, ist im Jahre 2002 durch den DDS ersetzt worden. Der DDS ist eine unverbindliche Preisempfehlung und ist in zwei Teilen aufgebaut:

- DDS Import
- DDS Export.

Auf Grundlagen des § 22, 2 GWB wird diese Empfehlung von der „Vereinigung der Seehafen- und Seeschifffahrtsspediteuren im KDS" herausgegeben.

Für den Import- und Exportbereich sind die Empfehlungen jeweils in drei Abschnitte gegliedert:

- Service Charge/Port Handling
- Service Charge/Customs Clearance
- Service Charge/Specials

Der Preisempfehlung vorangestellt sind jeweils Leistungsbeschreibungen, die für die Erhebung der jeweils genannten Preise zu erbringen sind.

So sind beispielsweise in der Service Charge/Port Handling weder Kaiumschlagsentgelte, LCL-Service Charge noch Terminal Handling Charges (THC) enthalten.

Auch in den oben nicht genannten Häfen, insbesondere den ARA-Häfen (Amsterdam, Rotterdam, Antwerpen) oder den Südhäfen (Triest, Genua, Marseille usw.) werden die Leistungen des Spediteurs nach Vereinbarung entgolten.

10.6.5 Hafenumschlag

10.6.5.1 Umschlagseinrichtungen

Beim Umschlag im Seehafen ist eine Reihe verwaltungstechnischer Aufgaben zu lösen. Hierzu gehören die Übernahme staatlicher Aufgaben (wie Hafenpolizei, Zoll, Seemannsamt, Erhebung von Schifffahrtsabgaben, Entsorgung von Schiffen usw.) sowie die Gestellung von Hafeneinrichtungen (Boden, Gebäude, Anlagen), deren Betrieb und Unterhalt.

Für den Umschlag halten die Hafenbetriebe unter anderem folgende Anlagen bereit:

- Hafenbecken und Kaimauern
- Kaischuppen (für den konventionellen Stückgutumschlag)
- Verteilerschuppen (für den Eingang von Sammelladungen)
- Container-Terminals (sowohl Freiflächen als auch Hallen zum Stauen – „Stuffen" – von Stückgutsendungen; ebenso Portalstapler, Containerhubwagen, Containerbrücken, Kräne, Gleise usw.)
- Ro/Ro-Anlagen (für rollenden Umschlag)
- Silos (inkl. Getreideheber; für Getreide, Futtermittel und Ähnliches)
- Kühl- und Gefrierschuppen (z. B. für Fleisch)
- Fruchtschuppen (für Südfrüchte; oft Spezialförderanlagen und Klimakontrollen)
- Schwergutumschlaganlagen
- Schwimmkräne
- Tankterminals, Massengutterminals und vieles andere mehr

Hier sei erwähnt, dass alle Kosten, die mit dem Schiff in Zusammenhang stehen (wie etwa Liegegebühren, Schleppkosten, Staukosten usw.), vom Verfrachter getragen werden müssen.

Die Kosten, die mit der Ware in Zusammenhang stehen (Umschlag, Krankosten, Lagern, Verteilen usw.), hat der Befrachter zu tragen.

In Bremen/Bremerhaven und Hamburg gibt es hierfür veröffentlichte Tarife der Kaianstalten (z. B. BLG, HHLA) für Umschlagsentgelte, in der beide genannten Kostenarten enthalten sind. Die Höhe der Kosten hängt in der Regel von der Warenart ab (nicht von der Menge); die Sätze werden pro Tonne berechnet, in Einzelfällen (z. B. Pkw) auch pro Stück usw.

Unterschieden wird zwischen direktem Umschlag (von/auf Waggon oder Lkw) und indirektem Umschlag (über Schuppen) und eingehendem und ausgehendem Verkehr.

Zu erwähnen ist in diesem Zusammenhang auch, dass die Hafenstädte Bremen und Hamburg über Freihäfen verfügen. Dies bedeutet, dass Ware umgeschlagen oder gelagert werden kann, ohne dass die Zollgrenze ins Inland überschritten werden muss. Dies hat sowohl für Exporteure, besonders aber für Importeure erhebliche Vorteile, weil z. B. Eingangsabgaben erst zu entrichten sind, wenn die Ware den Freihafen Richtung Binnenland verlässt.

10.6.5.2 Die papiermäßige Abwicklung

Wird eine Sendung durch einen Spediteur in den Hafen verbracht und soll dort durch Hafenbetriebe umgeschlagen werden, so muss diese Sendung auch papiermäßig erfasst und alle zuständigen Stellen müssen informiert werden. Dieses Anlieferpapier ist kein amtliches Dokument, sondern von jedem Hafen frei gestaltbar und benennbar. In Bremen heißt es z. B. Absetzantrag, in Hamburg Schiffszettel.

Dieses Anlieferpapier erfüllt in der Regel folgende Funktionen:

- Unterlage für den Kaibetrieb
- Abrechnungsgrundlage zwischen Kaibetrieb und Ablader
- Empfangsquittung über den Empfang der Güter
- Beleg für den Seegüterkontrolleur (Tallymann)
- Kontrollexemplar für den Schiffsmakler
- Beleg für den Befrachter
- Anmeldung zur Ausfuhrabfertigung
- Beleg für den Aussteller des Papiers

10.7 Kosten eines Seefrachttransportes

Bei einer Lieferung bis FOB Seehafen können folgende Kosten entstehen:

1. Vorfracht zum Seehafen
2. Kaiumschlag gemäß Kaitarif
3. 1,5 % Hafenfonds in Hamburg auf Kaiumschlag und ähnliche Kosten
4. Ausfuhrzollabfertigung
5. Terminal Handling Charge/Service Charge
6. ISPS (Sicherheitsgebühren)
7. eventuell SpV; Porti, kleine Kosten

Bei einer CIF-Lieferung können zu den genannten Kosten noch folgende hinzukommen:

8. Service Change/Shipping
9. Kosten für Formulare (Konnossemente, Konsulatsfaktura u. Ä.)

10. Aufmachen, Besorgung, Beglaubigung und Beglaubigungsgebühren für die genannten Formulare
11. Seefracht und andere Vorlagen
12. Versicherungskosten (Prämie, Besorgung, Vorlage)

Der Begriff „können" ist hier bewusst gewählt worden, weil nicht unbedingt bei jedem Seetransport all diese Kosten auftreten müssen.

10.8 Datenverarbeitung im Seeverkehr

Gerade im Seeverkehr bietet der Einsatz der Datenverarbeitung und vor allem der schnellen Datenübermittlung besondere Vorteile. Gründe hierfür sind, dass aufgrund der relativ langen Transportzeiten Sendungsempfänger schon sehr frühzeitig im Besitz der Sendungsdaten sein können; außerdem arbeiten im Hafen viele verschiedene Institutionen miteinander, die zum Teil die gleichen Dateninformationen benötigen, sodass sich eine einmalige Eingabe mit dem Austausch von Daten anbietet.

Im nachfolgenden Teil soll dargestellt werden:

- der Einsatz der Datenverarbeitung im Hafenbereich
- der Einsatz der Datenverarbeitung im Seefrachtbereich

10.8.1 Einsatz der Datenverarbeitung im Hafenbereich

Die Entwicklung eines Datenverarbeitungs- und -informationssystems im Hafenbereich stellt eine besondere Herausforderung dar, denn hier muss ein Austausch der Daten möglich sein zwischen

- Spedition,
- Schiffsmakler,
- Hafenamt,
- Umschlagsbetrieb.
- Stauerei,
- Ladungskontrolle (Tally) und
- Zoll.

Inzwischen ist die Datenverarbeitung so etabliert und „Alltag" geworden, dass eine detaillierte Beschreibung der Systeme zu weit reicht. Im Folgenden soll nur ein Überblick über die in den Bremischen Häfen und in Hamburg angebotenen Software-Systeme gegeben werden.

10.8.1.1 Produkte der dbh (Datenbank Bremische Häfen AG)

Bremer Hafentelematik (BHT)
Die **BHT** ist die Informationsplattform zum Austausch aller für den Import oder Export relevanten Daten zwischen den Unternehmen der Transportlogistik, den Datenverarbeitungs-Systemen der Verkehrswirtschaft und den Behörden in den Bremischen Häfen und Hamburg.

COMPASS
Die Software **COMPASS** ermöglicht die logistische Abwicklung aller Prozesse in den Verkehrsbereichen See, Land und Luft.

Atlas Anwendungssoftware (ZOLAS/VERA/J)
ZOLAS/VERA/J ist die Softwarelösung der dbh zur Anbindung an das Zollsystem Atlas.

Wagendispositions- und Informationssystem (WADIS)

WADIS ermöglicht dem Nutzer die elektronische Erstellung/Bearbeitung von Frachtbriefen für den Schienenverkehr und die Nutzung eines umfangreichen Datenbestandes zur effizienten Durchführung von Schienentransporten.

Schiffsinformationssystem (SIS)

Das SIS ermöglicht die schnelle Identifizierung von Schiffsabfahrten und -ankünften.

MAQS – Mobiles Auftrags – und Quittungs-System

Mit **MAQS** können Sie europaweit ihre im Büro erfassten LKW-Dispositionen oder aus Ihrem Inhouse System erzeugte Daten online ins Fahrzeug schicken und dort ausdrucken.

Dangerous Cargo Online Management (DACOM)

Kunden der Bremer Hafentelematik können über **DACOM** ihre Daten automatisch an die zuständigen Behörden weiterleiten, die mit der dbh den Gefahrgutinformationsverbund bilden.

CATI (Cargomodales Terminalsystem)

CATI unterstützt Umschlagunternehmen bei der Abwicklung des Terminalbetriebes im kaufmännischen und operationellen Bereich.

Auf einer benutzerfreundlichen Oberfläche ermöglicht COMPASS die komplette Auftragsabwicklung mit Speditionsauftrag, Hafenauftrag, Gefahrgutanmeldung, Zollabwicklung und Statusverfolgung. Zu den weiteren Leistungen zählen die Erstellung von Bills of Lading, die Führung eines Speditionsbuchs sowie die statistische Auswertung der Daten.

Zur Abwicklung von speditionellen Aufträgen des Landverkehrs kann darüber hinaus das Produkt „WinSped" der Firma LIS Logistische Informationssysteme in die gleiche Systemumgebung integriert werden.

COMPASS ist als Netzwerkversion mit zentralem Datenbank-Server und dezentralen PCs oder als Einzelplatzversion erhältlich. Die Software ersetzt das bewährte Programm COMPASS, das viele Jahre von zahlreichen Logistik-Unternehmen eingesetzt wurde.

Auftragsabwicklung für Seehafendienstleistungen (BRAINS)

BRAINS unterstützt Umschlagsunternehmen bei der Abwicklung des Terminalbetriebs im kaufmännischen und operationellen Bereich.

10.8.1.2   Anwendungen der DAKOSY AG Hamburg

Internationale Spedition

- **SEEDOS** – Seehafen-Dokumentations-System für die Speditionsabwicklung
- **Luftfracht** – kooperative Lösung für die Luftfrachtabwicklung

Zoll

- **ZODIAK** – Zoll-Importabwicklung und Kommunikation mit ATLAS
- **ZAPP-Kundenstation** – Exportgestellung für den Hamburger Zoll
- **ZODIAK** – Export

Verkehrsträger
- **ACTION** – Containerhinterlanddisposition für alle Verkehrsträger
- **RailCargo** – HABIS & UNIKAT für eine effiziente Transportabwicklung auf der Schiene
- **TRUCKSTATION** – schnelle Kommunikation und Information für das Containertrucking
- **BARGE** – Organisation und Disposition von Binnenschiffstransporten

Gefahrgut
- **GEGIS** – Sicherheit im Gefahrguthandling
- **BRIDGE** – europaweite Kommunikation von Gefahrgutdaten
- **Regelwerke** & Stoffdatenbanken – alle Informationen auf einen Blick
- **Stowage & Segregation** – das Regelwerk für Stau- und Trennvorschriften
- **Unfallmerkblätter** – via Internet und Fax in 29 Sprachen abrufbar

10.8.2 Einsatz der Datenverarbeitung im Seefrachtbereich

Für den Seefrachtbereich gilt wie bei allen anderen Verkehrsträgern, dass jeder Verfrachter auf mehr oder weniger „hauseigene" Systeme zurückgreift. Deshalb soll hier nur kurz dargestellt werden, für welche Zwecke die EDV eingesetzt werden kann. Folgende Möglichkeiten bieten sich an:

- Seefrachtberechnung: Durch Speicherung des Seefrachttarifes und der aktuellen Zu- und Abschläge lassen sich mit den aktuellen Sendungsdaten schneller die Seefrachtberechnungen durchführen.
- Schiffsdisposition: Umlauf- und Liegezeiten der Seeschiffe lassen sich erfassen und disponieren.
- Containerüberwachung: Erfassung aller Container, ihres jeweiligen Standorts, ihres Status (leer, beladen, beschädigt usw.), Bedarf, Umlaufzeiten und vieles andere mehr.
- Erstellung von Konnossementen (sofern nicht z. B. über COMPASS oder DAKOSY).
- Erstellung von Ladungsmanifesten und Überspielung der Daten zu den nächsten Häfen.
- Staupläne: Aufgrund der Sendungsdaten und Zugriffswünsche lassen sich optimale Staupläne erstellen.

Wichtig ist hier die „Nahtstelle" zwischen Reederei und Landseite (z. B. Schiffsmakler) und die Frage, ob ein einheitliches Kommunikationssystem besteht.

ZUSAMMENFASSUNG

1. Seeschiffe unterscheidet man in Stückgutschiffe und Massengutschiffe.

2. Stückgutschiffe gibt es als konventionelle Stückgutschiffe, Containerschiffe, Ro/Ro-Schiffe, Barge-Carrier (Leichter-Schiffe) und Mischformen.

3. Es gibt darüber hinaus Spezialschiffe für bestimmte Warenarten oder bestimmte Schiffsleistungen.

4. Küstenschiffe sind seetüchtig, aber auch fähig für die Flussschifffahrt.

5. Aus versicherungstechnischen Gründen werden die Schiffe von zugelassenen Büros klassifiziert.

6. Jedes Schiff muss in das Schiffsregister eines Landes eingetragen werden und dessen Flagge führen.

7. Man unterscheidet zwischen Stückgutfrachtvertrag und Chartervertrag (Charterpartie).

8. Der Vertrag kommt zwischen Befrachter und Verfrachter durch eine feste Buchung zustande.

9. Unter Abladung versteht man das Heranbringen der Güter an das Schiff. Der Ablader erhält vom Verfrachter das Konnossement.

10. Im Containerverkehr unterscheidet man zwischen LCL-Ladung (Stückgut im herkömmlichen Sinn) und FCL-Ladung (Komplettcontainer).

11. Das Konnossement ist ein Traditionspapier und begebbar.

12. Man unterscheidet je nach Berechtigung des Empfängers zwischen Inhaber-, Namens- und Orderkonnossement.

13. Es wird weiter unterschieden zwischen Übernahme- und Bordkonnossement.

14. Bei erkennbaren Beschädigungen wird ein unreines, sonst reines Konnossement ausgestellt.

15. Im Bestimmungshafen händigt die Reederei die Ware gegen Rückgabe wenigstens eines Originalkonnossements aus. Weitere Originale werden damit ungültig.

16. Seefrachten werden in der Regel nach Maß oder Gewicht (M/G bzw. M/W) abgerechnet, je nachdem, womit der Verfrachter ein höheres Frachtergebnis erzielt.

17. Die Frachtrate wird häufig durch eine Reihe von Zuschlägen (Surcharges) oder Abschlägen korrigiert. Bei Seefrachtauskünften ist nach der richtigen Reihenfolge der Berechnung zu fragen.

18. Unter einer großen Havarie versteht man Schäden und Kosten, die dem Schiff und/ oder der Ladung vorsätzlich zugefügt werden, um beide aus einer gemeinsamen Gefahr zu retten.

19. Die entstandenen Schäden und Kosten haben sich Schiff und Ladung zu teilen.

20. Die Haftung des Verfrachters ergibt sich aus den Konnossementsbedingungen. Ist dort keine Regelung getroffen, gilt die gesetzliche Regelung von 666,67 SZR pro Einheit bzw. 2 SZR pro kg.

21. Der Seehafenspediteur ist in der Regel ein Mittler, der für eine reibungslose Abwicklung des Umschlags im Hafen sorgt. Er arbeitet meist im Auftrag des Verladers direkt oder im Auftrag eines Binnenspediteurs.

22. Für seine Leistungen erhält der Seehafenspediteur eine Gebühr, die frei vereinbar ist und für die in den Häfen Hamburg, Bremen/Bremerhaven, Lübeck und Rostock ein Tarif entwickelt wurde (DDS), der allerdings keine Rechtsverbindlichkeit mehr hat.

23. Der tatsächliche Umschlag im Hafen sowie alle anderen Leistungen der Hafenanstalten werden nach Umschlagstarifen gesondert in Rechnung gestellt.

11 Transportabwicklung in der Luftfracht

> **Einstiegssituation:**
>
> *Unser Maschinenbauunternehmen muss dringend ein Ersatzteil (elektronisches Steuerungselement) für einen Kunden nach Chile nachliefern. Da Produktionsstillstand droht und es sich um einen Garantiefall handelt, ist Eile geboten. Sie empfehlen deshalb die Luftfracht.*

AUFGABEN

1. Unterbreiten Sie dem Kunden ein Angebot unter Angabe aller Kosten, die bei einem solchen Luftfrachttransport anfallen.

2. Erstellen Sie den Luftfrachtbrief (AWB).

3. Klären Sie Ihren Kunden über die Unterschiede zwischen Einzelversand und Consolidation auf.

4. Ihr Kunde möchte von Ihnen wissen, ob in der Luftfracht die Haftung ebenso gering ist wie in der Seeschifffahrt. Informieren Sie ihn.

11.1 Wirtschaftliche und technische Grundlagen des Luftfrachtverkehrs

11.1.1 Entwicklung des Luftfrachtverkehrs

Kein anderer Verkehrsträger hat in den letzten Jahrzehnten so hohe Zuwachsraten bei Transportleistungen erzielt wie das Flugzeug. Diese Entwicklung wird ungebrochen weitergehen. IATA und Flugzeughersteller gehen in ihren Prognosen davon aus, dass das Luftfrachtaufkommen in den nächsten 20 Jahren auf das **Dreifache** anwachsen wird. Es wird mit **jährlichen Wachstumsraten** von durchschnittlich **6,7 %** gerechnet, wobei die Zuwächse bei der Fracht stärker sein werden als bei der Passagierbeförderung.

Gründe: Die Arbeitsteilung in der Weltwirtschaft wird immer intensiver und der Anteil hochwertiger Güter am Außenhandel, speziell der Bundesrepublik Deutschland, steigt stetig an.

Luftfracht ist noch ein relativ junges Produkt. Erst Mitte der 60er Jahre begannen die Fluggesellschaften, die Luftfracht nicht mehr als bloßes Nebenprodukt der Passagier-Beförderung zu behandeln und zu kalkulieren. Flugzeug-Neuent- wicklungen wurden gezielt auf ein größeres Frachtraum-Angebot ausgerichtet. Die ersten *Nur-Frachtflugzeuge* der Typen Boeing 707 und Mc Donell Douglas DC8 mit einer Transportkapazität von bis zu 35 t kamen im transkontinentalen Verkehr zum Einsatz. Im kontinentalen Kurz- und Mittelstreckenverkehr flogen Boeing 737 (City-Jet) und Boeing 727 nachts als reine Frachtflugzeuge, während sie tagsüber Passagiere beförderten.

Sie waren als Quick-Change-Flugzeuge innerhalb von 30 Minuten umzurüsten. Mit dem als „Jumbo" bekannt gewordenen Großraumflugzeug Boeing 747 – als Nurfrachter eine Transportkapazität von rund 103 t – wurde ab 1972 das Frachtraumangebot erneut erheblich ausgeweitet. Gleichzeitig sind die bisher auf reine Passagierbeförderung aus-gerichteten Flugzeuge ebenfalls durch Großraumgerät abgelöst worden. Sie befördern bereits im **Unterflur**, dem unteren Teil des Flugzeugrumpfes (auch Belly-Kapazität ge-nannt), fast ebenso viel Fracht wie die vorhergehende Flugzeug-Generation in Nur-Frachtausführung.

Die gleichberechtigte Angebotsteilung von Passagierplätzen und Frachtraum und ein ständig steigendes Frachtraumangebot der Fluggesellschaften prägen auch die jüngste Entwicklung. Entsprechend wird und wurde das neue Fluggerät mit gesteigerter Fracht-kapazität entwickelt, so der große Jumbo B 747–400 und die Airbus-Generation A 380.

Etwa 45 % des Frachtangebots entfallen auf Passage-Dienste, 52 % auf Nurfracht-Flüge einschließlich Fracht-Charter. Der Nur-Frachtanteil wird weiter zunehmen. Eine deutsche Besonderheit dieses Verkehrsmarktes soll hier gleich genannt sein: Bisher werden weit über 90 % aller von der Bundesrepublik Deutschland abgeflogenen Sendungen von Luft-frachtspeditionen disponiert und abgefertigt.

Der Marktanteil der Integrators – Express- und Kurier-Dienst-Unternehmen, die sowohl die speditionelle Abwicklung als auch die Luftfrachtbeförderung mit eigenen, z. T. spe-ziell entwickelten Flugzeugen im Haus-Haus-Verkehr oder gar „desk-to-desk-service" durchführen – wird in den nächsten Jahren weiter zunehmen. Genannt seien hier z. B. DHL oder FedEx. Da ein großer Anteil der Luftfrachtsendungen Kleinsendungen sind, wird allgemein mit einer nachhaltigen Verschiebung auf dem Luftfrachtmarkt gerechnet.

Luftverkehrsgesellschaften reagieren auf diese Herausforderung und entwickeln sich selbst zu Anbietern kompletter Logistikleistungen „von Haus zu Haus", gestaffelt nach Zeitfenstern, meist kombiniert mit „money back guarantees". Vorreiter für solche neuen Entwicklungen ist die Deutsche Lufthansa z. B. mit ihren Produkten td, td-flash und Ähn-lichem. Damit einher geht eine spürbare Veränderung der Rolle des Spediteurs.

Der Anteil des Flugzeugs an der gesamten weltweit beförderten Tonnage wird wegen der Besonderheit dieses Verkehrsträgers immer gering bleiben. Weniger als 1 % des ge-samten Tonnageaufkommens entfällt auf das Flugzeug. Allerdings: Betrachtet man den Wert der Waren, erreicht die Luftfracht einen Anteil von 10 %, im Verkehr mit Nord-amerika sogar weit über 20 % aller versendeten Werte.

11.1.2 Leistungsmerkmale

Warum entscheidet sich ein Verlader oder in seinem Interesse und Auftrag der Spediteur für das Flugzeug, um Güter an Kunden zu versenden? Was hat das Flugzeug im Vergleich zu anderen Verkehrsträgern der Verladerschaft zu bieten? Wie rechnet sich das in Heller und Pfennig?

Schnelligkeit
Das Flugzeug bietet die kürzeste Beförderungszeit aller Verkehrsträger.

Allerdings: Im Kurz- und z. T. auch dem kontinentalen Mittelstreckenverkehr behält der Lkw, verstärkt auch die Bahn, im Haus-Haus-Verkehr Vorteile.

Grund: Nur 20 % der Haus-Haus-Zustellzeit entfallen auf den Lufttransport, 80 % auf Vor-, Nachlauf, Zollabfertigung und Umladung.

Trotzdem: **Luftfracht ist schnell!** Je hochwertiger ein Gut ist, umso schneller muss es verkauft und in der Produktion eingesetzt werden. Zeit heißt: Lager- und Zinskosten!

> *Beispiel:*
> Warenwert 20 000,00 EUR; Kreditzinsen 10 %;
> Frankfurt–Tokio per Schiff → 30 Tage = 30 Zinstage; per Flugzeug → 11 Stunden = 2 Zinstage
> Zinsaufwand   Schiff   =   166,67 EUR
>   Flugzeug =   11,11 EUR

Schnelligkeit erlaubt auch eine größere Anpassungsflexibilität bei kurzfristigen Marktveränderungen sowie eine bessere Kundennähe und damit Servicequalität.

Sicherheit
Luftfracht ist sicher! Auch hier ist die kurze Transportzeit entscheidend, aber auch die aus der Natur des Transportmittels erwachsende weitgehende Unabhängigkeit von Natureinwirkungen und Erschütterungen während Umschlag und Transport. Je sicherer der Transport, umso geringer sind die Verpackungs- und Versicherungskosten.

> *Beispiel:*
> Warenwert 20 000,00 EUR
> Versicherungsprämie Seefracht: 5 ‰ des Rechnungsbetrages = 100,00 EUR
> Versicherungsprämie Luftfracht: 3 ‰ des Rechnungsbetrages = 60,00 EUR

Zuverlässigkeit
Luftfracht ist zuverlässig! Die Flugpläne werden in der Regel auf die Stunde, oft auf die Minute genau eingehalten. Über die Sendung kann in der Regel zeitlich exakt disponiert werden.

Mangelnde Einhaltung von **Buchungszusagen** und unvorhergesehene Verzögerungen bei der Bodenabfertigung können bei Logistikkonzepten mit niedriger Lagerbestandsführung zuweilen zu Problemen führen.

Frequenz und Netzdichte
Luftfracht bietet eine sehr hohe Zahl an Abflügen und Verbindungen. Tägliche Abflug- und Ankunftszeiten sind die Regel. Dank der zeitlichen und geographischen Nähe der internationalen Flughäfen können benachbarte wie heimische Flughäfen benutzt werden (road feeder service = Luftfrachtersatzverkehre auf der Straße, sog. Tiefflieger), sodass die wöchentliche, weltweite Bedienung fast lückenlos ist. Das sorgt für verhältnismäßig niedrige Vor- und Nachlaufkosten.

Man sieht: Die **Leistungsfähigkeit des Flugzeugs** hängt entscheidend von der **Leistungsfähigkeit der Flughäfen** ab. Um sich ein Bild machen zu können, hier ein paar Daten über den Flughafen Frankfurt: Jahresdurchschnittlich starten und landen pro Tag etwa 1250 Flugzeuge. Die derzeitige durchschnittliche stündliche Frequenz von 80 Starts und Landungen soll durch den Bau einer weiteren Landebahn auf 120 erhöht werden. Unter günstigen Bedingungen können auch jetzt schon in Spitzenstunden bis zu 110 Starts und Landungen erfolgen. Frankfurt ist, was die Flugbewegung betrifft, der zwölftgrößte Flughafen der Welt. Im Frachtaufkommen ist er mit ca. 2,1 Mio. t sogar der siebtgrößte, in Europa der größte Frachtflughafen.

Die aktuellen Zahlen des Luftverkehrsaufkommens

Verkehrsaufkommen	Flugbewegungen	Veränderung
1. Atlanta	976 477	−0,4
2. Chicago O´Hare	958 643	−1,4
3. Dallas/Fort Worth	699 773	−1,7
4. Los Angeles	656 842	1,0
5. Las Vegas	619 486	2,4
6. Houston	602 672	7,1
7. Denver	598 489	6,7
8. Phoenix	546 510	−3,0
9. Paris-CDG	541 566	3,6
10. Philadelphia	515 869	−3,7
11. Charlotte	509 559	−2,4
12. Frankfurt	489 406	−0,2
13. Detroit	481 740	−7,7
14. London	477 030	−0,2

Flughafen Frankfurt in Zahlen

	Jahr 2007	Jahr 2006	Veränderung in %
Passagiere	54 167 817	52 821 778	2,5
Luftfracht (t)	2 095 293	2 057 175	2,9
Luftpost	95 168	96 889	−1,8
Bewegungen	492 569	489 406	0,6

Beispiel:
Vom Flughafen Frankfurt bedienen wöchentlich ca. 100 Fluggesellschaften etwa 290 verschiedene Zielflughäfen in über 100 Ländern rund um den Globus im Direktverkehr. Berücksichtigt man zudem die im Flugplan angebotenen Umlademöglichkeiten, erhöht sich die Zahl der von Frankfurt zu erreichenden Zielflughäfen auf über 600.
Bei reinen Frachtflügen lauten die Daten: 21 Airlines, 53 Direktverbindungen in 33 Länder.

Das Flugzeug als Transportmittel hat aber auch Nachteile.

Kapazität

Die Transportkapazität ist relativ gering. Dazu ein Vergleich: größtes Linienfrachtflugzeug Boeing 747–400 F 110 t, 628 m^3, das größte Containerschiff im Jahre 2008 hat Stellplätze für 13 000 TEU und eine Tragfähigkeit von über 150 000 Tonnen. Bestimmte Güter kommen deshalb von vornherein für den Lufttransport nicht in Frage. Allerdings bieten die Fluggesellschaften, im Vergleich zu anderen Verkehrsträgern, pro Frachttonne relativ viel Frachtraum, ohne Sperrigkeitszuschläge zu berechnen:

- Flugzeug: 1 Frachttonne bis 6 m^3 Frachtraum (IATA-Beschluss: nur noch 5 m^3)
- Lkw/Bahn: 1 Frachttonne bis 5 m^3 Frachtraum
- Seeschiff: 1 Frachttonne zwischen 1 und 3 m^3 Frachtraum

Gerade im Vergleich mit dem Seeschiff wirkt sich dies bei der Frachtberechnung vorteilhaft für das Flugzeug aus.

Kosten

Die Luftfrachtraten sind meist um ein Mehrfaches höher als z. B. vergleichbare Seefrachtraten. Verantwortlich hierfür sind die hohen Betriebskosten des Flugzeugs pro Tonnenkilometer.

Aber: Wie bereits gesehen, sind die reinen Frachtkosten nur ein Faktor im Kostenvergleich mit den anderen Verkehrsträgern.

Dank dieser Leistungsmerkmale hat sich eine Reihe typischer Luftfrachtgüter herausgebildet, die sich alle durch eine besondere Eilbedürftigkeit auszeichnen:

- lebende Tiere, Blumen und „exotische" Früchte, „Perishable goods", Zeitungen, Filme und Pressematerial
- modische und saisonabhängige Waren, meist Textilien
- Ersatzteile, Terminsendungen und Just-in-time-Zulieferkomponenten
- besonders hochwertige Waren, transportempfindliche und diebstahlgefährdete Ladung
- Hilfsgüter bei Katastrophenfällen

Hinzu kommen typische Luftfrachtabfertigungen, die nicht oder nur zum Teil in der Art des Gutes begründet sind:

- Sendungen, deren Produktion oder Abfertigung sich so verzögert haben, dass ein **L/C-Verfall** (vgl. Kapitel 12.2.2.2) nur vermieden werden kann, wenn die Sendung per Luftfracht abgefertigt wird.
- Sendungen, für deren Übergabe an den Käufer ein Fixtermin und bei Termin-überschreitung eine **Konventionalstrafe** festgelegt wurde und bei denen eine Termineinhaltung bei Versendung per Seefracht nicht mehr möglich ist.
- **Überhangfracht**, also Produkte, deren größter Teil per Seefracht befördert wird und deren Rest per Luftfracht wegen Produktionsverzögerungen nachgesendet wird.

In jüngster Zeit werden aber auch vermehrt Waren per Luftfracht versandt, von denen man bisher annahm, dass sie nicht „luftfrachtfähig" seien. Je mehr die Verlader bemüht sind, Lager- und Kapitalbindungskosten zu senken, also sog. „Just-in-time"-Konzepte anzuwenden, und je mehr zugleich das Frachtraumangebot erhöht wird, umso mehr wird die Luftfrachtbeförderung für einen immer größeren Warenkreis zur kalkulierbaren Alternative.

11.1.3 Flugzeuge als Transportmittel – Container und Paletten als Lademittel

Damit der Spediteur die Vorteile des Flugzeugs in vollem Umfang nutzen und die verladende Kundschaft richtig beraten kann, muss er das von den Fluggesellschaften eingesetzte Fluggerät kennen und wissen, welche Container und Paletten je nach Ware, Versandart und am Transport beteiligten Flugzeugtypen gewählt werden können.

11.1.3.1 Flugzeugtypen

Welche Flugzeugdaten muss der Spediteur kennen oder nachschlagen können? Je nach Flugzeugtyp sollte der Spediteur wissen,

- wie groß der zur Verfügung stehende Laderaum ist,
- welche Paletten und Container verladen werden können und
- welche Maße die Türen zu den Laderäumen haben.

Die folgende Tabelle gibt einen Überblick über die für den Luftfrachtversand wichtigsten Flugzeugtypen. Für alle gilt: Die Frachträume sind klimatisiert und die Temperatur kann je nach Erfordernis eingestellt werden.

Boeing 737-300 QC	
Länge	33,41 m
Höhe	11,13 m
Spannweite	28,88 m
Anzahl	7
Kabinenbreite	3,53 m
Flughöhe maximal	11 300 m
Reisegeschwindigkeit	795 km/h
Reichweite	1 700 km/17,5 t
Frachtkapazität	15,4 t/72 m³
Frachtraumvolumen	98 m³

Airbus A 319	
Länge	33,84 m
Höhe	11,76 m
Spannweite	34,10 m
Anzahl	20
Kabinenbreite	3,70 m
Flughöhe maximal	11 700 m
Reisegeschwindigkeit	840 km/h
Reichweite	3 300 km/17 t
Frachtkapazität	4 t/12 m³
Frachtraumvolumen	23,5 m³

Airbus A 320-200	
Länge	37,57 m
Höhe	11,75 m
Spannweite	33,91 m
Anzahl	30
Kabinenbreite	3,70 m
Flughöhe maximal	11 900 m
Reisegeschwindigkeit	830 km/h
Reichweite	3 000 km/17 t
Frachtkapazität	3 t/16 m³
Frachtraumvolumen	31 m³

Airbus A 321-100	
Länge	44,50 m
Höhe	11,97 m
Spannweite	33,91 m
Anzahl	20
Kabinenbreite	3,70 m
Flughöhe maximal	11 900 m
Reisegeschwindigkeit	830 km/h
Reichweite	2 500 km/17 t
Frachtkapazität	3 t/16 m³
Frachtraumvolumen	42 m³

Airbus A 310-300	
Länge	46,67 m
Höhe	15,81 m
Spannweite	43,90 m
Anzahl	12/13
Kabinenbreite	5,40 m
Flughöhe maximal	12 500 m
Reisegeschwindigkeit	860 km/h
Reichweite	5 500 km/30 t
Frachtkapazität	8 t/45 m³
Frachtraumvolumen	69 m³

Airbus A 300-600		
Länge		54,08 m
Höhe		16,53 m
Spannweite		44,84 m
Anzahl		11
Kabinenbreite		5,40 m
Flughöhe maximal		12 200 m
Reisegeschwindigkeit		860 km/h
Reichweite		3 900 km/36 t
Frachtkapazität		12 t/58 m³
Frachtraumvolumen		95 m³

Airbus A 340-200/A 340-300		
Länge		59,40 m
Höhe		16,83 m
Spannweite		60,83 m
Anzahl		6/1
Kabinenbreite		5,40 m
Flughöhe maximal		12 500 m
Reisegeschwindigkeit		890 km/h
Reichweite[1]		9 900 km
Frachtkapazität		12,6 t/107 m³
Frachtraumvolumen		122 m³

MD11 F		
Länge		61,40 m
Höhe		18,00 m
Spannweite		51,70 m
Anzahl		5
Kabinenbreite		5,44 m
Flughöhe maximal[2]		13 167 m
Reisegeschwindigkeit[2]		889 km/h
Reichweite[2]		8 149 km/83 t
Frachtraumvolumen		534,40 m³

Boeing 747-200		
Länge		70,51 m
Höhe		19,33 m
Spannweite		59,64 m
Anzahl		6
Kabinenbreite		6,13 m
Flughöhe maximal		13 700 m
Reisegeschwindigkeit		910 km/h
Reichweite		8 200 km/59 t
Frachtkapazität		16 t/90 m³
Frachtraumvolumen		129 m³

Boeing 747-400		
Länge		70,67 m
Höhe		19,33 m
Spannweite		64,31 m
Anzahl		10
Kabinenbreite		6,13 m
Flughöhe maximal		13 700 m
Reisegeschwindigkeit		930 km/h
Reichweite		10 050 km/60 t
Frachtkapazität		16 t/90 m³
Frachtraumvolumen		129 m³

---

[1] technische Daten beziehen sich auf A 340-200
[2] Werte sind voneinander abhängig

Boeing 747-200 SF		
Länge		70,51 m
Höhe		19,33 m
Spannweite		59,64 m
Anzahl		6
Kabinenbreite		6,13 m
Flughöhe maximal		13 700 m
Reisegeschwindigkeit		920 km/h
Reichweite		6 300 km/102 t
Frachtkapazität		102 t/600 m³
Frachtraumvolumen		628 m³

Boeing 747-200 F		
Länge		70,51 m
Höhe		19,33 m
Spannweite		59,64 m
Anzahl		5
Kabinenbreite		6,13 m
Flughöhe maximal		13 700 m
Reisegeschwindigkeit		920 km/h
Reichweite		6 300 km/102 t
Frachtkapazität		102 t/600 m³
Frachtraumvolumen		628 m³

Inzwischen ist das noch größere Flugzeug Airbus A 380 nicht mehr nur ein Modell, es wird tatsächlich gebaut. 2005 fanden die ersten Probeflüge statt, ab 2007 ist die Auslieferung erfolgt. Der Airbus A 380 wird – im Gegensatz zur Boeing 747 – von vornherein auch als Nur-Frachter mit einer Tragfähigkeit von etwa 150 Tonnen Nutzlast geplant. Genaue und aktuelle Daten (auch z. B. über Türgrößen) lassen sich direkt bei den Herstellern abrufen (www.airbus.com und www.boeing.com).

11.1.3.2 Paletten und Container

Der Spediteur muss bei der Abfertigung von Luftfrachtsendungen sowohl die Container- und Palettenmaße und das maximale Zuladegewicht beachten als auch im Auge behalten, in welche Flugzeugtypen die jeweiligen Paletten und Container verladbar sind. Nicht jedes Kollo passt auf jede Palette oder in jeden Container. Damit die Umladezeiten so gering wie möglich gehalten werden, muss gewährleistet sein, dass die in Frage kommende Palette oder der Container in alle an dem Gesamttransport eingesetzten Flugzeuge verladen werden kann. Meist entscheidet zwar die Fluggesellschaft selbst, welches Lademittel eingesetzt wird. Wenn der Spediteur allerdings Sammelladungen zusammenstellt, werden ihm Container nach seiner Wahl direkt zur Verfügung gestellt. Außerdem ist bei der Festlegung der Flugdaten und der Buchung von Frachtraum für eine Sendung zu beachten, ob die Maße des Kollos z. B. überhaupt eine Verladung in dem Unterflur-Laderaum einer Passagiermaschine zulassen.

Die wichtigsten Daten über die genormten, international verwendeten Luftfrachtcontainer und -paletten sind in der folgenden Tabelle zusammengefasst.

18 verschiedene Paletten- und Containerversionen stehen für den Transport der unterschiedlichsten Frachtgüter zur Verfügung. 4 Paletten mit einer max. Zuladung von 3 065 kg bis 10 810 kg, 3 Paletten mit Seitenerweiterungen und 3 021 kg bzw. 6 637 kg max. Zuladung und 1 Pkw-Transportpalette für zwei Pkws mit max. 8 900 kg. Von den 10 Containern für Frachten bis zu 10 340 kg sind 2 Container für den Transport von Tiefkühlgut und 3 Container für den Pferdetransport ausgelegt.

Paletten

Typ	Volumen	Länge/Breite/Höhe	Verladbar in	Innenmaße
PYB Palette		244 x 140	B747-200 F, B747-200 SF	230 cm / 126 cm
Standard Pallet		318 x 224	A310-300, A300-600 (usw.)	304 cm / 210 cm
10ft Pallet		318 x 244	A310-300, A300-600 (usw.)	304 cm / 230 cm
20ft Pallet		606 x 244	B747-200 Combi, B747-400 Combi (usw.)	592 cm / 230 cm
A320/A321		156 x 153	A320-200, A321-100	150 cm / 146 cm
Extensions PLW		318 x 153	A310-300, A300-600 (usw.)	304 cm / 139 cm
Extensions PAW		318 x 224	A310-300, A300-600 (usw.)	304 cm / 210 cm
Extensions PMW		318 x 244	A310-300, A300-600 (usw.)	304 cm / 230 cm
Car (VZA)		336 x 205	B747-200 Combi, B747-400 Combi, (usw.)	336 cm / 205 cm
Car (PZA, VRA)		498 x 244	B744-200 (usw.)	485 cm / 230 cm

Container

Typ	Volumen	Länge/Breite/Höhe	Verladbar in	Innenmaße
A320/A321 Container	3,5 cbm	156 x 153 x 114	A320-200, A321-100	111 cm / 146 cm / 144 cm
AMF Container	13 cbm	318 x 244 x 163	A310-200, A300-600 (usw.)	146 cm / 398 cm / 234 cm
LD3	2,8 cbm	156 x 153 x 163	A310-300, A300-600 (usw.)	137 cm / 188 cm / 139 cm
AAN Container	9 cbm	318 x 224 x 156	A310-300 (usw.)	148 cm / 298 cm / 208 cm
XYX Box	2,6 cbm	153 x 116 x 160	A310-300 (usw.)	152 cm / 115 cm / 160 cm
10ft Container	17 cbm	318 x 244 x 244	B747-200 Combi (usw.)	238 cm / 300 cm / 228 cm
Triple Horse Container		318 x 244 x 235	B747-200 Combi (usw.)	232 cm / 188 cm / 234 cm
Triple Horse Container		233 x 213 x 208	B747-200 Combi (usw.)	200 cm / 208 cm / 228 cm

11.2 Organisation des Weltluftverkehrs

11.2.1 ICAO

Ein im Liniendienst von Frankfurt nach Tokio startendes Flugzeug überfliegt bis zur Landung das Hoheitsgebiet vieler Staaten, wird auf seinem Flug meistens einmal zum Tanken zwischenlanden und ist auf der gesamten Strecke lückenlos auf navigatorische Unterstützung vom Boden aus angewiesen.

Die Durchführung von weltweitem Luftverkehr ist also auf allgemein gültige internationale Abkommen über hoheitsrechtliche und technische Voraussetzungen des grenzüberschreitenden Luftverkehrs angewiesen.

Deshalb wurde bereits 1944 eine „Internationale Organisation der zivilen Luftfahrt" von einer Reihe westlicher Regierungen gegründet, die **ICAO** = **I**nternational **C**ivil **A**viation **O**rganization.

Mitglieder sind **Staaten**, die zivilen internationalen Luftverkehr betreiben und in die UNO wählbar sind.

Die **ICAO** ist eine Unterorganisation der **UNO** und hat inzwischen mehr als 120 Mitglieder. Weitere Informationen finden Sie unter www.icao.org.

In dem 1944 geschlossenen **„Chicagoer Abkommen"** haben sich die Regierungen auf folgende Ziele verpflichtet:

1. Entwicklung und Förderung von zivilem Fluggerät, von internationalen Flughäfen und von gemeinsamen Flugsicherungseinrichtungen.
2. Absprachen zur Erhöhung der Sicherheit im internationalen Luftverkehr.
3. Maßnahmen abstimmen, um ein geordnetes wirtschaftliches Wachstum und eine sinnvolle Arbeitsteilung der international tätigen Luftverkehrsgesellschaften zu gewährleisten.

Von der ICAO wurden u. a. Richtlinien für folgende Bereiche herausgegeben:

- Luftverkehrsregeln, Flugplätze und Flugsicherung
- Funknavigationshilfsmittel und Wetterdienst
- Zulassung von Luftfahrtpersonal und Fluggerät
- Arbeitsbedingungen von Luftfahrtpersonal
- Unfalluntersuchungen

So ist von der ICAO Englisch als einheitliche, weltweit anzuwendende Sprache des Luftverkehrs festgelegt worden. International gültige Standardsätze dienen der Verständigung. Der oder das berühmte „Roger" ist also ein Kind der ICAO.

Die wichtigste Aufgabe der ICAO ist die Regelung der **internationalen Verkehrsrechte**, der sogenannten „Freiheiten der Luft".

Die Freiheiten der Luft

Zu dem Hoheitsgebiet eines Staates gehört auch der über dem Land liegende Luftraum. Also bedarf bereits das Überfliegen eines anderen Landes dessen ausdrücklicher Erlaubnis.

Soll dort auch gelandet werden und sollen Passagiere, Gepäck, Fracht und Post abgesetzt, womöglich auch noch aufgenommen werden, sind entsprechend weitergehende Vereinbarungen notwendig. Natürlich kann eine Fluggesellschaft nicht vor jedem Flug erneut die entsprechenden Genehmigungen einholen.

Die internationalen Verkehrsrechte werden zwischen den Regierungen nach den Empfehlungen der ICAO völkerrechtlich verbindlich wechselseitig gewährt (bilaterale Abkommen).

Fünf Stufen, die **5 Freiheiten der Luft**, sind zu unterscheiden.

Freiheit 1 und 2 nennt man auch die nichtkommerziellen Verkehrsrechte, Freiheit 3–5 die kommerziellen Verkehrsrechte.

1. Freiheit	**Der Fluggesellschaft von Land A wird erlaubt, das Land B ohne Landung zu überfliegen.**
2. Freiheit	**Der Fluggesellschaft von Land A wird erlaubt, in Land B eine technische Zwischenlandung vorzunehmen** – zur Kraftstoffaufnahme, Reparatur oder zum Wechsel der Besatzung – nicht jedoch zum Laden oder Entladen von Passagieren und zahlender Fracht.
3. Freiheit	**Die Fluggesellschaft des Landes A hat das Recht, im Heimatstaat aufgenommene Fluggäste, Fracht und Post im Staatsgebiet des Vertragsstaates B abzusetzen, jedoch nicht das Recht, Passagiere, Fracht und Post aufzunehmen.**
4. Freiheit	Die 4. Freiheit ist das Gegenstück zur 3. Freiheit: **Der Fluggesellschaft des Landes A wird gewährt, im Partnerstaat B Fluggäste, Fracht und Post aufzunehmen und in das Heimatland zu befördern.**
5. Freiheit	**Die Fluggesellschaft des Landes A ist berechtigt,** • **Fracht, Fluggäste und Post in den Vertragsstaat B zu transportieren (3. Freiheit),** • **dort zahlende Fluggäste und Ladung aufzunehmen und in ein drittes Land (C) zu befördern,** • **vom Drittland (C) kommend Fracht, Passagiere und Post im Vertragsstaat B zu entladen und** • **im Vertragsstaat B zahlende Ladung und Passagiere aufzunehmen und in das Heimatland zu bringen (4. Freiheit).**

Erst mit der Vergabe der beiden Verkehrsrechte 3 und 4 ist ein wirtschaftlich sinnvoller Linienverkehr zwischen zwei internationalen Flughäfen möglich.

Die 5. Freiheit geht noch darüber hinaus.

Ergänzt werden die 5 Freiheiten der Luft durch das **Kabotagerecht**.

Es erlaubt einer Fluggesellschaft, innerhalb eines fremden Landes zwischen den dortigen Flughäfen Passagiere, Fracht und Post zu befördern.

Das Kabotagerecht wird in der Regel *nicht* gewährt. Es wäre die Erlaubnis für fremde Fluggesellschaften, der heimischen Fluggesellschaft (domestic carrier) auch auf Inlandsstrecken Konkurrenz zu machen.

Im **europäischen Binnenmarkt** gilt das Kabotagerecht für die Luftbeförderung seit 1. Juli 1997 für alle Luftverkehrsunternehmen mit Sitz in einem EU-Mitgliedstaat.

Beispiel:

Nehmen wir unser Beispiel von oben wieder auf. Welche Verkehrsrechte müssen erteilt sein, damit der Lufthansaflug Frankfurt–Tokio überhaupt durchgeführt werden kann? Japan muss der Bundesrepublik Deutschland also mindestens die 3. und 4. Freiheit der Luft einräumen. Sollen jeweils auf dem Hin- und Rückflug in Bangkok Passagiere abgesetzt und aufgenommen werden, müssen Japan und Thailand zudem die 5. Freiheit gewährt haben. Außerdem muss die Bundesrepublik Deutschland mit allen Staaten, die während dieses Fluges überflogen werden, also z. B. mit der Türkei, dem Iran und Indien, Abkommen über die wechselseitige Gewährung der 1. Freiheit der Luft geschlossen haben.

Die wechselseitige Vergabe der 3. und 4. Freiheiten der Luft wird meist zum Anlass genommen, **Poolabkommen** zwischen den Fluggesellschaften der Vertragsstaaten zu schließen.

Nutzen beide Fluggesellschaften die ihnen zugestandenen Freiheiten der Luft, befliegen sie folglich die gleiche Strecke.

Um Doppelflüge und Unterauslastung zu vermeiden, gründen sie einen „Pool", eine **Interessengemeinschaft**.

Flugpläne werden abgestimmt und das wirtschaftliche Ergebnis wird nach vertraglich festgelegten Schlüsseln verteilt.

Poolabkommen sind sehr verbreitet, insbesondere bei Nur-Frachtverbindungen sind sie nahezu durchgängig anzutreffen. Die Lufthansa hat mit 20 europäischen und über 20 außereuropäischen Fluggesellschaften Poolabkommen geschlossen, so mit Cathay Pacific, Japan Airlines und Korean Airlines für die Verbindungen Tokio, New York und Hongkong.

Eine weitere Form der Kooperation von Luftverkehrsgesellschaften sind **Gemeinschaftsflüge**, sog. **Code-Sharing-Allianzen**. Dies beinhaltet, dass in der Regel zwei Fluggesellschaften auf einer bestimmten Strecke denselben Flug mit jeweils ihrer eigenen Flugnummer anbieten, wobei die Frachtkapazität aufgeteilt ist und das Flugzeug eines der Partner eingesetzt wird.

Auf Initiative der Deutschen Lufthansa wurde mit zunächst fünf Partnern eine strategische Allianz, die „Star Alliance" gegründet, der inzwischen 22 Fluggesellschaften (2008) beigetreten sind (Informationen: www.lufthansa.de). Ziel dieser Allianz ist es, in Kooperation mit ausländischen Fluglinien den Kunden das dortige Inlandsnetz mit anzubieten. Der Erfolg der Star-Alliance hat weitere Allianzen wie z. B. „One World" nach sich gezogen.

Bei Umsteigeflügen stimmen die Partner die Flugpläne so aufeinander ab, dass unmittelbare Anschlüsse mit möglichst kurzen Transferzeiten geboten werden. Neben der tatsächlichen Optimierung des Produkts ist damit zugleich ein nicht unerheblicher Marketingvorteil verbunden, da in den Flugplänen und Reservierungssystemen die Code-Sharing-Flüge wie Nonstop- oder Direktverbindungen angezeigt werden und nicht mehr unter den weiter unten aufgeführten „transfer connections" gelistet sind.

11.2.2 IATA

Vom Flughafen Frankfurt treten wöchentlich Fracht und Passagiere ihre Reise zu über 650 im Flugplan ausgewiesenen internationalen Flughäfen an. Oft sind zwei und mehr Fluggesellschaften an der Durchführung eines Beförderungsvertrages beteiligt.

Beispiel:
Eine Frachtsendung nach Cochabamba wird bis La Paz von der Lufthansa, auf dem anschließenden Inlandsflug von der Lloyd Aereo Boliviana befördert.

Die Frachtpapiere müssen einheitlich sein, die benutzten Abkürzungen international verständlich, die Aufteilung der am Abflughafen gezahlten Frachtkosten geregelt und die Container genormt, damit sie reibungslos, wie in unserem Fall, von einem „Jumbo 747 mixed arrangement" auf eine Boeing 727 umgeladen werden können.

Um dies und weit mehr zu regeln, haben sich die internationalen Fluggesellschaften zu einem Verband – wirtschaftlich gesehen zu einem **Kartell** – zusammengeschlossen: International **A**ir **T**ransport **A**ssociation.

11.2.2.1 Aufgaben der IATA

Oberstes Ziel der IATA ist die **Vereinheitlichung aller Abfertigungsschritte**, die bei der Beförderung von Passagieren und Fracht in Betracht kommen.

Dabei sind folgende Hauptaufgaben zu unterscheiden:

1. **Festlegung von einheitlichen Tarifen**
2. **Vereinheitlichung der Dokumente**
3. **Festlegung von Richtlinien für den Bordservice**
4. **Standardisierung der Freigepäckgrenzen**
5. **Erlass von Richtlinien für die Zulassung von IATA-Agenturen**

Inzwischen beschäftigt sich die IATA aber auch mit den Problemen der Verstopfung der Lufträume, der drohenden Überlastung vieler Flughäfen und den ökologischen Auswirkungen des Luftverkehrs.

In regelmäßig tagenden **Ausschüssen** für **Finanzen, Rechtsfragen, Technik, Verkehr** und **Sanitätswesen** werden Vorschläge und Anträge der Mitglieder beraten und zur Entscheidung vorbereitet. Die IATA-Gesellschaften beschließen darüber – einstimmig – auf einer Hauptversammlung.

Das **IATA-Clearing-House** in London, die Verrechnungsstelle für die gegenseitigen Ansprüche der Fluggesellschaften, ist die wichtigste Einrichtung des Ausschusses für Finanzen.

Soweit Fluggesellschaften den Transport nicht komplett in eigener Regie durchführen (Interlining), sondern weitere Fluggesellschaften in die Transportkette eingeschaltet werden – was häufig der Fall ist –, sind die vom „first Carrier" berechneten Frachtkosten nach Streckenanteilen aufzuteilen.

Diese Aufteilung wird von dem IATA-Clearing-House vorgenommen.

Die Abrechnung der Streckenanteile in diesem „Prorate-System" erfolgt meist auf Basis der veröffentlichten IATA-Raten (vgl. Punkt 5).

354

Damit wirken die IATA-Raten im Interline-Verkehr indirekt als Preisuntergrenzen für das Aushandeln von Marktraten zwischen „first Carrier" und der Spedition als IATA-Agentur.

Fast alle Non-IATA-Carrier, die Linienverkehr betreiben, nehmen an diesem Abrechnungssystem teil. Über die Verbindung mit dem Clearing-House der US-Airlines sind das immerhin ca. 360 Fluggesellschaften.

Die Arbeit des Verkehrsausschusses hat naturgemäß für den Spediteur die weitreichendste Bedeutung.

11.2.2.2 IATA-Mitgliedschaft

Der IATA gehören 228 Linien-Fluggesellschaften aus über 140 Ländern an. Fast der gesamte zivile Weltluftverkehr wird also nach den Richtlinien der IATA betrieben.

Mitglied der IATA können nur Fluggesellschaften werden,
- die von einem Staat zugelassen sind, der in die UNO wählbar ist, und
- die nach einem veröffentlichten Flugplan Passagier- und/oder Frachtverkehr anbieten.

Fluggesellschaften, die ausschließlich Inlandsverkehre durchführen, können nur außerordentliches Mitglied werden.

Im Zuge der allgemeinen Liberalisierung des Weltluftverkehrsmarktes ermöglicht es die IATA den ihr angeschlossenen Gesellschaften, wahlweise an den Tarifkonferenzen teilzunehmen oder ihnen fernzubleiben. Es wird von einer **differenzierten Mitgliedschaft** gesprochen. Nur Teilnehmer der Tarifkonferenz binden sich nach den Statuten an die beschlossenen Tarife. Da aber auch diese Regelung aufgeweicht wurde, kehren immer mehr Fluggesellschaften zu den Tarifkonferenzen zurück. Die dort beschlossenen Tarifsysteme gelten als Bezugsrahmen für marktbezogene Preisgestaltung.

In den letzten Jahren ist es der IATA gelungen, wichtige Fluggesellschaften als neue Mitglieder zu gewinnen, so z. B. Delta Airlines (USA), Thai Airways (Thailand), Korea Airlines und Cathay Pacific. Nichtmitglied der IATA blieben die Civil Aviation Administration of China, CAAC (Volksrepublik China), Cargolux und Luxair (Luxemburg), China Airlines (Taiwan) und Wardair Canada.

11.2.2.3 Verkehrskonferenzen/IATA-Geografie

Alle Entscheidungen über die für den Spediteur wichtigen Verkehrsangelegenheiten werden auf den Verkehrskonferenzen = TRAFFIC CONFERENCES = **TC** getroffen.

Die TC beschließen über
- die Normung von Luftfrachtbrief und Packstück-Aufklebern (Labels),
- die Richtlinien zum Ausfüllen der Frachtdokumente,
- die Bestimmungen für den Transport lebender Tiere,
- Programme zur Automatisierung der Auftragsabwicklung,
- die Bestimmungen für den Transport gefährlicher Güter (Dangerous Goods Regulation = DGR),
- die Festlegung von Luftfrachtraten.

Weil die Interessen vieler Fluggesellschaften regional begrenzt sind und um die wirtschaftlichen Besonderheiten der verschiedenen Weltregionen besser berücksichtigen zu können, hat die IATA die Erde in drei Konferenzgebiete aufgeteilt: TRAFFIC CONFERENCE AREAS.

Diese Aufteilung stimmt nicht mit den sonst üblichen geographischen Gebietsbezeichnungen überein. Man spricht deshalb auch von einer **IATA-Geografie**.

Führende Fluggesellschaften nehmen an allen Gebietskonferenzen teil.

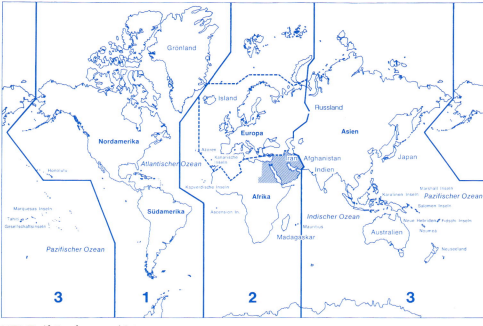

IATA-Tarif-Konferenzgebiete　　　　　Europa ------------- Mittlerer Osten ////////////

Innerhalb der **TC 1** unterteilt die IATA weiter in drei Gebiete:
- North America
- Mid Atlantic
- South Atlantic

Innerhalb der **TC 2** wird ebenso in drei Regionen unterteilt:

IATA-Europa	das geografische Europa bis westlich des Urals einschließlich dem Kaspischen Meer, die Türkei (also einschließlich ihres asiatischen Teils), die Kanarischen Inseln, die Azoren und Madeira, die drei nordafrikanischen Staaten Algerien, Tunesien und Marokko, die Mittelmeerinseln, nicht aber Zypern
Mittlerer Osten	der geografische Mittlere Osten mit dem Iran, aber auch Ägypten und Sudan sowie Zypern
IATA-Afrika	das geografische Afrika ohne Algerien, Tunesien, Marokko, Ägypten und Sudan, aber mit den Kapverdischen Inseln, Ascension, Madagaskar und Mauritius

TC 3 wird unterteilt in:
- Asia
- South West Pacific

Hinzu kommen noch eine ganze Reihe von „Tariff Coordinating Conference Sub-Areas".

Die Tarifkonferenzen werden von Cargo Procedure Conferences vorbereitet. Sie sind wiederum unterteilt in die **Cargo Service Conference** und die **Cargo Agency Conference**. Auf den alle zwei Jahre stattfindenden Verkehrskonferenzen hat jede teilnehmende Fluggesellschaft unabhängig von ihrer Größe eine Stimme. Die Beschlüsse, **IATA-Resolutionen** genannt, treten erst nach Genehmigung der jeweiligen Regierung in Kraft.

11.2.2.4 European Cargo Agency Program Joint Council

Im Zuge der allgemeinen Liberalisierung des Luftfrachtverkehrs hat die IATA das Verhältnis von Fluggesellschaften und Agenten mit der Resolution 803 neu geregelt, die die Einführung regionaler Agentursysteme erlaubt.

Auf dieser Basis ist speziell im Hinblick auf die Liberalisierung des europäischen Verkehrsmarktes die Resolution 805 **„Cargo Agency Distribution Rules – Europe"** verabschiedet worden. Sie gilt seit dem 1. Juli 1991 in den EU-Mitgliedstaaten und kann auch von anderen Ländern übernommen werden.

Die Ernennung, Registrierung und Prüfung von IATA-Agenturen wie auch die Entscheidung über Anträge von Speditionen auf Neuzulassung werden von der Agenturverwaltung der IATA in Genf vorgenommen. Das Cargo Registration and Review Board (C.R.R.B.) und das Cargo Investigation Panel (C.I.P.) wurden aufgelöst. Als Kontrollinstanz wurde das **„European Cargo Agency Program Joint Council" (ECAPJC)** geschaffen, in dem die Carrier und erstmals auch die Agenten die Regelungen des Agenturprogramms überwachen. Außerdem hat dieses Gremium Vorschlagsrecht gegenüber der Konferenz und legt die jeweils nationalen Kriterien für die Registrierung von Frachtagenturen fest.

Ein **„Agency Commissioner"** soll die Aufgabe wahrnehmen, bei Meinungs- verschiedenheiten zwischen IATA-Administration, Carriern und Agenten zu vermitteln.

11.2.2.5 Gefahrguttransporte im Luftverkehr

Im Bereich des Luftverkehrs wurden im Jahre 1955 erstmalig durch die IATA die sog. **RAR (= Restricted Articles Regulations)** veröffentlicht, die nur bedingt zur Luftbeförderung zugelassene Gefahrengüter zum Inhalt hatte. Ab dem 1. Januar 1984 gelten nun die in Zusammenarbeit von ICAO und IATA entwickelten **„Dangerous Goods Regulations"**, die die Anlage „A" der IATA-Resolution 618 darstellen.

Im nationalen Bereich wird die Beförderung gefährlicher Güter im Luftverkehr geregelt im **Luftverkehrsgesetz (LuftVG** i. d. F. vom 11. Januar 2005 – hier § 27 LuftVG) sowie in der **Luftverkehrs-Zulassungs-Ordnung (LuftVZO** i. d. F. vom 27. Juli 2005 – hier die § 76 ff. LuftVZO). Da die Beförderung gefährlicher Güter im Luftverkehr ein sehr hohes Risiko in sich birgt, muss das Luftfahrtunternehmen sich zunächst eine **allgemeine Erlaubnis** nach § 27 Abs. 2 LuftVG in Verbindung mit § 78 LuftVZO besorgen, die vom **Luftfahrt-Bundesamt** ausgestellt wird. Diese wird nur erteilt, wenn das Luftfahrtunternehmen nachweisen kann, dass es die zur Beförderung gefährlicher Güter notwendigen Sicherheitsvoraussetzungen erfüllt, d. h., dass es die **ICAO Technical Instructions for the Safe Transport of Dangerous Goods by Air (Document 9284 – AN/905 n. F.)** sowie die IATA Dangerous Goods Regulations einhält.

Die IATA-Gefahrgutvorschriften gelten für Mitgliedgesellschaften der IATA, die Mitglieder des **IATA Interline Agreement-Cargo** sind.

Das **DGR-Handbuch** (49. Ausgabe 2008) ist in **10 Abschnitte** und die **Anhänge A bis I** gegliedert. Die Klassifizierung der gefährlichen Güter ist in Abschnitt 3 enthalten und ist gemäß Ziff. 3.02 **identisch** mit der Einteilung der gefährlichen Güter bei anderen Verkehrsträgern. Die Klasse 1 (Explosivstoffe) beinhaltet davon abweichend 6 Unterklassen (Unterklassen 1.1 bis 1.6), wobei z. B. in der Unterklasse 1.6 äußerst unempfindliche Artikel, welche keine Gefahr zur Massenexplosion aufweisen, erfasst sind.

Sollten gefährliche Gegenstände oder Stoffe befördert werden, die neben den Kriterien für andere Gefahren die Kriterien einer der nachstehenden Klassen oder Unterklassen aufweisen, haben die Regelungen zu diesen genannten Eingruppierungen aufgrund des hohen Gefahrenpotenzials absoluten Vorrang.

Im Einzelnen sind dies:

- Klasse 1, 2 und 7
- Unterklassen 5.2 und 6.2
- selbstentzündliche oder ähnliche Substanzen und feste, unempfindlich gemachte Explosivstoffe der Unterklasse 4.1
- pyrophore Stoffe der Unterklasse 4.2
- Stoffe der Unterklasse 6.1 mit Inhalationstoxizität entsprechend Verpackungsgruppe I
- flüssige, unempfindlich gemachte Explosivstoffe der Klasse 3.

Sollten für ein gefährliches Gut 2 Gefahren der Klassen **3, 4 oder 8** sowie der Unterklassen **5.1 oder 6.1** zutreffen, so muss zunächst eine Klassifizierung entsprechend der **Gefahrenvorrangtabelle** (Tabelle 3.10. A – Abschnitt 3) vorgenommen werden.

Beispiel:

Bariumazid, angefeuchtet, mit mindestens 50 Gew.-% Wasser, soll von Frankfurt nach Chicago im Luftverkehr befördert werden. Das gefährliche Gut hat die UN-Nummer **1571** und ist der Unterklasse **4.1** (entzündbare Feststoffe) zugeordnet.
Aus der Gefahrgutliste (Abschnitt 4 – Unterabschnitt 4.2) ist Folgendes zu entnehmen:
ausgewiesene Nebengefahr: 6.1
Somit wird man in die Gefahrenvorrangtabelle verwiesen. Aus ihr geht hervor, dass in diesem Fall die Primärgefahr in der Giftigkeit des Stoffes und nicht in der Entzündbarkeit zu suchen ist, die hier zur Nebengefahr wird. Die Tabelle legt ferner die Verpackungsgruppe I fest (vgl. Einteilung im Seeverkehr). Aus der Übersicht Unterabschnitt 4.2 geht weiter hervor, dass dieses gefährliche Gut mit Passagierflugzeugen überhaupt nicht befördert werden darf. Für **reine** Frachtflugzeuge gilt die Verpackungsvorschrift **416** (Abschnitt 5 – Einzelvorschrift 416).

Danach sind folgende Innenverpackungen mit folgenden Code-Nummern zulässig:

Beschreibung	zulässig	Code-Nr.	Verpackungsspezifikation (Abschnitt 6)
Steingut, Glas	ja	IP.1	6.1.1
Kunststoff	ja	IP.2	6.1.2
Metall (nicht Aluminium)	nein	IP.3	6.1.3.1
Aluminium	nein	IP.3A	6.1.3.2
Kunststoffsäcke	nein	IP.5	6.1.5
Glasampullen	ja	IP.8	6.1.10

Somit ist aus der Code-Nummer zu erkennen, dass es sich um eine Innenverpackung gemäß UN-Spezifikation handelt.

Als entsprechende Außenverpackung könnte man hier sicherlich Kisten aus Stahl (4A), aus Aluminium (4B), aus Holz (4C1, 4C2) oder aus Kunststoff (4H2) verwenden.

Die **Klassifizierung** eines Produktes erfolgt mithilfe des Abschnitts 4 DGR-Handbuch. Danach ist das Treibladungspulver (UN-Nr. 0160) der Klasse 1 und hier der Unterklasse 1.1C zugeordnet, die Artikel und Substanzen mit Massenexplosionsgefahr beinhaltet. Eine Beförderung dieses Stoffes ist sowohl mit Passagier-Fracht-Flugzeug und mit reinem Fracht-Flugzeug verboten.

Falls in unserem Fall Glas oder Glasampullen zur Innenverpackung verwendet würden, müssten diese mit Polstermaterial (Aufsaugmaterial) fest in dicht verschlossene Metallbehälter verpackt sein, bevor sie in eine vorgeschriebene Außenverpackung eingesetzt werden. In einem Packstück dürfen sich max. 0,5 kg des gefährlichen Stoffes befinden.

Eine zusammenfassende allgemeine Darstellung der **Mengenbeschränkungen** für Innen- und Außenverpackungen befindet sich in Abschnitt 2 – Unterabschnitt 2.7.5 (Tabelle 2.7 A).

Da der IATA-Agent nicht in der Lage ist, die güterartenspezifischen Gefahren zu bestimmen, unterliegt der Versender der vollen Verantwortung für die sachgemäße Behandlung gefährlicher Güter. Im **Abschnitt 8** ist somit auch festgelegt, dass er für jede einzelne Sendung, die ein Gefahrgut nach den DGR darstellt, eine **Versendererklärung** für Gefahrgut **(= Shipper's Declaration for Dangerous Goods)** ausstellt (vgl. Formular auf Seite 359).

Das Formblatt für die Versendererklärung muss in englischer Sprache ausgefüllt sein. Falls es vom Abgangs- oder Empfangsland verlangt wird, sind genaue Übersetzungen in die vorgeschriebene Sprache beizufügen. Bei Sammelgutsendungen muss der akzeptierenden Luftverkehrsgesellschaft für jede Teilsendung, die Gefahrgut enthält, eine separate Versendererklärung vorgelegt werden. Am Bestimmungsflughafen übergibt die ausliefernde Luftverkehrsgesellschaft eine Kopie jeder Versendererklärung dem **Verteiler-Agenten**.

Geänderte oder verbesserte Versendererklärungen werden nur dann von der Luftverkehrsgesellschaft angenommen, wenn jede Änderung/Verbesserung mit **derselben** Unterschrift abgezeichnet ist, mit der die Versendererklärung unterschrieben ist. Im Unterabschnitt 8.1.2 sind im DGR genaue Vorschriften zur Ausfüllung der einzelnen Felder der Versendererklärung enthalten. Insgesamt hat der Absender somit folgende **Pflichten**:

- er muss sicherstellen, dass die Beförderung der Artikel oder Stoffe im Luftverkehr nicht verboten ist (vgl. auch Abschnitt 2.1);
- die Güter müssen korrekt klassifiziert, verpackt, markiert und gekennzeichnet sein (vgl. Abschnitte 3, 4, 5, 6, 7);
- die Versendererklärung für Gefahrgut muss ordnungsgemäß ausgefüllt und unterzeichnet sein (vgl. Abschnitt 8);
- die Bestimmungen für Umverpackungen, Frachtcontainer und Ladeeinheiten müssen eingehalten werden (vgl. Unterabschnitt 5.0.2).

Welche Aufgabe fällt nun dem IATA-Agenten im Rahmen der Gefahrgut-Abfertigung zu? Wie bereits im Zusammenhang mit den Zulassungsvoraussetzungen erwähnt, muss

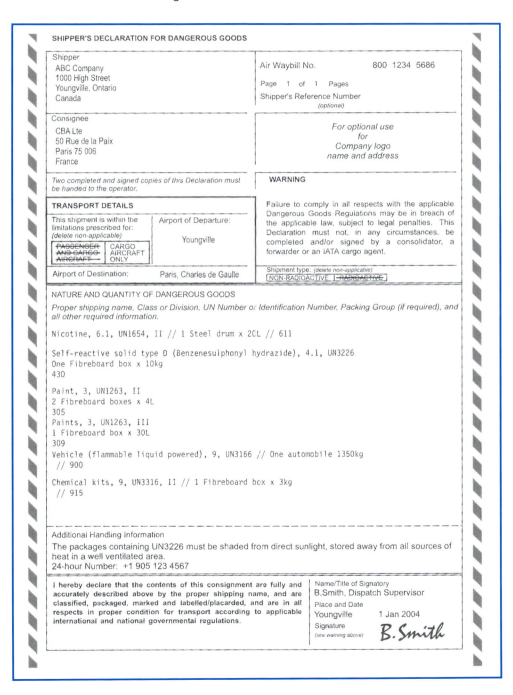

jede IATA-Agentur mindestens zwei Mitarbeiter beschäftigen, die regelmäßig und erfolgreich an den ICAO- oder IATA-Gefahrgutschulungen teilnehmen.

Sie haben die Aufgabe, die vom Absender beigefügte Versendererklärung zu überprüfen, bevor der Luftfrachtbrief ausgestellt wird.

SHIPPER'S DECLARATION FOR DANGEROUS GOODS

Shipper ABC Company 1000 High Street Youngville, Ontario Canada	Air Waybill No. 800 1234 5686 Page 1 of 1 Pages Shipper's Reference Number *(optional)*
Consignee CBA Lte 50 Rue de la Paix Paris 75 006 France	*For optional use* *for* *Company logo* *name and address*

Two completed and signed copies of this Declaration must be handed to the operator.

WARNING

Failure to comply in all respects with the applicable Dangerous Goods Regulations may be in breach of the applicable law, subject to legal penalties. This Declaration must not, in any circumstances, be completed and/or signed by a consolidator, a forwarder or an IATA cargo agent.

TRANSPORT DETAILS

This shipment is within the limitations prescribed for: *(delete non-applicable)* ~~PASSENGER~~	CARGO ~~AND CARGO~~	AIRCRAFT ~~AIRCRAFT~~	ONLY	Airport of Departure: Youngville

Airport of Destination: Paris, Charles de Gaulle

Shipment type: *(delete non-applicable)*
NON-RADIOACTIVE   ~~RADIOACTIVE~~

NATURE AND QUANTITY OF DANGEROUS GOODS

Proper shipping name, Class or Division, UN Number or Identification Number, Packing Group (if required), and all other required information.

```
Nicotine, 6.1, UN1654, II // 1 Steel drum x 2CL // 611

Self-reactive solid type D (Benzenesulphonyl hydrazide), 4.1, UN3226
One Fibreboard box x 10kg
430

Paint, 3, UN1263, II
2 Fibreboard boxes x 4L
305
Paints, 3, UN1263, III
1 Fibreboard box x 30L
309
Vehicle (flammable liquid powered), 9, UN3166 // One automobile 1350kg
 // 900

Chemical kits, 9, UN3316, II // 1 Fibreboard box x 3kg
 // 915
```

Additional Handling Information
The packages containing UN3226 must be shaded from direct sunlight, stored away from all sources of heat in a well ventilated area.
24-hour Number: +1 905 123 4567

I hereby declare that the contents of this consignment are fully and accurately described above by the proper shipping name, and are classified, marked and labelled/placarded, and are in all respects in proper condition for transport according to applicable international and national governmental regulations.	Name/Title of Signatory B.Smith, Dispatch Supervisor Place and Date Youngville 1 Jan 2004 Signature *(see warning above)* *B.Smith*

Hierfür benutzt man eine **Checkliste**, anhand derer jeder Abfertigungsschritt von der Absenderadresse bis hin zur Bezettelung mit den richtigen Gefahrgutaufklebern auf jedem Packstück geprüft wird. Die Checkliste (komplette Veröffentlichung: DGR-Handbuch, S. 913 ff.) hat folgenden strukturellen Aufbau:

Auszug:

...

Sind die nachstehenden Informationen für jede Eintragung korrekt?

(Is the following information correct for each entry?)

Versendererklärung für gefährliche Güter

	Ja	Nein	N/A
1. Zwei Kopien in Englisch und im IATA-Format (8.1.1, 8.1.2)	☐	☐	
2. Vollständiger Name und Adresse des Versenders und Empfängers (8.1.6.1, 8.1.6.2)	☐	☐	
3. Name und Telefon-Nummer der verantwortlichen Person für infektiöse Substanzen der Unterklasse 6.2 (8.1.6.2)	☐	☐	☐

Identifizierung

	Ja	Nein	
9. Richtige Versandbezeichnung und technischer Name in Klammern für Eintragungen mit Sternchen (8.1.6.9.1, Schritt 2)	☐	☐	

Falls eine der insgesamt 55 Fragen mit „Nein" beantwortet wird, darf die Sendung nicht aufgeliefert werden.

Im Luftfrachtbrief muss der IATA-Agent folgende Angaben im Feld „Handling Information" machen:

- Dangerous goods as per attached Shipper's Declaration (Gefahrgut gemäß angehefteter Versendererklärung) oder
- Dangerous Goods-Shipper's Declaration not required (Gefahrgut-Versendererklärung nicht erforderlich) und
- Cargo Aircraft Only (Nur für Frachtflugzeuge), falls zutreffend.

11.2.3   IATA-Agentur

Die IATA hat in der ganzen Welt Speditionen zu Luftfrachtagenturen ernannt. Sie haben den Auftrag, die Interessen der IATA-Fluggesellschaften bei der verladenden Wirtschaft zu vertreten und **Luftfrachtaufträge zu besorgen**. (IATA-Agenturen werden also tätig als Frachtführer im Sinne von HGB § 407 ff.)

In der Bundesrepublik Deutschland werden von den etwa 160 IATA-Agenturen, also den von der IATA zugelassenen Luftfrachtspeditionen, über 90 % aller Luftfrachtsendungen vermittelt.

Sie unterhalten auch im Binnenland Luftfrachtbüros, sodass eine flächendeckende Kundenbetreuung gewährleistet ist.

Weltweit sind über 4 000 IATA-Agenturen tätig, davon etwa 1800 in Tarifgebiet 2.

Die Zulassung zum IATA-Agenten ist die Voraussetzung, damit eine Spedition im Luftfrachtgeschäft erfolgreich sein kann. (Zum Beispiel können nur IATA-Agenturen am CASS-Abrechnungssystem teilnehmen [s. u.].)

11.2.3.1   Rechte und Pflichten des IATA-Agenten

Eine IATA-Agentur bietet i. d. R. ihre Dienste gegenüber allen Verladern an und kann grundsätzlich für alle IATA-Fluggesellschaften tätig werden. Welche sie im Einzelfall wählt, hängt ab von

- dem Zielort,
- den angebotenen Abflugfrequenzen,
- dem verfügbaren Frachtraum,
- der Zuverlässigkeit der Fluggesellschaft,
- Kunden- oder Akkreditivvorschriften und
- den ausgehandelten Netto-Raten

(Mit der Agentur-Resolution 805 können auch sog. In-House-Agents zugelassen werden. Das sind Großverlader, die ihre Luftfrachtabteilung als IATA-Agentur anmelden, die dann folglich nur für dieses Unternehmen tätig wird.
Diese Neuerung ist gegen den energischen Widerstand der Speditionsverbände eingeführt worden.)

Für die Vermittlung von Frachtaufträgen vergüten die Fluggesellschaften den Agenturen eine **Agenten-Provision**. Die Höhe ist nicht mehr einheitlich geregelt. Seit Jahren wird auf Antrag einiger Fluggesellschaften in den Gremien der IATA über eine Erhöhung verhandelt. Die Lufthansa und viele andere Gesellschaften zahlen den IATA-Agenten in der Bundesrepublik Deutschland **6 % des Frachtbetrages als Provision**. Für **Inlandstransporte** werden 7,5 % Provision bezahlt.

Dafür hat der IATA-Agent folgende **Aufgaben** wahrzunehmen:

1. Er stellt den Luftfrachtbrief (Air Waybill = AWB) aus. Der AWB ist nach den Richtlinien der IATA auszufüllen. Wichtiger Bestandteil ist die Ratenfindung und gegebenenfalls die Beachtung der Gefahrgutvorschriften.
   Nur IATA-Agenturen erhalten Blanco-AWBs mit laufender AWB-NR. von den Fluggesellschaften, und zwar unentgeltlich. Soweit neutrale AWBs EDV-gestützt erstellt werden, wird ihnen das benötigte Kontingent von AWB-NR. zugeteilt.
2. Er hat die Luftfrachtsendung für den Lufttransport versandfertig der Fluggesellschaft zu übergeben; **„ready for carriage"** heißt das laut IATA-Resolution 801 über den Agenturvertrag.
   Dazu gehört:
   - Der AWB muss vorschriftsmäßig ausgefüllt sein.
   - Die Begleitpapiere müssen vollständig sein.
   - Die Sendung muss luftfrachtgerecht verpackt sein (Achtung: Verpackungsvorschriften der DGR).
   - Jedes Packstück muss einen Klebezettel (Label; in Kürze muss es ein Barcode-Label sein) der Fluggesellschaft tragen mit AWB-NR. und Abkürzung des Zielflughafens.
3. Er hat die Frachten und Gebühren für die Luftfrachtführer bei den verladenden Unternehmen einzuziehen und bis zum **30. des Folgemonats**, gerechnet vom Abfertigungstag, an die Fluggesellschaften abzuführen.
   Die Abrechnung der Speditionen/Agenten mit den Fluggesellschaften erfolgt nicht mehr mit jeder einzelnen Fluggesellschaft, sondern vereinfacht über das neue **Cargo Agency Settlement System (CASS)**. Nur IATA-Agenten haben Zugang zum CASS.
4. Er ist – zumindest laut Agenturvertrag – verpflichtet, die von der IATA veröffentlichten Frachtraten zu berechnen und die sonst geltenden Bestimmungen einzuhalten.

Der IATA-Agent darf auch Luftfrachtgeschäfte mit Non-IATA-Carriern aushandeln und abschließen. Der Agenturvertrag schreibt lediglich vor, dass er keine höheren als die von den IATA-Carriern gezahlten Provisionen annehmen darf.

5. Der IATA-Agent hat zudem Anspruch auf Nebengebühren für die von ihm getätigten Nebenleistungen. Nebengebührentarife werden von Fluggesellschaften (z. B. Lufthansa-Nebengebühren-Tarif, vgl. www.lhcargo.de) oder Spediteurverbänden (LNGT) herausgegeben und zur Anwendung empfohlen.

11.2.3.2 Arbeitsschritte des IATA-Agenten

1. Er erhält einen Speditionsauftrag zur Versendung einer Sendung per Luftfracht.
2. Er bietet verschiedene „Produkte" an: entweder die schnellste Verbindung oder verschiedene Sammelladungs-Angebote, gestaffelt nach Preis und Abflugzeiten.
3. Er reserviert eine AWB-NR. und bereitet die Frachtbriefdaten vor.
4. Er übernimmt die Sendung oder veranlasst die Abholung. Er überprüft sie auf Vollständigkeit, stellt Gewicht und Volumen fest.
5. Er bucht den benötigten Frachtraum bei der entsprechenden Fluggesellschaft unter Angabe von AWB-NR., Bestimmungsflughafen, Gewicht, Volumen und gegebenenfalls besonderen Hinweisen, z. B. Gefahrgut oder Wertfracht.
   Die Buchung wird heute meist im Rahmen von EDV-Rechner-Kopplung, also online vorgenommen (z. B. über „TRAXON").
6. Er berechnet die Fracht samt Nebenkosten und druckt den AWB aus.
7. Gegebenenfalls müssen Konsulatsfakturen eingeholt, also Handelsrechnungen legalisiert werden.
8. Er „belabelt", also bezettelt die Packstücke.
9. Er entnimmt Copy 9 des AWB und nimmt sie zur Speditionsakte.
10. Er heftet die Begleitpapiere an den AWB-Trennsatz und übergibt Papiere und Sendung der Fluggesellschaft an der entsprechenden Abfertigungsstelle am Flughafen.
11. Er kontrolliert den Sendungsablauf, ruft Statusinformationen ab und gibt Auskunft über den Verbleib der Sendung.

11.2.3.3 Weg zur IATA-Agentur

Wer einen Erfolg versprechenden Antrag auf Zulassung zum IATA-Agenten stellen will, muss zunächst über ein Büro und ausreichend Raum für den Umschlag von Sendungen verfügen.

Er muss einen makellosen Ruf haben und Kreditwürdigkeit bzw. Liquidität (inzwischen jährlich) nachweisen können.

Die IATA-Resolutionen 811a und 805 (neu) stellen aber noch eine Reihe spezieller Bedingungen, die nicht immer leicht zu erfüllen sind.

Der **Antragsteller**

- muss mindestens **6 Monate** lang **Luftfrachtgeschäfte** betrieben haben, i. d. R. mit möglichst vielen Fluggesellschaften, möglichst nicht nur an einem Flughafen in der Bundesrepublik Deutschland und anfänglich **ohne Anspruch auf Auszahlung der Provision**, mit nennenswertem Umsatz und einer positiven Umsatzprognose,
- muss **Personal** beschäftigen, das Erfahrung in der Abfertigung von Luftfrachtsendungen hat (möglichst belegt durch Schulungsnachweise der IATA und FIATA) und muss mindes-

tens zwei Mitarbeiter vorweisen, die speziell für die Annahme und ordnungsgemäße Behandlung von Gefahrgut gemäß den Dangerous Goods Regulation (DGR) geschult sind,
* darf keinen **Firmennamen** wählen, der Ähnlichkeit mit dem Namen einer Luftverkehrsgesellschaft hat, und muss seine Leistungen der gesamten Verladerschaft anbieten, also nicht nur für ein Unternehmen tätig werden wollen.

Wo muss er den Antrag einreichen, wenn er sich sicher ist, diesen Anforderungen genügen zu können?

Der Antrag ist direkt am IATA-Sitz in Genf der für die Verkehrskonferenz 2 zuständigen Verwaltung zu übergeben.

Hier wird er geprüft und nach Beratung und Abstimmung mit dem „European Cargo Agency Program Joint Council" (ECAPJC) entschieden.

Wird dem Antrag stattgegeben, erhält die neue IATA-Agentur eine IATA-Code-Nummer, z. B. 23-4-1234, wobei die ersten drei Ziffern anzeigen, dass die Agentur ihren Sitz in IATA-Europa hat. Sie ist auf jedem Frachtbrief zu vermerken, damit die Provision gezahlt wird. Außerdem wird die in der „Probezeit" einbehaltene Provision ausgezahlt.

11.3 Rechtsgrundlagen des Luftfrachtvertrages und die Haftung des Luftfrachtführers

Der Luftfrachtvertrag ist, wie jeder andere Beförderungsvertrag auch, ein **Werkvertrag**. Rein rechtlich gesehen ist der Luftfrachtvertrag an keine bestimmte Form gebunden; es würde also auch eine mündliche Absprache oder der berühmte Handschlag genügen, um alle folgenden rechtlichen Regelungen in Kraft zu setzen – **Konsensualvertrag**.

Selbstverständlich ist der Luftfrachtvertrag ebenso ein Vertrag, mit dem ein **begünstigter Dritter**, der Empfänger, festgelegt wird. Er erhält durch den Vertragsschluss Rechte – an der Sendung (einschließlich Ersatzansprüchen) – und Pflichten (gegebenenfalls auf Zahlung der Fracht).

11.3.1 Rechtliche Grundlagen des Luftfrachtvertrages

Mit dem Luftfrachtvertrag wird in der Regel eine grenzüberschreitende Luftfrachtbeförderung vereinbart. Im Unterschied zu anderen Verkehrsträgern gibt es für die Luftfrachtbeförderung **kein einheitliches internationales Recht**.

Es sind von Fall zu Fall folgende rechtliche Ebenen zu prüfen:

* das HGB (neu)
* das **Warschauer Abkommen (WAK)** alter Fassung
* das **Haager Protokoll (HP)**, auch Warschauer Abkommen neuer Fassung genannt
* **das Abkommen von Montreal (MAK)** (in den Staaten, die es ratifiziert haben, z. B. EU, USA. Manche Autoren benutzen zur Unterscheidung auch die Abkürzung MÜK für Montrealer Übereinkommen. Im Englischen wird jedoch bei beiden Rechtsgrundlagen der Bgriff „Convention" verwendet.)

Soweit diese **Gesetze** *keine* Regelung vorsehen oder nicht zur Anwendung kommen können, sind als **Geschäftsbedingungen** zu prüfen:

* die **IATA-Beförderungsbedingungen (conditions of carriage)**
* die **Beförderungsbedingungen** eines Non-IATA-Carriers

Es sei hier bereits darauf hingewiesen: Der Luftfrachtspediteur schließt Speditionsverträge auf der Grundlage der ADSp ab. Wird er jedoch als Luftfracht-Sammelgut-Spediteur tätig (Consolidator), der Haus-Luftfrachtbriefe auf sich ausstellt, wird er rechtlich wie ein Luftfrachtführer (als sog. „Contracting Carrier") tätig und unterliegt damit auch den weiter gehenden Haftungsregelungen der oben genannten Gesetze.

11.3.2 Recht im internationalen Luftfrachtverkehr

Im Folgenden ist also zu klären, wann und unter welchen Voraussetzungen welche Rechtsgrundlage wirksam wird und worin sich die Rechtsgrundlagen unterscheiden.

11.3.2.1 Warschauer Abkommen, Haager Protokoll und Montrealer Abkommen

Pioniergeist und Zuversicht in die technischen und wirtschaftlichen Möglichkeiten des Luftverkehrs müssen bei der in weiten Teilen heute noch gültigen Erstfassung des **Warschauer Abkommens** Pate gestanden haben.

Es wurde bereits 1929 formuliert, paraphiert und auch im Montrealer Abkommen von 1998 übernommen:

> **Art. 1 Abs. 1 WAK/HP und MAK:**
> **Dieses Abkommen gilt für jede internationale Beförderung von Personen, Reisegepäck und Gütern, die durch Luftfahrzeuge gegen Entgelt erfolgt.**

Über hundert Staaten haben das **WAK** ratifiziert. Aktualisiert und ergänzt wurde es 1955 aufgrund eines Entwurfs der ICAO in Den Haag. Das so entstandene **Haager Protokoll**, auch „Warschauer Abkommen neuer Fassung" genannt, wurde inzwischen von über 50 Staaten ratifiziert. Die meisten davon waren bereits dem WAK beigetreten.

Das Montrealer Abkommen brachte eine grundsätzliche Wende in den frachtrechtlichen Bestimmungen des WAK, passte es an die Erfordernisse des 21. Jahrhunderts an. Es wurde am 28. Mai 1999 verabschiedet und trat erstmals im November 2003 in Kraft, nachdem es mehr als die erforderlichen 30 Staaten ratifiziert hatten. Die Bundesrepublik Deutschland hat es – gemeinsam mit den anderen EU-Staaten – zum 28. April 2004 ratifiziert und bei der ICAO hinterlegt. Gemäß den Bestimmungen trat es zum 28. Juni 2004 in Kraft.

Fragt sich also, welches Recht bei einem bestimmten Luftfrachtvertrag zur Anwendung kommt? Es gelten folgende **Prinzipien**:

1. Es gilt das Recht, das sowohl das Abgangs- als auch das Zielland ratifiziert haben.
2. Sind **zwei oder alle drei** Abkommen anwendbar, ist das für den Kunden günstigere Recht anzuwenden. **Es gilt die Rangfolge: MAK, (MP Nr. 4) vor HP, HP vor WAK.**

Es müssen also Abgangs- und Zielland das MAK (MP Nr. 4) ratifiziert haben, damit es für einen Frachtvertrag zur Anwendung kommt. Hat eines der Länder nur das HP oder gar nur das WAK ratifiziert, gelten diese Abkommen als Rechtsgrundlage.

11.3.2.2 Beförderungsbedingungen

Ist einer von zwei Staaten oder sind beide Staaten, Abgangsland und Zielland, weder dem WAK noch dem HP **noch dem MAK (MP Nr. 4)** beigetreten, kann als Rechtsgrundlage des Luftfrachtvertrages auf nationales Recht zurückgegriffen werden. Entscheidend wäre dann, in welchem Staat geklagt wird.

In der Praxis kommt dieser Fall jedoch sehr selten vor, denn die Beförderungsbedingungen der IATA – **conditions of carriage** – sind von vielen Fluggesellschaften übernommen und von vielen Staaten anerkannt worden.

Soweit keine andere gesetzliche Regelung anwendbar ist, haben also die Beförderungsbedingungen der Fluggesellschaft Geltung für den Luftfrachtvertrag.

Ist auch dort nichts geregelt, gibt es noch die **„conditions of contract"**, also die IATA-Vertragsbedingungen, die mit dem Luftfrachtvertrag vom Absender anerkannt werden. Sie sind auf der Rückseite des AWB abgedruckt.

Darin wird ausdrücklich auf die Gültigkeit des Warschauer Abkommens hingewiesen. Ansonsten sind darin nur Fälle angesprochen, in denen der Luftfrachtführer nicht haftet.

Ihnen kommt als letztem Glied in der Kette der Vertragsgrundlagen relativ geringe Bedeutung zu.

11.3.3 Haftung des Luftfrachtführers

Wird eine Luftfrachtsendung beschädigt, lässt sie sich nicht mehr oder nicht mehr vollständig auffinden oder ist eine Verspätung eingetreten, ist zunächst – wie eben dargestellt – zu klären, welche Rechtsgrundlagen für den Luftfrachtvertrag anzuwenden sind. Erst dann lässt sich die Frage der Haftung entscheiden.

Ein Haftungsfall kann eintreten durch:

- Beschädigung
- Teilverlust
- Totalverlust
- Verspätung

Im Folgenden wird zur Vereinfachung so verfahren: Dargestellt werden die Regelungen nach dem in der Bundesrepublik Deutschland gültigen und angewandten Luftfrachtrecht. Auf Ausnahmen und Abweichungen wird hingewiesen.

11.3.3.1 Haftungsprinzip

Ist ein Schaden an einer Luftfrachtsendung entstanden, wird **nach WAK und HP** zunächst *prinzipiell*, also ohne Beweis, vermutet, dass ein Verschulden des Luftfrachtführers dafür verantwortlich ist.

Es ist Sache der Fluggesellschaft, zu beweisen, dass sie entweder alle erforderlichen Maßnahmen zur Vermeidung eines Schadens vorgenommen hatte oder aber, dass dies nicht möglich war.

Erst wenn sie sich von dem Verschuldens-Verdacht entlastet hat, kann sie die Schadensregulierung ablehnen. Das Haftungsprinzip nennt man deshalb **Verschuldenshaftung mit umgekehrter Beweislast**.

Das **Montrealer Abkommen und das Montrealer Protokoll Nr. 4** führen in der internationalen Luftfracht jetzt auch für den Luftfrachtführer die **Gefährdungshaftung** ein, ein wesentlich strikteres Haftungsprinzip als bisher. Der Luftfrachtführer haftet danach **unabhängig vom eigenem Verschulden** für alle in seiner Obhut entstandenen Schäden. Es gibt nur noch vier Ausnahmen davon: Schäden aufgrund der Eigenart der Güter oder eines ihnen innewohnenden Mangels, Schäden aufgrund mangelhafter Verpackung, Schäden infolge von Krieg oder bewaffneten Konflikten, Schäden aufgrund hoheitlichen Handelns.

Die IATA-Vertragsbedingungen sehen dagegen vor, dass der geschädigte Kunde der Fluggesellschaft nachzuweisen hat, dass sie oder ihr Personal ein Verschulden am Schadenseintritt trifft. Eine Regelung, die den Kunden erheblich schlechter stellt. Das widerspricht dem WAK, dem HP und dem HGB und ist deshalb in der Bundesrepublik Deutschland nichtig.

11.3.3.2   Haftungszeitraum

Wie bei anderen Verkehrsträgern auch verpflichtet sich der Luftfrachtführer mit der Annahme der Sendung, die Güter sachgemäß zu behandeln und zu transportieren. Er übernimmt Haftungsverpflichtungen vom Zeitpunkt der Übernahme der Sendung bis zur Übergabe an den Empfänger. Zeitlich gesehen handelt es sich um eine **Obhutshaftung**.

Der Empfänger hat einen Auslieferungsanspruch, sobald er seine Zahlungsverpflichtungen erfüllt hat, also Frachtnachnahme oder Warenwertnachnahme gezahlt hat.

Kann die Sendung auch **7 Tage** nach dem vorgesehenen Ankunftstag dem Empfänger noch nicht übergeben werden, *kann* sie als verloren angesehen werden. Der Luftfrachtführer muss dies allerdings anerkennen. Erst dann hat der Empfänger Ersatzansprüche.

In den WAK und HP ist von Haftung während der „Luftbeförderung" die Rede. Im HP wird allerdings klargestellt, was darunter zu verstehen ist: Der Haftungszeitraum beginnt mit der Übernahme der Sendung, auch wenn dies im Stadtbüro der Fluggesellschaft stattfindet. Entsprechendes gilt für die Auslieferung. **Das MAK (MP Nr. 4) erweitert die Obhutshaftung auf Lagerung des Frachtgutes auch außerhalb eines Flughafens.**

11.3.3.3   Haftungshöhe

Ist in der Obhut des Frachtführers ein Schaden entstanden und wurde er von dem Geschädigten rechtzeitig angemeldet und exakt beziffert, ist die Fluggesellschaft zum **Schadenersatz** verpflichtet. Eine wichtige Einschränkung gibt es allerdings: **Haftungshöchstgrenzen sind im HP und im WAK und im MAK (MP Nr. 4) festgelegt**. Für den **internationalen** Luftfrachtverkehr heißt es in dem **HP** und dem **WAK** übereinstimmend:

> **Art. 22 Abs. 3 MAK:**
>
> **(3) Bei der Beförderung von Gütern haftet der Luftfrachtführer für Zerstörung, Verlust, Beschädigung oder Verspätung nur bis zu einem Betrag von 17 Sonderziehungsrechten für das Kilogramm;**
>
> **(...)**

Die Kurse der von Internationalen Währungsfonds (IMF) festgelegten Sonderziehungsrechte werden täglich festgelegt und bieten dem Geschädigten einen relativ stabilen Wertausgleich. So war z. B. am 3. Juli 2008 für 1 SZR = 1,03014 EUR zu zahlen. Dies bedeutet, dass für einen Schaden an diesem Tag je kg 17 x 1,03014 = 17,51 EUR zu zahlen waren (gegenüber 27,35 EUR nach dem Warschauer Abkommen – also schlechter für den Kunden). Anders als bei WAK und HP gilt diese Haftungsgrenze auch bei leichtfertigem oder vorsätzlichem Verhalten des Luftfrachtführers oder seiner Mitarbeiter.

Der Verlader kann aber trotz Haftungsbeschränkung des Luftfrachtführers sowohl nach **WAK, HP als auch MAK** dafür sorgen, dass die Fluggesellschaft auch für höherwertige Ware in voller Höhe Schadenersatz leistet, sollte Verlust oder Teilverlust eintreten. Er kann einen **Lieferwert** eindecken. Das Gesetz und die Beförderungsbedingungen schreiben vor, dass der Absender im Luftfrachtbrief einen **Transportwert** angibt. In der Regel ist das der Rechnungspreis. Im AWB ist es das Feld **Declared Value for Carriage**.

Der ausdrücklich geäußerte Verzicht wird als Angabe akzeptiert. Als Mindestangabe muss eingetragen werden: **NVD** (No Value Declared).

Ein Lieferwert wird in der Absicht angegeben, die Haftung der Fluggesellschaft über die vorgeschriebenen 17 SZR (27,35 EUR nach WAK) hinaus auf den tatsächlichen Warenwert auszudehnen. Das hat seinen Preis. Die dafür zu zahlende Gebühr heißt **Wertzuschlag = Valuation Charge**.

Sie beträgt gegenwärtig weltweit **0,5 %** und wird berechnet auf den Betrag, um den der Lieferwert höher ist als die Höchsthaftung nach WAK.

> *Beispiel:*
> Wert der Sendung .... 5 000,00 EUR
> Bruttogewicht der Sendung 100 kg
> Höchsthaftung nach MAK 100 x 17 SZR, Kurs 1,03014 .... 1 751,24 EUR
> Differenz von Lieferwert und Höchsthaftung .... 3 248,76 EUR
> Der zu zahlende Wertzuschlag beträgt also: 0,5 % x 3 248,76 EUR = 16,24 EUR

Zu beachten ist noch Folgendes:

- Die Wertdeklaration bezieht sich immer auf die gesamte Sendung. Sie kann also nicht auf ein besonders wertvolles Packstück begrenzt werden.
- Der Wertzuschlag wird auf das tatsächliche, also nicht gerundete Bruttogewicht berechnet.
- Das Taragewicht von Paletten und Containern zählt *nicht* zum Bruttogewicht.
- Der Wertzuschlag gilt als Teil der Fracht und wird in die Berechnung der Kommission einbezogen.

Die Erklärung des Transportwertes muss gegebenenfalls an dem Wert des wertvollsten Packstückes orientiert werden. Bei Teilverlust wird nur anteilig gehaftet, bezogen auf das Teil*gewicht* und nicht den *Wert*anteil!

11.3.3.4   Haftungsbeschränkungen

Der Luftfrachtführer haftet also in der Regel für Schäden nicht unbegrenzt. Hinzu kommt jetzt: **Er haftet nicht in jedem Schadensfall,** und zwar auch ohne den Beweis zu führen, dass ihn kein Verschulden trifft (vgl. Haftungsprinzip).

Voraussetzung ist jedoch, dass die **Eigenart** oder die **spezielle Beschaffenheit** des Transportgutes ein **besonders hohes Schadenrisiko** begründen: **Die Fluggesellschaft haftet** *nicht* **für Beschaffenheitsschäden.**

Was kann man sich unter Beschaffenheitsschäden vorstellen?

> *Beispiele:*
> - Ein Teil einer Blumensendung aus Nigeria erreicht angewelkt den Kunden, weil beim Umladen die Kühlkette mehrfach unterbrochen werden musste.
> - Zierfische aus dem Amazonasgebiet erleiden eine 10 %ige Verlustrate wegen der transportbedingten Störung ihrer Lebensverhältnisse.

Bisher wurden reine **Güterschäden** angesprochen. Oft hat der Luftfrachtkunde als Folge von Verlust, Beschädigung oder Verspätung zusätzliche geschäftliche Einbußen oder es entstehen Zusatzkosten – **Vermögensschäden**.

Es gilt folgender Grundsatz: **Die Fluggesellschaft haftet** *nicht* **für indirekte Folgeschäden** und auch nur in wenigen Fällen für direkte Folgeschäden. Die Abgrenzung ist oft schwierig.

Beispiele:
Ein dringend benötigtes elektronisches Ersatzteil wird während des Lufttransports beschädigt und daher unbrauchbar. Die Techniker müssen drei Tage unverrichteter Dinge warten. Die Produktion ruht ebenfalls für drei zusätzliche Tage, sodass die Verkaufsgewinne geschmälert werden:
- direkter Folgeschaden: Kosten für die Wartezeit der Techniker
- indirekter Folgeschaden: Gewinnverlust aufgrund von Produktionsstillstand

Güterschaden und direkter Folgeschaden unterliegen *zusammen* der vereinbarten Haftungshöchstgrenze.

Die Haftungsbeschränkungen sind, wie bei jedem anderen Haftungsrecht, aufgehoben, wenn der Schaden in der Obhut des Luftfrachtführers durch **Vorsatz** oder **grobe Fahrlässigkeit** entstanden ist.

11.3.3.5 Haftung bei Verspätungsschäden

Ausgeklammert wurde bisher die Frage, wie die Haftung geregelt ist, wenn ein Schaden wegen verspäteter Auslieferung einer Sendung entstanden ist. Es lässt sich keine allgemein gültige Aussage treffen, weil **das Luftfrachtrecht keine Lieferfristen, wohl aber Verspätungsschäden kennt**.

Dies können nur direkte Folgeschäden sein.

Wie lässt sich entscheiden, ob und wann ein Verspätungsschaden eingetreten ist?

Im **WAK**, **HP** und **MAK** Art. 19 heißt es lediglich:

Der Luftfrachtführer hat den Schaden zu ersetzen, der durch *Verspätung* bei der Luftbeförderung von Reisenden, Gepäck oder Gütern entsteht.

Die **IATA-Vertragsbedingungen Abs. 8 a, b** werden auch nicht genauer, wenn sie fordern:

Der Luftfrachtführer verpflichtet sich, den Transport nach diesen Bestimmungen *in angemessener Zeit* durchzuführen.

Ob und unter welchen Voraussetzungen eine Verspätung vorliegt, ist also in jedem **Einzelfall** zu prüfen.

Das **MAK** bleibt bei Verspätungsschäden bei der Regelung von WAK und HP, also der Verschuldungshaftung mit umgekehrter Beweislast. Der Luftfrachtführer muss also den Nachweis führen, dass er und seine Leute alle zumutbaren Maßnahmen getroffen haben, um Verspätungen zu vermeiden, oder dass dies nicht möglich war.

Zweifelsfrei ist eine Verspätung eingetreten, wenn eine Sendung aufgrund einer Fehlverladung fünf Tage unterwegs ist und der Zielort täglich bedient wird. Aber nicht immer lässt sich so leicht klären, ob eine Verspätung vorliegt!

11.3.3.6 Reklamationsfristen

Eingangs sei daran erinnert, dass **äußerlich erkennbare Schäden sofort geltend gemacht** werden müssen. Ein Schadenprotokoll muss auf der Empfangskopie des Luftfrachtbriefes vermerkt und gegengezeichnet werden.

Ansonsten gilt: Schadenersatzansprüche gegen Luftfahrtgesellschaften müssen immer schriftlich eingereicht werden. Dabei sind je nach Rechtslage folgende Fristen einzuhalten:

Schadenart / Haftungsgrundlage	IATA/WAK	HP
Beschädigung	**7 Kalendertage**	**14 Kalendertage**
Teilverlust	nach Auslieferung der Sendung	
Verspätung	**14 Kalendertage**	**21 Kalendertage**
	nach Bereitstellung der Sendung	
Totalverlust	**120 Kalendertage**	
	nach Ausstellung des Luftfrachtbriefes	
Verjährung	**2 Jahre** nach Eintritt des Schadensereignisses	

11.3.3.7 Gegenüberstellung MAK und WAK

Unverändert	Verändert	Neu

1. Internationale Beförderung
2. AWB:
  1. Original → Carrier
  2. Original → Consignee
  3. Original → Shipper
3. Absender haftet für Angaben + Begleitpapiere
4. Recht der nachträglichen Verfügung Empfangsanweisung
5. Verlustvermutung: 7 Tage
6. Teilweise: Definition „Luftbeförderung"
7. Haftung für Verlust, Beschädigung + Verspätung
8. Verspätung → wie Verlust
9. Interessendeklaration (= Haftungserhöhung gegen Zuschlag)
10. Schadenmeldung: unverzüglich Versteckte Schäden: 14 Tage Verspätung: 21 Tage
11. Verjährungsfrist: 2 Jahre
	1. WAK: AWB **kann**
	  MAK: AWB muss
	2. WAK: AWB = Beweis für Vertrag
	  MAK: AWB = lässt Vertrag vermuten
	3. Haftung für Verlust und Beschädigung:
	  • WAK: 250 Goldfranken (= 27,35 EUR/kg)
	  • MAK: 17 SZR/kg
		1. Ersatzverkehr (z. B. Lkw) = Luftbeförderung (Art. 18, Abs. 4)
		2. Haftungsausschlüsse (Art. 18, Abs. 2)
		3. Alle 5 Jahre: Überprüfung der Höchsthaftungsgrenzen
		4. Einzelvertraglich ist Höherhaftung erlaubt
		5. Einführung von Schiedsverfahren
		6. Versicherungspflicht der Carrier

11.4 Luftfrachtbrief (Air Waybill = AWB)

Obwohl der Luftfrachtvertrag formlos geschlossen werden kann, wird jeder Luftfracht-vertrag in der Abfertigungspraxis durch einen Luftfrachtbrief in Kraft gesetzt.

Das neue **MAK** erlaubt jetzt auch bei Frachtgut das **„Fliegen ohne Ticket"**. Der papier-mäßige Luftfrachtbrief kann komplett durch Datensätze in der Datenverarbeitung und Datenfernübertragung ersetzt werden. Darin liegt ein wichtiges Potenzial zur Beschleu-nigung des Luftfrachttransportes von Haus zu Haus.

Der Luftfrachtbrief ist ein internationales Beförderungsdokument und ist in der Sprache der Luftfracht, in **Englisch**, formuliert und auch englischsprachig auszufüllen.

Deshalb werden im Folgenden immer die englischen Begriffe genannt und erläutert. Ohne ein Mindestmaß an englischen Sprachkenntnissen kommt der Luftfrachtspediteur nicht aus!

11.4.1 Funktionen des Luftfrachtbriefes

Der Luftfrachtbrief **(AWB)** erfüllt eine Reihe von Funktionen, die meist den verschiede-nen Stationen der Sendungsabfertigung entsprechen:

1. Der Luftfrachtbrief **beweist** den **Abschluss des Luftfrachtvertrages**.
2. Er ist eine **Empfangsbestätigung** der Fluggesellschaft über die darin aufgeführte Sen-dung.
3. Mit ihm erkennt der Absender die **Rechtsgrundlagen** des Luftfrachtvertrages an.
4. Er kann als **Frachtrechnung** dienen.
5. Er wird als Gestellungsverzeichnis für die **Zollanmeldung** verwendet.
6. Er ist **Versicherungsschein**, wenn eine Transportversicherung mit der Fluggesellschaft abgeschlossen wurde.
7. Er dient als Nachweis für das **Verfügungsrecht** des Absenders.
8. Er ist **Auslieferungsbestätigung** der Fluggesellschaft am Zielflughafen.
9. Er ist eine **Versandliste** mit Angabe der Begleitpapiere und besonderer Absenderan-weisungen.

Im Kopf des AWB wird darauf hingewiesen, dass er eine Funktion nicht wahrnehmen kann: **„not negotiable"**.

Das heißt: Der AWB ist **nicht begebbar**! Er kann nicht als Zahlungsmittel in Umlauf ge-setzt werden.

Mit seiner Übergabe können also – im Unterschied zum Konnossement im Seeverkehr – keine Besitzrechte an der Sendung übertragen oder gehandelt werden.

Der Luftfrachtbrief ist kein Wertpapier.

Der Empfänger muss namentlich mit vollständiger Adresse genannt sein.

Der Luftfrachtbrief ist Beförderungspapier zwischen Abgangs- und Bestimmungsflug-hafen, gleichgültig, wie viele Fluggesellschaften an der Durchführung des Lufttranspor-tes beteiligt sind.

Nach MAK muss der elektronische Frachtbrief mindestens drei Angaben enthalten: Abgangs- und Bestimmungsort sowie das Gewicht. Der bisher notwendige Hinweis auf das WAK und die Haftungsbeschränkung können nach MAK entfallen.

Wird der AWB für eine **Sammelladung** ausgestellt **(consolidated shipments)**, nennt man ihn auch **Master-AWB** (= Hauptluftfrachtbrief = **MAWB**). Der Sammelladungsspediteur (= Consolidator) hat dann für jede Einzelsendung innerhalb der Sammelladung einen auf seinen Namen lautenden Hausluftfrachtbrief (= **House-AWB = HAWB**) auszustellen.

Jeder Luftfrachtbrief trägt eine **Frachtbriefnummer**. Sie wird weltweit in einem Zeitabschnitt nur einmal vergeben und setzt sich aus zwei Teilnummern zusammen.

Die ersten drei Ziffern sind die **Airline Code Number**, also die international gültige Code-Nummer der ausstellenden Fluggesellschaft.

Die Code-Nummern der wichtigsten Fluggesellschaften sollte der Luftfrachtspediteur kennen, um bei Angabe der Frachtbriefnummer gleich zu wissen, welche Fluggesellschaft gemeint ist:

020 = Lufthansa Cargo, 074 = KLM, 057 = AIR FRANCE, 114 = EL AL, 618 = Singapore Airlines, 018 = Quantas, 406 = UPS, 423 = DHL usw. Nachschlagen kann man sie im internationalen Flugplan, dem OAG = **WORLD AIRWAYS GUIDE**, Band 1.

Die folgenden acht Ziffern sind eine durchlaufende, EDV-orientierte Ordnungsnummer.

Damit der Luftfrachtbrief seine vielen Funktionen wahrnehmen kann, muss der Trennsatz aus entsprechend vielen Originalen und Kopien bestehen.

Die **Bestandteile des Luftfrachtbriefs**:

- das „Original 3" (blau) ist für den Absender. Es wird dem Spediteur nach Übergabe der Sendung vom Luftfrachtführer bestätigt ausgehändigt;
- das „Original 1" (grün) ist für den Luftfrachtführer;
- das „Original 2" (rot) begleitet die Sendung und ist für den Empfänger;
- die „Copy 9" ist die Auslieferungsbestätigung für den Luftfrachtspediteur und wird zur Speditionsakte genommen.

Die anderen Kopien dienen als Zollunterlagen, als Auslieferungsbestätigung, werden von den sonst beteiligten Fluggesellschaften und Flughafen-Umschlagsfirmen als Belege benutzt oder sind Ladeliste.

11.4.2 Ausstellung des Luftfrachtbriefes

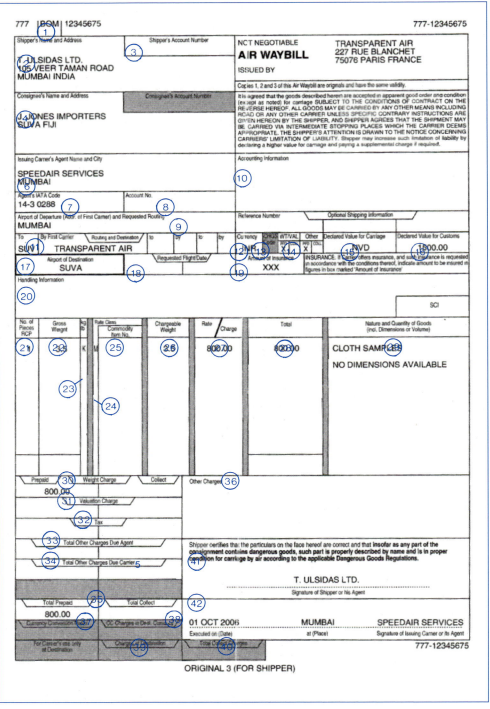

Quelle: IATA Rules

Nur ein sorgfältig ausgefüllter AWB gewährleistet eine reibungslose Durchführung eines Transportauftrages. Festgelegt sind diese Regeln in den TACT-rules, Orange Cover, Section 6, The Air Waybill:

① **Airport of Departure** = Abgangsflughafen. Der Drei-Buchstaben-Code **(Three-Letter-Code)** des Abgangsflughafens. z. B. **FRA = Frankfurt, MUC = München, CGN = Köln**. Nachschlagen kann man diesen in den **TACT-rules** oder dem **OAG** World Airways Guide.

② **Shipper's Name and Address** = Name und Adresse des Absenders.

③ **Shipper's account Number** = Konto-Nr. des Absenders bei der Fluggesellschaft für Abrechnungszwecke.

④ **Consignee's Name and Address** = Name und Adresse des Empfängers. Die Angabe von Telefon- oder Telex-Nr. ist zu empfehlen. Wird die Sendung an eine Bank – bei Akkreditivgeschäften – oder an einen Verzollungsspediteur adressiert, ist der Endempfänger als „Notify" einzusetzen (s.u.).

⑤ **Consignee's account Number** = Konto-Nr. des Empfängers bei der Fluggesellschaft für Abrechnungszwecke bei Nachnahmen.

⑥ **Issuing Carrier's Agent Name and City** = Name und Niederlassungsort des IATA-Agenten.

⑦ **Agent's IATA Code** = Die siebenstellige Zulassungsnummer der IATA-Agentur, die zugleich die Kommissionsberechtigung belegt.

⑧ **Account No.** = Konto-Nr. des IATA-Agenten bei der Fluggesellschaft, über die Frachtrechnungen und Gutschriften abgerechnet werden.

⑨ **Airport of Departure (Addr. of first Carrier) and requested Routing** = Der Abgangsflughafen und der Drei-Buchstaben-Code vom Umsteige- und Bestimmungsflughafen.

⑩ **Accounting Information** = Abrechnungsinformationen, soweit sie über die Angaben in Feld 12 und 14 hinausgehen. Zum Beispiel Cash, Check oder „Please pay commission to Agent at Dest.". Aus Platzgründen wird hier oft der **Notify** eingetragen, also der Name und die Adresse eines Zweitempfängers, der von der Fluggesellschaft über die Ankunft der Sendung unterrichtet werden soll. Dies kann der Käufer der Ware sein, wenn der AWB an eine Akkreditiv-Bank oder einen Verzollungsspediteur adressiert ist. Bei Akkreditivgeschäften gehört die Notify-Adresse in das Feld „Handling Information"; nur dann ist lt. FIATA und ICC ein AWB akkreditivgerecht!

⑪ **Routing and Destination** = Streckenführung und Bestimmungsflughafen. Erstes Unterfeld **to** = 3-Buchstaben-Code des Bestimmungsflughafens. Zweites Unterfeld **By first Carrier** = Name der ersten, also vertragschließenden Fluggesellschaft (Haftung!), ausgeschrieben oder mit IATA-Abkürzung. Drittes bis siebtes Unterfeld **to by** = 3-Buchstaben-Code des Transferflughafens (nur bei Mehretappen-Beförderung); Zwei-Buchstaben-Kurzbezeichnung der ausführenden Fluggesellschaft (nachzuschlagen in den TACT-rules).

⑫ **Currency** = Währung. IATA-Währungs-Code (nachzuschlagen in den TACT-rules, z. B. Euro = **EUR**, US-$ = **USD**). Damit ist die Währung für alle auf dem AWB erscheinenden Beträge festgelegt (Ausnahme: Feld 39).

⑬ **CHGS Code** = Kosten-Code. Wird nur genutzt, wenn der AWB im elektronischen Datenaustausch übermittelt wird; z. B. CA bei FOB- und FCA-Sendungen, CC bei EXW. Bei Versand von Gemeinschaftswaren innerhalb der EG ist ein C einzutragen, bei Ausfuhren ein X.

⑭ **WT/VAL Other PPD COLL** = Weight Charge: Frachtkosten/Valuation Charge: Wertzuschlagsgebühren. Other Charges at Origin: Nebenkosten im Abgangsland. Prepaid: vorausbezahlt. Collect: nachzunehmen. Der Absender entscheidet durch Ankreuzen, welche Beträge von ihm vorausbezahlt, welche bei dem Empfänger nachzunehmen sind (abhängig von der Frankatur). Eine Aufteilung der Einzelbeträge ist nicht möglich. Die Nebenkosten werden in Feld 36 aufgeschlüsselt.

⑮ **Declared Value for Carriage** = erklärter Transportwert (vgl. 3.3.3 Haftungshöhe/ Lieferwert). Mindestangabe NVD = No Value Declared.

⑯ **Declared Value for Customs** = erklärter Zollwert. Mindestangabe NCV = No Commercial Value: kein Handelswert. Ob die Zollvorschriften des Ziellandes die Angabe eines Handelswertes erfordern, ist den „Information by Country" in den TACT- rules zu entnehmen.

⑰ **Airport of Destination** = Name des Bestimmungsflughafens oder der Stadt, in oder bei der er liegt. Zum Beispiel Köln = CGN, aber Paris = CDG oder ORL.

⑱ **Flight/Date** = Flugdaten, also gewünschte Flugnummer und Abflugdatum, wenn Buchung vorgenommen wurde, für Erst- und Anschlussflug.

⑲ **Amount of Insurance** = Versicherungsbetrag. Mindestangabe XXX. Sonst Versicherungssumme, wenn der Absender bei der Fluggesellschaft eine Transportversicherung eindecken will. Unüblich, da die Firmen die Sendung meist über ihre Transportversicherung bereits versichert haben und die im AWB angebotene Versicherung nicht von Haus zu Haus gilt.

⑳ **Handling Informationen** = Informationen und Anweisungen für den Umschlag der Sendung.
   1. Marks: Markierung und Nummern der Packstücke oder Addr, wenn die Adresse auf jedem Packstück verzeichnet ist.
   2. Verpackungsart: z. B. Cartons, Case, Wooden Kennel.
   3. Begleitpapiere: Empfehlenswert ist eine Unterteilung nach Export Controll Documents = ECD: z. B. Cert. of Origin No. ..., Customs invoice etc. und Anlagen: Enclosure = ENCL: z. B. 1 comm. invoice, 3 fold; 1 packing list, 2 fold; L/C-Copy No. ...
   4. Notify (siehe Anm. zu Feld 10) oder Anweisungen zur Benachrichtigung des Empfängers: Please inform consignee immediately upon arrival.
   5. Spezielle Anweisungen für den Umschlag der Sendung: z. B. bei Gefahrgutsendungen = Dangerous goods as per attached shippers declaration for dangerous goods: Gefahrgut gemäß der beigefügten Gefahrguterklärung des Absenders. Evtl. auch Cargo Aircraft Only = diese Sendung darf gemäß Gefahrgutverordnung nur auf reinen Frachtflugzeugen befördert werden.
   6. SCI = Special Customs Information. Bei Sammelladungen ab einem Flughafen der Europäischen Gemeinschaft soll hier das Ursprungsland eingetragen werden.
   Es ist üblich geworden, aus Platzgründen mit den Angaben zu Gefahrgut in das Feld 29 auszuweichen.

㉑–㉙ Die Angaben müssen für jeden getrennt tarifierten Sendungsteil in einer eigenen Zeile gemacht werden. Das gilt auch bei Raten-Konstruktion und Raten-Kombination oder der Verwendung von Container-Raten (ULD, over pivot weight).

㉑ **Number of Pieces** = Zahl der Packstücke
   RCP = Rate Construction Point, falls eine Rate zu konstruieren ist, 3-Buchstaben-Code des Ortes, über den die Rate zu konstruieren ist.

㉒ **Gross Weight** = Bruttogewicht der Sendung (ggf. der gesondert tarifierten Sendungsteile). Die Tara von Containern ist getrennt auszuweisen.

㉓ **kg/lb** = Kilogramm oder pound. Die Gewichtseinheit pound = lb ist nur bei Sendungen aus USA oder Kanada zulässig. Einzutragen ist also k.

㉔ **Rate Class** = angewandte Ratenart.
   Anzuwendende Abkürzungen:
   M = **M**indestfrachtbetrag
   N = **N**ormalrate (auch Unter-45-kg-Rate genannt)
   Q = Mengenrabattraten mit gestaffelten Gewichtsgrenzen (**Q**uantity Rates)
   C = Spezialraten (Specific **C**ommodity Rates)
   R = Warenklassenrate mit Abschlag (**R**eduction)
   S = Warenklassenrate mit Zuschlag (**S**urcharge)
   X = Verwendung eines Containers
   U = Grundgewicht und -kosten im ULD-Programm (Pivot-weight and -charge)
   E = Überschreitung von Grundgewicht und -kosten im ULD-Programm (**E**xcess-weight and -charge)

㉕ **Commodity Item Number** = Warenpositionsnummer. Die im TACT veröffentlichte Warennummer ist anzugeben, wenn eine – i. d. R. günstige – Spezialrate berechnet wird. Außerdem die Container-Bezeichnung, wenn eine ULD-Rate angewandt wird.

㉖ **Chargeable Weight** = frachtpflichtiges Gewicht. Entweder
   • das tatsächliche Bruttogewicht der Sendung,
   • das Volumengewicht der einzelnen Packstücke oder der gesamten Sendung,
   • das Mindestgewicht für die Anwendung der berechneten Rate (Breakpoint),
   • das Pivotgewicht einer Sendung bei Anwendung von ULD-Raten oder
   • das abzurechnende Excessweight, wenn das Pivotweight überschritten wird.
   Kein Gewicht ist einzutragen, wenn die Minimum-Fracht berechnet wird.

㉗ **Rate/Charge** = die angewendete Frachtrate.

㉘ **Total** = Gesamtkosten. Bei mehreren Tarifpositionen sind Einzelergebnisse zu addieren.

㉙ **Nature and Quantity of Goods** = Art und Menge der Güter
   (incl. Dimensions or Volume) = einschließlich Maße oder Volumen.
   Anzugeben sind:
   • genaue Warenbezeichnung (möglichst für die Zolldeklaration geeignet!),
   • Länge x Breite x Höhe in Zentimetern oder bei voluminöser Fracht zusätzlich das Volumengewicht (V),
   • bei Gefahrgut die Angabe „Dangerous Goods as per attached Shipper's Declaration", wenn erforderlich ergänzt um die Anweisung „Cargo Aircraft Only".

㉚ – ㉟ Prepaid = alle vorauszubezahlenden Beträge
     Collect = alle nachzunehmenden Beträge
㉚ **Weight Charge** = Gewichtskosten. Frachtkosten aus Feld 28.
㉛ **Valuation Charge** = Wertzuschlag. Ist in Feld 15 ein Transportwert angegeben, der 27,35 EUR/brutto kg überschreitet, sind hier die Wertzuschlagsgebühren auszuweisen (0,5 % der Differenz von Transportwert und Höchsthaftung nach WAK).
㉜ **Tax** = Steuern. Das Feld bleibt frei.
㉝ **Total other Charges Due Agent** = Summe der anderen Kosten zu Gunsten des Agenten.
Bei Prepaid ist hier ausschließlich die Gebühr für die Ausstellung des AWB = AWB-fee einzutragen. Bei Collect sind alle nachzunehmenden Gebühren, die dem Agenten zustehen, zusammenzufassen. Die Einzelbeträge sind in Feld 36 spezifiziert. (Total disbursements due = Summe der Verauslagungs-Gebühren.) Für die Einziehung berechnet die Fluggesellschaft eine „Disbursement-fee".
㉞ **Total other Charges Due Carrier** = Summe der anderen Kosten zu Gunsten des Luftfrachtführers.
Summe der Gebühren und Abgaben, die dem Luftfrachtführer zustehen, z. B. DGR-fee, Disbursement-fee.
㉟ **Total prepaid/collect** = Summe der jeweiligen Spalte.
㊱ **Other Charges** = andere Kosten. Aufschlüsselung der Kosten, die in Feld 33 und 34 zusammengefasst sind.
Die anderen Kosten des Agenten richten sich i. d. R. nach den Nebengebührentarifen der Fluggesellschaften, z. T. noch nach dem Luftfrachtnebengebührentarif LNGT. Sie werden entweder in vollem – englischen – Wortlaut oder mit den IATA-Abkürzungen für elektronische Datenübermittlung angegeben, zum Beispiel:
● AWB-Ausstellgebühren = AWB-fee oder AW
● Abfertigungsgebühren = handling-fee oder CH
● Rollgeld = cartage oder PU (Pick up)
● Vorfrachtkosten = domestic freight
● Lagergeld = storage oder SO
Gleiches gilt für die anderen Kosten des Carriers:
● DGR-fee oder RA
● Disbursement-fee = Nachnahme von Frachtnebenkosten: 10 %, mindestens 20,00 $; bei Nebenkosten unter 50,00 $ pauschal 8,00 $ oder DB 20,00 $
● Charges collect (FC-fee) oder FC
  Diese Gebühr für das Inkasso der Frachtkosten ist abhängig vom Bestimmungsland und beträgt zwischen 2 und 5 % des Frachtbetrages, mindestens 10 USD (TACT-rules 7.2.2).
Diese Felder dienen der Fluggesellschaft am Bestimmungsflughafen für Abrechnungszwecke und werden deshalb von dem IATA-Agenten nicht ausgefüllt.
㊲ **Currency Conversion Rates** = Währungskurs.
㊳ **cc charges in Dest. Currency** = Nachnahmekosten in der Währung des Bestimmungslandes.
㊴ **Charges at Destination** = Kosten am Bestimmungsort.
㊵ **Total collect Charges** = Gesamtsumme der nachzunehmenden Kosten.
㊶ **Signature of Shipper or his Agent** = Unterschrift des Absenders oder seines Agenten. Unterschrift des IATA-Agenten.
㊷ **Executed on … (Date) … at … (Place)** = Datum und Ort der Ausstellung des Luftfrachtbriefs.
Signature of Issuing Carrier or its Agent = Unterschrift der ausstellenden Fluggesellschaft. Mit dieser Unterschrift wird der Luftfrachtvertrag gültig. In der Regel unterschreibt der ausstellende Agent stellvertretend. Dann ist zusätzlich der Stempel oder Eindruck der IATA-Agentur anzubringen.

Für die Richtigkeit der Angaben im AWB haftet nach Warschauer Abkommen, Haager Protokoll und IATA-Beförderungsbedingungen ausschließlich der Absender.
Unterlaufen dem Agenten Fehler, die zu einem Schaden führen, so sind diese über die Haftungsversicherung zu regulieren.
Das Montrealer Abkommen lässt einen Verzicht auf den AWB zu, wenn die Daten per Datenfernübertragung (DFÜ) übermittelt werden. In den USA laufen zurzeit erfolgreiche Versuche mit dem ESCM (Electronic Supply Chain Manifest). Es ist nach Auffassung von Beobachtern nur eine Frage der Zeit, wann die Einführung erfolgt (mehr unter www.dot.gov, www.faa.gov oder www.atri-online.org).

11.5   Luftfrachtpreise und -tarife

Auf den Verkehrskonferenzen der IATA werden bekanntlich Frachtraten für alle Flug-verbindungen auf der Welt festgelegt und veröffentlicht. Die veröffentlichten IATA-Raten haben jedoch in der tatsächlichen Frachtabrechnung nur noch eine marginale Bedeutung. Es ist davon auszugehen, dass weniger als 10 % des Luftfrachtaufkommens nach den im TACT veröffentlichten Raten abgerechnet werden.

Auf dem Luftfrachtmarkt herrscht freie Marktpreisbildung aufgrund von Angebot und Nachfrage. Er funktioniert zuweilen wie eine Art „Börse", auf der je nach Destination, aktueller Frachtraumnachfrage und Qualität des Frachtangebots Preise zwischen Airlines und Spediteuren ausgehandelt werden. Die jeweilige Marktposition von Airlines („Homecarrier", „first-class-carrier") auf der einen und der Luftfrachtspediteure auf der anderen Seite (IATA- bzw. CASS-Umsätze auf der jeweiligen Destination, Abfertiger von Großverladern) entfalten ebenfalls nicht unerhebliche Preiswirkungen. Damit gibt es auf fast jeder Destination eine Preisdifferenzierung nach der Qualität der Carrier und der Qualität der Luftfrachtspediteure. Wie Spediteure Airlines nach dem Preis-Leistungs-Ver-hältnis bewerten, so bewerten Airlines die Spediteure nach ihrem Marktanteil, ihrem Kundenstamm und ihrer Airline-Bindung. In diesem Spiel der Marktkräfte hat der mittel-ständische Spediteur nicht automatisch mit höheren Nettoraten wie der „European" oder „Global player" unter den Spediteuren zu operieren. Spezialisierung auf der einen und größere Kundennähe sowie „tailor-made-solutions" auf der anderen Seite verschaf-fen ihm eine wettbewerbsfähige Marktposition.

Typisch für diesen Markt ist ein „peak-load-pricing", eine **Spitzenlastpreisbildung**. In der „peak"-Periode, also in Zeiten starker Nachfrage, wird versucht, neben den (mittel- bis langfristigen) Betriebskosten auch die Kapazitätsvorhaltungskosten der Schwachlast-phasen im Frachtpreis weiter zu belasten. In „off peak"-Perioden werden allenfalls die kurzfristigen Betriebskosten in der Preisbildung angelastet, um möglichst viel Nachfrage anzuziehen, damit zumindest ein positiver Deckungsbeitrag erwirtschaftet werden kann.

Im Prinzip ist jede Destination ein eigenes Produkt, stellt einen eigenen Markt dar und hat damit seine eigenen Preisbildungsregeln.

Der Luftfrachtspediteur hat also auch die **Aufgabe**, Angebote verschiedener Fluggesell-schaften einzuholen, zu vergleichen und **Raten** für einzelne Sendungen oder monatliche Frachtaufkommen **auszuhandeln**.

Doch deshalb sind die IATA-Raten und die Tarifhandbücher in der Praxis keineswegs überflüssig.

Dafür gibt es verschiedene Gründe:
- Die IATA- oder TACT-Raten werden weiterhin bei der IATA-konformen Ausstellung der **Master-AWBs** angewendet. (Die Marktraten kommen durch die periodische Abrech-nung aufgrund von Kontrakten/Absprachen zu Stande.)
- Wenn an einem Transport mehr als eine Fluggesellschaft beteiligt ist **(Interlining)**, wer-den die Streckenanteile zwischen den Airlines über das IATA-Clearing-House **(Prorate-System)** meist auf Grundlage der IATA-Raten (nach ihrem prozentualen Anteil an der Gesamtbeförderung) zwischen den Fluggesellschaften abgerechnet.
- Die meisten **Gefahrgutsendungen** werden als sog. **Direktsendungen** – außerhalb der Sammelladung – nach IATA-Raten abgerechnet.
- Aufwendige **Spezialfracht**, wie Wertfracht, lebende Tiere, unbegleitetes Reisegepäck, Urnen und sterbliche Überreste, werden ebenfalls nach veröffentlichten Raten, den Warenklassenraten, abgerechnet.
- Sendungen für **Privatkunden** werden fast immer nach IATA-Rate abgerechnet.

Bei fast jeder Sendung wendet der Luftfrachtspediteur die IATA-Raten an, oft nur formell, ab und an auch bei der tatsächlichen Abrechnung. Eine genaue Kenntnis der IATA-Ratenstruktur ist also auch in einem Markt mit freier Preisbildung unabdingbar.

11.5.1 Tarifhandbuch: The Air Cargo Tariff (TACT)

Das wichtigste Ratenhandbuch für den Luftfrachtspediteur ist der **TACT**.

Der TACT wird von über 80 IATA-Fluggesellschaften herausgegeben, darunter alle im Weltluftverkehr führenden Unternehmen, einschließlich der US-Airlines.

Der **TACT** besteht aus **drei Bänden**:

Band 1 **TACT-rules Orange Cover**	Der Band 1 enthält u. a. die IATA-Städte-Codes, die IATA-Währungsbestimmungen, Vorschriften für die Anwendung und Berechnung der IATA-Raten, Richtlinien zum Ausfüllen des AWBs, Länderbestimmungen für den Luftfracht-Import und -Export und Sonderbestimmungen der Fluggesellschaften. Dieser Band erscheint halbjährlich und wird zwischenzeitlich durch zwei „Bulletins" auf den neuesten Stand gebracht.
Band 2 **TACT-rates, North America Red Cover**	Der Band 2 enthält Luftfracht- und Container-Raten von, nach und innerhalb den USA und Kanada, Raten für die Verkehrsgebiete über den Atlantik und den Pazifik sowie Raten zwischen Lateinamerika und USA/Kanada.
Band 3 **TACT-rates Worldwide (except North America) Green Cover**	Der Band 3 enthält die Luftfracht- und Container-Raten für alle anderen Verkehrsgebiete, also auch für alle von Europa ausgehenden Verkehre.

Andere Tarife, so z. B. der **OAG (Air Cargo Guide)**, sind ähnlich aufgebaut. Ebenso orientieren sich Non-IATA-Fluggesellschaften und Charter-Fluggesellschaften mit ihren Tarifen an dem IATA-Tarifsystem. Die Darstellung der Ratenstruktur kann sich also auf das Tarifgefüge der IATA beschränken.

11.5.2 Luftfrachttarif

Der **TACT** ist ein **richtungsgebundener Stationentarif**. Die veröffentlichte Luftfrachtrate ist der Beförderungspreis einer Gewichtseinheit – Kilogramm (kg) oder pound (lb) – für den reinen Lufttransport von Flughafen zu Flughafen. Sie heißt Direktrate oder auch Sektorrate.

Nebenkosten, insbesondere die des Spediteurs, sind also gesondert zu berechnen. Der TACT ist außerdem ein **Festtarif**.

Beispiel zur Richtungsgebundenheit des Tarifs:
1 kg eines beliebigen Gutes kostet
- von Frankfurt nach Entebbe 9,30 EUR
- von Entebbe nach Frankfurt 4,05 EUR

Der Luftfrachttarif zeichnet sich durch eine starke Preisdifferenzierung aus. Das hat eine Reihe von Gründen:

- Niedrige Raten sollen zur Förderung des Exportes weniger entwickelter Länder und Wirtschaftsgebiete beitragen.
- Die Raten berücksichtigen, dass hochwertige Waren auch hohe Frachtkosten vertragen, niederwertige Waren dagegen nur geringe Frachtkosten.
- Die Raten sollen dazu beitragen, dass die Frachtraumkapazität bei Hin- und Rückflug ausgelastet wird.

Der Luftfrachtspediteur hat bei jedem Auftrag zu prüfen, welche Rate anzuwenden ist. Grundsatz ist auch hier, wie bei den Tarifen fast aller anderen Verkehrsträger der verladenden Wirtschaft, die günstigste Rate anzubieten.

Die Ratenstruktur der IATA gliedert sich in fünf Hauptgruppen:

1. **General Cargo Rates** (allgemeine Frachtraten) .... **GCR**
2. **Specific Commodity Rates** (Spezialraten) .... **SCR**
3. **Class-Rates** (Warenklassenraten) .... **S/R**
4. **Unit Load Device** (ULD-Raten, Container-Raten) .... **ULD**
5. **Contract-Rates** (ausgehandelte oder Vertrags-Raten)

Die Raten sind in dem Tarifhandbuch immer in der Währung des Abgangslandes angegeben = **local currency**.

Für Exportsendungen aus der Bundesrepublik Deutschland sind es also Euro-Raten, nach dem IATA-Währungscode im AWB mit **EUR** anzugeben.

Die folgenden Ratenarten werden jeweils mit einem Buchstaben abgekürzt. Die Kurzbezeichnung steht hinter der Ratenbezeichnung. Sie ist in den AWB in Feld 24 einzutragen. Dazu ein Tipp: Wenn man sich Raten aus dem Handbuch herausschreibt, sollte man sich immer die dazugehörige Abkürzung notieren, damit man auch später noch weiß, welcher Ratenart welcher Betrag zuzuordnen ist.

11.5.2.1   Grundlagen der Frachtberechnung

Die Frachtberechnung erfolgt entweder auf der Basis des **Gewichts oder** des **Volumens** der Sendung.

Das tatsächliche Brutto- oder Volumengewicht der Sendung ist immer in **vollen oder halben kg** anzugeben.

Beispiel:

Tatsächliches Gewicht	Frachtpflichtiges Gewicht
19,1 kg	19,5 kg
19,4 kg	19,5 kg
19,6 kg	20,0 kg
19,9 kg	20,0 kg

„Sperrige" Sendungen werden nach dem Volumen-„Gewicht" berechnet. Es gilt folgendes Maßverhältnis: 1 kg = 6 dm³ = 6 000 cm³

Daraus folgt: Volumen-kg = $\dfrac{\text{Länge x Breite x Höhe in cm (dm)}}{6\ 000\ (6)}$

Auch hier gilt, dass Volumen-kg auf volle oder halbe kg zu runden sind.

Inzwischen gibt es die einstimmige Resolution 502, die künftig nur noch das Verhältnis 1:5 gelten lassen soll. Somit ist der Nenner der obigen Berechnung 5 000 (bei cm) bzw. 5 (bei dm). Den Staaten wurde die Frist zur Stellungnahme bis 01.04.2003 verlängert, dann soll die neue Berechnungsmethode gelten. Bis heute konnte man jedoch nicht die Durchsetzung der Res. 502 erreichen.

Beispiel 1:

Ein Paket mit dem Gewicht von 15 kg und den Maßen 45 cm x 28 cm x 86 cm soll versendet werden.

Das frachtpflichtige Gewicht ist zu ermitteln: $\dfrac{4{,}5 \times 2{,}8 \times 8{,}6}{6}$ = 18,06 ≘ 18,5 Vkg

(Res. 502: 21,672 = 22 Vkg)

(Es ist sinnvoll, das so ermittelte „Volumengewicht" mit Vkg zu bezeichnen, um es vom tatsächlichen Gewicht zu unterscheiden.) Frachtpflichtig sind also 18,5 kg (22 kg).

Beispiel 2:

Ein Collo hat ein Gewicht von 82 kg und die Maße 54 cm x 48 cm x 194 cm.
5,4 x 4,8 x 19,4 = 502,848 : 6 = 83,808 ≘ 84 Vkg (Res. 502: 100,57 = 101 Vkg)
Frachtpflichtig sind also 84 kg (101 kg).

Beispiel 3:

Eine Sendung besteht aus 3 Packstücken:

– 70	kg	60 x 70 x 70	6 x 7 x 7	=	294,00 dm³
– 40	kg	94 x 21 x 120	9,4 x 2,1 x 12	=	236,88 dm³
– 52,5	kg	160 x 60 x 108	16 x 6 x 10,8	=	1 036,80 dm³
162,5	kg			=	1 567,68 dm³

1 567,68 dm³ : 6 = 261,28 ≘ 261,5 Vkg. Frachtpflichtig sind also 261,5 kg (Res. 502: 313,536 = 314 Vkg).

Achtung: Maßgeblich ist, ob das Volumengewicht einer **Sendung** höher oder niedriger ist als ihr tatsächliches Gewicht.

11.5.2.2   Allgemeine Frachtraten

Die **General Cargo Rates** unterteilen sich wieder in drei Gruppen:

1. **Minimum-Charge (Mindestfrachtbetrag)** .... M
2. **Normal-Rate (Normalrate)** .... N
3. **Quantity-Rate (Mengenrabatt-Rate)** .... Q

Die General Cargo Rates gelten, wie es der Name sagt, für alle Warenarten. Sie werden nicht angewandt, wenn auf der gleichen Relation für die betreffende Ware eine Warenklassenrate vorgeschrieben ist oder eine Spezialrate zu niedrigeren Frachtkosten führt.

1. Mindestfrachtbetrag (M)

Für jede Luftfrachtsendung sind Mindestfrachtkosten vorgeschrieben, die nicht unterschritten werden können. Je nachdem, ob es sich um einen Inlandtransport, eine Beförderung innerhalb einer oder zwischen verschiedenen IATA-Areas handelt, sind die Mindestfrachtbeträge unterschiedlich hoch.

Für Sendungen von der Bundesrepublik Deutschland aus gelten folgende Mindestfracht-beträge:

- innerdeutsch .... 38,36 EUR
- in das Tarifgebiet IATA-Europa .... 56,24 EUR
- nach IATA-Nahost, IATA-Fernost, IATA-Afrika und nach
  Zielflughäfen im Gebiet Nord-, Süd- und Mittelatlantik .... 76,69 EUR
- nach IATA-Australien/Südwest-Pazifik .... 84,36 EUR

Beispiel:				
12 kg von Frankfurt nach Bergen in Norwegen				
12 kg x (N) 2,05 EUR = 24,60 EUR,				
also sind abzurechnen **M 56,24 EUR**				

data/ type	note	item	min. wght	local curr.
B Horizont	**MG**	**BR**	M	76.69
			N	14.97
			45	11.37
			100	9.07
			300	7.13
			500	5.65
Benghazi		**LY**	M	76.68
			N	5.10
			45	4.01
			100	3.52
			250	3.08
	LH56		250	3.08
Bergen		**NO**	M	56.24
			N	2.05
Berlin		**DE**	M	38.35
			N	1.38
			45	0.94

2. Normalrate (N)

Basis aller anderen Luftfrachtraten ist die **Normalrate** für Sendungen mit einem frachtpflich-tigen Gewicht unter 45 kg. Sie wird deshalb im Tarif auch **„Unter-45-kg-Rate"** genannt.

Beispiel:
Frankfurt–Bergen (**Nor**wegen)
30 kg x (N) 2,05 EUR = 61,50 EUR

3. Mengenrabatt-Rate (Q)

Für Sendungen mit einem Gewicht über 45 kg sind in den meisten Verkehrsgebieten mehrere **Quantity-Rates (Q)** = Mengenrabatt-Raten festgelegt. Sie bieten günstigere Frachtraten pro kg als die Normalrate. Die Gewichtsstaffelung der Quantity-Raten (45, 100, 250, 500, 1000) nennt man **„breakpoints"**.

Beispiel:				
Frankfurt–Nagoya				
30 kg x (N) 15,18 EUR = 455,40 EUR				
300 kg x (Q300) 4,48 EUR = 1 344,00 EUR				

data/ type	note	item	min. wght	local curr.
Nagoya		**JP**	M	76.69
			N	15.18
			45	10.96
			100	7.62
			200	5.54
			300	4.48
		1024	100	6.25
		7109	100	3.90
		9998	45	4.64

Werden statt 30 kg 300 kg versendet, wird die Ware mit 4,48 EUR belastet statt mit 15,18 EUR, also mit weniger als einem Drittel der Transportkosten. Dies fällt bei hohen Warenwerten (z. B. 500 EUR/kg) kaum, bei niedrigen Warenwerten (z. B. 10 EUR/kg) sehr ins Gewicht.

Die Mengenrabatt-Raten sollen den Exporteuren einen Anreiz bieten, größere Partien und auch geringwertige Waren per Luftfracht zu versenden.

Liegt das Sendungsgewicht unter dem Breakpoint einer Quantity-Rate, ist sie trotzdem anzuwenden, wenn sich trotz des höheren frachtpflichtigen Gewichts wegen der niedrigeren Frachtrate insgesamt niedrigere Frachtkosten errechnen.

Beispiel:

Frankfurt–Chennai (Indien, siehe auch nächstes Beispiel)

Gewicht der Sendung 35 kg

35 kg x (N)   4,35 EUR = 152,25 EUR

45 kg x (Q45) 2,81 EUR = 126,45 EUR

Bei Sendungsgewichten, die zwischen zwei Gewichtsstaffelungen liegen, ist also alternativ einmal mit der niedrigeren Q-Rate, einmal mit der höheren Q-Rate zu rechnen, um den niedrigeren Frachtbetrag zu ermitteln.

Ab welchem Gewicht wird also die nächsthöhere Q-Rate günstiger? Dafür wird das **Schnittgewicht** ermittelt.

Beispiel:

Schnittgewicht zwischen Normalrate und Q45:

$$\frac{45 \text{ kg x (Q45) } 2,81 \text{ EUR}}{\text{(N) } 4,35 \text{ EUR}} = 29,07 \text{ kg} = 29,5 \text{ kg}$$

Ab einem Gewicht von 29,5 kg ist – in diesem Fall – die Bezahlung von 45 kg günstiger als die Bezahlung des realen Gewichts zur N-Rate.

Die Schnittgewichte zwischen den übrigen Q-Raten sind dagegen von Relation zu Relation verschieden.

z. B. Frankfurt–Chennai

$$\frac{100 \text{ kg x (Q100) } 2,81}{\text{(N) } 4,35} = 64,597 \text{ Vkg} = 65,0 \text{ kg}$$

Frankfurt–Guatemala City

$$\frac{100 \text{ kg x (Q100) } 6,20}{\text{(N) } 7,29} = 85,049 \text{ Vkg} = 85,5 \text{ kg}$$

data/type	note	item	min. wght	local curr.
Chennai	IN	M		76.68
		N		4.35
		100		2.81
		300		2.56
		500		2.43
Guatemala City	GT	M		76.69
		N		7.29
		100		6.20
		300		5.65
		500		5.49

Im ersten Fall ist bereits ab einem Gewicht von 65,0 kg die Q100-Rate, im zweiten Fall erst ab 85,5 kg die Q100-Rate der N-Rate vorzuziehen. Eine Q45-Rate wird bei beiden Städten nicht mehr ausgewiesen.

Welche Bedeutung kommt nun den General Cargo Rates in der Abfertigungspraxis des Luftfrachtspediteurs zu?

In den letzten Jahren sind die Mengenrabatt-Raten immer stärker differenziert, oft auch drastisch gesenkt worden.

Inzwischen werden die meisten Sendungen und die meiste Tonnage, die außerhalb von Kontrakten abgefertigt werden, nach diesen General Cargo Rates (GCR) abgerechnet.

11.5.2.3 Spezialraten

Spezialraten sind vergleichbar den Ausnahmetarifen bei anderen Verkehrsträgern. Sie sind gegenüber den Normalraten um bis zu 75 % reduziert.

Spezialraten = Specific Commodity Rates = C (auch Coraten/CORA genannt) gelten nur für die Beförderung exakt beschriebener Waren oder Warengruppen, und zwar immer nur zwischen zwei Flughäfen.

Im Tarif sind die Spezialraten in der Rubrik der Zielflughäfen mit der **Warennummer – Commodity Item Number** – der Güter gekennzeichnet, für die sie angewandt werden können.

Der TACT unterscheidet bei den Spezialraten nach 10 Warengruppen mit Warenbeschreibungen = **Commodity Discriptions** und Warennummern von 0001 bis 9999.

Die Warenbeschreibungen und -nummern findet man auf 16 Seiten in Band 2 und Band 3 des TACT. Bei vielen Warennummern sind Gebietsbeschränkungen bezüglich der IATA-Areas zu beachten. Kommen zwei oder mehrere Spezialraten mit ähnlichen Warenbeschreibungen in Frage, hat die Rate Vorrang, deren Beschreibung der Ware am nächsten kommt.

Teile sind in der Beschreibung des Hauptartikels inbegriffen. Teile (= Parts) sind nach der Definition des Tarifs Gegenstände, die für den Gebrauch des Hauptartikels benötigt werden (z. B. Zündkerzen).

Zubehör ist dagegen nur in Ausnahmen in der Beschreibung des Hauptartikels enthalten. Es sind Zusatzartikel, die mit einem Hauptartikel zusammen benutzt werden sollen, aber kein notwendiger Bestandteil davon sind (z. B. Schonbezüge oder Spoiler).

Spezialraten sind dann abzurechnen, wenn dadurch niedrigere Frachtkosten erreicht werden können. Es gibt aber nicht wenige Fälle, in denen die Q-Rate bei hohem Gewicht günstiger ist.

Beispiel:

Eine Sendung Fußballschuhe, Brutto-Gewicht 185 kg, soll von Berlin nach São Paulo, Brasilien, abgefertigt werden.

1. Gibt es Spezialraten für die Destination São Paulo?
   Ja! Und zwar folgende Warennummern: 0006, 9702, 9712, 9713, 9716 und 9735.
2. Alle Warennummern fallen in die Warengruppe „Verschiedenes". Das gibt noch keine Auskunft darüber, ob Fußballschuhe unter eine Spezialrate fallen.
3. Trifft die Warenbeschreibung einer der Warennummern auf die o.g. Sendung zu?
   Ja, die der Warennummer 9712 … Spielzeug, Spiele, Sportartikel. Unter dieser Spezialrate kann man abrechnen.
4. Könnte die Sendung noch unter einer anderen Warennummer aufgeführt sein?

data/type	note	item	min. wght	local curr.
Sao Paulo	**SP**	**BR**	M	76.69
			N	15.05
			45	11.42
			100	9.11
			300	7.15
			500	5.65
		0006	45	4.66
		9702	45	5.00
		9712	45	4.83
		9713	45	4.89
		9716	45	5.14
	LH01	9735	100	4.19

Ja, unter der Sammel-Warennummer 9735 neben z. B. Gewürzen, Flugzeugteilen und Medikamenten auch… Spiele, Sportartikel, Kunstgewerbeartikel.

Da diese Spezialrate bei gleichem Wortlaut günstiger ist, rechnet man nach dieser Rate ab:

185 kg x (C 9735) 4,19 EUR = 775,15 EUR

Zum Vergleich: Was hätte die Anwendung einer Mengenrabattrate gekostet? In Frage kommen die Q100 mit 9,11 EUR/kg und evtl. auch die Q300 mit 7,15 EUR/kg. Das Schnittgewicht liegt bei 300 x 7,15 : 9,11 EUR = 235,5 kg gerundet.

Damit wäre also die Q100 vergleichend anzuwenden:

185 kg x 9,11 EUR = 1 685,35 EUR

Die Anwendung der Spezialrate führt also vergleichsweise zu weniger als halb so hohen Fracht-kosten. Die Spezialrate ist um etwa 55 % günstiger als die Mengenrabattrate.

Die Bedeutung der Spezialraten ist jedoch in den letzten Jahren stark zurückgegangen, weil die Mengenrabattraten immer günstiger wurden und die Anzahl der im Rahmen von Kontrakten abge-rechneten Sendungen immer mehr zugenommen hat. Deshalb wurden viele Spezialraten aus dem Tarif gestrichen.

11.5.2.4 Warenklassenraten

Warenklassenraten gibt es für eine Reihe „klassischer" Luftfrachtgüter wie z. B. Zeitun-gen und Zeitschriften, lebende Tiere und Wertfrachten wie Gold, Platin oder Wertpapie-re. **Ihre Berechnung basiert auf der „–45 kg Rate", also der Normalrate (N)**. Die detail-lierten Abrechnungsraten sind in den TACT-rules, Section 3, veröffentlicht.

Es gibt **zwei Arten** von Warenklassenraten:

Die erste Art wird durch **Zuschläge (= Surcharges)** gebildet, meist auf die Normalrate. Sie hat die **Abkürzung S**. Hierunter fallen Waren, die während des Transportes, der Umla-dung oder der Versandannahme besondere Behandlung oder Vorkehrungen erforderlich machen:

- lebende Tiere und Tierställe,
- Wertfrachten wie z. B. Gold, Platin, Diamanten, Edelsteine (und Schmuck daraus), Aktien, Banknoten und alle Luftfrachtgüter mit einem deklarierten Wert von mehr als 1 000,00 US-$ pro Brutto-kg,
- sterbliche Überreste in Särgen und Urnen.

Die Höhe der Zuschläge hängt von der Warengruppe und der IATA-Area ab, in der der Zielflughafen liegt (siehe TACT-rules, Section 3).

Es ist zu beachten: 1. Die Rate wird erhöht, nicht der Frachtbetrag!
                     2. Die Mindestfrachtgebühr wird verdoppelt.

Die zweite Art von Warenklassenraten wird durch **Abschläge = Reduction** auf die Normal-rate gebildet. Sie hat die **Abkürzung R**.

Mit Abschlägen auf die Normalrate werden folgende Waren abgerechnet:

- Zeitungen, Zeitschriften, Magazine, Bücher, Kataloge, Blindenschriftausrüstungen
- unbegleitetes Reisegepäck

Auch hier hängt die Höhe der Abschläge von der zu befördernden Ware und der IATA-Area des Zielflughafens ab.

Beispiel:
110 kg Tageszeitungen von Frankfurt nach Barcelona.
Die Normalrate N beträgt 5,38 EUR, die Warenklassenrate beträgt 67 % der N-Rate, somit 3,60 EUR.
Somit beträgt die Fracht 396,00 EUR.

Auch hier gilt: Die Mindestfrachtbeträge sind mindestens abzurechnen.

Bei beiden Arten von Warenklassenraten gibt es eine Reihe von Ausnahmen, die jeweils den TACT-rules 3.7 zu entnehmen sind.

Warenklassenraten, die durch Zuschläge gebildet werden, sind nur dann nicht anzuwenden, wenn eine Spezialrate für diese Waren auf der Relation veröffentlicht ist. Warenklassenraten, gebildet durch Abschläge, sind nur dann anzuwenden, wenn sie zu günstigeren Frachtkosten als bei Anwendung von Mengenrabattraten oder Spezialraten führen.

Die Warenklassenraten haben nach Sendungszahl und abgefertigter Tonnage eine **geringe Bedeutung**. Meist werden an ihrer Stelle Quantity-Raten abgerechnet.

11.5.2.5 Konstruktionsraten

Im TACT können nicht für jede Verbindung zwischen zwei beliebigen Flughäfen auf der Welt Raten veröffentlicht sein. Das würde den Rahmen dieses Tarifhandbuches sprengen.

Der Luftfrachtspediteur benötigt aber oft Frachtraten für Zielflughäfen, für die keine Direktraten veröffentlicht sind.

Der Tarif sieht die Möglichkeit vor, nicht veröffentlichte Direktraten durch Aneinanderreihung einer veröffentlichten Direktrate und einer veröffentlichten Anschlussrate = Konstruktionsrate zu bilden.

Im TACT, Band 2 und 3, sind in der Sektion 5 **Construction Rates (gelbe Seiten)** die Flughäfen veröffentlicht, über die unveröffentlichte Direktraten konstruiert werden können. Diese Flughäfen heißen deshalb auch **Konstruktionspunkt = rate construction point = RCP**.

Es können nicht nur General Cargo Rates zu einer unveröffentlichten Durchrate konstruiert werden. Gleiches gilt auch für Spezialraten, soweit in den Construction Rates eine Anschlussrate für Spezialraten veröffentlicht ist.

Aber: Veröffentlichte Direktraten dürfen durch die Bildung von unveröffentlichten Durchraten nicht unterboten werden!

Beispiel:
Vorgehensweise: Sollte es von einem Abgangsflughafen zu einem Zielhafen keine direkte veröffentlichte Rate geben, so schlägt man im Tact in Section 5 nach, ob eine Konstruktionsrate veröffentlicht ist. Ist dies der Fall, so wird dort auch angegeben, über welchen anderen Flughafen (Konstruktionspunkt) die unveröffentlichte Normalrate zu bilden ist (z. B. für den Flug von Frankfurt nach Fortaleza in Brasilien über den Flughafen Recife). Die gefundene Anschlussrate wird zum veröffentlichten Kurs (Construction Exchange Rate) umgerechnet und zur Sektorrate (vom Abgangsflughafen zum Konstruktionspunkt) addiert.
Die **unveröffentlichte Normalrate** ergibt sich also aus der Addition der Sektorrate und der Konstruktionsrate.

Auch für Paletten- und Container-Raten (ULD-Rates) werden Anschlussraten veröffentlicht. Unveröffentlichte ULD-Durchraten sind auf die gleiche Weise zu bilden. Hier ist allerdings eine Reihe von Fußnoten zu beachten.

Unter bestimmten Voraussetzungen dürfen Spezialraten, die grundsätzlich „Punkt-zu-Punkt"-Raten sind, auch auf Zielflughäfen angewandt werden, die geographisch zwischen dem Abgangsflughafen und dem Flughafen liegen, für den die Spezialrate veröffentlicht wurde. Da diese **Intermediate-Point-Rule** aber nur für Abfertigungen außerhalb von IATA-Europa gilt, wird hier auf ihre Darstellung verzichtet.

11.5.2.6 Ratenkombination

Es gibt Zielflughäfen, für die man, bezogen auf den Abgangsflughafen, weder eine Durchrate findet noch lässt sich eine Durchrate konstruieren.

Dann, aber auch nur dann, ist es zulässig, eine Rate durch die **Kombination von zwei veröffentlichten Direkt- oder Sektorraten** zu bilden. Folgende **Kombinationsmöglichkeiten lässt der Tarif zu:**

- eine internationale GCR mit einer inländischen GCR
- eine internationale GCR mit einer zweiten internationalen GCR
- eine internationale SCR mit einer inländischen GCR

Um den Flughafen zu finden, von dem aus eine Rate zu dem gewünschten Zielflughafen veröffentlicht ist, geht man von dem Zielflughafen aus und prüft im Tarif die geografisch nächstliegenden Flughäfen. Fast immer finden wir eine Rate unter der Landeshauptstadt.

Achtung: Die Richtungsgebundenheit der Raten ist zu beachten!

Weil diese Rate in der entsprechenden Landeswährung angegeben ist, muss sie mit den entsprechenden Kursen, wiederum den Construction Exchange Rates, umgerechnet werden.

11.5.2.7 Paletten- und Container-Raten (ULD-Raten)

Um Großverladern und Spediteuren einen Anreiz zu geben, auch größere Partien als Luftfracht zu versenden, und um Sammelladungs-Verkehre zu fördern, werden im Rahmen des **„ULD-Programms = Unit Load Device Program"** günstige Paletten- und Container-Raten festgelegt. Im TACT sind ULD-Raten allerdings immer weniger zu finden.

Sie gelten für die von der IATA genormten Lademittel, weshalb die ULDs auch „Aircraft ULDs" genannt werden.

Es sind sog. **F.A.K.-Raten = Freight All Kind Rates**. Für die Frachtberechnung ist nicht die Warenart, sondern ausschließlich das Gewicht maßgeblich.

Ausgenommen von der Beförderung in nach ULD-Raten abgerechneten Containern sind

- Gefahrgüter gemäß Dangerous Goods Regulation und
- Güter, die nach Warenklassenraten abgerechnet werden.

Die **Frachtberechnung** von ULD-Sendungen besteht in der Regel aus zwei Schritten:

1. Für das **frachtpflichtige Mindestgewicht der jeweiligen Ladeeinheit = PIVOT WEIGHT** ist hinter der Note /B eine abzurechnende Frachtsumme veröffentlicht.
2. Für **Gewichtseinheiten über das frachtpflichtige Mindestgewicht hinaus bis zum maximalen Zuladegewicht der Ladeeinheit = EXCESS WEIGHT** oder **OVER PIVOT WEIGHT** ist pro kg oder lb eine gesonderte Rate abzurechnen, die **OVER PIVOT RATE**. Sie ist im Tarif hinter der Note /C angegeben.

Beide Beträge sind zu addieren und ergeben die Frachtkosten für den Komplett-Container.

Die frachtpflichtigen Mindestgewichte sind je nach Fluggesellschaft unterschiedlich, die Frachtberechnungsvorschriften ebenfalls. Man muss also immer die TACT-rules zu Rate ziehen und die verschiedenen Fußnoten im Tarif beachten.

Beispiel 1:

Eine Sammelladung mit einem Gewicht von 3 875 kg wird mit einer 88 x 125"-Palette (im Tarif mit der Typenbezeichnung 5 gekennzeichnet) von Frankfurt nach Perth in Australien befördert.

data/ type	note	item	min. wght	local curr.
Perth	**WA**	**AU**	M	84.36
			N	14.65
			45	10.27
			100	6.77
			300	5.95
			500	5.40
			800	4.91
	/C			4.31
5	/B		2000	9 271.77
8	/B		1000	4 635.88

Frachtberechnung:

Für das frachtpflichtige Mindestgewicht

(Pivot Weight) .... 9 271,77 EUR

Für das Over Pivot Weight

1 875 kg x 4,31 EUR .... 8 081,25 EUR

Containerfracht... 17 353,02 EUR

Durch Anwendung der ULD-Rate ergibt sich eine Rate pro kg von (17 353,02 EUR : 3 875 kg =) 4,48 EUR/kg. Bei Anwendung der Q800 hätten 4,91 EUR/kg abgerechnet werden müssen.

Beispiel 2:

Wird ein LD 3-Unterflurcontainer befördert (im Tarif mit der Typenbezeichnung 8 gekennzeichnet), sind mindestens 4 635,88 EUR abzurechnen. Im Vergleich zur Q800 (4,91 EUR) wird die Containerabfertigung günstiger ab einem Gewicht von (4 635,88 EUR : 4,91 EUR =) 944,5 kg.

Die Bedeutung der ULD-Raten ist in den letzten Jahren stark zurückgegangen, zum einen wegen der stark gesenkten Mengenrabattraten, zum anderen, weil immer mehr Sammelladungen unter Nutzung von Kontraktraten abgefertigt werden.

11.5.2.8   Kontrakt- und Marktraten

Die bisher behandelten Raten waren alle im TACT veröffentlicht und bei allen IATA-Gesellschaften und für jeden Verlader gültig.

Bestimmend für den Luftfrachtmarkt sind allerdings vertraglich zwischen Luftverkehrsgesellschaften und Spediteuren, zuweilen auch Urverladern, vereinbarte **Nettoraten**. Die Nettorate ist der Preis pro kg, den der Luftfrachtspediteur tatsächlich an die Luftverkehrsgesellschaft als Beförderungspreis zahlt.

Die Nettoraten, die mit einzelnen Spediteuren ausgehandelt werden, können pro Destination sehr unterschiedlich sein. Sie richten sich u. a. nach der Tonnage, der Wettbewerbssituation mit anderen Fluggesellschaften, den vertretenen Verladern, der Airlinetreue und der absehbaren Geschäftsentwicklung beim Spediteur und der Airline auf der Destination und auch nach strategischen Kooperationsvereinbarungen.

Auf der Basis ausgehandelter Nettoraten kalkuliert der Luftfrachtspediteur seine **Wiederverkaufsraten (selling rates)**. Die **hauseigenen Speditions- und Sammelladungstarife**, die gegenüber den Verladern abgerechnet werden, orientieren sich in der Regel an den vom IATA-Tarifgefüge her bekannten Gewichtsgrenzen der Mengenrabattraten. Die Haustarife werden zudem häufig nach Abfertigungsfristen gestaffelt. Je nach Sendungsaufkommen pro Destination werden mit Groß-Verladern gesonderte Tarife oder Pauschalfrachten pro kg vereinbart.

Kontraktraten dürfen nur benutzt werden, wenn im MAWB als Absender und Empfänger jeweils ein Luftfrachtspediteur genannt ist.

Es liegt in der Natur der Sache, dass die hier behandelten Raten nicht veröffentlicht werden. Sowohl Fluggesellschaften als auch Spediteure behandeln ihre Preis- und Ratenpolitik aus verständlichen Wettbewerbsgründen als Geschäftsgeheimnisse.

Eine Tendenz zeichnet sich allerdings ab: Die Fluggesellschaften versuchen verstärkt in ihren Ratenvereinbarungen den kontinuierlichen Verkauf vorhandener Kapazitäten abzusichern wie umgekehrt die Luftfrachtspediteure mit den Frachtpreisen feste Buchungen von Frachtraum verbinden wollen, um Kunden eine buchungskonforme Abfertigung garantieren zu können. Die Übernahme von Verantwortung für vorgehaltenen Frachtraum spielt in den Preisvereinbarungen eine immer stärkere Rolle.

Die folgende Auflistung soll ein paar Beispiele für Kontraktraten geben. Vielfältige weitere Varianten sind denkbar und werden praktiziert.

- **Time-definite-Services:** Unabhängig von Gewichts- oder Volumengrenzen wird dem Kunden eine exakt definierte Verfügbarkeitszeit am Zielort garantiert. Die Angebote sind nach Zeitfenstern gestaffelt und mit Zusatzleistungen wie kurzfristigen Anlieferzeiten, „Haus-Haus"-Zustellung, garantiertem Kapazitätszugang und Geld-zurück-Garantie angereichert.
- **Time-Volume-Contract (TVC) = Monatskontrakt** für eine bestimmte Tonnage auf einer Destination mit einer **Flat-Rate**, die für alle Sendungsgewichte abgerechnet wird, für die mehr als der Mindestfrachtbetrag abzurechnen ist oder für Sendungen ab einem festgelegten Gewichts-Breakpoint (z. B. 100 kg).

> *Beispiele:*
> 1. FRA–BOS ab IATA-Minimum (76,69 EUR)   1,07 EUR/kg bei 5 Tonnen/ Monat
> 2. FRA–SEL ab 100 kg 1,84 EUR bei 40 Tonnen/Monat
> 3. FRA–SAO ab 100 kg 2,43 EUR bei 15 Tonnen pro Monat, Bonus von 0,05 EUR, wenn Jahrestonnage von 250 Tonnen überschritten wird.
>
> Varianten: Bei Erreichen oder Überschreiten der Monatstonnage werden Boni als nachträglicher Abschlag auf die Kontraktrate vereinbart, z. T. auch gestaffelte Boni, z. B. bei 10 t/M = 0,05 EUR/kg, bei 20 t/M = 0,10 EUR/kg. Bei Untererfüllung erfolgen Nachbelastungen.

- **Netto-Agentenraten für benannte Verlader**
- **Urversenderkontrakte bei Abfertigung über Agenten**
- **ULD-Raten für Agenten**
- **Blocked Space Agreements** = Es handelt sich um spezielle ULD-Raten. Die Ratenvereinbarung umfasst die Garantie, dass ein festgelegtes Ladevolumen für einen bestimmten Flug, benannt durch die Flugnummer, von der Spedition abgenommen wird und dass die vereinbarte Fracht auf jeden Fall abgeflogen wird. Der Spediteur zahlt auf jeden Fall den „geblockten" Frachtraum oder das „geblockte" Gewicht. Für die Mitübernahme des Kapazitätsrisikos der Fluggesellschaft muss die ausgehandelte Rate den entsprechenden Anreiz bieten.
- **Incentives**
  Varianten:
  – für bestimmte Sendungen, z. B. high dense
  – für bestimmte Destinationen
  – für bestimmte Gebiete, z. B. North Atlantic
  – bezogen auf den Jahresumsatz
- **Ad-hoc-Raten**
  Für bestimmte Flugnummern, bestimmte aufkommensschwache Flugtage, für Paletten, für einzelne Sendungen.

Inzwischen wird der größte Tonnageanteil über Kontraktraten abgerechnet.

Beispiel:

Hier kann nur recht schematisch und stark vereinfachend dargestellt werden, wie Kontrakte aussehen und wie sie zur Basis von Haustarifen werden.

Eine IATA-Agentur handelt mit einer Fluggesellschaft einen Monatskontrakt über 30 Tonnen für die Relation Frankfurt–Toronto aus:

Kontraktrate .... 1,35 EUR/kg

Vergütung für gestaut übergebene Container .... 0,08 EUR/kg

1,43 EUR/kg

Provision von 6 % .... 0,09 EUR/kg

Netto-Rate .... 1,34 EUR/kg

Ein Haustarif könnte dann wie folgt aufgebaut werden, orientiert an der Struktur des IATA-Tarifs für diese Destination:

IATA-Tarif		Haustarif	
N	2.95	N	2.25
45	2.40	45	1.99
100	2.24	100	1.74
300	2.13	300	1.56
500	2.02	500	1.48

Natürlich hängt ein solcher Haustarif von einer ganzen Reihe von Faktoren ab, z. B. der Kostenentwicklung im Speditionsgewerbe, der Sendungsstruktur und der aktuellen Wettbewerbslage. Konkrete Beispiele für Haustarife müssen also in der Praxis erkundet werden!

Die Entwicklungstendenz auf dem Ratenmarkt geht immer stärker in Richtung markt- und wettbewerbsorientierter Kontrakt- und Nettoraten.

Hier ein Auszug aus einer Vereinbarung einer Airline mit einer Spedition:

Netto-Raten gültig seit dem 1. Oktober 2003!!!							
Ex Europa direct:		**exFRA/AMS/LUX**			**alle Raten in EUR/KG**		
Destination	Flugtag	AIC-Type	MIN	+45 kg	+100 kg	+500 kg	+1 000 kg
TPE	täglich	A340/B74F	55	1,25	1,15	1,10	1,05
AUH/DXB/SHJ	1, 3, 4, 5, 6, 7	B74F/LKW	50	1,15	1,00	0,90	0,80
BKK	1, 3, 4, 5, 6, 7	B74F	50	1,15	1,05	0,95	0,90
CMB	2	B74F	50	1,15	1,00	0,95	0,85
Nonstopflüge A340 FRA/TFE an Tagen 1, 3, 5, 6/1 13 Frachtverbindungen mit B747-400F aus Europa. Jede Woche!							
Via Taipeh:							
Destination	Flugtag	AJC-Type	MIN	+45 kg	+100 kg	+500 kg	+1 000 kg
KHH	täglich	A300/LKW	55	1,30	1,20	1,15	1,10
HKG/SIN/KUL/PEN	täglich	B74F/A300	55	1,25	1,10	1,00	0,95
JKT/DPS/HKT	täglich	B74F/A300	55	1,25	1,20	1,10	1,00
NRT/NGO/FUK/OKA	täglich	B74F/A300	70	2,00	1,85	1,75	1,65
SGN	täglich	B747P/B74F	60	1,35	1,20	1,15	1,10
MNL	täglich	B747F/A300	60	1,35	1,25	1,15	1,10
SYD/MEL	2, 3, 6, 7	A340	90	2,40	2,25	2,15	2,05
BNE	1, 4	A340	90	2,40	2,25	2,15	2,05

In der Praxis werden die Raten häufig von den Airlines in eine Excel-Tabelle direkt an die Speditionen in einem sogenannten eRate Sheet übermittelt. Das Muster eines solchen eRate Sheet finden Sie unter www.iata.de. Unter dem Link „Cargo" finden Sie ein Musterbeispiel und ein Blankoformular.

11.5.2.9   Zuschläge

Aufgrund erhöhter Sicherheitsbedingungen werden in der Luftfracht – ebenso wie in der Seefahrt – auch Sicherheitsgebühren fällig. So verlangt die US-Zollbehörde, dass die Angaben der Versender, des Empfängers und der Sendungsinhalte vollständig und exakt angegeben sind.

Verantwortlich für die Einhaltung der elektronischen Vorabübermittlung von Frachtbrief- und Hausfrachtbriefdaten ist der jeweilige Carrier. Consol Fracht, die als Build Up Units (BUPs) angeliefert wird, muss mit dem geladenen Gewicht und den tatsächlichen Stücken gekennzeichnet werden, so dass auch dann die Daten übermittelt werden können, wenn die Fracht auf verschiedenen Flügen geladen wird. Da die US Zollvorgaben kein berechnetes Gewicht erlauben, müssen pro BUP Manifest genau das Frachtgewicht und die Stücke vermerkt sein. All dies ist aufwändig und ein Kostenfaktor. Allerdings lassen sich die Kosten verringern, wenn der Absender selbst als zuverlässiger shipper registriert ist. Lufthansa Cargo war die erste Airline, die 2007 das IOSA-Zertifikat (IATA Operational Safety Audit) erhielt.

Ein weiterer Kostenfaktor sind die ständig steigenden Kraftstoffpreise, die sich kaum mehr in einen Tarif einbauen lassen bzw. die eine ständige Anpassung der Kontraktdaten erfordern. Deshalb werden seit einiger Zeit fuel-surcharges (Treibstoffzuschläge) erhoben, die jeweils aktuell abzufangen sind.

11.6   Flugplan

Zur Abfertigung eines Luftfrachtauftrages muss geklärt werden,

- mit welcher Fluggesellschaft die Sendung abgeflogen werden soll,
- welches Flugzeug eingesetzt wird,
- an welchem Tag und zu welcher Uhrzeit das Flugzeug startet und
- wann der Empfänger mit der Ankunft der Sendung rechnen kann.

Diese Angaben findet der Spediteur in den **Kursbüchern des internationalen Flugverkehrs**. Das sind die **drei Bände des OAG**.

OAG **World Airways Guide** **Blue Book**	Es enthält die **Passagier**-Flugverbindungen aller internationalen Flughäfen von **A bis M** und die Gebrauchsanweisung für den Flugplan, eine Tabelle zur Kalkulation der internationalen Zeitverschiebung, die Mindestanschlusszeiten zum Umsteigen bei Anschlussflügen und die Erläuterung für die Abkürzung der Flugzeugtypen.
OAG **World Airways Guide** **Red Book**	Es enthält die **Passagier**-Flugverbindungen aller internationalen Flughäfen von **N bis Z** und eine Reihe von Informationen für die Personenbeförderung.
OAG **Air Cargo Guide**	Es enthält die Flugverbindungen für alle **reinen Luftfrachtflüge** zwischean den internationalen Flughäfen und Flugdaten für Passagierflüge, bei denen regelmäßig Platz für palettisierte Luftfracht angeboten wird, außerdem die Spezial- und die Warenklassenraten für die Verbindungen, die mit Nur-frachtern bedient werden.

Wie sind diese Kursbücher zu lesen? Die Gebrauchsanweisungen des Air Cargo Guide geben über alles Aufschluss, was der Spediteur wissen muss. Deshalb werden sie im Folgenden abgedruckt. Es handelt sich um einen Auszug aus dem OAG Air Cargo Guide. Die Vorgehensweise für die Suche von Passagier-Flügen in dem Blue Book und Red Book ist die gleiche.

Anleitung zur 'Worldwide city-to-city schedules'

(Weltweite Flugpläne)

Darstellung der Stadt- und Flughafeninformationen

VON **NAME DES ABFLUGORTES** LAND **STADTCODE**		Zeitabweichung von GMT
• FLUGHAFENNNAME (FLUGHAFENCODE), Angaben über Entfernung von Flughäfen zur Innenstadt usw.		
Name des Ankunftortes STADTCODE	Flughafencode und -name, wenn anders

Ermittlung der Flugzeiten

Bitte beachten Sie: Alle angegebenen Zeiten beziehen sich auf die jeweilige Ortszeit.

Gültigkeit
Wenn in dieser Spalte keine Daten angegeben sind, ist die Gültigkeit der jeweils aktuellen Ausgabe des *ABC Air Cargo Guide* massgebend. Dieser Zeitraum ist auf Seite 51 angegeben.

Wochentage
1 Montag
2 Dienstag
3 Mittwoch
4 Donnerstag
5 Freitag
6 Samstag
7 Sonntag

Flughafencodes
Den durch jeden Code dargestellten Flughafen zu ermitteln, siehe *City/Airport Codes*-Liste (Seite 32).

Flugnummer
Die ersten zwei Zeichen der Flug Nr. repräsentieren den Code für die jeweilige Fluggesellschaft. Die *Airline Designators*-Liste (Seite 27) vermittelt Einzelheiten über die Bedeutung dieses Codes.

Flugzeugtyp
Flugzeugtypen können mit Hilfe der *Aircraft Codes*-Liste auf Seite 48 ermittelt werden.

Abflug- und Ankunftszeiten
Bei allen angegebenen Zeiten handelt es sich um Ortszeiten. Der *International Time Calculator* (Seite 12) zeigt die Unterschiede zwischen Ortszeit und GMT (Greenwich Mean Time).

Zeiten in **Fettdruck** sind Abflugzeiten vom Abflugsort und Ankunftszeiten am Zielort. Die restlichen Zeiten sind Ankunfts- und Abflugzeiten von jedem Anschlussflughafen.

Datum, an dem der Flugdienst beginnt	Datum, an dem der Flugdienst ended	Wochentage, an denen der Flugdienst stattfindet	Abflugszeit und Kennzeichen des Abflug-Flughafens	Ankunftszeit und Kennzeichen des Ankunft-Flughafens	Flug Nr.	Flugzeugtyp	Im Flug verfügbare Klassen	Anzahl der Zwischenlandungen
–	27Nov	1234567...	1640 ORD	*0820	AA84	D10	LPJ	0
	28Nov –	1234567	1640 ORD	*1035	AA84	M11	LPJ	1
	30Nov –	••3••••	2325 ORD	*1500	LH7307	74F	PPF	0

TRANSFER CONNECTIONS

–	–	1••4•••	1610 ORD	*0745 CPH	SK942	310	LPV	0
			‡1300 CPH	§0600	SK5867	RFS	LPV	1

SK5867 Plane change at intermediate stop

20Dec –		••••••7	2030 ORD	*1115 DUB	E19122	D8F	LPF	1
			‡0320 DUB	‡0620	E19658	73F	LPF	0

Anzahl der Zwischenlandungen
Wenn mehr als 8 Zwischenlandungen stattfinden, wird das Symbol M (Multistop) angege Die Zwischenlandungen werden in der *Flight Routings*-Liste (Seite 40) aufgeführt.

Direktflüge
Wenn die beiden Zeiten in einer Zeile im **Fettdruck** erscheinen, handelt es sich um einen Direktflug.

Direktflüge können u.U. non-stop

oder aber mit einer oder mehreren Zwischenlandungen sein.

Direktflüge haben von Abflug bis Landung die gleiche Flug Nr. Für alle City-to-City-Eintragungen werden Direktflüge immer vor möglichen Umsteigeverbindungen gezeigt.

Tagesangaben
Die in diesen Spalten aufgeführten Symbole bestimmen, welche Ankunfts- und Abflugzeiten nicht auf den gleichen Tag fallen an dem die Reise begonnen wurde.
¶ vortag
* zweiter Tag
‡ dritter Tag
§ vierter Tag
# fünfter Tag
@ sechster Tag

Umsteigeverbindungen
Wenn die Zeiten auf einer Zeile NICHT beide in **Fettdruck** erscheinen, handelt es sich um eine Umsteigeverbindung. Jeder Transfer-Anschluß nimmt mindestens zwei Zeilen der City-to-City-Eintragung in Anspruch und ist mit einem Maschinenwechsel auf dem Zwischenlandeflughafen verbunden. Die erste Zeile führt den Direktflug vom Abflugort zu dem Flughafen auf, wo die Maschine gewechselt werden muß. Die letzte Zeile zeigt den Anschlußflug zum Zielort.

Wenn mehrere Wechsel erforderlich sind, zeigen zusätzliche Zeilen zwischen Abflug- und Zielortzeilen die Flüge zwischen den einzelnen Umsteigeflughäfen an. Wenn ein Abflug-Flughafencode vom vorigen Ankunft-Flughafencode abweicht, muß zum Borden des Anschlußfluges der Flughafen gewechselt werden. Eine geringe Anzahl von Umsteigeverbindungen erfolgt über Routen, die höhere Tarife mit sich bringen. Stellen Sie sicher, daß der Normaltarif zutrifft. Umsteigeverbindungen erscheinen immer nach den Direktflügen.

Hinweise zu den Flügen
Diese Hinweise beziehen sich immer auf die direkt darüber aufgeführten Flüge.

Im Flug verfügbare Klassen

BBF	Frachttransport für Güter in Pakete/Boxen
BBQ	Passagier- und Frachttransport auf dem Passagie deck für Güter in Pakete/Boxen
BBV	LKW-Transport für Güter in Pakete/Boxen
LLF	Frachttransport für Güter auf Paletten (ULD's)
LLJ	Flüge für Passagiertransport mit großer Fra kapazität (ULD's)
LLQ	Passagier- und Frachttransport auf dem Passagie deck für Güter in Container (ULD's)
LLV	LKW-Transport für Güter in Container (ULD's)
LPF	Frachttransport für Güter in Container (ULD's) und auf Paletten
LPJ	Passagierflüge mit großer Frachtkapazität für Güter in Container (ULD's und auf Paletten)
LPQ	Passagier- und Frachttransport für Güter in Container (ULD's) und auf Paletten auf dem Passagierdeck
LPV	LKW-Transport für Güter in Container (ULD's) und auf Paletten
P	Frachttransport mit geringer Frachtkapazität
PPF	Frachttransport für Güter auf Paletten
PPJ	Passagiertrnsport mit hoher Frachtkapazität für Güter auf Paletten
PPQ	Passagier- und Frachttransport für Güter auf Paletten auf dem Passagierdeck
PPV	LKW-Transport für Güter auf Paletten

Beispiel

Dieses eigens vorbereitete Beispiel der Eintragung im Abschnitt *Worldwide city-to-city schedules* erläutert Ihnen, welche Informationen enthalten und wie leicht diese zu verwenden sind.

Abflugsort

• Flüge sind von Chicago (Stadtcode CHI) Illinois, USA

Flughafeninformation

• Chicago hat 5 Flughäfen
• O'Hare International Airport (Code ORD) liegt 17 Meilen/27,2 km nordwestlich vom Stadtzentrum
• Midway Airport (Code MDW) liegt 10 Meilen/16 km sudwestlich vom Stadtzentrum
• Meigs Field Airport (Code CGX) liegt 1 Meile/1,6 km östlich vom Stadtzentrum
• benso finden Sie Sie Flughäfen PALWAUKEE und REGIONAL.

FROM **CHICAGO** IL USA **CHI**   -0600

• O'HARE INTERNATIONAL (ORD) 17mls/27.2km NW of Chicago.
• MIDWAY (MDW) 10mls/16km SW of Chicago.
• MEIGS FIELD (CGX) 1ml/1.6km E of Chicago.
• PALWAUKEE (PWK).
• REGIONAL (GYY).

Honolulu HNL

–	30Nov 1234567	**0812** ORD	**1515**	**UA**187	D10	LPJ	1

UA187 Plane change at intermediate stop

Paris France PAR   OR-ORLY CDG-C De Gaulle

2Dec	–	••3••6•	**1820** ORD	*1440 ATH	**0A**418	747	LLJ	1
			§0915 ATH	**§1130** ORY	**0A**201	AB3	LLJ	0
–	–	•••4•••	**2245** ORD	*1445 FCO	**AZ**909	74F	LPF	0
			‡0910 FCO	**#2330** CDG	**AZ**9547	RFS	LLV	0

• Die Abeichung von der GMT in Chicago ist minus 6 Stunde

Direktflüge von Chicago nach Honolulu (Code HNL).

• Dieser Service entfällt nach dem 30. November.
• Flüge finden täglich statt.

CHICAGO   UA187   Honolulu

• Flüge ab Chicago O'Hare International Airport (Code ORD) um 08.12, Ankunft in Honolulu um 15.15
• Die Fluggesellschaft ist United Airlines (Airline Code UA) Flugnummer UA187
• Der Flug erfolgt mit einer Maschine vom Typ McDonnell Douglas DC-10 (Aircraft code D10)
• Die angebotene Klasse ist LPJ. Ein Passagierflug mit großer Frachtkapazität für Güter in Container (ULD's) oder auf Paletten
• Dieser Flug hat einen Zwischenstop, wo das Flugzeug gewechselt wird. Die Liste der *Flight routings* zeigt, dass dieser Zwischenstop in San Francisco (International Airport) sein wird.

Umsteigeverbindungen von Chicago nach Paris (Code PAR).

• Die erste Umsteigeverbindung ist gültig ab 2. Dezember
• Anschlussflüge mittwochs und samstags mit jeweils 2 Flügen

OA418   OA201

EDMONTON   Toronto   Paris

Der erste Flug geht ab Chicago O'Hare International Airport (Code ORD) um 18.20 und landet in Athen, Hellinikon Airport (Code ATH) um 14.40 am folgenden Tag.
• Der Flug erfolgt mit Olympic Airways und die Flugnummer ist OA 418.
• Die Maschine ist vom Typ Boeing 747 (Aircraft Code 747) und die verfügbare Klasse ist LLJ.
• Dieser Flug hat einen Zwischenstop. Die Liste der *Flight routings* zeigt, dass der Zwischenstop in J F Kennedy International Airport, New York sein wird.

Der zweite Flug verlässt Athen, Hellinikon Airport um 09.15 am vierten Tag und landet in Paris Orly Airport (Code ORY) um 11.30 ebenso am vierten Tag.
• Der Flug erfolgt mit Olympic Airways, Flugnummer OA201.
• Die Maschine ist vom Typ Airbus Industrie A300 (Code AB3) und die verfügbare Klasse ist LLJ.
• Hierbei handelt es sich um einen non-stop Flug.

Der zweite Transfer-Anschluss, der von Chicago nach Paris angegeben wird trifft für die Gültigkeit dieser Auflage zu.

Anschlüsse erfolgen donnerstags mit jeweils 2 Flügen.
• Die erste Flugverbindung ist von Chicago nach Leonardo Da Vinci Airport, Rom (Code FCO) mit der Flugnummer AZ 909
• Die zweite Flugverbindung ist vom Leonardo Da Vinci Airport, Rom zum Charles de Gaulle Airport, Paris (Code CDG) mit der Flugnummer AZ 9547.
• Die zweite Flugverbindung ist mit der Alitalia (AZ), Road Feeder Service (Code RFS)

Die Abkürzungen für die wichtigsten Flugzeugtypen sind:

Aircraft Code	Aircraft Type	Aircraft Code	Aircraft Type
312	Airbus Industries A310-200	763	Boeing 767-300
313	Airbus Industries A310-300	72F	Boeing 727 Freighter
314	Airbus Industries A310-300	73Q	Boeing 737-300QC
319	Airbus Industries A319	74E	Boeing 747-400 M
320	Airbus Industries A320	74F	Boeing 747 Freighter
321	Airbus Industries A321	74X	Boeing 747-200 Freighter
342	Airbus Industries A340-200	74Y	Boeing 747 Freighter
343	Airbus Industries A340-300	AB6	Airbus Industries A300-600
722	Boeing 727-200	ABA	Airbus Industries A300-600
733	Boeing 737-300	D8F	McDonnell Douglas DC 8 Freighter
734	Boeing 737-400	DH7	de Havilland DHC7 Dash 7
735	Boeing 737-500	F50	Fokker 50
737	Boeing 737	M1F	Boeing MD 11 Freighter
742	Boeing 747-200	M82	McDonnell Douglas MD-82
744	Boeing 747-400	RFS	Road Feeder Service (Truck)
747	Boeing 747	RFX	Road Feeder Service (Truck)
752	Boeing 757-200	SF3	Saab SF 340

Beispiel:

Am Dienstag, den 17. Mai, soll eine Sendung mit 100 kg von Frankfurt nach Ankara in der Türkei abgefertigt werden. Welche Flüge kommen in Frage? Zunächst schlagen wir im OAG Blue Book die Passagierflüge nach:

1. **Abflug 09:40 Uhr** mit Lufthansa, Flugnummer LH 322, mit einer Boeing 727, **Ankunft** in Ankara Esemboga Airport um **15:30** Uhr Ortszeit.

2. **Abflug 10:10 Uhr** mit Swissair, Flugnummer SR 533, mit einer DC 9 nach Zürich, Ankunft 11:05 Uhr, Weiterflug um 12:00 Uhr mit Swissair, Flugnummer SR 324, mit einem Airbus 310 nach Istanbul, Ankunft um 15:45 Uhr, Weiterflug nach Ankara Esemboga Airport um 17:45 Uhr mit THY Turkish Airlines, Flugnummer TK 146, mit einer Boeing 727, **Ankunft um 18:40 Uhr** Ortszeit.

3. **Abflug 13:30 Uhr** mit Lufthansa, Flugnummer LH 320, mit einem Airbus 310 nach Istanbul, Ankunft um 17:20 Uhr Ortszeit, Weiterflug um 19:30 mit THY Turkish Airlines, Flugnummer TK 154 nach Ankara Esemboga Airport mit einer DC 9, Ankunft um 22:25 Uhr Ortszeit. Flugnummer SR 138 mit einer DC 9 nach Toronto, **Ankunft um 17:00 Uhr** Ortszeit.

4. **Abflug 17:00 Uhr** mit THY Turkish Airlines, Flugnummer TK 906, mit einer Boeing 727 nach Istanbul, Ankunft 20:35 Uhr Ortszeit, Weiterflug mit THY Turkish Airlines, Flugnummer TK 164, mit einer Boeing 727, **Ankunft 23:00 Uhr** Ortszeit in Ankara Esemboga Airport.

Im OAG Air Cargo Guide finden wir keine Nur-Frachtverbindung nach Ankara, sodass Frachtraum auf einem der Passagierflüge gebucht werden muss.

Validity From	To	Days of Service	Dep	Arr	Flight No.	Acft	Class	Stops
From Frankfurt Germany Fed Rep **(Fra)**								**CONTINUED**
- 26Apr	1	4567	1105	1350 DFW	AA71	D10	FCYBQ	0
			1608 DFW	1715	AA393	72S	FYMBQ	0
- 12Apr		23 56	1110	1335 DFW	DL23	L15	FCYQM	0
-		2 6	1235	1305 LHH	LH032	310		
			1730 LHR	1720 ANC	BA5	747	FJM	0
- 26Apr		2 4 6	1515	1545 LHR	BA727	73S	CML	0
			1730 LHR	1620 ANC	BA5	747	FJM	0
29Apr -		2 6	1515	1545 LHR	BA727	73S	CML	0
			1730 LHR	1720 ANC	BA5	747	FJM	0
Ancona (A01)								
-		1234567	1610	1720 LIN	AZ451	M80	CY	0
			2000 LIN	2055	AZ1432	DC9	Y	0
Ankara (ANK)								**ESB-Esenboga**
-		1234567	0940	1530 ESB	LH322	727	FCM	1
2May -		5	2150	*0150 ESB	TK990	727	Y	0
			Transfer Connections					
-		234 67	1010	1105 ZRH	SR533	D9S	FCY	0
			1200 ZRH	1545 IST	SR324	310	FCY	0
			1745 IST	1840 ESB	TK146	727	Y	0
-		1 5	1010	1105 ZRH	SR533	D9S	FCY	0
			1200 ZRH	1545 IST	SR326	310	FCY	0
			1745 IST	1840 ESB	TK146	727	Y	0
-		67	1235	1610 IST	TK898	310	Y	0
			1745 IST	1840 ESB	TK146	727	Y	0
- 30May		5	1235	1610 IST	TK898	DC9	Y	0
			1745 IST	1840 ESB	TK146	727	Y	0
-		6	1310	1705 IST	PK716	D10	FY	0
			1930 IST	2025 ESB	TK154	DC9	Y	0
-		7	1330	1720 IST	LH320	310	FCM	0
			2020 IST	2115 ESB	TK840	310	Y	0
-		123456	1330	1720 IST	LH320	310	FCM	0
			1930 IST	2025 ESB	TK154	DC9	Y	0
- 28May		1 3	1700	2035 IST	TK904	727	Y	0
			2205 IST	2300 ESB	TK164	727	Y	0
- 29May		2 4	1700	2035 IST	TK906	727	Y	0
			2205 IST	2300 ESB	TK164	727	Y	0
Annaba (AAE)								
-		2 4	1005	1120 LYS	AF565	737	CYBK	0
			1250 LYS	1325	AF2527	72S	CY	0
-		1	1005	1120 LYS	AF565	737	CYBK	0
			1250 LYS	1330	AF2555	737	CY	0

Ein LD 7-Container mit Sammelladung soll von Köln nach Colombo abgefertigt werden. Dieser Container kann von keinem der angebotenen Passagierflugzeuge befördert werden. Prüfen Sie das bitte selbst anhand des Auszugs auf der vorherigen Seite nach.

Also benötigen wir eine im Air Cargo Guide veröffentlichte Verbindung.

Wir finden folgendes Angebot: **Dienstag**, **Abfahrt** ab Köln im Road Feeder Service, also per Lkw, um **22:00 Uhr** mit KLM, „Flug"-Nummer KL2264 nach Amsterdam, Ankunft am nächsten Tag, also Mittwoch um 03:00 Uhr, am gleichen Tag Verladung in einen Jumbo Boeing 747 der KLM, Abflug Mittwoch 22:55 Uhr Flugnummer KL843 nach Colombo, **Ankunft** am übernächsten Tag, also **Donnerstag um 14:20 Uhr** Ortszeit.

Aktuelle Flugpläne sind inzwischen selbstverständlich bei jedem Flughafenbetreiber im Internet einzusehen.

Beachten Sie hierzu auch Hinweise im Kapitel 11.2.

11.7 Luftfracht-Sammelverkehr

Das Ratengefüge der IATA begünstigt bei allen Ratenarten größere und höher gewichtige Sendungen. Je höher das Sendungsgewicht, umso niedriger ist die Frachtrate pro kg.

11.7.1 Arbeitsweise des Luftfracht-Sammelladungs-Spediteurs

Der Luftfrachtspediteur nutzt diese Gewichtsdegression der Frachtraten, indem er einzelne Sendungen sammelt, sie nach Zielflughäfen sortiert, zu einer Sendung zusammenfasst und sie als Sammelladung der Fluggesellschaft zur Beförderung übergibt. Der damit erzielte Frachtraten-Vorteil bildet die Grundlage für **speditionseigene Sammelladungstarife**, die günstigere Raten als jede IATA-Rate ermöglichen.

Die Luftfracht-Sammelladungs-Spediteure = **Consolidator** bieten für die verschiedenen Relationen in der Regel mehrere, nach Beförderungszeiten und Preisen gestaffelte Luftfrachtverkehre und einen entsprechend gestaffelten **speditionseigenen Abflugplan** an.

Für jede Einzelsendung wird ein **hauseigener Luftfrachtbrief = House Airway Bill** ausgestellt. Die Einzelposten der Gesamtsendung werden in einer **Ladeliste = Cargo Manifest** aufgelistet, ergänzt um Auslieferungsanweisungen an den Empfangsspediteur (z. B. Nachnahmen, Benachrichtigung von Banken bei Akkreditivsendungen).

Abschließend wird der Luftfrachtbrief für die Gesamtsendung = **Master-AWB** mit der Inhaltsangabe **„Consolidation Shipment"** oder **„Mixed Consignment, see Extension List"** an einen Empfangsspediteur adressiert.

Viele Luftfracht-Sammelladungs-Spediteure übergeben der Fluggesellschaft selbst gestaute Sammelladungs-Container.

Der Empfangsspediteur nimmt die Sammelladung wieder auseinander – „bricht die Sendung auf" (= macht das **„break bulk"**) –, erledigt die Zollabfertigung und liefert die Sendungen an die Endempfänger aus. In der Regel berechnet er dem Abgangsspediteur für seine Leistungen eine Verteilgebühr = break bulk fee.

11.7.2 Haus-Luftfrachtbrief

Der Luftfracht-Sammelladungs-Spediteur stellt auf seinen eigenen Namen einen Spediteur- oder Haus-Luftfrachtbrief für jede Sendung aus und wird dadurch rechtlich zum Frachtführer, zum **„Contracting Carrier"**.

Damit unterliegt er auch der **Frachtführer-Haftung** nach Warschauer Abkommen, Haager Protokoll oder den IATA-Beförderungsbedingungen und nicht mehr den für ihn wesentlich günstigeren Haftungsbeschränkungen nach ADSp.

Deshalb müssen im House-AWB die Felder „Issuing Carrier's Agent, Name and City", „Agent's IATA-Code" und „Account No" freigelassen werden, weil der Spediteur nicht gleichzeitig Frachtführer und sein eigener Agent sein kann.

Der Haus-Luftfrachtbrief wird inzwischen aufgrund einer Vereinbarung zwischen BSL und dem Bankenverband als akkreditivfähiges Beförderungsdokument anerkannt, sodass auch Akkreditiv-Sendungen in Sammelverkehren des Spediteurs abgefertigt werden können.

Aufgrund der offensichtlichen Vorteile des Luftfracht-Sammelverkehrs für den Verlader, den Spediteur und die Fluggesellschaften wird etwa 50 % des von der Bundesrepublik Deutschland ausgehenden Gewichts im Rahmen der hauseigenen Sammelverkehre der Luftfrachtspediteure abgefertigt.

11.8 Charter- und kombinierte See-Luft-Verkehre

11.8.1 Charter-Verkehr

Neben dem Frachtliniengeschäft besteht die Möglichkeit, für besondere Sendungen oder bei Vollauslastung der Linienkapazitäten Flugzeuge für den Frachtverkehr zu chartern.

Man unterscheidet Voll-Charter und Teil-Charter, auch Split-Charter genannt. Die Charter-Fluggesellschaften setzen in der Regel Mindestgewichte für die Charterung fest. Die Charter-Verkehre sind inzwischen kaum noch als Konkurrenz zum Linienverkehr, sondern eher als Ergänzung dazu anzusehen. Die Höhe der Frachtraten hängt ausschließlich von den Betriebskosten und der jeweiligen Marktsituation ab. Sie sind meist höher als die Direkt- oder Linien-Raten.

11.8.2 See-Luft-Verkehr

Ein noch junges Produkt auf dem Luftfrachtmarkt ist der **Sea-Air-Verkehr**. Kombiniert werden der schnelle, aber relativ teuere Luftfrachtverkehr und der langsame, aber recht preiswerte Seetransport. Es werden also die Vorteile beider Verkehrsträger kombiniert, um die jeweiligen Nachteile zu reduzieren.

Angeboten werden See-Luft-Verkehre hauptsächlich von den fernöstlichen Märkten Japan, Taiwan, Singapur und Korea.

Zunächst werden die Sendungen per Seeschiff zu einem Zielhafen transportiert, in dessen unmittelbarer Nähe ein internationaler Flughafen liegt. Als Umschlagsorte haben sich Dubai (14–20 Tage), Sharjah und Singapur (9–12 Tage) für den westgehenden Verkehr, die Häfen der nordamerikanischen Westküste, Seattle/Vancouver und Los Angeles/San Francisco (10–14 Tage), für den ostgehenden Verkehr nach Europa auf diese Verkehrsart spezialisiert.

Der See-Luft-Verkehr führt im Durchschnitt im Vergleich zum Seeverkehr zu einer Halbierung der Transportzeit und im Vergleich zur Luftfracht zu einer Senkung der Raten bis zu 70 %.

Internationale Speditionen bieten in Zusammenarbeit mit Linien-Reedereien feste Abfahrtszeiten und garantierte Beförderungsfristen.

Beispiel:
Eine Sendung aus Taiwan benötigt per Seeschiff ca. 29 Tage bis Hamburg, per Luftfracht 2 Tage. Im See-Luft-Verkehr über Dubai werden Beförderungszeiten zwischen 14 und 20 Tagen garantiert. Die kombinierte See-Luft-Frachtrate liegt bei 1,53 EUR/kg, die Seefracht-Rate bei 0,41 EUR/kg, die Luftfrachtrate bei 4,09 EUR/kg.

11.9 Abrechnung von Nebenleistungen im Luftfrachtverkehr

Die vielfältigen Leistungen von Luftfrachtspediteur und Fluggesellschaft im Zusammenhang mit der Abfertigung von Luftfrachtsendungen sind bekanntlich mit der Bezahlung der Luftfrachtrate nicht abgegolten. Je nach Sendungs- und Abfertigungsart werden unterschiedlichste Nebenleistungen erbracht, die jeweils ihren eigenen Preis haben.

Mit dem Europäischen Binnenmarkt 1993 sind diese Nebengebühren nicht mehr in einem verbindlichen Tarif festgelegt – wie das bisher mit dem LNGT (Luftfrachtnebengebührentarif) galt. Auch diese Preise sind jetzt – offiziell – Gegenstand des freien Wettbewerbs, wie das bisher seitens der Speditionen bereits durch Sonderabmachungen mit einzelnen Verladern vorweggenommen worden ist.

Da es Aufgabe des Luftfrachtspediteurs ist, die Fluggesellschaften gegenüber der Verladerschaft zu vertreten und für sie das Inkasso-Geschäft zu erledigen, ist er sowohl mit der Abrechnung der eigenen Nebenleistungen als auch der Abrechnung der Nebenleistungen der Fluggesellschaften befasst.

11.9.1 Nebengebührentarife der Fluggesellschaften

Fluggesellschaften, die den Sendungsumschlag selbst vornehmen, und Luftfracht-Umschlagsgesellschaften, die im Auftrag von Fluggesellschaften tätig werden, veröffentlichen für Abfertigungsleistungen Nebengebührentarife. Soweit sich diese Tarife nicht auf Leistungen erstrecken, die der Luftfrachtspediteur erbringt, sind das aus der Sicht der Spedition Kosten, die an die Kunden weitergegeben werden.

Die Preise können von Flughafen zu Flughafen unterschiedlich sein.

Berechnet werden im Export:
- AWB-Ausstellung und ggf. Korrektur
- Abfertigungsgebühren (Handling Charge usw.)

- Ausfuhrzollabfertigung
- Dokumentation (z. B. für Gefahrgut, Akkreditivsendungen)
- Sicherheitsgebühren (Security fee)
- Treibstoffzuschläge (fuel surcharge)
- Daten-Vorabübermittlung (notwendig im US-Verkehr).

Im Import werden Gebühren berechnet für:
- Frachtnachnahme (Charges Collection Fee)
- Abfertigung (nach Gewicht und Sendungsgröße)
- Zollabfertigung (im ATLAS-System)
- Dokumentation (z. B. Avisieren, Bankfreistellungen).

Die von der Deutschen Lufthansa berechneten Gebühren finden Sie z. B. im Internet unter www.lhcargo.de. Auf der Homepage wählen Sie zuerst Kontinent und Land aus (Taste „GO" drücken), danach finden Sie am linken Rand „Raten & Tarife", darunter die Taste „Nebengebühren".

Beispiel:
Zum Stand 1. Oktober 2006 berechnet die LH 10,00 EUR für das Erstellen des AWB, für Handling Charges 0,08 EUR je kg, mindestens aber 8,00 EUR je Sendung usw.

11.9.2 Zusätzliche Leistungen des Luftfrachtspediteurs

Speditionsspezifische Leistungen sind in den LNGT der Fluggesellschaften nur unzureichend berücksichtigt. Insbesondere Rollgelder, Vortransport- und Nachlaufkosten, aber auch die Abfertigung zu verschiedenen Zollverfahren werden nach speditionseigenen, kundenbezogenen Sätzen abgerechnet. Der freie Wettbewerb führt hier natürlich zu sehr unterschiedlichen Preisen und Gebühren.

Jede Spedition sollte diese Gebühren nach den tatsächlich anfallenden Kosten berechnen. In der Praxis sind dazu kleinere Speditionen meist nicht in der Lage. Deshalb hatte z. B. der Fachverband Spedition und Logistik in Hessen eine Preisempfehlung entwickelt, die zuletzt im Jahre 1995 veröffentlicht wurde, aber nicht mehr weiter aktualisiert wurde. Auch heute halten sich noch viele Speditionen an diese – nun wohl in Euro umgerechnete – Preisempfehlung.

Die Preisempfehlungen des Verbandes sind ähnlich den von der Lufthansa veröffentlichten Preisen. Zusätzlich werden Empfehlungen für das Ausstellen der Ausfuhranmeldung, Vorprüfen der AM, Warenvorführung, Vor- und Nachlaufkosten usw. gegeben. Da diese Preise von Spedition zu Spedition und innerhalb einer Spedition auch noch kundenspezifisch sein können, wird hier auf eine Darstellung verzichtet.

11.10 Elektronische Datenverarbeitung und elektronischer Datenaustausch in der Luftfracht

Bekanntlich entfällt in der Luftfrachtbeförderung lediglich 10–20 % der gesamten Transportzeit von Haus zu Haus auf die eigentliche Beförderung im Flugzeug. Zeitverluste entstehen im Wesentlichen bei der kaufmännischen Disposition – Auftragserteilung, Übergabe, Avisierung, Tourenplanung etc. –, der Erfassung der Sendungsdaten bei den verschiedenen an der Sendungsabfertigung beteiligten Partnern, der Übermittlung der Information und der Formalitäten für die Ausfuhr- und Einfuhrabfertigung bei den Zollbehörden.

Es ist unbestritten, dass der elektronische Datenaustausch – Electronic **D**ata **I**nterchange **(EDI)** – sendungsbezogener Daten zwischen den Stationen der Transportkette erhebliche Zeit- und Kosteneinsparpotenziale erschließen kann und wird.

Erforderlich ist, dass

- die notwendigen Datensätze den jeweiligen Etappen in der Transportkette **vorauseilen**, um Zeit für Planung, Disposition und Steuerung der Sendungsbearbeitung zu schaffen,
- identische Daten nur **einmal erfasst** werden, und zwar bei Initiierung des Transportvorgangs, um den zeitlichen und personellen Erfassungsaufwand zu reduzieren und Fehlerquellen zu eliminieren,
- physische Dokumente weitgehend durch **elektronische Datensätze** ersetzt werden, um den Verfahrensablauf zu beschleunigen und Kosten zu senken, und
- eine jederzeitige und durchgehende **Echtzeit-Statuskontrolle** abrufbar ist, um die physische Güterbewegung an jeder Schnittstelle elektronisch sichtbar zu machen und sofortige Entscheidungen bei Störungen im Transportablauf zu ermöglichen.

Elektronischer Datenaustausch macht internationale Standards zur Vereinheitlichung von Datenstrukturen und Konvertierungsprogramme erforderlich, damit unterschiedliche EDV-Systeme miteinander kommunizieren können. Mit **EDIFACT** – **E**lectronic **D**ata **I**nterchange **F**or **A**dministration, Commerce and Transport – werden solche Standards inzwischen weltweit genutzt. Auch die IATA hat für den Luftfrachtbereich spezielle Standards entwickelt, so das **IATA Cargo IMP** (Cargo Interchange Message Procedures) und das **IATA Cargo FACT**.

Mit den weltweiten Datennetzen und „Datenautobahnen" stehen inzwischen auch Hochleistungs-Verkehrswege für den globalen elektronischen Datenaustausch zur Verfügung, die von den beteiligten Firmen genutzt werden können und täglich mehr genutzt werden. Wegen seiner wachsenden Bedeutung soll hier das Frachtinformationssystem *TRAXON* dargestellt werden, anschließend vergleichbare Nutzanwendungen des Internets.

11.10.1 Luftfrachtinformationssystem Traxon

Traxon ist eine privatwirtschaftlich erstellte und organisierte, zugleich aber neutrale, auf Kostendeckung ausgerichtet weltweit nutzbare Infrastruktureinrichtung für den Luftfrachtmarkt.

Traxon – Tracking and Tracing, online – ist ein Luftfrachtinformationssystem für den amerikanischen, asiatischen, europäischen und z. T. afrikanischen Markt. Luftverkehrsgesellschaften, Speditionen, Versender, Empfänger und Zollbehörden werden per EDI miteinander **vernetzt**.

Gegründet wurde Traxon (zunächst als GLS, Global Logistics Systems) von den Fluggesellschaften Air France und Lufthansa (Traxon Europa), Cathay Pacific Airways und Japan Airlines (Traxon Asia). Korean Airlines ist inzwischen ebenfalls Gesellschafter von Traxon Asia. Traxon Asia betreut die Märkte Indien, Asien und Australien, Traxon Europa die Märkte Europa, Afrika und Naher Osten. Für den Datentransfer auf den wichtigen Markt Nordamerika arbeitet Traxon mit einem amerikanischen EDI-Unternehmen zusammen.

Wichtig für die Funktionsweise und Akzeptanz dieses Informationssystems ist die **Offenheit** und **Neutralität** des Dienstleistungsangebots. Offenheit bedeutet, dass jede Luftverkehrsgesellschaft und jede Luftfrachtspedition sich an diesem Datenaustausch-System beteiligen kann. Neutralität bedeutet, dass ihr Wettbewerb untereinander dadurch nicht eingeschränkt wird. Mit der Nutzung des Systems ist keine Beeinflussung verbunden, bestimmte Luftfahrtgesellschaften oder Luftfrachtspediteure einzusetzen.

Mit Traxon können rund um die Uhr mit einem Anschluss entweder in Rechner-Rechner-Koppelung oder einer PC-Verbindung folgende Leistungen genutzt werden:

- **Buchung** von Sendungen bei den angeschlossenen Airlines, Möglichkeit der Buchungskorrektur oder der Stornierung
- Abfrage **Airline-spezifischer Flugpläne**
- **Statusabfrage** (aktiv) und Status-Update-Informationen (automatisch); Echtzeitdaten!
- **AWB-Datenübermittlung** an Airlines
- Online-Zugriff auf die **OAG-Datenbank** mit Flugplänen und IATA-Raten (wöchentliche Updates, dadurch preisgünstige Alternative zum OAG-Nachschlagewerk
- Nachrichtenaustausch zwischen den Agenten, z. B. Übermitteln freier Texte, der **HAWB-Daten**, von Manifesten oder Statusmeldungen
- Übermittlung der Sendungsdaten in das **Automated Manifest System (AMS)** der US-Zollbehörden zur **beschleunigten Vorverzollung** (sonst Verzögerungen von mehr als einem Tag). Variante 1: Die HAWB-Daten werden mit der FRC-Nachricht (Freight Report Change) via Traxon an das Airline-System und von dort an AMS weitergeleitet. Variante 2: direkte Verbindung von Agent zu AMS via Traxon, womit dann auch Statusinformationen von AMS erhältlich sind.

Damit lässt sich die physische Abfertigung erheblich beschleunigen, die Fehleranfälligkeit sinkt, die Disposition wird optimiert und die allgemeinen Verwaltungskosten werden gesenkt.

11.10.2 Das Internet in der Luftfrachtabfertigung

Das Frachtinformationssystem Traxon selbst und über 120 Fluggesellschaften nutzen das Internet und bieten ihren Kunden Informationsdienste unterschiedlichsten Umfangs.

Traxon hat einen Multi-User-Service für die Luftfrachtindustrie unter der Adresse „http://www.traxon.com" eingerichtet. Darüber haben Internet-Anwender die Möglichkeit, Statusinformationen über einzelne Sendungen, Verfügbarkeitsmeldungen oder auch Flugpläne abzurufen. Gedacht ist dieser Service für Luftfrachtspediteure mit geringem Frachtaufkommen als preiswerte Alternative zum oben beschriebenen Traxon-Paket.

Fast alle Luftfahrtgesellschaften bieten ihren Fracht-Kunden die Möglichkeit der Sendungsverfolgung über Internet. Unter der entsprechenden Internet-Adresse kann der Kunde jederzeit durch Eingabe der AWB-Nummer den Status und/oder Aufenthaltsort seiner Sendung abfragen. Meist wird ein zusätzlicher Service geboten wie individuelle Flugpläne, ein Verzeichnis der weltweiten Ansprechpartner und Airline-spezifische Nachrichten.

Im Passage-Bereich ist es bei einigen Airlines bereits jetzt möglich, über Internet Flugtickets zu buchen, Flugplandaten und weitere Serviceinformationen abzurufen.

Die Möglichkeiten der Datenübertragung und des elektronischen Datenservices über Internet sind auch für die Luftfrachtabfertigung noch in der Erprobungsphase. Im Rahmen einer IATA-Information-Technology-Konferenz wurden kürzlich in einem Workshop die gemachten Erfahrungen ausgetauscht. Ein Problem, das es zu lösen gilt, ist die Echtzeit-Verfügbarkeit wegen der Netzüberlastung in kritischen Zeitfenstern.

Über die Gebühren lässt sich nur so viel sagen, dass sie je nach Anbieter, der seine eigene „Homepage" einrichtet, gestaltet werden und mit Sicherheit am „Markt", also auch an den Traxon-Gebühren orientiert werden.

Internet und Traxon müssen keine Alternative sein, sie können sich ergänzen. Die Tatsache, dass auch auf dem Feld der EDI für Luftfrachtinformationen Wettbewerb herrscht, wird zu einer Leistungssteigerung und Verbilligung dieses wichtigen Bausteins in der Erstellung des Produkts „Luftfracht" beitragen.

Zum Schluss: Gerade in der Luftfracht kann man sich sehr viele Informationen über das Internet besorgen. Im Themenbereich wurde schon auf die Webseite von Lufthansa-Cargo www.lhcargo.de hingewiesen. Selbstverständlich haben auch die anderen Carrier ihre Webseiten, z. B. www.klmcargo.com usw. Auch Informationen über Abflüge und Ankunftszeiten kann man sich jederzeit im Internet besorgen. Am größten Frachtflughafen Europas, Frankfurt, entweder über die Seite www.fraport.de und dann über den Link „Fraport Sites" zur Cargo-City-Süd oder auch gleich zu www.cargocity.de. Dort gibt es einen Link „Flugplan", der in Abflug und Ankunft unterteilt ist. Dort erhält man immer die aktuellen Abflugdaten. Da sich gerade im reinen Frachterbereich die Daten häufiger ändern, ist diese Seite immer aktueller als ein gedruckter OAG.

ZUSAMMENFASSUNG

1. Weniger als 1 % der weltweit beförderten Tonnage entfällt auf Luftfracht, aber über 10 % der beförderten Werte.

2. Luftfracht ist schnell, sicher, zuverlässig, bietet eine große Zahl an Abflügen und ein weltweit lückenloses Streckennetz.

3. Das Flugzeug hat eine relativ geringe Transportkapazität und relativ hohe Beförderungskosten.

4. Die klassischen Luftfrachtgüter sind sehr eilbedürftig und/oder hochwertig.

5. Bei der Sendungsabfertigung ist immer zu beachten, welcher Container mit welchem Flugzeugtyp verladen werden kann.

6. Die ICAO ist ein Zusammenschluss von Mitgliedsstaaten der UNO zur Förderung des zivilen internationalen Luftverkehrs.

7. Die 5 Freiheiten der Luft gewähren sich die Staaten jeweils gegenseitig (bilateral).

8. Die IATA ist ein Verband internationaler Fluggesellschaften mit der Absicht, Tarife, Dokumente, Bordservice, Freigepäckgrenzen und die Zulassung von Verkaufsagenturen zu vereinheitlichen.

9. Das IATA-Clearing-House ist die Verrechnungsstelle für gegenseitige Zahlungsansprüche der internationalen Fluggesellschaften.

10. Die IATA-Geographie unterscheidet drei Tarifgebiete. Die Bundesrepublik Deutschland liegt im Tarifgebiet 2, Europa.

11. Die IATA ernennt Speditionen zu Fracht-Agenturen. Sie erhalten von den Fluggesellschaften Provision für die Vermittlung von Frachtaufträgen.

12. Der IATA-Agent hat die Frachtsendungen der Fluggesellschaft „ready for carriage" zu übergeben.

13. Für den Luftfrachtvertrag gibt es keine einheitliche, international gültige Rechtsgrundlage.

14. Als Rechtsgrundlagen kommen in Frage in folgender Reihenfolge: Montrealer Abkommen (MAK) das Haager Protokoll (HP), das Warschauer Abkommen (WAK), das HGB (neu), die IATA-Beförderungsbedingungen.

15. Die Haftung des Luftfrachtführers ist eine Verschuldenshaftung mit umgekehrter Beweislast.

16. Der Luftfrachtführer haftet für die Zeitspanne, in der er die Sendung in seiner Obhut hat.

17. Die Haftungshöchstgrenze beträgt international 17 SZR/brutto kg.

18. Der Luftfrachtführer haftet nicht für Beschaffenheitsschäden.

19. Der Luftfrachtbrief ist Beweis für den Vertragsabschluss, Empfangsbestätigung, Versandliste, Frachtrechnung, Gestellungsverzeichnis, Auslieferungsbestätigung und kann ein Versicherungsschein sein.

20. Der Luftfrachtbrief hat drei Originale: „Original 3" ist für den Absender, „Original 1" ist für den Luftfrachtführer, „Original 2" erhält der Empfänger.

21. Für die Richtigkeit der Angaben im Luftfrachtbrief haftet der Absender.

22. Der Luftfrachttarif ist ein fester und richtungsgebundener Stationentarif.

23. Die Raten sind im Tarifhandbuch TACT immer in der Währung des Abgangslandes veröffentlicht.

24. Für Luftfrachtsendungen sind Mindestfrachtbeträge abzurechnen, deren Höhe sich nach der IATA-Area des Zielflughafens richtet.

25. Spezialraten haben stets Vorrang vor allen anderen Ratenarten.

26. Warenklassenraten berechnen sich als prozentualer Zuschlag oder Abschlag auf die Normalrate.

27. Nicht veröffentlichte Direktraten können durch die Aneinanderreihung einer veröffentlichten Direktrate und einer Konstruktionsrate gebildet werden.

28. Kombinationsraten werden durch die Kombination von zwei Direktraten gebildet.

29. ULD-Raten setzen sich aus zwei Raten zusammen, der Pivot Rate für das Mindestfrachtberechnungsgewicht des Containers und der Over Pivot Rate für darüber hinausgehende Gewichtseinheiten.

30. Kontraktraten sind günstige Großverladerraten, die mit Fluggesellschaften für monatliche Frachtaufkommen auf festgelegten Relationen individuell und geheim vereinbart werden.

31. Der Luftfracht-Sammelladungs-Spediteur stellt auf Grundlage der Gewichtsdegression der Frachtraten (und der Kontraktraten) eigene Haustarife auf.

32. Die Sammelladung ist an einen Empfangsspediteur zu adressieren.

33. Der Sammelladungs-Spediteur ist Contracting Carrier und unterliegt der Frachtführerhaftung.

12 Außenwirtschaftliche Grundlagen

> **Einstiegssituation:**
>
> *Das Maschinenbauunternehmen tätigt nun regelmäßige Geschäfte mit Südamerika. Um die Risiken besser in den Griff zu bekommen, möchte es von der Spedition erfahren, welche Vertragsgestaltung es hinsichtlich der Liefer- und Zahlungsbedingungen gibt. Die zollrechtliche Abwicklung soll weitgehend von der Spedition erledigt werden.*

AUFGABEN

1. Nennen Sie Ihrem Kunden die international üblichen Lieferbedingungen und klären Sie ihn über den Kosten- und den Gefahrenübergang auf.

2. Welche Zahlungsbedingungen gibt es und welche Vor- und Nachteile haben diese?

3. Erstellen Sie für den Kunden die Ausfuhranmeldung.

4. Klären Sie den Kunden über weitere Dokumente auf, die für den Export benötigt werden.

12.1 Bedeutung des Außenhandels für die Bundesrepublik Deutschland

Die Bundesrepublik Deutschland ist eine der führenden Exportnationen der Welt. Etwa ein Drittel des Sozialprodukts werden im Außenhandel erwirtschaftet. Nicht nur die in Deutschland ansässigen multinationalen Konzerne und Großunternehmen exportieren in alle Welt und importieren aus aller Welt. In verstärktem Maße nutzen auch Klein- und Mittelbetriebe die Auslandsmärkte zum kostengünstigen Einkauf von Rohstoffen, Vorprodukten, Maschinen und Dienstleistungen und zur Erweiterung ihres Absatzes, besonders bei hochwertigen Produkten.

Für den grenzüberschreitenden Transport der Güter und die zoll- und steuerrechtliche Abwicklung der Handelsgeschäfte nutzen die Unternehmen in großem Umfang die Dienstleistungen von Speditionen. Mit dem Außenhandelsvolumen wächst auch das Dienstleistungsgeschäft der inländischen Speditionsunternehmen.

Mit dem in Kraft getretenen europäischen Binnenmarkt und seiner engeren wirtschaftlichen Verflechtung haben sich für diesen bedeutenden Wirtschaftszweig neue Wachstumsimpulse ergeben. Auch die marktwirtschaftliche Öffnung der osteuropäischen Staaten und der Aufschwung im asiatischen Wirtschaftsraum bieten Chancen und Herausforderungen für das Speditionsgewerbe.

Um aber in der härter werdenden Konkurrenz erfolgreich bestehen zu können, muss die Spedition gerade auch in außenwirtschafts-, vertrags-, steuer- und nicht zuletzt zollrechtlichen Fragen ein zuverlässiger, also fachkundiger Dienstleister und Berater für Industrie und Handel sein.

Der/die Kaufmann/-frau für Spedition und Logistikdienstleistung benötigen deshalb umfangreiche und zum Teil auch sehr spezielle Kenntnisse europäischen und internationalen Handels-, Steuer- und Zollrechts.

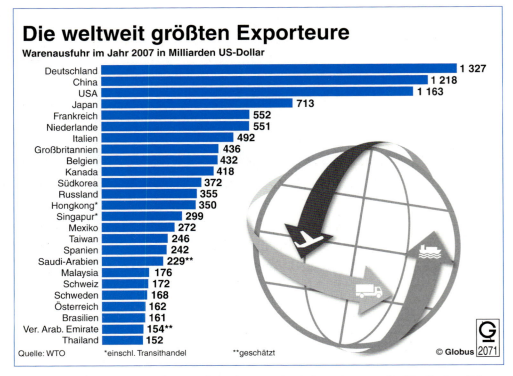

Die weltweit größten Exporteure
Warenausfuhr im Jahr 2007 in Milliarden US-Dollar

Deutschland	1 327
China	1 218
USA	1 163
Japan	713
Frankreich	552
Niederlande	551
Italien	492
Großbritannien	436
Belgien	432
Kanada	418
Südkorea	372
Russland	355
Hongkong*	350
Singapur*	299
Mexiko	272
Taiwan	246
Spanien	242
Saudi-Arabien	229**
Malaysia	176
Schweiz	172
Schweden	168
Österreich	162
Brasilien	161
Ver. Arab. Emirate	154**
Thailand	152

Quelle: WTO   *einschl. Transithandel   **geschätzt   © Globus 2071

Weil das Stoffgebiet so umfangreich ist, können im Folgenden nur die für die Speditions-praxis wichtigsten Zollverfahren dargestellt werden. Deshalb sei darauf hingewiesen, dass der Spediteur oft die gesetzlichen Quellentexte zu Rate ziehen muss.

Die für den Außenhandel der Bundesrepublik Deutschland gültigen Rechtsvorschriften, Verordnungen und Dienstanweisungen sind in der **Vorschriftensammlung Finanzver-waltung**, kurz **VSF**, zusammengefasst.

12.2   Liefer- und Zahlungsbedingungen

Um die zoll- und steuerrechtlichen Vorschriften angemessen anwenden und die Versand-aufträge der Kunden ordnungsgemäß durchführen zu können, müssen dem Spediteur die international angewendeten Kaufvertragsklauseln und die Formen der Zahlungssicherung geläufig sein.

Die Lieferbedingungen und die Frage, wer Kosten und Risiko des Transports zu tragen hat, richten sich nach standardisierten Klauseln des Kaufvertrags.

Die Wahl des Transportmittels und der Transportart, aber auch die Berechnung der Abgaben hängen von den vereinbarten Zahlungsbedingungen ab.

12.2.1   Lieferbedingungen im Außenhandel = Incoterms 2000

In den verschiedenen Wirtschaftsräumen des Weltmarktes haben sich historisch unter-schiedliche Handelsbräuche herausgebildet. Das kann zwischen Importeuren und Expor-teuren leicht zu Missverständnissen und Streitigkeiten über die Auslegung von Lieferbedingungen führen. Mit den Lieferbedingungen wird schließlich über die Verteilung der Kosten und des Risikos zwischen Käufer und Verkäufer entschieden. Um eindeutige Abgrenzungen und damit auch eine international einheitliche Basis der Preiskalkulation zu ermöglichen, hat die Internationale Handelskammer (International Chamber of Commerce, ICC) bereits 1936 einheitliche Auslegungen der wichtigsten Kaufvertrags- und Lieferklauseln veröffentlicht. Sie gelten nur, wenn sie ausdrücklich im Kaufvertrag vereinbart sind, und werden häufig durch Ergänzungen abgewandelt. Eine Neufassung der Incoterms mit erheblichen Änderungen wurde 1990 veröffentlicht. Sie sollte dazu beitragen, den elektronischen Datenaustausch zu erleichtern, der zunehmenden Containerisierung in der Transportabwicklung bei den verschiedenen Verkehrsträgern gerecht zu werden und die Kombination mehrerer Verkehrsträger in den Vertragsklauseln besser berücksichtigen zu können.

Eine erneute Überarbeitung führte zu geringfügigen Änderungen, die seit dem 1. Januar 2000 Gültigkeit haben. Geändert wurden nur die Bedingungen FAS (hier muss nun der Verkäufer die Ware zur Ausfuhr freimachen), DEQ (hier übernimmt nun der Käufer die Einfuhrformalitäten) und FCA (hier ist der Verkäufer für die Verladung nur noch verantwortlich, wenn diese bei ihm direkt stattfindet; findet die Verladung an einem anderen vereinbarten Ort statt, trägt das Risiko der Käufer).

Die Lieferklauseln sind in vier Gruppen unterteilt:

Incoterms 2000

Gruppe E: Abholklausel	
EXW EX WORKS AB WERK	Der Verkäufer hat die Ware dem Käufer zur vereinbarten Zeit an seinem Betrieb transportgerecht verpackt zur Verfügung zu stellen und den Käufer zu benachrichtigen. Der Käufer trägt ab Werk alle Kosten und Gefahren, die mit dem Transport der Waren zum Bestimmungsort entstehen.
Gruppe F: Haupttransport vom Verkäufer nicht bezahlt	
FCA FREE CARRIER (… named place) FREI FRACHTFÜHRER (… benannter Ort)	Der Verkäufer hat die Ware dem vom Verkäufer benannten Frachtführer am benannten Ort im für die Lieferung vereinbarten Zeitpunkt zu übergeben. Er hat die Verladungskosten zu tragen. Der Käufer trägt alle Kosten und Gefahren, sobald die Ware in die Obhut des Frachtführers übergegangen ist.
FAS FREE ALONGSIDE SHIP (… named port of shipment) FREI LÄNGSSEITE SCHIFF (… benannter Verschiffungshafen)	Der Verkäufer hat die Sendung rechtzeitig im vereinbarten Verschiffungshafen längsseits des Schiffs auf seine Kosten und Gefahren zu liefern. Der Käufer hat den Schiffsraum zu buchen und den Verkäufer darüber zu benachrichtigen. Einschließlich Schiffsverladung trägt der Käufer alle weiteren Kosten und Risiken.
FOB FREE ON BOARD (… named port of shipment) FREI AN BORD (… benannter Verschiffungshafen)	Der Verkäufer hat die Ware an Bord des vom Käufer benannten Schiffes rechtzeitig vor dem angegebenen Abfahrtstermin in den Verschiffungshafen zu bringen. Der Käufer besorgt den Schiffsraum und benachrichtigt den Verkäufer. Der Käufer trägt alle Kosten und Gefahren ab dem Zeitpunkt, ab dem die Sendung die Reling des Schiffes überquert hat.
Gruppe C: Haupttransport vom Verkäufer bezahlt	
CFR COST AND FREIGHT (… named port of destination) KOSTEN UND FRACHT (… benannter Bestimmungshafen)	Der einzige Unterschied zur CIF-Klausel besteht darin, dass hier die Versicherung nicht vom Verkäufer eingedeckt wird.

404

Gruppe C: Haupttransport vom Verkäufer bezahlt	
CIF COST, INSURANCE AND FREIGHT (... named port of destination) KOSTEN, VERSICHERUNG, FRACHT (... benannter Bestimmungshafen)	Der Verkäufer schließt den Seefrachtvertrag, deckt auf seine Kosten und zu Gunsten des Käufers eine Versicherung über den Transportweg plus 10 % angenommenen Gewinn und bringt die Ware fristgerecht an Bord des Schiffes. Er zahlt die Fracht bis zum benannten Bestimmungshafen. Der Käufer trägt die Gefahr, sobald die Ware die Reling im Verschiffungshafen überquert hat, und alle während des Seetransports entstandenen Kosten mit Ausnahme von Fracht und Versicherung. Soweit die Löschkosten im Bestimmungshafen in der Fracht nicht enthalten sind, hat sie der Käufer zu tragen. (Es kann aber auch „CIF landed" vereinbart werden.)
CPT CARRIAGE PAID TO (... named place of destination) FRACHTFREI (... benannter Bestimmungsort)	Der Verkäufer zahlt die Fracht für den Transport der Waren bis zum benannten Bestimmungsort, trägt aber die Gefahren nur bis zur Übergabe der Sendung an den ersten Frachtführer. Alle anderen Kosten einschließlich gesondert ausgewiesener Entladekosten trägt der Käufer.
CIP CARRIAGE AND INSURANCE PAID TO (... named place of destination) FRACHTFREI VERSICHERT (... benannter Bestimmungsort)	Diese Lieferbedingung entspricht der Formel „Frachtfrei" mit dem Zusatz, dass der Verkäufer auf eigene Kosten eine Versicherung zu Gunsten des Käufers abzuschließen hat.
Gruppe D: Ankunftsklauseln	
DAF DELIVERED AT FRONTIER (... named place) GELIEFERT GRENZE (... benannter Ort)	Diese Klausel wird oft für den Straßen- oder Schienentransport verwendet. Der Verkäufer hat die Ware auf seine Kosten und Gefahr zum vereinbarten Zeitpunkt dem Käufer am benannten Grenzort zur Verfügung zu stellen. Die Eingangsabfertigung hat bereits der Käufer zu übernehmen.
DES DELIVERED EX SHIP (... named port of destination) GELIEFERT AB SCHIFF (... benannter Bestimmungshafen)	Der Verkäufer hat dafür zu sorgen, dass die Sendung dem Käufer in der vereinbarten Frist im Bestimmungshafen zum Löschen zur Verfügung steht. Er trägt bis zu diesem Zeitpunkt alle Kosten und Gefahren.
DEQ DELIVERED EX QUAY (... named port of destination) GELIEFERT AB KAI (... benannter Bestimmungshafen)	Der Verkäufer hat im Unterschied zu EX SHIP die Löschkosten im Bestimmungshafen zusätzlich zu tragen. Es wird auch „Ab Kai verzollt" oder „Ab Kai, Zoll zu Lasten des Käufers" vereinbart.
DDU DELIVERED DUTY UNPAID (... named place of destination) GELIEFERT UNVERZOLLT (... benannter Bestimmungsort)	Der Verkäufer hat die Ware am vereinbarten Bestimmungsort im Einfuhrland dem Käufer fristgerecht, jedoch unverzollt, auf seine Kosten und Gefahren zur Verfügung zu stellen.
DDP DELIVERED DUTY PAID (... named place of destination) GELIEFERT VERZOLLT (... benannter Bestimmungsort)	Der Verkäufer hat die Sendung am Bestimmungsort im Einfuhrland dem Käufer fristgerecht und verzollt auf seine Kosten und Gefahren zur Verfügung zu stellen.

Welche Klausel eignet sich für welchen Verkehrsträger:

Eisenbahn	EXW (soweit Anschlussgleis), FCA, CPT, CIP, DAF, DDU, DDP
Straße	EXW, FCA, CPT, CIP, DAF, DDU, DDP
Binnen- und Seeschiff (konventionell)	FAS, FOB, CFR, CIF, DES, DEQ
Binnen- und Seeschiff (Container + Ro-Ro)	FCA, CFR, CIF, CPT, CIP, DDU, DDP
Lufttransport	EXW, FCA, CPT, CIP, DDU, DDP
Multimodaler Transport	FCA, CPT, CIP, DDU, DDP

Bei den Vertragsklauseln der Gruppe C sind der Punkt des Gefahrenübergangs und der Punkt des Kostenübergangs verschieden. Ansonsten sind sie identisch.

Für den besseren Überblick sollen Gefahren- und Kostenübergang bei den dreizehn Incoterms noch einmal grafisch dargestellt werden.

INCOTERMS			
Abk./engl. Bez.	Klausel (Beispiel)	Verkäufer trägt Kosten bis einschließlich	Gefahrenübergang
EXW ex works	Ab Werk Frankfurt	Bereitstellung und Kennzeichnung auf seinem Grundstück	Wenn die Ware auf dem Grundstück zur Verfügung gestellt wird
FCA free carrier	Frei Frachtführer Frankfurt	Übergabe an den Frachtführer oder Agenten am Abgabeort	Bei Übergabe an den Frachtführer oder Agenten
FAS free alongside ship	Frei Längsseite Seeschiff Bremen	Zum benannten Kai im Verschiffungshafen	Wenn die Ware längsseits des Seeschiffs liegt
FOB free on board	Frei an Bord Hamburg	Zur Verladung an Bord im Verschiffungshafen	Bei Überschreiten der Schiffsreling im Verschiffungshafen
CFR cost and freight	Kosten und Fracht New York	der Seefracht bis zum Bestimmungshafen	Wie bei FOB
CIF cost, insurance, fr.	Kosten, Versicherung, Fracht Lagos	wie CFR zuzüglich Transportversicherung bis zum Empfänger	Wie bei FOB
CPT delivered, carriage paid	Frachtfrei Madrid	aller Transportkosten bis benannter Bestimmungsort	Wie FCA
CIP carriage insurance paid	Frachtfrei, versichert Madrid	wie CPT inkl. Transportversicherung	Wie FCA
DAF delivered at frontier	Frei Grenze Salzburg	Bereitstellung an der vereinbarten Grenze	Bei Bereitstellung an der Grenze
DES ex ship	Ab Schiff Boston	Verfügungstellung an Bord im Bestimmungshafen	Bei Verfügungstellung

↓

INCOTERMS			
Abk./engl. Bez.	**Klausel (Beispiel)**	**Verkäufer trägt Kosten bis einschließlich**	**Gefahrenübergang**
DEQ ex Quai	Ab Kai Tokio	Entladung im Bestimmungshafen (auch „ab Kai, verzollt" möglich)	Bei Bereitstellung am Kai im Löschhafen
DDU delivered, duty unpaid	Geliefert, unverzollt Bestimmungsort	aller Kosten außer Zoll bis zum benannten Bestimmungsort	Am benannten Bestimmungsort
DDP delivered, duty paid	Geliefert und verzollt Wien	aller Kosten inkl. Zoll bis zum benannten Bestimmungsort	Am benannten Bestimmungsor

Erläuterung: schwarz = Kosten bis ... blau = Gefahr/Risiko bis ...

12.2.2 Zahlungsbedingungen

Die Zahlungsbedingungen sind Bestandteil des Kaufvertrages zwischen Verkäufer und Käufer und für den Spediteur zunächst von untergeordneter Bedeutung. Gewicht erhalten sie erst, wenn der Verkäufer sich des Spediteurs bedient, um die vereinbarte Zahlungsweise reibungslos abzuwickeln.

Hier soll zunächst ein Überblick über die im Exportgeschäft üblichen Zahlungsbedingungen gegeben werden, anschließend werden Erläuterungen zu den Formen, bei denen der Spediteur eingeschaltet wird, erfolgen:

1. Vorauszahlung
2. Anzahlung
3. Zahlung gegen Nachnahme (c. o. d. = cash on delivery)

4. Zahlung mittels Akkreditiv
   a) bei Sicht gegen Übergabe der Dokumente
   b) durch Aushändigung eines Akzepts bei Übergabe der Dokumente
5. Dokumente gegen Kasse (d/p = documents against payment)
6. Dokumente gegen Akzept (d/a = documents against accept)
7. Zahlung nach Eingang der Ware und Rechnung
8. Zahlung nach Ablauf eines Zahlungszieles (offenes Zahlungsziel)

Bei den beiden erstgenannten und den beiden letztgenannten Zahlungsbedingungen trifft den Spediteur keine Mitwirkung, da hier zwischen Verkäufer und Käufer ein gewisses Vertrauensverhältnis herrscht und eine Seite leistet, ohne die Gegenleistung abzusichern.

In den ersten beiden Zahlungsformen leistet der Käufer bereits vor der Lieferung die Zahlung, ohne sich der Lieferung sicher zu sein. In den beiden letztgenannten Zahlungsformen liefert der Verkäufer, ohne die Zahlung abzusichern.

12.2.2.1 Zahlung gegen Nachnahme (c. o. d.)

Diese Zahlungsform kennen wir auch aus dem innerdeutschen Warenversand: Dem Käufer wird die Ware nur bei sofortiger Barzahlung ausgehändigt. Dem Spediteur kommt hier in der Regel die Aufgabe des **Inkassogeschäftes** zu: Er hat die Auslieferung der Ware nur gegen Zahlung zu garantieren.

Ob der Spediteur dafür verantwortlich ist, ergibt sich aus dem Speditionsvertrag. Wenn er allerdings den Auftrag erhält, muss er dafür sorgen, dass er die notwendigen Informationen an den ausliefernden Spediteur oder Frachtführer weitergibt.

Vorteile	Diese Zahlungsbedingung ist einfach zu handhaben und erfordert keinen besonderen Papieraufwand. An Kosten entstehen nur die Nachnahmegebühren des Spediteurs. Der Verkäufer erhält unmittelbar nach Ablieferung sein Geld.
Nachteile	Der Verkäufer hat das Risiko der Annahmeverweigerung. Er hat dann eventuell die Rücktransportkosten zu tragen oder die Nachnahme zu ändern (falls z. B. der Empfänger auf einem Preisnachlass wegen Transportschadens besteht). Der Spediteur kann durch Fehler einen Vermögensschaden verursachen.

12.2.2.2 Zahlung mittels Akkreditiv (L/C = Letter of Credit)

Diese Zahlungsform hat sich im internationalen Handel sehr stark durchgesetzt, weil hier der Verkäufer sicher sein kann, dass er nach ordnungsgemäßer Erfüllung seiner Verpflichtungen aus dem Kaufvertrag die Zahlung garantiert erhält. Umgekehrt weiß der Käufer, dass das Geld nur ausgezahlt wird, wenn die Ware ordnungsgemäß an ihn unterwegs ist. Ein Akkreditiv ist eine **Zahlungsgarantie** der Bank des Käufers zugunsten des Verkäufers (Akkreditierter = Begünstigter), sofern dieser seine Pflichten aus dem Kaufvertrag erfüllt.

In der Regel wird der Nachweis des ordnungsgemäßen Versandes durch Dokumente erbracht, daher spricht man auch vom **Dokumenten-Akkreditiv** – hier die Schritte des Verfahrens:

1. Käufer und Verkäufer schließen einen Kaufvertrag ab, in dem sie Zahlung per Akkreditiv vereinbaren. Der Verkäufer hat in diesem Fall dem Käufer eine **Proforma-Rechnung** zu erstellen, die im Inhalt und in der Höhe des zu zahlenden Betrages exakt der späteren Warenrechnung entspricht.

2. Der Käufer beantragt bei seiner Bank – **Akkreditivbank** – die **Eröffnung** eines Akkreditivs. Die Bank prüft die Bonität des Antragstellers und den Kaufvertrag. Unter Umständen gewährt sie das Akkreditiv nur unter zusätzlichen Auflagen.

3. Die **Akkreditivbank eröffnet** das Akkreditiv und informiert eine vereinbarte Bank im Land des Verkäufers – **Akkreditivstelle**. Diese Information erfolgt schriftlich entweder unter Zusendung des Akkreditivs oder per Telex.

4. Die **Akkreditivstelle avisiert dem Verkäufer** die Eröffnung des Akkreditivs und sendet ihm eine Kopie davon zu.

5. Der **Verkäufer** sollte nun zunächst genau die Akkreditivbedingungen **prüfen**, ob sie mit dem Kaufvertrag übereinstimmen, insbesondere was die Form der Versendung (z. B. Luft, See), die einzuhaltenden Termine und die Höhe des Betrages und eventuell anfallender Gebühren betrifft. Ergeben sich Unstimmigkeiten, sollte er eine Änderung beantragen, ergibt sich Übereinstimmung, kann er mit dem Versand der Waren beginnen.

6. Im Akkreditiv werden in der Regel bestimmte Dokumente gefordert (siehe unten), die der Verkäufer (Ausführer) bei der Bank einzureichen hat, damit die Zahlung erfolgen kann. Einen Teil der Papiere wird er selbst erstellen können, den anderen Teil – i. d. R. Versanddokumente – wird er sich vom Spediteur besorgen lassen. Er **beauftragt** nun einen **Spediteur** mit dem Versand und gibt ihm ebenfalls eine Kopie des Akkreditivs.

7. Der **Spediteur muss** nun den Versand und die von ihm verlangten Dokumente mit peinlichst genauem Inhalt **besorgen** und dem Verkäufer aushändigen (oder manchmal direkt an die Bank leiten).

8. Der **Verkäufer reicht die Dokumente bei der Akkreditivstelle ein**. Diese prüft auf Vollständigkeit und Genauigkeit. Wurde das Akkreditiv von ihr bestätigt, so erhält der Verkäufer sofort sein Geld. Wurde es nicht bestätigt, erhält er sein Geld erst, wenn die Dokumente bei der Akkreditivbank eintreffen.

9. Die **Akkreditivstelle gibt die Dokumente an die Akkreditivbank** weiter, diese prüft und zahlt den entsprechenden Betrag: an die Akkreditivstelle bei bestätigtem Akkreditiv, an den Verkäufer bei unbestätigtem Akkreditiv.

10. Das **Konto des Käufers wird belastet** und **er erhält die Dokumente**, um sie bei Ankunft der Ware vorlegen zu können.

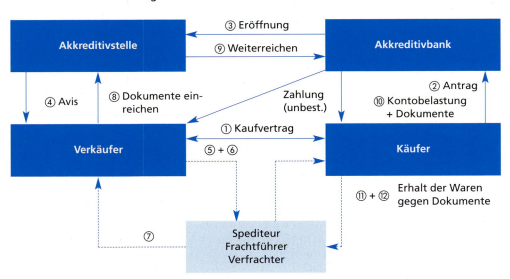

In Akkreditiven geforderte **Dokumente**:

1. **Handelsrechnungen** in der gewünschten Zahl und Aufmachung. Inhalt muss mit der Pro-forma-Rechnung exakt übereinstimmen.
2. See: vollständiger Satz **Seekonnossemente**, in der Regel reine Bordkonnossemente (clean on board).
3. Luft: **3. Original des Luftfrachtbriefes** (AWB), da dies ein Sperrpapier ist.
4. Bahn: **Frachtbriefdoppel** des CIM-Frachtbriefes, ebenfalls ein Sperrpapier.
5. Straße: **Kopie des CMR-Frachtbriefes**. Da dieser aber keine Sperrfunktion hat, wird stattdessen meist eine
6. **Spediteurübernahmebescheinigung** (FCR) gefordert. Diese hat ebenfalls Sperrfunktion, da der Spediteur die unwiderrufliche Auslieferung an die genannte Adresse garantiert.
7. **Außerdem** können je nach Vereinbarung im Kaufvertrag gefordert werden:
   - Versicherungspolice oder -zertifikat (z. B. bei CIF-Lieferung)
   - Warenverkehrsbescheinigungen
   - Gesundheitszeugnisse
   - amtlich bestätigte Ergebnisse von Testläufen
   - jedes weitere von der Bank oder vom Käufer gewünschte Dokument

Die ausführlichen Bestimmungen hierzu finden sich in den „Einheitlichen Richtlinien und Gebräuche für Dokumentenakkreditive" in der neuesten Fassung von 1993, herausgegeben von der Internationalen Handelskammer in Paris (ICC-Publikation Nr. 500).

12.2.2.3 Kasse gegen Dokumente

Bei dieser Zahlungsform muss der Käufer die für den Erhalt der Ware notwendigen Dokumente in der Regel bei einer Bank einlösen. Er gelangt also nur in den Besitz der Ware, wenn er gezahlt hat.

Vor- und Nachteile ähneln denen der Nachnahmelieferung mit Ausnahme der Zahlungsverweigerung wegen Transportschadens. Ein kleiner Vorteil für den Verkäufer besteht darin, dass der Empfänger nicht wegen Transportschäden die Zahlung verweigern kann, weil er die Ware noch nicht gesehen hat.

12.2.2.4 Dokumente gegen Akzept

„Dokumente gegen Akzept" entspricht in etwa der Zahlungsform „Kasse gegen Dokumente", allerdings erfolgt hier keine Barzahlung, sondern der Empfänger übergibt ein Zahlungspapier (Scheck oder Wechsel). Aufgabe für den Spediteur ist hier oft, dass er zu überwachen hat, ob das Zahlungspapier die gewünschten Eigenschaften hat, z. B. Bestätigung durch eine Zentralbank.

Auch bei Akkreditivgeschäften kommt es vor, dass der Verkäufer anstelle einer direkten Zahlung von der Akkreditivbank einen bestätigten Wechsel erhält, dies geht allerdings schon aus den Akkreditivbestimmungen hervor.

12.3 EG-Binnenhandel/Intrahandel

Seit der Verwirklichung des EG-Binnenmarktes am 1. Januar 1993 ist der Warenverkehr zwischen den Mitgliedstaaten der Europäischen Union kein Außenhandel mehr.

Der Handel zwischen den EU-Staaten ist Binnenhandel (Intrahandel).

410

Binnenhandel besagt, dass im Warenverkehr zwischen den Mitgliedstaaten der EU mit **Gemeinschaftswaren** alle zollamtlichen Überwachungsverfahren weggefallen sind.

Gemeinschaftswaren sind (lt. Zollkodex Art. 4 Abs. 7)

- Waren, die vollständig im Zollgebiet der Gemeinschaft hergestellt wurden,
- Waren, die aus nicht zum Zollgebiet der Gemeinschaft gehörenden Ländern eingeführt und in den zollrechtlich freien Verkehr übergeführt worden sind, und
- Waren, die nur mit Waren des freien Verkehrs der EG hergestellt worden sind.

Beim innergemeinschaftlichen Handel spricht man folglich nicht (mehr) von Ein- oder Ausfuhr, sondern von **Versendung und Eingang** von Waren, Werk- oder Dienstleistungen.

Aus Sicht des nationalen Außenwirtschaftsgesetzes (AWG) sind Versendungen und Eingänge in der Gemeinschaft weiterhin Außenhandel. Dies wirkt sich jedoch nur noch in Restbereichen aus, die (noch) nicht durch einheitliches EG-Recht geregelt sind – z. B. der Ausfuhr von konventionellen Waffen. Mit dieser Einschränkung gilt oben Gesagtes.

Allerdings sind die Gründe für die bis zum Binnenmarkt praktizierten Zollverfahren mit dem Binnenmarkt keineswegs entfallen.

Steuergrenzen zwischen den Mitgliedstaaten, also unterschiedliche Mehrwertsteuersätze und Verbrauchsteuern und Verbrauchsteuersätze, gibt es weiterhin! Auf die statistische Erfassung des Warenverkehrs in der Gemeinschaft kann ebenfalls nicht verzichtet werden, weil nach wie vor nationale Währungs- und Wirtschaftspolitiken in der EG fortbestehen und deren Ergebnisse national bilanziert werden.

Als Ersatz für die Zollverfahren und die Grenzkontrollen müssen die Firmen im Binnenmarkt direkt und periodisch steuerliche und statistische Meldungen erstatten. „Die Grenzen sind in die Firmen rückverlagert worden", heißt es kritisch.

Die Speditionen können hier eine Dienstleistung als sog. Drittanmelder für die Intrahandelsstatistik anbieten.

12.3.1   Von der Zollunion zum EG-Binnenmarkt

Die Schaffung eines europäischen Binnenmarktes war schon zu Beginn der EWG 1956 erklärtes Ziel der Gründungsstaaten. Der erste Schritt dorthin wurde bereits 1968 mit der Vollendung der **Zollunion** für gewerbliche Güter geschafft, die auch für die danach beigetretenen sechs Mitgliedstaaten galt.

Der Anstoß zur Weiterentwicklung der Gemeinschaft zu einem gemeinsamen Binnenmarkt mit den **vier Freiheiten**

freier Waren-, Personen-, Dienstleistungs- und Kapitalverkehr

wurde dann erst 1985 mit einer Untätigkeitsklage des Europäischen Parlaments gegen die Europäische Kommission vor dem Europäischen Gerichtshof gegeben. Resultat war die **Gemeinsame Europäische Akte** vom Februar 1986, mit der sich die EU-Mitgliedstaaten zur Schaffung eines **Raums ohne Binnengrenzen** bis zum 31. Dezember 1992 verpflichtet hatten.

Für das Speditionsgewerbe gravierend ist, dass Steuergrenzen in der Gemeinschaft wegen der unterschiedlichen Umsatzsteuersätze und der nur teilharmonisierten Verbrauchsteuern weiter existieren. Speziell das neue Umsatzsteuerrecht hat für das Speditionsgewerbe zu einer erheblichen Verkomplizierung der innergemeinschaftlichen Auftragsabwicklung geführt. So ist es häufig notwendig, sich in einem anderen Staat durch einen Fiskalvertreter vertreten zu lassen, wenn man dort nicht vorsteuerabzugsberechtigt ist.

Mit dem Vertrag über die **Europäische Union (EU)** von 1993 wurde der Wille zur weiteren politischen und wirtschaftlichen Integration Europas vertraglich festgeschrieben. Zur Klärung auch der Frage, in welchen Zusammenhängen richtigerweise von EU, in welchen von EG zu sprechen ist, sollte man die Grundzüge des Aufbaus des EU-Vertrages kennen.

Der Unionsvertrag ist ein „Mantelvertrag" mit eher grundsätzlichen politischen Zielen. Grundlage der Union „… sind die Europäischen Gemeinschaften, ergänzt durch die mit diesem Vertrag eingeführten Politiken und Formen der Zusammenarbeit" (EU-V). Drei Säulen sind also zu unterscheiden:

EG   Europäische Gemeinschaften (umfasst die Europäische Wirtschaftsgemeinschaft, EWG, die Europäische Atomgemeinschaft, EURATOM, und die Europäische Gemeinschaft Kohle und Stahl, EGKS)

GASP   Gemeinsame Außen- und Sicherheitspolitik

IR   Zusammenarbeit in den Bereichen Justiz und Inneres

Die **EG** ist bei weitem der wichtigste Teil der EU. Die EG ist eine Wirtschaftsverfassung mit eigener Rechtspersönlichkeit, also **supranationaler Gesetzgebungskompetenz**. In den Bereichen GASP und IR regelt der Unionsvertrag lediglich die politische Zusammenarbeit, ohne die nationalstaatliche Zuständigkeit abzulösen.

Zum Sprachgebrauch: Soweit von wirtschaftlichen, erst recht zollrechtlichen Vorgängen die Rede ist, bleibt es folglich richtig von EG zu sprechen. So heißt es z. B. weiterhin Gemeinschaftsware und *nicht* „Unionsware" und auch alle rechtsetzenden Verordnungen sind EG-VOs!

Die nach der **Zollunion** und dem **EG-Binnenmarkt** dritte Stufe der europäischen Integration ist die **EG-Währungsunion**. Seit 2008 gilt in 15 EU-Staaten die gemeinsame Währung „Euro".

12.3.2   Intrastat-Meldung Versendung/Eingang

Firmen, die in der Europäischen Union Waren und Werkleistungen kaufen oder verkaufen, haben darüber Daten für die Statistik des Handels zwischen den Mitgliedstaaten – Intrahandelsstatistik – periodisch und direkt dem Statistischen Bundesamt zu melden. Diese Daten sollen den Organen der EU, den nationalen Regierungen, Wirtschafts- und Unternehmensverbänden, aber auch den Unternehmen, Informationsmaterial über die innereuropäische Wettbewerbssituation einzelner Branchen und bezogen auf einzelne Güter und Gütergruppen bieten.

Da auch hier die Firmen den Spediteur als Drittanmelder in Anspruch nehmen können, muss er sich mit diesem statistischen Meldeverfahren auskennen.

Die meldepflichtigen Firmen müssen **alle** innergemeinschaftlichen **Versendungen** und **alle** innergemeinschaftlichen **Bezüge** von Gemeinschaftswaren jeweils getrennt auf Formular oder elektronischem Datenträger melden.

Nicht meldepflichtig bei der Versendung sind Unternehmen, deren Verkäufe in andere EU-Staaten im Vorjahr weniger als 400 000,00 EUR betrugen und absehbar im kommen-

412

den Jahr betragen werden. Für die Befreiung von der Meldepflicht bei Bezügen gilt das Gleiche. Wird im laufenden Jahr diese Wertgrenze überschritten, ist ab dem darauf folgenden Monat zu melden ohne die Pflicht zur Nachmeldung der vergangenen Monate.

Eine sendungsbezogene Freigrenze (wie bei der Ausfuhranmeldung) gibt es nicht. Zu melden ist also unabhängig von der Höhe des Wertes jede Sendung, genauer jede Position jeder Sendung. Ob eine Sendung aus einer oder mehreren Positionen besteht, richtet sich danach, ob die Sendungsbestandteile in verschiedene Positionen des **Warenverzeichnisses der Außenhandelsstatistik** einzureihen sind, also verschiedene Codenummern haben.

Berichtszeitraum ist der Kalendermonat.

Die Meldung kann auf Intrastat-Formular oder auf einem EDV-Datenträger erfolgen. (Das Statistische Bundesamt stellt den meldepflichtigen Firmen oder den Drittanmeldern auf Antrag kostenlos ein EDV-Erfassungsprogramm [IRIS] zur Verfügung.)

Bei Anmeldung per Intrastat-Formular sollte die Meldung der fortlaufend angeschriebenen Versendungen/Eingänge wöchentlich oder dekadenweise erfolgen.

Erfolgt die Meldung mit EDV-Datenträger, wird monatlich gemeldet.

Auf jeden Fall muss die letzte Meldung des Berichtszeitraums oder der EDV-Datenträger **bis zum 10. Arbeitstag nach Ablauf des Berichtsmonats** an das Statistische Bundesamt abgesendet werden. (Die Meldungen können auch bei der zuständigen Zollstelle abgegeben werden.)

Seit 2001 sind Intrastat-Meldungen auch online über das Internet unter der Adresse www.destatis.de erlaubt. Die Daten werden verschlüsselt übermittelt. Probeweise kann man unter *Online-Erhebungen* im Programm IDEV üben unter dem Teilnehmernamen „Gast" und dem gleichen Passwort „Gast" (Abbildung siehe Seite 417).

Anleitung zum Ausfüllen der Intrastat-Vordrucke

Feld 1:
Umsatzsteuernummer/Auskunftspflichtiger.

Erstes Unterfeld (Umsatzst.-Nr./Zusatz/Bundesl. FA)
Anzugeben ist im ersten Teilfeld (Umsatzst.-Nr.) die Umsatzsteuer-Nummer des Auskunftspflichtigen, die dieser im Rahmen seiner Umsatzsteuer-Voranmeldung anzugeben hat. Sie ist linksbündig einzutragen. Nichtnumerische Zeichen (/, – u. a.) sind zu unterdrücken.
(Die Umsatzsteuernummer ist **nicht** die Umsatzsteueridentifikationsnummer [ID-Nr.]! Es ist die Nummer, unter der die Firmen schon bisher ihre Umsatzsteuervoranmeldung monatlich abgegeben haben!)
Sofern vom Statistischen Bundesamt eine 3-stellige Nummer zur Unterscheidung von getrennt zur Statistik meldenden Unternehmen innerhalb einer Organschaft bzw. von getrennt zur Statistik meldenden Bereichen innerhalb eines Unternehmens zugeteilt wurde, ist diese Nummer im zweiten Teilfeld (Zusatz) einzutragen. Wurde vom Statistischen Bundesamt keine Unterscheidungsnummer vergeben, bleibt dieses Feld leer.

Im dritten Teilfeld (Bundesl. FA) ist der zweistellige Code des Bundeslandes, in dem das für die Veranlagung zur Umsatzsteuer zuständige Finanzamt seinen Sitz hat, wie folgt anzugeben:

Schleswig-Holstein	01	Saarland	10
Hamburg	02	Brandenburg	12
Niedersachsen	03	Mecklenburg-Vorpommern	13
Bremen	04	Sachsen	14
Nordrhein-Westfalen	05	Sachsen-Anhalt	15
Hessen	06	Thüringen	16
Rheinland-Pfalz	07	Berlin (West)	21
Baden-Würtemberg	08	Berlin (Ost)	22
Bayern	09		

Zweites Unterfeld (Auskunftspflichtiger)
Anzugeben sind Name und Vorname bzw. Firma und vollständige Anschrift des Auskunftspflichtigen.

Feld 2: Monat/Jahr
Anzugeben ist der Berichtszeitraum (also z. B. 01 04)
...

Feld 4:
Drittanmelder:
Anzugeben sind der Name und Vorname bzw. Firma und vollständige Anschrift des Drittanmelders.

Feld 5:
Enthält lediglich die Anschrift des Statistischen Bundesamtes. Soweit dies von einzelnen Auskunftspflichtigen gewünscht ist, kann rechts neben der Anschrift eine Referenznummer, z. B. Rechnungsnummer, angegeben werden.

Feld 6: Warenbezeichnung
Anzugeben ist die übliche Handelsbezeichnung, die eine eindeutige Zuordnung der Ware zu der Warennummer des Warenverzeichnisses für die Außenhandelsstatistik in der jeweils gültigen Fassung ermöglicht.

Feld 7: Pos.-Nr.
Anzugeben ist die laufende Nummer der Warenposition. Sofern für die Meldung mehrere Vordrucke erforderlich sind, ist die Nummerierung auf den nachfolgenden Vordrucken ohne Unterbrechung für einen Berichtszeitraum fortzuführen.

Feld 8 a des Vordruckes Eingang: Versendungsmitgliedstaat
Anzugeben ist der Mitgliedstaat, aus dem die Waren versandt worden sind. Ist der Versendungsmitgliedstaat nicht bekannt, kann der Mitgliedstaat angegeben werden, in dem der Vertragspartner ansässig ist. Gemeint sind hier lediglich die Verträge, die zur Lieferung der Waren in das Erhebungsgebiet geführt haben. Reine Beförderungsverträge sind ausgeschlossen. Anzugeben ist der zweistellige ISO-Ländercode gem. dem Länderverzeichnis für die Außenhandelsstatistik (z. B. IT = Italien).

Feld 8 b des Vordruckes Eingang: Bestimmungsregion
Anzugeben ist der zweistellige Code des Bundeslandes, in dem die eingegangenen Waren verbleiben sollen (z. B. 06 für Hessen). Ist die Ware für das Ausland bestimmt, so ist der Code 25 anzugeben.

Feld 8 a des Vordruckes Versendung: Bestimmungsmitgliedstaat
Anzugeben ist der Mitgliedstaat, in dem die Waren gebraucht oder verbraucht, bearbeitet oder verarbeitet werden sollen; ist der Bestimmungsmitgliedstaat nicht bekannt, so gilt als Bestimmungsmitgliedstaat der letzte bekannte Mitgliedstaat, in den die Waren verbracht werden sollen. Anzugeben ist der zweistellige ISO-Ländercode gemäß dem Länderverzeichnis für die Außenhandelsstatistik (z. B. ES = Spanien).

Feld 8 b des Vordruckes Versendung: Ursprungsregion
Für Waren mit Ursprung in Deutschland ist der zweistellige Code des zutreffenden Bundeslandes anzugeben (z. B. 14 für Sachsen). Für Waren mit ausländischem Ursprung ist der Schlüssel 99 einzutragen.
...

Feld 10: Art des Geschäfts
Anzugeben ist die Art des Geschäftes mit zweistelliger Schlüsselnummer (z. B. endgültiger Kauf/Verkauf 11; Rücksendung 21).
...

Feld 13: Warennummer
Anzugeben ist die achtstellige Warennummer des Warenverzeichnisses für die Außenhandelsstatistik in der jeweils gültigen Fassung.
...

Feld 16: Eigenmasse
Anzugeben ist die Eigenmasse der in Feld 7 der betreffenden Position beschriebenen Ware, ausgedrückt in vollen kg. Unter Eigenmasse versteht man die Masse der Ware ohne alle Umschließungen.

Feld 17: Besondere Maßeinheit
Anzugeben ist die Menge in der besonderen Maßeinheit (m, m^2, Stück usw.), wenn dies im Warenverzeichnis für die Außenhandelsstatistik in der jeweils gültigen Fassung vorgesehen ist.

Feld 18: Rechnungswert
Der Rechnungswert ist in vollen Euro anzumelden. Lautet die Rechnung auf eine ausländische Währung, ist der Rechnungsbetrag in Euro umzurechnen. Wird nichts berechnet, bleibt das Feld frei.

Feld 19: Statistischer Wert
Der statistische Wert muss nicht mehr angegeben werden.

Feld 20: Ort/Datum/Unterschrift
Der Vordruck ist vom Auskunftspflichtigen oder Drittanmelder handschriftlich zu unterzeichnen. Er hat seinen Namen und Vornamen anzugeben. Bei juristischen Personen (z. B. AG oder GmbH) ist zusätzlich die Stellung in der Firma anzugeben. Bei Meldung durch Drittanmelder ist das Vertretungsverhältnis kenntlich zu machen („Im Auftrag").

EUROPÄISCHE GEMEINSCHAFT   VORDRUCK N

1 Steuernummer aus der USt.-Voranmeldung   Zusatz   Bundesl. FA

| 2 | 4 | 6 | 8 | 1 | 0 | 1 | 2 | 2 | 4 | | | | 0 | 6 |

Eingang   [X]

Auskunftspflichtiger (Name und Anschrift)

Maschinenfabrik Schmidt Schulze
An der Fuldaschleuse 12–15
34125 Kassel

2 Monat   **3**

| 0 | 2 |

Jahr

| 0 | 7 |

INTRASTAT ★ ◢◢

4 Drittanmelder (Name und Anschrift)

Eurosped GmbH, Internationale Spedition
Waldauer Wiesen 28–38
34123 Kassel

5

– Statistische Meldung –

An das Statistische Bundesamt
Außenhandelsstatistik
D-65180 Wiesbaden

6 Warenbezeichnung	**7** Pos.-Nr.	**8** Vers.-Land Best.-Reg.	**9**	**10** Art d. Gesch.	**11**	**12**
Zündkerzen	1	a F R b 0 6		1 1		

13 Warennummer	**14** Urspr.-Land	**15**
8 5 1 1 1 0 9 0	F R	

16 Eigenmasse in vollen kg	**17** Menge in der Besonderen Maßeinheit
8 7	

18 Rechnungsbetrag in vollen Euro	**19** Statistischer Wert in vollen Euro
1 4 0 0	

6 Warenbezeichnung	**7** Pos.-Nr.	**8** Vers.-Land Best.-Reg.	**9**	**10** Art d. Gesch.	**11**	**12**
Stahlbleche aus nicht legiertem Stahl mit Aluminium-Zink-Legierung, 480 mm breit	2	a I T b 0 6		1 1		

13 Warennummer	**14** Urspr.-Land	**15**
7 2 1 2 5 0 9 3	I T	

16 Eigenmasse in vollen kg	**17** Menge in der Besonderen Maßeinheit
6 8 0 0	

18 Rechnungsbetrag in vollen Euro	**19** Statistischer Wert in vollen Euro
3 2 5 0	

6 Warenbezeichnung	**7** Pos.-Nr.	**8** Vers.-Land Best.-Reg.	**9**	**10** Art d. Gesch.	**11**	**12**
...	0 3	a b				

13 Warennummer	**14** Urspr.-Land	**15**

16 Eigenmasse in vollen kg	**17** Menge in der Besonderen Maßeinheit

18 Rechnungsbetrag in vollen Euro	**19** Statistischer Wert in vollen Euro

6 Warenbezeichnung	**7** Pos.-Nr.	**8** Vers.-Land Best.-Reg.	**9**	**10** Art d. Gesch.	**11**	**12**
		a b				

13 Warennummer	**14** Urspr.-Land	**15**

16 Eigenmasse in vollen kg	**17** Menge in der Besonderen Maßeinheit

18 Rechnungsbetrag in vollen Euro	**19** Statistischer Wert in vollen Euro

Erläuterungen:

Feld   8a : Versendungsmitgliedstaat
       8b : Bestimmungsregion (Bundesland)
     10 : Art des Geschäfts
     14 : Ursprungsland

NE 2002

StBA - 92/5

20 Ort/Datum/Unterschrift des Auskunftspflichtigen/Drittanmelders
Kassel, den 5. März 20..
Otto Koch, Abt. Import

416

EUROPÄISCHE GEMEINSCHAFT VORDRUCK N

Versendung [X]

INTRASTAT

1 Steuernummer aus der USt.-Voranmeldung	Zusatz	Bundesl. FA
2 4 6 8 1 0 1 2 2 4		0 6

Auskunftspflichtiger (Name und Anschrift)

Maschinenfabrik Schmidt Schulze
An der Fuldaschleuse 12–15
34125 Kassel

2 Monat 0 2   3

Jahr 0 7

4 Drittanmelder (Name und Anschrift)

Eurosped GmbH, Internationale Spedition
Waldauer Wiesen 28–38
34123 Kassel

5

– Statistische Meldung –

An das Statistische Bundesamt
Außenhandelsstatistik
D-65180 Wiesbaden

6 Warenbezeichnung	7 Pos.-Nr.	8 Best.-Land	Urspr.-Reg.	9	10 Art d. Gesch.	11	12
Siebdruckmaschinen zum Bedrucken von Spinnstoffen	1	a AT	b 06		1 1		

13 Warennummer	14	15
8 4 4 3 5 9 2 0		

16 Eigenmasse in vollen kg	17 Menge in der Besonderen Maßeinheit
1 2 4 0	1

18 Rechnungsbetrag in vollen Euro	19 Statistischer Wert in vollen Euro
4 6 2 5 0	

6 Warenbezeichnung	7 Pos.-Nr.	8 Best.-Land	Urspr.-Reg.	9	10 Art d. Gesch.	11	12
Farbwalzenwerk für Flexodruckmaschinen	2	a DK	b 06		1 1		

13 Warennummer	14	15
8 4 4 3 9 0 9 0		

16 Eigenmasse in vollen kg	17 Menge in der Besonderen Maßeinheit
1 4 0	

18 Rechnungsbetrag in vollen Euro	19 Statistischer Wert in vollen Euro
9 8 0	

6 Warenbezeichnung	7 Pos.-Nr.	8 Best.-Land	Urspr.-Reg.	9	10 Art d. Gesch.	11	12
...	0 3	a	b				

13 Warennummer	14	15

16 Eigenmasse in vollen kg	17 Menge in der Besonderen Maßeinheit

18 Rechnungsbetrag in vollen Euro	19 Statistischer Wert in vollen Euro

6 Warenbezeichnung	7 Pos.-Nr.	8 Best.-Land	Urspr.-Reg.	9	10 Art d. Gesch.	11	12
...	0 4	a	b				

13 Warennummer	14	15

16 Eigenmasse in vollen kg	17 Menge in der Besonderen Maßeinheit

18 Rechnungsbetrag in vollen Euro	19 Statistischer Wert in vollen Euro

Erläuterungen:

Feld 8a : Bestimmungsmitgliedstaat
8b : Ursprungsregion (Bundesland)
10 : Art des Geschäfts

NV 2002

StBA - 92/5

20 Ort/Datum/Unterschrift des Auskunftspflichtigen/Drittanmelders

Kassel, den 5. März 20..
Susanne Altpeter, Versand

Melder: **gast, Gastfirma** Statistik: **Intrahandel Formularmeldung** Amt: **Statistisches Bundesamt**
Berichtszeitraum: **2006**

**Statistisches Bundesamt
Deutschland**   **Intrahandelsmeldung**   **D**u**STATIS**
                                                        wissen.nutzen.

Meldungen   Senden /   Hilfe
                                                       Zurücksetzen

ᴵ⁴ ‹ **Position 1 von 1** › ᴵ⁴ **Neu Kopieren Löschen**   **Übersicht**

1 Auskunftspflichtiger   **2** Monat   Jahr
   Umsatzst.-Nr.   08   ☞   **2006**

   Firma   Strasse / Postfach   Richtung   **10** Art
   Gastfirma   Versendung   11   ☞
                                                     ☞
   Stadt / Ort   Postleitzahl
   Wiesbaden   **65189**   **8** Best.-Land   Urspr.-Reg.
                                                     a. AT ☞   b. 06 ☞

6 Warenbezeichnung   **13** Warennummer **14**
   Siebdruckmaschinen zum Bedrucken von Spinnstoffen   84435920 ⌐?⌐

                                               16 Eigenmasse in **17** Besondere
                                                     vollen kg   Maßeinheit
                                                     1 240   1
                                                     ⌐?⌐   ⌐?⌐

                                               18 Rechnungsbetrag **19** Statistischer Wert
                                                     in vollen Euro   in vollen Euro
                                                     46 250
                                                   For⌐?⌐lar: formRDCXKVVEE⌐?⌐ 9.12.2005 17:02:37

                    Formular ▾ Benutzerdaten ▾ Formularauswahl ▾ Hilfe ▾ Logout

Melder: **gast, Gastfirma** Statistik: **Intrahandel Formularmeldung** Amt: **Statistisches Bundesamt**
Berichtszeitraum: **2006**

Meldungen werden innerhalb des Gastzugangs nicht gespeichert.

**Statistisches Bundesamt
Deutschland**   **Intrahandelsmeldung**   **D**u**STATIS**
                                                        wissen.nutzen.

                    Ihre Daten wurden erfolgreich am 08.08.2006 um 11:27:34 empfangen.
                    Sie können diese Quittung für Ihre Unterlagen ausdrucken.

Meldungen

Auskunftspflichtiger
Umsatzst.-Nr.

Firma   Straße/Postfach
Gastfirma
Stadt/Ort   Postleitzahl
Wiesbaden   65189

Pos.	BZR	Richtung	Art des Geschäfts	Vers.-/ Best.-Land	Best.-/ Urspr.-Region	Urspr.-Land	Waren-nummer	Masse	Bes. Maßeinheit	Rech.-Betrag	Stat. Wert
1	08.2006	Versendung	11	AT	06		84435920	1240	1	46250	

© Statistisches Bundesamt 2006,

12.3.3 Versandverfahren im EG-Binnenmarkt

Prinzipiell gilt, dass der Versand von Gemeinschaftswaren zwischen Mitgliedstaaten der EU ohne zollamtliche Überwachung, also ohne Versandschein, durchgeführt wird.

Ein zollamtliches Versandverfahren zwischen zwei Orten im Binnenmarkt für Gemeinschaftswaren ist nur noch in folgenden Ausnahmefällen vorgesehen:

- Beförderung zwischen zwei in der Gemeinschaft gelegenen Orten über das Gebiet der Rest-EFTA, also insbesondere dem Warenverkehr nach Italien über die Schweiz.
- Beförderung zwischen Gebieten der Gemeinschaft, in denen die 6. Mehrwertsteuerrichtlinie nicht gilt, und dem Rest der Gemeinschaft, z. B. im Warenverkehr mit den Kanarischen Inseln.

In diesen Fällen ist jeweils ein Versandschein T2 nach den gleichen Regeln zu eröffnen, die für das in Kapitel 6.1.1 beschriebene gemeinschaftliche und gemeinsame Versandverfahren gelten. Werden im Binnenmarkt **Nichtgemeinschaftswaren** versendet, ist wie bisher ein **Versandverfahren T1** zu eröffnen, damit die Überführung in ein Zollverfahren zollamtlich überwacht werden kann (siehe Ziffer 6).

Es ist ein Außenhandelsvorgang, der in den Binnenmarkt hineinreicht. Das Verfahren ist also weiter unten im Zusammenhang mit dem Außenhandel darzustellen.

Werden unverzollte Drittlandswaren in der Gemeinschaft im Luft- oder Seeverkehr versendet, ist ebenfalls ein T1-Verfahren vorgeschrieben. In der Regel ist die Fluggesellschaft bzw. die Reederei dafür verantwortlich. Vereinfachend können hier die Manifeste als Versandschein benutzt werden („Manifestverfahren"). Vom Auftraggeber, also z. B. dem Spediteur, ist anzugeben, dass es sich um Nichtgemeinschaftsware handelt, z. B. durch T1-Stempel auf dem AWB. Bei Gemeinschaftswaren wird meist „C-Status" angegeben.

12.3.4 Verbringensnachweis für die Umsatzsteuer im Binnenmarkt

Unternehmen, die an andere Unternehmen in der Gemeinschaft verkaufen, stellen mehrwertsteuerfreie Rechnungen aus, soweit sie über die Umsatzsteuer-Identifikationsnummer (= ID-Nr.) des Käufers verfügen. Gegenüber den Finanzbehörden müssen sie die Berechtigung des mehrwertsteuerfreien Verkaufs belegen, also nachweisen, dass die Waren das Steuergebiet des Nationalstaates, hier Deutschland, verlassen haben.

In der Regel erfolgt der Nachweis dadurch, dass ein „Verbringungsnachweis für Umsatzsteuerzwecke", auch „weiße Spediteurbescheinigung" genannt, ausgestellt wird, die der Spediteur der Speditionsrechnung beifügt. Der Spediteur ist dann gegebenenfalls gegenüber den Finanzbehörden nachweispflichtig, dass der Erwerber (= Käufer) im EU-Mitgliedstaat die Ware in Empfang genommen hat. (Geregelt ist das in der Umsatzsteuer-Durchführungsverordnung.)

12.4 Allgemeines zum Außenhandel/Extrahandel

Mit der Vollendung des EG-Binnenmarktes ist Außenhandel nur noch der Handel mit allen sog. **Drittländern**, also allen Staaten außerhalb der EU.

Der Außenhandel unterteilt sich in die Ausfuhr (Export), die Einfuhr (Import) und die Durchfuhr (Transit) von Waren und Dienstleistungen und den Lagerverkehr. Zu den

Dienstleistungen zählen u. a. die Transportleistungen, die Leistungen des Spediteurs und Versicherungsleistungen.

Ein Außenhandel ist immer dann gegeben, wenn Waren oder Dienstleistungen die **Zollgrenze** der EG überschreiten, also in das **Zollgebiet** gelangen oder es verlassen.

Für den Außenhandel der Bundesrepublik Deutschland als Mitgliedstaat der Europäischen Union sind folglich das Zollgebiet und die Zollgrenze der EG maßgeblich.

12.4.1 Zollgebiet der EG

Mit Überschreiten der Zollgrenzen der EG unterliegen alle Waren „automatisch" der zollamtlichen Überwachung. Der Spediteur als Organisator der Warenversendung hat folglich dafür Sorge zu tragen, dass die Waren bei der Einfuhr und der Ausfuhr ordnungsgemäß zollamtlich angemeldet werden.

Was zum Zollgebiet der Gemeinschaft gehört, definiert der Artikel 3 des Zollkodex:

Artikel 3

(1) Zum Zollgebiet der Gemeinschaft gehören:
- das Gebiet des Königreichs Belgien
- das Gebiet des Königreichs Dänemark, mit Ausnahme der Färöer und Grönlands
- das Gebiet der Bundesrepublik Deutschland, mit Ausnahme der Insel Helgoland sowie des Gebiets von Büsingen (Vertrag vom 23. Nov. 1964 zwischen der Bundesrepublik Deutschland und der Schweizerischen Eidgenossenschaft)
- das Gebiet des Königreichs Spanien, mit Ausnahme von Ceuta und Melilla
- das Gebiet der Französischen Republik, mit Ausnahme der überseeischen Gebiete
- das Gebiet der Griechischen Republik
- das Gebiet Irlands
- das Gebiet der Italienischen Republik, mit Ausnahme der Gemeinden Livigno und Campione d'Italia sowie des zum italienischen Gebiet gehörenden Teils des Luganer Sees zwischen dem Ufer und der politischen Grenze der zwischen Ponte Tresa und Porto Ceresio gelegenen Zone
- das Gebiet des Großherzogtums Luxemburg
- das Gebiet des Königreichs der Niederlande in Europa
- das Gebiet der Republik Österreich
- das Gebiet der Portugiesischen Republik
- das Gebiet der Republik Finnland außer den Ålandinseln, es sei denn, es wird eine Erklärung im Rahmen von Artikel 227 Absatz 5 des EG-Vertrages abgegeben
- das Gebiet des Königreichs Schweden
- das Gebiet des Vereinigten Königreichs Großbritannien und Nordirland sowie die Kanalinseln und die Insel Man
- das Gebiet der Republik Tschechien
- das Gebiet der Republik Estland
- das Gebiet der Republik Zypern[1]
- das Gebiet der Republik Lettland
- das Gebiet der Republik Litauen
- das Gebiet der Republik Ungarn
- das Gebiet der Republik Malta
- das Gebiet der Republik Polen
- das Gebiet der Republik Slowenien
- das Gebiet der Slowakischen Republik
- das Gebiet der Republik Bulgarien
- das Gebiet der Republik Rumänien

---

[1] Für den nördlichen Teil Zyperns ist der Beitritt vorerst ausgesetzt.

(2) Die folgenden Gebiete, die außerhalb des Gebiets der Mitgliedstaaten liegen, gelten mit Rücksicht auf die für sie geltenden Abkommen und Verträge als zum Zollgebiet der Gemeinschaft gehörig:

a) (Gestrichen)

b) Frankreich

Das Gebiet des Fürstentums Monaco, so wie es in dem in Paris am 18. Mai 1963 unterzeichneten Zollabkommen festgelegt ist (Journal officiel vom 27. September 1963, S. 8679)

c) Italien

Das Gebiet der Republik San Marino, so wie es in dem Abkommen vom 31. März 1939 festgelegt ist (Gesetz vom 6. Juni 1939, Nr. 1220)

(3) Zum Zollgebiet der Gemeinschaft gehören die Küstenmeere, die innerhalb der Küstenlinie gelegenen Meeresgewässer und der Luftraum der Mitgliedstaaten und der in Absatz 2 genannten Gebiete, mit Ausnahme der Küstenmeere, der innerhalb der Küstenlinie gelegenen Meeresgewässer und des Luftraums, die zu Gebieten gehören, die nicht Teil des Zollgebiets der Gemeinschaft gemäß Absatz 1 sind.

12.4.2 Rechtsgrundlagen des Außenhandels

Bei Einfuhr und Ausfuhr sind zwei Rechtsebenen zu unterscheiden.

Allerdings gilt bis auf wenige Bereiche das EG-Recht, kodifiziert in EG-Verordnungen. Nationales Recht kommt nur noch zur Anwendung, soweit das EG-Recht entweder keine Regelung vorsieht, wie beim Export von Rüstungsgütern oder dem Transit von Dual-Use-Waren, oder soweit es weiter gehende nationale Regelungen zulässt, wie bei der Festlegung von Einfuhrbeschränkungen.

Außerdem ist Deutschland zahlreichen internationalen Abkommen wie dem Welthandelsabkommen WTO beigetreten (mehr dazu auf Seite 423). Soweit diese Abkommen außenwirtschaftliche Auswirkungen haben, sind die Regelungen in das nationale und das EG-Recht eingearbeitet.

12.4.2.1 Nationales Außenwirtschafts- und Zollrecht

Der Waren-, Dienstleistungs- und Kapitalverkehr der Bundesrepublik Deutschland mit dem Ausland (im Prinzip also auch mit den anderen EU-Mitgliedstaaten) wird durch das **Außenwirtschaftsgesetz (AWG)** geregelt. Die Durchführungsbestimmungen des AWG sind in der **Außenwirtschaftsverordnung (AWV)** festgelegt.

Das AWG gilt im deutschen Wirtschaftsgebiet, also auch in den Zollfreigebieten.

Im **§ 1 AWG** ist der Grundsatz formuliert:

Der Wirtschaftsverkehr mit fremden Wirtschaftsgebieten ist grundsätzlich frei ...

In **§ 1 AWG Satz 2** folgt die nähere Bestimmung:

Er unterliegt den Einschränkungen, die dieses Gesetz enthält oder die durch Rechtsverordnung auf Grund dieses Gesetzes vorgeschrieben werden.

Beschränkungen des Außenwirtschaftsverkehrs können lt. AWG aus drei Gründen erlassen werden:

- § 5: Erfüllung zwischenstaatlicher Vereinbarungen,
- § 6: Abwehr schädigender Einwirkungen aus fremden Wirtschaftsgebieten und
- § 7: Schutz und Sicherheit und der auswärtigen Interessen.

Welche Beschränkungen die im Außenhandelsgeschäft Tätigen damit im Einzelnen zu beachten haben, ergibt sich für die Ausfuhr aus der **Ausfuhrliste** (Anlage zur AWV), für den Import auf Grund von § 10 AWG aus der **Einfuhrliste** (Anlage zum AWG).

Die Ausfuhrliste enthält neben Rüstungsgütern allerdings im Wesentlichen die „Gemeinsame Warenliste der EU für Güter mit doppeltem Verwendungszweck".

Soweit Ausfuhren von Waren der Ausfuhrliste beabsichtigt sind, ist dem Zoll eine **Ausfuhrgenehmigung** vorzulegen. Ausstellende Behörde ist das Bundesamt für Wirtschaft und Ausfuhrkontrolle (BAFA) in Eschborn bei Frankfurt (www.bafa.de). Ob und gegebenenfalls unter welcher Voraussetzung ein Export solcher Waren genehmigt wird, richtet sich danach, in welches Land die Ausfuhr erfolgen soll. Hier ist eine Reihe von Länderlisten zu beachten.

Die Einfuhrliste legt fest, ob für den Import einer Ware eine **Einfuhrgenehmigung** (nationales Recht oder EG-Recht), eine **Einfuhrlizenz** (Marktordnungsware der EG), eine **Einfuhrkontrollmeldung** (Länderliste C) oder ein **Ursprungszeugnis** (EG-Assoziierungsländer) vorgelegt werden muss.

Da die Einfuhrliste aber in den **Deutschen Gebrauchszolltarifen bzw. EZT** eingearbeitet ist, braucht in der Praxis in ihr nicht gesondert nachgeschlagen zu werden.

Die **Abgabenordnung (AO)**, in der die Steuerpflicht geregelt ist, hat ebenfalls Auswirkungen auf die Abwicklung des Außenhandels. Alle Abgaben und Erstattungen, die bei Importen erhoben und bei Exporten ggf. erstattet werden, sind **Steuern**, für die die Finanzverwaltung zuständig ist.

Erhoben werden anlässlich der Einfuhr:

1. **Einfuhrumsatzsteuer**
   (Sie entspricht der Mehrwertsteuer und beträgt 19 % bzw. 7 %.)
2. **Verbrauchsteuern**
   Verbrauchssteuern werden erhoben auf Mineralöle, Alkohol und alkoholische Getränke, Tabakwaren nach harmonisiertem EG-Recht und in Form von Kaffeesteuer als nationaler Sondersteuer.
   Die Verbrauchssteuern werden auch im Binnenmarkt erhoben.
3. **EG-Außenzoll/Euro-Zoll**
   (Fließt in die EG-Kassen.)

Dem Speditionskaufmann/der Speditionskauffrau sollte zumindest die folgende, vereinfachte Gliederung der Finanzverwaltung geläufig sein:

Bundesminister der Finanzen (BMF)	
Oberfinanzdirektionen (OFD)	
Hauptzollämter (HZA)	Zollfahndungsämter
Zollämter Zollkommissariate	Zweigstellen

Nationale Rechtsgrundlagen auf dem Gebiet des Zolls – Zollverwaltungsgesetz (ZollVG) und Zollverordnung (ZollVO) – haben nur noch Verwaltungs- und Durchführungsbestimmungen zum Gegenstand. Alles andere ist im EG-Zollrecht geregelt.

12.4.2.2 Außenwirtschafts- und Zollrecht der EG

Die Staaten der EU erheben bekanntlich untereinander keine Zölle. Die EG ist also eine **Zollunion** mit einer gemeinsamen Zollgrenze und gemeinsamen Außenzöllen gegenüber Drittländern.

Die Staaten der EU haben sich seit langem Schritt für Schritt auch ein gemeinsames Zollrecht geschaffen.

Mit dem **Binnenmarkt**, der jüngsten Stufe europäischer Integration, wurden die letzten Reste nationalen Zollrechts aufgehoben.

Das harmonisierte Zollrecht der Gemeinschaft, der

Zollkodex der Gemeinschaft

VO (EWG) Nr. 2913/92, ist zum **1. Januar 1994** in Kraft getreten. Damit gibt es für **alle** Zollverfahren ein einheitliches, in allen fünfzehn Mitgliedstaaten der EU geltendes Recht.

Der Zollkodex wird durch die Zollkodex-Durchführungsverordnung VO (EWG) Nr. 2454/93 ergänzt.

Das gemeinsam beschlossene Recht hat also Vorrang vor den verschiedenen nationalen Regelungen.

EG-Verordnungen sind in allen Mitgliedstaaten unmittelbar geltendes Recht = EG-Recht gilt vor nationalem Recht.

Vom „alten" Zollrecht der EG sind **neben** dem Zollkodex erhalten geblieben:

- Verordnung (EWG) Nr. 918/83 über das gemeinschaftliche System der Zollbefreiungen (Zollbefreiungs-VO)
- Verordnung (EWG) Nr. 2658/87 über die zolltarifliche und statistische Nomenklatur sowie den Gemeinsamen Zolltarif (Zolltarif-VO)
- Verordnung (EWG/EURATOM) Nr. 1182/71 zur Festlegung der Regeln für die Fristen, Daten und Termine (Fristen-VO)

Neben dem Zollkodex hat die EG jetzt auch weitgehend den Export von Waren mit doppeltem Verwendungszweck (militärisch/zivil; Dual-Use-Waren) geregelt und damit die sehr unterschiedlichen Bestimmungen der Mitgliedstaaten vereinheitlicht (EG-Dual-Use-VO).

Danach hat der Ausführer von Dual-Use-Waren, soweit sie in der „Gemeinsamen Warenliste der EU für Güter mit doppeltem Verwendungszweck" (eingearbeitet in die nationale Ausfuhrliste) verzeichnet sind oder soweit er von seiner nationalen Behörde auf eine rüstungstechnische Verwendung aufmerksam gemacht worden ist, vor der **Ausfuhr aus der EG** eine Ausfuhrgenehmigung bei seiner nationalen Kontrollbehörde, hier dem BAFA (Bundesamt für Wirtschaft und Ausfuhrkontrolle, www.bafa.de), einzuholen und mit der Ausfuhranmeldung den Zollbehörden vorzulegen.

Nicht harmonisiert wurde die Ausfuhr von Rüstungsgütern, die Durchfuhr von und der Transithandel mit Dual-Use-Waren sowie der auch militärisch nutzbare Wissenstransfer und technische Dienstleistungen an Rüstungsgütern. Hier gilt weiterhin nationales Recht.

12.4.2.3 Internationales Recht

Es gibt eine Reihe internationaler Abkommen, die in das EG-Recht übernommen wurden oder die weiterhin das EG-Zollrecht mit bestimmen.

Hervorzuheben ist die

World Trade Organisation = WTO = Welthandelsorganisation mit Sitz in Genf (www.wto.org).

Die WTO ist die institutionelle Nachfolgeorganisation des General Agreement on Tariffs and Trade = GATT = Allgemeines Zoll- und Handelsabkommen.

Mit Abschluss der letzten GATT-Konferenz, der Uruguay-Runde, wurde die WTO 1994 gegründet. Sie hat ca. 100 Vollmitglieder und eine große Zahl weiterer Staaten befolgen die Empfehlungen und Beschlüsse der WTO.

Grundsatz der WTO ist es, dass seine Mitglieder sich verpflichten, bei Zöllen und anderen Handelskonditionen, insbesondere der Regelung des Marktzugangs, einander die **Meistbegünstigung** einzuräumen (Meistbegünstigungsklausel).

Die WTO hat das Ziel, die Umsetzung der Beschlüsse voranzutreiben und bei Handelsstreitigkeiten vermittelnd tätig zu werden. Vor dem Disputgericht der WTO können Staaten wegen Nichtbeachtung von WTO-Grundsätzen und GATT-Beschlüssen klagen.

Grundsätzlich steht die WTO für freien Welthandel und faire Handelspraktiken ein. Weltweite Zollsenkungen, Beseitigung nichttarifärer Handelshemmnisse, freier Zugang zu den Märkten, weltweite Ausschreibung öffentlicher Aufträge, Niederlassungsfreiheit für Banken und Versicherungen und der Abbau von Subventionen, Abschöpfungen und Ausfuhrerstattungen sind wichtige Zielsetzungen und Aufgabenbereiche der WTO.

Zum internationalen Recht zählt auch das **Washingtoner Artenschutzabkommen**, dessen Bestimmungen als „Verbote und Beschränkungen" (VuB) Eingang in das Außenwirtschaftsrecht Deutschlands gefunden haben. Als international anerkanntes Begleitpapier für geschützte Tier- und Pflanzenarten sollte die **CITES-Bescheinigung** bekannt sein.

12.4.3 Assoziierungs- und Kooperationsabkommen der EG

Die EG hat mit zahlreichen Staaten und Staatengruppen Kooperations- oder Assoziierungsabkommen geschlossen, die das Ziel haben, den Handel, Dienstleistungs- und Kapitalverkehr zu erleichtern, Handelsschranken abzubauen und damit die Wettbewerbsfähigkeit der europäischen Wirtschaft zu stärken. Das damit geschaffene Präferenzsystem beinhaltet, dass im Warenverkehr mit den Vertragsstaaten Zollbegünstigung oder gar Zollfreiheit gewährt wird.

Für den Spediteur ist die Kenntnis dieser Präferenzabkommen wichtig, weil er wissen muss, wie die hierfür notwendigen Zolldokumente/Warenverkehrsbescheinigungen zu handhaben sind und er gegenüber seinen Auftraggebern auch Auskunft über die Erlangung von Präferenzbehandlungen geben können muss.

Man unterscheidet autonome und wechselseitige Präferenzabkommen. Bei den wechselseitigen Abkommen – es sind Freihandelsabkommen – räumen sich beide Vertragsparteien Zollbegünstigung oder Zollfreiheit ein. Bei den einseitigen Abkommen gewährt die EG einseitig/autonom den begünstigten Staaten Präferenzbehandlung bei der Einfuhr ihrer Waren in den EG-Binnenmarkt. Es handelt sich um eine Art der Entwicklungshilfe.

Voraussetzung für die Präferenzbehandlung sowohl beim Export als auch beim Import ist der Nachweis, dass die beim Zoll angemeldeten Waren ihren **Ursprung** im Vertragsgebiet, besser **Präferenzraum**, haben, dort also **entweder vollständig erzeugt oder wesentlich be- oder verarbeitet** worden sind. Der Ursprungsnachweis erfolgt mit einer Warenverkehrbescheinigung (s. u.).

Die neueste Entwicklung ist das PAN-EUR-MED-Abkommen, in dem die Staaten des EWR-Raumes und des Mittelmeerraumes sich gegenseitig eine ursprungsbegründende Weiterverarbeitung anerkennen.

Wechselseitige Präferenzabkommen bestehen mit folgenden Staaten oder Staatengruppen

EWR	Freihandelsabkommen über die Schaffung eines Europäischen Wirtschaftsraums mit den Rest-EFTA-Staaten Norwegen, Island und Liechtenstein. Die EFTA-Staaten (European Free Trade Association = Europäische Freihandelszone, bis 1994 gehörten Schweden, Finnland und Österreich auch zur EFTA) bilden untereinander selbst eine Freihandelszone.
Schweiz	Freihandelsabkommen, das dem EWR-Abkommen, mit geringfügigen Abweichungen, entspricht.
Israel, Gaza, Westjordanland	Freihandelsabkommen mit den Mittelmeerländern, wobei nur diese Staaten, mit Einschränkungen, wechselseitige Präferenz gewähren.
Ceuta, Melilla	Freihandelsabkommen mit den spanischen Hoheitsgebieten an der afrikanischen Nordküste Marokkos.
Färöer	Freihandelsabkommen mit diesen unter dänischer Verwaltung stehenden Inseln im nördlichen Atlantik.
ÜLG Überseeische Länder und Gebiete	Freihandelsabkommen mit den abhängigen Gebieten der Mitgliedstaaten in Übersee wie Britische Jungferninseln oder Französisch-Polynesien.
Türkei	Assoziierungsabkommen zur Errichtung einer Zollunion. Für die Präferenzbehandlung muss im Unterschied zu den anderen Abkommen nachgewiesen werden, dass sich die Waren im **freien Verkehr** des Vertragsgebietes befunden haben (Freiverkehrsprinzip). Seit 1996 bilden die Türkei und die EG eine Zollunion mit gleichen Außenzöllen.
Tunesien, Marokko, Jordanien, Ägypten	Zweiseitige Präferenzabkommen mit ähnlichen Bedingungen wie mit den europäischen Staaten.
Mexiko, Südafrika, Chile	Mit diesen ersten Überseeischen Staaten sind ebenfalls ähnliche Abkommen wie mit den europäischen Staaten geschlossen worden.

Einseitig von der EG gewährte Zollpräferenzen gegenüber folgenden Staaten und Staatengruppen:

AKP-Staaten Afrikanische, karibische und pazifische Staaten	Die meisten industriellen und landwirtschaftlichen Erzeugnisse aus diesen ca. 70 Ländern haben bei Ursprungsnachweis freien Zugang zum Binnenmarkt. Bei einigen Waren oder Warengruppen, insbesondere Textilwaren, wird nur für länderbe zogene Kontingente und Plafonds (Höchstmengen) Zollbegünstigung gewährt. Gegenpräferenzen werden nur von 10 AKP-Staaten eingeräumt.

Mittelmeerländer	Kooperationsabkommen mit Algerien sowie Libanon und Syrien.
BCMS	Kooperationsabkommen mit den (ehemaligen) jugoslawischen Republiken Bosnien-Herzegowina, Kroatien und Mazedonien.
Albanien	Seit August 1999 werden auch Albanien Präferenzen gewährt, wenn die Ware von einer EUR. 1 begleitet werden, bzw. eine Ursprungserklärung auf der Handelsrechnung erfolgt. Für Agrarwaren gilt nach wie vor das APS-System (siehe unten).
APS Allgemeines Präferenzsystem	Das Präferenzsystem der EG gegenüber über 100 Entwicklungsländern, geschaffen auf der Grundlage von Empfehlungen der UN und Absprachen im GATT, ist Ende 1998 neu festgelegt worden. Es sieht je nach Entwicklungsstand des Ausfuhrlandes und der Wettbewerbsfähigkeit der jeweiligen Branche im Ausfuhrland vor, dass die Einfuhrware bei Nachweis des Ursprungs entweder zollfrei ist oder 35 %, 70 % oder 85 % des EG-Regelzollsatzes erhoben werden.

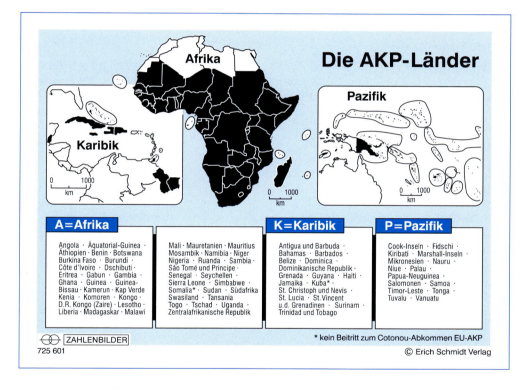

Die AKP-Länder

A = Afrika

Angola · Äquatorial-Guinea · Äthiopien · Benin · Botswana · Burkina Faso · Burundi · Côte d'Ivoire · Dschibuti · Eritrea · Gabun · Gambia · Ghana · Guinea · Guinea-Bissau · Kamerun · Kap Verde · Kenia · Komoren · Kongo · D.R. Kongo (Zaire) · Lesotho · Liberia · Madagaskar · Malawi

Mali · Mauretanien · Mauritius · Mosambik · Namibia · Niger · Nigeria · Ruanda · Sambia · São Tomé und Principe · Senegal · Seychellen · Sierra Leone · Simbabwe · Somalia* · Sudan · Südafrika · Swasiland · Tansania · Togo · Tschad · Uganda · Zentralafrikanische Republik

K = Karibik

Antigua und Barbuda · Bahamas · Barbados · Belize · Dominica · Dominikanische Republik · Grenada · Guyana · Haiti · Jamaika · Kuba* · St. Christoph und Nevis · St. Lucia · St. Vincent u.d. Grenadinen · Surinam · Trinidad und Tobago

P = Pazifik

Cook-Inseln · Fidschi · Kiribati · Marshall-Inseln · Mikronesien · Nauru · Niue · Palau · Papua-Neuguinea · Salomonen · Samoa · Timor-Leste · Tonga · Tuvalu · Vanuatu

ZAHLENBILDER
725 601

* kein Beitritt zum Cotonou-Abkommen EU-AKP

© Erich Schmidt Verlag

12.5 Ausfuhr

Die Ausfuhr von Waren und Dienstleistungen ist für den Spediteur steuer-, zoll- und handelsrechtlich und damit vom Abfertigungs- und Zeitaufwand her erheblich einfacher als der Import. In der Hauptsache hat er der Auskunftspflicht gemäß dem Außenwirtschaftsgesetz zu genügen, die Ausfuhr also den Zollstellen papiermäßig anzumelden und gegebenenfalls die Beschränkungen und die Genehmigungspflicht für Waren der Ausfuhrliste zu beachten.

Hinzukommen kann aber noch das Ausstellen von Steuerbescheinigungen, von besonderen Speditionspapieren, von Zollfakturen, das Einholen von Konsulatsbeglaubigungen und die Überwachung der Zahlungsabwicklung für den Auftraggeber.

12.5.1 Ausfuhranmeldung mit Einheitspapier und AES

Jeder Ausführer, nicht also der Spediteur, hat für jeden Export im Warenwert über 1 000,00 EUR bzw. über 1 000 kg eine **Ausfuhranmeldung (AM)** auszustellen, damit die Zulässigkeit des Exports geprüft und die Sendungsdaten für die Außenhandelsstatistik erfasst werden können (ZK, Art. 183).

Der Ausführer kann damit auch einen Spediteur beauftragen und wird es in vielen Fällen tun.

Die Ausfuhranmeldung ist auf dem **Einheitspapier** abzugeben, und zwar auf den Exemplaren 1 (rot), 2 (grün) und 3 (gelb) oder seit dem 1. August 2006 im AES (Automated Export System) über ATLAS. Mehr dazu auf Seite 428.

Exkurs: Einheitspapier

Das **Einheitspapier** wird für eine sehr große Zahl verschiedener Abfertigungsformalitäten gleichermaßen bei Import und Export verwendet, so z. B. bei dem gemeinschaftlichen und gemeinsamen Versandverfahren und bei dem Zollantrag.

Es besteht bei einem vollständigen Satz aus **8 Exemplaren**:

1. für das Versendungs-/Ausfuhrland   (Versandverfahren/
                                                        Ausfuhranmeldung)
2. für die Statistik – Versendungs-/Ausfuhrland   (Ausfuhranmeldung)
3. für den Versender/Ausführer   (Ausfuhranmeldung)
4. für die Bestimmungszollstelle   (Versandverfahren)
5. als Rückschein – Gemeinschaftliches Versandverfahren (Versandverfahren)
6. für das Bestimmungsland   (Zollanmeldung)
7. für die Statistik – Bestimmungsland   (Zollanmeldung)
8. für den Empfänger   (Zollanmeldung)

Die ersten zwei Exemplare verbleiben bei der Ausfuhrzollstelle, Exemplar 3 ist an der EG-Ausgangszollstelle vorzulegen, die übrigen fünf Exemplare begleiten die Sendung bis zur Bestimmungszollstelle.

Wer ständig im Ex- oder Import tätig ist, sollte stets die neueste Fassung „Merkblatt zum Einheitspapier" zur Hand haben! Es ist bei jeder Zollstelle und den zugelassenen Formularverlagen erhältlich oder per INTERNET verfügbar (www.zoll.de).

Für jede einzelne Abfertigungsart können auch Teilsätze verwendet werden. Es gibt also u. a. für die AM, für die Versandpapiere und für die Zollanmeldung eigenständige Formulartrennsätze. Der vollständige Formularsatz mit 8 Exemplaren wird in der Praxis eher selten ausgefertigt.

Bei der Ausfuhranmeldung dient das Exemplar 1 (rot) der Ausfuhrüberwachung im Sinne des Außenwirtschaftsgesetzes und der EG-Dual-Use-Verordnung.

Das Exemplar 2 (grün) dient der statistischen Erhebung der Ausfuhrdaten. Das Ausfuhrzollamt (= die zuständige Binnenzollstelle) sendet es an das Statistische Bundesamt in Wiesbaden.

Exemplar 3 begleitet die Sendung bis zur Ausgangszollstelle der EG, es wird dort abgestempelt und soll dem Ausführer als Ausfuhrnachweis zurückgegeben werden (ZK-DVO, Art. 793). Die Ausgangszollstelle händigt das abgestempelte Ex 3 allerdings nur aus, wenn es in Feld 44 den Vermerk „RET-EXP" enthält. Als Ausfuhrnachweis für Umsatzsteuerzwecke kann das Exemplar 3 nur in Beförderungsfällen dienen, also bei Ausfuhr mit eigenen Fahrzeugen des Ausführers oder Abholung durch den Käufer. Ansonsten benötigt der Ausführer die Ausfuhrbestätigung auf Ex 3 nur, wenn er bei Rückwaren die vorherige Ausfuhr der zurückgesendeten Waren nachweisen muss.

Liegt der Warenwert einer Exportsendung über 3 000,00 EUR, muss die AM im Standardverfahren vor der Ausfuhr bei der zuständigen Ausfuhrzollstelle (= Binnenzollstelle des Ausführers) **vorabgefertigt** werden, d. h., der ausgefüllte Formularsatz ist vor der Ausfuhr zusammen mit den Handelspapieren zur Prüfung vorzulegen. Die Ausfuhr ist damit als zulässig geprüft und hat binnen eines Monats zu erfolgen (zweistufiges Verfahren).

Für Sendungen gewerblicher Waren in einem Wert zwischen 1 000,00 EUR und 3 000,00 EUR ist keine Vorabfertigung erforderlich. (Ausnahme: Bei der Ausfuhr genehmigungspflichtiger Waren ist in jedem Fall eine AM vorabzufertigen.)

Vereinfachungsverfahren:
Ausführer, die regelmäßig und in größerem Umfang Ausfuhren (mindestens 20 pro Monat) tätigen oder veranlassen, können nach Antrag bei und nach Zulassung durch ihr zuständiges Hauptzollamt das sog. **„Anschreibeverfahren"** nutzen. Sie werden zum **„zugelassenen Ausführer"** erklärt und können sich dann den wöchentlichen oder monatlichen Bedarf an Ausfuhranmeldungen von ihrer Ausfuhrzollstelle **blanco vorabfertigen** lassen, sodass sie bei Ausfuhren auch über 3 000,00 EUR Warenwert die Ausfuhranmeldung nicht einzeln vorab fertigen lassen müssen. In Feld 44 ist der Vermerk **„Vereinfachte Ausfuhr"** einzutragen, die zugeteilte Bewilligungsnummer und die Bezeichnung des bewilligenden Hauptzollamtes.

Soll eine Ausfuhr vorgenommen werden, wird das vorab gefertigte Ex 3 ausgefüllt und dem Spediteur oder Frachtführer mit dem Sendungspapier übergeben. Die ergänzende Anmeldung an die Ausfuhrzollstelle wird dann nachträglich gemäß der in der Zulassung festgelegten Frist auf den Exemplaren 1 und 2 der AM vorgenommen.

Ein weiteres für den Spediteur wichtiges Vereinfachungsverfahren ist die **„Unvollständige Anmeldung"**. Häufig beauftragt ein Ausführer einen Spediteur oder Lageristen mit einer Ausfuhr, die von einem anderen Ort aus vorgenommen werden soll als dem Sitz des Ausführers. Oder der vom Ausführer beauftragte Versender, Spediteur oder Lagerist soll nicht den in Rechnung gestellten Preis und/oder den Kunden erfahren.

In diesen Fällen wird der tatsächliche Warenversender, Spediteur oder Lagerist vom Ausführer beauftragt, eine „Unvollständige Anmeldung" auszustellen und damit die Ausfuhr vorzunehmen. Die „Unvollständige Anmeldung" besteht nur aus den Exemplaren 1 und 3 der AM und erfordert wesentlich weniger Angaben, so nicht den Namen des Empfängers, keinen Rechnungspreis und auch keinen statistischen Wert.

Die Abfertigung erfolgt zunächst wie bei der AM. Die Ausgangszollstelle bestätigt auf Ex 3 die Ausfuhr und sendet Ex 1 an die Ausfuhrzollstelle des Ausführers, die sie an den Ausführer, also den Auftraggeber des Spediteurs oder Lageristen, weiterleitet. Der Ausführer hat erst dann seine Meldepflicht erfüllt, wenn er die „Unvollständige Anmeldung" innerhalb von 10 Tagen mit einer AM ergänzt und seiner Ausfuhrzollstelle eingereicht hat.

AES Automated Export System

Zum 1. August 2006 wurde in Deutschland das AES eingeführt, das die Erstellung der Ausfuhranmeldung auf elektronischem Weg über das ATLAS-System vorsieht. Mit der Einführung ist zunächst nur eine Ausfuhr über deutsche Ausgangszollstellen möglich, ausländische sind dem Verfahren noch nicht angeschlossen. Eine verpflichtende Eingabe ist erst zum 1. Juli 2009 vorgesehen.

Im Prinzip verläuft es analog dem NCTS-Verfahren im Zollversand. Alle Daten, die auch in die AM als Einheitspapier eingegeben werden, werden nun über die jeweilige ATLAS-Software in das AES-System eingegeben. Nach Eingabe aller Daten erhält man eine MRN (Movement Reference Number). Man druckt nun das fertige Formale als pdf-Format aus. Dieser Ausdruck hat die gleiche Funktion wie das Exemplar Nummer 3 des Einheitspapier, d. h., es begleitet die Sendung vom Absender (und dessen Ausfuhrzollstelle) zur Ausgangszollstelle. Durch erneute Eingabe der MRN-Nummer wird die Ausfuhr bestätigt.

Man kann auch ohne Software eine AM über das Internet erstellen (über www.zoll.de oder über www.internetzollanmeldung.de). Hier muss der PDF-Ausdruck doppelt erfolgen und mit Unterschrift dem Zoll vorgelegt werden (bei Ausfuhrwerten über 3 000,00 EUR).

Das AES soll zum 1. Juli 2009 verbindlich eingeführt werden, d. h., die Papierform soll entfallen. Allerdings nutzten im Jahr 2007 noch 90 % aller Ausführer die Papierform. Zur Zeit der Drucklegung ist beabsichtigt, dass auch Internet-Anmelder die **IAA (Internet-Ausfuhranmeldung)** mit einer digitalen Signatur abgeben können. Dazu soll die aus dem Steuerbereich bekannte Signatur von ELSTER (Elektronische Steuererklärung) übernommen werden. Eine Vorabfertigung durch die Zollbehörden entfällt dann.

Im Anschluss finden Sie eine Ausfuhranmeldung traditionell mit Einheitspapier sowie die gleiche AM als Internet-Ausfuhranmeldung:

EUROPÄISCHE GEMEINSCHAFT Nr. AV 1596101

	A VERSENDUNGS-/AUSFUHRZOLLSTELLE

1

2 Versender/*Ausführer* Nr. 1234567

Rofa GmbH
Köppenweg 15
37574 Einbeck

8 Empfänger Nr.

Swing Label
12, Rue Muaborget
CH - 4003 Lausanne

14 Anmelder/Vertreter Nr.

Exemplar für das Versendungs-/Ausfuhrland

1 A N M E L D U N G		
EU	A	XXXXX

3 Vordrucke	**4** Ladelisten
1 1	XXXXX

5 Positionen	**6** Packst. insgesamt	**7** Bezugsnummer
1	XXXXXXX	

9 Verantwortlicher für den Zahlungsverkehr Nr.

XXXXXXXXXXXXXXXXXXXXXXXXXXXXXXXXXXX

10 Erstes Best.	**11** Handels-		**13** G. L. P.
XXX Land	land		XXXXX

15 Versendungs-/Ausfuhrland	**15** Vers./Ausf.L.Code	**17** Bestimm.L.Code
XXXXXXXXXXXXXXXXX	a XXX b XX	a CH b XX

16 Ursprungsland

17 Bestimmungsland
Schweiz

18 Kennzeichen und Staatszugehörigkeit des Beförderungsmittels beim Abgang	**19** Ctr.	**20** Lieferbedingung
Lkw XXXXXXXXXXXXXXXXXXXXXXXXXX XXX	0	CPT Lausanne XX

21 Kennzeichen und Staatszugehörigkeit des grenzüberschreitenden aktiven Beförderungsmittels		**22** Währung u. in Rechn. gestellter Gesamtbetr.	**23** Umrechnungskurs	**24** Art des Geschäfts
Lkw	DE	EUR 4425,90	XXXXXXX 1 1	

25 Verkehrszweig an der Grenze	**26** Inländischer Ver kehrszweig	**27** Ladeort	**28** Finanz- und Bankangaben
3		XXXXXXXXXXXXX XXX	XXXXXXXXXXXXXXXXXXXXXXXXXXXXX

29 Ausgangszollstelle	**30** Warenort
DE004065	XXXXXXXXXXXXXXX

1

XXXXXXXXXXXXXXXXXXXXXXXXXXXXX

31 Packstücke und Waren bezeich nung	Zeichen und Nummern - Container Nr. - Anzahl und Art	**32** Positions Nr.	**33** Warennummer	
	885002 10 Herrenfahrräder mit Kugellager	1	87120030	XXXX

34 Urspr.land Code		**35** Rohmasse (kg)
a	b 03	

37 VERFAHREN	**38** Eigenmasse (kg)	**39** Kontingent
1000	200	XXXXX

40 Summarische Anmeldung/Vorpapier

41 Besondere Maßeinheit
10

44 Besondere Vermerke/ Vorgelegte Unterlagen/ Bescheini gungen u. Ge nehmigungen	Ausgeführt mit unvollständiger/vereinfachter Ausfuhranmeldung Nr. vom
	Ausfuhrgenehmigung vom Nr. Gültig bis

Code B.V.
RET-EXP   XXX

46 Statistischer Wert
4358

47 Abgaben berechnung	Art	Bemessungsgrundlage	Satz	Betrag	ZA

XXXXXXXXXXXXXXXXXXXXXXXXXXXXXXXXX

Summe

48 Zahlungsaufschub	**49** Bezeichnung des Lagers
XXXXXXXXXXXXXXXX	

B ANGABEN FÜR VERBUCHUNGSZWECKE

Ausfuhranmeldung

Zollstelle der ergänzenden Anmeldung
Bezeichnung:
Anschrift:

50 Hauptverpflichteter Nr.	Unterschrift:	**C** ABGANGSSTELLE

51 Vorgesehene Durchgangs zollstellen (und Land)	vertreten durch	
	Ort und Datum:	

XXXXXXXXXX XXXXXXXXXX XXXXXXXXXX XXXXXXXXXX XXXXXXXXXX XXXXXXXXXX

52 Sicherheit		Code
nicht gültig für XXXXXXXXXXXXXXXXXXXXXXXXXXXXXXXXXXXXXXXXXXXX	XX	

D PRÜFUNG DURCH DIE ABGANGSSTELLE	Stempel
Ergebnis	
Angebrachte Verschlüsse: Anzahl	
Zeichen	
Frist (letzter Tag)	
Unterschrift	

53 Bestimmungsstelle (und Land)
XXXXXXXXXXXXXXXXXXXXXX

54 Ort und Datum
Einbeck, den 15. Mai 20..
Unterschrift und Name des Anmelders/Vertreters

Rofa GmbH

0733 Einheitspapier (Versendung/Ausfuhr) - III B 1 - (2005)

1	Ausfuhr:
	1 EX (= Export in Drittländer) + Nichtgemeinschaftsware in EG-Staaten
	EU (= Export in EFTA-Staaten)
	2 A (für das nomale Ausfuhrverfahren)
	3 T2L, nur wenn Exemplar 4 als Warenverkehrsbescheinigung verwendet wird.
2	Vollständige Anschrift des Versenders.
3	1 erstes, zweites Blatt usw. der verwendeten Vordrucke 2 Anzahl der verwendeten Vordrucke 　Beispiel: AM mit zwei verschiedenen Warenpositionen macht ein Ergänzungsblatt 　　　　　COM/c erforderlich. Folglich ist auf dem ersten Formular 1/2 einzutragen, 　　　　　auf dem Ergänzungblatt 2/2. Wird nur eine Warenposition angemeldet, bleibt dieses Feld frei.
5	Anzahl der Warenpositionen.
8	Anschrift des Empfängers.
14	Anzugeben sind Name und Vorname bzw. Firma und vollständige Anschrift des Anmelders sowie ggf. des Bevollmächtigten (Vertreter). Zur Bezeichnung des Anmelders oder des Status seines Vertreters ist einer der folgenden Codes vor den Namen und die vollständige Anschrift zu setzen: 1 Anmelder 2 Vertreter (direkte Vertretung im Sinne von Artikel 5 Abs. 2 erster Gedankenstrich Zollkodex) 3 Vertreter (indirekte Vertretung im Sinne von Artikel 5 Abs. 2 zweiter Gedankenstrich Zollkodex) Wird dieser Code auf Papier ausgedruckt, so ist er in eckige Klammer zu setzen ([1], [2] oder [3]). Sind Anmelder und Ausführer identisch, ist „Ausführer – 00400", sind Anmelder und Versender identisch, ist „Versender – 00300" anzugeben
16	Nur bei Waren mit ausländischem Ursprung das Land des ausländischen Ursprungs.
17 17a	Das Land, in das die Sendung endgültig geliefert wird, und der entsprechende ISO-Code des Länderverzeichnisses.
18	Nur bei unverpackt versendeter Ware anzugeben.
19	Versand in Containern: 1; sonst: 0.
20	1 Lieferbedingung gemäß dem 3-Buchstaben-Code der Incoterms 2000 2 darauf bezogener Ort
21	Art des aktiven Beförderungsmittels an der Außengrenze der EG. Die Staatsangehörigkeit des Beförderungsmittels gemäß Länderschlüssel.

22	Rechnungspreis der Gesamtsendung mit ISO-Code der Währung. EUR = Euro. In Fällen kostenloser Lieferung ist „unentgeltlich" einzutragen.
24	Art des Geschäfts nach einer umfangreichen Liste mit Schlüsselnummern. Oft zu verwenden: Fester Kauf/Verkauf 11; Ansichtssendung 12, Rücksendung 21.
25	1 = See; 2 = Bahn; 3 = Lkw; 4 = Luft; 5 = Post; 8 = Binnenschiff.
29	Nur bei Sendungen mit einem Warenwert von mehr als 2 500,00 EUR die Schlüsselnummer der Ausgangszollstelle, z. B. Flughafen Frankfurt 3330; bei Ausfuhren über einen anderen EU-Staat die Schlüsselnummer des innergemeinschaftlichen Grenzabschnitts, z. B. Ausfuhr im Straßenverkehr über die deutsch-niederländische Grenze 9920.
31	Befundgerechte Angaben über die Ware zur Einordnung in das Warenverzeichnis der Außenhandelsstatistik und Art und Markierung der Verpackung.
32	Bei mehreren Warenpositionen die fortlaufende Nr. der Warenposition.
33	Warencodenummer des Warenverzeichnisses der Außenhandelsstatistik (8-stellig).
34	a) bei ausländischem Ursprung ISO-Code der Außenhandelsstatistik, sonst b) Ursprungsbundesland, z. B. 05 Nordrhein-Westfalen, 06 Hessen, 14 Sachsen, 22 Berlin Ost.
35	Bruttogewicht in vollen kg, ggf. kaufmännisch gerundet.
37	Code des Verfahrens, zu dem die Ware angemeldet wird. Z. B. endgültige Versendung/Ausfuhr ohne vorangegangenes Verfahren 1000; endgültige Versendung/Ausfuhr nach Abfertigung zum zoll- und steuerrechtlichen Freien Verkehr 1040.
38	Nettogewicht der Warenposition.
41	Nur soweit eine besondere Maßeinheit in dem Warenverzeichnis der Außenhandelsstatistik genannt ist; z. B. Stückzahl, Liter, m^3.
44	Bei Anwendung von Vereinfachungsverfahren, z. B. „Vereinfachte Ausfuhr", Bewilligungsnummer des zugelassenen Ausführers und Bezeichnung der bewilligenden Zollstelle. Bei genehmigungspflichtigen Ausfuhren Art und Nummer der Ausfuhrgenehmigung. (Weitere Fälle sind dem „Merkblatt" zu entnehmen.)
46	Grenzübergangswert = frei deutsche Grenze Preis der Warenposition in vollen EUR.
49	Bei Ausfuhr von Nichtgemeinschaftswaren aus einem privaten Zolllager/Freihafenlager die Lagernummer/Bezeichnung des Freihafenlagers.
54	Exemplar 2 muss handschriftlich vom Versender/Ausführer oder seinem Vertreter unterschrieben werden. Es muss seinen Namen und Vornamen tragen, bei Kapitalgesellschaften auch die Stellung im Betrieb.

Internet Ausfuhranmeldung

24.08.2007

Auftragsnummer: 15099

[X] Ohne Antrag auf Ausfuhrerstattung

- **Bestimmungsland:** US *Vereinigte Staaten von Amerika*
  Art der Anmeldung: EX
  Verfahren: a

Gesamtrohmasse: 220,000

Ladeort
Strasse: Steinbacher Hohl 23
Ort: 60488 Frankfurt
Zusatz: Grosshandel

AfZSt: DE003358 *Frankfurt a.M.-Osthafen*
vorg. AgZSt: DE003302 *Frankfurt/Main Flughafen Fracht*
Bezugsnummer:
Vermerk:

Beteiligte

Ausführer

TIN/Zollnr.:
Adresse:

Subunternehmer

TIN/Zollnr.:
Adresse:

Anmelder

TIN/Zollnr.: 4711257
Adresse:

Vertreter

TIN/Zollnr.:
Adresse:

Empfänger

TIN/Zollnr.:
Adresse: Art & Sound Inc.

Ocean View Blvd. 756

US 27675 San Francisco

Beförderung

Verkehrszweige Inland: 40 *Luftverkehr*
Grenze: 4 *Luftverkehr*

Grenzüberschreitend
Art: 40 *Flugzeug*
Land: DE *Deutschland*

Kennzeichen:

Lieferbedingungen / Incoterm

Incoterm-Code: CPT *Fracht bezahlt bis*
Zusatz:

Ort: San Francisco

Geschäftsvorgang / Rechnung

Betrag: 50 000,00
Art des Geschäfts: 11 *Endgültiger Kauf/Verkauf*

Währung: EUR *EURO*

_____
Ort, Datum

_____
Unterschrift

Bitte legen Sie diese Anmeldeunterlagen unterschrieben in Ihrem Zollamt vor.

Internet Ausfuhranmeldung   Positionen
Auftragsnummer: 15099   Seite   1(1)

Position   1 von 1

Warenbezeichnung: Transfusions und Infusionsgeräte

Warennummer: 90189050

   Rohmasse: 220,000   **Eigenmasse:** 210,000

Statistik

Statistischer Wert: 49500

Menge in besonderer Maßeinheit: 500,000

Ursprungsbundesland: 06   *Hessen*

Verfahren

angemeldet: 10   *Endgültige Ausfuhr*

vorangegangen: 00   *kein vorangegangenes Verfahren*

weiteres:

Registriernummer Fremdsystem:

Packstücke

1   **Art:** CT   *Karton*
      Anzahl: 5   **Zeichen:** Adresse

12.5.2   Bescheinigung für Umsatzsteuerzwecke

Die Berechtigung der umsatzsteuerfreien Berechnung einer Ausfuhrsendung muss der Ausführer dem Finanzamt gegenüber belegen durch den Nachweis der Ausfuhr der Sendung aus dem Steuergebiet.

Beauftragt der Ausführer einen Spediteur mit der Ausfuhr, dient als steuerlicher Beleg eine vom Spediteur ausgestellte **„Bescheinigung für Umsatzsteuerzwecke"**, auch **„weiße Spediteurbescheinigung"** genannt. Sie kann gemäß Umsatzsteuer-Durchführungsverordnung formfrei gestaltet werden und wird dem Ausführer meist zusammen mit der Speditionsrechnung zugestellt.

Der Spediteur verpflichtet sich damit ggf., bei einer Steuerprüfung seines Auftraggebers den in der Bescheinigung behaupteten tatsächlichen Ausfuhrnachweis zu erbringen, meist durch einen vom Empfänger quittierten Frachtbrief.

12.5.3   Besondere Speditionspapiere

Diese Papiere haben ausschließlich handels- und vertragsrechtliche Wirkungen und dienen der Zahlungssicherung und der Reduzierung des mit dem Transport zusammenhängenden Außenhandelsrisikos.

12.5.3.1 Spediteur-Übernahmebescheinigung (FCR)

Beispiel:

SPEDITEUR-ÜBERNAHMEBESCHEINIGUNG
SHIPPING AND FORWARDING RECEIPT

Ich/Wir bescheinige/n hiermit, erhalten zu haben
I/We herewith certify having received

Positions-Nr. 58/141
Kontrakt-Nr. ....

von der Firma Mehaco GmbH, Neue Mainzer Landstr. 71
from Messrs.

in 60311 Frankfurt/M.
at

folgende Sendung
the following consignment:

Zeichen und Nummern marks and numbers	Zahl und Art der Packstücke Quantity and description of the packages	Laut Angabe des Absenders: as per senders declaration:		
		Inhalt contents	Bruttogewicht gross-weight	Nettogewicht net-weight
Nilsson 168/1-15	25 Paletten	Polypropylen	15 450	15 000

in äußerlich guter Beschaffenheit
in apparent good order and condition

┌ zur unwiderruflichen Weiterbeförderung an
│ for irrevocable reforwarding/reshipment to
*) │
└ ~~zur unwiderruflichen Weiterbehandlung laut Angabe des Absenders an~~
   ~~for irrevocable handling as per instructions of~~

Firma Nilsson AB
Messrs.

in S- Stockholm
at

Besondere Angaben
special remarks

(Transportmittel, Abgangsdatum, Versand der Dokumente, Deckung der Transportversicherung, besondere Akkreditivbestimmungen, Wert laut Angabe des Absenders und Ähnliches):

Transportversicherung wird vermittelt

Transport per LKW

EUROPA-SPEDITION
Limburger Str. 9-13
60311 Frankfurt

Ort Frankfurt/M. Datum 26.09.20..
dated at this

(Stempel und Unterschrift)
(stamp and signature)

*) Nichtzutreffendes streichen.

Es gelten die Allgemeinen Deutschen Spediteurbedingungen (ADSp) und außerdem die Bedingungen der in Anspruch genommenen Transportanstalten oder sonstiger an der Ausführung beteiligter Dritter entsprechend der §§ 2d und 52 der ADSp.

Mit der **Spediteur-Übernahmebescheinigung (= Forwarding Agents Certificate of Receipt [FCR])** bestätigt der Spediteur dem Auftraggeber, dass er die Sendung übernommen hat und **unwiderruflich** an den im Speditionsauftrag genannten Empfänger ausliefert.

Das FCR wird hauptsächlich für die Abwicklung von Akkreditivgeschäften ausgestellt. Diese Bescheinigung kann der Ausführer bei der Akkreditivstelle als Nachweis einreichen, dass die Sendung an den Käufer ohne weiteres Einspruchsrecht des Verkäufers unterwegs ist, sodass die Akkreditivbank, oder bei bestätigten Akkreditiven die Akkreditivstelle, die Zahlung freigeben kann.

Das FCR ist also ein **Sperrpapier**, weil sich der Versender von jeder nachträglichen Verfügung über die Sendung absperrt, sobald er das Original des FCR der Bank ausgehändigt hat. Ein Widerruf oder die Abänderung des erteilten Transportauftrags gegenüber dem Spediteur ist nur durch Vorlage des Originals möglich.

Deshalb werden nur ein Original und drei Kopien ausgestellt.

Das FCR ist ein englischsprachiges Standarddokument der FIATA. Es muss eine Lieferbedingung (Incoterm) enthalten und kann auf Namen oder an Order des Empfängers ausgestellt werden.

12.5.3.2 Weitere Speditionspapiere

Wenn der Auftraggeber neben einem akkreditivfähigen Transportdokument auch noch wünscht, dass der beauftragte Spediteur bei einem internationalen Transport mit verschiedenen beteiligten Verkehrsträgern (intermodaler Verkehr) für jeden Abfertigungsschritt bis zur Auslieferung an den Empfänger haftet, lässt er sich ein **FBL (= FIATA Combined Transport Bill of Lading)** ausstellen. Dieses Papier erfüllt beide Funktionen.

Statt nach ADSp mit 5,00 EUR/kg bzw. 8,33 SZR/kg haftet er dann bei Verlust oder Beschädigung mit 2 Sonderziehungsrechten/kg. Lässt sich eindeutig feststellen, bei welchem an der Transportkette beteiligten Transportunternehmen der Schaden entstanden ist, haftet er nach den Haftungsbedingungen dieses Frachtführers.

Das FBL ist auch als begebbares Wertpapier auszustellen.

Das **TBL (= Through Bill of Lading)** ist wie das FBL ein Durchkonnossement, jetzt aber für Transportaufträge, an denen mehrere Frachtführer ein und desselben Verkehrsträgers beteiligt sind.

Das **FCT (= Forwarding Agents Certificate of Transport)** ist ebenfalls ein Konnossement, mit dem der Spediteur die Übernahme der Sendung bestätigt. Es ist ein handelbares Wertpapier, bei dem mehrere Originale ausgestellt werden können. Der Spediteur hat die Sendung an den Besitzer eines ordnungsgemäß indossierten FCT auszuhändigen. Durchnummerierte FCT geben nur die der FIATA angeschlossenen Spediteurorganisationen, hier also der BSL, heraus.

12.5.4 Konsulats- und Zollfakturen

Einige Staaten, vor allem in Süd- und Mittelamerika, aber auch im arabischen Raum, lassen Sendungen nur dann in ihr Land, wenn ihre Konsulate im Abgangsland die genaue Warenbeschreibung, den Ursprung und den FOB-Wert beglaubigt (legalisiert) haben. Es gehört also zuweilen auch zu den Aufgaben des Spediteurs, **Konsulatsfakturen** einzuholen oder zumindest die Kunden entsprechend zu beraten.

Bei welchen Exporten Handelsrechnungen von Konsulaten legalisiert werden müssen, kann man in den **Konsulats- und Mustervorschriften (K + M)** oder dem Programm „Exportpraxis" nachschlagen. Bei Exporten in Länder, die dem Commonwealth angehören oder angehörten, müssen z. T. noch gesonderte **Zollfakturen**, also Zollrechnungen (Certified Invoice, Combined Certificate of Value and Origin) in englischer Sprache ausgestellt werden. Im Unterschied zu den Konsulatsfakturen müssen sie nicht konsularisch oder amtlich beglaubigt sein.

Je nach Empfängerland gibt es unterschiedliche Vordrucke, z. B. die Canada Customs Invoice.

Neben den üblichen Sendungsdaten ist der **Current Domestic Value** oder auch „Fair Market Value", der gegenwärtige inländische Marktwert, anzugeben. Das ist in der Regel der Ab-Werk-Preis. Zum Teil müssen der Lieferant und ein „Zeuge" oder zwei vom Ausführer dazu Bevollmächtigte die Angaben per Unterschrift bestätigen. In der Speditionspraxis wird die Unterschrift meist von zwei unterschriftsberechtigten Speditionsmitarbeitern geleistet.

12.6 Zollversandverfahren und Ursprungsregelung

Auch bei Exportauträgen spielt Zollversandverfahren und Ursprungsregelung mit und ohne Präferenzen eine wichtige Rolle. Die Zuordnung zu einzelnen Lernfeldern entspricht allerdings nicht der Logik des Zollkodex, sodass Sie nun in verschiedenen Lernfeldern diese Verfahren finden. Der Einfachheit halber werden einige praktische Beispiele mit dem anzuwendenden Verfahren oder Regelungen und einem Hinweis auf das entsprechende Lernfeld genannt.

12.6.1 Zollversandverfahren

Beispiele:
1. Ein am Frankfurter Flughafen eingehende Sendung wird unverzollt nach Hamburg weitergeleitet: Hier ist das gemeinschaftliche Versandverfahren T1 zu eröffnen. Siehe Lernfeld 11, Seite 474.
2. Eine Ware wird von Freiburg über die Schweiz nach Turin befördert. Hier ist das T2-Verfahren anzuwenden. Siehe Lerrnfeld 11, Seite 474.
3. Ein Lkw befördert Lkw-Ersatzteile von Wolfsburg nach Moskau. Der Lkw wird die Ware mit einem Carnet T. I. R. befördern.
4. Ein Hersteller von Konsumartikeln möchte diese auf verschiedenen Messen in China und Japan ausstellen und anschließend wieder nach Deutschland zurückbringen. Hierzu benötigt er ein Carnet A. T. A. Siehe Lernfeld 11, Seite 479.

12.6.2 Ursprungsregelung

Beispiele
1. Ein deutscher Textilhersteller verkauft seine Anzüge in Japan und den USA. Auf Grund des Welttextilabkommens muss ein Ursprungszeugnis die Ware begleiten.
2. Eine in verschiedenen Ländern der EG (EU) hergestellte Waren wird nach Israel und Südafrika exportiert. Mit diesen – und anderen – Ländern bestehen Präferenzabkommen, sodass der Hersteller/Exporteur einen Präferenznachweis – hier EUR1 – erstellen muss.
Die Regelungen für beide Fälle finden Sie in Lernfeld 11 auf Seite 464.

ZUSAMMENFASSUNG

1. Die Incoterms sind international standardisierte Lieferbedingungen, die im Kaufvertrag vereinbart werden müssen.

2. Von der vereinbarten Lieferbedingung hängt ab, bis zu welchem Punkt Leistungen im Rechnungspreis enthalten sind (Kostenübergang) und ab welchem Punkt das Risiko für Beschädigung oder Verlust der Lieferung auf den Empfänger übergeht (Gefahrenübergang).

3. Die im Kaufvertrag vereinbarten Zahlungsbedingungen legen fest, wie und in welcher Frist der Käufer der Zahlungsverpflichtung nachzukommen hat.

4. Das Akkreditiv ist die heute weit verbreitete Form der Zahlungssicherung im internationalen Handel. Mit der Eröffnung eines Akkreditivs garantiert die Bank des Käufers, dass Zahlung erfolgt, sobald der Nachweis der unwiderruflichen Lieferung an den Empfänger bei der Akkreditivstelle erfolgt ist.

5. Einschränkungen des grundsätzlich freien Außenwirtschaftsverkehrs der Bundesrepublik Deutschland sind in der Einfuhr- und der Ausfuhrliste aufgeführt.

6. Im Außenhandel geht EG-Recht vor nationalem Recht.

7. Der Einfuhr und mit Einschränkungen auch der Ausfuhr von Waren in Länder, mit denen die EG Präferenzabkommen geschlossen hat, werden bei Nachweis des Warenursprungs im Vertragsstaat begünstigte Zollsätze oder der Zollsatz Null gewährt.

8. Der Ausführer hat für jede Exportsendung im Wert über 1 000,00 EUR eine Ausfuhranmeldung für statistische Zwecke auszustellen, die zugleich Ausfuhranmeldung im Sinne des Außenwirtschaftsgesetzes ist.

9. Für den Nachweis, dass eine Warensendung zu Recht von der Umsatzsteuer befreit ist, kann eine vom Spediteur ausgestellte Ausfuhrbescheinigung für Umsatzsteuerzwecke dienen.

10. Die Spediteurübernahmebescheinigung dient dem Ausführer als Nachweis, dass die Sendung unwiderruflich an den im Frachtbrief genannten Empfänger abgegangen ist.

11. Konsulatsfakturen sind vom Konsulat des Empfängerlandes beglaubigte Handelsrechnungen.

Lernfeld 11:
Importaufträge bearbeiten

Einstiegssituation:

Das europäische Maschinenbauunternehmen (s. Lernfeld 10) benötigt zur Herstellung CNC-gesteuerter Drehmaschinen elektronische Bauteile aus Taiwan. Grundsätzlich entstehen bei der Abwicklung des Kaufvertrages und der Organisation des Transportes die gleichen Fragen wie bei Lernfeld 10 (Exportaufträge). Darüber hinaus entstehen weitere Probleme, insbesondere bzgl. der Einfuhrabwicklung mit den zu entrichtenden Einfuhrabgaben.

AUFGABEN

1. Leiten Sie die eingehende Luftfrachtsendung unverzollt weiter zur Zollstelle des Empfängers.

2. Führen Sie die Einfuhrabfertigung durch.

3. Klären Sie Ihren Kunden über verschiedene Abfertigungs-, Zahlungs- und Zollverfahren auf.

---

13 Einfuhr

13.1 Einführung

Als rohstoffarmes Land ist die Bundesrepublik Deutschland stark vom Import abhängig. Aber auch Fertigprodukte wie elektronische Artikel, Kleidung, Kraftfahrzeuge usw. werden in zunehmendem Maße eingeführt.

Die Unterscheidung zwischen Einfuhr und Eingang wurde 1988 eingeführt. Von Eingang spricht man, wenn die Ware aus einem EU-Staat kommt (siehe hierzu Ziffer 3 – Intrahandel); von Einfuhr, wenn sie aus einem anderen Land (Drittland) kommt. In diesem Abschnitt geht es also um den Import aus Drittländern und die Bestimmungen hierüber in dem seit 1993 geltenden Zollkodex der Gemeinschaft.

13.2 Zollverfahren bei der Einfuhr

Der Zollkodex unterscheidet bei den Zollverfahren zwischen der

- Abfertigung zum freien Verkehr und
- den Nichterhebungsverfahren und Verfahren von wirtschaftlicher Bedeutung.

Wie aus den Namen hervorgeht, wird im ersten Fall eine Ware zum freien Verkehr abgefertigt und es werden dafür in der Regel auch sogenannte **Einfuhrabgaben** erhoben; im zweiten Fall handelt es sich um besondere Verfahren, bei denen entweder keine Einfuhrabgaben erhoben werden oder – wenn sie von wirtschaftlicher Bedeutung sind – auch geringere Abgaben.

Auch wenn Waren aus Drittländern heute überwiegend „zollfrei" sind aufgrund des Zolltarifes oder aufgrund von Assoziierungsabkommen (siehe Ziffer 4.3), so müssen sie doch erfasst werden

- zur Kontrolle, ob die Einfuhr erlaubt ist,
- zur Prüfung, ob Einfuhrabgaben entstehen und
- für statistische Zwecke.

Diese Warenerfassung wird bei der Gestellung mit der summarischen Zollanmeldung vom Zoll durchgeführt.

13.3 Gestellung

„Waren, die … bei der Zollstelle oder an einem anderen von den Zollbehörden bezeichneten oder zugelassenen Ort eintreffen, sind von der Person zu gestellen, welche die Waren in das Zollgebiet der Gemeinschaft verbracht hat oder die gegebenenfalls die Beförderung der Waren nach dem Verbringen übernimmt" (Artikel 40 Zollkodex). Der **Gestellungspflichtige** hat die Ware an der Einfuhrzollstelle zu melden (nach dem deutschen Zollverwaltungsgesetz an der **ersten Zollstelle** an der Zollstraße im Straßen-, Binnenschiffs- und Seeschiffsverkehr bzw. beim ersten angeflogenen Zollflugplatz oder an einer Eisenbahnzollstelle. Im Postverkehr geschieht dies an der Postzollstelle).

Nach Artikel 43 bis 47 des Zollkodex ist eine **summarische Zollanmeldung** nach vorgeschriebenem Muster (0306) auszufüllen, jedoch wird dies in der Praxis kaum verwendet, sondern z. B. durch den AWB (Luftfrachtbrief), den Grenzübergangsschein im Zollversandverfahren (Ziffer 6.1) und andere Papiere oder Datenübertragung ersetzt. Die summarische Voranmeldung kann auch **Verzahnungspapier** zwischen Beendigung eines Versandverfahrens und der zu stellenden Zollanmeldung sein. Die summarische Anmeldung erfolgt heute in der Regel über das Atlas-System; dies hat den Vorteil, dass man über das Modul Sum A jederzeit den Status der Abfertigung verfolgen kann.

Die **Gestellung** ist also nichts anderes als die Erklärung, dass Ware eingeführt wird. Unter „Waren" versteht man alle beweglichen Sachen und Elektrizität. Das Außenwirtschaftsgesetz (AWG) hat den Begriff der **Güter** neu eingeführt. Dazu gehören z. B. EDV-Programme, die online überspielt werden.

13.4 Nämlichkeit

Bei der Gestellung muss die **Nämlichkeit**, das heißt die **Identität der Ware**, sichergestellt werden, damit bei der späteren Zollanmeldung die gleiche Ware abgefertigt wird, die auch eingeführt wurde. Die Nämlichkeit kann durch Zollplomben, Zollsiegel, Seriennummern oder durch Beschreibung oder Fotos gesichert werden.

13.5   Inhaber des Zollverfahrens, Zollantrag, Zollanmeldung

Zollgut kann nach der Gestellung in ein Zollverfahren überführt werden. Nach Artikel 4 Ziffer 16 des Zollkodex versteht man unter Zollverfahren:

a) Überführung in den freien Verkehr (siehe folgende Ziffern)
b) Versandverfahren (siehe Kapitel 13.15.1)
c) Zolllagerverfahren (siehe Kapitel 13.15.2)
d) aktive Veredelung (siehe Kapitel 13.15.3)
e) Umwandlungsverfahren (siehe Kapitel 13.15.4)
f) vorübergehende Verwendung (siehe Kapitel 13.15.5)
g) passive Veredelung (siehe Kapitel 13.15.3)
h) Ausfuhrverfahren (siehe Lernfeld 10)

Die Abfertigung ist zu beantragen. Bei Wiederausfuhr, Vernichtung oder Umwandlung muss darüber hinaus die zollamtliche Überwachung beantragt werden.

Wer den Antrag stellt – berechtigt oder unberechtigt –, gilt den Zollbehörden als **Inhaber des Zollverfahrens** (Artikel 4 Ziffer 21; früher: *Zollbeteiligter*), d. h., er haftet für die Richtigkeit der Angaben in der Anmeldung und für die Entrichtung der Einfuhrabgaben.

In der Regel hat der Einführer (= Käufer, Empfänger) die Zollanmeldung zu erstellen. Allerdings kann dies auch jemand tun, der „an der Beförderung der Waren mitgewirkt hat"[1], sprich: der Spediteur.

Der Einführer ist „Herr des Verfahrens". Er bestimmt, was mit der Ware geschehen soll – juristisch ist die Zollanmeldung eine Willens- und eine Wissenserklärung. Bei kleinen Sendungen kann diese Erklärung mündlich erfolgen (bis 1000,00 EUR), sie wird aber im Geschäftsverkehr in der Regel schriftlich erfolgen mit Hilfe des Einheitspapiers oder elektronisch.

Die Willenserklärung wird in dem 1988 eingeführten Einheitspapier nur noch durch Kennziffern angegeben, und zwar in Feld 1, zweites Unterfeld (Anmeldung), und Feld 37 (Verfahren). Und da es für eine Ware nur ein Verfahren gibt, muss die Kennziffer in Feld 37 immer mit der Zahl beginnen, die in Feld 1 genannt ist.

Der Zollantrag ist innerhalb von 20 Tagen nach der Gestellung zu stellen (im Seeverkehr nach 45 Tagen; Artikel 49 Abs. 1 Zollkodex).

Die Zollanmeldung ist auch eine **Steuererklärung** (daher Wissenserklärung), in der der Einführer alle ihm bekannten Angaben zur Ware machen muss, um eine korrekte Besteuerung (= Einfuhrabgabe) zu ermöglichen.

Der zugelassene Wirtschaftsbeteiligte
Der Zollkodex hat in einer Neufassung vom 13. April 2005 den „Zugelassenen Wirtschaftsbeteiligten" eingeführt. Jedem Wirtschaftsbeteiligten kann, wenn er die vor-

---

[1] *§ 27 AWV (Außenwirtschaftsverordnung).*

ZOLL DOUANE

geschriebenen Kriterien erfüllt (z. B. Zahlungsfähigkeit, angemessene Einhaltung der Zollvorschriften, zufriedenstellende Buchführung, Sicherheitsstandards) der Status „Zugelassener Wirtschaftsbeteiligter" bewilligt werden. Die damit einmal abgeprüften Kriterien müssen dann bei der Beantragung von weiteren Vereinfachungen auch in anderen Mitgliedstaaten nicht noch einmal geprüft werden. Er hat dann Anspruch auf die entsprechenden Erleichterungen und Vereinfachungen. Die betrifft viele Verfahren, die im Folgenden dargestellt werden, z. B. Zollversandverfahren, Zahlungserleichterungen, Zolllager usw. Kurz und gut: alle Verfahren, bei denen der Inhaber eines Zollverfahrens eine finanzielle Sicherheit bieten muss.

13.6 Verwendung des Einheitspapiers beim Import

Zunächst soll hier auf Kapitel 12.5.1 hingewiesen werden, in dem das Einheitspapier auch schon behandelt wurde. Sollte ein Exporteur schon den kompletten Satz des Einheitspapiers verwendet haben, so erhält der Empfänger die Blätter 6 bis 8, die er noch mit einigen Angaben ergänzen muss.

Sollte dieses Papier nicht schon vorliegen, kann der Empfänger den Teilsatz (Formular 0737) benutzen.

Wie auch beim Export und Zollversand verliert die Formular-Abfertigung an Bedeutung, sie ist aber nach wie vor möglich. Nur muss der Abfertigungsbeamte die Daten in das Atlas-System eingeben. Speditionen mit vielen Abfertigungen (z. B. über 200 im Monat) sind gut beraten, sich die nötige Software für das Atlas-System zu erwerben. Für Speditionen mit geringerem Aufkommen gibt es die Möglichkeit, über von verschiedenen Software-Herstellern zu Verfügung gestellte Plattformen abzufertigen oder die Eingabe über die Internet-Adresse www.internetzollanmeldung.de direkt zu machen. Im letzten Fall muss der Inhaber des Verfahrens allerdings mit einem unterschriebenen Ausdruck der Anmeldung zur Zollstelle gehen und abfertigen lassen. Dies entfällt, wenn man mit eigener Zollnummer und Software arbeitet.

Beispiel:

EUROPÄISCHE GEMEINSCHAFT	A BESTIMMUNGSSTELLE

6

Exemplar für das Bestimmungsland

2. Versender/Ausführer Nr.	1 ANMELDUNG
Sikonka Electronics Ltd. Kowloon Rd. 402 Hongkong / China	IM | A ×××××

3 Vordrucke	4 Ladelisten
1 | 1	×××××

5 Positionen	6 Packst. insgesamt	7 Bezugsnummer
1	×××××××	

8 Empfänger   Nr.   1234567
Arts & Fun GmbH
Berliner Str. 36
60311 Frankfurt

9 Verantwortlicher für den Zahlungsverkehr   Nr.
×××××××××××××××××××××××××××××××××

10 Letztes Her-	11 Hand./Erz	12 Angaben zum Wert	13 G.L.P.
××× | kunfts land	| Land	××××××××××××	×××××

14 Anmelder/Vertreter   Nr.
[2] Merowa Spedition GmbH
Langer Kornweg 34D
65313 Kelsterbach

15 Versendungs-/Ausfuhrland	15 Vers./Ausf.L.Code	17 Bestimm.L.Code
	a| HK b| ××	a| b| 06

16 Ursprungsland	17 Bestimmungsland
	×××××××××××××××××

18 Kennzeichen und Staatszugehörigkeit des Beförderungsmittels bei der Ankunft	19 Ctr.	20 Lieferbedingung
Flugzeug	0	CPT | Frankfurt

21 Kennzeichen und Staatszugehörigkeit des grenzüberschreitenden aktiven Beförderungsmittels	22 Währung u. in Rechn. gestellter Gesamtbetr.	23 Umrechnungskurs	24 Art des
Flugzeug | DE	USD | 4280,80	1,2613	1 | 1 Geschäfts

25 Verkehrszweig an	26 Inländischer Ver.	27 Entladeort	28 Finanz- und Bankangaben
4 | der Grenze	| kehrszweig		×××××××××××××××××××××××××××××

6

29 Eingangszollstelle	30 Warenort
DE003302	

31 Packstücke und Waren bezeichnung   Zeichen und Nummern - Container Nr. - Anzahl und Art

A & F
1-2
Frankfurt

2 CT mit 500 Stück batteriebetriebene Quarzuhren
mit mechanischer und opto-elektronischer Anzeige

32 Position	33 Warennummer		
1 | Nr.	91021900 | 01		0

34 Urspr.land Code	35 Rohmasse (kg)	36 Präferenz
a| HK b| ××	63	

37 VERFAHREN	38 Eigenmasse (kg)	39 Kontingent
4000 |	60	

40 Summarische Anmeldung/Vorpapier
Z-740-020-575686957

41 Besondere Maßeinheit	42 Artikelpreis	43 B.M.
500		× | Code

44 Besondere Vermerke/ Vorgelegte Unterlagen/ Bescheinigungen u. Genehmigungen

[X] Hinsichtlich aller angemeldeten Waren zum vollen Vorsteuerabzug berechtigt.

EG-Beförderungskosten: 9,32 EUR

Code B.V.	45 Berichtigung
×××	×××××××××××

46 Statistischer Wert
3385

47 Abgaben berechnung

Art	Bemessungsgrundlage	Satz	Betrag	ZA
A00	3384,63	3,7 %	125,23	E
B00	9,32	19 %	668,64	E

48 Zahlungsaufschub	49 Bezeichnung des Lagers

B ANGABEN FÜR VERBUCHUNGSZWECKE

Summe	793,87

50 Hauptverpflichteter   Nr.   Unterschrift

××

C ABGANGSSTELLE

51 Vorgesehene Durchgangs zollstellen (und Land)   vertreten durch: Ort und Datum:

××××××××× \| ×××××××××× \| ×××××××××× \| ×××××××××× \| ××××××××× \| ××××××××××

52 Sicherheit   nicht gültig für ×××

Code	53 Bestimmungsstelle (und Land)
××	×××××××××××××××××××××××××

J PRÜFUNG DURCH DIE BESTIMMUNGSSTELLE

54 Ort und Datum
Kelsterbach, der 06.01.2007
Unterschrift und Name des Anmelders/Vertreters

Merowa Spedition GmbH

Die wichtigsten Felder werden erläutert. Ausführliche Informationen enthält das „Merkblatt zum Einheitspapier".

Feld 1	Aus ihm kann man entnehmen, woher in etwa die Ware kommt und was mit ihr geschehen soll. In unserem Beispiel soll Drittlandsware in den freien Verkehr überführt werden. Deshalb ist im ersten Unterfeld IM einzutragen (bei Einfuhren aus EFTA-Staaten EU). Im zweiten Feld bedeutet die Zahl 4, dass die Ware in den freien Verkehr gelangen soll, ohne dass vorher ein anderes Verfahren stattgefunden hat.
Feld 2	Der Versender.
Feld 3	Die Anzahl der verwendeten Vordrucke. Auf dem ersten Blatt ist nur Platz für eine Warenposition, auf den Ergänzungsblättern (IMc) jeweils für drei Warenpositionen. Würden fünf Warenpositionen eingeführt, so wären insgesamt drei Formulare notwendig. Anzugeben wäre auf dem ersten Blatt: 1/3; also das erste Formular von insgesamt drei.
Feld 5	Anzahl der Warenpositionen insgesamt.
Feld 7	Dem Einführer für interne Zwecke freigestellt.
Feld 8	Der Empfänger (Einführer/Käufer).
Feld 11	In welchem Land wurde die Ware eingekauft? (Hier HK = Hongkong.)
Feld 14	Anzugeben sind Name und Vorname bzw. Firma und vollständige Anschrift des Anmelders und ggf. des Bevollmächtigten (Vertreter), bei Untervertretung auch des Untervertreters. Sind Anmelder und Empfänger/Einführer identisch, ist „Empfänger – 00500" anzugeben. Zur Bezeichnung des Anmelders oder des Status seines Vertreters ist einer der folgenden Codes vor den Namen und die vollständige Anschrift zu setzen: 1 Anmelder 2 Vertreter (direkte Vertretung im Sinne von Artikel 5 Abs. 2 erster Gedankenstrich Zollkodex) 3 Vertreter (indirekte Vertretung im Sinne von Artikel 5 Abs. 2 zweiter Gedankenstrich Zollkodex)
Feld 15a	Der Länderschlüssel für Feld 15 gemäß Länderverzeichnis.
Feld 16	Ursprungsland (wo wurde die Ware hergestellt?).
Feld 17b	Bei Einfuhren ist das Ziel-Bundesland anzugeben (hier 06 = Hessen).
Feld 18	Hier ist zumindest der Verkehrszweig anzugeben.
Feld 19	Im Container: 1. In unserem Beispiel nicht im Container, daher: 0.
Feld 20	Lieferbedingung gemäß Incoterms. In unserem Beispiel liegt eine Lieferung CFR Frankfurt vor. Wurde eine andere Lieferbedingung, die nicht den Incoterms entspricht, vereinbart, so ist XXX anzugeben.
Feld 21	Auch hier der Verkehrszweig und die Nationalität des Verkehrsträgers (hier DE = deutsches Flugzeug).
Feld 22	Der Betrag der *gesamten Warenrechnung* über alle Positionen (hier USD = Rechnung in US-Dollar).
Feld 24	Anzugeben ist, welches Geschäft vorliegt (hier 11 = endgültiger Kauf).
Feld 25	Verkehrszweig an der Grenze (hier: 4 = Luftverkehr).
Feld 29	Eingangszollstelle (= Grenzzollstelle); hier: DE 003302 = Frankfurt Flughafen.
Feld 31	*Genaue* Warenbeschreibung.
Feld 32	Die wievielte Position des gesamten Antrages?
Feld 33	Die Warennummer nach der Einreihung (11- bis 19-stellig).
Feld 34	Code für das in Feld 16 genannte Ursprungsland (HK = Hongkong).
Feld 35	Gewicht inklusive handelsüblicher Verpackung.
Feld 36	Anzugeben ist durch eine Schlüsselnummer die Art des Präferenzpapiers (siehe Ziffer 6.2.2; 100 = kein Präferenzpapier).

Feld 37	Zu welchem Verfahren soll abgefertigt werden? (Hier 4000 = Einfuhr; zum freien Verkehr ohne vorangegangenes Verfahren.) Die erste Ziffer muss immer der Ziffer in Feld 1, zweites Unterfeld, entsprechen.
Feld 38	Nettogewicht der Ware.
Feld 41	Von der Außenhandelsstatistik gewünschte Maßeinheit (hier: Stück).
Feld 46	Der Grenzübergangswert an der deutschen Grenze in vollen EUR (für statistische Zwecke).
Feld 47	Berechnungsgrundlage und Berechnung der Eingangsabgaben: Unser Beispiel: A00 = Zoll, Bemessungsgrundlage ist der Zollwert. Dieser wird multipliziert mit dem Zollsatz und ergibt den Zollbetrag. Zweite Zeile: B00 = Einfuhrumsatzsteuer. Bemessungsgrundlage ist der Zollwert + Zölle und andere Abgaben + EG-Beförderungskosten. In Frankfurt werden z. B. nur die EG-Beförderungskosten eingetragen, Zollwert und andere Abgaben werden automatisch addiert. E: Der Einführer hat Zahlungsaufschub.
Feld 48	Nummer des Zahlungsaufschubkontos.
Feld 54	Adresse und Unterschrift des Einführers bzw. seines Bevollmächtigten.

13.7 Elektronische Zollanmeldung mit ATLAS

Importeure und Spediteure mit großem Aufkommen senden Ihre Zollanmeldung über das System **ATLAS** direkt an den Zollrechner und erhalten oft innerhalb von Sekunden die Freigabe ihrer Ware. Eine komplette Darstellung des Systems verbietet sich hier aus Platzgründen. Wichtig ist: Die von verschiedenen Anbietern erstellte Software arbeitet mit Bildschirmmasken, auf denen die gleichen Daten abgefragt werden wie bei der bisher dargestellten Formularseite.

Die Programme werden in Modulbauweise verkauft je nach den Bedürfnissen der Nutzer. So gibt es beispielsweise:

- **ein Basis-Modul** für die Stammdatenpflege, die EDI-Verwaltung und -Protokollierung, die Benutzerverwaltung, die Reorganisation, die Autorisierungsverwaltung und die Aktualisierung der Kurse.
- **ein Basis Archiv** für die Archivierung der Daten über einen längeren Zeitraum,
- **einen EZT:** die Einarbeitung des Elektronischen Zolltarifs,
- **eine EZA:** Einzelzollanmeldung (anstelle des Einheitspapiers). Hier werden die Stammdaten des Basismoduls und die Daten des EZT mit verarbeitet. Ausdrucke der Zollanmeldungen und der Abgabenbescheide sind möglich.

Hier ein Beispiel einer Bildschirmmaske einer Einzelzollanmeldung aus dem Programm ZABIS-ATLAS.

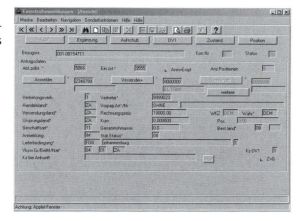

Summarische Anmeldung
Sammelzollverfahren: anstelle von Einzelanmeldungen
Versand (NCTS): Gemeinschaftliche Versandverfahren wie in 13.17.1 beschrieben.
Lager: Seit 2003 sind auch Zolllagerverfahren der Typen D und E über ATLAS möglich.
Ausfuhr: Seit August 2006 ist eine elektronische Ausfuhranmeldung über AES möglich.

Weitere Module werden im Laufe der Zeit folgen. Oft bieten die Softwarehersteller Demo-Versionen online an – beispielhaft seien hier die Firmen CSF oder Z-Net genannt, über deren Webseiten man Demo-Versionen abrufen kann.

Wem die Software zu teuer ist, kann gegen eine Nutzungsgebühr meist auch über eine Plattform der Software-Anbieter an diesem System teilnehmen.

Für Anmelder mit nur geringem Aufkommen bietet der Zoll auch eine Anmeldung über das Internet an unter der Adresse: www.internetzollanmeldung.de. Die Internetzollanmeldung ist derzeit nur für Einzelzollanmeldungen möglich. Es ist zunächst eine Auftragsnummer anzugeben, die sich wie folgt zusammensetzt:

AT	= Atlas	2004	= Jahr
I	= IZA (Internetzollanmeldung)	3330	= Abfertigungsstelle, bei der die
00	= für das gewünschte Zollverfahren		Zollanmeldung abgegeben werden
012345	= bundesweit vom System		soll (hier Frankfurt Flughafen).
	vergebene fortlaufende Nummer		
05	= Monat		

Die ergibt die Auftragsnummer AT/I/00/012345/05/2004/3330.

Oben abgebildet ist nur der Beginn der Bildschirmmaske. Alle Daten, die in roter Farbe angefordert werden, sind zwingend einzugeben. Ist die Maske auf der ersten Bildschirmseite („Kopfdaten") vollständig ausgefüllt, wechselt man auf die nächste Seite mit der Erfassung der Waren. Ist auch diese Seite vollständig, kann man die Daten senden. Man erhält dann die oben beschriebene Auftragsnummer. Mit einem unterschriebenen Ausdruck geht man dann zur Zollabfertigung und legt diese vor.

ZOLL
DOUANE

Zollbehandlung / Einfuhr / Normalverfahren

Herzlich_Willkommen   Internet Zollanmeldung   Auftragsnummer

ATLAS / Einfuhr /Allgemeine Anmeldedaten

Bitte füllen Sie alle mit einem *
gekennzeichneten Felder aus.

Sessionbeginn: 23.08.2006 - 10:30:00
Sessionende: 23.08.2006 - 11:30:00

1. Anmeldung *	`IM` Anmeldeart A	Bearbeitende Dienststelle * `3302`
7. Bezugsnummer		

2. Versender /Ausführer

Zollnummer	Name, Vorname bzw. Firma *	`Malaysian Electr. LTC`
Straße u. Hausnummer *	`Unesco Ave. 24`	Ortsteil	
Postleitzahl *		Ort *	`Kuala Lumpur`
Postfachnummer	`MY`		
Postleitzahl		Ort	
Nationalitätskennzeichen *	`MY`		

☐ = Empfänger   ☐ = Anmelder   ☐ = Vertreter   ☐ = Erwerber

8. Empfänger

Zollnummer	`3356248`	Name, Vorname bzw. Firma *	`Merkur Hanse GmbH`
Straße u. Hausnummer *	`Bergerstr. 60–62`	Ortsteil	
Postleitzahl *	`60348`	Ort *	`Frankfurt am Main`
Postfachnummer			
Postleitzahl		Ort	
Nationalitätskennzeichen *	`DE`		

☒ Anmelder ist Empfänger   Vorsteuerabzugsberechtigt   ☒

14. Anmelder

Zollnummer	`3356248`	Name, Vorname bzw. Firma *	`Merkur Hanse GmbH`
Straße u. Hausnummer *	`Bergerstr. 60–62`	Ortsteil	
Postleitzahl *	`60348`	Ort *	`Frankfurt am Main`
Postfachnummer			
Postleitzahl		Ort	
Nationalitätskennzeichen *	`DE`		

ZOLL DOUANE

14. Vertreter — Art der Vertretung — ⊙ keine ○ direkt ○ indirekt

Zollnummer: 3356248 | Name, Vorname bzw. Firma: Eurosped GmbH
Straße u. Hausnummer | Ortsteil
Postleitzahl: 61118 | Ort: Bad Vibel
Postfachnummer
Postleitzahl | Ort
Nationalitätskennzeichen

für Rechnung (bei indirekter Vertretung)
Zollnummer | Name, Vorname bzw. Firma
Straße u. Hausnummer | Ortsteil
Postleitzahl | Ort
Postfachnummer
Postleitzahl | Ort
Nationalitätskennzeichen

Erwerber anderer Mitgliedstaaten (Angabe erforderlich bei Verfahrenscode 42)
Finanzamt Anmelder | Finanzamt Name
Anmelder USt-IdNr.:
Erwerber Zollnummer | Name, Vorname bzw. Firma
Straße u. Hausnummer | Ortsteil
Postleitzahl | Ort
Postfachnummer
Postleitzahl | Ort
Nationalitätskennzeichen
Erwerber USt-IdNr.:

15. Versendungs-/Ausfuhrland *: My
17 b. Bestimmungsbundesland *: 06
Sitz des Einführers *: 0 | Statistikstatus *: 04

18. Kennzeichen des Beförderungsmittels bei der Ankunft *: Flugzeug | 19 Ctr. ☐ Containernummern

20. Lieferbedingung *: CTP | Lieferort *: Frankfurt | Schlüssel Lieferbedingung *: 3

21. Staatszugehörigkeit *: DE | Art des grenzüberschreitenden aktiven Beförderungsmittels *: 04
22. Währung und in Rechnung gestellter Gesamtbetrag: USD | 89370 | 24. Art des Geschäfts *: 11

25. Verkehrszweig an d. Grenze *: 4 | 26. Inländischer Verkehrszweig
29. Eingangszollstelle | 30. Warenort

40. Summarische Anmeldung/Vorpapier *: ATSUM | Vorpapiernummer: 020-3496758 | Summarische Anmeldedaten ⊙ Registriernummer bezogen ○ Ordnungsbegriff bezogen | Summarische Anmeldedaten

48. Zahlungsart * | Aufschubdaten

54. Ort * | Datum der Anmeldung *: 23.08.2006 | Name des Anmelders/Vertreters * | Stellung in der Firma * | Telefonnummer *

Vorteile der Internetzollanmeldung:

1. Die Erfassungsmaske ist einfach und kostengünstig (keine Lizenzgebühren),
2. sie kann jeden Tag 24 Stunden abgegeben werden,
3. die Abfertigung ist schneller, da die Daten bereits im System erfasst sind und nicht mehr vom Zollbeamten eingegeben werden müssen.

Nachteile der Internetzollanmeldung:

1. Ein Ausdruck muss unterschrieben und mit den Unterlagen vorgelegt werden,
2. bei Sendungen über 10 000,00 Euro Wert muss zusätzlich eine D.V.1 ausgefüllt werden,
3. es gibt keine Rückmeldung über die Qualität der Eingabe, Fehler werden nicht bemängelt (wie z. B. bei den Software-Systemen),
4. jede IZA muss wieder neu eingegeben werden, es gibt also keine Stammdaten,
5. eine Zwischenspeicherung ist nicht möglich, bei System-Absturz sind alle Daten verloren.

Fazit:

Die Online-Abfertigung bietet viele Erleichterungen und beschleunigt die Verfahren. Eine Freigabe von Sendungen ist innerhalb von Sekunden möglich. Der Beteiligte am Verfahren muss entscheiden, welches System er nutzen möchte:

- Die „Vollversion" eines Softwarehauses ist die teuerste, aber auch komfortabelste Version,
- die „Plattform" eines Softwarehauses ist günstiger für Unternehmen mit einer geringeren Zahl von Abfertigungen (etwa bis 200 Verfahren pro Monat),
- wer seltener abfertigt, kann die Internetzollanmeldung der Zollbehörden nutzen.

Natürlich bleibt auch die Papierversion offen, für die es – wie schon erwähnt – Offline-Programme gibt.

13.8   Zollwert

Sofern Zölle zu erheben sind und diese sich nach dem Warenwert richten, ist der Zollwert zu ermitteln (Feld 47, 2. Unterfeld des Einheitspapiers). Die Vorschriften hierüber sind in den Artikeln 28 bis 36 des Zollkodex der Gemeinschaften sowie einigen Ergänzungsverordnungen festgehalten. Diese Verordnung sieht vor, dass grundsätzlich der **Wert CIF EG-Grenze** zu Grunde gelegt wird.

Hierin unterscheiden sich übrigens der Zollwert und der statistische Wert: Während der Zollwert an der EG-Grenze ermittelt wird, gilt für den statistischen Wert die deutsche Grenze. Sind EG-Grenze und deutsche Grenze identisch (z. B. Import über Bremen oder Hamburg), so sind auch die beiden Werte identisch. Der Zollkodex kennt einen Regelfall und fünf Ausnahmefälle. Der Regelfall ist der, dass der Einfuhr ein Kaufvertrag zu Grunde liegt und daher eine Rechnung geschrieben wurde.

13.8.1   „Normalfall"

Der „Normalfall" ist eine Bewertung nach Artikel 29 Zollkodex. Als Zollwert gilt der Transaktionswert.

Unter Transaktionswert versteht man den **tatsächlich** gezahlten oder zu zahlenden **Preis** bei einem **Verkauf** zur Ausfuhr in die Gemeinschaft, der eventuell noch korrigiert werden muss.

ZOLL
DOUANE

450

Beispiel:
Die Firma Silverstar in Taiwan verkauft 1 000 Videorecorder zu einem Stückpreis von 300,00 EUR FOB Keelung an die Firma Elektro-Handels-GmbH in Köln. Sie gewährt 2 % Skonto bei Zahlung innerhalb von 10 Tagen.
Nach den Vorschriften des Artikels 29 gilt:
● Der tatsächlich zu zahlende Preis beträgt 1 000 x 300,00 EUR abzüglich 2 % Skonto = 294 000,00 EUR.
● Ein Verkauf in die Gemeinschaft liegt vor (Köln).
● Der Preis ist zu korrigieren, da CIF EG-Grenze bewertet wird. Also müssen See- oder Luftfrachten bis EG-Grenze und eventuell Versicherungen und andere Kosten, die außerhalb der EG entstehen, addiert werden.

Weitere Bedingungen sind:
● Es dürfen keine Einschränkungen bezüglich der Verwendung und des Gebrauchs der Waren bestehen.
● Es dürfen keine zusätzlichen Leistungen erbracht werden, deren Wert nicht bestimmt werden kann (z. B. Freiflug oder Ähnliches).
● Es dürfen keine Erlöse aus späteren Weiterverkäufen dem ursprünglichen Verkäufer zugute kommen.
● Käufer und Verkäufer dürfen nicht miteinander verbunden sein (Beteiligungen, Konzern, familiär usw.).

Korrigiert werden muss der **Transaktionswert** nach Artikel 32 (Plus-Faktoren) bzw. Artikel 33 (Minus-Faktoren). Ausgehend vom Rechnungspreis muss man bei jedem Kostenfaktor überlegen, ob er außerhalb der EG entstanden ist oder innerhalb der EG. Weiterhin spielt eine Rolle, ob dieser Kostenfaktor schon im Rechnungspreis enthalten ist oder nicht:
● Kostenfaktoren, die außerhalb der EG entstanden und noch nicht im Rechnungspreis enthalten sind, müssen addiert werden.
● Kostenfaktoren, die innerhalb der EG entstanden und schon im Rechnungspreis enthalten sind, können subtrahiert werden, wenn sie im Rechnungspreis getrennt ausgewiesen sind.

Neuere Kommentare interpretieren das „ausgewiesen sind" als „ausweisbar sind". Hier geht es insbesondere um Frachtkosten innerhalb der EG für Sendungen aus den ehemaligen Ostblockstaaten, die in der Regel „frei Bestimmungsort" geliefert werden und bei denen keine Frachten ausgewiesen werden.

Welche Faktoren sind nun zu berücksichtigen? Ausführlich kann man dies dem Formblatt D.V.1 (Formular 0365) entnehmen. Das Formular ist im Internet bei www.zoll.de als PDF-Download erhältlich. Es lässt sich ausfüllen (mit Rechenfunktion) und anschließend ausdrucken. Hier ein verkürztes Schema der Zollwertermittlung:

Grundlage Plusfaktoren	**Rechnungspreis** + Verkaufsprovisionen und Maklerlöhne + Umschließungskosten (Kisten, Fässer usw.) + Verpackungskosten (Löhne) + vom Verkäufer zur Verfügung gestellte Materialien, Werkzeuge usw. + Entwürfe usw., soweit sie außerhalb der EG erarbeitet wurden + Lizenzgebühren + Erlöse aus späteren Weiterverkäufen + Beförderungs- und Versicherungskosten sowie Lade- und Entladekosten bis an den Verbringungsort

Minusfaktoren	– Montagekosten usw. – Zölle und andere EG-Abgaben – Zahlungen für Vertriebs- und Wiederverkaufsrechte – Beförderungskosten nach Einfuhr in die EG
Ergebnis	**anzumeldender Zollwert**

Beispiel:

Aus Israel werden Keramikwaren im Wert von 35 000,00 EUR frei Frankfurt verzollt und unversteuert geliefert. Der Käufer schließt eine Transportversicherung ab.

Ausgehend vom Rechnungspreis (35 000,00 EUR) muss die Prämie für die Transportversicherung addiert werden (zumindest anteilmäßig bis EG-Grenze), da sie Leistungen außerhalb der EG abdeckt, die aber nicht im Rechnungspreis enthalten sind.

Abgezogen werden kann der bei der Einfuhr entstehende Zoll und die nach Einfuhr in die EG entstehenden Frachtkosten.

Wichtig ist: Man muss immer in Abhängigkeit von den Lieferbedingungen (Incoterms oder Trade Terms) beachten, ob die Kosten schon im Rechnungspreis enthalten sind oder nicht! Problematisch kann dies bei Frachtkosten werden, wenn die EG-Frachten nicht gesondert ausgewiesen sind, also mit Pauschalfrachten gearbeitet wird. Der jeweilige Einkäufer hat daher bei Abschluss des Kaufvertrages darauf zu achten, dass in der EG entstehende Kosten getrennt ausgewiesen werden.

Lkw	Der EG-Anteil muss gesondert ausgewiesen werden. In Einzelfällen genügt die Nachweisbarkeit.
Bahn	Der CIM-Frachtbrief weist die Frachtkosten je Land getrennt aus.
Luft	Im Luftverkehr gibt es keinen Verbringungsort. Deshalb wird eine prozentuale Aufteilung der Luftfrachtkosten vorgenommen. Im Zusatzblatt Zollwertangaben (D.V.1) muss als Verbringungsort der Abgangs- und der Bestimmungsflughafen angegeben werden. Die Prozentsätze sind in der Zollkodex-Durchführungsverordnung aufgelistet oder interaktiv bei www.zoll-d.de abzufragen. Übrigens sind dort auch Umrechnungskurse für Zollwertbestimmung abzufragen.
See	Hier sind Bestimmungshafen und EG-Grenze in der Regel identisch.
Post	Es findet *keine* Aufteilung der Kosten statt.

Beispiele einer Zollwertermittlung im „Normalfall":

1. Nehmen wir an, der Listenpreis für eine Ware sei bei Abnahme von 1 000 Stück und einer Lieferung CIF Frankfurt Flughafen 78 000,00 EUR. Es wird auf diesen Listenpreis ein Mengenrabatt von 10 % und bei Zahlung innerhalb von 10 Tagen ein Skonto von 2 % gewährt. Der Luftfrachtbrief weist Luftfrachtkosten von 5 786,34 EUR aus sowie Nebengebühren in Höhe von 124,30 EUR. Die Transportversicherungsprämie beträgt 156,00 EUR.

   Die Durchführungsverordnung zum Zollkodex (Zollkodex DVO) bestimmt in ihrem Anhang 25, dass 87 % der Luftfrachtkosten in den Zollwert einzubeziehen sind.

   Man muss – wie oben erwähnt – vom Rechnungspreis ausgehen und dann die Kosten Stück für Stück prüfen:

Mengenrabatt von 10 %	absetzbar, da nur der tatsächlich zu zahlende Preis bewertet wird.
Skonto von 2 %	Skonto in handelsüblicher Höhe ist immer absetzbar, unabhängig davon, ob man es in Anspruch nimmt oder nicht. Skonto in nicht handelsüblicher Höhe wird nur anerkannt, wenn die Inanspruchnahme nachgewiesen wird.
Luftfrachtkosten	sind bei einer CIF-Lieferung zu 100 % im Rechnungspreis enthalten, aber in diesem Beispiel nur zu 87 % zu berücksichtigen. Also können 13 % der Luftfracht abgesetzt werden.
Nebenkosten	sind zu 100 % im Rechnungspreis enthalten, aber auch zu 100 % außerhalb der EG entstanden. Sie bleiben also.
Transportversicherung	Auch hier könnte man eine Aufteilung vornehmen (13 % abziehen), dies wird in der Praxis aber kaum gemacht, da der Betrag (hier: 20,28 EUR) zu gering ist. Bei einem Zollsatz von 10 % würde man gerade 2,03 EUR sparen.

Ergebnis:

Listenpreis	78 000,00 EUR
– Mengenrabatt	7 800,00 EUR
= Rechnungspreis	70 200,00 EUR
– 2 % Skonto	1 404,00 EUR
= tatsächlicher Preis	68 796,00 EUR
– 13 % Luftfracht	752,22 EUR
= Zollwert	68 043,78 EUR

2. Wäre die Lieferbedingung „FOB Dallas", so müssten zum tatsächlich zu zahlenden Preis von 68 796,00 EUR noch 87 % der Luftfracht addiert werden (= 5 034,12 EUR) und die Transportversicherungskosten (156,00 EUR), sodass sich ein Zollwert von 73 986,12 EUR ergäbe.

3. Wäre die Lieferung gar „ex works", so müssten außerdem noch die Luftfrachtnebengebühren in Höhe von 124,30 EUR addiert werden, da diese nun auch der Empfänger zu tragen hätte, sodass der Zollwert 74 110,42 EUR betragen würde.

13.8.2 Andere Zollwertermittlungen

Die bisher dargestellte Form der Zollwertermittlung war der Normalfall unter den genannten Voraussetzungen. In der Praxis kommt es aber hin und wieder vor, dass diese Voraussetzungen nicht erfüllt werden, z. B. weil kein Verkauf vorliegt bei Mustersendungen, Ersatzlieferungen, Verbundenheit zwischen Käufer und Verkäufer usw. Für diese Fälle schreibt die **Zollwertverordnung** eine Reihe anderer Bewertungsmethoden vor, die zwingend in der genannten Reihenfolge geprüft werden müssen:

1. „Normalfall" (Art. 29)
2. Preis gleicher Waren (Art. 30 Abs. 2 a)
3. Preis gleichartiger Waren (Art. 30 Abs. 2 b)
4. deduktive Methode (Art. 30 Abs. 2 c)
5. Kalkulationsmethode (Art. 30 Abs. 2 d)
6. Schätzmethode (Art. 31)

ZOLL
DOUANE

Aus Gründen der Übersichtlichkeit soll im Folgenden nur kurz erläutert werden, was man unter diesen Begriffen zu verstehen hat.

Preis gleicher Waren	Die Waren müssen in *jeder* Hinsicht gleich sein (Qualität, Beschaffen heit, Aussehen, Marke). Sie müssen aus demselben Ausfuhrland kommen, vom selben Hersteller, die Ausfuhr muss innerhalb der letzten zwei Monate stattgefunden haben und es müssen die gleichen handelsmäßigen Umstände (Großhandel, Einzelhandel usw.) vorliegen. *Beispiele:* Bei einer Lieferung von 1 000 Videorekordern waren 3 Stück defekt, die nun vom selben Hersteller kostenlos nachgeliefert werden.
Preis gleichartiger Waren	Hier gelten die gleichen Voraussetzungen wie oben, zweiter Satz. Allerdings müssen sie nicht mehr gleich aussehen, auch die Marke (Firmenzeichen) kann anders sein. *Beispiele:* • Modelländerung • Ein Produkt wird in verschiedenen Warenhäusern jeweils unter einem anderen Markennamen verkauft.
Deduktive Methode	Ein Verkaufspreis liegt noch nicht vor, weil sich dieser eventuell nach dem Jahresumsatz richtet. Nun kann vor dem in der EG erzielbaren Verkaufspreis unter Berücksichtigung der Handelsspannen, des Zollsatzes usw. vom Verkaufspreis auf den Zollwert zurückgeschlossen werden. Der Verkauf in der EG muss allerdings in einer Frist von 90 Tagen erfolgen. Diese Methode ist die Einzige, die in der Reihenfolge übersprungen werden darf, so dass man gleich zur Kalkulationsmethode kommt.
Kalkulationsmethode	Hier errechnet man den Zollwert aus den Buchungsunterlagen des **Ausführers**; er muss Einblick in seine Materialkosten, Löhne usw. geben. Man kann sich vorstellen, dass diese Methode ziemlich praxisfern ist.
Schätzmethode	Wenn alle Schritte vorher zu keinem Erfolg geführt haben, bleibt nur noch das Schätzen anhand einwandfreier Unterlagen. Man kann nun z. B. auch Waren heranziehen, die nicht gleich, aber doch ähnlich sind usw. Diese Methode ist z. B. bei Mustersendungen, Geschenksendungen usw. anzuwenden.

13.8.3 Regeln für die Praxis

Neben den dargestellten Methoden der Zollwertermittlung muss in der Praxis noch auf folgende Dinge geachtet werden:

• Maßgebender Zeitpunkt für die Ermittlung des Zollwertes ist der Tag, an dem die Zollstelle die Zollanmeldung annimmt.

• Als Umrechnungskurs für Fremdwährungen gilt der am vorletzten Mittwoch eines Monats gültige Kurs für den folgenden Monat (Artikel 169 Zollkodex DVO; abzurufen unter www.zoll-d.de).

• Die Zollwertanmeldung D.V.1 ist ab einem Zollwert von über 10 000,00 EUR der Zollanmeldung beizufügen (Art. 179 DVO zum Zollkodex). Der Zollwertanmeldung *müssen* generell zwei Rechnungen und Unterlagen über die Frachtkosten beigefügt werden, auf Verlangen der Zollbehörde auch der Kaufvertrag. Andere Unterlagen müssen dann beigefügt werden, wenn sie auf Grund der Einfuhrliste oder anderer Vorschriften erforderlich sind. Die Zollbelege sind 7 Jahre aufzubewahren.

ZOLL
DOUANE

454

13.9   Zolltarif

Der Zolltarif (DGebrZT = Deutscher Gebrauchs-Zolltarif) hat im Wesentlichen zwei Aufgaben: Er dient der richtigen Einreihung (Eintarifierung) von Waren bei der Einfuhr (auch für statistische Zwecke) und er gibt Auskunft darüber, wie viel Einfuhrabgaben denn bei einem Import zu zahlen sind.

Der bei uns verwendete Zolltarif ist EG-Recht und somit zwingend. Der Aufbau wurde vom **Brüsseler Zollrat** entwickelt, der nicht eine EG-Behörde ist, sondern dieses Schema für eine weltweite Anwendung entwickelt hat. Ein Vorläufer des heutigen Tarifes war das Brüsseler Zolltarifschema oder auch die Brüsseler Tarifnomenklatur (B.T.N.).

Seit 1988 wurde in der EG und in vielen anderen Staaten der Welt das auf der Brüsseler Tarifnomenklatur aufbauende **Harmonisierte System** (HS) eingeführt. Dieses alle Waren der Welt umfassende Verzeichnis (selbst noch nicht erfundene lassen sich eintarifieren) wird von den meisten Staaten der Welt angewendet, sodass Tarifnummern – bezogen auf die ersten vier Ziffern – in Schweden oder Argentinien ebenso angewendet werden wie bei uns. Langfristig ist daran gedacht, dass Hersteller diese Warennummern auch als Artikelnummern benutzen. Hiermit könnte das Problem von Falschtarifierungen weitgehend beseitigt werden.

- Das Harmonisierte System gliedert die Waren in 21 Abschnitte (I bis XXI) und diese wiederum in 97 Kapitel (+2 für Warenzusammenstellungen).
- Die Kapitel unterscheiden zwischen Agrarwaren (Kap. 01 bis 24) und Industriewaren (Kap. 25 bis 97).
- Die Kapitelnummer ist zugleich erster Teil der Tarifnummer. Produkte einer Branche sind in der Regel in einem Kapitel zusammengefasst.

Zum 1. Januar 2007 ist eine Anpassung des Harmonisierten Systems erfolgt. Diese Änderung hat aber keinen Einfluss auf das im Folgenden Beschriebene, sondern lediglich auf die eigentliche Einreihung (Tarifierung) der Waren.

13.9.1   Der Deutsche Gebrauchszolltarif in Druckform

Der DGebrZT erschien zuletzt im Januar 1997 in gedruckter Form vom Bundesanzeiger Verlag. Inzwischen wird er gedruckt nur noch von Privatverlagen herausgegeben. Ersetzt wurde er durch den elektronischen Zolltarif EZT. Allerdings enthält auch die elektronische Version die auf Seite 456 dargestellte klassische Form (EZT Classic). Dieser Tarif umfasst die Nomenklatur (Warennennung), die Maßnahmen (Zollsätze), Anhänge, Listen und Anweisungen.

Die Anhänge bestehen aus:

- Anhang ZC 2 (Zusatzcodes für Einfuhrpreise, pharmazeutische Erzeugnisse und Getreide)
- Anhang ZC 7 (Agrarteilbeträge)
- Anhang ZC 8 (Antidumping- und Ausgleichszölle)
- Anhang ZP (Zusatzzölle und pauschale Einfuhrpreise)
- Anhang ZK (Zollkontingente)
- Anhang LK (Lizenzkontingente)

Auf der folgenden Seite sehen Sie einen Auszug aus dem Zolltarif (z. B. für eine Schreibtischlampe aus Glas; Warennummer 9405 2050 000). Sie können sehen, dass der Tarif in 7 Spalten aufgeteilt ist. Hier deren Bedeutung:

Spalte 1	Die elfstelligen Codenummern (Warennummern) des Harmonisierten Systems.
Spalte 2	Die **genaue** Warenbeschreibung. Trifft eine genaue Beschreibung nicht zu, so ist immer eine Position „andere" vorgesehen.
Spalte 3	Hier lässt sich erkennen, ob die Einfuhr der Ware einer Überwachung oder einer Genehmigungspflicht unterliegt, ob ggf. ein Ursprungszeugnis verlangt wird usw. Die dreistelligen Ziffern sind Hinweise auf das Fußnotenverzeichnis (Liste L).
Spalte 4	Der für die Ware zu erhebende Einfuhrumsatzsteuersatz (R = Regelsatz zz. 16 %; ermäßigter Satz für Lebensmittel, Druck-Erzeugnisse usw. 7 %).
Spalte 5	Der eigentliche (höchste) Zollsatz für Drittländer mit Hinweisen aus Zollaussetzungen (A), Zollkontingente (K, hier z. B. bei der Warennummer 9405 2099 10 0) und Lizenzkontingente (LK).
Spalte 6	Gibt den Zollsatz für Importe aus Entwicklungsländern an (Allgemeine Zollpräferenzen sowie besondere Zollsätze für die am wenigsten entwickelten Länder).
Spalte 7	Besondere Zollsätze für mit der EG assoziierte Staaten.

455

Beispiel:

Sie wollen Schreibtischlampen aus Glas entweder aus Taiwan oder der Schweiz einführen. Da Taiwan kein Entwicklungsland ist (nicht in Länderliste J), ist der Drittlandszollsatz von 3,7 % anzuwenden. Die gleiche Lampe aus der Schweiz (assoziierter Staat, Spalte 7 CH) hat den Zollsatz „frei" (s. Abb. auf S. 456).

13.9.2 Der elektronische Zolltarif (EZT)

Der 1997 eingeführte elektronische Zolltarif ist sowohl in „Online"-Versionen nutzbar, also mit direktem Zugriff auf die aktuellen Daten (z. B. Zollsätze, Kontingente usw.), oder in einer Version auf CD-ROM, die fast monatlich aktualisiert wird. Für welche Methode man sich entscheidet, ist eine Frage der Notwendigkeit aktueller Daten und natürlich eine Frage des Preises, den man bereit ist zu investieren.

Auf den folgenden Seiten sehen Sie einen Ausdruck für das Beispiel Schreibtischlampen aus Glas. Die erste Seite zeigt aus Kapitel 94 die sechs möglichen Positionen 9401 bis 9406. Die Position 9405 ist die zutreffende. Auf der zweiten Seite sehen Sie die Untergliederungen der Position 9405 bis zur für unser Beispiel zutreffenden Codenummer 9405 2050 00 0. Nun klickt man auf die Taste Zollsatz und erhält die auf der dritten Seite dargestellten Zollsätze, nämlich 3,7 % für Waren aus Drittländern bzw. „frei", wenn die Ware aus der Schweiz kommt und eine EUR.1 vorgelegt wird (siehe Kapitel 13.12.1.3).

– 94/12 –

XX   9405 10

Z	Codenummer	Warenbezeichnung	Einfuhrhinweise Bemerkungen	E	Zollsatz (A, K, LK) Drittländer	APS	Besondere Zollsätze (A, K, LK, P) Sonstige besondere Zollsätze
1		2	3	4	5	6	7
1		– elektrische Tisch-, Schreibtisch-, Nachttisch- oder Steh-lampen:					
2							
3		– – aus Kunststoffen:					
4	9405 2011 00 0	– – – von der mit Glühlampen verwendeten Art		R	6,2	SPGC frei	AD, BCMS, BG, CH, CY, CZ, DZ, EE, EG, FO, HU, IL, IS, JO, LB, LI, LOMA, LOMB, LT, LV, MA, MT, NO, PL, RO, SK, SM, SY, TN, TR, XC, XI: frei • CN, TH: 5,2
5		♦BAW♦				SPGI (ausg. CN, HK, KR, TH) 4,3	
6	9405 2019 00 0	– – – andere		R	6,2	SPGC frei	AD, BCMS, BG, CH, CY, CZ, DZ, EE, EG, FO, HU, IL, IS, JO, LB, LI, LOMA, LOMB, LT, LV, MA, MT, NO, PL, RO, SK, SM, SY, TN, TR, XC, XI: frei • CN, TH: 5,2
7		♦BAW♦				SPGI (ausg. CN, HK, KR, TH) 4,3	
8	9405 2030 00 0	– – aus keramischen Stoffen		R	6,4	SPGC frei	AD, BCMS, BG, CH, CY, CZ, DZ, EE, EG, FO, HU, IL, IS, JO, LB, LI, LOMA, LOMB, LT, LV, MA, MT, NO, PL, RO, SK, SM, SY, TN, TR, XC, XI: frei • CN, TH: 5,4
9		♦BAW VUB 0214, 0216♦				SPGI (ausg. CN, HK, KR, TH) 4,4	
10	9405 2050 00 0	– – aus Glas		R	4,7	SPGC frei	AD, BCMS, BG, CH, CY, CZ, DZ, EE, EG, FO, HU, IL, IS, JO, LB, LI, LOMA, LOMB, LT, LV, MA, MT, NO, PL, RO, SK, SM, SY, TN, TR, XC, XI: frei • CN, TH: 3,9
11		♦BAW♦				SPGI (ausg. CN, HK, KR, TH) 3,2	
12		– – aus anderen Stoffen:					
13	9405 2091 00 0	– – – von der mit Glühlampen verwendeten Art		R	3,6	SPGC frei	AD, BCMS, BG, CH, CY, CZ, DZ, EE, EG, FO, HU, IL, IS, JO, LB, LI, LOMA, LOMB, LT, LV, MA, MT, NO, PL, RO, SK, SM, SY, TN, TR, XC, XI: frei • CN, TH: 3
14		♦BAW VUB 0214, 0216, 0832♦				SPGI (ausg. CN, HK, KR, TH) 2,5	
15		– – – andere:					
16	9405 2099 10 0	– – – – handgearbeitet		R	3,6 (K 0105) frei	SPGC frei	AD, BCMS, BG, CH, CY, CZ, DZ, EE, EG, FO, HU, IL, IS, JO, LB, LI, LOMA, LOMB, LT, LV, MA, MT, NO, PL, RO, SK, SM, SY, TN, TR, XC, XI: frei • CN, TH: 3
17		♦BAW VUB 0832♦				SPGI (ausg. CN, HK, KR, TH) 2,5	
18	9405 2099 90 0	– – – – andere		R	3,6	SPGC frei	AD, BCMS, BG, CH, CY, CZ, DZ, EE, EG, FO, HU, IL, IS, JO, LB, LI, LOMA, LOMB, LT, LV, MA, MT, NO, PL, RO, SK, SM, SY, TN, TR, XC, XI: frei • CN, TH: 3
19		♦BAW VUB 0832♦				SPGI (ausg. CN, HK, KR, TH) 3	
20	9405 3000 00 0	– elektrische Beleuchtungen von der für Weihnachtsbäume verwendeten Art		R	4,7	SPGC frei	AD, BCMS, BG, CH, CY, CZ, DZ, EE, EG, FO, HU, IL, IS, JO, LB, LI, LOMA, LOMB, LT, LV, MA, MT, NO, PL, RO, SK, SM, SY, TN, TR, XC, XI: frei • CN, TH: 3,9
21		♦BAW♦				SPGI (ausg. CN, HK, KR, TH) 3,2	
22							
23		– andere elektrische Beleuchtungskörper:					

XX   9405 30

– 94/12 –

Stammlieferung 1997

Warennomenklatur

Druckdatum: 25.04.2006   Tarifstand: 24.02.2006   maßgeb. Zeitpunkt: 25.04.2006

Bundesanzeiger
Verlagsges.mbH

POS	Code	Warenbezeichnung
94		**MÖBEL; MEDIZINISCH-CHIRURGISCHE MÖBEL; BETTAUSSTATTUNGEN UND ÄHNLICHE WAREN; BELEUCHTUNGSKÖRPER, ANDERWEIT WEDER GENANNT NOCH INBEGRIFFEN; REKLAMELEUCHTEN, LEUCHTSCHILDER, BELEUCHTETE NAMENSSCHILDER UND DERGLEICHEN; VORGEFERTIGTE GEBÄUDE :**
9401		**Sitzmöbel (ausgenommen solche der Position 9402), auch wenn sie in Liegen umgewandelt werden können, und Teile davon :**
	9401 4000 00 0	- in Liegen umwandelbare Sitzmöbel, ausgenommen Gartenmöbel und Campingausstattungen
	9401 5000 00 0	- Sitzmöbel aus Stuhlrohr, Korbweiden/Flechtweiden, Bambus oder ähnlichen Stoffen
		- andere Sitzmöbel, mit Gestell aus Holz :
		- andere Sitzmöbel, mit Gestell aus Metall :
	9401 8000 00 0	- andere Sitzmöbel
9402		**Möbel für die Human-, Zahn-, Tiermedizin oder die Chirurgie (z.B. Operationstische, Untersuchungstische, Betten mit mechanischen Vorrichtungen für Krankenanstalten, Dentalstühle); Friseurstühle und ähnliche Stühle, mit Schwenk-, Kipp- und Hebevorrichtung; Teile davon :**
9403		**Andere Möbel und Teile davon :**
		- Metallmöbel von der in Büros verwendeten Art :
		- andere Metallmöbel :
		- Holzmöbel von der in Büros verwendeten Art :
		- Holzmöbel von der in der Küche verwendeten Art :
	9403 5000 00 0	- Holzmöbel von der im Schlafzimmer verwendeten Art
		- andere Holzmöbel :
	9403 6010 00 0	-- Holzmöbel von der in Ess- und Wohnzimmern verwendeten Art
	9403 6030 00 0	-- Holzmöbel von der in Läden verwendeten Art
	9403 6090 00 0	-- andere Holzmöbel
		- Kunststoffmöbel :
		- Möbel aus anderen Stoffen, einschließlich Stuhlrohr, Korbweide/Flechtweide, Bambus oder ähnlichen Stoffen:

ZOLL
DOUANE

458

Warennomenklatur

Druckdatum: 25.04.2006   **Tarifstand: 24.02.2006**   **maßgeb. Zeitpunkt: 25.04.2006**

Bundesanzeiger
Verlagsges.mbH

POS	Code	Warenbezeichnung
9405		**Beleuchtungskörper (einschließlich Scheinwerfer) und Teile davon, anderweit weder genannt noch inbegriffen; Reklameleuchten, Leuchtschilder, beleuchtete Namensschilder und dergleichen, mit fest angebrachter Lichtquelle, und Teile davon, anderweit weder genannt noch inbegriffen :**
		- Lüster und andere elektrische Decken- und Wandleuchten, ausgenommen solche von der für öffentliche Plätze oder Verkehrswege verwendeten Art :
	9405 1010 00 0	-- aus unedlen Metallen oder aus Kunststoffen, für zivile Luftfahrzeuge (siehe Buchstabe B der Besonderen Bestimmungen im Menüpunkt Texte), unter zollamtlicher Überwachung
		-- andere:
		--- aus Kunststoffen:
	9405 1021 00 0	--- - von der mit Glühlampen verwendeten Art
	9405 1029 00 0	--- - andere
	9405 1030 00 0	--- aus keramischen Stoffen
	9405 1050 00 0	--- aus Glas
		--- aus anderen Stoffen:
		--- - von der mit Glühlampen verwendeten Art :
	9405 1091 10 0	--- -- handgearbeitet
	9405 1091 90 0	--- -- andere
		--- - andere:
	9405 1099 10 0	--- -- handgearbeitet
	9405 1099 90 0	--- -- andere
		- elektrische Tisch-, Schreibtisch-, Nachttisch- oder Stehlampen:
		-- aus Kunststoffen:
	9405 2011 00 0	--- von der mit Glühlampen verwendeten Art
	9405 2019 00 0	--- andere
	9405 2030 00 0	-- aus keramischen Stoffen
	9405 2050 00 0	-- aus Glas
		-- aus anderen Stoffen:
	9405 2091 00 0	--- von der mit Glühlampen verwendeten Art
		--- andere:
	9405 2099 10 0	--- - handgearbeitet
	9405 2099 90 0	--- - andere
	9405 3000 00 0	- elektrische Beleuchtungen von der für Weihnachtsbäume verwendeten Art
		- andere elektrische Beleuchtungskörper :
	9405 4010 00 0	-- Scheinwerfer
		-- andere:
		--- aus Kunststoffen:
	9405 4031 00 0	--- - von der mit Glühlampen verwendeten Art
	9405 4035 00 0	--- - von der mit Leuchtstoffröhren (Fluoreszenzröhren) verwendeten Art
	9405 4039 00 0	--- - andere
		--- aus anderen Stoffen:
	9405 4091 00 0	--- - von der mit Glühlampen verwendeten Art
	9405 4095 00 0	--- - von der mit Leuchtstoffröhren (Fluoreszenzröhren)

ZOLLSATZERMITTLUNG

Code: 9405 2050 00 0

EUSt. 19,0000 %

Land: Schweiz

maßgeb. Zeitpunkt: 25.04.2003

Tarifstand: 24.02.2003

Druckdatum: 25.04.2006

Bundesanzeiger
Verlagsges.mbH

Text

Kap. 94 bis 96: Verschiedene Waren
MÖBEL; MEDIZINISCH-CHIRURGISCHE MÖBEL; BETTAUSSTATTUNGEN UND ÄHNLICHE WAREN;
BELEUCHTUNGSKÖRPER, ANDERWEIT WEDER GENANNT NOCH INBEGRIFFEN; REKLAMELEUCHTEN,
LEUCHTSCHILDER, BELEUCHTETE NAMENSSCHILDER UND DERGLEICHEN; VORGEFERTIGTE GEBÄUDE :
Beleuchtungskörper (einschließlich Scheinwerfer) und Teile davon, anderweit weder genannt noch inbegriffen;
Reklameleuchten, Leuchtschilder, beleuchtete Namensschilder und dergleichen, mit fest angebrachter Lichtquelle,
und Teile davon, anderweit weder genannt noch inbegriffen :
- elektrische Tisch-, Schreibtisch-, Nachttisch- oder Stehlampen:
-- aus Glas

Nr.	Maßnahmen	Zollsatz
1	Drittlandszollsatz	3,70000
2	Luftfahrttauglichkeits-Zollaussetzung	frei
3	Zollpräferenz / Präferenznachweis: EUR.1	frei
4	(Zcode:4024) Ausfuhrgenehmigung (Beschränkung)	
5	(Zcode:4039) Ausfuhrgenehmigung (Beschränkung)	

Warennomenklatur - Fußnoten

TARIC-FUSSNOTEN:
nicht vorhanden
NATIONALE-FUSSNOTEN:
nicht vorhanden

Nationale Hinweise und zugehörige Fußnoten zum Warencode

Zuständigkeitsbereich:
Bundesamt für Wirtschaft und Ausfuhrkontrolle (BAFA); Frankfurter Str. 29-35, 65760 Eschborn; Postfach 5160,
65726 Eschborn; Telefon: 06196/908-0; Telefax: 06196/908-800; E-Mail: bundesamt_bafa.de

FUSSNOTEN ZU HINWEISEN:
nicht vorhanden

13.9.3 TARIC und EZT: Einreihen im Internet

Seit 2001 bietet die EG auch eine aktuelle Abfrage des Zolltarifs im Internet an. Die Adresse ist kompliziert – am leichtesten erreicht man sie wieder über die Seite www.zoll-d.de. Dort ist auf der rechten Seite der Homepage die Position TARIC als auch – seit 2006 – EZT zu finden, die direkt auf den Tarif der Gemeinschaft führt.

Da die Einreihung dort genauso erfolgt wie bei den bisher dargestellten Formen, soll hier auf die ausführliche Darstellung verzichtet werden. Lediglich einen Ausdruck des Ergebnisses mit dem Zollsatz finden Sie unten.

Beide Systeme, EZT und TARIC, haben Vor- und Nachteile, die hier kurz dargestellt werden sollen ohne Anspruch auf Vollständigkeit:

EZT-Vorteile:

- Die Codenummer ist elfstellig, wie national gefordert.
- Bei Präferenzen wird das Präferenzpapier mit angegeben (z. B. EUR.1).
- Erläuterungen zu den Positionen sind mit abrufbar.

- Nationale Verbrauchsteuern sind ebenfalls vorhanden.
- Es ist übersichtlicher aufgebaut.

EZT-Nachteile:

- Es ist als CD-ROM kostenpflichtig.
- Die Internetversion ist „gewöhnungsbedürftig"

TARIC-Vorteile:

- Es ist kostenlos.
- Es ist aktuell, immer auf dem neuesten Stand.
- Bei Marktordnungswaren sind die Zusatzcodenummern einfacher festzustellen.

TARIC-Nachteile:

- Keine nationalen Angaben: Es fehlt die elfte Stelle der Codenummer, Verbrauchsteuern sind nicht abrufbar.
- Die Präferenz wird zwar angezeigt, aber nicht der Name des Papiers.

Beide Systeme haben also Vor- und Nachteile gegenüber dem anderen System. Es ist durchaus sinnvoll, beide zu nutzen.

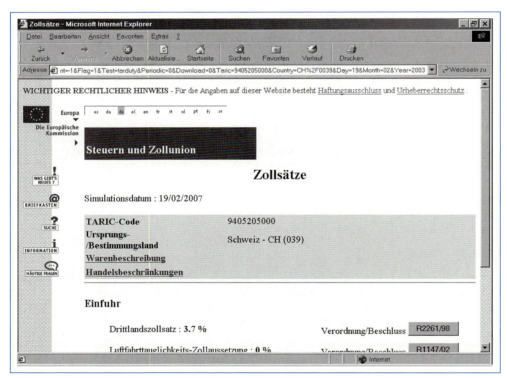

13.10 Einreihung/Tarifierung

Der Zolltarif basiert auf dem Harmonisierten System (HS) und umfasst alle Waren der Welt. Wie ist nun eine Ware einzutarifieren, wie findet man die entsprechende Codenummer?

Zunächst muss man sich einmal Klarheit über die Ware selbst beschaffen. Dies kann geschehen durch:

- eine genaue Bezeichnung auf der Warenrechnung oder Lieferscheinen,
- Anfrage beim Empfänger mit der Bitte um genaue Angaben (er sollte wissen, was er eingekauft hat),
- Vorbesichtigung oder Probenentnahme, wenn die ersten beiden Möglichkeiten zu keinem Erfolg führten.

Nach Kenntnis über die Ware ist in folgenden Schritten vorzugehen:

1. Man sucht im Inhaltsverzeichnis den richtigen Abschnitt (I bis XXI).
2. Man informiert sich zunächst in den einführenden Anmerkungen zu diesem Abschnitt, ob es hier spezielle Regeln gibt oder ob gerade diese Ware in einem anderen Abschnitt einzuordnen ist.
3. Ist man im richtigen Abschnitt, so sucht man das richtige Kapitel (1–97) und informiert sich auch in den dort vorhandenen einführenden Anmerkungen wie bei 2.
4. Maßgebend ist nun der *genaue* Wortlaut der Positionen. Dieser Wortlaut gilt in der Regel auch für unvollständige oder unfertige Waren oder auch zerlegte oder noch nicht zusammengesetzte Waren.
5. Sollte eine Ware aus mehreren Stoffen zusammengesetzt oder gemischt sein, sodass zwei oder mehr Warenpositionen in Betracht kommen, so wird wie folgt verfahren:

   a) Die Position mit der genaueren Warenbezeichnung geht vor.
   b) Bei Mischungen oder Waren aus verschiedenen Stoffen wird nach dem *charakterbestimmenden* Stoff tarifiert.
   c) Sollte dieser nicht zu ermitteln sein, wird die *zuletzt* genannte Tarifposition von den möglichen genommen.

Beispiel:

Nehmen wir an, wir importieren ein so alltägliches Produkt wie **T-Shirts**. Man wird schnell zu der Erkenntnis kommen, dass diese wohl in **Abschnitt XI** zu finden sein werden (Spinnstoffe und Waren daraus). Nun sucht man das richtige Kapitel. Bei Kapitel 61 finden wir: Bekleidung und Bekleidungszubehör, aus Gewirken und Gestricken. Hier ergibt sich schon die Frage: Was ist gewirkt und gestrickt? Gegebenenfalls muss man die Anmerkungen genau durchlesen oder gar die **Erläuterungen zum Zolltarif**. Sollte das T-Shirt nicht aus Gewirken und Gestricken sein, so wäre es nämlich in Kapitel 62 einzureihen.

Nehmen wir aber an, es gehöre zu **Kapitel 61**. Jetzt werden Sie schnell feststellen, dass unterschieden wird zwischen Kleidung für Frauen und Mädchen und Kleidung für Männer und Knaben. Für wen sind unsere T-Shirts gedacht? Tragen kann sie jeder. Hier geben die einführenden Anmerkungen Auskunft: Kleidung, die sowohl … als auch … eingereiht werden kann, ist als Kleidung für Frauen und Mädchen zu tarifieren.

Ein weiteres Problem ist nun, ob T-Shirts als Oberbekleidung oder als Unterwäsche gelten. T-Shirts werden in der einfachen Form und auch bedruckt zur Unterwäsche eingeordnet; sobald es aber Kragen oder Knöpfe und sonstige Verschlüsse gibt, sind sie zur Oberbekleidung zu zählen. Aber damit sind wir noch nicht am Ende, denn jetzt ist noch zu beantworten, aus welchem Material diese T-Shirts sind: Baumwolle, Kunstfaser oder andere Spinnfasern?

Sind sie 100 % Baumwolle, ist es einfach. Bestehen sie zu 70 % aus Baumwolle und 30 % Kunstfaser, so wäre nach der unter 5b genannten Vorschrift (AV 3b) die Baumwolle der charakterbestimmende Stoff. Was aber, wenn sie aus 50 % Baumwolle und 50 % Kunstfaser bestehen? Dann kommt die unter c genannte Regel zum Zug: die im Tarif zuletzt genannte Nummer.

An diesem einfachen Beispiel sehen Sie, dass das Tarifieren (bzw. Einreihen) nicht ganz so einfach ist und sehr sorgfältig durchgeführt werden muss, damit die Zollanmeldung auch anerkannt wird.

ZOLL
DOUANE

462

Im Prinzip sollte der Einführer sich vor dem Import einer Ware schon ein genaues Bild gemacht haben. Nicht immer ist dies leicht zu lösen, insbesondere, wenn es sich um neue Produkte handelt. Hier sieht der Zollkodex in den Artikeln 11 und 12 vor, dass man bei der **Zollbehörde** eine **verbindliche Zolltarifauskunft** erhält.

Anhand einwandfreier Unterlagen (Beschreibungen, Analysen, Muster usw.) erstellt die OFD eine verbindliche Zolltarifauskunft, an die alle Zollstellen gebunden sind. Diese Zolltarifauskunft ist kostenlos, eventuelle Auslagen (Analysekosten usw.) sind zu bezahlen. Sollte die OFD die Tarifauskunft aufgrund eines Irrtums ihrerseits widerrufen, so behält sie noch für weitere drei Monate ihre Gültigkeit, sofern der Einführer aufgrund dieser Auskunft schon Kaufverträge abgeschlossen hat.

13.11 Zusammenfassende Betrachtung

1. Richtiges Einreihen (Tarifieren) ist wichtig. Denn hier kann sich schon ergeben, dass weitere Unterlagen benötigt werden (z. B. Warenverkehrsbescheinigungen, Ursprungszeugnisse, Einfuhrgenehmigungen oder Unterlagen über die Beschaffenheit der Ware) oder dass keine Zollwertermittlungen durchgeführt werden müssen, weil die Ware zollfrei ist.
2. Nach Tarifierung ist auf dem Formblatt D.V.1 der **Zollwert zu ermitteln**, weil diese Beträge in die Zollanmeldung zu übernehmen sind (sofern überhaupt ein Wertzoll zu entrichten ist).
3. Erst jetzt sollte die **Zollanmeldung** (Einheitspapier) ausgefüllt und die Anmeldung gemäß dem Speditionsauftrag gestellt bzw. die Einfuhranmeldung per Datenfernübertragung im ATLAS-System den Zollbehörden zugespielt werden. Seit 2002 ist auch eine Internet-Zollanmeldung möglich unter www.internetzollanmeldung.de.

13.12 Abfertigung durch die Zollbehörden

Nachdem der Zollantrag richtig ausgefüllt ist, geht man damit und mit sämtlichen notwendigen Unterlagen zum Zoll, um die Anmeldung abzugeben. Die Ware ist noch – in irgendeiner Form – unter zollamtlicher Überwachung.
Der Zollbeamte prüft nun zunächst die Anmeldung auf sachliche und rechnerische Richtigkeit. Sollten ihm Zweifel entstehen über die richtige Tarifierung oder auch aus eigenem Ermessen, kann er nun eine **Beschau** anordnen, das heißt, er will die Ware körperlich prüfen durch Augenschein. Eine Beschau wird in der Praxis in den wenigsten Fällen durchgeführt, die Regel ist die papiermäßige Überprüfung.
Kommen dem Zollbeamten Zweifel, kann er auch eine **Probeentnahme** anordnen, die **unentgeltlich** zu leisten ist. Er kann hierbei prüfen lassen, ob z. B. der angegebene Zuckergehalt, Fettgehalt usw. richtig ist. Aus einer einzigen Probeentnahme darf der Zollbeamte auf die Beschaffenheit der gesamten Sendung schließen *(Vermutung)*, wenn der Antrag keine unterschiedliche Beschaffenheit ausweist.
Ist die papiermäßige Prüfung und ggf. Beschau und Probeentnahme vollzogen, werden vom Zoll die Einfuhrabgaben berechnet, sofern diese nicht schon in der Zollanmeldung vermerkt sind. Die Ware kann bereits vor Entrichtung der Zollschuld (siehe 7.13) überlassen werden. Sie kann auch schon vor der Prüfung überlassen werden, wenn die Überprüfung nicht innerhalb einer angemessenen Zeitspanne erfolgen kann (Art. 73 ZK).

13.13 Einfuhrabgaben

Unter Einfuhrabgaben versteht man die Beträge, die bei einer Einfuhr beim Zoll zu entrichten sind. Hierzu gehören nach Artikel 4 Ziffer 10 des Zollkodex:

- Zölle und Abgaben gleicher Wirkung bei der Einfuhr von Waren,
- Agrarteilbeträge und sonstige bei der Einfuhr erhobenen Abgaben, die im Rahmen der gemeinsamen Agrarpolitik oder auf Grund der für bestimmte landwirtschaftliche Verarbeitungserzeugnisse geltenden Sonderregelungen vorgesehen sind.

Nach dem deutschen Steuerrecht werden auch die Einfuhrumsatzsteuer (EUSt.) und die Verbrauchsteuern (VSt.) erhoben.

13.13.1 Zölle

Die Höhe des jeweils zu entrichtenden Zolls hängt – selbst bei gleichen Waren – von verschiedenen Faktoren ab.

Ursprungs-land	Kommt die Ware aus einem Drittland, aus einem assoziierten Staat oder aus einem Entwicklungsland? Wann immer man nicht den höchsten Drittlandszollsatz zahlen will, muss ein entsprechendes Präferenzpapier (Warenverkehrsbescheinigung) vorgelegt werden.
Zollaus-setzungen	Für eine Reihe von Waren ist der Zoll (vorübergehend) ausgesetzt. Dies ist im Zolltarif in Spalte 11 vermerkt. Allerdings ist in den Vorbemerkungen zum Zolltarif zu prüfen, ob die Zollaussetzung noch Gültigkeit hat.
Zollkon-tingente	Für eine Reihe anderer Waren werden sogenannte Kontingente eröffnet, d. h., der Zoll wird für eine bestimmte Menge von Waren (auch wertmäßig) ermäßigt oder erlassen. Man unterscheidet zwei verschiedene Verfahren: 1. **Kontingentscheinverfahren:** Auf Antrag wird dem Einführer ein auf dessen Namen lautender Kontingentschein erstellt. Dann darf nur dieser Einführer von dem ermäßigten Zoll profitieren. Die entsprechenden Waren werden vorher ausgeschrieben. 2. **Windhundverfahren:** Dieses Verfahren ist jedem Einführer zugänglich. Von der EG werden jedem Mitgliedsland bestimmte Kontingente gewährt, bei denen zu ermäßigten Zöllen eingeführt werden kann. Dieser ermäßigte Zoll wird so lange gewährt, bis das Kontingent erschöpft ist. Die Anträge werden in der Reihenfolge ihres Wirksamwerdens behandelt, d. h., alle Anträge erhalten Datum und Uhrzeit und werden zur Oberfinanzdirektion Düsseldorf (Zentralstelle Zollkontingente) geschickt, die überwacht, ob der ermäßigte oder wieder der „normale" Zoll zu berechnen ist. Hinweise in Spalten 5 bis 7 des Zolltarifs und Anhang ZK.

13.13.1.1 Warenursprung und Präferenzregelungen

Der **Nachweis des Ursprungs** einer Ware kann sowohl beim Import als auch bei dem Export darüber entscheiden, zu welchem Zollsatz die Waren in das Bestimmungsland eingeführt werden können. Der Nachweis des Ursprungs wird auch verlangt, wenn die Einfuhr bestimmter Waren kontingentiert ist oder für die Einfuhr bestimmter Waren aus bestimmten Ländern wert- oder mengenmäßige Höchstgrenzen (Plafonds) festgelegt sind.

Ebenso sind die Gewährung von Zollvergünstigungen (Präferenzen) für Waren aus Ländern, mit denen die EG entsprechende Präferenzabkommen geschlossen hat, und die begünstigte Einfuhr von EG-Waren in die dortigen Länder an die Vorlage eines Ursprungsnachweises gebunden (siehe S. 466).

ZOLL
DOUANE

Zwar ist es die Aufgabe des Herstellers und nicht des Spediteurs, die entsprechenden Dokumente zu besorgen. Da der Spediteur aber i. d. R. die Aus- und Einfuhrabfertigung dieser Sendungen übernimmt, muss er die Grundzüge dieser Regelungen kennen und wissen, welche Dokumente zu welchem Zweck benötigt werden.

464

13.13.1.2 Ursprungszeugnis/IHK

Mit einem Ursprungszeugnis der IHK oder einer sie ersetzenden Ursprungserklärung auf der Handelsrechnung kann keine Zollvergünstigung erreicht werden (ZK: „nichtpräferenzieller Ursprung!"). Sie dienen der Außenhandelsüberwachung bei Einfuhrkontingenten und handelspolitischen Beschränkungen gegenüber bestimmten Ländern. Viele Staaten fordern für jede Einfuhr ein Ursprungszeugnis oder eine entsprechende Ursprungserklärung. (Was gefordert ist, kann z. B. in den Konsulats- und Mustervorschriften **K + M** nachgeschlagen werden.)

Für welche Waren beim **Import** in die EG ein entsprechendes **Ursprungszeugnis** vorzulegen ist, ist im Gebrauchszolltarif mit **U** gekennzeichnet. Reicht eine **Ursprungserklärung** des Herstellers auf der Handelsrechnung, ist das mit **UE** vermerkt.

Ursprungszeugnisse für den **Export** werden dem Ausführer auf Antrag von der zuständigen **IHK** ausgestellt. In allen Mitgliedstaaten der EU wird ein einheitlicher Vordruck verwendet. Bescheinigt wird der **EG-Ursprung** der Waren, wenn sie die Voraussetzungen gemäß ZK Art. 22–26 erfüllen. Danach sind **EG-Ursprungswaren**

- Waren, die in der **EG vollständig erzeugt** wurden (z. B. Agrarprodukte, Kohle und Erze),
- **Altwaren**, die in der EG gesammelt wurden,
- Waren, die in der **EG wesentlich be- oder verarbeitet** wurden.

Eine Ware gilt als wesentlich be- oder verarbeitet, wenn alle importierten Drittlands-Vorprodukte einer anderen Zolltarif-Unterposition (die ersten sechs Stellen der Warennummer) zuzuordnen sind als die fertige Ware – man nennt das den Tarifsprung oder Positionswechsel – oder in einem dazu eingerichteten Unternehmen bearbeitet wurden.

Beispiel:
1. Holz aus Kanada, Schrauben aus Ungarn und Glas aus der Tschechischen Republik werden importiert und daraus wird ein Schrank gefertigt. Holz, Schrauben und Glas haben eine andere Tarifposition als Möbel. Der Schrank ist eine EG-Ursprungsware.
2. Fertige Schrankteile werden aus Norwegen importiert. Sie werden hier unter Verwendung von Schrauben eines inländischen Herstellers zusammengebaut. Fertige Schrankteile haben die gleiche Tarifposition wie der Schrank. Der Schrank ist keine EG-Ursprungsware.

13.13.1.3 Warenverkehrsbescheinigungen

Mit der Warenverkehrsbescheinigung wird nachgewiesen, dass eine Ware die Voraussetzungen der Präferenzabkommen erfüllt, zollbegünstigt oder zollfrei abgefertigt zu werden. Bis auf wenige Ausnahmen (Abkommen mit der Türkei) ist hierfür auch der Nachweis des Ursprungs der Waren in dem jeweiligen Vertragsgebiet = Präferenzraum erforderlich.

Welche Ursprungskriterien eine Ware zu erfüllen hat, richtet sich nach den jeweiligen Abkommen.

ZOLL
DOUANE

Am Beispiel der Ursprungskriterien für den Warenverkehr mit den MOEL sollen die Grundzüge deutlich werden.
Eine Ware ist dann Ursprungsware der EG im Sinne dieser Europaabkommen, wenn
- sie vollständig in der EG erzeugt worden ist (z. B. Rohstoffe) oder
- wenn sie in der EG wesentlich be- oder verarbeitet worden ist.

Wesentlich be- oder verarbeitet, also Ursprungsware ist eine Ware dann, wenn folgende Kriterien erfüllt sind:
- **Alle** bei ihrer Produktion verwendeten Vormaterialien, die nicht aus dem Vertragsgebiet stammen, sind in eine andere Position (4-stellig) des Zolltarifs einzureihen als die Ware selbst (**Positionswechsel**) oder
- die Ware ist in der „Liste der Be- und Verarbeitungen…", die eine Anlage zum Abkommen ist, genannt und die dort aufgeführten Anforderungen werden erfüllt. Z. B. ein Prozentkriterium, d. h., nicht mehr als 20 %, 25 % oder 40 % Drittlandsvormaterialien, immer gemessen am Ab-Werk-Preis der Ware, dürfen bei ihrer Herstellung verwendet worden sein; oder es ist erforderlich, dass mehr als ein Produktionsvorgang (= Positionswechsel) im Binnenmarkt stattgefunden hat.

Ergibt die Prüfung durch den Hersteller, dass die Ware, die er in einen Vertragsstaat liefern will, **Ursprungsware** der EG ist (EWR-Abkommen: Ursprungsware des EWR), kann er eine Warenverkehrsbescheinigung bei seiner Zollstelle beantragen oder selbst ausstellen. Die Warenverkehrsbescheinigungen im Präferenzhandel zwischen der EG und den Vertragsstaaten (Ausnahmen: Türkei und APS) sind die Formulare

EUR. 1 und EUR. 2.

Die EUR. 2, ursprünglich für Sendungen von geringem Wert vorgesehen, spielt allerdings praktisch keine Rolle mehr. Sie wird in der Regel durch eine Erklärung auf der Handelsrechnung ersetzt. Lediglich im Postverkehr ist sie bei manchen Staaten noch erwünscht.

Bei einem Rechnungspreis über 6 000,00 Euro ist im Standardverfahren eine EUR. 1 zu beantragen. (Bei anderen Staaten gelten zum Teil andere Wertgrenzen, z. B. 3 000,00 EUR. Da sich diese Grenzen hin und wieder verschieben, ist der aktuelle Stand nachzufragen.)

Zusammen mit der ausgefüllten EUR. 1 legt er die zum Nachweis der Ursprungseigenschaft notwendigen Unterlagen (z. B. Stücklisten, Lieferantenerklärungen, Verzollungsbelege) vor. Nach Prüfung der Voraussetzungen wird die EUR. 1 vom Zoll abgestempelt und dem Exporteur ausgehändigt. Der übergibt sie zusammen mit den anderen Dokumenten (z. B. Handelsrechnung, EX 3 der AM) und der Ware dem Spediteur. Die EUR. 1 begleitet die Sendung, um bei der Bestimmungszollstelle des Käufers für die Präferenzbehandlung bei der Verzollung vorgelegt zu werden.

Hersteller, die häufig präferenzbegünstigte Waren exportieren, müssen nicht für jede einzelne Sendung erneut bei der Zollstelle eine EUR. 1 beantragen und die dafür notwendigen Nachweisunterlagen vorlegen. Sie können auf Antrag beim HZA zum **„ermächtigten Ausführer"** zugelassen werden. Dann ersetzt eine Erklärung auf der Handelsrechnung die EUR. 1.

Weitere Warenverkehrsbescheinigungen:
- Im präferenzberechtigten Warenverkehr mit der Türkei dient als Freiverkehrsnachweis das Formblatt **A.TR**.
- Bei **Importen aus Entwicklungsländern** im Rahmen des allgemeinen **Präferenzsystems APS** wird das **Formblatt A** der UN verwendet.
- Bei Beförderungen von Gemeinschaftsware nach Griechenland über Nicht-EU-Staaten mit Carnet TIR dient ein **T 2 L** oder die Kennzeichnung des Sendungsteils mit „T 2 L" als Freiverkehrsnachweis.

ZOLL
DOUANE

WARENVERKEHRSBESCHEINIGUNG

1. Ausführer/Exporteur (Name, vollständige Anschrift, Staat) Mehaco GmbH Neue Mainzer Landstr. 71 60329 Frankfurt	**EUR. 1** **Nr. A** 525410
	Vor dem Ausfüllen Anmerkungen auf der Rückseite beachten

2. Bescheinigung für den Präferenzverkehr zwischen

EG

und

Norwegen

(Angabe der betreffenden Staaten, Staatengruppen oder Gebiete)

3. Empfänger (Name, vollständige Anschrift, Staat) (Ausfüllung freigestellt)

ALF Andersen A/S
Skippersgaten 7
N-7002 Stavanger

4. Staat, Staatengruppe oder Gebiet, als dessen bzw. deren Ursprungswaren die Waren gelten	**5. Bestimmungsstaat, -staatengruppe oder -gebiete**
EWR	Norwegen

6. Angaben über die Beförderung (Ausfüllung freigestellt)

7. Bemerkungen

1) Bei unverpackten Waren ist die Anzahl der Gegenstände oder „lose geschüttet" anzugeben.

8. Laufende Nr.; Zeichen, Nummern, Anzahl und Art der Packstücke 1)**; Warenbezeichnung**	**9. Rohgewicht (kg) oder andere Maße (l, m³, usw.)**	**10. Rechnungen** (Ausfüllung freigestellt)
1; Andersen 1-16, 16 Pal. Polypropylen Granulat	16.480 kg	

2) In der **Bundesrepublik Deutschland** vom Ausführer auszufüllen.

11. SICHTVERMERK DER ZOLLBEHÖRDE

Die Richtigkeit der Erklärung wird bescheinigt.

Ausfuhrpapier: 2)   Stempel

Art/Muster ......AM...... Nr. G 95533

vom ......10.05.20..

Zollbehörde: ....

Ausstellender/s Staat/Gebiet: ....

Bundesrepublik Deutschland

....

(Ort und Datum)

....

(Unterschrift)

12. ERKLÄRUNG DES AUSFÜHRERS/ EXPORTEURS

Der Unterzeichner erklärt, daß die vorgenannten Waren die Voraussetzungen erfüllen, um diese Bescheinigung zu erlangen.

Frankfurt, 10.05.20..

(Ort und Datum)

Mehaco GmbH

(Pfitzner, Exportsachbearb.)

(Unterschrift)

13.13.1.4 Paneuropa-Mittelmeer-Kumulierung

Beginn der Anwendung der Ursprungsprotokolle zur diagonalen Kumulierung in der Paneuropa-Mittelmeer-Zone

	EU	DZ	CH(EFTA)	EG	FO	IL	IS(EFTA)	JO	LB	LI(EFTA)	MA	NO(EFTA)	PS	SY	TN	TR
EU		01.11.2007	01.01.2006	01.03.2006	01.12.2005	01.01.2006	01.01.2006	01.07.2006		01.01.2006	01.12.2005	01.01.2006			01.08.2006	(1)
DZ	01.11.2007															
CH(EFTA)	01.01.2006			01.08.2007	01.01.2006	01.07.2005	01.08.2005	17.07.2007	01.01.2007	01.08.2005	01.03.2005	01.08.2005			01.06.2005	01.09.2007
EG	01.03.2006		01.08.2007				01.08.2007	06.07.2006		01.08.2007	06.07.2006	01.08.2007			06.07.2006	01.03.2007
FO	01.12.2005		01.01.2006			01.11.2005	01.11.2005			01.01.2006		01.12.2005				
IL	01.01.2006		01.07.2005		01.11.2005		01.07.2005	09.02.2006		01.07.2005		01.07.2005				01.03.2006
IS(EFTA)	01.01.2006		01.08.2005	01.08.2007	01.11.2005	01.07.2005		17.07.2007	01.01.2007	01.08.2005	01.03.2005	01.08.2005			01.03.2006	01.09.2007
JO	01.07.2006		17.07.2007	06.07.2006		09.02.2006	17.07.2007			17.07.2007	06.07.2006	17.07.2007			06.07.2006	
LB			01.01.2007				01.01.2007			01.01.2007		01.01.2007				
LI(EFTA)	01.01.2006		01.08.2005	01.08.2007	01.01.2006	01.07.2005	01.08.2005	17.07.2007	01.01.2007		01.03.2005	01.08.2005			01.06.2005	01.09.2007
MA	01.12.2005		01.03.2005	06.07.2006			01.03.2005	06.07.2006		01.03.2005		01.03.2005			06.07.2006	01.01.2006
NO(EFTA)	01.01.2006		01.08.2005	01.08.2007	01.12.2005	01.07.2005	01.08.2005	17.07.2007	01.01.2007	01.08.2005	01.03.2005				01.08.2005	01.09.2007
PS																
SY																
TN	01.08.2006		01.06.2005	06.07.2006			01.03.2006	06.07.2006		01.06.2005	06.07.2006	01.08.2005				01.07.2005
TR	(1)		01.09.2007	01.03.2007		01.03.2006	01.09.2007			01.09.2007	01.01.2006	01.09.2007			01.07.2005	

1) *Für Waren, die unter die Zollunion EG-Türkei fallen, ist das Anfangsdatum der 27. Juli 2006.*
Für landwirtschaftliche Erzeugnisse ist das Anfangsdatum der 1. Januar 2007.
Für Kohle- und Stahlerzeugnisse ist die diagonale Ursprungskumulierung noch nicht anwendbar.

Die EG hat mit allen europäischen assoziierten Staaten – einschließlich etlicher Staaten des Mittelmeerraumes das Abkommen getroffen, auch untereinander die Präferenzberechtigung anzuerkennen, wenn die Ursprungseigenschaft erfüllt ist. Die Bedingungen sind sehr kompliziert und zum Teil noch unterschiedlich. Wichtig ist, dass die Ware in den verschiedenen Staaten des Abkommens be- oder verarbeitet werden kann, ohne die Präferenzberechtigung zu verlieren. In der Regel erhält das Produkt die Ursprungseigenschaft des Staates oder Gebietes, in dem die höchste Wertschöpfung stattgefunden hat.

Dies hat für viele Hersteller große Vorteile, führt aber z. T. zu kuriosen Ergebnissen. So kann es z. B. sein, dass ein Fahrzeug in verschiedenen europäischen Staaten produziert und montiert wird. Stammt der Motor aus den USA und ist dessen Wert höher als alle einzelnen Verarbeitungsvorgänge, so erhält das Fahrzeug US-amerikanischen Ursprung. Oder es kann sein, dass eine Ware in den den Abkommen beigetretenen Staaten begünstigt verkehren kann, aber z. B. keine Präferenz mehr in anderen assoziierten Staaten (wie Tunesien) erhält, weil im Laufe der Bearbeitung das Territorialprinzip verletzt wurde (z. B. wurde in Tschechien lackiert).

Die Verfahren sind wie gesagt sehr kompliziert und müssen vom Hersteller und Ausführer erfüllt werden, nicht vom Spediteur. Deshalb kann hier auf eine ausführliche Darstellung verzichtet werden.

13.13.2 Agrarteilbeträge („EA")

Ist im Tarif der Vermerk „EA" (Agrarteilbetrag) angebracht, so wird ein Betrag erhoben, der sich aus mehreren Faktoren zusammensetzt (z. B. Zusatzzölle Mehl und/oder Zucker). Wie hoch dieser zu entrichtende Teilbetragszoll ist, ergibt sich aus Anhang ZC 7. Der Warennummer ist ein vierstelliger Zusatzcode beizufügen, der sich nach den Bestandteilen der Waren richtet. Aus diesem Zusatzcode ergeben sich auch die zu entrichtenden Einfuhrabgaben – oft durch Mindest- und Höchstsätze begrenzt.

13.13.3 Verbrauchsteuer

Für eine Reihe von Produkten erhebt der Staat Verbrauchsteuern. Warenarten und Höhen sind in den EU-Staaten sehr unterschiedlich. In der Bundesrepublik Deutschland werden Verbrauchsteuern z. B. erhoben auf Tabak, Kaffee, Schaumwein, Branntwein, Bier, Getränke und Mineralöl.

Die Erhebungsmethoden sind sehr unterschiedlich, sodass die Verbrauchsteuern hier nicht komplett dargestellt werden können. So wird z. B. die Tabaksteuer bei Pfeifentabak nach Gewicht erhoben, bei Zigaretten jedoch nach Stück.

13.13.4 Einfuhrumsatzsteuer (EUSt.)

Die Einfuhrumsatzsteuer passt den Wert der eingeführten Waren an das inländische Umsatzsteuerniveau an, deshalb entsprechen die Einfuhrumsatzsteuersätze den allgemeinen Umsatzsteuersätzen (Mehrwertsteuer 19 % bzw. 7 % usw.).

Im Prinzip muss man sich vorstellen, dass bei der Einfuhr einer Ware in die EG ein „Eintrittspreis" in Höhe des Zolls und eventueller Abschöpfungen zu zahlen ist. Gleichzeitig wird untersucht, ob die Ware einer Verbrauchsteuer unterliegt, die an den jeweiligen Bestimmungsstaat zu zahlen ist. Anschließend fragt das Finanzamt, wie hoch denn die inländischen Umsätze sind, um darauf die Umsatzsteuer (EUSt.) zu erheben.

Dieser inländische Umsatz besteht aus dem schon ermittelten Zollwert, dem zu zahlenden Zoll (+ eventueller Abschöpfungen) + eventueller Verbrauchsteuern. Hinzu kommen möglicherweise auch noch andere Kosten, die in der EG entstanden sind (z. B. Beförderungskosten), aber bisher noch nicht mit Mehrwertsteuer belastet waren, weil sie z. B. im grenzüberschreitenden Verkehr entstanden sind. So ergibt sich für den Einfuhrumsatzsteuerwert folgende Berechnung:

Zollwert
+ Zoll
+ andere Eingangsabgaben (EA, VSt.)
+ EG-Beförderungskosten bis zum 1. Bestimmungsort

= EUSt.-Wert

Ob EG-Beförderungskosten bis zum 1. Bestimmungsort addiert werden müssen oder nicht, hängt von der Frankatur des Beförderungspapiers ab bzw. davon, ob die Frachtkosten schon mit Mehrwertsteuer belastet waren oder nicht.

Beispiele:
1. Aus USA kommt eine Sendung per Seeschiff nach Bremen und wird dort gelöscht, dann per Bahn nach Frankfurt transportiert. Die Seefrachtkosten sind in den Zollwert einzubeziehen, der 1. inländische Bestimmungsort ist Bremen. Somit sind die Beförderungskosten von Bremen bis Frankfurt *nicht* in den EUSt.-Wert mit einzubeziehen, sie sind aber MwSt.-pflichtig.
2. Aus USA kommt eine Sendung per Luftfracht nach Frankfurt. Hier sind die Luftfrachtkosten prozentual bis zur EG-Grenze in den Zollwert einzubeziehen. Der 1. inländische Bestimmungsort ist Frankfurt; somit sind die Beförderungskosten ab EG-Grenze nach Frankfurt in den EUSt.-Wert mit einzubeziehen.
3. Bei Seefrachtimporten über Rotterdam kommt es darauf an, wer Auftraggeber und Frachtzahler ist. Nach dem neuen Umsatzsteuerrecht kann es sein, dass der Auftraggeber für den grenzüberschreitenden Transport mit MwSt. belastet wird. Dann sind diese Kosten natürlich nicht mehr in den EUSt.-Wert einzubeziehen.

Zu unterscheiden ist also der Zollwert, der an der EG-Grenze ermittelt wird, und der EUSt.-Wert, der am ersten inländischen Bestimmungsort ermittelt wird. Auf den EUSt.-Wert wird die Einfuhrumsatzsteuer in der jeweiligen Höhe erhoben.

Die **Einfuhrumsatzsteuer** ist wie die Mehrwertsteuer bei berechtigten Betrieben als **Vorsteuer** absetzbar!

Beispiel:
Sie haben in Japan eine Ware zum Preis von 12 345,00 EUR CIF Frankfurt Flughafen eingekauft. Die reine Luftfracht beträgt 798,66 EUR, davon entstehen 96 % bis zum Verbringungsort. Weitere Kosten sollen keine entstanden sein. Der Zollsatz beträgt 5,7 %, der EUSt.-Satz 16 %.
Zuerst ist der Zollwert zu ermitteln:

Rechnungspreis	12 345,00 EUR	
– 4 % der Luftfracht	31,95 EUR	
Zollwert	12 313,05 EUR	
+ 5,7 % Zoll	701,84 EUR	= Einfuhrabgabe
+ EG-Beförderung (= 4 % LF)	31,95 EUR	
EUSt.-Wert	13 046,84 EUR	
19 % EUSt. auf 13 046,84 EUR:	2 478,90 EUR	= Einfuhrabgabe

Für diese Sendung wären also 701,84 EUR Zoll und 2 478,90 EUR EUSt. zu zahlen, insgesamt also 3 180,74 EUR.
Die EUSt. in Höhe von 2478,74 EUR ist bei berechtigten Betrieben als Vorsteuer absetzbar.

13.14 Zollschuld

Der Zollkodex unterscheidet in seinen Artikeln 189 bis 242 zwischen einer Einfuhr- und einer Ausfuhrzollschuld. Da eine Ausfuhrzollschuld nur in wenigen Fällen entstehen kann (es gibt zurzeit keine Ausfuhrzölle), soll hier nur die Einfuhrzollschuld behandelt werden. Sie entsteht, wenn einfuhrabgabenpflichtige Ware

- in den freien Verkehr übergeführt wird (Art. 201),
- unter teilweiser Befreiung von Abgaben in die vorübergehende Verwendung abgefertigt wird (Art. 201; siehe auch Ziffer 8.4),
- vorschriftswidrig in das Zollgebiet der Gemeinschaft gebracht wird (Art. 202),
- aus einem Freigebiet oder Freilager in ein anderes Gebiet der Gemeinschaft verbracht wird (Art. 202),
- der zollamtlichen Überwachung entzogen wird (Art. 203).

Der Zollkodex nennt zwar noch mehr Fälle, sie sind jedoch so speziell, dass es hier keiner Behandlung bedarf. Ist eine Zollschuld entstanden, so muss der entstandene „**Zollschuldbetrag**" erhoben (entrichtet) werden. Hierfür sind mehrere Verfahren vorgesehen.

13.15 Erhebungsverfahren

Zollschuldbeträge müssen grundsätzlich buchmäßig erfasst werden und dem Zollschuldner mitgeteilt werden (sofern er nicht selbst eine Berechnung vorgenommen hat). Der Zollkodex sieht dann die Möglichkeiten der

- unverzüglichen Zahlung und des
- Zahlungsaufschubs

vor.

13.15.1 Unverzügliche Zahlung

Sollte dem Antragsteller keine besondere Erleichterung bei der Zahlung der Einfuhrabgaben gewährt werden und unterliegt die Ware einer Einfuhrabgabe, so errechnet die Zollstelle diese Abgaben und erteilt den **Abgabenbescheid**. Mit der Bekanntgabe des Bescheids wird die Zollschuld in der Regel *sofort* fällig, spätestens jedoch nach zehn Tagen (Art. 222). Die Zahlung hat bar oder mit ausdrücklich zugelassenen Zahlungsmitteln zu erfolgen (Art. 223). Bei Säumigkeit des Schuldners wird ein **Säumniszuschlag** von 1 % pro Monat erhoben.

13.15.2 Aufschubverfahren

Wenn der Antragsteller häufiger Waren einführt und nicht jedes Mal bar bezahlen will, so gibt es für ihn die Möglichkeit, ein Aufschubverfahren zu beantragen (Art. 225 ff.). Die Aufschubfrist beträgt nach Artikel 227 Zollkodex **30 Tage**. Dieses Verfahren *muss* jedem gewährt werden, der eine **Sicherheit** (Bankbürgschaft, Grundschuld usw.) geleistet hat. Die Sicherheit muss in Höhe der 1,5 fachen durchschnittlichen monatlichen Einfuhrabgaben geleistet werden (weil vom ersten Aufschieben bis zur Zahlung 1,5 Monate vergangen sein können).

Nach Leistung einer Sicherheit erhält der Antragsteller einen oder mehrere **Aufschubnehmerausweise**, den er nun bei jeder Zollanmeldung mit vorlegen muss, wenn er nicht bar bezahlen will, sondern die Einfuhrabgaben aufschieben lassen will.

Der Vorteil dabei ist, dass der Anmelder die Einfuhrabgaben erst am 16. des Folgemonats entrichten muss. Für die Einfuhrabgaben erhält er einen „zinslosen Kredit" zwischen zwei und sechs Wochen. (Der Zollkodex lässt verschiedene Fristenregelungen zu, darunter die genannte, die dem bisherigen Zollrecht entspricht.)

Auch eine Bankbürgschaft ist nicht kostenlos, die hierfür zu zahlenden Gebühren sind jedoch gering im Verhältnis zu den Kapitalbereitstellungskosten.

Beantragt ein Spediteur das Aufschubverfahren, so muss er die Zollschuld auf sein Aufschubkonto übernehmen und verpflichtet sich bei Fälligkeit die Zölle zu entrichten. Bezahlt werden können die Zölle sowohl vom Spediteur als auch vom Käufer, erstattet werden sie aber nur an denjenigen, in dessen Namen die Verzollung durchgeführt wurde.

13.15.3 Sammelzollverfahren

Während man beim Aufschubverfahren für jede Einfuhr eine komplette Zollanmeldung mit Einheitspapier, D.V.1 usw. stellen muss, gehen die Sammelzollverfahren noch einen Schritt weiter und erleichtern auch noch die Anmeldung. Allerdings sind die Aufschubverfahren **jedem** zu gewähren, der Sicherheit geleistet hat. Bei den Sammelzollverfahren kommen weitere Zulassungsfaktoren hinzu, von denen der wichtigste Faktor die Vertrauenswürdigkeit des Antragstellers ist. Unterschieden wird in drei Verfahren:

* Zollabfertigung bzw. Vereinfachtes Anmeldeverfahren (VAV, im ATLAS-System).
* Zollabfertigung nach Anschreibeverfahren (ASA, im ATLAS-System).
* Zollabfertigung nach Gestellungsbefreiung (ZnG).

Das Letztgenannte spielt in der Praxis keine Rolle, da es nur für Rohrleitungs- und Postverkehr möglich ist. Das ZnV-Verfahren ist grundsätzlich für **jeden** Empfänger möglich, das ZnA-Verfahren nur für *„zugelassene Empfänger"*, also solche Empfänger, die ohne direkte Mitwirkung der Zollbehörden ein Versandverfahren beenden dürfen.

13.15.3.1 VAV-Verfahren

Wenn man die Voraussetzungen wie Vertrauenswürdigkeit, Sicherheit, regelmäßige Importe usw. erfüllt, kann man mit dem Formular 0500 einen Antrag auf Zulassung beim zuständigen Hauptzollamt stellen. Zu benennen sind in diesem Antrag

* die **Abfertigungszollstellen** (das sind die Zollstellen, bei denen zu einem neuen Verkehr abgefertigt werden soll),
* die **Abrechnungszollstelle** (bei der später der Zoll abgerechnet werden soll),
* ein **steuerlicher Beauftragter** (der Ansprechpartner für die Abrechnungszollstelle sein wird).

Ablauf des Verfahrens

Abfertigungszollstelle	1. Gestellung 2. Zollantrag mit vereinfachter Zollanmeldung 3. Freigabe (bzw. Überlassung) der Ware
Abrechnungszollstelle	1. Abgabe der Sammelzollanmeldung (Unterlagen) 2. Abrechnung/Abgabenbescheid 3. Schlussprüfung im Betrieb

ZOLL
DOUANE

472

Bei diesem Verfahren muss zwar befundgerecht eingereiht werden, aber viele wichtige Daten wie z. B. der Zollwert können erst zu einem späteren Zeitpunkt, nämlich mit der Sammelzollanmeldung, abgegeben werden.

Ein weiterer Vorteil ist, dass die Ware direkt an der Abfertigungszollstelle (in der Regel an der Grenze) in den neuen Verkehr tritt, sobald die vereinfachte Zollanmeldung abgegeben und angenommen wurde, somit eventuell sofort verfügbar ist.

Erst am Monatsende werden alle vereinfachten Zollanmeldungen zusammengefasst in einer oder mehreren Sammelzollanmeldungen. Erst jetzt muss gegebenenfalls auch der Zollwert ermittelt werden. Und hier zeigt sich auch ein kleiner Nachteil des Sammelzoll-verfahrens: Es wird in zwei **Warengruppen** unterschieden, für die **getrennte Sammel-zollanmeldungen** abgegeben werden müssen:

- Warengruppe 1 unterliegt Zoll, Abschöpfungen und/oder Verbrauchsteuern.
- Warengruppe 2 unterliegt auf Grund des Tarifs, einer Zollaussetzung, eines Zollkont-ingents oder einer Zollpräferenz nur der EUSt.

Spediteure, die für mehrere Kunden Sammelzollanmeldungen durchführen, müssen nicht nur nach diesen zwei Warengruppen unterscheiden, sondern die Anträge auch je Auftraggeber getrennt stellen. Die Abgaben sind wieder bis zum 16. des Folgemonats zu entrichten.

13.15.3.2 ASA-Verfahren

Wie schon erwähnt, muss bei diesem Verfahren ein Versandverfahren vorausgegangen sein und der Empfänger der Ware ein „zugelassener Empfänger" sein. Die Ware wird jetzt nicht an der Abfertigungszollstelle (Einfuhrzollstelle) abgefertigt, sondern an der Bestimmungs-zollstelle. Dort wird das Versandverfahren beendet und es folgt das Anschlussverfahren.

Ablauf des Verfahrens

Übergabeort	Übernahme, Beendigung des Versandverfahrens	
Bestimmungs-zollstelle	1. Gestellung 2. Aufzeichnung 3. Anzeige der Aufzeichnung	4. Prüfung der Aufzeichnungsanzeige 5. Freigabe des Zollgutes
Abrechnungs-zollstelle	1. Abgabe der Sammelzollanmeldung 2. Abrechnung /Abgabenbescheid 3. Schlussprüfung im Betrieb	

Nach Beendigung des Versandverfahrens wird die Ware am Übergabeort (im Betrieb) buchmäßig aufgezeichnet, d. h. in der EDV erfasst. Es ist dann eine Aufzeichnungsanzeige an die zuständige Bestimmungszollstelle zu schicken, die diese prüft.

Die Freigabe des Gutes kann entweder erst nach Prüfung erfolgen, nach Ablauf einer festgelegten Frist (z. B. 5 Stunden nach Aufzeichnung) oder unmittelbar nach Aufzeich-nung im Betrieb. In der Regel wird man sich um die letzte Möglichkeit bemühen, um direkt nach der Aufzeichnung über die Ware verfügen zu können.

13.16   Freischreibungen

Bei vielen Einfuhren können Waren ohne Entrichtung von Eingangsabgaben „freigeschrie-ben" werden, obwohl sie nach Tarif einfuhrabgabenpflichtig wären. Voraussetzungen und

ein „Warenkatalog" sind in der Zollbefreiungsverordnung (VO[EWG] Nr. 918/83) festgehalten. Zu diesem Warenkatalog gehören (auszugsweise)

- Übersiedlungsgut,
- Heiratsgut,
- Erbschaftsgut,
- Schulmaterial für Schüler,
- Sendungen von geringem Wert (10,00 EUR),
- nichtkommerzielle Kleinsendungen (45,00 EUR),
- persönliches Reisegepäck,
- Gegenstände erzieherischen, wissenschaftlichen oder kulturellen Charakters,
- Waren für Behinderte,
- Waren für Organisationen der Wohlfahrtspflege,
- Waren zur Absatzförderung (Muster, Proben, Werbedrucke usw.)
- und vieles andere mehr.

Auch bei Einfuhr dieser Waren sind Zollanmeldungen durchzuführen wie in jedem ande-
ren Fall auch, jedoch kann die Befreiung zur Entrichtung von Einfuhrabgaben beantragt
werden, wenn die in der Verordnung genannten Voraussetzungen erfüllt werden.
Gerade bei der Abfertigung im Umzugsverkehr oder bei Mustersendungen wird ein
Importspediteur häufig mit diesen Befreiungen arbeiten und sollte sich genau über die
Möglichkeiten informieren.

13.17 Nichterhebungsverfahren und Verfahren von wirtschaftlicher Bedeutung

Artikel 4 Ziffer 16 Zollkodex unterscheidet neben der Abfertigung zum freien Verkehr
folgende weitere Zollverfahren:

- Versandverfahren
- Zolllagerverfahren
- aktive Veredelung
- Umwandlungsverfahren
- vorübergehende Verwendung
- passive Veredelung
- Ausfuhrverfahren

Das Ausfuhrverfahren wurde bereits in Lernfeld 10 behandelt.

13.17.1 Zollversandverfahren

Ob eine Sendung importiert oder exportiert wird, sie muss auf jeden Fall über eine oder
mehrere Zollgrenzen befördert werden. Jede Ware, die eine Zollgrenze überschreitet,
unterliegt im Eingangsland automatisch der zollamtlichen Überwachung der dortigen
Behörden, bis entweder die Einfuhrformalitäten abgeschlossen und die Einfuhrabgaben
bezahlt sind, sie also zum freien Verkehr abgefertigt wurde, oder bis sie als Transitgut
das Zollgebiet dieses Landes wieder verlassen hat. Um die Grenzabfertigung zu beschleunigen und bei Transitware die jedesmalige Zahlung und anschließende Rückerstattung
der Einfuhrabgaben zu vermeiden, haben die Staaten verschiedene zollrechtliche Versandverfahren festgelegt.

Man unterscheidet **externe Versandverfahren für Nichtgemeinschaftswaren** (ZK Art. 91–
97) und **interne Versandverfahren für Gemeinschaftswaren** (ZK Art. 163–165). In beiden

Bereichen kommen als Versandverfahren in Frage das gemeinschaftliche Versandver-
fahren (**gVV**), das Versandverfahren mit **Carnet TIR**, das Versandverfahren mit **Carnet
A.T.A.**, Versandverfahren auf Grund des Rheinmanifestes, das Versandverfahren für
NATO-Streitkräfte und das Versandverfahren durch die Post. Die drei Erstgenannten wer-
den im Folgenden dargestellt. Die anderen drei haben für den Spediteur kaum eine
Bedeutung.

13.17.1.1 Gemeinschaftliches Versandverfahren (gVV)

Das gemeinschaftliche Versandverfahren hat den Zweck, die Grenzabfertigung von
Warensendungen zu vereinfachen und zu beschleunigen und gleichzeitig die zollamt-
liche Überwachung sicherzustellen. Es dient dazu, die Zollbehandlung der Waren von den
Grenzen weg an die jeweiligen Binnenzollstellen der Warenempfänger zu verlagern.

Das Versandverfahren ist im Bereich **EG** (= gemeinschaftliches Versandverfahren) und
EFTA (= gemeinsames VV) anzuwenden. Seit April 2004 erfolgt die Abfertigung papierlos mit dem NCTS-Verfahren (New Computerized Transit System). Die Daten werden vom
Hauptverpflichteten über seinen Dierektanschluss oder über die Website des Zoll über
die Internetzollanmeldung in das ATLAS-System eingegeben. Bei beiden Versionen hat
ein PDF-Ausdruck zu erfolgen, der die Ware zur Bestimmungszollstelle begleitet.

Wird für das gVV das Einheitspapier (als Antrag) verwendet, so wird mit der Eintragung
im Feld 1, drittes Unterfeld, der zollrechtliche Status der Ware angegeben:

T1 = Nichtgemeinschaftsware
T2 = Gemeinschaftsware

Anzuwenden ist also

- **für Gemeinschaftswaren das interne gVV = T2-Verfahren**
  für Transporte von Gemeinschaftswaren über Drittstaaten, z. B. die Schweiz oder in
  die EFTA-Staaten
- **für Nichtgemeinschaftswaren das externe gVV = T1-Verfahren**

Das gemeinschaftliche Versandverfahren wird in der Regel vom Spediteur „eröffnet",
indem er über Atlas die Daten in das NCTS-System eingibt oder bei seiner Zollstelle
das Verfahren anmeldet. Aber auch Frachtführer und Verlader können das gVV anmelden.

Derjenige, der das Versandverfahren anmeldet, also meist der Spediteur, wird dadurch
im Sinne des Zollkodex **Hauptverpflichteter**.

Er **haftet** gegenüber den Zoll- und Steuerbehörden aller Staaten, die bei der Durchführung des gVV berührt werden, für die ordnungsgemäße Durchführung des Verfahrens.
Die Haftung reicht bis zur Höhe der Einfuhrabgaben, die entstehen, wenn die Sendung
oder Teile der Sendung nicht in der angegebenen Menge bei der Bestimmungszollstelle
eintreffen oder überhaupt der Zollbehandlung entzogen werden, z. B. durch Nichtbeen-
digung des Verfahrens bei der Bestimmungszollstelle. Der Hauptverpflichtete hat auch
dafür Sorge zu tragen, dass das Versandverfahren in der vorgeschriebenen Frist abgeschlossen wird. Nach dem Zollkodex können allerdings auch der Frachtführer oder der
Empfänger zur Haftung herangezogen werden.

Soweit der Spediteur als Hauptverpflichteter einen Frachtführer mit der Durchführung des Transportes beauftragt und an ihn das T-Papier mit den anderen Sendungspapieren übergibt, wird er sich zur Absicherung vom Frachtführer eine **Verpflichtungserklärung** unterschreiben lassen, um ihn ggf. in Regress nehmen zu können.

Der Hauptverpflichtete muss i. d. R. als Sicherheit vor der Eröffnung eines Versandverfahrens eine **Bürgschaft** bei seiner Zollstelle hinterlegen. Meist ist das eine **Pauschalbürgschaft** für die pro Monat durchzuführenden Versandverfahren. (Andere Formen der Bürgschaftsleistung siehe Merkblatt zum Einheitspapier, Erläuterungen zu Feld 52!) Für sichere Zollbeteiligte kann auch auf Antrag eine **Bürgschaftsbefreiung** gewährt werden.

Verfahrensablauf des gVV:

Das Versandverfahren ist vor Beginn der Beförderung bei der zuständigen Abgangszollstelle anzumelden. Der Zollstelle muss die Möglichkeit offen bleiben, die Sendung zu kontrollieren und mit den Handelspapieren zu vergleichen. Ggf. muss die Sendung gestellt werden.

Die Zollstelle wird die **Nämlichkeit sichern**. D. h., es wird sichergestellt, dass dieselben = nämlichen Waren – nach Art, Qualität und Menge –, die angemeldet wurden, auch tatsächlich und überprüfbar bei der Bestimmungszollstelle eintreffen. Methoden der Nämlichkeitssicherung sind u. a.:

Raumverschluss	• der Laderaum des Lkw oder der Container werden **verplombt**
Packstückverschluss	• das Packstück wird mit **Zollschnur und Plombe** versehen
Beschreibung	• die **Warenbezeichnung** oder der Vermerk von **Seriennummern** auf dem T-Papier reichen aus

Bei der Erfassung erhält man eine Nummer (MRN = Movement Reference Number), unter der die Eröffnung des Verfahrens registriert ist und das Verfahren auch erledigt wird. Ein Ausdruck im PDF-Format begleitet die Sendung.

Der Frachtführer hat innerhalb der vorgesehenen Frist (i. d. R. 8 Tage) die Ware an der Bestimmungszollstelle zu gestellen. Dort werden ggf. die Nämlichkeitsmittel geprüft und mit der Eingabe der MRN-Nummer das Verfahren beendet. Die Erledigung wird per DFÜ der Versandzollstelle übermittelt, oft empfiehlt es sich aber, die Erledigung bestätigen zu lassen.

Für den Empfänger der Waren schließt sich jetzt (ausgenommen bei EG-interner Beförderung mit EFTA-Transit) die Zollbehandlung zur Abfertigung in ein Zollverfahren an, meist die Abfertigung zum freien Verkehr.

Im Standardverfahren muss jedes einzelne Versandverfahren bei der Abgangsstelle eröffnet und bei der Bestimmungsstelle beendet werden. Das bringt Zeitverzögerungen mit sich, weil die Spediteure und Frachtführer auf die Öffnungszeiten der Zollstellen angewiesen sind. Käme z. B. ein Frachtführer mit T-Papier am Freitagnachmittag am Bestimmungsort an und hätte die Bestimmungszollstelle bereits geschlossen, müsste er bis Montag früh warten, um das Versandverfahren beenden zu können. (Würde er trotzdem ausliefern, hätte er eine Zollordnungswidrigkeit begangen und würde neben einem Bußgeld gesamtschuldnerisch für die Zollschuld haften!)

Gerade Spediteure sind deshalb auf **Vereinfachungsverfahren** angewiesen!

ZOLL DOUANE

Vereinfachungsverfahren im gVV

Zugelassener Versender (ZK-DVO Art. 398–404)	Zuverlässige Versender, auch Spediteure, die regelmäßig Sendungen im gemeinschaftlichen Versandverfahren abfertigen, können auf Antrag beim Hauptzollamt zum „zugelassenen Versender" bestellt werden. Voraussetzung für die Bewilligung ist die Teilnahme am Atlas-Verfahren und die Abwicklung über NCTS. Wer bereits eine Bewilligung hat und nicht am Atlas-System teilnimmt, muss die Abfertigung über einen anderen Spediteur, der das Verfahren nutzt, vornehmen. Der zugelassene Versender kann auch selbst Verplombungen vornehmen. Die Gestellung der Ware erfolgt i. d. R. durch generelle Mitteilung, wann die Sendungen üblicherweise verladen werden. Der Zoll kann dann selbst entscheiden, ob und wann er eine Sendung beschauen will. Nach in der Zulassung festgelegten Fristen sind die Exemplare 1 der Abgangszollstelle einzureichen. Der Versender ist damit von den Öffnungszeiten des Zolls unabhängig und spart sich ggf. die vorherige Vorführung der Sendungen bei der Zollstelle.
Zugelassener Empfänger (ZK-DVO Art. 406–408a)	Ist der Sendungsempfänger zugelassener Empfänger, kann die Sendung dem Empfänger direkt, also ohne vorherige Gestellung bei der Bestimmungszollstelle, zugestellt werden. Der zugelassene Empfänger übernimmt dann gegenüber dem Frachtführer die Funktion der Bestimmungszollstelle. Er entfernt Zollplomben, übernimmt das T-Papier und bestätigt den ordnungsgemäßen Empfang der Sendung. Damit gehen die Pflichten des Hauptverpflichteten auf ihn über. Der Bestimmungszollstelle ist der Eingang der Sendung unverzüglich anzuzeigen und der Zollbehörde eine Meldung zu machen. Danach erhält er online die Entlade-Erlaubnis, er hat eine „Kontrollergebnisnachricht" zu fertigen (also besondere Vorkommnisse zu notieren). An dieser Schnittstelle erfolgt die „Summarische Anmeldung". Anstelle der bisherigen GB-Nummer (Gestellungsbuch-Nummer) erfolgt die Angabe der Rechnungsnummer. Die Sendung selbst ist so lange unverändert zu lagern (sog. Verwahrungslager), bis die Zollstelle die Überlassung ausgesprochen hat. Die Überlassung erfolgt i. d. R. nach der zollamtlichen Abfertigung der Waren zum freien Verkehr.

Man sieht, diese Vereinfachungsverfahren sind für jeden internationalen Spediteur unerlässlich, um rationell und kostengünstig arbeiten zu können.

Im Bahnversand ersetzt der CIM-Frachtbrief das Einheitspapier (ohne Vermerk = T 2; T 1-Stempel bei Nichtgemeinschaftsware = unverzollter Drittlandsware).

Bei der innergemeinschaftlichen Versendung von Nichtgemeinschaftswaren per **Luft- oder Seefracht** ist auch ein T 1 zu eröffnen, was jedoch in einem Vereinfachungsverfahren (Manifestverfahren) von der Fluggesellschaft bzw. der Reederei übernommen wird.

Der IC-Übergabeschein für die Haus-Haus-Beförderung von Großcontainern, also der Frachtbrief der Firma Intercontainer ersetzt ebenfalls das Einheitspapier im gVV.

Die Sicherheitsleistung wird differenziert gehandhabt, je nach Risiko für die Behörden. Vereinfachungen gibt es nur für besonders zuverlässige Anwender.

Wer am NCTS-Verfahren selbst über Atlas teilnimmt, gilt als sicherer Beteiligter.

13.17.1.2 Carnet-TIR-Verfahren

Wo der Anwendungsbereich des gVV endet, beginnt der Anwendungsbereich des **Carnet-TIR-Verfahrens** (Transport International de Route). Die Unterzeichnerstaaten des Carnet-TIR-Abkommens erkennen untereinander die Zollverschlüsse und Sicherheitsleistungen an.

Mit der absehbaren Ausweitung des gVV auf weitere Staaten Osteuropas wird das Carnet-TIR-Verfahren erheblich an Bedeutung verlieren.

Es eignet sich für Transporte mit und auf Straßenfahrzeugen.

Es genügt auch, wenn im kombinierten Verkehr nur auf einem Teil der Strecke im Straßenverkehr befördert wird.

Es ist ähnlich dem gVV ein vereinfachtes Versandverfahren, das für alle Länder des geografischen Europas und weitere außereuropäische Länder (z. B. Marokko, Tunesien, Jordanien) gilt.

Bei Versendungen innerhalb der EG ist das Carnet-TIR-Verfahren nicht erlaubt, mit Ausnahme von Transporten nach Griechenland über Drittstaaten, die keine EFTA-Staaten sind. Für Gemeinschaftsware muss zusätzlich ein T 2 L ausgestellt werden, da das Carnet keine Auskunft über den Warenstatus gibt. Das T 2 L kann durch einen entsprechenden Vermerk auf dem Manifest des Carnet ersetzt werden.

Das Carnet-TIR ist ein Zollbegleitscheinheft, das ein Ladungsverzeichnis in der Sprache des Abgangslandes (bei einigen Ziel- und Durchgangsländern wie der Türkei wird eine Übersetzung verlangt) und für jede vorgesehene Grenzeingangszollstelle jeweils ein Blatt enthält. Mit dem Binnenmarkt wird das Carnet-TIR nur noch bei Verlassen der EG oder bei Eintritt in die EG kontrolliert.

Es muss nur ein Carnet pro Fahrzeug oder Lastzug ausgestellt werden. Allerdings sind pro Carnet nicht mehr als insgesamt vier Abgangs- und Bestimmungszollstellen zulässig, wobei die Abgangszollstellen in einem Land und die Bestimmungszollstellen in nicht mehr als zwei Ländern liegen dürfen.

Das Carnet-TIR wird vom BGL gegen eine Gebühr herausgegeben. Der BGL bürgt als Verband für eventuell anfallende Eingangsabgaben an Stelle des Carnet-Inhabers, nicht aber für etwaige Geldstrafen gegen den Inhaber wegen Verstoßes gegen Zollbestimmungen. Ein erledigtes Carnet muss an den BGL zurückgegeben werden, damit die Sicherheitsleistung des Verbandes bei der Hermes Kreditversicherung entlastet wird.

Im Carnet-TIR-Verfahren dürfen nur Fahrzeuge oder Behälter eingesetzt werden, die folgende Voraussetzungen erfüllen:

- Sie müssen zur Beförderung von Waren unter Zollverschluss zugelassen sein (Zollverschlussanerkenntnis).
- Sie müssen vorne und hinten mit je einer TIR-Tafel gekennzeichnet sein (25 x 40 cm), die beide ebenfalls durch Zollverschluss gesichert werden können.
- Auch das Carnet-T.I.R.-Verfahren ist inzwischen über ATLAS abzuwickeln; Softwareprogramme zur Erstellung des Carnets gibt es am Markt.

Am 1. April 2006 ist eine Änderung am Layout des Carnets in Kraft getreten, wonach die Angabe der Identifizierungsnummer (ID-Nummer) des Carnetinhabers in Feld 3 auf der Seite 1 des Umschlages, in Feld 4 der Abschnitte 1 und 2 sowie im Feld 5 des Protokolls zwingend erforderlich ist.

Beispiel:

No du passeport du conducteur

IRU   Union Internationale des Transports Routiers

CARNET TIR*
14 volets   I.R.U.   № 0027540

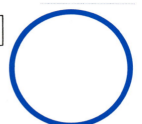

1. Valable pour prise en charge par le bureau de douane de départ jusqu'au .... **20.11.20..** inclus
   Valid for the acceptance of goods by the Customs office of departure up to and including

2. Délivré par   Fachverband für das Güterförderungsgewerbe,
   Issued by
                     Wiedener Hauptstr. 63, A-1045 Wien
   (nom de l'association émettrice / name of issuing association)

3. Titulaire   LKW Walter, Transportorganisation, Börsengasse 14, A-1030 Wien
   Holder

   'nom, adresse, pays / name, address, country)

4. Signature du délégué de l'association émettrice et cachet de cette association :
   Signature of authorized official of the issuing association and stamp of that association :

5. Signature du secrétaire de l'organisation internationale :
   Signature of the secretary of the international organization :

(A remplir avant l'utilisation par le titulaire du carnet / To be completed before use by the holder of the carnet)

6. Pays de départ   BR Deutschland
   Country of departure

7. Pays de destination   Türkei
   Country/Countries of destination (¹)

8. No(s) d'immatriculation du (des) véhicule(s) routier(s) (¹)
   Registration No(s). of road vehicle(s) (¹)
   K 89 123

9. Certificat(s) d'agrément du (des) véhicule(s) routier(s) (¹)
   Certificate(s) of approval of road vehicle(s) (No. and date) (¹)
   79/20..

10. No(s) d'identification du (des) conteneur(s) (¹)
    Identification No(s). of container(s) (¹)

11. Observations diverses
    Remarks

12. Signature du titulaire du carnet :
    Signature of the carnet holder :

(¹) Biffer la mention inutile
    Strike out whichever does not apply

IMPRIMÉ EN SUISSE – PRINTED IN SWITZERLAND – 1978 – GESSLER & CIE, CH - COLOMBIER (NE)

Ce carnet n'est valable en France que si la valeur des marchandises transportées dans le véhicule qui en fait l'objet n'excède pas un million de francs français (N.F.)

* Voir annexe 1 de la Convention TIR, 1975, élaborée sous les auspices de la Commission économique des Nations Unies pour l'Europe.
* See annex 1 of the TIR Convention, 1975, prepared under the auspices of the United Nations Economic Commission for Europe.

13.17.1.3 Carnet A.T.A.

Sollen Messegut, Montagewerkzeuge oder die Ausrüstungsgegenstände für kulturelle Tourneen und Ähnliches vorübergehend aus der EG ausgeführt werden, um sie nach ihrer Verwendung, Vorführung oder Ausstellung in einem oder mehreren Drittländern in die EG wieder rückzuführen (oder umgekehrt), wird das **Carnet A.T.A.** (Carnet für die vorübergehende Einfuhr) als Versandschein benutzt (Carnet de Passages en Douane for Temporary Admission/Carnet de Passages en Douane pour l'Admission Temporaire).

Damit wird erreicht, dass diese Güter in den berührten Ländern **vorübergehend zollfrei verwendet** werden können, also keine Einfuhrabgaben entrichtet werden müssen. Verbleiben allerdings Teile der Sendung in einem Land, müssen sie dort zum freien Verkehr abgefertigt werden. Bei der jeweiligen Ausfuhr muss der Nachweis über die Zahlung der Einfuhrabgaben vorgelegt werden.

Das Carnet A.T.A. wird von der zuständigen **IHK** gegen eine Gebühr ausgegeben, die sich nach dem Wert der Güter richtet und in der eine Versicherung gegen den Verlust des Carnets eingeschlossen ist.

Es hat eine Gültigkeitsdauer von i. d. R. einem Jahr und kann zweimal verlängert werden.

Das Carnet selbst ist ähnlich dem Carnet TIR ein Zollbegleitscheinheft. Zur Kontrolle wird an jeder Durchgangszollstelle ein Blatt entnommen und auf einem Abschnitt im Heft ein Zollvermerk gemacht.

Seit Oktober 2003 hat das Carnet A.T.A. ein neues Format in DIN-A4-Größe.

Nach Beendigung des Verfahrens ist das Carnet A.T.A. der IHK zurückzugeben.

Dem Carnet-A.T.A.-Verfahren sind alle Länder angeschlossen, die auch Mitglied der Internationalen Handelskammer ICC sind.

13.17.2 Zollgutlagerung

Bei den Zolllagerverfahren wird Ware als Nichtgemeinschaftsware in ein Zolllager verbracht und verbleibt dort zunächst als Zollgut. Geregelt ist dies in den Artikeln 98 bis 113 Zollkodex und in den Artikeln 503 bis 548 der Durchführungsverordnung. Es wird unterschieden zwischen öffentlichen und privaten Zolllagern. Die öffentlichen spielen in der Praxis der Bundesrepublik Deutschland kaum eine Rolle, umso mehr aber die Zolllager, die von privater Seite geführt werden.

Zur Information: Wenn Importware per Luftfracht eingeführt wird, so lagert sie am Flughafen in einem Zolllager. Obwohl dieses Lager den Anschein der Öffentlichkeit hat, ist es ein privates Zolllager; es wird nicht von der öffentlichen Hand geführt, sondern von einer privaten Firma; bei den meisten Flughäfen von der Bremer LUG.

Die Durchführungsverordnung zum Zollkodex unterscheidet folgende Lagertypen:

Typ A: **öffentliche Zolllager**, unter Verantwortung des **Lagerhalters von jedermann** benutzbar;

Typ B: **öffentliche** Zolllager, unter Verantwortung des **Einlagerers von jedermann** benutzbar;

Typ C: **private** Zolllager, nur für Waren des Lagerhalters, Lagerhalter und Einlagerer sind ein und dieselbe Person, die jedoch nicht unbedingt Eigentümer der Ware sein muss;

Typ D: **private** Zolllager, Beschreibung wie Typ C, Voraussetzung ist jedoch, dass bei der Einlagerung Beschaffenheit, Zollwert und Menge festgestellt worden sind;

Typ E: ebenfalls **private** Zolllager wie Typ C, jedoch werden die Waren nicht im Zolllager gelagert;

Typ F: wieder ein **öffentliches** Zolllager, das von der **Zollbehörde** verwaltet wird.

Für Spediteure wird wohl vorwiegend Typ D, eventuell Typ C in Betracht kommen, der Typ, den man nach früherem deutschen Recht als offenes Zolllager bezeichnete.

Voraussetzung für die Genehmigung ist – neben einer zu leistenden Sicherheit wie bei Aufschub und Sammelzollverfahren und der Vertrauenswürdigkeit des Antragstellers –, dass für den Einführer ein wirtschaftliches Bedürfnis besteht. Ein solches Bedürfnis kann bestehen, wenn

- ein Importeur z. B. den ganzen Jahresbedarf auf einmal erhält und er nicht nach einem Monat schon den kompletten Zoll zahlen will;
- die Ware nur im Transit ist und später reexportiert werden soll;
- man sich über die genaue Bestimmung der Waren noch nicht im Klaren ist, weil z. B. ein Teil der Ware in einen Verwendungs- oder Veredelungsverkehr überführt werden soll.

Wenn ein solches Bedürfnis nachgewiesen wird und die Vertrauenswürdigkeit des Inhabers des Verfahrens gewährleistet ist, kann dem Antrag stattgegeben werden. Je nach Bedürfnis können eine oder mehrere Lagerstätten genehmigt werden, die zwar deutlich gekennzeichnet, aber nicht zollsicher sein müssen.

Ablauf des Verfahrens

Bei Einlagerungen in das offene Zolllager ist zu verfahren wie bei jedem anderen Import auch. Im Einheitspapier ist lediglich im Mittelfeld des 1. Feldes die Ziffer 7 einzutragen. Nach Prüfung des Zollantrages ist die Ware **unverzüglich und unverändert** in das Zolllager zu überführen. Nach der Einlagerung kann die Ware in den freien Verkehr entnommen werden oder in ein anderes Zollverfahren überführt werden.

Die Entnahme in den freien Verkehr erfolgt formlos durch Abschreibung in der Lagerkartei. Am Monatsende sind alle Entnahmen zur Zahlung anzumelden und bis spätestens zum 16. des Folgemonats zu zahlen. Fehlmengen sind ebenfalls zu verzollen.

Für **Entnahmen** gilt der Zollwert zum Zeitpunkt der Einlagerung, aber der Zollsatz am Tag der Auslagerung.

Es kann zugelassen werden, dass Waren auch **vorübergehend** (Artikel 110 Zollkodex) ohne Entrichtung von Einfuhrabgaben entnommen werden, um z. B. auf Messen vorgeführt zu werden.

Wird Zollgut aus dem Zolllager in ein anderes Zollverfahren überführt (z. B. in ein anderes Zolllager, in ein Versandverfahren T1, in einen Verwendungsverkehr), so ist es erneut zu gestellen. Die Überführung in das andere Zollverfahren muss in der Regel papiermäßig bewiesen werden, damit keine Einfuhrabgaben zu entrichten sind.

Bei Überführung in einen anderen besonderen Zollverkehr ist entweder das Formblatt 0424 oder 0423 auszufüllen.

Wichtig ist, dass bei einem Zolllager genau Buch geführt wird. Für alle Auslagerungen, für die man keine Eingangsabgaben entrichten will, muss ein Nachweis erbracht werden. Für alle Entnahmen in den freien Verkehr oder für Fehlmengen und nicht bewiesene Überführungen in andere Zollverkehre sind die Eingangsabgaben am Ende des Monats, spätestens bis zum 16. des Folgemonats zu entrichten.

Abfertigungen zum Zolllager lassen sich inzwischen über das Atlas-System abwickeln.

13.17.3 Veredelungsverkehre

Zolltechnisch geht der Begriff **Veredelung** weiter als im betriebswirtschaftlichen Sinne. Beim Zoll bezeichnet man jede Be- und Weiterverarbeitung mit Wertsteigerung als Veredelung.

Von **Veredelungsverkehren** spricht man nur dann, wenn die Ware dabei die Zollgrenze der Gemeinschaft überschreitet.

Das Zollrecht kennt zwei **Formen von Veredelungsverkehren**:

- aktive Veredelung
- passive Veredelung

13.17.3.1 Aktive Veredelung

Von aktiver Veredelung (Artikel 114 bis 129 Zollkodex) spricht man dann, wenn Ware aus einem Drittland in die Bundesrepublik Deutschland eingeführt wird (ohne Erhebung von Eingangsabgaben), hier be- oder verarbeitet wird und wieder in ein Drittland ausgeführt wird. Ein aktiver Veredelungsverkehr muss bewilligt sein; die Abfertigung erfolgt mit dem Einheitspapier.

Beispiel:
Auspufftöpfe werden aus Japan eingeführt, hier mit einem Katalysator versehen und wieder in die Schweiz ausgeführt.

Der Spediteur hat mit diesem Verfahren häufiger zu tun, wenn Waren aus einem Drittland in die Bundesrepublik Deutschland zur Ausbesserung (Reparatur) kommen, um nach der Ausbesserung wieder ausgeführt zu werden.

13.17.3.2 Passive Veredelung

Die passive Veredelung (Artikel 145 bis 160 Zollkodex) ist der umgekehrte Fall: Waren werden in ein Drittland ausgeführt, um dort weiter be- oder verarbeitet zu werden, und kehren anschließend wieder zurück. Dies ist häufig dann der Fall, wenn die Be- oder Verarbeitung sehr lohnintensiv ist und die Löhne im Drittland wesentlich billiger sind.

Bei der Wiedereinfuhr der Waren ist die sogenannte **Differenzverzollung** durchzuführen. Diese ist inzwischen vereinfacht worden: Man subtrahiert vom Wert der eingeführten Ware den Wert der ausgeführten Ware. Die Differenz ist der Zollwert, für den der entsprechende Zoll zu entrichten ist.

13.17.4 Umwandlung

Umwandlung (Artikel 130 bis 136 Zollkodex) ist im Prinzip das Umgekehrte wie die Veredelung. Auch hier wird eine Ware in einem zugelassenen Betrieb be- oder verarbeitet; sie wird jedoch nicht höherwertig, sondern minderwertig. Der Zollkodex lässt dies nur zu:

- wenn der ursprüngliche Zustand der Ware wirtschaftlich sinnvoll nicht mehr hergestellt werden kann,
- wenn das Verfahren nicht dazu dient, Ursprungsregelungen zu umgehen,
- wenn Interessen von Herstellern gleichartiger Waren in der Gemeinschaft nicht beeinträchtigt werden.

ZOLL
DOUANE

482

Beispiel 1:
Ein Tourist kommt aus einem Drittland mit seinem Fahrzeug in die Bundesrepublik Deutschland und wird in einen schweren Unfall verwickelt. Das Fahrzeug ist so stark beschädigt, dass die Reparaturkosten höher sind als der Zeitwert. Normalerweise müsste der Tourist sein Fahrzeug nun verzollen. Er kann es aber in einem zugelassenen Betrieb in Schrott umwandeln lassen. Er hat dann nur noch Schrott zu verzollen. Und da in der EG gesammelte Altwaren EG-Ursprungseigenschaft haben, entstehen keine Einfuhrabgaben.

Beispiel 2:
Branntwein wird eingeführt. Um EG-Hersteller von Branntwein zu schützen, wird er vergällt, damit er nicht mehr trinkbar ist. Der vergällte Branntwein unterliegt niedrigeren Einfuhrabgaben.

13.17.5 Vorübergehende Verwendung

Wenn eingeführtes Zollgut ohne Entrichtung von Einfuhrabgaben (oder bei ermäßigten Abgaben) hier verwendet werden kann, spricht man von vorübergehender Verwendung (Artikel 137 bis 144 Zollkodex). Dies erklärt sich schon aus dem Namen: Nichtgemeinschaftsware darf vorübergehend wie Gemeinschaftsware verwendet werden ohne Entrichtung von Einfuhrabgaben und muss anschließend wieder ausgeführt werden.

Beispiele:
Messegut, Fotonegative, Montagegut.

Die Abfertigung erfolgt auch hier mit dem Einheitspapier, kann aber auch durch Carnet A.T.A. erfolgen. Innerhalb der EG ist die vorübergehende Verwendung formlos – ohne jegliche Papiere.

13.17.6 Besondere Verwendung

Der Begriff der besonderen Verwendung oder Freigutverwendung ergibt sich aus dem Zollkodex Art. 82 und ZK-DVO Art. 291 bis 308. Ist im DGebrZT der Vermerk „unter zollamtlicher Überwachung" angebracht, so kann diese Ware zwei verschiedenen Zollsätzen unterliegen: dem „normalen" und einem ermäßigten, wenn diese Ware unter zollamtlicher Überwachung einer besonderen Verwendung zugeführt wird.

Beispiel:
Es gibt Waren, die sowohl für die Kosmetikindustrie als auch für die Lebensmittelindustrie verwendbar sind. Letztere erhält dann in der Regel den ermäßigten Zollsatz. Oder es gibt Öle, die sowohl zu technischen Zwecken als auch für die Lebensmittelindustrie verwendet werden können.

Die Zollfreiheit oder Zollermäßigung hängt also von einer besonderen Zweckbindung der Ware ab. Ob die Ware der besonderen Verwendung zugeführt wird, wird mit dem **Kontrollexemplar T Nr. 5**, einem weiteren Exemplar des Einheitspapiers, überwacht.

13.18 Zoll und Datenverarbeitung

In Kapitel 13.9.2 wurde bereits der 1997 eingeführte Elektronische Zolltarif (EZT) dargestellt, der die Einreihung von Waren über Datenverarbeitung ermöglicht. Darüber hinaus kann auch die eigentliche Zollabfertigung mit Datenverarbeitungsträgern und auch

„online" erfolgen. So haben viele Unternehmen eigene Software entwickelt, um z. B. Sammelzollanmeldungen monatlich auszudrucken, ebenso Zahlungsanmeldungen für Entnahmen aus dem Zolllager usw.

Die Zollbehörden haben für Online-Abfertigungen ein System entwickelt: ATLAS für die Einfuhr.

13.18.1 Das System ATLAS

Das System ATLAS ist inzwischen für die Einfuhrabfertigung eingeführt und wird systematisch auf andere Bereiche ausgeweitet. Der neueste Stand ist abzurufen unter www.kost-atlas.de oder durch Weiterverbindung über die Seite www.zoll-d.de.

Das ATLAS-Verfahren ist größtenteils papierarm ausgelegt. Im vorgesehenen Verfahren verzichtet der Zoll auf die bisherige Zollanmeldung und erhält nur noch die Dokumente, die sich ohnehin schon bei der Ware befinden wie Ursprungszeugnisse, Warenverkehrsbescheinigungen, Handelsrechnungen usw. Auch die Abrechnungen der Abgaben erfolgen nicht mehr auf Papier, sondern die berechneten Abgaben werden per EDI (Electronic Data Interchange) an den Zahlungspflichtigen übermittelt. Die Beschleunigung der Zollabwicklung wird in jedem Falle eine erhebliche Verkürzung der Zeiten innerhalb der Transportkette bewirken. Sendungen können bereits vor der Ankunft abgefertigt werden, was zu einem schnelleren Umschlag führt.

Die Datenschnittstellen sind auf der Basis der Weltnorm EDIFACT (Electronic Data Interchange For Administration, Commerce and Trade) aufgebaut und nicht mehr auf zolleigenen Lösungen. Auch die Datenübertragung wurde auf das weltweit standardisierte Mailverfahren X.400 umgestellt. Weitere Informationen finden Sie in Kapitel 13.7.

ZUSAMMENFASSUNG

1. Bei „Importen" aus anderen Ländern unterscheidet man zwischen Eingängen aus EU-Staaten und Einfuhren aus Drittländern.

2. Eingänge aus EU-Staaten bedürfen keiner zollamtlichen Behandlung, sondern nur einer steuerlichen und statistischen Erfassung.

3. Bei Einfuhren aus Drittländern ist jede Ware vom Gestellungspflichtigen an der Einfuhrzollstelle zu gestellen.

4. Bei der Gestellung muss die Nämlichkeit (Identität) der Ware gesichert werden.

5. Innerhalb einer Frist von 20 Tagen (Seeverkehr: 45 Tage) ist vom Einführer oder dessen Beauftragten eine Zollanmeldung zu erstellen für die Abfertigung der Waren zum freien Verkehr oder zu einem anderen Zollverfahren. Der Anmelder gilt als Inhaber des Verfahrens.

6. Die Zollanmeldung erfolgt in der Regel im ATLAS-System über eigene Software oder über die Webseite des Zoll und dem Link „Internetzollanmeldung". Nur noch in wenigen Fällen wird das Einheitspapier verwendet.

7. In der Regel muss für die Berechnung der Einfuhrabgaben zunächst der Zollwert ermittelt werden. Diesen Zollwert nennt man Transaktionswert.

8. Im „Normalfall" geht man bei der Berechnung von der Warenrechnung aus. Diese Warenrechnung muss je nach Lieferbedingung korrigiert werden, bis man den Warenwert an der EG-Grenze ermittelt hat.

9. In der Regel ist bei den Kosten eindeutig feststellbar, ob sie innerhalb oder außerhalb der EG entstanden sind. Insbesondere bei den Frachtkosten muss eine Aufteilung stattfinden.

10. Liegt einer Lieferung kein Verkauf zur Ausfuhr in die EG zugrunde und liegt somit keine Warenrechnung vor oder gibt es andere Gründe, die den Rechnungspreis beeinflusst haben (z. B. Verbundenheit von Käufer und Verkäufer), so ist der Zollwert auf andere Art zu ermitteln.

11. Die Zollwertermittlung ist auf dem Formblatt D.V.1 durchzuführen, das zusammen mit der Rechnung und anderen Unterlagen über entstandene Kosten (z. B. Frachtbrief) dem Zollantrag beizufügen ist.

12. Maßgebender Zeitpunkt für die Ermittlung des Zollwertes ist der Tag der Abgabe bei den Zollbehörden.

13. Jede Ware ist bei der Zollanmeldung einzureihen (zu tarifieren). In der Praxis geschieht dies mit dem Deutschen Gebrauchszolltarif in Version des Elektronischen Zolltarifs EZT, manchmal auch noch in Druckform – oder auch über TARIC, dem Zolltarif der EU.

14. Durch die Einreihung ergibt sich unter Berücksichtigung des Ursprungslandes der Ware der bei der Einfuhr zu erhebende Zollsatz.

15. Es ist auf eine genaue Warenbeschreibung zu achten. Gibt es für eine Ware mehrere Möglichkeiten, so ist nach den „Allgemeinen Vorschriften" zu verfahren. Insgesamt sind aber die einzelnen Kapitelvorschriften des Zolltarifs vorrangig.

16. Bereitet die Einreihung besondere Probleme, so besteht die Möglichkeit, von der Oberfinanzdirektion eine verbindliche Zolltarifauskunft zu erhalten.

17. Das gemeinschaftliche Versandverfahren dient der vereinfachten Grenzabfertigung für Ex- und Importe zwischen EG und EFTA im Flächenversand und der zollamtlichen Überwachung bei der Versendung von Nichtgemeinschaftswaren innerhalb der EG.

18. Jeder Spediteur sollte sowohl zugelassener Versender als auch zugelassener Empfänger (gVV) sein, um unnötige Wartezeiten der Frachtführer bei den Binnenzollstellen zu vermeiden und so die Warenzustellung zu beschleunigen.

19. Das Carnet TIR ist ein vom Internationalen Frachtführerverband, hier vertreten durch den BGL, herausgegebenes Versandscheinheft. Es dient der vereinfachten Grenzabfertigung im Flächenversand über die Grenzen von EG und EFTA hinaus.

20. Das Carnet A.T.A. ist ein Versandschein für die vorübergehende zollfreie Verwendung in Drittländern von Messegut, Montagewerkzeugen und kulturellen Ausrüstungsgegenständen.

21. Warenverkehrsbescheinigungen dienen dem Nachweis der Ursprungseigenschaft von EG-Waren oder Waren der Vertragsstaaten zur zollbegünstigten Einfuhr auf Grund von Präferenzabkommen.

22. Bei der Abfertigung durch die Zollbehörden entscheidet der Zollbeamte, ob beschaut wird oder nicht. Probeentnahmen sind zu dulden.

23. Nach der Prüfung des Zollantrages werden die Einfuhrabgaben festgelegt und ein Zollbescheid erteilt.

24. Die Einfuhrabgaben sind neben der Eigenart der Ware (Einreihung) abhängig von:
    - dem Ursprungsland,
    - Ermäßigungen durch Zollaussetzungen oder Zollkontingente,
    - der Frage, ob die Ware einer Abschöpfung oder einem Teilbetragszoll unterliegt,
    - der Frage, ob die Ware der Verbrauchsteuer unterliegt.

25. Auf den Zollwert, alle Einfuhrabgaben sowie alle in der EG entstandenen Kosten bis zum ersten Bestimmungsort wird die Einfuhrumsatzsteuer in Höhe des jeweiligen Mehrwertsteuersatzes erhoben.

26. Unter Erhebungsverfahren versteht man Art und Zahlungsform der zu entrichtenden Einfuhrabgaben.

27. Es gibt die Möglichkeiten:
    a) nach Einreichung und Prüfung der Einzelzollanmeldung sofort zu bezahlen,
    b) nach Einreichung und Prüfung der Einzelzollanmeldung erst am 16. des Folgemonats zu zahlen und
    c) nach Abgabe einer vereinfachten Zollanmeldung oder nach Aufzeichnung erst am 16. des Folgemonats zu zahlen (Sammelzollanmeldung).

    Die unter a) bezeichnete Möglichkeit kann jeder Einführer beanspruchen. Die unter b) bezeichnete Möglichkeit muss jedem Einführer gewährt werden, der Sicherheit geleistet hat. Die unter c) bezeichnete Möglichkeit erfordert neben der Leistung einer Sicherheit auch die Vertrauenswürdigkeit des Antragstellers. Das Aufzeichungsverfahren ist nur für zugelassene Empfänger nach vorangegangenem Versandverfahren möglich.

28. Bei Sammelzollverfahren sind die Anträge nach zwei Warengruppen getrennt abzugeben. Wird der Antrag im fremden Namen abgegeben, so ist je Einführer ein Antrag zu stellen.

29. Unter die Nichterhebungsverfahren und Verfahren von wirtschaftlicher Bedeutung fallen alle Verfahren, bei denen die Ware nicht zum freien Verkehr abgefertigt wird.

30. Folgende Zollverfahren gibt es: Überführung in den zollrechtlichen freien Verkehr, Versandverfahren, Zolllagerverfahren, Veredelungsverkehre, Umwandlungsverfahren, Verwendungsverkehre und Ausfuhrverfahren.

31. Alle Verfahren sind nur nach Antrag, Genehmigung, Leistung einer Sicherheit und oft auch bei besonderer Vertrauenswürdigkeit des Antragstellers möglich.

32. Unter die Versandverfahren fallen z. B. das gemeinschaftliche Versandverfahren, Carnet TIR, Carnet A.T.A., innerstaatliche Versandverfahren usw.

33. Unter Zollgutlagerung versteht man das Verbringen von eingeführter Ware in ein Zolllager ohne Entrichtung von Einfuhrabgaben. Einfuhrabgaben entstehen erst bei Entnahme in den freien Verkehr oder sie entfallen völlig bei Überführung in ein anderes Zollverfahren von wirtschaftlicher Bedeutung.

34. Unter Veredelungsverkehren versteht man das Verbringen von Waren über die Grenzen der Gemeinschaft zur Weiterverarbeitung mit Wertsteigerung und anschließendem erneuten Grenzübertritt. Man unterscheidet in aktive, passive und Freihafenveredelung.

35. Unter Umwandlung versteht man die Be- oder Verarbeitung eines Gutes in ein anderes, minderwertiges Gut, um die Einfuhrabgaben zu senken.

36. Bei Verwendungsverkehren darf eingeführtes Zollgut ohne Entrichtung von Einfuhrabgaben (bzw. geringeren Abgaben) wie Gemeinschaftsware verwendet werden.

Lernfeld 12:
Beschaffungslogistik anbieten und organisieren

Einstiegssituation:

*Eine Schokoladenfabrik mit Sitz im Ort A in Deutschland vertreibt ihre Erzeugnisse europaweit. Aufgrund der Verkaufszahlen der letzten vier Jahre wird mit einem Absatzvolumen für das nächste Jahr von 432 000 000 Schokoladentafeln (bezogen auf 100 g) gerechnet. Die Steigerungsrate für diesen Betrachtungszeitraum belief sich auf durchschnittlich 2,5 %. Jährlich wird an 240 Tagen gearbeitet. Mit den Lieferanten sind **Rahmenverträge** zur Abnahme der benötigten Vorprodukte abgeschlossen.*

Die Kakaobohnen werden aus drei Ländern importiert: Ghana, Ecuador, Brasilien. Die entsprechenden Verschiffungshäfen sind: Takoradi, Guayakil, Santos. Das benötigte Vollmilchpulver wird von drei Milchwerken in Deutschland bezogen. Die Entfernungen zu den Lieferstandorten der Milchwerke, zu möglichen Einfuhrhäfen, zur Zuckerfabrik sind nachstehender Übersicht zu entnehmen.

Übersicht			
Firmensitz	⇒	Hamburg	267 km
dto.	⇒	Bremerhaven	400 km
dto.	⇒	Milchwerk 1	185 km
dto.	⇒	Milchwerk 2	79 km
dto.	⇒	Milchwerk 3	101 km
dto.	⇒	Zuckerfabrik	515 km

Noch zur Produktion benötigtes Sahnepulver wird ebenfalls im Milchwerk 2 bezogen.

Bisher waren in den Kaufverträgen folgende Lieferklauseln festgelegt:

Kakao	cif deutscher Löschhafen
Vollmilchpulver	frei Haus
Zucker	frei Haus
Sahnepulver	frei Haus

*Die Schokoladenfabrik möchte die gesamten Lieferketten besser durchorganisieren und bittet deshalb eine internationale Spedition, ein Gesamtkonzept für die Beschaffungslogistik der genannten Produkte zu entwickeln. Dabei soll auch der Bereich Beschaffungslagerung kritisch durchleuchtet werden, einem eventuellen **Outsourcen** dieses Bereiches steht man seitens des Poduzenten aufgeschlossen gegenüber.*

FRAGEN/AUFGABEN

1. Welchen Anteil haben die genannten Vorprodukte am Endprodukt?

   Annahme: 32 % Kakaopulver
   43 % Vollmilchpulver
   23 % Zucker
   2 % Sahnepulver

2. Wie sind die Beschaffungsmengen auf die einzelnen Milchwerke verteilt?

   Milchwerk 1 : Milchwerk 2 : Milchwerk 3 = 2 : 4 : 3

3. Müssen die Lieferklauseln umgestellt werden, um die Produktionsversorgung kontinuierlich steuern zu können?

4. Die bisher an den einzelnen Wochentagen bereitgestellten Mengen an Vollmilchpulver entnehmen Sie folgendem Schaubild:

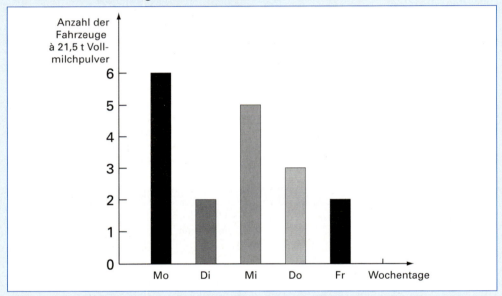

5. Genügt Ihnen diese Darstellung, um weitere Entscheidungen bezüglich der Zustellung rational begründen zu können?
   (Hinweis: auch Reduktion der Lieferanten langfristig in die Überlegungen mit einbeziehen!)

   Angeforderte mögliche Anwort:

Werk	Gesamtmenge in t	Anlieferungen an				
		Mo	Di	Mi	Do	Fr
1	86	2		1	1	
2	172	3	2	2	1	
3	129	1		2	1	2

6. Entwickeln Sie weitere Fragen, die dazu beitragen, ein Lösungskonzept entwickeln zu können und erstellen Sie dann ein solches.

14   Grundlagen, begriffliche Abgrenzungen

In jüngerer Zeit sind in zunehmenden Maße Bemühungen der Verladerschaft, die **Logistikkosten**, die im Produktionsbereich um 15 % und im Handel bis zu 25 % der Gesamtkosten ausmachen[1], zu reduzieren. Im Einzelnen werden diese Verbesserungen durch unterschiedliche Teilverbesserungen betrieblicher Leistungsbereiche erreicht:

- Verbesserung des Lieferservicegrades – hier sollen z. B. Lieferzeiten verkürzt, die Lieferbereitschaft und die Lieferzuverlässigkeit erhöht sowie die Lieferbedingungen verbessert werden.
- Eine Reduzierung der Durchlaufzeiten soll erreicht werden (eigentliche Produktionslogistik).
- Die Logistikkosten sollen insgesamt auf ein niedrigeres Niveau abgesenkt werden.
- Eine Bestandsreduzierung hat zu erfolgen, in der Beschaffung wie im Absatz (beidseitig keine so umfangreichen Pufferläger mehr).
- Die Vielzahl der innerbetrieblichen Abläufe sind besser aufeinander abzustimmen und für die einzelnen Mitarbeiter durchschaubarer zu machen.

Aus diesen Gründen heraus beauftragen solche Unternehmen i. d. R. leistungsfähige Speditionen, die auch über einen eigenen Fuhrpark verfügen, den gesamten Distributions- und Beschaffungsbereich bezüglich logistischer Abwicklung konzeptionell neu durchzuplanen. Das angestrebte Ziel ist hier eine horizontale Integration von Beschaffungs-, Produktions- und Absatzlogistik, wobei für jeden Teilbereich wiederum aufeinander abgestimmte Planungssysteme, Dispositions- und Informationssysteme, Lagersysteme, Förder-, Transport-, Umschlag- und Kommissioniersysteme vertikal aufeinander abzustimmen sind. Ergänzt werden diese Teilsysteme der Logistik durch die Einbindung der **Entsorgungslogistik** in den gesamtlogistischen Prozess.

Im Schaubild kann man den Zusammenhang der logistischen Teilsysteme wie folgt darstellen:

Logistisches Gesamtsystem		
Beschaffungs-logistik	**Produktions-logistik**	**Distributions-logistik**
Entsorgungslogistik		

Die dargestellten Teilsysteme der Logistik lassen sich auf jeder Produktionsstufe im Güterkreislauf darstellen.

Ausgehend von der Rohstoffgewinnung ergeben sich folgende Zusammenhänge:

1. Rohstoffgewinnung; bei ihr werden neben den zu gewinnenden Rohstoffen auch Abfallstoffe erzeugt, die als Abraum i. d. R. zu einer Deponie verbracht werden müssen.
2. Die abgesetzten Rohstoffe werden durch operative Logistikprozesse (wie Transportieren, Umschlagen, Lagern, Manipulieren) zu Veredelungsunternehmen verbracht, wobei eventuell notwendig gewordene Verpackungen entsorgt werden müssen. Für die Veredelungsunternehmen handelt es sich hier um Beschaffungslogistik, für das Unternehmen der Rohstoffgewinnung um Distributionslogistik.

---

[1] *Zum Beispiel Chemische Industrie 14,1 %, Lebensmittelindustrie 13,4 %, Handel im Konsumgüterbereich 24,2 %, im Investitionsgüterbereich 26,4 %.*

3. Bei der Veredelungsproduktion fallen selbst wiederum Produktionsabfälle an, die wiederum zu entsorgen (teilweise in Spezialanlagen zu verbrennen) sind. Auch hier entstehen nachzufragende Transport-, Umschlag- und Lagerleistungen.

4. Die veredelten abgesetzten Produkte werden in entsprechender Verpackung den weiterverarbeitenden Unternehmen zugestellt. Hier müssen die Verpackungsabfälle entsorgt werden.

5. Die weiterverarbeitende Industrie stellt die unterschiedlichsten Endprodukte her. Auch hierbei fallen Produktionsabfälle an, die zu entsorgen sind. Der Absatz der erstellten Produkte an den Großhandel erfordert dort wiederum einen zu entsorgenden Verpackungsaufwand.

6. Der Großhandel übernimmt die Verteilung der Produkte an die vielen Einzelhandelsgeschäfte, sofern diese nicht direkt von der verarbeitenden Industrie beliefert werden. Die Waren müssen hier kommissioniert und zu entsprechenden Gebinden zusammengestellt werden; es fällt wiederum Verpackungsabfall an.

7. Im Einzelhandelsgeschäft selbst kann der Kunde die Umverpackung[1] zurücklassen, da diese Unternehmen verpflichtet sind, dem Kunden entsprechende Entsorgungsmöglichkeiten zur Verfügung zu stellen.

Im Schaubild kann dieser Kreislauf wie folgt dargestellt werden[1]:

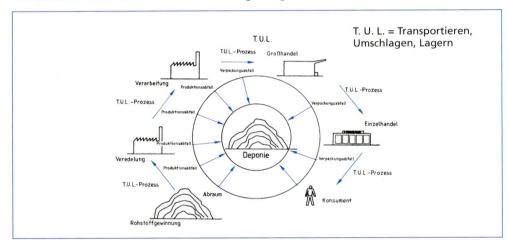

Die genannten T. U. L.-Prozesse wurden zunächst als getrennte Prozesse betrachtet, die in den einzelnen Funktionalbereichen anfielen. So kann man feststellen, dass Logistik sich **quer** auf alle Unternehmensbereiche erstreckt, also insbesondere auf die Bereiche Beschaffung, Produktion und Distribution – später auch auf die Entsorgung. Die Lösungsansätze der Logistik für die einzelnen Funktionsbereiche waren jedoch nicht aufeinander abgestimmt.

Somit ist es nicht ausreichend, wenn z. B. die Beschaffungslogistik sich nur mit den Problemen der Warenannahme, der Wareneingangsprüfung, der Lagerhaltung und -verwaltung, der Lagerdisposition, dem innerbetrieblichen Transport zu den innerbetrieb-

---

[1] *Vgl. hierzu auch die Verordnung über die Vermeidung von Verpackungsabfällen (Verpackungsverordnung vom 12. Juni 1991, insbesondere § 5 VerpackVO).*
Nach: A. Rinschede/K. H. Wehking: Entsorgungslogistik I, Grundlagen, Stand der Technik, hrsg. von R. Jünemann, Berlin 1991, S. 29.

lichen Fertigungsorten beschäftigt, auch dann nicht, wenn parallel zu diesen Aufgaben eine entsprechende Steuerung und Kontrolle des Materialflusses stattfand. Eine Beschaffungslogistik kann man ohne den Bereich Einkauf wohl nicht betreiben, der ja entscheidend für den Bezug der benötigten Fertigungsteile ist, ausgehend von der Erkundung geeigneter Lieferanten, dem Abschluss entsprechender Beschaffungsverträge sowie einer ständigen Preis- und Qualitätskontrolle.

Da die Globalisierung der Märkte sowohl auf der Beschaffungsseite als auch Absatzseite zu nachhaltigen Veränderungen führte, Verkäufermärkte sich zu Käufermärkten umwandelten, war es für die Hersteller notwendig, sich diesen Veränderungen anzupassen, was einerseits zu einer Beschränkung auf die Kernkompetenzen führte, andererseits zur Auslagerung (Outsourcing) von Betriebsteilen, z. B. in der Teilefertigung, in der Auslagerung des Werkverkehrs, der Lagerhaltung.

15 Unterschiedliche Logistikbegriffe, ihre Merkmale und Zielrichtung

Die differenzierten, miteinander verflochtenen logistischen Aufgaben, die bei der Beschaffung, Produktion, dem Absatz und der Entsorgung anfallen, versuchte man durch entsprechende Definitionen des Logistikbegriffes zu erfassen. Hier seien zwei Definitionen zum Logistikbegriff stellvertretend aufgeführt, die gleichzeitig Weiterentwicklung und unterschiedliche Sichtweise der **Querschnittsfunktion** Logistik dokumentieren:

- Logistik ist „die Gestaltung, Steuerung, Regelung und Durchführung des gesamten Flusses an Energie, Informationen, Personen, insbesondere jedoch von Stoffen (Materie, Produkte) innerhalb und zwischen Systemen".[1]
- Logistik ist „die Planung, Steuerung, Durchführung und Kontrolle aller Materialbewegungen, z. B. für Rohmaterial, Halbfertigerzeugnisse, Fertigerzeugnisse und Reststoffe, mit den dazugehörenden Informationen und den organisatorischen Voraussetzungen vom Ort der Erstellung über den Verbrauch bis zur Entsorgung – mit dem Ziel hoher Effizienz und Wirtschaftlichkeit sowie mit dem Bestreben, die Kundenwünsche zu befriedigen".[2]

Bei einer Betrachtung dieser beiden Definitionen ist zunächst darauf zu achten, ob sie den grundlegenden Erfordernissen logistischer Aufgabenstellungen gerecht werden. Coyle, J./Bardi, E./Langley, J., haben einfache Kriterien festgelegt (in: „The management of business logistics", St. Paul, West publishing company, S. 5), die bei der Erstellung logistischer Leistungen erfüllt sein müssen. Es sind dies:

- Anlieferung der richtigen Produkte
- Anlieferung der richtigen Mengen
- Anlieferung der richtigen Qualitäten
- Anlieferung am richtigen Ort
- Anlieferung zur richtigen Zeit
- Anlieferung zu den richtigen Kosten
- Anlieferung an den richtigen Kunden

---

[1] *W. Kirsch/Bamberger/Gabele/Klein: Betriebswirtschaftliche Logistik, S. 69.*
[2] *H. Rendez: Konzeption integrierter Logistik-Dienstleistungssysteme, 1992, S. 6, zitiert nach H. Baumgarten.*

Diese Kriterien gelten sowohl auf der Beschaffungsseite als auch auf der Absatzseite eines Unternehmens. Ihre Erfüllung erfordert sicherlich ein hohes Maß planerischer Gestaltung und informationstechnischer Vernetzung (aus beiden Definitionen zu entnehmen), damit sie im operationalen Handeln dann auch umgesetzt werden können – selbstverständlich mit einer minimalen Fehlerquote (vgl. Stichworte Effizienz und Wirtschaftlichkeit der zweiten Definition).

Die erste Definition kann sowohl von den unterschiedlichen industriellen Unternehmen und Handelsbetrieben als Grundlage ihres wirtschaftlichen Handelns verwendet werden als auch von Logistikdienstleistungsunternehmen. Sie ist produktionswirtschaftlich ausgerichtet, einmal auf das einzelne Werk und dann auf den Verbund der Zweigwerke und wird somit **innerhalb** eines **Systems** (z. B. Konzerns) aufgebaut, aber auch zur Umwelt des Konzerns (Beschaffungs- und Absatzseite). Der Logistikdienstleister kann hier im Bereich der Produktionslogistik nur wenige Teilaufgaben übernehmen wie z. B. Anlieferung von Gitterboxen an entsprechende Fertigungsabschnitte, innerbetriebliche Transporte und kurzfristige Zwischenlagerungen (z. B. auf WAB), Übernahme und Entsorgung von Verpackungsmaterial und Reststoffen.

Die zweite Definition ist aus der Sicht des Logistikdienstleisters zu sehen, wobei das Ziel sein muss, eine Übereinstimmung von Kundenwünschen und Leistungserstellung herbeizuführen.

16 Einteilung logistischer Aufgaben nach der räumlichen Komponente

Hier ist es sinnvoll, von räumlich eng begrenzten bis hin zu globalen Verteilernetzen eine Einteilung vorzunehmen. Eine Struktur könnte wie folgt aussehen:

- **Projektlogistik**; hier sind zwar die Quellen der verschiedenartigsten Güter völlig räumlich verteilt, das Ziel ist aber auf einen einzigen Standort festgelegt (z. B. Großbaustellen von Kraftwerken, Staudämmen, Raffinerien usw.). Hohe Anforderungen werden in der Projektlogistik sicherlich an die Transport- und Umschlagaufgaben gestellt; aber auch die vielgestaltigen Terminabstimmungen (Fertigstellungstermine Hersteller, Übernahmetermine, Versandtermine, vorgegebene Gestellungstermine an der Baustelle) bedingen einen regelmäßigen Informationsaustausch zwischen allen Beteiligten.
- **City-Logistik**; entstanden ist sie sicherlich durch die Zunahme sog. **negativer externer Effekte** in unseren Städten, verursacht durch den Wirtschafts-, Individual- und öffentlichen Verkehr. Um die Innenstädte vor weiteren Lärmbelastungen, Luftverschmutzungen und steigenden Unfallrisiken zu schützen, gingen viele Städte daran, verkehrsberuhigte Zonen, Fußgängerzonen zu errichten, um den Verkehr einzudämmen. Das Verkehrswesen musste auf diese Entwicklungen reagieren und versucht, mit neuen Konzepten dem Wirtschaftsverkehr in städtischen Gebieten mithilfe der City-Logistik eine wesentliche Effizienzsteigerung zu verleihen.

  Um solche Konzepte umsetzen zu können, müssen alle Beteiligten an ihrer Entwicklung mitwirken – hier die verschiedenen Logistikdienstleister einschließlich der von ihnen eingesetzten Subunternehmer (bis jetzt erfolgte von ihnen eine eigenständige Belieferung der Unternehmen im innerstädtischen Bereich), die Empfängerfirmen selbst, die eventuell durch Depoteinrichtungen (Frühzustellung möglich, Entflechtung des Verkehrs), bessere Warenannahmesysteme dazu beitragen, unnötige Standzeiten zu verringern, und die Kommunen selbst, die durch unterschiedliche Auflagen die Verkehrsströme steuern können (auch vom Individualverkehr).

Sinnvoll ist es, wenn sich die Speditionen zusammenschließen (z. B. Zusammenschluss auf vertraglicher Basis in mehreren Kooperationsgruppen), um die Innenstadt von einem GVZ aus gezielt zu beliefern. Am Beispiel der Umsetzung eines solchen Konzeptes in Freiburg/Brsg. sollen die Vorteile dieses Vorgehens dargestellt werden[1]:

- 12 Speditionen und die Deutsche Bahn AG schließen sich in 4 Kooperationsgruppen zusammen, um die Innenstadt zu beliefern.
- Startbeginn des Konzeptes Oktober 1993.
- Ergebnisse, die bis jetzt festgehalten werden können bei unverändertem Sendungsaufkommen:

	vor Konzeptbeginn	nach Umsetzung	Einsparungs-potenziale
Anzahl der Touren:	440	295	32,95 %
Anzahl der eingesetzten Lkw:	352	171	51,42 %
frühere Verweildauer der Lkw in der Innenstadt:	612 Std.	317 Std.	48,20 %
Auslastungsgrad der Lkw:	45 %	70 %	

In vielen anderen Städten, wie z. B. Stuttgart, Ulm, Augsburg, München, Berlin, Bremen, Hamburg, Frankfurt, Kassel usw., haben sich Speditionen zusammengeschlossen, um solche Konzepte zu realisieren. Sicherlich kann eine einheitliche Vorgehensweise hier nicht erfolgen, die Gegebenheiten vor Ort – sind z. B. Großmärkte oder Fußgängerzonen zu beliefern – sind jeweils zu berücksichtigen.

- **regionale Logistikkonzepte**; hierunter fallen u. a. regionale Distributionslogistiksysteme für bestimmte Produkte bestimmter Herstellerfirmen, z. B. Ersatzteillogistik (vgl. auch Ausführungen zu Gebietsspediteur).
- **nationale Logistikkonzepte**; hier handelt es sich um flächendeckende Sammel-Verteiler-Systeme, wo in bestimmten Taktzeiten den Kunden die Zustellung der Sendungen bei den jeweiligen Empfängern zugesichert wird. Diese Systeme gibt es auch für bestimmte Produkte, z. B. Paketdienste. Sehr oft wird hier die Verkehrsabwicklung über ein Zentralhub organisiert.
- **Eurologistik**; hier sind flächendeckende Verteilersysteme z. B. innerhalb der EU aufzubauen. Beim Aufbau der Relationsfahrpläne ergeben sich erhebliche Schwierigkeiten, da oft auf eine Kombination von unterschiedlichen Verkehrsträgern zurückgegriffen werden muss bzw. durch Verkehrsrestriktionen verschiedener Länder der Zeitrahmen zum Einsatz von Lkw z. B. beschränkt ist. Viele der nationalen **KEP-Dienste** (Kurier-, Express- und Paketdienste) haben ihre Verteilernetze über die Grenzen hinweg ausgedehnt, um flächendeckend innerhalb der EU anzubieten.

Aus dem Timetable eines Anbieters in diesem Bereich ist beispielsweise zu entnehmen:

Line Nr.:   10 –121
DEPARTURE PLF: Aachen
Day + Time: A 21:15 Uhr

---

[1] *Vgl. O. V.: City-Logistik, in: Verkehrs-Rundschau, Heft 5, Jg. 1995, S. 13;*
vgl. Eberhart Claus: City-Logistik–Kooperation von Speditionen, in: Internationales Verkehrswesen, Heft 3, Jg. 1995, S. 116 ff.;
vgl. Willenbrink, Paul: City-Logistik – Handlungsoptionen für Betriebe und Kommunen, Berichtsband 1, Logistikkongress 1993, hussverlag, S. 533 ff.

ARR PLF:	Aarhus
Day + Time:	B 09:00 Uhr
VIA:	Hamburg
ARR:	B 03:30 Uhr
DEP:	B 04:00 Uhr
GUARANTEED DEL TIMES IN ARRIVAL PLF:	
ZONE A:	14:00 Uhr
ZONE B:	16:00 Uhr
ZONE C:	12:00 Uhr + (+ am nächsten Tag)

Diese Systeme sind keine kundenspezifischen Logistiksysteme, sondern von Logistikdienstleistern vorgehaltene Systeme. Sie können von unterschiedlichen Versendern in Anspruch genommen werden, sodass über die Bündelungseffekte entsprechende Auslastungsgrade erreicht werden, die dann wiederum zu Kostenvorteilen der Verladerschaft führen.

- **globale Logistikkonzepte**; sie werden u. a. von sog. **Integrator** angeboten. Den Begriff „Integrator" kann man problemlos mit dem Integrieren aller Transportkettensegmente gleichsetzen. So fasst er alle operativen und dispositiven Aufgaben in einer Hand zusammen und kann aus diesem Grunde auch totale Sendungsverfolgungssysteme aufbauen. In einem Unternehmen sind hier also Nahverkehrsbetrieb, Umschlagbetrieb, Güterfernverkehrsunternehmen, Luftfrachtcarrier (eigene Flugzeuge), Zollagent vereinigt; die Verkehre werden über Zentralhubs in den einzelnen Kontinenten zur Distribution gebracht, wobei auch Laufzeitgarantien gewährleistet werden.

17   Vorgehensweisen in der Beschaffungslogistik

In diesem logistischen Teilsegment ist es zunächst wichtig herauszuarbeiten, welche Aufgaben im Beschaffungsbereich mehr dem eigentlichen **Einkaufsbereich** zuzuordnen sind und welche Aufgaben logistische Problemlösungen erfordern.
Für den logistischen Dienstleistungsbereich kann es nicht Aufgabe sein, die Beschaffungsmärkte zu analysieren. Wo können also z. B. benötigte Rohstoffe, Einzelteile, Module, Systemmodule in der gewünschten Menge, Qualität und zu einem tragbaren Preis bezogen werden?

Hierbei ist generell festzustellen, dass die sog. **Mehrquellenversorgung** nicht unbedingt dazu geeignet ist, optimale Anlieferungssysteme gestalten zu können[1]. Eine Mehrquellenversorgung bedingt grundsätzlich einen erhöhten Aufwand im Einkaufsbereich, so müssen z. B. mit einer unterschiedlich großen Anzahl von Lieferanten Kaufgespräche aufgenommen und zu einem Abschluß gebracht werden. Es sollten **Lieferantenbewertungen**[2] vorgenommen werden, wobei die Lieferantenauswahl selbst z. B. mit einer **Nutzwertanalyse** erfolgen könnte.

Bei ernteabhängigen Rohstoffen ist nun das Ziel, die Beschaffungsaktivität auf einen einzigen Lieferanten zu konzentrieren, sog. **Single Sourcing**, nicht zu empfehlen, da ein Ernteausfall in dem Anbaugebiet in dem der Lieferant domiziliert ist, zu erheblichen Lieferstörungen und Preisverschiebungen führen kann.

---

[1]   *Vergleiche hierzu die Anlieferprobleme beim einführenden Beispiel, insbesondere wie dargestellt beim Produkt Vollmilchpulver.*
[2]   *Vgl. hierzu z. B. Detlef Harting: Lieferanten-Wertanalyse, Schäffer-Verlag und die dort angegebene Literatur.*

In anderen Produktionsbereichen ist unter Single Sourcing sicherlich nicht zu verstehen, dass ein bestimmtes Bauteil nur von einem einzigen Hersteller bezogen wird. Hier werden eher Bauteile für besimmte Serien von bestimmten Herstellern bezogen.

Da die Verknüpfung mit solchen Lieferanten einen hohen Kooperationsgrad aufweist, Abstimmung der IT-Technologie um die entsprechende Lieferabrufsysteme aufbauen zu können, gemeinsame F+E-Entwicklung von den gelieferten Komponenten, hat der Abnehmer auch einen großen Einfluss auf die technische Weiterentwicklung seiner Einbauteile.

Gegenüber einer Mehrquellenanlieferung von gleichen Teilen können die Logistikkosten sicherlich vermindert werden.

Beispiel:

Es werden Stanzteile gleicher Bauart von drei verschiedenen Lieferanten für einen bestimmten Typ des herzustellenden Produktes je Produktionstag bezogen:

Lieferant 1:	300 ME à 3,6 kg	Enfernung zur Produkionsstätte:	260 km
Lieferant 2:	400 ME à 3,6 kg	dto.	168 km
Lieferant 3:	500 ME à 3,6 kg	dto.	342 km

Die Stanzteile kommen wie folgt zum Versand:

Lieferant 1:	3 Gibo à 360 kg	Kosten netto:	228,74 EUR
Lieferant 2:	4 Gibo à 360 kg	dto.	242,65 EUR
Lieferant 3:	5 Gibo à 360 kg	dto.	265,92 EUR

Die durchschnittlichen Transportkosten bei dieser Anlieferungsart betragen je Gibo **61,44 EUR**. Durch Verhandlungen mit den Lieferanten L1 und L2 kann bei beiden eine Steigerung der Liefermengen erreicht werden. Bei L3 wird der Liefervertrag nicht mehr verlängert.

Lieferant 1 kann seine Produktion auf 5 Gibo,
Lieferant 2 auf 7 Gibo steigern.

Diese Umstellung bedingt folgende neuen Transportkosten:

Lieferant 1:	5 Gibo à 360 kg	Kosten netto:	261,37 EUR
Lieferant 2:	7 Gibo à 360 kg	dto.	273,00 EUR

Durchschnittliche Transportkosten zukünftig je Gibo: 44,53 EUR

Das bedeutet, dass die reinen Transportkosten allein durch diese Maßnahme für dieses Bauteil um 25 % absinken. (Welche weiteren Kostensenkungspotenziale können durch diese Maßnahme noch erwirtschaftet werden?)

Der im Beispiel aufgezeigte Vorgang ist charakteristisch für die gesamte Automobilindustrie. So hat z. B. das Unternehmen BMW seine Modellpalette von 1980 bis heute von 240 auf über 550 gesteigert, allein aber in den letzten zehn Jahren die Anzahl der Direktlieferanten von rd. 30 000 auf rd. 8 000 reduziert[1].

---

[1] vgl. Schuff Gerhard: *Entwicklungsperspektiven für die Beschaffung in der Weltautomobilindustrie, in Handbuch Industrielles Beschaffungsmanagement, hrsg. von D. Hahn/L. Kaufmann, Gabler Verlag, 2. Auflage, S. 57.*

Somit setzt sich auch bei den Zulieferern eine Art Stufenaufbau durch. Je nachdem auf welcher Stufe ein Zulieferer in das gesamte Beschaffungssystem eingebunden ist, unterscheidet man z. B. Zulieferer der ersten, zweiten, dritten Stufe (**1ˢᵗ-tier, 2ⁿᵈ-tier Zulieferer usw.**).

So liefern Lieferanten der ersten Stufe z. B. ganze Systeme an, Lieferanten der zweiten Stufe Subsysteme und solche der dritten Stufe z. B. Teile bzw. Komponenten[1].

Das Beschaffen ganzer Module (vgl. z. B. SMART-Produktion) durch OEMs (**Original Equipment Manufacturer**) wird auch als **Modular Sourcing** bezeichnet.

Bei all den Auslagerungsvorgängen von Teilprozessen und der damit verbundenen Verringerung der **Fertigungstiefe** ist es andererseits notwendig geworden, die Kooperation zwischen den Vertragspartnern zu vertiefen. Damit soll insbesondere versucht werden, bei allen Beteiligten einen gleich hohen Qualitätsstandard zu erreichen – auch bei den logistischen Dienstleistern, die Bindeglied zwischen den einzelnen Lieferantenstufen und den OEMs darstellen und im **SC (supply chain)** die gesamte logistische Prozesskette logistisch steuern.

Das Zusammenwachsen der Weltwirtschaft durch den stetigen Abbau internationaler Handelsschranken brachte es mit sich, dass Zulieferer nicht mehr nur im eigenen Land innerhalb der EU ausgewählt werden, falls Qualität und Versorgungssicherheit den Anforderungen entsprechen und der Preis den Erwartungen entspricht.

Damit entstehen aber für den logistischen Dienstleister Probleme in welchen Abnahmemengen und in welcher Frequenz er die bereitzustellenden Teile, Module dem OEM zur Verfügung zu stellen hat, zumal dieser die Lagerbestände auf einem minimalen Bestand fahren will und eine Anlieferung **just in time** oder **just in sequence** vorschreibt.

Um beiden Anlieferungssystemen bei einer globalisierten Beschaffung gerecht zu werden, muss versucht werden, die Beschaffungsrisiken einzugrenzen. In dem Einführungsbeispiel erfolgt die Beschaffung der Kakaobohnen aus drei verschiedenen Ländern insbesondere aus dem Grund, Ernteausfälle auffangen zu können. Hier ist es geboten, eine Mehrquellenversorgung vorzunehmen.

Andere Beschaffungsrisiken können sein: politische Risiken im Herstellerland, Produkionsrisiken beim Lieferanten, Transportrisiken wie z. B. Schiffshavarie oder gar Schiffsuntergang, Unfälle bei Landtransporten usw. Somit ist die **Wiederbeschaffungszeit** sehr sorgfältig zu bestimmen, damit die benötigten Produkte jederzeit zur Verfügung stehen. Bei der Produktion von Schokolade ist dies einfach, bei Produkten, die entsprechend **Kundenanforderungen** hergestellt werden, ist die Zurverfügungstellung aller Teile, Module und Systemmodule ein äußerst komplexer Vorgang, der nur dann bewältigt werden kann, wenn alle Beteiligten der Prozesskette durch eine hochleistungsfähige Informationstechnologie verbunden sind.

Die Wiederbeschaffungszeit, also der Zeitraum zwischen Bestellung und Verfügbarkeit der Ware, setzt sich aus einer Summe von Teilzeiten zusammen, wie z. B. der **Auftragsvorbereitungszeit**, der eigentlichen **Lieferzeit**, der **Prüf- und Einlagerungszeit**.

Somit fallen bei bestehenden Lieferantenbeziehungen viele Teilaufgaben weg, die der Auftragsvorbereitungszeit zuzurechnen wären. Der oder die Lieferanten müssen nicht

---

[1] *Weiterführende Ausführungen zu den Verflechtungsstrukturen zwischen OEMs und Zulieferern in der Automobilindustrie finden sich in den Ausführungen von Freudenberg Thomas, Zulieferstrukturen im 21. Jahrhundert, in D. Hahn/L. Kaufmann, a. a. O., S. 155 ff.*

neu bestimmt werden (Marktbeobachtung trotzdem geboten), es müssen keine Anfragen gestellt werden, Angebotsvergleiche entfallen ebenso wie eine neue Vertragsgestaltung. Es bleibt hier der eigentliche Bestellabruf.

Die **Lieferzeit** setzt sich zusammen aus der Produktion der bestellten Ware, deren Qualitätskontrolle (bei just in sequence sehr wichtig, da hier oft direkt vom anliefernden Fahrzeug die Produktion beschickt wird), deren Verpackung und den gesamten Transportzeiten. Je näher der Lieferantenstandort beim Abnehmer liegt, desto besser kann man eventuelle Transportrisiken abschätzen.

Beim einführenden Beispiel der Versorgung mit Kakobohnen muss beispielsweise darauf geachtet werden, welche Schiffe ab genannten Verladehäfen europäische Häfen anlaufen, in welcher Reihenfolge sie diese anlaufen, da die Laufzeit erhebliche Unterschiede aufweisen, je nachdem ob konventionelle Schiffe, Semicontainerschiffe oder Vollcontainerschiffe zum Einsatz gelangen. So schwanken z. B. die Laufzeiten ab Takoradi zwischen 19 und 39 Tagen.

Sobald die Ware beim Abnehmer angekommen ist, beginnen die Kontrollen **(Prüf- und Eingangszeit)** derselben, weil diese unter anderem auch deshalb erforderlich sind, um rechtliche Ansprüche geltend machen zu können. Somit ist die Ware auszupacken, auf versteckte Mängel zu überprüfen, Serien- und Teilezuordnungen zu kontrollieren und anhand von Proben die zugesicherten Eigenschaften zu kontrollieren soweit möglich (im Logistikvertrag übertragene Aufgabe!).

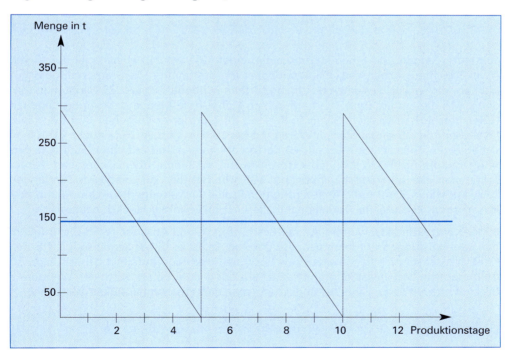

Jeder Bestellvorgang verursacht Kosten, hohe Bestellmengen verursachen z. B. hohe Lagerkosten allein schon durch die Kapitalbindung, durch die benötigten Lagerflächen. Diesen hohen Lagerkosten stehen niedrigere Transportkosten gegenüber (z. B. wegen der Gewichtsdegression der Transportkosten). Somit ist die Bestellmenge zu suchen, die

die Gesamtkosten minimiert. Um eine stetige Produkionsversorgung zu gewährleisten, müssen von sämtlichen Einsatzstoffen die zur Produktion benötigten Mengen vorhanden sein, was bei nicht **produktionssynchroner** Anlieferung dazu führt, dass Lagerbestände zu führen sind.

Dem Diagramm auf Seite 497 kann man entnehmen, dass ein Lagerbestand an Kakaobohnen (288 t, vgl. einführendes Beispiel) an fünf Tagen verbraucht wird. Dann muss die nächste Anlieferung vorhanden sein, damit die Produktion ununterbrochen weitergeführt werden kann, ohne Reserven anzugreifen.

Würde man also bei 240 Produkionstagen z. B. eine Gesamtmenge **(Mg)** stetig in gleichen Mengen entnehmen, würde dies eine Entnahmemenge pro Produktionstag von Mg/T bedeuten, wobei T die Menge der Produktionstage darstellt. Durchschnittlich sind für jeden Anlieferungszeitraum immer 0,5 Bestellmengen auf Lager[1].

Um die Wirtschaftlichkeit des Lagers genau erfassen zu können, genügt es jedoch nicht, wenn man nur die optimale Bestellmenge oder den Lieferbereitschaftsgrad berechnen würde. Wenn die im Lager anfallenden Kosten zu hoch sind, muss man herausfinden können, wo überhöhte Kosten anfallen. Somit sollte man bereits die durchschnittliche **Warenannahmezeit (WAZ)** ermitteln (bezogen auf einzelne Lieferanten; Vergleich mit Benchmarks der gleichen Branche; Vergleich mit anderen Filialen).

Berechnung: **Ø WAZ = WAZeit : Anzahl der eingehenden Sdg. (bezogen auf einen definierten Zeitraum)**

Sollten im Eingang bei einem Zeitraum von einem Monat (21 Arbeitstage) bei 16 Std. (zwei Schichten) Arbeitszeit 806 Sendungen von bestimmten Lieferanten abgefertigt worden sein, ergibt dies einen durchschnittlichen Zeitbedarf von rd. 25 Minuten je Sendung. Mit diesem Ergebnis kann auf keinen Fall auf die Menge der umgeschlagenen Güter geschlossen werden. Somit sollte man differenzierter vorgehen und die Handlingseinheiten der angelieferten Waren mit berücksichtigen. In 25 Minuten kann man sicherlich Europaletten mit jeweils 40 Karton annehmen und auf einen Stellplatz verbringen, aber nicht 320 lose gepackte Umkarton aus einem Überseecontainer. Ferner sollte man die Mengenschwankungen der arbeitstäglich angelieferten Sendungen berücksichtigen. Erfolgt die Anlieferung nur gemäß Anweisungen der Lieferanten (frei Haus), ist das Personal im Warenannahmebereich völlig unterschiedlich beansprucht.

In der Kontraktlogistik werden auf der Beschaffungs- und Absatzseite oft die anfallenden Lagerleistungen übernommen. Für den log. DL ist es dabei genau so wie für den Kontraktpartner wichtig zu wissen, wie hoch die Umschlagshäufigkeit der Bestände ist. Geht man von den Umsatzerlösen (Absatz) aus uns dividiert diese durch den Wertansatz des durchschnittlichen Lagerbestandes kann man die **Umschlaghäufigkeit** berechnen.

Berechnung: **UH = Umsatz (wertmäßig) : Ø Lagerbestand (wertmäßig)**

---

1) *Zur weiteren Herleitung der Berechnung der* **optimalen Bestellmenge** *(Losgrößenformel, Andler'sche Formel) vgl. Churchman/Ackoff/Arnoff: Operations Research, S. 189 ff., Oldenburg Verlag.*

Den Ø **Lagerbestand** sollte man aus zwölf Monatsbeständen, die jeweils an einem bestimmten Termin festgestellt werden, berechnen.

Für die Abrechnung der **Warenannahmekosten** können die Kosten pro eingehender Sendung berechnet werden. Man ermittelt die Warenannahmekosten insgesamt (anfallende Personalkosten, anteilige Umschlagsgerätekosten, anteilige Flächenkosten, anteilige Verwaltungskosten) und dividiert diese durch die Anzahl der eingegangenen Sendungen für den jeweils betrachteten Zeitraum.

Berechnung:	**WanK = Warenannahmekosten betrachteter Zeitraum : Anzahl der eingegangenen Sendungen betrachteter Zeitraum**

Sinnvoll ist es auch, den **Nutzungsgrad** der Entladeeinrichtung zu bestimmen. Er berechnet sich wie folgt:

Berechnung:	**Ngrad = effektive Nutzungszeit : max. mögliche Nutzungszeit x 100**

Letztlich sollte man die **Produktivität** der Mitarbeiter im Bereich der Warenannahme berechnen. Hier ist es auch notwendig, bei einem Produktivitätsvergleich festzustellen, welche Hilfsmittel dem einzelnen Beschäftigten zur Erledigung seiner Aufgaben zur Verfügung standen und ob vergleichbare Sendungsstrukturen vorlagen. Die Produktivität ergibt sich aus der Zahl der abgewickelten Sendungen pro Personalstunde.

Berechnung:	**Sdg./PEStd. = Anzahl eingehender Sdg. : Anzahl Mitarbeiterstd.**

Neben diesen Produktivitäts- und Wirtschaftlichkeitskennziffern müssen noch **Qualitätskennziffern** ermittelt werden. So ist zu ermitteln, wie hoch z. B. die **Fehllieferungsquote** ist (es wird hier keine beschädigte Ware angeliefert, sondern eine andere Sorte, z. B. anstelle der bestellten verzinkten Schrauben werden unverzinkte angeliefert).

Berechnung:	**FLQ: = Zahl der Fehllieferungen : Gesamtzahl der Lieferungen x 100**

Genauso ist die Quote der zu beanstandenden Lieferungen **(Beanstandungsquote)** zu bestimmen, wobei man die Kennziffern verursachungsgerecht berechnen sollte. So erfolgt eine Beanstandung u. a. aus folgenden Gründen:

- Die Sendung ist beschädigt

  BQuote = Anzahl der beschädigten Lieferungen : Gesamtzahl der Lieferungen x 100

- Die Sendung ist unvollständig

  LQuote (unv.) = Anzahl der unvollständigen Lieferungen : Gesamtzahl der Lieferungen x 100

- Die Sendung trifft verspätet ein

  LVZQuote = Anzahl der verspätet angelieferten Lieferungen : Gesamtzahl der Lieferungen x 100

Falls man diese Kennziffern noch zusätzlich lieferantenspezifisch ermittelt, kann man je nach Höhe der Qualitätsstandards auch Aussagen über den jeweiligen Lieferanten treffen.

Sicherlich haben nicht alle Teile, die bezogen werden, im Produktionsprozess die gleiche Bedeutung. So wirkt der Einbau eines ABS-Systems im Automobilbau stark verkaufsfördernd, während z. B. Schrauben, die man zur Montage der Räder benötigt, von den Käufern im Prinzip gar nicht wahrgenommen werden, da sie selbstverständlich sind. In der Praxis hat man deshalb Klassifizierungsverfahren in der Materialdisposition eingeführt wie z. B. die **ABC-Analyse** und **XYZ-Analyse**.

Bei der ABC-Analyse werden die Teile nach ihrer Wertigkeit klassifiziert. Dabei stellen die sog. A-Artikel hochwertige Teile dar, die B-Artikel mittelwertige Teile und C-Artikel geringwertige Teile (z. B. Ventilkappen). Da von der Gesamtmenge der bezogenen Teile nur ein verhältnismäßig geringer Mengenanteil den A-Artikeln zuzuordnen sind (etwa 15 %; Gruppeneinteilung wird von Firmen individuell festgelegt), können diese aber aufgrund ihrer Wertigkeit bis zu 80 % des wertmäßigen Anteils des gesamten Beschaffungsvolumens ausmachen. Die mittelwertigen Teile liegen mengenmäßig etwa bei 35 % des Gesamtvolumens, machen aber wertmäßig nur noch etwa 15 % des Gesamtwertes aus, während die geringwertigen Teile rd. 50 % des mengenmäßigen Beschaffungsvolumens ausmachen, wertemäßig jedoch nur 5 % auf sich vereinigen. Aus einer solch geschaffenen Übersicht der Eingangsmaterialien können natürlich für die Beschaffung Schlussfolgerungen gezogen werden. Zunächst bedarf es für die A-Materialien einer ständigen Marktbeobachtung, um feststellen zu können, ob gleichwertige Materialien von anderen Lieferanten neu am Markt angeboten werden, die entweder näher zum Abnahmeort ihren Produktionsstandort haben oder deren Verkaufspreis bei gleicher Qualität niedriger ist. Die Wareneingangskontrollen sind sehr streng durchzuführen, die Bestände kontinuierlich zu überwachen, da mangelhafte Anlieferungen bei zu später Entdeckung (z. B. sieben Tage bei Anlieferung mit Lkw) bzw. Inventurdifferenzen zu Schäden führen, die selbst zu tragen sind und die dann wiederum die eigenen Versicherungsprämien nach oben schrauben. Auch sollten hier wegen der hohen Wertigkeit keine zu hohen Lagerbestände geführt werden, da sonst zu hohe Kapitalbindungskosten entstehen. Somit werden bei den A-Materialien sicherlich auch sehr niedrige Sicherheitsbestände gefahren, was wiederum die Anforderungen an die logistischen Dienstleister erhöht.

Neben der ABC-Analyse wird die XYZ-Analyse verwendet, die die eingehenden Materialien nach ihrer Verbrauchsstruktur untersucht. Die X-Teile (Materialien) weisen dabei einen ziemlich konstanten Verbrauch auf, der jedoch langfristig parallel zur gesamten Umsatzentwicklung verlaufen kann. Die benötigten Mengen können hier ziemlich genau im Voraus berechnet werden. Die Y-Teile (Materialien) weisen stärkere Schwankungen auf, die z. B. auf saisonale Schwankungen zurückzuführen sind. Die Z-Teile (Materialien) weisen einen völlig unregelmäßigen Verbrauch auf und können deshalb im Voraus quantitativ nicht bestimmt werden (z. B. Schaltknüppel aus Palisanderholz).

Diese Einleitung ist auch unter dem Begriff **RSU-Analyse** in der Literatur dargestellt, wobei

> R-Teile einen regelmäßigen Bedarf,
> S-Teile einen saisonabhängigen Bedarf und
> U-Teile einen unregelmäßigen Bedarf

aufweisen.

Eine Kombination der beiden Analysemethoden ergibt folgende Bereitstellungsvarianten:

		Bedarfsermittlung	XYZ(RSU)-Analyse Bereitstellung (Disposition)		
			X(R)	Y(S)	Z(U)
ABC-Analyse	A	programmorientiert	produktions-synchron	produktions-synchron	fallweise
	B	programm- oder verbrauchsorientiert	produktions-synchron oder Bevorratung	produktions-synchron oder Bevorratung	fallweise oder Bevorratung
	C	verbrauchsorientiert	Bevorratung	Bevorratung	fallweise oder Bevorratung

Schneider H./Braßler A.: Produktionscontrolling, in: Grob/Vom Brocke/Lahme/Wahn: Controlling, Vahlen Verlag, S. 322.

G.S. = Gebietsspediteur
M.W. = Montagewerk

Damit die A-Teile just in time oder just in sequence zugestellt werden können, ist es oft notwendig, die Zulieferer regional zusammenzufassen, um im Abholgebiet in Richtung Abnehmer eine Teilladung oder Ladung zusammenstellen zu können. Eventuell ist es hierbei sinnvoll, nicht den Tagesbedarf, sondern den Bedarf von zwei Tagen abzuholen, damit durch die Bündelung der Sendung entsprechende Transportkostenvorteile erwirtschaftet werden, die allerdings durch zusätzliche Umschlagskosten zum Teil wieder aufgezehrt werden.

Sollte der beauftragte logistische Dienstleister über ein HUB-System verfügen oder im Rahmen einer Kooperation an ein solches angeschlossen sein, kann er die Sendung abholen lassen – durch Filialen oder Fremdunternehmer – und über das HUB gebündelt zugestellt bekommen. Danach kann die vorkommissionierte Zustellung ab seinem Speditionszentrum zum Produzenten erfolgen.

ZUSAMMENFASSUNG

1. Logistik ist im Unternehmen eine Querschnittsfunktion und sollte alle Funktionen des Unternehmens umfassen.

2. Hier ergibt sich folgende Konsequenz: In einem logistischen Gesamtsystem sind Beschaffungs-, Produktions-, Distributions- und Entsorgungslogistik integriert.

3. Die Erfüllung logistischer Dienstleistungen muss zumindest den sog. „7-r" entsprechen.

4. Die Betrachtung von Logistikkonzepten unter dem Aspekt ihrer räumlichen Ausdehnung führt von punktuellen Konzepten (Projektlogistik) bis hin zu globalen Logistikkonzepten, wie sie z. B. die Integrator anbieten.

5. Die Beschaffungslogistik hat an Bedeutung in dem Maße hinzu gewonnen, wie die OEM's sich auf ihre Kernkompetenzen zurückgezogen haben und viele Teilsysteme außerhalb des eigenen Unternehmens herstellen lassen.

6. Hierdurch wurden an die Beschaffungslogistik die Anforderungen dahingehend erhöht, dass die Versorgungssicherheit zu gewährleisten ist, obwohl die OEM's zum Global Sourcing übergegangen sind.

7. Die Anlieferungsvorschriften wurden differenzierter und in vielen Bereichen sind just in time- und just in sequence-Anlieferungen mit teilweise vorausgegangenen Qualitätsprüfungen Standard, den ein logistischer Dienstleister erfüllen muss.

Lernfeld 13:
Distributionslogistik anbieten und organisieren

Einstiegssituation:

Eine internationale Spedition erhält den Auftrag, diverse Waschmittel ab Hersteller-werk Unternehmen des Einzelhandels und diversen Filialbetrieben von Handelsketten in Baden-Württtenberg zuzustellen. Die internationale Spedition hat Niederlassungen in Baden-Württemberg in Esslingen, Freiburg, Heilbronn, Mannheim, Offenburg, Ravensburg, Reutlingen und Ulm. Ferner hat sie national ein flächendeckendes Netz-werk mit einem Zentralhub, einem Nord- und Südhub.

Aus den bisherigen Verhandlungen mit dem Hersteller ergab sich, dass ein zentrales Auslieferungslager eingerichtet werden soll. Nach Planungsstand würde die Entfer-nung von dessen Standort zum Produktionsstandort des Waschmittelherstellers 316 km betragen.

Der Abruf der Kunden muss bis spätestens 16:00 Uhr am Tag t_0 bei der internationalen Spedition eintreffen. Ist dies erfüllt, ist die internationale Spedition verpflichtet, die Zustellung am Folgetag bis spätestens 12:00 Uhr an jeden Bestellort vorzunehmen.

AUFGABEN

1. Ermitteln Sie Abmessungen realer Angebote auf dem Waschmittelmarkt (verschiedene Größen von einem Hersteller; unterschiedliche Produkte von diesem wie z. B. Fein-waschmittel, flüssige Waschmittel, usw.).

2. Legen Sie Mindestabnahmemengen für die genannten Nachfrager fest, z. B. 5 Pakete von jeder Sorte oder mindestens 1 Umkarton mit Flüssigwaschmittel).

3. Klären Sie, ob die Verteilung im einstufigen Cross-Docking-System erfolgen kann oder ob die internationale Spedition ein Transshipment-System vorhalten muss.

4. Welche Aufgaben hat die internationale Spedition zu übernehmen, wenn sie für den Lieferbereitschaftsgrad verantwortlich gemacht wird?

5. Legen Sie fiktive Abnahmemengen und Abrufzahlen fest. Kann Ihnen hierbei die Zahl der Bevölkerung Baden-Württembergs in Höhe von 10,661 Mio weiterhelfen, wenn der Marktanteil des Herstellers 48 % beträgt?

6. Der Kunde wünscht eine Abrechnung von Prozessen. (Abholung der hergestellten Ware zum Verteilerlager, Lagerhaltung, Zustellung gemäß Abruf seien z. B. solche Prozesse.) Sie haben bis jetzt mit anderen Kunden nur einzelne Leistungen abgerechnet.

7. Welche Hausaufgaben muss die internationale Spedition vornehmen, damit sie in der Lage ist, Prozesse abzurechnen?

8. Erarbeiten Sie weitere Problembereiche heraus, z. B. das einzurichtende Lager betreffend, die abzuklären sind, bevor es zu einem Vertragsabschluss kommen kann.

18 Grundlagen der Distributionslogistik

Während man auf der Beschaffungsseite durch sog. **Pullsysteme** für die Versorgungssicherheit der für die Produktion notwendigen Materialien sorgte, konnte man dies auf der Absatzseite nicht ohne weiteres umsetzen. Hier musste man auch die Verhaltensweisen des Handels berücksichtigen in dessen **Vermittlerfunktion** zwischen Konsument und produzierendem Unternehmen.

Die Funktionen des Handels gleichen teilweise den Funktionen eines logistischen Dienstleisters. Es sind dies:

- Raumüberwindungsfunktion,
- Pufferfunktion in der Lagerung,
- Sortimentsbildungsfunktion,
- Gebindeänderungsfunktion,

allgemein Ausgleich zwischen Produktion und Konsumtion.

Da die Produktvielfalt im Handel auf einen Käufermarkt trifft, versucht der Handel durch unterschiedlichste verkaufsfördernde Maßnahmen Kunden zu binden, was nicht leicht ist, da der Kunde hier sehr wohl in der Lage ist, zumindest in einem räumlich begrenzten Markt sich eine Markttransparenz zu verschaffen. Durch eine zunehmende Konzentration, Erweiterung der Produktpalette, gemeinsame Einkaufsstrategien (Einkaufsrabatte) versucht der Handel, den Kunden an sich zu binden. Die Industrie reagierte auf diesen Druck teilweise auch durch Auslagerung von Produktionsbereichen in Gegenden, in denen wegen des Personalkostengefälles Module und Fertigprodukte billiger produziert werden können.

Diese horizontalen Konzentrationsbewegungen, die sich im Wettbewerb gegenüberstehen, ließen die Beteiligten erkennen, dass vom Grundsatz her beide die Bedürfnisse der Kunden (Nachfrager) befriedigen wollen und dass es somit besser wäre, vertikale Kooperationen aufzubauen.

Die Frage, die sich beide Gruppen stellen müssen, ist darin zu sehen, wie die Kundenanforderungen am besten befriedigt werden können.

Man entwickelte hierzu einen Katalog von Instrumentarien, die man unter dem Überbegriff **„Efficient Consumer Response (ECR)"** zusammenfasste.

ECR ist somit zweiseitig orientiert. Auf der Angebotsseite werden Konzepte entwickelt, die folgende drei Bereiche umfassen:

- **Efficient Unit Load (EUL)** → hier handelt es sich um die Standardisierung der Ladungseinheiten, die in den Transportketten eingesetzt werden und die somit unmittelbar die Betriebsabläufe des logistischen Dienstleisters beeinflussen.

Diese Standardisierung ist aus dem Grund dringend notwendig, weil im Handel eine sehr große Zahl von Verpackungsvarianten für alle möglichen Artikel anzutreffen sind, die weit über 1 000 verschiedene Grundflächen, sog. **„footprints"**, aufweisen.

Dies bewirkt natürlich, dass die Verpackungen in ihren Abmessungen nicht mit Transportverpackungen oder Ladehilfsmitteln abgestimmt sind. Man hat sich in ECR Europe[1] darauf geeinigt, zumindest bei den **Sekundärverpackungen** (z. B. Umkarton) eine Modularität einzuhalten, die auf **tertiären Verpackungseinheiten** – z. B. Europaletten – zugeschnitten sind.

Als Grundmodul dient hierbei eine Verpackungseinheit mit einer Grundfläche von 600 x 400 mm. Daraus kann man kleinere Einheiten wie z. B. der Größe 300 x 200 mm ableiten.

Auf den am meisten eingesetzten Paletten – Europaletten 120 x 80 cm und Industriepaletten 120 x 100 cm – können diese Umkartons optimal gestaut werden, genau wie alle daraus abgeleiteten Größen wie die nachstehende Grafik zeigt.

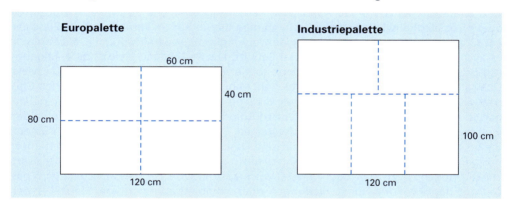

Bei der Verladung beider Palettenarten ist zu untersuchen, welche sinnvollerweise eingesetzt wird. So zeigt sich bei der Verladung auf einen Lastzug mit zwei WAB à 7,15 m Folgendes:

	Europalette	Industriepalette
maximal zu stauende Einheiten auf einer Ebene	34	28
maximal zu ladende Umkartons 600 x 400 mm bei einer Lage	136	140

---

[1] *Verbände des Handels und der Markenartikelhersteller aus verschiedenen europäischen Ländern haben sich 1994 zu dieser Initiative zusammengeschlossen.*

Bei einer täglichen Übernahme von 68 Euro – bzw. 56 Industriepaletten mit jeweils 4 Lagen gestaut, ergeben sich folgende Abweichungen:

geladene Umkarton 4 Lagen	1 088	1 120
auf	68 Europaletten	56 Industriepaletten

Bezieht man den Be- und Entladevorgang in die Überlegungen mit ein, ergeben sich weitere signifikante Unterschiede. Legt man drei Minuten für das Laden einer Palette zugrunde, benötigt man

	bei Europaletten	bei Industriepaletten
für die Beladung	68 x 3 = 204 Min.	56 x 3 = 168 Min.
bzw. für das Be- und Entladen	408 Min.	336 Min.

Das bedeutet, dass sich durch den Einsatz von Industriepaletten ein Zeitgewinn realisieren lässt, der entweder zu Kosteneinsparungen führt oder zur Reichweitenerweiterung genutzt werden kann.

In anderen Bereichen werden sog. **MTV** (**M**ehrweg **T**ransport **V**erpackungen) eingesetzt, so z. B. auch in der Getränkeherstellung – seien es alkoholische Getränke, Mixgetränke oder nicht alkoholische Getränke. So kann man Bier in Kästen kaufen (z. B. 24 Flaschen à 0,33 ltr. oder 20 Flaschen à 0,5 ltr; beide weisen gleich große Kästen auf. Daneben gibt es auch Tragebehälter mit 6 Flaschen à 0,33 ltr. aus Karton und viele andere Abgabemengen, die keine Rücknahme erfordern, sondern sog. **Einwegsysteme** darstellen), viele Obstsaftgetränke in Behältern zu 9 Flaschen, Mineralwasser in Kasten à 12 Flaschen Glas bzw. 6 Flaschen à 1,5 ltr. Je nachdem wie die leeren Einheiten zu Sammelpunkten gelangen, die notwendig sind, um sog. **Redistributionssysteme** aufzubauen, unterscheidet man zwischen **Bringsystemen** und **Holsystemen**. Beim Bringsystem muss der Konsument die Verpackung – z. B. nicht pfandpflichtige Flaschen – zum Sammelort (Glascontainer) bringen. Bei pfandpflichtigen Systemen muss der Konsument sie zum Verkaufsort zurückbringen (leere Bier- oder MIneralwasserkästen). Von der Verkaufsstelle wird das Leergut dann in Form von Teilladungen oder Komplettladungen vom Hersteller der Getränke bei erneuter Anlieferung der Ware zurückgenommen.

Ein typisches Holsystem ist das Sammeln von Altpapier; mit Spezialfahrzeugen werden in regelmäßigen Abständen die Papiertonnen geleert; die gesammelten Mengen werden in ein Depot verbracht, dort zu Ballen gepresst und den entsprechenden Firmen, die Recyclingpapier herstellen, zugestellt. Die Abholung zum Depot ist oft auf kommunaler Ebene organisiert.

Aber auch der logistische Dienstleister kann in Holsysteme eingebaut werden. Hat er z. B. den Auftrag, einen Kühlschrank einer Privatperson zuzustellen und den alten Kühlschrank zurückzunehmen, ist er in ein solches System eingebunden, die z. B. weiße Ware recyclen.

- **Electronic Data Interchange (EDI)** → Informationsflussgestaltung
- **Efficient Replenishment (ER)** → auch hier werden die Prozesse der betrieblichen Leistungserstellung des logistischen Dienstleisters direkt betroffen. Zunächst wird die Beschaffung gesteuert von der Nachfrage, also vom **Point of Sale (POS)** aus. Mit der Erfassung des Verkaufs wird gleichzeitig der Lagerbestand aktualisiert und die Betei-

ligten (Hersteller und logistischer Dienstleister) erhalten entsprechende Informationen, die es ermöglichen, den Nachschub zu organisieren. Die Produktion verläuft somit im Idealfall **verbrauchersynchron** und der logistische Dienstleister stellt immer durch entsprechende Anlieferungen am Verkaufsstandort sicher, dass die Kundennachfrage befriedigt werden kann. Dann ist es notwendig, geeignete Verladeformen zu finden, um möglichst viele der bereitzustellenden Produkte in der Verkaufsfläche des Handels direkt dorthin verbringen zu können (vgl. Cross-Docking-Systeme).

Der Teil von ECR, der von der Nachfrageseite (demand side) bestimmt wird, umfasst ebenfalls drei Bereiche.

- **Efficient Store Assortment (EA)**
- **Efficient Promotion (EP)**
- **Efficient Product Introduction (EPI)**

Diese Bereiche werden weitgehend vom Handel bestimmt. Jedoch auch hier gibt es Teilbereiche wie die Bestandsoptimierung, die Optimierung der Handlingkosten, die Unterstützung von verkaufsfördernden Maßnahmen (z. B. Verkauf ab WAB), die von Seiten des logistischen Dienstleisters nachhaltig unterstützt werden können.

Die Verknüpfung aller Beteiligten – Hersteller, Handel, logistischer Dienstleister – bringt, falls der Datenaustausch effizient gestaltet ist, für alle Vorteile. Der Hersteller erhält Echtdaten ab Verkauf und keine bereits vom Handel verdichteten Daten. Er kann somit auch selbst Nachfrageschwankungen genau erkennen und seine eigenen Plandaten besser begründen. So kann er auch direkt erkennen, dass Produkte am Markt nicht mehr angenommen werden, andere einen stetig ansteigenden Absatz aufweisen. Er kann rechtzeitig Produktionsumstellungen planen und nicht erst dann, wenn der Handel das Produkt nicht mehr ordert. Er kann seine Lagerhaltung reduzieren, die Waren erhalten insgesamt einen höheren Frischegrad. Der Handel hat die Produkte immer verfügbar und kann eine bessere Kundenbindung erzielen, da die Waren frisch sind. Der logistische Dienstleister kann rechtzeitig die Beschickung der Regale planen und damit seine Kapazitäten besser auslasten.

Ein Konzept auf der Absatzseite, das mithilfe des logistischen Dienstleisters entwickelt wurde, das es ermöglicht, die Kundenversorgung ohne klassisches Versandlager sicherstellen zu können, bezeichnet man als **Cross-Docking**, das **ein- und zweistufig** durchgeführt werden kann.

Das **einstufige** Cross-Docking wird wie folgt abgewickelt:

- die Kommissionierung erfolgt bereits beim Hersteller auf den jeweiligen Kunden bezogen;
- es erfolgt die Übernahme durch einen (mehrere) logistische(n) Dienstleister über einen (mehrere) **CDP** (= Cross-Docking-Points) an die Endempfänger in unverändertem Zustand;
- am CDP selbst werden die Sendungen entladen und auf der Sendungs- bzw. Positionsebene gescannt;
- im Ausgang des CDP wird ebenfalls wieder auf Positions- bzw. Sendungsebene gescannt (vgl. hierzu Schnittstellenkontrolle).

Beim **zweistufigen** Cross-Docking wird am CDP die Sendung im Eingang zusätzlich in der Auftragsebene gescannt.

Vor dem Ausgang aus dem CDP ist eine Kommissionierung und Labelung der einzelnen Aufträge vorzunehmen – die entsprechenden Statusmeldungen sind abzusetzen. Danach erfolgt das Scannen auf der Positions- bzw. Sendungsebene und die Aufträge werden weiter verladen an die jeweiligen Abnehmer.

Eine weitere Anforderung an den logistischen Dienstleister stellt die filialgerechte Kommissionierung der Waren, die beim Einzelhandel dann in die Regale einzusortieren sind, dar, falls im Logistikvertrag ein Regalservice vereinbart wurde (auch wenn Einzelhandel oder Filialist selbst einsortiert, sollte so angeliefert werden).

Man verwendet hierzu das sog. **Roll Cage Sequencing (RCS)**. Hierbei hat der logistische Dienstleister die Aufgabe, die ins Regal einzusortierenden Produkte so in einen Rollbehälter zu stauen, dass dasjenige Produkt, das als letztes in das Regal einsortiert wird, als erstes in den Roll Cage gestaut wird. Der logistische Dienstleister wird hierbei sinnvollerweise derart eine Zusammenfassung der Waren vornehmen, dass sie zu einer Warengruppe gehören und somit in beieinanderliegende Regale im Verkaufsraum einsortiert werden können. Somit sollte er Kenntnis vom Layout der einzelnen Warengruppen im Verkaufsraum besitzen.

Solche logistischen Abläufe sind nur dann zu realisieren, wenn es gelingt, die Logistikkette mithilfe sog. **„Enabling Technologies"** zu integrieren. Mit diesen Technologien ist es möglich, unternehmensübergreifend die notwendigen Informationsflüsse zu gestalten, die vorauseilend oder warenbegleitend erfolgen. Grundlage ist das **EAN-Nummierungs- und Barcodesystem** (vgl. S. 168), das sich aus folgenden Teilsystemen zusammensetzt:

- dem **ILN-System** (= Internationale Lokationsnummern); sie ermöglichen einen Zugriff auf die genaue Adressen von Unternehmen.
- der **EAN 13-Nummer** (= Europäische Artikelnummer); sie ermöglicht eine exakte Bestimmung der einzelnen Güter und ist Grundlage für Warenwirtschaftssysteme.
- **EAN 128 Standard** (hiermit kann man die zum Versand gelangenden Einheiten identifizieren.) Dieser Standard ermöglicht auch die Verschlüsselung zusätzlicher Informationen, die die Teilnehmer an einer logistischen Kette benötigen. So kann man z. B. Datumsangaben, Maßeinheiten, Bestellnummern der Empfänger zusätzlich darstellen.

All diese Bemühungen schöpfen jedoch die möglichen Einsparungs- und Verbesserungspotenziale der **Wertschöpfungskette** noch nicht aus.

Die Problematik besteht also darin, in der Distribution, aber auch in der Beschaffung, auf **Transportnetze** zurückgreifen zu können, die es ermöglichen, flächendeckend und kostengünstig zu operieren. In der Aufgabe 1, Lernfeld 12, ist im Abholgebiet ein Netzwerk notwendig. Setzt man z. B. einen örtlichen Unternehmer mit Sitz in Arras ein, könnte die Netzstruktur wie folgt aussehen:

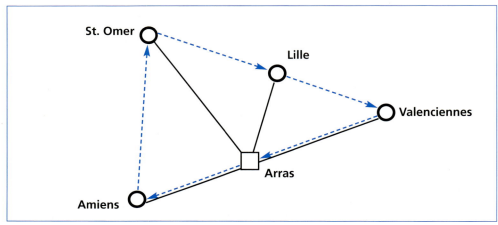

Arras hat in diesem Fall eine Doppelfunktion. Es ist Umschlagspunkt **(Hub)** für die Abholung der Sendungen. Gleichzeitig befindet sich in Arras eine **Quelle**, da dort ebenfalls ein Lieferant ansässig ist. Der Zielort **(Senke)** wäre zunächst Heilbronn. Wenn man von Arras (Spoke) jede Quelle einzeln anfährt, würde man von einer **Baumstruktur** (durchgezogene Linien) des Netzes sprechen. Man könnte aber auch eine **Ringstruktur** (gestrichelte Linien) aufbauen. Auf welcher Struktur man die Abholung aufbaut, hängt von vielen Faktoren ab. Welcher Fuhrpark steht zur Verfügung? Können Abholmengen zusammengefasst werden, kann also z. B. vom Lieferanten in Arras der Wochenbedarf von 6 Europaletten jeweils auf einmal abgeholt werden? Welche Gesamtentfernungen müssen zurückgelegt werden? Sind die Abholungen gleichzeitig mit Zustellungen verbunden? Sind die abgeholten Paletten stapelbar?

Ab dem Hub Arras wird das Hub Heilbronn (Sitz der internationalen Spedition) angefahren, von wo aus dann in den gewünschten Frequenzen die benötigten Liefermengen nach Stuttgart (Senke) angeliefert werden.

Bei flächendeckenden Verteilungsnetzen ist es notwendig sogenannte **Multi-Hub-Netze** aufzubauen. Hier kann man dann auch Aufträge der Kontraktlogistik eingliedern, ohne ein gesondertes Netz aufbauen zu müssen. An drei oder vier Hubs sind hier jeweils eine bestimmte Anzahl von Depots angeschlossen, die Hubs selbst sind im Direktrelationsverkehr untereinander verknüpft.

„Erst die globale Sicht auf das gesamte Netz – wie es im **Supply Chain Management (SCM)** propagiert wird – erlauben es, gegenüber den Kunden mit international wettbewerbsfähigen Leistungen und Preisen aufzutreten. SCM strebt also die

- Gestaltung,
- Lenkung und
- Weiterentwicklung

der genannten Wertschöpfungskette von der Rohstoffgewinnung bis hin zu den mit dem Produkt verbundenen Serviceleistungen beim Endverbraucher (After Sales Service) an."[1]

---

[1] *R. Jünemann: Innovation und Konzentration in der Logistik, in: Jahrbuch der Logistik 2004.*

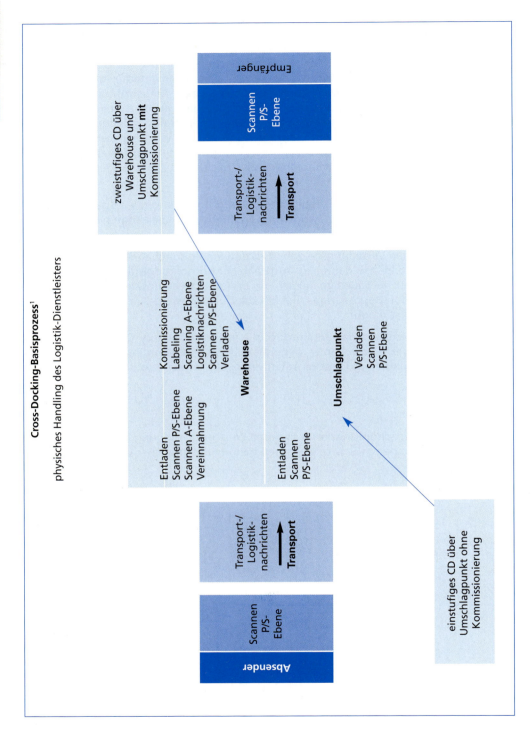

[1] *Rudolf Behrens: Die Integration der Logistik-Dienstleister in die ECR-Initiative Deutschland, CCG; Vortrag, gehalten auf dem Deutschen Spediteurtag in Dresden, September 1999.*

Ein Beispiel für eine Supply Chain ist nachstehend dargestellt, wobei hier vereinfachend davon ausgegangen wird, dass nur zwei Endprodukte (P1, P2) hergestellt werden.

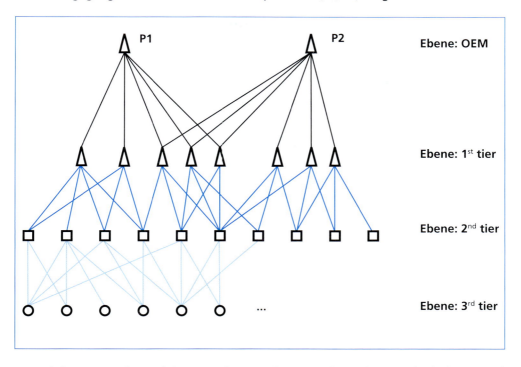

Je nachdem wie viele Produktionsstufen von der Herstellung der Einzelteile (E1, ..., En) bis zu den Endprodukten (P1, ..., Pn) notwendig sind, hat eine Supply Chain Stufen. Bis zur Herstellung der Endprodukte befindet man sich auf der **supply side** der **SC**, dann auf der **demand side**, die wiederum eine Tiefenstrukturierung aufweisen kann, z. B. OEM – Großhandel – Einzelhandel – Konsument, möglich wäre auch die Direktvermarktung ab OEM also OEM – Konsument.

Die Steuerung ganzer Wertschöpfungsketten hätte ohne die Entwicklungen im Bereich der elektronischen Datenverarbeitung nicht stattfinden können, insbesondere auch die Entwicklung des **Internet**. Das Internet ermöglichte nicht nur, dass Firmen untereinander Handel betreiben auf elektronischem Wege, sondern auch, dass Firmen Konsumenten auf elektronischem Wege Güter und Dienstleistungen anbieten und verkaufen. Das Unternehmen „Computer Industry Almanac Inc." gibt jährlich einen gebührenpflichtigen Bericht heraus, der die Internetnutzer sowohl weltweit als auch für einzelne Länder erfasst und der auch die wöchentlichen Internetnutzer bezogen auf eine Grundgesamtheit untersucht (Adresse: www.c-i-a.com/internetuser.htm).

Unter dem Begriff **„Electronic Commerce"** werden alle kommerziellen Aktivitäten zusammengefasst, die auf elektronischem Wege erfolgen.

Je nachdem, welche Wirtschaftssubjekte über den elektronischen Datenaustausch geschäftliche Beziehungen aufbauen und auf diese Art Handel betreiben, unterscheidet man:

- das sog. Privatkundengeschäft – **Business – to – Consumer (B2C)**
- das Geschäft zwischen Unternehmen – **Business – to – Business (B2B)**

512

- die Beziehung zwischen Unternehmen und Administration – **Business – to – Administration (B2A)**
- die Beziehungen zwischen Privatpersonen – **Consumer – to – Consumer (C2C)**

Aber auch Beziehungen wie

- Administration zu Privatperson – **Administration – to – Consumer (A2C)** und
- zwischen unterschiedlichen Administrationen – **Administration – to – Administration (A2A)**

sind möglich.

Was verändert sich nun durch die Möglichkeit, auf elektronischem Wege miteinander zu kommunizieren und vielgestaltige geschäftliche Beziehungen aufzubauen?

Sicherlich muss z. B. der Konsument nicht mehr in ein bestimmtes Geschäft gehen, um eine bestimmte Ware zu kaufen, er kann sie in einem **E-Shop** erwerben. Somit fragt der Kunde nicht mehr im Geschäft nach und übernimmt die Ware, die Ware ist dem Kunden vielmehr bereit- und zuzustellen, was wiederum Aufgabe des logistischen Dienstleisters ist.

Der Kunde erwartet aufgrund seiner elektronischen Bestellung, dass ihm das bestellte Produkt umgehend zugestellt wird. Für den logistischen Dienstleister, der die bestellten Produkte eventuell aus einem von ihm betriebenen **Warenverteilzentrum** zustellen soll, ergibt sich bei Privatkunden (Consumer) ein Verteilungsproblem, das durch zwei Faktoren wesentlich beeinflusst wird:

- durch die Größe der Sendungen
- durch die Erreichbarkeit der jeweiligen Empfänger.

Der größte Teil der Sendungen ist sicherlich dem Paketbereich zuzuordnen (< 31,5 kg), sodass sehr viele kleine Sendungen zuzustellen sind. Die Sendungen sind bei Konsumenten in der Regel zu avisieren, die Zustellzeiten können sich auf bestimmte Zeitkorridore beschränken (z. B. wegen Berufstätigkeit der Konsumenten).

Sendungen wie DVD, CD, Bücher werden teilweise auch durch Kurierdienste zugestellt.

Um das Zustellungsproblem zu beseitigen, wurden etwa seit Ende 1999 sog. **Pick-Points** eingerichtet. Die logistischen Dienstleister gehen von der direkten Belieferung der Kunden weg und errichten an zentralen Stellen ein flächendeckendes Netz von Abholstellen (Pick-Points). Diese Abholstellen sind nur in Ballungszentren sinnvoll aufzubauen (Auslastungsproblem), sollten zu potenziellen und realen Kunden zentral gelegen und, falls möglich, rund um die Uhr geöffnet sein. Die Kunden können an solchen **Pick-up-Stellen** dann gemäß ihren zeitlichen Möglichkeiten die Abholung vornehmen.

Eine Möglichkeit zum Aufbau solcher Pick-up-Stationen ist das Konzept **„Tower 24"**. Der Tower ermöglicht die Aufnahme von 300 Standardbehältern mit den Abmessungen 60 x 40 cm. Das Silo (Bauform des Towers) weist Lagerplätze auch für temperaturgeführte Produkte auf. So kann auch die Kühlkette aufrecht erhalten werden.

Eine zweite Variante, die durch die **Pick Point AG** umgesetzt wird, errichtet keine neuen Pick-up-Stationen, sondern greift auf bestehende Verkaufsflächen zurück, die z. B. bei Tankstellen oder Videotheken vorhanden sind. Diese Verkaufsflächen müssen verkehrsmäßig gut zu erreichen sein und sehr lange Öffnungszeiten haben. Die in dieses System eingebundenen Unternehmen erhalten für ihre Arbeit und die Zurverfügungstellung des Verkaufsraumes ein Entgelt, gleichzeitig können sie darauf hoffen, dass die abholenden Kunden dann auch noch weitere Produkte mitnehmen, die in den Stores, insbesondere von Tankstellenketten, angeboten werden. Man hofft, den Umsatz über das sog. **Cross-Selling** steigern zu können.

Weitere solcher Systeme werden von der Shopping Box GmbH & Co., München, angeboten; sie arbeitet mit Schließfachanlagen, die ebenfalls temperaturgeführt sind, je nach Bedarf. Hier kann der Konsument ebenfalls 24 Stunden lang die Produkte übernehmen. Teilnahmeberechtigt ist derjenige, der einen Kundenvertrag mit der Firma abgeschlossen hat.

Die Benachrichtigung der Kunden, dass die Ware an einem Pick-Point zur Abholung bereitsteht, erfolgt in der Regel per SMS oder per E-Mail.

Systeme wie Efficient Replenishment, die Zustellungsmöglichkeiten im E-Commerce auf der letzten Meile sind Bestandteile des **E-Fulfillment** im B2C-Geschäft. Auf der anderen Seite wird auch die Beschaffung über das Internet zunehmend intensiviert. Diese Entwicklungen, die hauptsächlich im B2B-Bereich vorkommen, werden unter dem Begriff **E-Procurement** zusammengefasst.

Die Beschaffung kann auf verschiedene Weise vorgenommen werden, u. a. wie folgt:

- Ein Lieferant bietet seine Produktpalette potenziellen nachfragenden Unternehmen an, was beispielsweise in einem **E-Shop** erfolgen kann.
- Mehrere Lieferanten bieten auf einem **E-Marktplatz** ihre Produktpaletten unterschiedlichen nachfragenden Unternehmen an. Solche E-Marktplätze gibt es bereits in der Automobilindustrie, z. B. **Covisint** (www.covisint.com). Dies ist ein **vertikaler Marktplatz**, bei dem die Firma DaimlerChrysler, General Motors, Ford, Nissan, Peugeot und Renault und Lieferanten wie z. B. Delphi, Faurecia, Freudenberg, Siemens Automotive usw. zusammentreffen. Hierbei werden verschiedene Prozesse unterstützt: die Produktentwicklung, die Beschaffung und die Versorgungskette (SC).

Die vielfältigen technischen und organisatorischen Verbesserungen in den logistischen Abläufen haben zum Ziel, die Lieferzuverlässigkeit und Lieferflexibilität gegenüber den Abnehmern – egal ob Firmen oder Konsumenten – zu verbessern. Hierbei stellt sich die Frage, wie hoch der **Lieferservicegrad** ist, den der jeweilige Lieferant zusichern kann. Definiert man den Lieferservicegrad mit

$$LSGr = \frac{\text{Anzahl der befriedigten Bedarfsanforderungen}}{\text{Anzahl der Bedarfsanforderungen}} \times 100,$$

gilt dieser Ansatz sowohl gegenüber Abnehmern aus dem Business-Bereich wie aus dem Consumer-Bereich. Einen 100 %igen Lieferservicegrad wird man nicht erreichen können, weil zu viele interne aber auch externe Einflussfaktoren zu einer Verschlechterung dieser Kennziffer beitragen können.

Dem Hersteller (Versender oder allgemein **Quelle**) können Dispositionsfehler, Kommisionsfehler unterlaufen, ja selbst Fehler in der eigenen Teilebestellung, die dann zu Produktionsverzögerungen führen. Im Lager werden die falschen Typen zum Versand gebracht, z. B. zu kurze oder zu starke Schrauben. Letzteren Fehler kann dann aber auch der logistische Dienstleister nicht mehr ausgleichen, er wird die falschen Teile wie übernommen ausliefern (anders er hat Absatzlager, ist für diese Dinge selbst verantwortlich!). Trotzdem können auch in seinem Verantwortungsbereich weitere Fehler hinzukommen; er hält die Lieferzeiten nicht ein (Fahrzeug gerät in einen Unfall), die Ware wird durch unsachgemäßes Handling beschädigt.

Ist der Grad der Lieferbereitschaft aus Konkurrenzgründen hoch anzusetzen, so stellt sich immer die Frage, ob dies zu gegebenen Kosten durchgeführt werden kann. Im konsequenten Einsatz von qualitätssteigernden Maßnahmen auf allen Ebenen kann hier ein Mittel zur Umsetzung dieser Forderung gesehen werden.

19 Qualitäts- und Sicherheitsmanagement[1]

Wie aus dem Anforderungskatalog an das physische Leistungsvermögen eines logistischen Dienstleisters zu ersehen ist, wird auch die Anforderung nach der Umsetzung von Qualitätsnormen gestellt. Da die deutschen Unternehmen sich einer Qualitätsoffensive anderer nationaler Volkswirtschaften entgegenstellen müssen und der Staat durch das Produkthaftungsgesetz, das am 1. Januar 1990 in Kraft trat, den Hersteller von Produkten für gesundheitliche Schäden, die durch Produktmängel hervorgerufen werden können, verantwortlich macht, war es eine logische Folge, dass die verladende Wirtschaft den Gesamtkreislauf der Herstellung, Beschaffung und des Vertriebes von Produkten von Schadenentstehungsmöglichkeiten befreien will.

Da durch die International Organization for Standardization (ISO) bereits im Jahre 1987 verschiedene Normen zum Qualitätsbegriff und Qualitätssicherungssystemen herausgegeben worden waren (ISO-Normen 8402, 9001, 9002, 9003, 9004), erfolgte durch das Europäische Komitee für Normung (CEN = Comité Européen de Normalisation)[2] im gleichen Jahr die wörtliche Übernahme derselben (hier: EN 29000 ff.).

Eine Übernahme in die nationalen DIN-Vorschriften erfolgte somit automatisch. Nun hatten die Unternehmen eine Basis, auf der **einheitliche Qualitätsstandards** aufgebaut werden konnten, die in ihrer Umsetzung letztlich Teil eines **TQM-Systems** (Total-Quality-Management-System) sein müssen. Im speditionellen Bereich wurden insbesondere die Normen DIN ISO 9002 und in wenigen Fällen bis jetzt DIN ISO 9001 in die Praxis umgesetzt. Die Zielrichtung der DIN ISO 9002 besteht darin, dass im Falle des Vertragsabschlusses der Nachfrager vom Lieferanten (auch Dienstleistungsunternehmen) verlangen kann, dass er seine Leistungserstellung so durchorganisiert hat, dass Fehler entweder

- bereits im Voraus verhütet werden,
- spätestens bei der Leistungserstellung entdeckt werden,
- Mittel entwickelt und bereitgestellt werden, die eine Wiederholung verhindern.

Dies kann nur innerhalb eines **Qualitätssicherungssystems** umgesetzt werden, das folgende Phasen des betrieblichen Leistungserstellungsprozesses umfasst[3]:

- Markterkundung als gelegentliche, unsystematische Untersuchung des Marktes,
- Marktforschung als systematische Analyse von Teilmärkten (z. B. Markt für Kühlverkehre, für Gefahrgutlagerung und -transporte),
- Entwicklung eines Dienstleistungsproduktes,
- notwendiger Aufbau der Versorgungssicherheit im Beschaffungsbereich, um das entwickelte Produkt auch erstellen zu können,
- Feinplanung einer entsprechenden Ablauforganisation mit Einbau entsprechender Steuerungsmechanismen,
- Leistungserstellung (kann im Logistikdienstleistungsbetrieb nur nach erfolgtem Verkauf der Dienstleistung erfolgen),
- Überprüfung der Qualität der erstellten Leistungen,

---

[1] *Diese Ausführungen können auch Lernfeld 14 zugeordnet werden.*
[2] *Mitgliedstaaten der CEN sind: Belgien, Dänemark, Deutschland, Finnland, Frankreich, Griechenland, Irland, Island, Italien, Luxemburg, Niederlande, Norwegen, Österreich, Portugal, Schweden, Schweiz, Spanien, Tschechische Republik, Vereinigtes Königreich, Ungarn, Slowakei, Malta. Mit Wirkung vom 01.01.2004 sind nun auch folgende Länder als Mitglieder vertreten: Estland, Lettland, Litauen, Polen, Slowenien und Zypern.*
[3] *Vgl. hierzu auch Ziff. 5.11 DIN ISO 9004, S. 9.*

- Pflege der Leistungserstellung sowie eventuell notwendig werdende Nachbesserungen (z. B. Nachlieferung, falls trotz Fehlervermeidungsstrategie Sendung nicht oder falsch verladen wurde).

Um dies umzusetzen, müssen die Verantwortlichkeiten und Befugnisse zur Aufrechterhaltung und Verbesserung des Qualitätsstandards klar vorgegeben und dokumentiert, die Aufbauorganisation dargestellt (z. B. Differenzierung zwischen Produktgruppenleiter Hauptzentrale, Produktgruppenleiter Ländergruppe, Produktgruppenleiter Region), Mittel und Personal bereitgestellt, die Ablaufverfahren entwickelt, veröffentlicht und durchgesetzt werden. Dies kann nur anhand einer umfänglichen Dokumentation erfolgen, insbesondere dem **Qualitätssicherungshandbuch**.

Ein Qualitätssicherungshandbuch

- dient somit als Grundlage für ein Qualitätssicherungssystem für ein bestimmtes speditionelles Produkt wie z. B. für ein nationales oder europäisches Stückgutnetz,
- ist eine verbindliche Beschreibung sämtlicher Teilprozesse der zertifizierten Leistungserstellung sowie eine vollständige Auflistung und Zuordnung der zugehörigen **Verfahrens- und Arbeitsanweisungen**,
- dient als Basis für Revisionen und **Audits** sämtlicher Bereiche und Teilprozesse, die Bestandteil der Qualitätssicherung sein müssen,
- ist Grundlage für die Schulung von Mitarbeitern und Lieferanten in Fragen der Qualitätssicherung,
- ist Bezugsgrundlage bei Klärung von Unregelmäßigkeiten, die in unmittelbarem Zusammenhang mit der Qualitätssicherung stehen.

Die vorgegebenen Ziele müssen selbstverständlich auf ihren Zielverwirklichungsgrad hin überwacht werden, was zur Folge hat, dass die zu messenden Merkmale der Dienstleistungsqualität so präzise wie möglich definiert werden. Hierbei ist zu unterscheiden zwischen zu messenden **Kernmerkmalen**, dies sind funktionsbezogene Primärleistungen wie Laufzeit, Termintreue, Schadensfreiheit (= physische Unversehrtheit des Gutes), und **Randmerkmalen**, die i. d. R. vor- und nachgelagerte Zusatzleistungen und oft kundenspezifischer Natur sind.

Das/die Leistungsversprechen muss/müssen somit klar definiert werden, um den Erfüllungsgrad messen zu können.

Da sich die Leistungserstellung über mehrere Stufen erstreckt, muss die Kontrolle genau an den einzelnen **Schnittstellen** der Leistungserstellung greifen und entsprechende vorgegebene Regelmechanismen auslösen.

Am Beispiel eines entstandenen Schadens soll dies verdeutlicht werden:

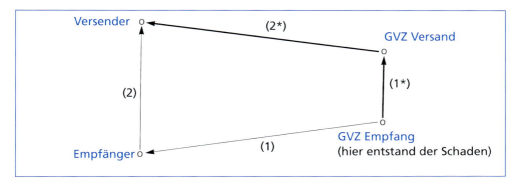

516

Die Leistungserstellungsqualität ist sicherlich nicht ausreichend, wenn der Empfangsspediteur dem Empfänger mitteilt, dass von der zuzustellenden Sendung z. B. 2 Kartons beim Umschlag beschädigt wurden (Schritt 1). Konsequenz davon wäre die Weitergabe der Schadensmeldung durch den Empfänger an den Versender (Schritt 2), der dann den Schaden gegenüber dem Versandspediteur geltend macht. Vielmehr ist zu einer **Umkehr** des Informationsflusses zu gelangen. Der Empfangsspediteur muss an seiner Ausgangsschnittstelle die Beschädigung spätestens feststellen. Konsequenz ist die sofortige Inkenntnissetzung des Versandspediteurs (Schritt 1*), der daraufhin unmittelbar den Versender informiert (Schritt 2*), sodass eventuell durch eine **Prioritätssendung** der Schaden noch behoben werden kann – der Versender **keine** Einbuße an seiner Lieferservicequalität erleidet.

Bei den **Verfahrensanweisungen** müsste nun festgelegt sein, dass die Sendung (Ersatzlieferung) nicht im normalen 48-Stunden-Takt nachgeliefert wird, sondern die Laufzeit max. auf 1 Tag zu verkürzen ist. Dies erreicht man z. B. dadurch, dass der Kunde auf den ihm zur Verfügung gestellten Speditionsübergabescheinen (SÜS) einen Aufkleber **„Prioritätssendung"** anbringt. Sollte der Nachlieferungsauftrag per DFÜ erfolgen, muss im Datensatz die Bezeichnung **„Prioritätssendung"** aufgenommen werden.

Am Beispiel des Einkaufs von Transportleistungen sollen die hierzu notwendigen **Arbeitsanweisungen** erläutert werden.

Zunächst ist beim Einkauf dieser Transportleistungen darauf zu achten, dass der Fremdunternehmer in der Lage ist, die geforderten Qualitätsstandards zu erbringen, und dass er bereit ist, Qualitätskontrollen an seinen Fahrzeugen (gerade im Gefahrgutbereich) zuzulassen. Die Einkaufsabteilung ist angehalten, ständige Qualitätsbewertungen der Lieferanten von Transportleistungen vorzunehmen (z. B. monatlich). Hierzu baut man einen Bewertungsraster auf und ordnet den festgelegten Erfüllungsgraden der zu erbringenden Leistung Punktwerte zu.

Erfüllungsgrad	Punkte
voll erfüllt	1
teilweise erfüllt	2
nicht erfüllt	3

Werden beispielsweise 9 Kriterien auf diese Art abgeprüft, kann der zu beurteilende Fremdunternehmer minimal 9, maximal 27 Bewertungspunkte erreichen.

Liegt die erreichte Bewertungspunktzahl über 15 Punkten, liegt eine **nicht ausreichende** Leistungserstellung vor. 9 Bewertungspunkte entspricht einer **sehr guten** Leistungserstellung. Das Ergebnis ist mit dem Fremdunternehmer zu besprechen, notwendige Maßnahmen zum Abbau der eventuell vorhandenen Fehlerquote sind festzulegen und über den gesamten Vorgang ist eine Niederschrift vorzunehmen, die vom jeweiligen Vertragspartner mit abgezeichnet wird. Sollte sich in der Folgezeit, falls notwendig, keine Ergebnisverbesserung seitens des Fremdunternehmers abzeichnen, muss das Vertragsverhältnis sicherlich aufgelöst werden, da der Logistikdienstleister sich durch die Zertifizierung selbst verpflichtet hat, einen bestimmten Qualitätsstandard zu erreichen, auch bei den eingesetzten Erfüllungsgehilfen (z. B. ≤ 1 % Fehlerquote).

Die Einführung und Umsetzung eines Qualitätssicherungssystems erfordert es, dass das Personal mit den Zielen und den einzelnen Vorgehensweisen der betrieblichen Abläufe, den einzusetzenden Formularen, den Rückmeldungen durch eine gezielte Schulung vertraut gemacht wird. Die gesamten Anweisungen selbst müssen ständig weiterentwickelt werden, so dass es auch notwendig ist, auf allen eingesetzten Formularen festzuhalten, ab welchem Termin ihr Einsatz im Unternehmen zu erfolgen hat und zulässig ist. Sollte der Logistikdienstleister das Unternehmen nach der DIN ISO 9001 zertifizieren lassen, muss er auch nachweisen, das QS-System weiterzuentwickeln. Dies kann zum einen dadurch erfolgen, dass ein ständiges Projektteam gebildet wird, um das geschaffene QS-System weiterzuentwickeln und eventuell auf weitere Produkte des Unternehmens auszudehnen.

Andererseits ist es möglich, fallweise Projektteams zu bilden, die mit dem zu lösenden Problem – z. B. Eingliederung einer elektronisch gesteuerten Kommissionierung, Aufbau eines produktionssynchronen Anlieferungssystems für einen großen Fertigungsbetrieb mit mehreren regional verteilten Werken – vertraut sind und die spätere Umsetzung unter Zugrundelegung der QS-Systematik realisieren können. Wie die meisten Zertifikate, muss auch dieses von einer Zertifizierungsgesellschaft erteilt werden, die mehrere Prüfer **(Auditoren)** einsetzt und nach positiv verlaufener Prüfung das Zertifikat ausstellt. Selbstverständlich genügt der einmalige Erwerb dieses Zertifikates nicht. Der festgelegte Qualitätsstandard kann nur erreicht werden, indem intern ebenfalls regelmäßig Qualitätsaudits vorgenommen werden, um bei dem durch Externe vorgenommenen Wiederholungsaudit – 3 Jahre nach Erstzertifizierung – die Standards zu erfüllen.[1]

Die Entwicklung der vorstehend genannten Qualitätsnormen wurde durch das **Europäische Komitee für Normung (CEN)** weiter vorangetrieben – hier vom Technischen Komitee ISO/TC 176 „Qualitätsmanagement und Qualitätssicherung". Die internationale Norm ISO 9001: 2000 ersetzt nun in ihrer Fassung vom Dezember 2000 die Normen EN ISO 9001: 1994, EN ISO 9002: 1994 und EN ISO 9003: 1994.

Da in diesen drei Normen letztlich die Umsetzung der allgemeinen Module E, D und H erfolgt war (= Anwendung eines anerkannten Qualitätsmanagementsystems), kann die Norm EN ISO 9001: 2000 angewandt werden, die diese drei Module beinhaltet.

- Modul E   beinhaltet   Vorschriften zur Endprüfung.
- Modul D   beinhaltet   Vorschriften zur Herstellung und Endprüfung.
- Modul H   beinhaltet   Vorschriften zur Entwicklung, Herstellung und Endprüfung.

Durch die überarbeitete Norm ISO 9001: 2000 wird der prozessorientierte Ansatz stärker zum Ausdruck gebracht, wobei Ziel eines jeden Qualitätsmanagementsystems sein muss, die Kundenzufriedenheit durch eine bestmögliche Erfüllung der Kundenanforderungen zu erhöhen.

Die Umsetzung der Prozessorientierung in einem Qualitätsmanagementsystem soll

- die Bedeutung „des Verstehens und der Erfüllung von Anforderungen",
- die Bedeutung „der Notwendigkeit, Prozesse aus der Sicht der Wertschöpfung zu betrachten",
- die Bedeutung „der Erzielung von Ergebnissen bezüglich Prozessleistung und -wachsamkeit" und
- die Bedeutung „der ständigen Verbesserung von Prozessen auf der Grundlage objektiver Messungen"[2] betonen.

Die allgemeinen Anforderungen an das Qualitätsmanagementsystem sind im Abschnitt 4, Unterpunkt 4.1 der Norm ISO 9001: 2000 enthalten. Diese Anforderungen sind sehr allgemein gehalten und bedürfen der betriebsindividuellen Ausgestaltung.

---

[1] *Eine Ablaufplanung für die Implementierung eines Qualitätssicherungssystems findet man in: Leitfaden für die Qualitätssicherung speditioneller Dienstleistungen, hrsg. vom BSL, 1991, S. 12.*

[2] *DIN EN ISO 9001: 2000-12, S. 12.*

518

Das Unternehmen, das als Anbieter (Lieferant) eines Produktes (einer Dienstleistung) angesehen wird, wird als **„Organisation"** bezeichnet und soll folgende Punkte umsetzen:

- Innerhalb des Unternehmens sind die Prozesse darzustellen, die es ermöglichen, ein Qualitätsmanagementsystem umzusetzen,
- die Prozesse sind in einen logischen Ablauf einzugliedern, wobei auch eventuelle Rückkopplungen darzustellen sind,
- ein methodisches Gerüst ist aufzubauen, das es ermöglicht, die Prozesse zielgerichtet durchzuführen und zu steuern,
- die notwendigen sachlichen Mittel und Informationen müssen bereitgestellt werden, um die Prozesse umzusetzen und um eine Kontrolle derselben vornehmen zu können,
- die ablaufenden Prozesse müssen stetig überwacht werden, sie sind quantitativ zu erfassen und die Ergebnisse sollen einer Analyse unterworfen werden,
- die Analyse selbst hat wiederum Maßnahmen auszulösen, die die Prozesse weiter optimieren.

Die Norm EN ISO 9004: 2000 enthält mögliche Vorgehensweisen für ein Unternehmen (Produktions- bzw. Dienstleistungsunternehmen), die es ermöglichen, eine Verstetigung von Verbesserungen im Unternehmen zu erreichen. Die damit zu erfüllenden Anforderungsstrukturen übersteigen dabei das Maß derer, die einer Zertifizierung nach der Norm EN ISO 9001: 2000 zugrunde liegen.

In speziellen Bereichen der Industrie, hier der chemischen Industrie, wurden bereits in den 90er-Jahren des letzten Jahrhunderts innerhalb des **ICE-Programms (= International Chemical Environment)** Qualitätssysteme entwickelt, die die Sicherheit im Umgang mit chemischen Produkten in allen TUL-Bereichen erhöhen sollten. Für alle Verkehrsträger (Ausnahme Luftverkehr) wurden sog. **Safety and Quality Assessment Systems – SQAS –** entwickelt, die vereinheitlichte Instrumentarien zur Beurteilung der Qualitäts-, Sicherheits- und Umweltschutzmanagementsysteme auch logistischer Dienstleister erlauben.

Die hierzu entwickelten Fragenkataloge beziehen sich entweder auf Sicherheits- und Gesundheitsaspekte (S,G), auf den Umweltschutz (U) und/oder auf die Qualität (Q). Die Fragen selbst sind in drei Gruppen eingeteilt:

- **M-Fragen:** Sie betreffen Probleme, die in den meisten europäischen Ländern gesetzlich geregelt sind, also grundlegende Anforderungen.

> *Beispiel:*
> Wurde vom Unternehmen in Übereinstimmung mit gesetzlichen Vorschriften ein Gefahrgutbeauftragter bestellt?

- **I-Fragen:** Dies sind Problembereiche, die die chemische Industrie vom logistischen Dienstleister erfüllt sehen möchte. Sollte eine Frage zu einem solchen Problembereich mit „Nein" beantwortet werden, muss der Mangel durch den logistischen Dienstleister innerhalb sechs Monaten erhoben werden.

> *Beispiel:*
> Gibt es mit lang- oder kurzfristig gebundenen Subunternehmern schriftliche Vereinbarungen über die Verfügbarkeit, Verwendung und Zustand der Sicherheitsausrüstung?

- **D-Fragen:** Sie betreffen Problembereiche, in denen weitere Verbesserungen der Systeme erreicht werden können.

> *Beispiel:*
> Gibt es ein dokumentiertes System zur Einhaltung der Vorgaben in Bezug auf die Emissionen?

Muster

ZERTIFIKAT

Die TÜV-Zertifizierungsgemeinschaft e.V.
bescheinigt hiermit, dass das Unternehmen

Hain Spedition GmbH & Co. KG
International
56566 Neuwied, Mainzer Str. 24
56536 Neuwied, Posffach 10 10 10

für den Geltungsbereich

GESAMTBETRIEB
**Nationale und Internationale Spedition,
Logistik, Lagerei, Gefahrgutlagerei und Kraftverkehr**

ein Qualitätssicherungssystem eingeführt hat
und anwendet.

Durch ein Audit, Bericht-Nr. 7777
wurde der Nachweis erbracht,
daß die Forderungen der

DIN ISO 9002 / EN 29002

erfüllt sind.

Dieses Zertifikat ist gültig bis
31. Mai 2007
Zertifikat-Registrier-Nr.
01 234 5678

Bonn, den 18.05.2007

**TÜV Rheinland
Gruppe**

Köln, den 18.05.2007

TÜV CERT Präsidium

Zertifizierungsstelle

Die auf Seite 496 genannten Beschaffungsrisiken erfordern es, bereits die aufgebauten Versorgungsketten einer strengen Kontrolle zu unterziehen, um die Ursachen von Störungen genau ermitteln zu können. Die zusätzlichen Risiken, verursacht durch den weltweit agierenden Terrorismus, sollen durch den Aufbau geeigneter Sicherungssysteme soweit wie möglich eliminiert werden. Grundlage zum Aufbau solcher Sicherungssysteme sind die **UN-Resolution 1390 (2002)**, die seitens der EU durh die **Verordnung EG Nr. 881/2002** umgesetzt worden ist.

Das Ziel dieser Verordnung ist darin zu sehen, das Terroristen oder Terrorgruppen kein Zugang zu wirtschaftlichen Quellen verschafft wird. Da alle transportierten Güter wirtschaftlich genutzt werden können, dürfen (sollen) sie nicht den genannten Personengruppen zur Verfügung gestellt werden.

Somit müssen auch Speditionen (log. DL) überprüfen, ob die Ware an Mitglieder der genannten Personengruppen versandt werden. Hierzu war es notwendig, sog. **Terrorlisten** zu erstellen und diese ständig zu aktualisieren. Dies gilt sowohl innerhalb der EU als auch in allen Drittstaaten, insbesondere den USA, die auch sog. **Boykottlisten** herausgeben haben. Beispiele von US-Listen sind:

- **SDN-Listen (SPECIALLY Designated Nationals and Blocked Persons),**
- **DPL-Listen (Denied Persons List).**

Beim Verkehr mit den USA sind ferner viele Verordnungen zu beachten, die zum Schutz dieses Landes erlassen wurden. Hierzu gehören z. B.

- **der Maritime Transportation Security Act (MTSC) aus dem Jahre 2002,**
- **der Bioterrorism Act aus dem Jahre 2002.**

All diese Vorschriften bewirken kostenwirksame Maßnahmen innerhalb der einzelnen log. Dienstleistungsbetriebe, aber auch entlang der unterschiedlichsten supply chains.

Auch aus den USA stammen die **Frachtsicherheitsstandards (FSR)**, die insbesondere in Hochtechnologiebereichen, es den entsprechend beteiligten Firmen ermöglichen, die von ihnen geforderten Sicherheitsanforderungen zu erfüllen.
Eine im Jahr 1997 gegründete Institution – **die Technology Asset Protection Association (TAPA)** – gibt dieses Regelwerk heraus.
Im Zusammenhang mit der Zulassung zum AEO (zugelassener Witschaftsbeteiligter – siehe auch § 5 a, 2 ZK) wird es immer wichtiger, dass auch diese Sicherheitsanforderungen in den Speditionsbetrieben umgesetzt werden, zumal nach deutschem Recht bei Nichteinhaltung Strafen bis zu 15 Jahren Freiheitsentzug und Geldstrafen bis 500 000,00 EUR verhängt werden können.

ZUSAMMENFASSUNG

1. Im Absatzbereich hat sich ein struktureller Wandel vollzogen; der Verkäufermarkt hat sich in einen Käufermarkt gewandelt, d. h. die gesamte Produktion ist stärker auf die Kundenbedürfnisse auszurichten.

2. Der Handel hat absatzseitig mit neuen Konzepten auf diese Anforderungen reagiert, die unter dem Begriff „Efficient Consumer Response (ECR)" zusammengefasst sind und die sowohl auf die demand-side als auch auf die supply-side ausgerichtet sind.

3. Normierungen, insbesondere bei sekundären und tertiären Verpackungseinheiten haben dazu beigetragen, logistische Systeme effizienter nutzen zu können. Mit Hilfe der Efficient Unit Load (EUL) gelang dies, sodass auch die eingesetzten Fahrzeuge optimal genutzt werden können.

4. Die Verteilung wird über Netzwerke vorgenommen, damit innerhalb bestimmter Taktzeiten die Zustellung im nationalen wie auch im europäischen Bereich realisiert werden kann. Zustellungsprobleme, insbesondere im Privatkundengeschäft, werden durch Einrichtung von Pick Points gelöst, in denen auch temperaturgeführte Güter eingestellt werden können.

5. Die hohen Leistungsstandards, die die Versender an die zu erstellenden logistischen Dienstleistungen stellen, bedingen, dass auch die Dienstleistungsbetriebe ihre Produktion entsprechend entwickelter Qualitätsnormen (DIN-ISO-Normen) erbringen.

6. Insbesondere Verfahrens- und Arbeitsanweisungen sind streng einzuhalten; interne Qualitätsaudits tragen zu einer ständigen Überprüfung des zu erreichenden Qualitätsstandards bei.

7. Die reinen Qualitätssicherungensmaßnahmen werden erweitert durch die Umsetzung von Sicherheitsanforderungen entlang einer supply chain. Hierzu müssen innerhalb der log. Dienstleistungsunternehmen Sicherheitsstrukturen aufgebaut und deren Einhaltung ständig überwcht werden. Ein entsprechendes Regelwerk zur Zertifizierung gibt die TAPA heraus.

Lernfeld 14:
Marketingmaßnahmen entwickeln und durchführen

Einstiegssituation:

Die Grundfunktion des Marketing besteht darin, einen gewinnorientierten Absatz speditioneller Leistungen vorzubereiten, durchzuführen und zu stabilisieren.

AUFGABE

1. Welche Marktuntersuchungen und marketingpolitischen Instrumente sind einzusetzen, um diese Aufgabe realisieren zu können?

20 Marketing und Unternehmenstypologie

Die Bedeutung von Marketingmaßnahmen in Speditionen ist eng mit deren Leistungsangeboten verbunden. Nach einer Untersuchung der Deutschen Gesellschaft für Mittelstandsförderung (DMG) lassen sich Speditionsunternehmen wie folgt typisieren[1]:

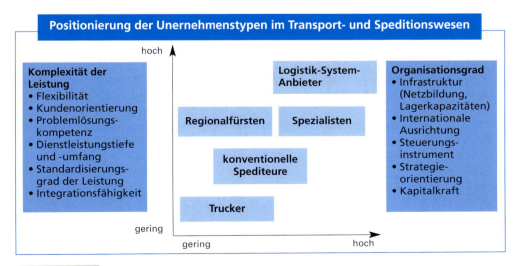

[1] Vgl. DMG: Transport- und Speditionswesen: Positionen – Perspektiven – Strategien, Frankfurt, S. 47–64.

Erläuterung:

- **Trucker** konzentrieren sich auf die Erbringung von Transportleistungen, auch wenn sie unter „Spedition XYZ" firmieren. Ein direkter Kontakt zu Verladern ist die Ausnahme, da sie i. d. R. ihre Aufträge von „echten" Spediteuren erhalten. Der typische Fuhrpark umfasst bis zu zehn Fahrzeuge, wobei der Unternehmer selbst zum Fahrpersonal gehört. Die Umsätze liegen unter 6 Mio. EUR pro Jahr. Marketingstrategien sind Fehlanzeigen zumal keine ausreichenden Kenntnisse über die Bedürfnisse der Verlader vorliegen.

- **Regionalfürsten** erhalten ihre Aufträge von wenigen lokalen Verladern, für die sie neben den speditionellen Leistungen auch bedürfnisgerechte Nebenleistungen erbringen. Sie verfügen über einen eigenen Fuhrpark und führen über 75 % der Transportleistungen im Selbsteintritt durch. Es gibt kaum Niederlassungen, jedoch Verbindungen zu Kooperationspartnern. Die Umsätze dürften zwischen 3 und 15 Mio. EUR im Jahr liegen. Marketingstrategien sind kaum entwickelt, da der persönliche Kontakt des Spediteurs zu seinem Kunden (Skatrunden, Kegelclub usw.) die Grundlage für die Geschäftsbeziehungen bildet.

- **Konventionelle Spediteure** nehmen die klassischen Aufgaben des Spediteurs (TUL, Sammel- und Verteilertätigkeiten usw.) wahr. Bevorzugt werden Teil- und Komplettpartien akquiriert, die vorwiegend mit Fahrzeugen des eigenen Fuhrparks transportiert werden (Anteil zwischen 50 und 90 %). Die Anzahl ihrer Niederlassungen ist begrenzt; man hat jedoch Zutritt zu einem Netz von Korrespondenz-Spediteuren, in das z. B. Stückgutsendungen einspeist werden. Die Umsätze werden auf 15 bis 75 Mio. EUR pro Jahr geschätzt. Es gibt einen eigenständigen Verkauf. Die Entwicklung von Marketingstrategien ist Sache des Inhabers.

- **Branchenspezialisten** spezialisieren ihr Leistungsangebot auf bestimmte Branchen (Neumöbelspeditionen, Kleiderspeditionen usw.). Sie verfügen über ausgeprägte Fachkenntnisse und richten Transport- und Lagerkapazitäten sowie ihre logistischen Leistungen nach den Kundenforderungen aus. Niederlassungen werden in Kundennähe eingerichtet. Branchenspezialisten sind mittlere bis größere Unternehmen mit einem Umsatz zwischen 75 Mio. und 500 Mio. EUR. Sie betreiben eine intensive Marketingstrategie, in der sie ihre Vorzüge als Qualitätsdienstleister und Anbieter von logistischen Komplettlösungen im überregionalen Rahmen fokussieren.

- **Logistik-System-Anbieter** rekrutieren sich aus dem Bereich der Konzernspeditionen und Kooperationen (IDS, CargoLine usw.). Das Leistungsangebot umfasst nicht nur sämtliche speditionelle Leistungen (Stückgut mit speziellen Laufzeiten, Teil- und Komplettpartien), sondern auch die Erstellung von logistischen Gesamtkonzepten. Weniger als 20 % der Transportleistungen werden im Selbsteintritt durchgeführt. Sie verfügen über ein internationales Netz von Niederlassungen. Die Umsätze liegen i. d. R. zwischen 600 Mio. und 10 Mrd. EUR. pro Jahr. Logistik-System-Anbieter betreiben eine offensive Marketingstrategie zur stetigen Verbesserung ihrer Marktpositionierung. Dazu stellen sie die notwendige organisatorische Infrastruktur – Marketingexperten in der Konzen-/Kooperationsspitze, Verkaufsabteilungen (Innendienst, Außendienst) in den Einzelunternehmen des Konzerns/der Kooperation – zur Verfügung.

21 Marketing als Führungskonzept

Marketing wird im Folgenden als Führungskonzept verstanden. Danach ist das Speditionsunternehmen derart zu führen, dass eine optimale Befriedigung der aktuellen und zukünftigen Kundenwünsche erreicht wird, wobei als Kunden die tatsächlichen und möglichen Verlader verstanden werden. Diese **Kundenorientierung** stellt keinen Selbstzweck dar. Sie soll vielmehr dazu führen, dass die Unternehmensziele – also vor allem die Gewinnerzielung – in hohem Maße erfüllt werden. Die Realisierung dieser Ziele erfordert Marktuntersuchungen und den Einsatz marketingpolitischer Instrumente.

Kundenorientierung bedeutet also nicht, dass die Verladerwünsche um jeden Preis zu erfüllen sind. Die Erfüllung muss vielmehr kalkulatorisch vertretbar sein. Nur auf diese Weise können die Wünsche der Kunden und die geschäftspolitischen Belange des Speditions- und Logistikunternehmens zum beiderseitigen Nutzen in Übereinstimmung gebracht werden.

22 Marktuntersuchungen

Ohne Kenntnis der Kundenbedürfnisse – insbesondere ihrer Beschaffungs- und Absatzstrukturen – fehlt das Fundament für die Erstellung speditioneller und logistischer Dienstleistungen. Zur Lösung dieses Problems ist es zunächst einmal notwendig, die innerbetrieblichen Informationen, die das Informations- und Rechnungswesen über die (Teil-)Märkte liefert, aufzubereiten und auszuwerten.

Beispiel:

Erstellung einer Kundenanalyse nach dem **ABC-Modell** mit dem Ziel einer Kundenbewertung, wobei A-Kunden sehr umsatzstark, B-Kunden umsatzstark und C-Kunden weniger umsatzstark sind. Aufgrund dieser Klassifizierung können die Kunden nun wie folgt unterschieden werden:

Kategorie A: 10 % der Kunden tragen 55 % zum Umsatz bei
Kategorie B: 25 % der Kunden tragen 30 % zum Umsatz bei
Kategorie C: 65 % der Kunden tragen 15 % zum Umsatz bei

Aus dieser Erkenntnis folgt, dass den A-Kunden ein besonderer Betreuungsaufwand eingeräumt wird. Allerdings dürfen auch B- und C-Kunden nicht vernachlässigt werden, wenn sich herausstellt, dass diese eine stark expandierende Tendenz aufzeigen und damit die A-Kunden von morgen sein könnten.
Nach Ermittlung der Daten bedarf es der Kenntnis über organisatorische Abläufe und Problemstrukturen bei der Kundschaft. Diese zusätzlichen Marktinformationen können durch Gespräche mit Kunden z. B. im Rahmen von Workshops gewonnen werden.

Zur Lösung des oben angeführten Problems bedarf es aber auch der Nutzung betriebsexterner Informationsquellen wie

• Mitteilungen des DSLV (z. B. der Spediteur, Jahresberichte, Branchenerhebungen),
• branchenspezifische Informationen von Geschäftsbanken,
• Wirtschaftsberichte und -nachrichten von überregionalen Zeitungen,

- Fachzeitschriften und -zeitungen (z. B. DVZ, Logistik heute, Distribution, Verkehrs-Rundschau),
- Marktforschungsberichte (z. B. Ifo-Prognose zur Verkehrskonjunktur).

Daneben sind aber auch die Publikationen der Kunden zu nutzen, um den Trend zu erkennen und sich rechtzeitig auf Kundenwünsche einstellen zu können.

524

23 Marketingpolitische Instrumente

Als marketingpolitische Instrumente werden jene Mittel bezeichnet, durch die das Speditions- und Logistikunternehmen den Absatzmarkt zielgerecht zu beeinflussen versucht.

Dazu gehören:

- Produkt- und Sortimentspolitik
- Preispolitik
- Kommunikationspolitik

Der Einsatz dieser Instrumente sollte in systematisch aufeinander abgestimmter Form erfolgen, da nicht die Wirkung des einzelnen Instrumentes von entscheidender Bedeutung ist, sondern die Wirkung der Instrumente in ihrem Zusammenwirken. Die ausgewählte Kombination der marketingpolitischen Instrumente wird als **„Marketing-Mix"** bezeichnet.

23.1 Produkt- und Sortimentspolitik

Sortimentspolitik beinhaltet alle Entscheidungen einer Spedition zur Erhaltung, Vergrößerung oder Verminderung der Sortimentsbreite und/oder -tiefe.

Unter Sortimentsbreite wird die Art und Anzahl der Leistungsbereiche verstanden, unter Sortimentstiefe das differenzierte Angebot der einzelnen Leistungsbereiche. Die Änderung der Sortimentsbreite und/oder -tiefe kann durch folgende produktpolitische Maßnahmen erfolgen:

- **Produktelimination**, d. h., ein Leistungsbereich wird nicht mehr angeboten.

Beispiel:
Die Beförderung von Teil- und Komplettpartien im Selbsteintritt nach Russland wird wegen zunehmender Probleme in puncto Transportsicherheit, Verfügbarkeit des Fahrpersonals und zolltechnischer und -rechtlicher Abwicklung aufgegeben. Stattdessen werden spezialisierte Unternehmen mit diesen Transporten beauftragt.

- **Produktvariation**, d. h. ein bereits angebotener Leistungsbereich wird verändert.

Beispiel:
Neben der Trockengutlagerung richtet ein Lagerspediteur auch Kapazitäten für Kühlprodukte in den Bereichen +5° und +12° ein.

- **Produkterweiterung**, d. h. ein zusätzlicher Leistungsbereich wird aufgenommen.

Beispiel:
Durch einen Großkunden, der neue Märkte in Fernost erschlossen hat, wird der Leistungsbereich Luftfracht (Export) eingerichtet. Die bisherige Fremdvergabe von Luftfrachtsendungen entfällt.

Grundsätzlich wird die Produkt- und Sortimentspolitik von den Kundenwünschen und Rentabilitätsüberlegungen gesteuert, d. h., rentable Leistungsbereiche werden erhalten oder eingeführt, unrentable Leistungsbereiche ausgesondert. Probleme können allerdings dann entstehen, wenn Leistungsbereiche sich gegenseitig ergänzen, also in einer Komplementärfunktion zueinander stehen. Als klassisches Beispiel können hier Lagerei und Verteilung von Stückgütern aufgeführt werden. Ohne die Verteilung kann der Leistungsbereich Lagerung kaum angeboten werden. Sollte nun die Verteilung ein Defizitgeschäft darstellen, ist darauf zu achten, inwieweit die Lagerung zu einer Kompensation beiträgt.

Produktinnovation findet insbesondere im Rahmen der Einrichtung und des Ausbaus logistischer Konzepte statt.

Dabei werden die traditionellen Leistungsbereiche des Speditionsunternehmens im Rahmen der Verkehrsorganisation miteinander vernetzt und durch zusätzliche Leistungskomponenten wie z. B.

- Übernahme von Kommissionierungs-, Konfektionierungs- und Verpackungsfunktionen,
- Übernahme von Montagefunktionen,
- Übernahme des Bestandsmanagements,
- Just-in-Time-Anlieferungen unter Nutzung moderner Informations- und Kommunikationstechnologien,
- Fakturierung und Inkasso,
- qualitative Veränderung von Materialien und Waren,
- Angebot von Mehrwegverpackungssystemen

ergänzt. Dadurch soll eine stärkere Kundenbindung – logistische Dienstleistungen sind nicht problemlos austauschbar – und somit die Sicherung und Stärkung der Marktposition erreicht werden.

Ein Kunde wird aber nur dann logistische Funktionen auf Speditionsunternehmen übertragen, wenn er von der Kompetenz des Spediteurs als Qualitätsdienstleister überzeugt ist. Um dies zu gewährleisten, bedarf es folglich eines effektiven **Qualitätsmanagements**[1].

23.2 Preispolitik

Seit der gesetzlichen Aufhebung der Tarife im Güterkraftverkehr zum 31. Dezember 1993 gilt praktisch auf allen Teilmärkten des Güterverkehrsgewerbes das **Prinzip der freien Preisbildung**. Die Möglichkeiten einer Spedition zur Durchsetzung ihrer Preisvorstellungen – als Ergebnis der eigenen Preiskalkulation – hängt grundsätzlich von der Marktstruktur und vom Verhalten der Marktteilnehmer ab. Sofern Standardleistungen angeboten werden – dazu zählt z. B. der Transport und Umschlag von Stückgut, Teil- und Komplettladungen im innerdeutschen Verkehr – ist eine eigenständige Preispolitik aus folgenden Gründen kaum möglich:

1. zahlreiche Anbieter für standardisierte Verkehrsleistungen
2. problemlose Austauschbarkeit standardisierter Verkehrsleistungen bei freien Transportkapazitäten („…dann fährt eben ein anderer")

---

[1] *Vgl. Lernfeld 13, Kapitel 19*

3. zunehmende Marktmacht der Verlader insbesondere dank einer erheblichen Markt-transparenz hinsichtlich des verfügbaren Transportraums, der Preisentwicklung und des Konkurrenzverhaltens der Anbieter

An der starken Marktposition der Verlader – als Ausdruck eines typischen Käufermarktes – können auch Preisempfehlungen nichts ändern, wie sie z. B. im Spediteursammelgut existieren. Ursprünglich als Richtpreise gedacht, sind sie de facto zu Höchstpreisen geworden, die werbewirksam unterschritten werden, z. B. durch die Gewährung von z. T. erheblichen Margen. Erhöhungen dieser Empfehlungspreise erfolgen üblicherweise in einem sehr moderaten Rahmen, werden gegenüber den Kunden detailliert begründet und müssen vom BSL mit Appellen zur Durchsetzung versehen werden: „Weder die wenigen Großspediteure noch die Vielzahl der mittelständischen Sammelgutspediteure sind alleine in der Lage, Preisänderungen im Markt durchzusetzen. Der Anstoß hierzu kann nur vom Verband als Interessenvertretung der Gesamtspedition ausgehen."[1]

Fazit: Der Preis, der sich am Markt bildet, muss akzeptiert werden, auch wenn er von Spediteuren als Preisdiktat empfunden wird.

Diese **Preisakzeptanz** hat zum einen zu einer Strategie der Verbesserung der **Kosten-strukturen** durch Ausschöpfung von Produktivitätsreserven geführt. Im Sammelgut-verkehr sind dies z. B.:

- Umstrukturierung von Relationen und Touren
- Aufbau von HUB-Verkehren mit anderen Speditionen
- Einsatz von Großraumwechselbrücken
- Akquisition zusätzlicher Transportmengen zur Erhöhung der Kapazitätsauslastung
- Einrichtung von Systemen der Sendungsverfolgung und Fehlerkosten-Kennzahlen

Zum anderen wird die Preisakzeptanz durch eine Strategie der **Preisdifferenzierung** relativiert. Unter Preisdifferenzierung wird hier die Möglichkeit verstanden, die gleiche Verkehrsleistung zu unterschiedlichen Preisen verschiedenen Kunden zu verkaufen. Es wird vor allem zwischen folgenden Arten unterschieden:

Personelle Preisdifferenzierung: Gleichstrukturierte Sendungen (Art der Ware, Entfer-nung, Gewicht, Maße usw.) verschiedener Kunden werden zu unterschiedlichen Preisen abgerechnet, da Stammkunden günstigere Konditionen gegenüber Laufkunden einge-räumt werden.

Zeitliche Preisdifferenzierung: Die Frühzustellung einer Stückgutsendung am Tag X oder eine Sonderfahrt wird gegenüber dem allgemeinen 24-Stunden-Service teurer bezahlt.

Räumliche Preisdifferenzierung: Eine Komplettpartie, die als Rückladung von einem niederländischen Unternehmer von Mannheim nach Oberhausen transportiert werden soll, kostet weniger im Vergleich zu einem ortsansässigen deutschen Unternehmer, der dazu beauftragt wird.

Quantitative Preisdifferenzierung: Dem Kunden, der größere Partien übergibt, werden günstigere Preise pro Gewichtseinheit eingeräumt.

Qualitative Preisdifferenzierung: Die unterschiedliche Beschaffenheit der Güter erfordert ein differenziertes Preisgefüge. Als Beispiel kann Kühlgut angeführt werden, für dessen Beförderung ein Preiszuschlag erhoben wird.

Die Fähigkeit zur Preispolitik setzt eine starke Marktposition voraus. Diese gewinnt ein Spe-ditionsunternehmen nur dadurch, dass es seine Leistungen als Markenartikel bei starker Kundennähe und Qualitäts-Kompetenz verkauft – am besten als „Logistik-System-Anbieter".

---

[1] *Bundesverband Spedition und Lagerei e.V.: Jahresbericht 2001.*

23.3 Kommunikationspolitik

23.3.1 Public Relations

Durch Public Relations (PR) – also Öffentlichkeitsarbeit – versucht ein Speditionsunternehmen ein eigenständiges, unverwechselbares Image zu erreichen bzw. zu stabilisieren, das auf positive Resonanz bei der Verladerschaft trifft. Im Gegensatz zur Werbung ist PR also unternehmensbezogen und nicht produktbezogen.

Öffentlichkeitsarbeit im Speditionsgewerbe bedeutet z. B.:

● Beteiligungen an Kongressen und Messen durch eigene Informationsstände (z. B. Logistikkongress, Transportmesse)
● mitgestaltende Teilnahme von fachkundigen Mitarbeitern an Symposien (z. B. DVZ-Symposium zur Transportrechtsreform)
● Jubiläumsveranstaltungen mit öffentlichen Repräsentanten

PR ist nicht nur ein Betätigungsfeld für Großspeditionen und Spediteurskooperationen. Auch das einzelne mittelständische Speditionsunternehmen kann über Pressearbeit und regionale Medien repräsentiert werden (z. B. Berichterstattung über Jahresabschlüsse, ökologisch bedeutsame Innovationen).

23.3.2 Werbung

Durch Werbung soll das Interesse zur Aufnahme von Geschäftsbeziehungen geweckt werden. Traditionelle Werbemittel der Spedition sind:

● Anzeigen
● Mailings in Form von
  – Werbeprospekten
  – Werbebriefen (Kundenbriefe, persönliche Briefe)
● Aufschriften auf Fahrzeugen

Eine Fachzeitung/-zeitschrift ist nur dann für **Werbeanzeigen** geeignet, wenn ihr Leserkreis einen hohen Prozentsatz der gewünschten Zielgruppe (Verlader, aber auch andere Spediteure) erreicht und die regelmäßige Erscheinungsweise (Aktualität) gewährleistet ist (DVZ, Logistik heute, Distribution usw.).

Nun enthält eine Werbeanzeige i. d. R. nur Kurzinformationen über Leistungsarten, -umfang und -qualität einer Spedition. Zur Sicherung der Werbeeffizienz ist zum einen die Werbeanzeige themengerecht zu platzieren.

Beispiel:
Eine Spedition, die sich als Spezialist für Lagerlogistik bezeichnet, inseriert ausschließlich neben Fachberichten, die sich mit diesem Thema beschäftigen.

Zum anderen sind die Grundsätze der Gestaltungslehre zu beachten:

● Markierung zentraler Angaben (z. B. Fettdruck)
● Verwendung wenig unterschiedlicher – leicht lesbarer – Schrifttypen (z. B. traditionelle Antiqua-Schriften)
● Einsatz graphischer Elemente (z. B. Pfeile, Buttons und Sternchen)
● farbmäßige Abhebungen (z. B. des Firmenlogos) usw.

Bei **Werbeprospekten** und **Kundenbriefen** ist auch auf die visuelle Gestaltung zu achten:

- Bild und Text bilden hier eine Einheit. Der Interessent muss den Text problemlos der bildlichen Darstellung zuordnen können.
- Leistungsbereiche sind in einem attraktiven Umfeld abzubilden.

528

Beispiel:
Umschlagsleistungen werden in Hallen aufgezeigt, die gut ausgelastet, systematisch geordnet, angenehm beleuchtet und besenrein sind.

Daneben sollten beide Werbemittel in handlicher Form (z. B. DIN-A-4-Format) konzipiert werden, wobei auf eine qualitativ hochwertige Bild- und Papierqualität zu achten ist; der Interessent soll quasi zur Lektüre „eingeladen" werden.

Speditionen, die durch – persönlich adressierte – **Werbebriefe** neue Kunden gewinnen möchten, müssen zunächst über geeignetes Adressenmaterial verfügen.

Internet Adressenlieferant ist der Verkaufsaußendienst. Da die Verkäufer ständig in ihren Verkaufsgebieten unterwegs sind, stellen sie am ehesten fest, wenn in neu erschlossenen Industriegebieten Betriebe entstehen, deren Sortiment „ins System passen". Diese Informatenfunktion wird inzwischen auch von den Nahverkehrsunternehmern im Zustellbereich erwartet.

Daneben bieten sich folgende Möglichkeiten zum Adressenerwerb an:

- Mitglieder- und Branchenverzeichnisse der regionalen Industrie- und Handelskammern
- Messekataloge und Ausstellerverzeichnisse
- Branchentelefonbuch
- Anzeigen in Fachzeitschriften, die von potentiellen Kunden gelesen werden
- Anzeigen in der Lokalpresse, auch unter der Rubrik „Stellenanzeigen" („wer neue Mitarbeiter einstellt, expandiert") usw.

Eine moderne Werbestrategie ist heutzutage ohne Internetpräsenz nicht realisierbar. Der Vorteil gegenüber dem Einsatz traditioneller Werbemittel liegt insbesondere darin, dass dem Interessenten die Möglichkeit einer gezielten Auswahl von Informationen zu relativ günstigen Kosten geboten werden kann.

Die Effizienz der Internetpräsenz einer Spedition hängt jedoch davon ab, inwieweit es gelingt, aktuelle und potenzielle Kunden zur Kontaktaufnahme zu bewegen.

Bereits die Kopfleiste der Homepage sollte demnach dem differenzierten Informationsbedarf der Interessenten entsprechen, wie folgendes Beispiel einer mittelständischen Kraftwagenspedition zeigt:

Der Aufruf der Startseite/Unser Unternehmen führt dann zu den folgenden – kurz erläuterten – Links:

- Unsere Geschichte
- Daten & Fakten
- Unser Team
- Qualitätspolitik.

Möchte der Interessent nun Daten & Fakten der Spedition Obermann erfahren, so wählt er die Startseite/Unser Unternehmen/Daten & Fakten und erhält Informationen über die Rechtsform und die Namen der Geschäftsführer der Spedition, Anzahl und Art der Mitarbeiter, Hallengröße und -höhe, Betriebsausstattung, Verladetore, Fuhrpark usw.

Ist der Interessent von den Daten und Fakten überzeugt, so kann er zur Startseite zurückkehren, um anschließend festzustellen, ob seine Wünsche durch die Produktpalette abdeckbar sind (Start/Unsere Produkte) usw.

Neben der benutzerfreundlichen Anordnung und Bedienung der Links ist auch auf die Farb- und Schriftgestaltung sowie die Einbindung qualitativ hochwertiger und aktueller Fotos, Grafiken und Tabellen zu achten.

Die **Werbewirksamkeit** hängt davon ab, ob es gelingt, den Adressaten zum Vertragsabschluss zu veranlassen. Nach der **AIDA-Formel** läuft eine effektive Werbung in folgenden Schritten ab:

A →Attention → Aufmerksamkeit erzeugen
I →Interest → Interesse wecken
D →Desire → (Kauf-) Wünsche fördern
A →Action → Zur (Kauf-) Aktion auffordern

Nur wenn z. B. eine Werbeanzeige bewusst wahrgenommen wurde und auf das Interesse des Adressaten gestoßen ist, besteht die Möglichkeit, dass sich dieser weitere Informationen über die angebotene Leistung beschafft. Werden diese dann positiv aufgenommen, so wird er zu einem Geschäftsabschluss tendieren.

23.3.3 Sponsoring

Sponsoring bedeutet die Förderung von Einzelpersonen, Personengruppen und Organisationen. Dadurch soll ein positiver Bekanntheitsgrad des Sponsors geschaffen, gesichert oder gesteigert werden. Der Sponsor behält sich deshalb das Recht vor, in der Öffentlichkeit auf seine Maßnahmen zu verweisen.

Beispiel:
Eine norddeutsche Spedition verzichtet darauf, an Weihnachten die üblichen Präsente der Kundschaft zu übergeben. Stattdessen erhalten die Verlader neben den Weihnachtsgrüßen die Mitteilung, dass auch in diesem Jahr – an Stelle von Geschenken – wieder eine bestimmte Geldsumme auf das Konto der Deutschen Gesellschaft zur Rettung Schiffbrüchiger (DGzRS) überwiesen worden sei.

23.3.4 Verkauf

23.3.4.1 Formelle Verkaufsebene

Eine Professionalisierung des Verkaufs wird angesichts der Entwicklung auf den Verkehrsmärkten immer wichtiger. **Qualitätsvorsprünge**, die in früheren Zeiten die Marktposition einer Spedition über mehrere Jahre sichern konnten, werden heute in immer kürzer werdenden Zeitabständen ausgeglichen. Klassisches Beispiel hierfür ist der 24-Stunden-Service als Standardleistung im Spediteursammelgutverkehr auf der Straße. Als nun die Frühzustellung – alternativ 10:00 oder 12:00 Uhr – von den KEP-Diensten angeboten wurde, erfolgte prompt die Antwort durch TOP 10/TOP 12, IDS Express 10/12 usw.

Ein Patentrezept für die Organisation des Verkaufs speditioneller und logistischer Dienstleistungen gibt es nicht. Eine Möglichkeit besteht darin, den Verkauf von der jeweiligen Abteilungsleiterebene als Zusatzaufgabe wahrnehmen zu lassen. Durch dieses Konzept soll vermieden werden, dass Vereinbarungen getroffen werden, die zu negativen Konsequenzen der betroffenen Abteilungen führen (z. B. Kapazitätsengpässe, ungünstige Ertragsentwicklung eines „Profitcenters").

Bei Anbietern von Sammelgut- und Systemverkehren wird diese Aufgabe jedoch einer speziellen Funktionsstelle im Liniensystem zugewiesen.

Auszug aus einem Organigramm[1]:

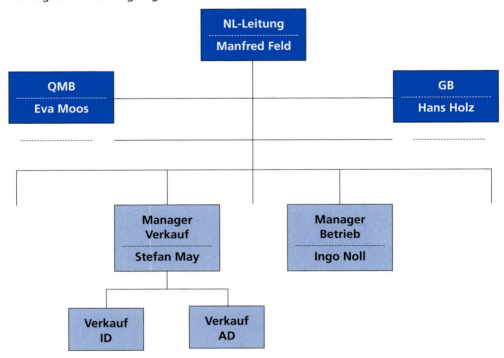

Der Verkäufer im Außendienst ist Bindeglied zwischen dem Kunden und dem Speditions- und Logistikdienstleister. Er wird unterstützt durch den Verkaufsinnendienst.

Das Verkaufsgebiet ist weitgehend identisch mit dem Verteilergebiet. Die Größe und Wirtschaftsstruktur dieses Gebietes kann es erforderlich machen, mehrere hauptberufliche **Verkäufer im Außendienst** einzusetzen, die wiederum für einzelne Regionen oder sogar für einzelne (Groß-) Kunden zuständig sind.

Ihre Hauptaufgabe ist die **Akquisition von Neukunden** und die **Pflege der Bestandskunden** zwecks Umsatzstabilisierung und -erhöhung gemäß den Zielvorgaben der Geschäftsführung/Niederlassungsleitung.

---

[1] *Alternativ könnte der Verkauf auch als Stabsstelle eingerichtet werden.*

Um diese Zielvorgaben erreichen zu können, müssen sie zunächst über die notwendige Fachkompetenz verfügen, d. h.

- Kenntnisse über die eigene Dienstleistungspalette (Leistungsarten und -umfang, Leistungsqualität, Abrechnungskonditionen usw.),
- Kenntnisse über das Sortiment und Geschäftsumfeld des Kunden (Artikelarten und-anzahl, Lieferanten, Abnehmer, Konkurrenten usw.),
- Kenntnisse über die eigene Konkurrenzsituation (Leistungsprofile von Mitbewerbern, Preisentwicklung usw.),
- Kenntnisse über die aktuelle verkehrs-, volks- und weltwirtschaftliche Lage besitzen.

Zu den **kommunikativen** Kompetenzen, die in der Speditionspraxis von einem Verkäufer erwartet werden, gehören sicherlich gute Umgangsformen, Kontaktfähigkeit und Teamgeist. Zudem ist die Identifikation des Verkäufers mit der eigenen Produktpalette notwendig, damit die Kontaktfähigkeit in eine – von hohem Engagement geprägte – Begeisterungsfähigkeit mündet. Schließlich sind Verhandlungsgeschick, Überzeugungs- und Durchsetzungskraft sowie Abschlusssicherheit für erfolgreiche Verkaufsgespräche unverzichtbar.

Die fachlichen und kommunikativen Kompetenzen müssen ihrerseits in eine moderne Verkaufsstrategie eingebunden werden, in deren Mittelpunkt der **Kundenbesuch** steht.

Die Anzahl der notwendigen Kundenbesuche ist betriebsindividuell unterschiedlich. Es kann jedoch gesagt werden, dass A-Kunden häufiger besucht werden als B- und C-Kunden und die Betreuungsintensität von Neukunden höher ist als von Altkunden. Letzteres wird insbesondere durch Probleme verursacht, die bei der Überführung in das operative Geschäft entstehen können, z. B. im Rahmen einer DFÜ-Anbindung.

Der Kundenbesuch wird üblicherweise vom **Verkaufsinnendienst** vorbereitet. Sofern **Bestandskunden** besucht werden sollen, ist die statistische Aufbereitung und grafische Darstellung bestimmter kundenrelevanter Daten notwendig, wie z. B.

- Umsatzentwicklung (Monats- und Jahresvergleiche, evtl. gegliedert nach einzelnen Produktsparten),
- Reklamationsquote des Kunden, die wie folgt errechnet wird:

$$\frac{\text{Anzahl der reklamierten Sendungen} \times 100}{\text{Anzahl der gesamten Sendungen}} \; (\%)$$

Wird ein – bereinigter – Wert oberhalb der Toleranzgrenze von z. B. 0,5 % festgestellt, so hat der Innendienst eine detaillierte Reklamationsauswertung vorzunehmen, um die Reklamationsgründe zu spezifizieren (z. B. nicht standardgemäße Verpackung, unsachgemäßes Handling bei anderen Kooperationspartnern/Niederlassungen).

Wenn der Kundenbesuch nicht vorrangig der Ausweitung der Geschäftsbeziehungen, sondern der Durchsetzung von Preiserhöhungen dient, muss der Verkäufer des Außendienstes weitere aktuelle Daten der Kundenumsatzdatei entnehmen können wie z. B. die Höhe der Gross-Profit-Rate. Gründe für „Preisgespräche" könnten z. B. Dieselpreiserhöhungen, höhere Frachten auf Grund geringerer Transportkapazitäten und Kostensteigerungen durch hohe Investitionen in die Informationstechnologie sein.

Wenn ein Termin mit einem **Zielkunden** (= Interessenten) vereinbart wurde, so müssen die materiellen Vorraussetzungen für eine optimale Präsentation des Unternehmens beim Kunden geschaffen werden. Als Standard gilt inzwischen die PowerPoint-Präsentation,

532

wobei diese nicht nur Informationen vermitteln sollte, die der Kunde ohnehin aus dem Internet entnehmen kann. Sie sollte auch spezielle – gut aufbereitete – Informationen für den Zielkunden enthalten wie z. B.

- Möglichkeiten der Sendungsverfolgung um jederzeit den aktuellen und früheren Status einer Sendung feststellen zu können,
- Qualitätskennzahlen, besonders, wenn die Position des Unternehmens im Ranking auf Konzern- oder Kooperationsebene ein positives Bild ergibt (Prinzip der Offenheit),
- Auflistung namhafter Unternehmen (mit Logos), die zum Kundenstamm des Unternehmens gehören (Referenzliste).

Daneben sollten auch Werbemittel bereit gehalten werden, wie z. B. Schreibblöcke, Kugelschreiber und Miniatur-LKW – natürlich mit dem Logo des Logistikdienstleiters versehen.

Grundlage für die Gestaltung jedes **Verkaufsgesprächs** ist der systematische Aufbau der Verkaufsphasen[1]:

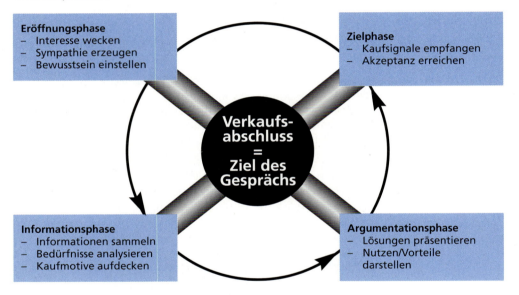

Allgemeingültige Kommunikationstechniken zur erfolgreichen Absolvierung dieser Phasen gibt es nicht. Es bleibt dem Akquisiteur selbst überlassen,

- wie er seinen Gesprächspartner sensibilisiert – was insbesondere bei der Gesprächseröffnung von Bedeutung ist –,
- welche Fragetechniken er verwendet – was insbesondere in der Informationsphase von Bedeutung ist –,
- wie er Einwände des Verladers neutralisiert und auf diese reagiert – was insbesondere in der Argumentationsphase von Bedeutung ist –,
- wie er den Kunden zum Geschäftsabschluss motiviert.

Zur Nachbereitung des Kundenbesuchs (After Sales Service) gehört die Erstellung eines **Besuchsberichts** durch den Verkäufer des Außendienstes.

---

[1] *Vgl. Schwenk-Raschke, Marielouise: Mit Erfolg verkaufen. Leitfaden für die Verkehrswirtschaft, Hamburg.*

Auszug aus einem Besuchsbericht:

Besuch vom 10.07.20.., 13:00 Uhr, bei der Fa. Thon & Tannheimer GmbH

Teilnehmer: Herr Klausnitzer, Frau Mann, Herr May

Folgende Themen wurden heute besprochen:

- Die Lieferungen nach Herrenberg haben am nächsten Tag zu erfolgen. Warum wurde eine Lieferung vom 26.06.20.. nicht am Folgetag zugestellt? – **verantwortlich für die Recherche Frau Siebert/Dispo Fernverkehr.** Herr Klausnitzer möchte vom Unterzeichner hierzu eine Info.
- Herr Klausnitzer beabsichtigt das Stückgut an MEROWA International zu vergeben und wird uns hierzu eine repräsentative Sendungsstruktur zur Verfügung stellen – voraussichtlich bis 11.07.20.. – bitte kontrollieren – **verantwortlich Frau Koll.** Verantwortlich für die anschließende Kalkulation bis 13.07.20.. – **Herr Glogowski.** Hintergrund für den angestrebten Wechsel ist die schlechte Qualität von EUROLINE SYSTEM 2000.
- Jahresfrachtvolumen um Stückgutbereich ca. 70 000,00 EUR – Palettenware.
- Abholzeiten von Mo. bis Do. 12:00 Uhr bis 16:00 Uhr und Fr. von 10:00 Uhr bis 12:00 – **Info an Dispo Nahverkehr.**
- Frau Mann hat Interesse an einem automatischen Versandsystem – **verantwortlich für die Freischaltung der Software Frau Koll.**
- Thon & Tannheimer ist Verzichtskunde – **Info an Frau Koll/Herr R. Schmidt**
- CH-Versand. Die AM soll gegen Entgelt von MEROWA International erstellt werden – zuständiges Zollamt Koblenz – **verantwortlich Herr Weller.**
- Rechnungserstellung ist dekadenweise gewünscht – **Info an Rechnungsabteilung/Herr R. Schmidt**
- Angebot erstellen bis Ende der 28. KW – **verantwortlich Frau Walter**
- Es musste große Überzeugungskraft geleistet werden, damit die „große" MEROWA International auch den „kleinen" Kunden Thon & Tannheimer würdig bedient und die Anforderungen erfüllen kann.

Hintergrund des o. a. Besuchsberichts ist eine angestrebte Geschäftsausweitung mit der Fa. Thon & Tannheimer GmbH, die bislang nur Teil- und Komplettladungen an die MEROWA International übergeben hat. Adressat dieses Besuchsberichts ist der Verkaufsinnendienst, der für die Erledigung der – markierten – notwendigen Folgeaktivitäten zuständig ist.

Neben dem Kundenbesuch ist der **Telefonverkauf** – auch Telefonmarketing genannt – von besonderer Bedeutung für Speditions- und Logistikunternehmen. Hier werden Beratung und Akquisition teilweise oder vollständig per Telefon vorgenommen. Zuständig dafür ist der Verkaufsinnendienst.

Beispiel:
Wenn ein C-Kunde eine telefonische Frachtanfrage bezüglich einer Standardleistung an den Verkaufsinnendienst richtet, so erhält er von diesem umgehend eine Offerte. Erfolgt eine telefonische Anfrage bezüglich einer speziellen Leistung von einem A-Kunden, so wird die Offerte erst nach Einschaltung des zuständigen Verkäufers des Außendienstes (der evtl. zuerst einen Kundenbesuch vornimmt) und des Kalkulators abgegeben.

Der wirtschaftliche Nutzen des Telefonverkaufs besteht in der Zeit- und Kostenersparnis gegenüber dem persönlichen Besuch des Kunden, d. h., es können in einer Periode mehr Kundenkontakte zu niedrigeren Kosten durchgeführt werden. Das Telefonmarketing soll jedoch den Außendienst nicht ersetzen, sondern von Routinetätigkeiten entlasten, damit ihm mehr verkaufsaktive Zeit verbleibt.

Im Gegensatz zum persönlichen Verkaufsgespräch ist der Verkäufer des Innendienstes ausschließlich auf seine Stimme und Sprache angewiesen. Deshalb sollten grundlegende Verhaltensregeln beachtet werden wie z. B.

- deutliche Aussprache in angemessener Lautstärke,
- sach- und kundenbezogene Argumentation,
- Vermeidung von Phrasen und exotischen Fremdwörtern,
- den Kunden stets aussprechen lassen, auch wenn bereits während seiner Aussagen unzutreffende Sachverhalte geäußert werden.

Es gilt nämlich folgender Grundsatz: Falsches Verhalten des Verkäufers beim Telefonieren kann dazu führen, dass Zielkunden nicht gewonnen werden und Bestandskunden zur Konkurrenz abwandern.

Neben Kundenbesuchen und Telefonverkauf ist der Verkauf auch für die Organisation und Durchführung von **Kundenveranstaltungen** zuständig. Kundenveranstaltungen bieten sich dann an, wenn ein Thema für alle Kunden von Bedeutung ist. Als Beispiel sei auf Informationsveranstaltungen zur Einführung der Maut und ihre Konsequenz für die verladene Wirtschaft verwiesen.

23.3.4.2 Informelle Verkaufsebene

Neben der Geschäftsleitung und dem organisierten Verlauf muss sich auch die Belegschaft dem Grundsatz der Kundenorientierung in der täglichen Arbeit verpflichtet fühlen. Da Anfragen, Aufträge, Reklamationen u. a. häufig telefonisch erfolgen, ist auch vom Personal Freundlichkeit und Fachkompetenz zu erwarten. Der Kunde darf niemals das Gefühl bekommen, sein Anliegen sei unerwünscht. Dieser Eindruck könnte z. B. dadurch entstehen, dass es unangemessen lange dauert, bis das Kundengespräch überhaupt angenommen und/oder an die richtige Stelle verbunden wird, oder der Kunde die Empfehlung erhält, sich nächste Woche nochmals zu melden, da der zuständige Sachbearbeiter z. Z. nicht erreichbar sei. Sofern diesbezüglich Defizite bestehen, ist es Sache der Geschäftsleitung durch Personalschulung und Verhaltenstraining aktiv zu werden. Den Mitarbeitern muss bewusst werden, dass letztlich der Kunde ihre Löhne und Gehälter bezahlt.
Es gilt also der Grundsatz:

> **Jeder Mitarbeiter des Spediteurs, der mit Kunden in Kontakt steht, ist Verkäufer!**

ZUSAMMENFASSUNG

1. Marketingstrategien werden durch den Speditionstypus geprägt.

2. Marketing ist ein Führungskonzept.

3. Marktuntersuchungen dienen der Ermittlung der Kundenbedürfnisse.

4. Zu den marketingpolitischen Instrumenten zählen:
   - Produkt- und Sortimentspolitik
   - Kommunikationspolitik
   - Preispolitik

5. Zur Kommunikationspolitik gehören:
   - Public Relations
   - Werbung
   - Sponsoring
   - Verkauf (Akquisition)

Anhang

AUFGABEN

Lernfeld 4:

Verkehrsträger vergleichen und Frachtaufträge im Güterverkehr bearbeiten

1. Entwickeln Sie weitere praktische Beispiele, in denen auch die restlichen im vorstehenden Beispiel noch nicht genannten Verkehrsträger, Verkehrsmittel, Verkehrswege und weitere Ladehilfsmittel dargestellt werden können.

2. Entwickeln Sie ein zusammenfassendes Schaubild zur Einteilung von Verkehrsträger, Verkehrsmittel und Verkehrsweg und nehmen Sie geeignete Definitionen dieser Begriffe vor.

3. Neben dem Transportobjekt **Gut** werden mithilfe der Verkehrsträger auch die Transportobjekte **Personen** und **Nachrichten** (noch andere Beförderungsmöglichkeiten) zum Versand gebracht.
   a) Nehmen Sie eine Einteilung der Verkehrsträger entsprechend den Transportobjekten Güter und Personen vor.
   b) Auf welche Arten kann man Nachrichten befördern?

4. Stellen Sie die Tonnageentwicklung der einzelnen Verkehrszweige des Güterkraftverkehrs anhand von geeigneten Diagrammen dar.

5. Welche prozentualen Anteile am gesamten Verkehrsaufkommen entfallen auf die einzelnen Arten des Güterkraftverkehrs? Welche Schlussfolgerungen bezüglich der Entwicklung der beiden anderen Verkehrsträger Eisenbahn und Binnenschifffahrt können Sie aus diesen Zahlen ziehen?

6. Wie kann man aus der Tabelle auf Seite 21 die durchschnittliche Transportweite der einzelnen Arten des Güterkraftverkehrs ermitteln? Führen Sie die notwendigen Berechnungen durch.

7. Bei einer Istanalyse Ende des 4. Quartals 2005 haben Sie festgestellt, dass die effektive Preissteigerungsrate für das laufende Jahr 2005 (s. S. 53) nicht 1,6 %, sondern 2,45 % auf alle Kostenbestandteile beträgt. Die gemachten Ansätze für Personalkosten usw. auf Basis der Steigerungsrate 1,6 % müssen somit korrigiert werden. Eine nachträgliche Preiserhöhung ist leider nicht möglich – eine Korrektur ist erst in 2006 möglich.
   Wie wirkt sich diese tatsächliche Kostenentwicklung auf die Gewinnmarge aus, falls für die vorstehend genannte Variante I 28 % Marge und für die Variante II 38 % Marge ausgehandelt worden waren?

8. Für das Jahr 2006 stehen weitere gesetzliche und tarifliche Kostenerhöhungen an. Damit ist der berechnete Basisfrachtsatz in Höhe von 6,87 EUR für das Jahr 2006 nicht zu halten und sollte angepasst werden. Insgesamt rechnet man für 2006 mit einem Anstieg der Gesamtkosten von 2,55 % nach realen 2,45 % im Vorjahr. Wie hoch müsste man den Basisfrachtsatz 2006 in EUR ansetzen?

536

9. Situation: Ein Güterkraftverkehrsunternehmen erhält von einer Spedition folgende Aufträge:

(1.) 17 000 kg in eine 384 km entfernt liegende Großstadt. Diese Tonnage setzt sich aus 3 Teilpartien für 3 unterschiedliche Endempfänger zusammen.

Teilpartie 1: Mineralwasser	4 320 kg (5 Paletten)
Teilpartie 2: Parketthölzer	10 Paletten à 850 kg netto
Teilpartie 3: 1 Maschine	4 180 kg (3,8 · 2,1 · 1,85 m)

An der Zielstation fallen innerörtliche Transporte an, und zwar von

Empfänger 1	zu	Empfänger 2:	4,0 km
Empfänger 2	zu	Empfänger 3:	2,5 km
Empfänger 1	zu	Empfänger 3:	5,5 km

(2.) 11 640 kg Sammelgut in einer Filiale der Spedition zu übernehmen und zurück-zubringen.

9.1 a) Unterstellen Sie zunächst, dass der Frachtführer nur den Auftrag (1) erhält. Da er selbst keine Rückladung akquiriert hat, verlangt er pro km 1,43 EUR. Für die Zustellung der zweiten und dritten Sendung verlangt er pauschal jeweils 40,00 EUR. Für welchen Betrag verkauft die Spedition die einzelnen Partien, wenn sie für die innerbetriebliche Abholung der Parketthölzer 55,00 EUR der eigenen Güterverkehrsabteilung gutschreiben muss und für ihre selbsterstellten Leistungen insgesamt 12 % vom Nettofakturenwert der Frachtführergutschrift berechnet?

b) Wie viel EUR verbleiben der Spedition dann noch zur Deckung der speditionellen Leistungen?

c) Welche Papiere gibt sie dem Fremdfrachtführer mit?

9.2 Der Frachtführer erhält von der gleichen Spedition auch den in (2) genannten Auftrag. Sie verlangt dafür die Annullierung der Entladestellenzuschläge und eine Verminderung des Kilometersatzes auf 1,10 EUR/km.

Wie hoch wäre nun der Vergütungssatz ihrer Leistungserstellung, wenn die anderen Rahmenbedingungen aus Aufgabe (1a) nicht geändert werden? Die in (1a) abgerechneten Beträge an die einzelnen Kunden bleiben Bezugsgrundlage.

9.3 Verwenden Sie die Kosteneckwerte aus der Tabelle auf der Seite 56 und stellen Sie dar, welche Frachten ein Frachtführer für folgende Transportaufträge erzielt:
12 400 kg an einen Empfänger in A; Entfernung 436 km ab Speditionslager. Rücktransport ab B. Entfernung A–B: 42 km.
16 400 kg Rückladung auf Speditionslager ab B; E = 419 km.

10. Ein Möbelspediteur hat zwei Aufträge für Privatumzüge vorliegen.
(1) Umzug über eine Distanz von 44 km.
(2) Umzug über eine Distanz von 556 km.
In beiden Fällen erfassen Mitarbeiter die zu befördernden Güter mithilfe der Umzugsliste und berechnen die benötigten Lademeter.
Im Fall (1) werden 50 cbm, im Fall (2) 60 cbm benötigt.
Folgende weitere Daten stehen Ihnen zur Verfügung:

	Fall (1)	Fall (2)		
benötigte Faltkisten	14	18	je	3,99 EUR
benötigte Kleiderkisten	4	5	je	5,83 EUR
Klavier		1	je	34,56 EUR

Es wird jeweils ebenerdig be- und entladen.

Anfahrt zur Beladestelle:	30 Min.	10 Min.
Eingesetzte Personen:	3	3
Stundenlohn:	8,85 EUR	8,85 EUR
Hebesatz:	2,44	2,44
Fahrzeit:	50 Min.	9 Std.

Fracht für Einzelfahrten 401–800 km,
über 45 m³: 4,17 EUR je Last-km

a) Erstellen Sie für beide Fälle die Kundenabrechnung, wenn beide Auftraggeber eine Wertangabe vornehmen. Fall (1) 35 000,00 EUR, Fall (2) 70 000,00 EUR. Der Möbelspediteur berechnet einen Zuschlag in Höhe von 2,5 Promille.

b) Wer ist für Schäden verantwortlich, die durch falsches Verpacken in den Faltkisten entstanden sind?

11. Ermitteln Sie die Entfernung Paris–Nancy.

12. Ermitteln Sie die Preisuntergrenze für folgende Fälle, wenn die variablen Kosten gedeckt werden sollen (vgl. Sie hierzu S. 56):
(1) für die Strecke Paris–Nancy
(2) für die Strecke Paris–Kaiserslautern direkt
(3) für die Strecke Paris–Nancy–Kaiserslautern

13. a) Wie müsste die Fahrzeugeinsatzplanung erfolgen, falls das Fahrzeug mit einem Mann besetzt ist und die Sozialvorschriften exakt einzuhalten sind?
In Paris könnte am Tag nach der Entladung eine Sendung von 5 200 kg nach Stuttgart übernommen werden.
Würden Sie diese Rückladung übernehmen? Welche Daten beeinflussen Ihre Entscheidung?
Welchen Preis würden Sie für diesen Transport erheben?

b) Wie würde sich die Fahrzeugeinsatzplanung ändern, falls das Fahrzeug mit 2 Mann besetzt ist? Wie verändern sich die Fahrzeugeinsatzkosten?

14. Die Firma Alusingen GmbH, Singen, erhielt den Auftrag, an die Fa. HBL (Houllières Bassin Lorrain), Metz/Frankreich, Verkleidungsteile aus Aluminium zu liefern.
Die Sendung setzt sich aus 2 Kolli zusammen, die insgesamt 7 856 kg wiegen, wobei die Kolli folgende Abmessungen haben:
1. Kollo: 5,20 · 2,30 · 1,90 m,
2. Kollo: 4,60 · 2,20 · 1,80 m.
Der Warenwert der Sendung beträgt 18 600,00 EUR; Lieferbedingung: franco. Alusingen beauftragte eine Spedition in Singen (Hauptniederlassung) mit einer Filiale in St. Blasien diesen Transport auszuführen.
Die Sendung wurde an einem Freitagnachmittag übernommen und sollte vereinbarungsgemäß am darauf folgenden Montag ausgeliefert werden.
Die Spedition überlegt, ob sie das eigene, noch freie Fahrzeug einsetzen oder einen Fremdunternehmer chartern soll. Sie hat noch einen Auftrag von 26 t nach Solothurn/Schweiz vorliegen, den sie alternativ ausführen kann.

a) Welchen Fremdfrachtführer würden Sie chartern (ausführliche Begründung)?

b) Welche Distanz muss dieser von Singen nach Metz zurücklegen?

c) Welchen Preis würden Sie dem Fremdfrachtführer anbieten, wenn unterstellt werden kann, dass der Ladevorgang in einer Stunde beendet ist?

d) Wie würden Sie den Transport nach Metz an den Frachtzahler anbieten, falls
   da) ein geeigneter Fremdunternehmer zu finden war,
   db) der Transport selbst durchgeführt werden musste?
   Diese Entscheidung konnte noch vor Abgabe des Angebotes getroffen werden.
   Lösungen sind also für beide Alternativen anzugeben.
   Im Falle db) sollte man die notwendige Einsatzzeit sowie eventuell entstehende
   Zusatzkosten berücksichtigen.

e) Bei dem Auftrag nach Solothurn handelt es sich um Konstruktionsteile, bei
   denen die max. Länge 11,25 m ist (keine Überbreite).
   ea) Planen Sie den Transport.
   eb) Welche Papiere sind für diese Transportabwicklung auszustellen?
   ec) Welche weiteren Papiere muss (müssen) der (die) Fahrer mit sich führen?
   ed) Machen Sie geeignete Abrechnungsvorschläge
      – an einen Fremdunternehmer, falls Sie einen solchen in die Transportab-
        wicklung eingebunden haben,
      – an den Frachtzahler.

f) Unter welchen Voraussetzungen genehmigungsrechtlicher Art kann die Spedition in Singen diesen Transport in die Schweiz ausführen?

g) Wie kommt in diesem Fall der Frachtvertrag zustande? Gibt es Unterschiede zum
   HGB? Wenn ja, erklären Sie diese.

h) Beantworten Sie zu den beiden folgenden Fällen jeweils die nachstehenden Fragen:

Fall 1	Im Raum Donaueschingen verursacht der Fahrer der Singener Spedition einen Totalschaden mit oben genannter Sendung.
Fall 2	Infolge einer Fehldisposition kam die Sendung erst am Dienstag beim Emp-fänger an, der dadurch einen nachgewiesenen Schaden von 1 550,00 EUR hat.

Um welchen Schaden handelt es sich?
Wer hat in welcher Höhe und nach welcher Vorschrift zu haften?

15. Dem nationalen und internationalen Güterfernverkehr liegen zwei Rechtsgrundla-
    gen zu Grunde: das HGB und die CMR.

    a) Welche Vertragsarten liegen beim Abschluss von Beförderungsverträgen nach
       beiden Rechtsgrundlagen vor? Ab Stuttgart wird eine Ladung Haushaltsgeräte
       nach Kiel befördert, eine weitere nach Kopenhagen.
       Entfernungen: Stuttgart–Kiel   795 km,
                       Stuttgart–Kopenhagen   979 km.

    b) Beide Ladungen wurden an einem Freitagmittag übernommen. Zu welchem Termin
       müssen die Ladungen jeweils spätestens angeliefert werden (Genaue Begründungen)?

    c) Eine weitere Teilladung (7 400 kg) war nach Berlin zu übernehmen. Entfernung:
       618 km. Die Teilladung wurde am Mittwochvormittag übernommen und sollte im
       Laufe des darauf folgenden Tages in Berlin angeliefert werden. Ein technischer
       Mangel am Fahrzeug hinderte den Fahrer, die Fahrt sofort aufzunehmen. Die
       Reparatur zögerte sich bis in den späten Abend (gegen 23:00 Uhr beendet) hinaus.
       Der Fahrer machte aus diesem Grunde eine 9-stündige Ruhepause und trat die
       Fahrt erst am Donnerstag um 08:00 Uhr an. Eine Zustellung innerhalb der Arbeits-
       zeit konnte in Berlin nicht mehr vorgenommen werden.
       – Kann der Güterkraftverkehrsunternehmer überhaupt zur Haftung herange-
         zogen werden (Begründung)?
       – Wenn ja, wie hoch haftet er dann maximal und nach welcher Vorschrift?

d) Der Kunde in Kiel übernimmt die Ladung und erteilt reine Quittung. Nach 12 Tagen stellt er dem Frachtführer ein Fax zu und meldet einen Schaden für 5 beschädigte Haushaltsgeräte an im Wert von 585,00 EUR. Gewicht je Karton 2,4 kg. Wie soll sich der Frachtführer verhalten? Erstellen Sie eine geeignete, begründete Faxantwort.

e) Welche Papiere benötigt man, um den Transport nach Kopenhagen reibungslos durchführen zu können?

f) In Kopenhagen übernimmt der Fahrer eine Ladung diverser Maschinenteile nach Prag. Welche Voraussetzungen müssen erfüllt sein, damit dieser Transport abgewickelt werden kann?

g) Da ein anderer Fahrer in Kiel auf die Rückladung warten musste, hat er einen Transport nach Flensburg ab Hafen Kiel angenommen. War der Fahrer hierzu berechtigt? Klären Sie die Rechtslage.

Lernfeld 5:

Speditionsaufträge im Sammelgut- und Systemverkehr bearbeiten

Die Ruhr Spedition GmbH aus 44289 Dortmund ist eine mittelständische Spedition. Auf allen Geschäftspapieren verweist sie auf die Rechtsgrundlage ihrer Tätigkeiten: „Wir arbeiten auf der Grundlage der ADSp".

1. Dies gilt auch – vereinbarungsgemäß – für einen langjährigen Kunden der Ruhr Spedition GmbH, der Großhandlung Emmerich & Co. aus 44581 Castrop-Rauxel. Die Fa. Emmerich & Co. ordert Großgebinde verschiedener Granulate bei Chemieunternehmen. Aufgabe der Ruhr Spedition GmbH ist die
   a) Einlagerung, Lagerung und Auslagerung der Granulate,
   b) Umwandlung der Großgebinde in kleinere Verkaufseinheiten (Verwiegung, Umfüllung, Neuabpackung und Ausgestaltung mit neuen Firmenetiketten),
   c) Zustellung der Kleingebinde im Rahmen von Sammelgutsendungen mit eigenen Fahrzeugen in den süddeutschen Raum sowie in die BENELUX-Staaten.
   d) Gelegentlich werden auch reine Verpackungsarbeiten für benachbarte Unternehmen erledigt.
   Stellen Sie fest, ob für die aufgeführten Tätigkeiten die ADSp anzuwenden sind und begründen Sie Ihre Aussagen.

2. Die Vereinigten Fruchtsaftbetriebe (VF) AG aus 44536 Lünen möchten ihren Werkverkehr abschaffen und sind an einer Zusammenarbeit mit der Ruhr Spedition GmbH interessiert. Als Vertragsgrundlage möchte der Vorstand der VF AG die hauseigenen Transportbedingungen mit der Ruhr Spedition GmbH vereinbaren. Die ADSp seien untauglich, da sie einseitig von den Interessenverbänden des Speditionsgewerbes vorformuliert worden seien und daher den Versender/Verlader benachteiligten.
   a) Nehmen Sie zu den Aussagen des Vorstandes der VF AG bezüglich der ADSp kritisch Stellung.
   b) Ist es der Ruhr Spedition GmbH überhaupt möglich, anstelle der ADSp die VF-Transportbedingungen als Vertragsgrundlage zu vereinbaren?

3. Andere Kunden zweifeln die Gültigkeit der ADSp für die ordnungsgemäß abgeschlossenen Speditionsverträge an:
   a) Auftraggeber: Freiherr Baron von und zu Burgenstein
      Sendung: 5 Karton Archivmaterial zu einem Düsseldorfer Museum
      Begründung: Die ADSp seien ihm unbekannt.

b) Auftraggeber: Spedition van Draacht aus Utrecht
Empfang und Verteilung einer Sammelgutsendung im Großraum Dortmund.
Begründung: Es müsse niederländisches Speditionsrecht angewendet werden.
Nehmen Sie zu den aufgeführten Argumenten Stellung!

4. Täglich treffen durchschnittlich 450 Speditionsaufträge auf telefonischem Wege im Büro der Ruhr Spedition GmbH ein, die – soweit möglich – sofort angenommen werden. Die Kunden werden nach Auftragsannahme darum gebeten, den Speditionsvertrag per Fax zu bestätigen. Aus diesem Fax (Abholschein, Kopie des Speditionsauftrages oder Lieferscheins, formloses Schreiben usw.) sollen die wesentlichen Vereinbarungen ersichtlich sein. Begründen Sie diese Verhaltensweise der Ruhr Spedition anhand der ADSp.

5. Zu diesen Kunden zählt auch die Druckerei Gustav Print e. K., von der täglich zwischen 8 und 21 Karton Werbeprospekte übernommen werden. Diese werden vom beauftragten Nahverkehrsunternehmer zur Halle der Ruhr Spedition GmbH gebracht, entladen und auf die maßgeblichen Relationsplätze verteilt. Anschließend werden die Packstücke im Rahmen des Sammelgutausgangs auf die Fahrzeuge der beauftragten Fernverkehrsunternehmern verladen.
   a) Welche Verpackungs- und Kennzeichnungspflichten hat die Druckerei nach ADSp zu beachten, damit die Aufträge ordnungsgemäß durchgeführt und Schäden verhütet werden können?
   b) Bestimmen Sie die Schnittstellen nach ADSp für den o. a. Vorgang.
   c) Welche Kontrollarbeiten haben die Mitarbeiter des Spediteurs an diesen Schnittstellen durchzuführen?
   d) Wie sollten diese Schnittstellenkontrollen organisiert sein? Unterbreiten Sie einen Vorschlag.
   e) Inwiefern wäre die in b) getroffene Aussage zu ändern, wenn sowohl die Abholung als auch der Sammeltransport durch speditionseigene Fahrzeuge und Fahrer durchgeführt würde?
   f) Welche praktische Bedeutung hat das in e) festgestellte Ergebnis?

6. Der Speditionsauftrag bildet die Grundlage für die kaufmännische und technische Abwicklung der Speditionsverträge.
   a) Darin hat der Auftraggeber nach Ziffer 3.4 ADSp Adressen, Zeichen, Nummern, Anzahl, Art und Inhalt der Packstücke, Eigenschaften des Gutes im Sinne von Ziffer 3.3 ADSp und alle sonstigen erkennbar für die ordnungsgemäße Ausführung des Auftrags erheblichen Umstände anzugeben. Stellen Sie anhand ihres firmeneigenen Speditionsauftrages fest, was mit den „sonstigen notwendigen Angaben" gemeint ist.
   b) Die Fa. ING-PRO GmbH erteilt den Auftrag zum Versand von 1 FP Messinstrument nach Reutlingen. Der kg-Preis dieser Geräte beträgt ca. 120,00 EUR. Was müssen Sie ggf. vor Annahme dieses Auftrages überprüfen?
   c) Die Systembau AG erteilt den Auftrag, die Verschiffung einer Sendung „cif Veracruz" zu besorgen. Der Warenwert wird mit 120 000,00 EUR angegeben. Müssen Sie als Mitarbeiter(in) der Ruhr Spedition nun die Seetransportversicherung eindecken?

7. Die Ruhr Spedition erhält am 2. Mai 20.. einen Anruf eines Fahrradhändlers aus Bergkamen, wonach bei einem – ordnungsgemäß verpackten – Mountainbike der Marke Cusanus BS 25 der Rahmen verzogen sei. Dieses Mountainbike ist Teil einer

Sendung von sechs Mountainbikes, die am 29. April 20.. dem Fahrradhändler zugestellt wurden.

a) Ensprechen Form und Zeitpunkt der Reklamation den Vorgaben der ADSp? Worauf werden Sie ggf. den Empfänger hinweisen?

b) Wäre die in 7. a) gegebene Antwort auch auf den Fall anzuwenden gewesen, wenn der Fahrradhändler statt der auszuliefernden und im Begleitpapier aufgeführten sechs Mountainbikes nur fünf erhalten hätte?

8. Hinsichtlich der Abrechnung von Speditionsaufträgen liegen zurzeit folgende Kundenreklamationen vor:

a) Die Brauerei Edgar Malz & Sohn beanstanden, dass neben der – berechtigten – Hauptforderung in Höhe von 2 430,00 EUR auch Verzugszinsen in Höhe von 58,44 EUR (für 90 Tage bei 9,62 % Zinsen) berechnet wurden. Begründung:

   – Der Verzugszins sei zu hoch angesetzt. Lt. HGB dürfe nur ein Zinssatz von 5 % berechnet werden.

   – Zudem müsse bezweifelt werden, ob man sich überhaupt im Zahlungsverzug befinde, da die Spedition den Rechnungsbetrag nicht angemahnt habe.

b) Eine Sendung wurde im Auftrag der Contex GmbH mit dem Frankaturvermerk „unfrei" an Lager Dortmund dem Empfänger zugestellt. Dieser verweigerte die Annahme und quittierte dies auf dem Begleitpapier. Die Contex lehnt die Begleichung der Rechnung über die Transportleistungen mit folgenden Gründen ab:

   – Durch die Frankatur „unfrei", die bereits im Kaufvertrag vereinbart wurde, sei der Empfänger zur Frachtzahlung verpflichtet.

   – Die Berechnung des Rücktransports der Sendung zum Lager (Rückrolle) dürfe ohnehin nicht berechnet werden, da das Fahrzeug ohnehin zum Versandterminal zurückfahre.

   Mit welchen Argumenten werden Sie versuchen, den Kunden von der Ordnungsmäßigkeit der Rechnung zu überzeugen?

9. Sie sind Mitarbeiter/in in der **Schadensabteilung** der DH-Speditionsgesellschaft mbH, Brüggener Str. 1, 50969 Köln.In der Schadensabteilung sind Sie mit der Bearbeitung folgender Schadenfälle beschäftigt:

a) Von einem Kollegen werden Ihnen folgende Schadenfälle vorgelegt, die bei der zuständigen Haftungsversicherung zur Regulierung eingereicht werden sollen. Die Schadenfälle werden wie folgt geschildert:

Schadenfall 1

Am 18.08. und 31.08.20.. erhielten wir von der Fa. Lohner & Sprung jeweils eine Sendung, die gemäß Versandauftrag per Seefracht in die USA zur Verladung kommen sollten. In beiden Fällen hat unsere Exportabteilung die Sendungen versehentlich per Luftfracht verladen. Der Empfänger belastet uns nun mit dem Differenzbetrag in Höhe von 218,94 USD gemäß beigefügter Rechnungskopie.

Schadenfall 2

Schilderung des Schadenshergangs:

1. Verwechslung: 1 KT, der nach Guam sollte, wurde nach Honolulu geschickt. Richtiger Karton blieb auf unserem Lager liegen.
2. Restliche Sendung (7 KT) nach Guam schickten wir vorsorglich ab.
3. Falscher KT wurde von Honolulu zurückgeordert.
4. Nach 14 Tagen kam der KT aus Honolulu zurück.

5. Nachlieferung: 1 KT nach Honolulu
                    1 KT an Guam

Unserem Kunden entstanden folgende Kosten :

Pos. 48.2234 Retoursendung Honolulu–Frankfurt	360,71 EUR
Pos. 48.2235 Nachlieferung Frankfurt–Guam	190,09 EUR
Pos. 48.2244 Nachlieferung nach Honolulu	205,11 EUR
	755,91 EUR

Stellen Sie zunächst fest, ob die zuständige Haftungsversicherung diese Schadenfälle überhaupt regulieren wird. Sollte dies der Fall sein, so geben Sie Auskunft über den Umfang der Regulierung.

b) Durch Aquaplaning kommt ein hauseigenes Zustellfahrzeug von der Straße ab und prallt gegen eine Hauswand. Es entstehen Güterschäden in Höhe von 14 850,00 EUR und Gebäudeschäden in Höhe von 21 870,00 EUR. Stellen Sie fest, inwieweit die zuständige Haftungsversicherung zur Regulierung dieser Schäden verpflichtet ist.

c) Für folgende Sendungen, die im nationalen Sammelgutausgang verladen werden sollten, muss trotz intensiver Recherchen der Verlust festgestellt werden:

Sendung	Warenwert	Gewicht
Nr. 1	1 000,00 EUR	200 kg
Nr. 2	150,00 EUR	50 kg
Nr. 3	3 170,00 EUR	185 kg

In welcher Höhe wird an die Versender reguliert, wenn eine Transportversicherung nicht abgeschlossen wurde und die Sendungen

  ca) ordnungsgemäß von unserem Hallenpersonal übernommen wurden,

  cb) bereits bei der Entladung des Abholfahrzeugs fehlten?

d) Brandeilige Güter wurden auf die falsche Relation verladen, so dass die Güter mit einer fünftägigen Verspätung beim Empfänger angeliefert wurden. Diesem entstanden in dieser Zeit Produktionsausfallkosten von rund 11 000,00 EUR. Die Fracht betrug 333,00 EUR.

In welcher Höhe haftet die DH-Speditionsgesellschaft?

e) Sie erhielten von der FIT-Einrichtungsgesellschaft mbH den Auftrag, 20 Karton Hometrainer der Marke Romulus 2000 an ein Fitness-Studio in Hannover zu versenden. Gesamtwert der Sendung: 5 000,00 EUR; Gesamtgewicht: 800 kg.

Bei der Abwicklung dieses Auftrags gerieten im Gewahrsam der DH-Speditionsgesellschaft drei Hometrainer (3 Karton) in Verlust. Für diese Sendung wurde die Schadenprämie ordnungsgemäß eingedeckt und abgeführt.

  ea) Nennen Sie fünf Unterlagen, die Sie als Anlage der Schadensanmeldung beifügen, und erläutern Sie deren Bedeutung für die Bearbeitung und Abwicklung des Schadenfalles!

  eb) In welcher Höhe wird der Schaden über die – gedeckte – Haftungsversicherung reguliert?

      Begründen Sie Ihre Aussage!

  ec) Inwieweit wäre die Regulierung des aufgezeigten Schadenfalles anders vorzunehmen, wenn der Schaden während des Transports von Köln nach Hannover entstanden wäre?

10. Die Fa. Schröder & Schwarz GmbH beauftragt die DH-Speditionsgesellschaft zur Besorgung der Versendung von 150 kg Lackfarben der Gefahrgutklasse 3 von Köln nach München. In der Betriebsbeschreibung zur Haftungsversicherung wurde dieses Risiko nicht angegeben. Ist dies ein Hinderungsgrund für die Auftragsannahme? Erläutern Sie!

11. Eine Kunde verlangt von der DH-Speditionsgesellschaft die Vorlage des Nachweises über den bestehenden Haftungsschutz. Was könnten dafür die Gründe sein?

12. In den letzten Monaten konnte die DH-Speditionsgesellschaft neue Kunden gewinnen.
    a) Inwieweit muss für diese Kunden eine Transportversicherung abgeschlossen werden?
    b) Die üblichen Transportversicherungs-Policen sind als „All-risk"-Versicherungen konzipiert. Was ist damit gemeint?
    c) Wonach richten sich die Prämien bei einer solchen Police?
    d) Inwieweit hätte der Abschluss einer Transportversicherung auch Vorteile für den Spediteur?

13. Die Spedition HELA GmbH weist für ein Geschäftsjahr – in absoluten Zahlen – einen ähnlichen Schadensverlauf auf wie die DH-Speditionsgesellschaft. Die Haftungsversicherer beabsichtigen die Einleitung von Sanierungsmaßnahmen bei der HELA GmbH, nicht aber bei der DH-Speditionsgesellschaft.
    Geben Sie dafür eine Begründung!

14. Sie haben von den eingehenden Abholfahrzeugen die einzelnen Speditionsaufträge vorliegen und sollen diese erfassen. Verwenden Sie hierzu das im Ausbildungsbetrieb installierte Programm.
    Welches Untermenü müssen Sie jeweils ansteuern?

15. Welche Daten können eventuell aus der Stammdatenverwaltung übernommen werden?

16. Welche variablen Daten sind aufzunehmen, um die spätere Fakturierung vornehmen zu können?

17. Welche spezifischen Statistiken könnten aus den Daten der Auftragserfassung abgeleitet werden und welchen Zwecken dienen diese?

18. Die Güterverkehrs AG der Bahn rechnet ihre Leistungen immer noch nach Tarifen mit solchen Versendern ab, die keine Trassenzulassung erhalten haben bzw. erhalten können. Somit kann nach wie vor über die Schiene der Hauptlauf (im Ladungsverkehr) von Sammelgut erfolgen. Ist unter Konkurrenzverhältnissen, unter Berücksichtigung der HUB-Systeme und der zunehmenden Einschränkung des Einzelwagenverkehrs auf der Schiene ein Hauptlauf von Sammelgut überhaupt noch sinnvoll?

19. Eine internationale Spedition in Hannover hatte an einem Dienstag folgende Sendungen in den Großraum Stuttgart vorliegen:

    (1) ab Langenhagen: 4 Maschinenteile mit jeweils den folgenden Abmessungen und
                            Gewichten: 5,80 · 2,30 · 1,80 m   Gewicht je: 6 118 kg
    (2) ab Hannover-West: 1 Partie Parketthölzer... 3 269 kg
    (3) dto.   1 Partie Gemüsekonserven..................................... 2 189 kg
    (4) dto.   1 Partie Gipsbauplatten... 4 251 kg
    (5) dto.   1 Partie Pflasterklötze .... 3 712 kg
    (6) ab Celle: 1 Partie Glaswolle, Raumbedarf 35 m³.................. 1 230 kg

a) Die Sendung (6) ist eine Terminsendung; sie soll am Donnerstag der gleichen Woche bei Arbeitsbeginn zugestellt werden. Die Übernahme erfolgte am Dienstagnachmittag. Diese Sendung wurde einem Frachtführer übergeben.
   - Erstellen Sie an den Frachtzahler ein geeignetes Angebot mit Begründung. Empfangsort: Stuttgart-Süd.
   - Nehmen Sie die Abrechnung mit dem Frachtführer vor.
b) Die Sendungen (2)–(5) wurden einem anderen Frachtführer übergeben.
   Wie könnte die Frachtberechnung an den Frachtführer erfolgen, wenn die Empfangsstation Stuttgart-Mitte ist und Abrechnung nach GVE –40 % erfolgt?
   Füllen Sie einen Frachtbrief für diese Sendung aus.
c) Beim Auftrag (1) macht die internationale Spedition von ihrem Selbsteintrittsrecht Gebrauch.
   - Nehmen Sie eine geeignete Disposition vor.
   - Nehmen Sie die notwendige Dokumentation vor.
   - Erstellen Sie eine Abrechnung an den Kunden.
   Empfangsort: Stuttgart-Süd.
   Hinweise zur Entfernungsberechnung: Entweder im Ausbildungsbetrieb ermitteln oder mit nachstehenden Daten:

	Knoten-Nr.	Anstoß-km
Celle	400	
Langenhagen	344	9
	352	15
	365	15
	383	15
Hannover-West	320	20
	324	21
	344	15
	352	3
Stuttgart-Mitte	276	13
	285	10
	310	7
	333	33
Stuttgart-Süd	276	4
	310	21
	333	30

Matrix der Knotenentfernungen										
	276	285	310	320	324	333	344	352	365	383	400
276	–	19	19	519	543	32	529	522	533	513	545
285		–	17	501	525	50	511	503	515	495	526
310			–	517	541	40	527	520	531	511	543
320				–	12	551	20	20	39	43	60
324					–	575	14	24	33	37	54
333						–	561	553	565	545	576
344							–	10	19	23	40
352								–	26	20	47
365									–	20	21
383										–	32
400											–

20. Das gewerbliche Güterkraftverkehrsgewerbe unterliegt in seiner Ausübung dem GüKG.
    a) Welche einzelnen Bereiche des Güterkraftverkehrsgewerbes werden im GüKG geregelt?
    b) Welche Voraussetzungen muss eine natürliche Person erbringen, um eine Erlaubnis zum Güterkraftverkehr zu erhalten?

21. Sie sollen folgende Produkte zum Transport übernehmen:

		Produkt	Versandort	Empfangsort	Gewicht	Wert
(1)	6 Karton	Farben	Ludwigshafen	Rheinau	90 kg	950,00 EUR
(2)	4 Paletten	Pflastersteine	Achern	Herbolzheim	4 600 kg	
(3)	2 Trommeln	Kupferkabel	Hannover	Kuppenheim	7 340 kg	
(4)	1 Kolli	Maschine	Offenburg	Padua	6 470 kg	

   a) Welche rechtlichen Voraussetzungen sind mindestens zu erfüllen, um die genannten Transporte alle selbst ausführen zu können?
      Die Sendung (1) wird durch ein Fahrzeug in Ludwigshafen abgeholt und im Rahmen einer Sammelladung nach Kehl gebracht. Von hier aus soll die Zustellung nach Rheinau erfolgen.
   b) Beim Entladen in Kehl bemerken Sie, dass die Sendung total fehlt.
      Welche Schritte unternehmen Sie
      – als Sachbearbeiter einer Kehler Empfangsspedition?
      – als Sachbearbeiter der Mannheimer Versandspedition?
      Wo hätten Schäden auftreten können und welchen Bereichen sind diese zuzuordnen? Berücksichtigen Sie hierbei, dass vom Versandspediteur ein Fremdfrachtführer auf der Strecke MA–Kehl eingesetzt wurde.
   c) Beim Entladen in Kehl wurde dem Frachtführer eine Quittung erteilt. Als die Ware dann auf ein Verteilerfahrzeug verladen wird, stellt sich heraus, dass 2 Kartons fehlen. Was müssen Sie nun als Sachbearbeiter der Kehler Empfangsspedition tun und wie wird die Schadenabwicklung zu Ende geführt?
   d) Erstellen Sie zwei geeignete Versandvorschläge für die Maschine nach Padua. Folgende Abmessungen sind hierbei zu berücksichtigen:
      6,20 · 2,40 · 1,80 m.
   e) Falls Sie u. a. auch an eine Verladung im internationalen Güterkraftverkehr gedacht haben, müssen bestimmte Restriktionen in der Disposition beachtet werden. Beschreiben Sie diese ausführlich.
   f) Erstellen Sie ein geeignetes Angebot für diesen Transport an den Frachtzahler.

22. Die Spedition LOGISTIKA, Freiburg, ist u. a. als Versandspediteur tätig und führt regelmäßig Sammelladungsverkehre durch.
    a) Erläutern Sie typische Argumente für eine Spedition sich als Sammelladungsspedition zu betätigen.
    b) Die genannte Spedition erhielt folgende Aufträge ab Freiburg:
       (1) Maschinenteile nach Wuppertal-West .... 9 583 kg
       (2) Konserven nach Dortmund .... 4 777 kg
       (3) Stahlspäne nach Bochum-Nord .... 4 905 kg
       Die Spedition beförderte diese Sendungen im Selbsteintritt bis zu den jeweiligen Empfängern, da sie eine Rückladung zu übernehmen hatte.
       ba) Was versteht man unter Selbsteintritt und welche rechtlichen Konsequenzen ergeben sich daraus?

bb) Rechnen Sie die Sendungen an die jeweiligen Frachtzahler ab. Beachten Sie hierbei folgende Eckdaten:

variable Kosten je km: .... 0,55 EUR

fixe Kosten: .... 140,00 EUR/Einsatztag

Fahrpersonalkosten: .... 175,00 EUR/Einsatztag

In Wuppertal-West ist der Entladebeginn 7.00 Uhr.

Fahrzeugverwaltungskosten (= Regiekosten) betragen 6 % der Fahrzeugeinsatzkosten. Ein Gewinn von 10 % der Selbstkosten soll erwirtschaftet werden. Die Beträge sind sinnvoll auf- oder abzurunden.

bc) Könnten Sie an den in bb) berechneten Preisen noch etwas ändern, falls der Transport nicht im Selbsteintritt, sondern durch

– einen deutschen Fremdfrachtführer,

– einen holländischen Fremdfrachtführer abgewickelt würde?

Stellen Sie den jeweiligen Unterschied heraus, falls sich ein solcher überhaupt ergibt. Mögliche Unterschiede sind rechnerisch darzustellen.

bd) Welche Papiere sind zur Abwicklung des Transports notwendig und wie müssen sie ausgestellt werden (Fahrzeug-, Fahrer- und Ladungspapiere)?

c) Als Rückladung soll ab Dortmund eine Ladung gebrauchter Packmittel (Paletten) abgeholt werden und einer Firma in Kehl zugestellt werden. Die Paletten werden monatlich einmal abgeholt und auf dem Lastzug 10fach gestapelt (Palettenhöhe 14,4 cm; Paletteneigengewicht 25 kg).

Es wurde ein Lastzug mit einem 2-Achs-Motorwagen und einem 3-Achs-Hänger (8,20 m) eingesetzt. Die Entfernung beträgt 462 km.

ca) Wie viele Paletten können mitgenommen werden?

cb) Führen Sie die Frachtberechnung inkl. USt. durch.

cc) Wie viele Paletten müssten zurückgebracht werden, damit der Transportpreis bei rd. 0,75 EUR/Palette liegt?

d) Bei der Entladung der Konserven in Dortmund wird festgestellt, dass 2 Kartons mit Spargel im Glas der Güteklasse I fehlen. In jedem Karton sind jeweils 25 Gläser enthalten; der Warenwert pro Glas beträgt 3,57 EUR, Gewicht 500 g.

da) Die Spedition meldet den Schaden unmittelbar nach Bekanntwerden dem Versicherer. Ist dieses Vorgehen entsprechend der anzuwendenden Rechtsgrundlage zulässig?

Begründen Sie Ihre Antwort ausführlich.

db) Welche grundsätzlichen Möglichkeiten zur Schadenanmeldung stehen der Spedition offen und wie muss sie in jedem Fall die Schadenentstehung darstellen?

dc) In welcher Höhe würde der Versicherer jeweils regulieren?

e) Heute sollen durch oben genannte Spedition in Kehl am Vormittag 35 m³ Glaswolle mit einem Gewicht von 3 956 kg zur Beförderung nach Ulm/Donau (258 km) übernommen werden. Es handelt sich dabei um eine Terminsendung, die am darauf folgenden Tag spätestens um 08:00 Uhr beim Empfänger sein soll. Die Sendung wurde einem Kraftwagenspediteur übergeben, der diese Relation regelmäßig befährt. Es handelt sich dabei um eine „Frei-Haus-Sendung"; erstellen Sie an den Frachtzahler zwei geeignete Angebotsalternativen.

f) Ist die in e) getroffene Vereinbarung bezüglich des Liefertermines mit den bestehenden rechtlichen Regelungen vereinbar?

Begründen Sie Ihre Entscheidung ausführlich.

g) Das Fahrzeug des eingesetzten Kraftwagenspediteurs erreicht Ulm erst um 10:00 Uhr des darauf folgenden Tages. Der Kunde macht einen Verzögerungsschaden geltend, da zur Weiterauslieferung auf diverse Baustellen die Fahrzeuge warten mussten.

Entfernungsangaben:		
Freiburg	– Wuppertal-West	469 km
Freiburg	– Bochum-Nord	516 km
Freiburg	– Dortmund-Mitte	518 km
Wuppertal-West	– Bochum-Nord	48 km
Wuppertal-West	– Dortmund-Mitte	51 km
Bochum-Nord	– Dortmund-Mitte	19 km

Der Schaden beziffert sich auf insgesamt 410,00 EUR. Wer muss diesen Schaden regulieren und nach welchen Rechtsgrundlagen wird er reguliert?

23. Eine internationale Spedition mit Sitz in Freiburg i.Br. und Filialen in Frankfurt/Main, München, Hannover, Essen ist in folgenden Geschäftsfeldern tätig:
    – nationale Sammelverkehre auf Straße und Schiene,
    – internationale Sammelverkehre nach Frankreich, Italien und Schweden (bis jetzt ausschließlich auf der Straße),
    – Just-in-Time-Zustellungen für verschiedene produzierende Betriebe.
    a) Für die nationalen und internationalen Sammelverkehre setzt der Spediteur neben eigenen Fahrzeugen auch Fremdunternehmer ein.
       aa) Wie haftet der Spediteur im Umschlagsbereich, bei den Abhol- und Zustell-verkehren für die Sammelrelationen?
       ab) Wie hoch ist die jeweilige Höchsthaftung für die nationalen und internatio-nalen Hauptläufe im Sammelverkehr, falls dort ein Schaden entsteht und
           – eigene Fahrzeuge,
           – Fremdunternehmer zum Einsatz gelangen?
           Mit den Fremdfrachtführern werden auf den Relationen Paris, Göteborg, Mailand jeweils Pauschalfrachten vereinbart.
       ac) Unter welchen Voraussetzungen kann ein Fremdunternehmer z. B. den Trans-port auf der Relation Freiburg–Essen ausführen, wenn sein Sitz sich in den Niederlanden befindet?
    b) In Lörrach muss die Spedition eine Sendung Gewebe in Ballen, Gewicht netto 1 290 kg, gepackt auf 3 Paletten à 25 kg Eigengewicht, nach Nienburg (Weser) übernehmen. Zum Einsatz ab Freiburg gelangt in diesem Falle ein nationaler Fremdfrachtführer. Insgesamt beträgt das Gewicht der aus 32 Positionen beste-henden Sammelgutladung 13 941 kg. 6 Europaletten sind als Ladehilfsmittel in dieses Gewicht eingerechnet.
       ba) Berechnen Sie die Minimalfracht für den Hauptlauf an den Frachtführer.
       bb) Erstellen Sie die Kundenabrechnung (Sendung Nienburg) zu folgenden Kon-ditionen:
           Warenwert: 7 296,14 EUR
           Lieferklausel: frei Haus: Preisempfehlungen ./. 38 % Marge;
       bc) Erstellen Sie die Rückrechnung der Filiale für oben genannte Sendung zu fol-genden festgelegten Konditionen:
           Nachlauf: GVE Stgt. (Stand 2008) –40 %,
           E. + V.:   1,30 EUR/angef. 100 kg.
       bd) Berechnen Sie die anteiligen Hauptlauffrachtkosten dieser Sendung.

be) Welche Konsequenzen ergeben sich für den Spediteur und Fremdfrachtführer aus Ziffer 7 ADSp?

bf) Berechnen Sie die Vorholkosten von Lörrach nach Freiburg. Zum Einsatz kommt ein Fahrzeug mit 7,49t GG, dessen Anschaffungswert 45 000,00 EUR netto betrug einschließlich Zusatzausstattung, Zulassung und Überführung. Die Laufleistung des Fahrzeuges beträgt jährlich 60 000 km. Die Nutzungsdauer wird auf 5 Jahre festgelegt.
Der Treibstoffverbrauch beläuft sich auf 20 Ltr./100 km. Die Treibstoffkosten betragen 1,17 EUR/ltr. netto.
Die Reparaturkosten werden kalkulatorisch auf 0,05 EUR/km für die gesamte Nutzungszeit festgelegt.
Die Reifen kosten 1 180,00 EUR (Vorderachse 2 Reifen, Hinterachse 4 Reifen) und haben auf der Vorderachse eine Nutzungsdauer von 90 000 km, auf der Hinterachse von 120 000 km.
Die Kosten für Schmierstoffe/Öl betragen 2,4 % der Treibstoffkosten.
Die Personalkosten belaufen sich bei einer durchschnittlichen Einsatzzeit von 12 Std. täglich auf 175,00 EUR einschließlich aller Lohnnebenkosten und Spesen pro Tag.
Die Fixkosten belaufen sich auf 70,00 EUR/Tag.
Die durchschnittliche Auslastung beträgt pro Fahrt 3 000 kg (jeweils für Ausrollung und Abholung).
Es werden durchschnittlich 12 Kunden am Tag angefahren. Einsatztage pro Jahr: 250.

bg) Welcher Nettoerlös bleibt noch zur anteiligen Deckung des Umschlagsbereiches und der allgemeinen Verwaltungskosten übrig, bezogen auf den Versand des Gewebes?

c) Die Relation Essen wurde von Freiburg aus direkt bedient. Das durchschnittliche Sammelgutaufkommen betrug täglich rd.10 t in beiden Richtungen.
Ab Frankfurt wurden auf der Relation Essen täglich durchschnittlich 12 t in beiden Richtungen befördert.

Entfernungsangaben:		
Freiburg	– Essen	496 km
Freiburg	– Frankfurt/M.	276 km
Frankfurt/M.	– Essen	254 km

ca) Könnte hier eine Verbesserung der Verkehrsabwicklung erreicht werden? Wie müsste dann die Fahrzeugeinsatzplanung aussehen?

cb) Wie müssten dann die Papiere ausgestellt werden und welche zeitliche Planung muss vorgenommen werden?

cc) Wo ergeben sich durch die neue Planung Einsparungspotentiale und auf wie viel EUR könnten sich diese bei den Frachtbriefumsätzen beziffern?

d) Für einen Industriebetrieb in München hat die internationale Spedition Teile der Beschaffungslogistik übernommen. Aus drei unterschiedlichen Regionen sind Einzelteile und Module für die Produktion entsprechend dem täglichen Bedarf anzuliefern:
– Region Nordrhein-Westfalen: nördl. Begrenzungslinie: Bocholt, Münster, Gütersloh; östlicher Randpunkt: Paderborn; südl. Begrenzungslinie: Mönchengladbach, Düsseldorf, Wuppertal.

- Niedersachsen: Großraum Hannover bis Braunschweig.
- Norditalien: Raum zwischen Turin und Mailand.

da) Welche Voraussetzungen muss die internationale Spedition erfüllen, um diese Dienstleistung erbringen zu können?

db) Welche Daten benötigt die internationale Spedition vom Industriebetrieb? Welche Merkmalsausprägungen der einzelnen Produkte sind zu ermitteln?

dc) Welche offenen Fragen muss die internationale Spedition mit den Lieferanten abklären, die mit dem Industriebetrieb Rahmenverträge über bestimmte Monatsliefermengen auf Unfrei-Basis abgeschlossen haben?

dd) Welche alternativen Transportmöglichkeiten stehen aus dem norditalienischen Raum zur Verfügung? (Routenbeschreibung; Art der Transportabwicklung; Transportfrequenzen in Abhängigkeit von täglicher Bedarfsmenge) Entfernungen:

Freiburg	–	Lörrach	65 km
Freiburg	–	Hannover-Mitte	617 km
Lörrach	–	Nienburg	724 km
Nienburg	–	Hannover-Mitte	49 km

Lernfeld 6:

Frachtaufträge eines weiteren Verkehrsträgers bearbeiten

1. Als Spediteur stellt sich die Frage des geeigneten Güterwagens oder Großcontainers für Wagenladungen oder des Lademittels für den Spediteur-Sammelgutverkehr. Zu welchem würden Sie bei folgenden Sendungen raten:
   a) 50 Karton Marmelade, 1 000 kg;
   b) 1 Stück Glühbirne für eine Flutlichtanlage, 17 kg;
   c) 200 Karton Zigaretten, 20 Tonnen, Absender und Empfänger haben keinen Gleisanschluss;
   d) 35 Euro-Paletten Video-Bänder, 10 Tonnen ab Speditionslager mit Gleisanschluss;
   e) 10 Sack Frühkartoffeln à 1 Ztr.;
   f) 750 kg Bücher, unverpackt;
   g) 3 Stück nässeempfindliche Stahlträger je 8 Meter lang, je 5 Tonnen;
   h) 20 Tonnen Melasse ab einer Zuckerrübenfabrik mit Gleisanschluss?

2. Ein Güterwagen vom Typ Hbbins 306 hat eine Ladelänge von 14 236 mm und Eurobreite. Er soll mit EUR-Paletten beladen werden.
   a) Wie viele Paletten können maximal beladen werden?
   b) Wenn das innerdeutsch zulässige Gewicht je Palette ausgenutzt wird, wie hoch wäre dann das Ladegewicht?
   c) Wie hoch darf das Ladegewicht maximal nach unten stehendem Lastgrenzraster sein?
   d) Wie hoch ist die Meterlast im vorliegenden Falle, wenn der Wagen ein Eigengewicht von 14 900 kg und eine Länge über Puffer (LüP) von 15 500 mm hat?

	A	B	C	D
90	17,0	21,0	26,0	30,0
S	17,0	21,0	26,0	
120	00,0			

3. Welche Kosten, neben der Fracht, fallen an
   a) für Euro-Paletten,
   b) Binnencontainer,
   c) Collico?

4. Welche besonderen Vorteile bietet der Einsatz von Binnencontainern?

5. Beurteilen Sie die Lademittel
   a) Palette,
   b) Paltainer,
   c) Collico
   unter dem Gesichtspunkt der Umweltverträglichkeit.

6. Beschreiben Sie die Merkmale eines Güterwagens nach folgendem Anschriftenfeld:

   01 RIV
   80 DB
   554 5 033–4
   Es 050

7. Unterscheiden Sie nach dem Leistungsangebot der Eisenbahnen:
   a) Wagenladungsverkehre
   b) Kombinierte Verkehre
   c) Vermietung der Trasse

8. Welche Angaben sind bei der Bestellung eines Güterwagens notwendig?

9. Welche Stelle der DB Schenker regelt die Auftragsbearbeitung?

10. Erläutern Sie, wie der Frachtvertrag zustande kommt.

11. In welchen Fällen ist ein Frachtbrief notwendig?

12. Leere Fässer sollen aus der laufenden Produktion verladen werden.
    a) Es fällt eine Produktionsstraße aus. Der Güterwagen bleibt 3 Tage leer.
    b) Die Produktion kann langfristig nicht mehr aufgenommen werden, der Absender möchte den Frachtvertrag kündigen.
    Erläutern Sie die rechtliche und kostenmäßige Abwicklung!

13. Erläutern Sie die Kostenverteilung für die Zahlungsvermerke
    a) frei
    b) CIP

14. Das Ventil des Kesselwagens mit Melasse vom Frachtbriefmuster ist während des Transportes undicht geworden. Der gesamte Inhalt ist ausgelaufen und verloren.
    a) Bis zu welchem Betrag würde für diesen Schadensfall gehaftet?
    b) Welcher Betrag würde bei einem Schaden von 35 000,00 EUR ersetzt?
    c) Nach welcher Vorschrift würden Vermögensschäden abgewickelt?

15. Beantworten Sie zum Frachtbriefmuster auf Seite 195 folgende Fragen:
    a) Welche Gattung weist der verwendete Wagen auf?
    b) Wie lautet seine Wagennummer?
    c) Nach welcher Preisliste wird die Fracht abgerechnet?
    d) Welche Sonderleistung wird berechnet?

16. Erläutern Sie die Begriffe
    – Kombinierter Verkehr,
    – Huckepackverkehr,
    – Rollende Landstraße.

17. Beschreiben Sie die Ladeeinheiten im
    a) Containerverkehr,
    b) Huckepackverkehr
    c) und bei der Rollenden Landstraße.

18. Beschreiben Sie die Ladetechniken, die auf den Terminals des Kombinierten Verkehrs anzutreffen sind.

19. Wer betreibt folgende Verkehre
    a) Huckepackverkehr,
    b) Binnencontainerverkehre,
    c) Internationalen Containerverkehr,
    d) Seehafen-Hinterlandverkehr?

20. Nach welchen Merkmalen erfolgt die Preisbildung?

21. Beschreiben Sie die rechtlichen und wirtschaftlichen Vorteile des Huckepackverkehrs.

22. Vergleichen Sie die Kostenstruktur eines reinen Straßentransportes mit dem Huckepackverkehr. Fallen zusätzliche Kosten an, an welchen Stellen fallen Kosten weg?

23. Vergleichen Sie die Gütergruppen bei den Beförderungen auf den Binnenwasserstraßen der Bundesrepublik Deutschland. Fassen Sie dabei Wesentliches zusammen, errechnen Sie Verhältniszahlen und teilen Sie Ihre Ergebnisse auch in allgemeinen Formulierungen mit. Dabei sollten auch Aussagen zum Verhältnis Massengut/Stückgut gemacht werden.

24. Wodurch wurde erreicht, dass die traditionsreiche Binnenschifffahrt ein leistungsfähiger Verkehrsträger geblieben ist? – In Ihrer Antwort sollten Sie auch auf die technischen Neuerungen eingehen.

25. Nennen Sie die Vorteile der Binnenschifffahrt aus betriebswirtschaftlicher und aus volkswirtschaftlicher Sicht.

26. Welche Vorteile bietet die Binnenschifffahrt für Gefahrguttransporte?

27. Worin sehen Sie Nachteile bei der Erstellung von Transportleistungen gegenüber anderen Verkehrsträgern?

28. Nennen Sie die Binnenwasserstraßen der Bundesrepublik Deutschland in einer systematischen Reihenfolge von Nord nach Süd. Dabei sind die Verbindungen mit den anderen Binnenwasserstraßen so zu nennen, dass das bundesdeutsche Binnenwasserstraßennetz erkennbar wird.

29. Nehmen Sie zu rechtlichen und ladungstechnischen Besonderheiten des Rheins als Binnenwasserstraße Stellung.

30. Was wurde in der Mannheimer Rheinschifffahrtsakte von 1868 vereinbart?

31. Welche Staaten haben diese Rheinschifffahrtsakte 1967 in einem Staatsvertrag der neuesten Entwicklung angepasst?

32. Wo liegt beim Rhein km 0, wo km 1 000?

33. Wodurch unterscheidet sich eine Gesamtverfrachtung „in Fracht" von einer Gesamtverfrachtung „in Miete"?

34. Vergleichen Sie eine mögliche Stückgutsendung in der Binnenschifffahrt mit einer solchen im Güterkraftverkehr.

35. Welche Nachteile hat die Schleppschifffahrt?

36. Weshalb hat heute das Motorgüterschiff den größten Anteil am Gesamtfrachtraum der Binnenschifffahrt?

37. Unterscheiden Sie Koppelverband und Schubschifffahrt.

38. Worin liegen die Vorteile der Schubschifffahrt?

39. Warum erfreuen sich die vorgestellten Container- und Ro-Ro-Dienste einer deutlich wachsenden Beliebtheit bei der Verladerschaft?

40. Versuchen Sie an einem selbst gewählten Beispiel zum Containerdienst der Binnenschifffahrt zu zeigen, dass diese Transportform energiesparend und umweltfreundlich ist.

41. Wozu kann es auf der Anbieterseite bei einem Verkehrsträger führen, wenn Gewerbefreiheit gegeben ist? Ist Ihre allgemeine Antwort auch für den Verkehrsträger Binnenschifffahrt zutreffend?

42. Welche Papiere hat der Schiffsführer im Einzelnen mitzuführen?

43. Wo werden Schiffsregister geführt und was ist darin im Einzelnen einzutragen?

44. Was könnte zu der irrtümlichen Annahme führen, dass ein Binnenschiff eine Immobilie sei?

45. Die Mittelrheinische Lagerei und Spedition GmbH, 56070 Koblenz, fertigt täglich eine Vielzahl von Schüttgutsendungen (Roheisen, Kohle, Gussbruch, Schrott, Kies u. a.) per Binnenschiff ab. da sie selbst über keinen eigenen Schiffsraum verfügt, bedient sie sich der Reedereien und Partikuliere.
    Zu den Kunden, für die die Mittelrheinische Lagerei und Spedition Freiläger unterhält, zählt auch die Wertstoff-Union AG, 56564 Neuwied. Dieser Einlagerer hat daraus eine Partie von 1 050 t Eisenschrott an die Vereinigten Stahlwerke AG in 47119 Duisburg-Ruhrort verkauft. Er beauftragt am 1. März 20.. die Mittelrheinische Lagerei und Spedition GmbH, den Binnenschifffahrtstransport von Koblenz nach Duisburg-Ruhrort zu besorgen. Die Mittelrheinische Lagerei und Spedition GmbH nimmt den Auftrag, der per Fax bestätigt wird, an und erteilt ihrerseits der Reederei Rheingau, aus 65201 Wiesbaden, einen entsprechenden Transportauftrag. Die Ausführung des Auftrags obliegt dem Frachtschiff Michaela (Tragfähigkeit: 1 600 t), das vom angestellten Schiffer T. Klohn gesteuert wird.
    a) Welche Verträge sind zwischen der
        aa) Mittelrheinischen Lagerei und Spedition GmbH und der Wertstoff-Union AG
        ab) Mittelrheinischen Lagerei und Spedition GmbH und der Reederei Rheingau
           zustande gekommen?

b) Welche Rechtsgrundlagen gelten für den Vertrag zwischen der Mittelrheinischen Lagerei und Spedition GmbH und der Reederei Rheingau AG?

c) Der Schiffer T. Klohn zeigt am Montag, 03., 14:00 Uhr seine Ladebereitschaft an. Geladen wird in Koblenz wie folgt:

Dienstag, 04., 15:00–20:00 Uhr
Mittwoch, 05., 07:00–19:00 Uhr

ca) Welche Ladezeit steht der Mittelrheinischen Lagerei und Spedition GmbH zur Verfügung, wenn die BinSchLV anzuwenden ist?

cb) Warum beansprucht die Reederei Rheingau grundsätzlich Liegegeld?

cc) Auch für diese Sendung wird vereinbart, dass die Gewichtsermittlung per Eichaufnahme zu erfolgen hat. Wie geschieht dies in der Praxis?

46. Vergleichen Sie die in diesem Kapitel abgedruckten Beförderungsdokumente miteinander.
    – Wo sind Gemeinsamkeiten,
    – wo Unterschiede?

47. Welche Aufgaben sollten Frachtbrief und Ladeschein im Einzelnen enthalten?

48. Bei Binnenschifffahrtstransporten wird überwiegend der Frachtbrief verwendet. Welche Gründe könnte das haben?

49. Warum bietet der Orderladeschein gegenüber dem Namensladeschein die größere Sicherheit?

50. Eine Ladung Düngemittel (1 250 t) sollte durch eine Wormser Spedition gelöscht werden. Kurz nach Beginn des Löschvorgangs stellt der Lademeister fest, dass die angelieferte Ware weitgehend verklumpt ist, vermutlich in Folge von Nässeeinwirkungen beim Seehafenumschlag. Der Lademeister informiert den zuständigen Disponenten. Was sollte dieser aus haftungsrechtlichen Gründen veranlassen?

51. Am 4. April 20.. wurden 775/880 kg Brotweizen E. verladen. Nach Ankunft dieser Sendung in Düsseldorf reklamiert der Empfänger – ein Mühlenbetrieb –, dass die Sendung wegen zu starker Verschmutzung nicht verwendbar sei. Nachweislich wurde vor dem Getreidetransport Eisenerz mit dem Schiff befördert. Die beauftragte Hafenspedition lehnt Schadensersatzleistungen mit der Begründung ab, dass sie nicht für Fehlleistungen des beauftragten Partikuliers zuständig sei. Mit Erfolg?

52. Am 19. April 20.. ereignete sich eine Havarie-grosse des TMS „EISNERTANK 7" bei Rhein-km 596,8 in Höhe des Koblenzer Stadtteils Wallersheim. Die Ladung bestand aus 980/850 kg Gasöl. Anlass für diese Havarie war die Manövrierunfähigkeit des Schiffes. Laut Protest (Unfallbericht) des Schiffers Rolf Segler wurde dies durch den Ausfall der hydraulischen Hauptruder- und Hilfsruderanlagen verursacht. Eine Kollision mit einem entgegenkommenden Schiff konnte nicht verhindert werden. Dabei wurde ein Leck in die Bordwand gerissen, wobei große Mengen Gasöl ausliefen. Das Schiff strandete. Kurz danach trafen Wasserschutzpolizei, Feuerwehr und Havariekommissar an der Unfallstelle ein. Zur Schadensminderung wurde Gasöl umgepumpt und ein Taucher mit der provisorischen Abdichtung des Lecks beauftragt. Sodann wurde das Schiff in den Wallersheimer Hafen gezogen, die Ladung gelöscht und bei der Mittelrheinischen Lagerei und Spedition eingelagert. Das leere Tankschiff wurde zwei Tage später zu einer Duisburger Werft geschleppt.

Die ausführliche Tatbestandsschilderung sowie zur Rettung des Schiffes und der Ladung erforderlichen Maßnahmen sind in Teil I der DISPACHE des Havariekommissars enthalten.

In Teil II listet der Havariekommissar die entstandenen Kosten auf:

01	Einzug des Ladungsrevers	EUR 10,00
02	Vergütung für interne Umpumparbeiten	EUR 100,00
03	Abdichtungsarbeiten durch den Taucher	EUR 850,00
04	Freiturnen und Verschleppen des Havaristen	EUR 2 200,00
10	Entfernen des mit der Ladung Gasöl übenommenen Wassers aus dem Tanklager	EUR 1 450,00
15	Dispacheprüfgebühren	EUR 400,00
	Summe	**EUR 20 010,00**

In Teil III werden die Beitragswerte des Schiffs und der Ladung beziffert:

– Beitragswert des Schiffes: EUR 210 000,00
– Beitragswert der Ladung: EUR 390 000,00

a) Wie werden die Kosten auf Schiff und Ladung verteilt?
b) Durch welche Maßnahmen können Reederei und Absender/Empfänger verhindern, dass sie im Schadenfall selbst die zurechneten Kosten tragen müssen?
c) Wodurch unterscheidet sich die große Havarie von der
   – besonderen Havarie,
   – kleinen Havarie?

53. Eine Ladung Gasöl (Gewicht: 1 000 t) soll per Binnenschiff von Rotterdam nach Mannheim befördert werden.
   a) Welche Gefahrgutvorschrift ist für diesen Transport anzuwenden?
   b) Welche Kennzeichnung ist für das Gefahrgutschiff erforderlich?
   c) Der Verlader hat dem Schiffsführer schriftliche Weisungen mitzugeben. Was sollten diese beinhalten?
   d) Nennen Sie typische Bestandteile der Schutzausrüstung, die für das Schiffspersonal mitzuführen ist.
   e) Welche Bedeutung hat die Prüfliste für den Löschvorgang in Mannheim?
   f) Von wem ist diese Prüfliste zu unterschreiben?
   g) Wonach werden die Liegestellen für Gefahrgutschiffe unterschieden?

54. Warum waren im grenzüberschreitenden Verkehr trotz größerer Distanz die berechneten Frachtsätze im Vergleich zum innerdeutschen Verkehr bis Ende 1993 erheblich niedriger?

55. Wer hat im innerdeutschen Verkehr die Frachtsätze, Zuschläge und Entgelte für Nebenleistungen festgelegt?

56. Stellen Sie fest, ob die CMNI für folgende Binnenschiffstransporte anzuwenden sind:
   a) 1 500 t Heizöl von Rotterdam nach Basel
   b) 1 000 t Getreide von Lahnstein nach Wesel
   c) 200 TEU von Duisburg nach Helsinki. Es wurde kein Seekonnossement ausgestellt.
   d) 800 t Rohre von Duisburg nach Bilbao. Es wurde ein Seekonnossement ausgestellt.
   e) 1 900 t Kies von Karlsruhe nach Dover. Es wurde ein Seekonnossement ausgestellt.

57. Kalkammonsalpeter wird von Sluiski/NL nach Lahnstein befördert. Nach Löschung der Ladung wird ein Gewicht von 1 182 kg festgestellt. Laut Konnossement wurden jedoch 1 200,05 t geladen. Inwieweit haftet der Frachtführer für diese Fehlmenge nach CMNI?

58. Auf der Reise von Mannheim nach Gent erleidet eine ordnungsgemäß verpackte Werkzeugmaschine Totalschaden. Gewicht der Maschine: 34 t. Wert der Maschine: 918 000,00 EUR. In welcher Höhe haftet der Frachtführer nach CMNI? Annahme: 1 SZR = 1,35 EUR.

59. Ein Container Wein wird – nach ordnungsgemäßer Übernahme – von Mainz nach Antwerpen befördert. Dabei wird die Ladung total zerstört. In welcher Höhe haftet der Frachtführer nach CMNI, wenn im Frachtbrief folgende Angaben gemacht wurden:
    a) Container Wein – 14 640 kg
    b) Container Wein = 1 220 Karton – 14 640 kg?
    Wert der Ladung: 36 600,00 EUR

60. Ein Kunde, in dessen Auftrag 1200 Tonnen Gussbruch von Koblenz nach Duisburg-Ruhrort zu befördern waren, erhält nach Abwicklung des Transports vom Hafenspediteur folgende Rechnung:

L-Nr.	Text	Menge	Preis je Einheit	Summe
500	Fracht	1 200 t	3,50 EUR/t	4 200,00 EUR
510	. . . . . .	1 200 t	6,50 EUR/t	. . . . . . EUR
560	Ufergeld	1 200 t	0,40 EUR/t	. . . . . . EUR
540	Eiche			80,00 EUR
5 50	SpV			. . . . . . EUR
			+ . . % MwSt	. . . . . . EUR
			Endbetrag	. . . . . . EUR

a) Wie aus Leistungs-Nr. 500 hervorgeht, werden dem Kunden Frachtkosten in Höhe von 4 200,00 EUR berechnet. Zeitgleich erhält die beauftragte Reederei eine Gutschrift über 3 990,00 EUR. Wie hoch ist demnach die Befrachtungsprovision der Hafenspedition?
b) Welche Leistungsart der Mittelrheinischen Lagerei und Spedition wird durch L-Nr. 510 gekennzeichnet? Ergänzen Sie den Text!
c) Das Ufergeld (L-Nr. 560) muss die Hafenspedition an jene Gemeinde abführen, in der sie ihren Betriebssitz hat. Welches Vertragsverhältnis besteht demnach zwischen der Hafenspedition und der Gemeinde?
d) Ermitteln Sie den Endbetrag für die Kundenabrechnung!

Lernfeld 9:

Lagerleistungen anbieten und organisieren

1. Die Spedition E. Meiser GmbH & Co. KG, 49078 Osnabrück, führt Konsignationsläger für 11 Markenartikelhersteller und ein Fabriklager für einen Papierhersteller. Das Leistungsprofil der Spedition im Bereich der Lagerei ist wie folgt zu kennzeichnen:
   – Lagerfläche: 6 000 qm
   – Temperaturspezifische Lagerung: – 23 Grad, + 5 Grad und + 12 Grad
   – Tag- und Nachtentladung
   – Verkehrsgünstige Anbindung zur A 1 und Gleisanschluss

a) Welche Mindestanforderungen sind hinsichtlich des Standorts, der Bauart sowie der Einrichtungstechnik und Ausrüstung an ein modernes Auslieferungslager zu stellen?

b) Die Spedition Meiser erhält von der Fa. F. Alt KG, 68199 Mannheim, eine Anfrage zur Einrichtung eines Auslieferungslagers. Dabei handelt es sich um Reinigungsmittel und Polituren, die an Supermärkte, Filialbetriebe und Hotels im Nahverkehrsbereich von Osnabrück ausgeliefert werden sollen. Da die Spedition Meiser über freie Lager- und Transportkapazitäten verfügt, ist sie grundsätzlich an dieser Tätigkeit interessiert.
Welche Informationen benötigen Sie als Mitarbeiter der Spedition Meiser von der Fa. F. Alt KG, um ein detailliertes Angebot erstellen zu können?

c) Nachdem alle Einzelheiten für die Abwicklung des Auslieferungslagers bekannt sind, wird der Fa. Alt KG ein verbindliches Angebot unterbreitet. Darin werden u. a. die Lagerspesen wie folgt festgelegt:
   - Einlagerung: 2,30 EUR je angefangene 100 kg
   - Lagerung: 2,10 EUR je angefangene 100 kg und Monat
   - Auslagerung: 3,50 EUR je angefangene 100 kg
   Welche alternativen Berechnungsgrundlagen werden im Lagergeschäft bei der Festsetzung der Lager- und Umschlagsentgelte verwendet?

d) Durch die Annahme des Angebots durch die Fa. F. Alt KG ist ein Lagervertrag zu Stande gekommen. Darin werden als Vertragsbedingungen auch die Regelungen des ADSp zu Grunde gelegt. Was beinhalten diese Regelungen hinsichtlich der
   da) Möglichkeit der Besichtigung der eingelagerten Ware durch den Einlagerer,
   db) Einlagerung der Ware in fremde Läger durch den Lagerhalter,
   dc) Benachrichtigungspflicht des Lagerhalters gegenüber dem Einlagerer?

e) Der Lagervertrag, der als Rahmenvertrag konzipiert ist, wird durch Detailanweisungen des Kunden ergänzt. Darin heißt es u. a.
   ea) Der Lagerhalter verpflichtet sich zur Einhaltung des fifo-Prinzips.
   eb) Der Lagerhalter ist zur Blocklagerung der Waren bei maximal zweifacher Stapelung berechtigt.
   Was versteht man unter den Begriffen „fifo-Prinzip" und „Blocklagerung" und wie lassen sich diese Detailanweisungen begründen?

f) Kurz nach Vertragsabschluss werden 14 212 kg Reinigungsmittel und Polituren im Wert von 46 483 EUR ordungsgemäß angeliefert und eingelagert.
   fa) Wie hoch sind die Lagerspesen, wenn vertraglich festgelegt wurde, dass die Entgelte für Einlagerung, Lagerung und Auslagerung bereits mit Beendigung der Einlagerung fällig sind?
   fb) Wie hoch ist die Prämie für die Lagerversicherung, die dem Kunden neben den Lagerspesen in Rechnung gestellt wird, wenn ein Prämiensatz von 0,15 EUR je angefangener 500,00 EUR Versicherungssumme und je angefangenem Monat mit den Speditionsversicherern vereinbart wurde?

g) Bei einer weiteren Anlieferung stellt der Lagermeister fest, dass die einzulagernde Sendung an Stelle einer Palette Wannenspray eine Palette Abfluss-Frei enthält und zudem zwei Karton WC-Reiniger aufgerissen sind. Was hat der Lagermeister zu veranlassen?

h) Die Auslieferung der Reinigungsmittel und Polituren erfolgt auf Anweisung des zuständigen Außendienstmitarbeiters. Nach Erhalt einer solchen Anweisung stellen Sie fest, dass auf der Lagerliste kein ausreichender Bestand verzeichnet ist. Was unternehmen Sie?

i) Ein weiterer Kunde der Meiser GmbH, die Bramscher Papierwerke AG, lagert folgende Papierrollen ein:
   - Partie A: 500 Rollen – Stückgewicht 200 kg
   - Partie B: 90 Rollen – Stückgewicht 300 kg
   - Partie C: 120 Rollen – Stückgewicht 400 kg

   Die Einlagerung beginnt am 01.02. und ist am 05.02. abgeschlossen.
   Die Partien werden zu folgenden Zeitpunkten ausgelagert:
   Partie B am 27.02.   Partie C am 24.04.   Partie A am 13.05.
   Folgende Abrechnungskonditionen werden vereinbart:
   - Einlagern: 0,75 EUR je 100 kg
   - Auslagern: 0,70 EUR je 100 kg
   - Lagergeld: 0,50 EUR je 100 kg und Kalendermonat, bezogen auf den Anfangsbestand des jeweiligen Abrechnungsmonats, für den Einlagerungsmonat voll.

   Der Warenwert beträgt 50,00 EUR je 100 kg.
   Die Versicherungsprämie für Feuer- und Wasserschäden beträgt 3 ‰ vom Warenwert.
   Erstellen Sie die Lagerabrechnung für den Kunden für den Zeitraum vom 01.02 bis 30.05. Dabei sind folgende Posten zu berücksichtigen:
   - Kosten für die Einlagerung
   - Kosten für die Auslagerung
   - Kosten für das Lagergeld
   - Prämie für die Lagerversicherung
   - Gesamtkosten einschließlich Mehrwertsteuer

2. Nach Übernahme des Gutes durch den Lkw des Spediteurlagerhalters verlangt der Auftraggeber die Aushändigung des Lagerscheins. Nehmen Sie dazu Stellung.

3. Kennzeichnen Sie den Namenslagerschein anhand folgender Merkmale:
   a) Rechtsgrundlage des Lagergeschäfts
   b) Übertragung des Dokuments
   c) Berechtigung zur Ausstellung des Dokuments
   d) Sicherheit für den Einlagerer

4. Aus welchem Grund lässt ein Importeur nach der Einlagerung von Tabak einen Namenslagerschein vom Lagerhalter ausstellen?

5. Für welche Lagergeschäfte wird das FIATA Warehouse Receipt (FWR) verwendet?

6. In einem Konsignationslager fällt eine Palette mit 108 Kartons eines Vollwaschmittels vom Gabelstapler, wobei 18 Kartons zerstört werden. Jede Tragepackung hat einen Marktpreis von 9,00 EUR und wiegt 4,85 kg brutto.
   a) Über welchen Betrag lautet die Schadenrechnung?
   b) Wie hoch ist der Erstattungsbetrag der Haftungsversicherung?

7. In einem Spirituosenlager wird ein Fehlbestand von einer Palette mit 80 Kartons Cognac festgestellt. Als Ursache wird eine Fehlauslagerung vermutet. Ein Karton wiegt 8 kg brutto und beinhaltet 6 Flaschen. Jede Flasche hat einen Marktpreis von 10,00 EUR.
   a) Wie hoch ist der Gesamtschaden?
   b) In welcher Höhe haftet der Lagerspediteur maximal?
   c) Der Einlagerer, ein bedeutender Kunde des Lagerhalters, lehnt die ADSp-Höchsthaftungssumme ab und verlangt die Zahlung des Gesamtwerts der Palette. Zeigen Sie mögliche Reaktionen des Lagerhalters auf und geben Sie dafür eine Erklärung.

8. Im Rahmen der Jahresinventur wird für ein Reinigungsmittel- und Politurenlager ein Fehlbestand von 4 000,00 EUR festgestellt, auf der Inventurliste vermerkt und ordnungsgemäß der Haftungsversicherung gemeldet.
   Mit der Versicherung wurden folgende Konditionen vereinbart:

   > – Die allgemeine Schadenbeteiligung des Spediteurs beträgt 15 % der Versicherungsleistung je Schadenfall, mindestens 125,00 EUR höchstens 2 500,00 EUR.
   > – Für die Schadenbeteiligung des Spediteurs bei Fehlmengenschäden bei verfügter Lagerung wird das Ausmaß eines Schadenfalles angenommen mit 500,00 EUR.
   > – Die Schadenbeteiligung des Spediteurs beträgt jedoch höchstens 25 000,00 EUR pro Schadenereignis.

   Prüfen Sie, ob der folgende Regulierungsvorschlag der Richtigkeit entspricht und begründen Sie Ihre Lösung:

Schaden	4 000,00 EUR
abzügl. Selbstbeteiligung	600,00 EUR
Überweisungsbetrag an den Spediteur	3 400,00 EUR

9. Stellen Sie fest, ob in den folgenden Fällen eine Regulierung durch die Haftungsversicherung des Lagerhalters zu erwarten ist. Begründen Sie Ihre Aussage.
   a) Ein Getreidelagerhalter erhält vom Einlagerer einen Begasungsauftrag für eine Partie Braugerste. Dieser Auftrag wird unsachgemäß durchgeführt. Folge: Die Keimfähigkeit der Gerste wird beeinträchtigt, so dass sie für Brauereizwecke nicht mehr verwendet werden kann.
   b) Diebe steigen in die Lagerhalle ein und entwenden 30 Hi-Fi-Anlagen, nachdem sie das elektronische Überwachungssystem ausgeschaltet haben.
   c) Durch Blitzeinschläge zerspringen Fensterscheiben eines Lagerhauses. Der eindringende Regen verursacht Nässeschäden an den Lagergütern.
   d) Ein Lagerhalter darf Baustoffe an selbstabholende Handwerker herausgeben, wenn diese auf der Kundenliste geführt werden. Handwerker, die mit der Begleichung von Rechnungen im Rückstand sind, erhalten auf Anweisung des Einlagerers einen Sperrvermerk auf der Kundenliste. Durch das Versehen einer Angestellten des Lagerbüros unterbleibt die Eintragung eines Sperrvermerks. Folge: Baustoffe im Wert von 2 500,00 EUR werden an einen Handwerker herausgegeben und von diesem nicht bezahlt.

Lernfeld 10:

Exportaufträge bearbeiten

1. Für welchen Containertyp würden Sie sich entscheiden, wenn Sie eine Maschine von 10 m Länge und 2,30 m Breite mit einem Gewicht von 18 Tonnen zu verladen hätten (Containergröße und -typ)?

2. Personenkraftwagen sollen in großer Stückzahl in die Vereinigten Staaten verschifft werden. Wählen Sie den dafür günstigsten Schiffstyp aus und begründen Sie dies.

3. Der Hersteller für Haushaltsgeräte will einen Container in die Vereinigten Staaten von Amerika versenden. Welchen Vertragstyp nach HGB schließt er ab und bei wem kann er diesen Vertrag schließen?

4. Wie heißen die Beteiligten an diesem Vertrag nach dem HGB?

5. Der Hersteller schaltet für den Vortransport zum Seehafen einen Spediteur ein. Wie nennt man diese „Haulage" und wer wird juristisch der Ablader?

6. Bei wem kann der Hersteller der Haushaltsgeräte den Schiffraum buchen, verbindliche Frachtauskünfte erhalten bzw. den Container bestellen?

7. Ein Spediteur sammelt im Auftrag eines amerikanischen Warenhauskonzerns bei verschiedenen deutschen Lieferanten Waren, lässt diese im Hafen in einen Container stauen und durch den Verfrachter direkt zum Lager des Warenhauskonzerns befördern.
   a) Handelt es sich um LCL/LCL-, LCL/FCL-, FCL/LCL- oder FCL/FCL-Verkehr?
   b) Um welche „haulage" handelt es sich beim Nachlauf?

8. Auf Seite 315 finden Sie die Abbildung eines Konnossements.
   Beantworten Sie hierzu folgende Fragen:
   a) Handelt es sich um ein Inhaber-, Namens- oder Orderkonnossement?
   b) Handelt es sich um ein Übernahme- oder ein Bordkonnossement?
   c) Handelt es sich um ein reines oder unreines Konnossement?
   d) Ist es ein Original oder eine Kopie?
   e) Wie viele Originale wurden ausgestellt?
   f) Wer ist Frachtzahler?
   g) Handelt es um eine (herkömmliche) Stückgutsendung oder eine komplette Containerladung?
   h) Wurde die Sendung überhaupt im Container versandt? Falls ja, welche Gründe gibt es hierfür?

9. Was bedeutet der Begriff Traditionspapier?

10. Wer hat Anspruch auf die Aushändigung des Konnossements?

11. Die Firma Heymann in Gießen beabsichtigt, eine CNC-Drehmaschine im Wert von 2 17 170,00 EUR nach Saudi-Arabien zu verschiffen und möchte von Ihrer Spedition eine Offerte für Seetransporte einholen.
    a) Ihnen ist bekannt, dass die Maschine ein Gewicht von 8 723 kg und die Maße 5,80 x 2,25 x 1,80 Meter hat. Welche weiteren Daten müssen Sie bei dem Kunden erfragen, um bei einer Reederei oder einem Schiffsmakler eine Frachtauskunft einholen zu können?
    b) Welche Möglichkeiten gibt es für den Vortransport?
    c) Welche Verpackungsart würden sie empfehlen?
    d) Welche **Grund**-Seefracht offerieren Sie, wenn Sie von einer Konferenzreederei folgendes Angebot erhalten (1 EUR = 1,35 $):

Machinery n.o.e.:	Value exc. $ 3,800 p.ft., not exc. $ 4,750 p.ft.	$ 275,00
	Value exc. $ 4,750 p.ft., not exc. $ 5,600 p.ft.	$ 298,50
	Value exc. $ 5,600 p.ft.	$ 320,00

    e) Von einer Outsider-Reederei erhalten Sie das Angebot über $ 645,00 W. Wie hoch wäre jetzt die Grund-Seefracht?
    f) Könnte es Gründe geben, die von vornherein das Angebot der Outsider-Reederei ausschließen?
    g) Welche Zu- oder Abschläge könnte es neben der Grundfracht noch geben?

12. Definieren Sie den Begriff der großen Haverei.

13. Eine Ladung besteht aus 10 eingeschweißten Paletten mit einem Gewicht von je 1 000 kg. Der Wert der Ladung beträgt 30 000,00 EUR. Durch falsches Stauen kommt eine Palette mit Seewasser in Berührung, die Ware ist unbrauchbar geworden. Welchen Schadenersatz können Sie vom Verfrachter erwarten, wenn nach den Hamburg Rules gehaftet wird?

14. Nennen Sie wenigstens fünf Aufgabengebiete des Seehafenspediteurs.

15. In welchem Fall ist der Spediteur zugleich Befrachter und Ablader?

16. Nennen Sie die für deutsche Exporteure wichtigsten Nordseehäfen.

17. Beschreiben Sie den Unterschied zwischen direktem und indirektem Umschlag.

18. Als Kundenberater für Luftfracht sollen Sie versuchen, dem Versandleiter der Anlagenbau AG in Berlin zu erläutern, welche Vorteile die Versendung per Luftfracht gegenüber der per Seefracht bei dem Import von Maschinenteilen aus Südkorea haben kann.
    Es liegen Ihnen folgende Informationen vor:
    – der monatliche Sendungswert liegt bei ca. 1,0 Mio. EUR;
    – pro Monat erfolgen 3 Seefrachtsendungen;
    – die durchschnittliche Lagerdauer beträgt 14 Tage;
    – das monatliche Gesamtgewicht liegt im Durchschnitt bei 8 Tonnen;
    – die Sendungen werden bisher via Hamburger Hafen abgefertigt, wobei der Nachlauf per Lkw erfolgt.
    Als weitere Informationen stehen Ihnen zur Verfügung:
    – Von Seoul nach Berlin bestehen tägliche Umsteige-Verbindungen für Passagier- und
      Frachtflugzeuge via Frankfurt, Zürich, Amsterdam oder Paris.
    – Von Seoul aus gibt es auch eine Sea-Air-Verbindung via Dubai (ca. 12 Tage).
      1) Erläutern sie dem Kunden zunächst allgemein, welche Faktoren für eine Abfertigung per Luftfracht sprechen und welche dagegen.
      2) Schnelligkeit ist bekanntlich ein wesentliches Merkmal der Luftfracht. Erläutern Sie dem Versandleiter anhand seiner Angaben, wie sich die Schnelligkeit als Kostenersparnis geltend machen kann.
         a) Vergleichen Sie die Kapitalbindungskosten für die Transportalternativen (rechnen Sie mit einem Zinssatz von 10 %).
         b) Zeigen Sie, wie sich die durchschnittliche Lagerdauer auf die vorzuhaltende Lagermenge und damit die Lagerkosten auswirkt und welche Rolle die Luftfracht dabei spielen kann.
      3) Ökologische Aspekte spielen inzwischen bei logistischen Entscheidungen von Unternehmen eine immer wichtigere Rolle. Vergleichen Sie die Transportalternativen unter diesem Gesichtspunkt.

19. Begründen Sie dem Kunden, welche Leistungsfaktoren der Luftfracht Sie in den Vollkostenvergleich mit dem Verkehrsträger Seefracht einbeziehen und wie Sie diese spezifischen Logistikkosten berechnen.

20. In den Vollkostenvergleich haben Sie auch die Versicherungskosten einbezogen. Erläutern Sie, warum die Prämien für Lufttransporte deutlich unter denen für Seetransporte liegen.

21. Der Versandleiter will für seine Verpackungsplanung wissen, bis zu wie viel Kubikmeter Frachtraum bei einem Sendungsgewicht von 450 kg in Anspruch genommen werden kann, ohne dass ein Sperrigkeitszuschlag fällig wird.

22. Eine Maschine mit den Maßen 3,00 m · 1,80 m · 1,80 m soll an einen Automobilzulieferer in Padang auf Sumatra geliefert werden. In welche Luftfrachtcontainer oder auf welche Paletten kann die Maschine verpackt werden, und welche Flugzeuge müssen auf dem Anschluss- flug von Singapur nach Padang verfügbar sein, damit nicht umverpackt werden muss.

23. Die Maschinenfabrik beliefert auch eine Fabrik für Teilefertigung in Colombo. Der dortige Betriebsleiter fragt an, ob es nicht kostengünstiger sei, die Fracht mit Charterfluggesellschaften zu verladen, die bisher nur Touristen befördern. Zudem gebe es Fluggesellschaften, die hier zwischenlanden, aber bisher keine Fracht aufnehmen. Erläutern Sie, welche internationalen Verkehrsrechte hierfür verantwortlich sind und wer diese Rechte festlegt und vergibt.

24. Ihrem ersten Anschreiben an den Kunden haben Sie angegeben, dass Ihre speditionelle Leistung alles umfasst, damit die Sendung „ready for carriage" ist. Schlüsseln Sie das Leistungspaket auf.

25. Der Kunde möchte wissen, ob es ein Qualitätsmerkmal ist, wenn eine Luftfrachtspedition IATA-Agentur ist. Begründen Sie ihm das und zeigen Sie, welche Bedingungen dafür erfüllt sein müssen.

26. Erläutern sie Ihrem Kunden, welche Rechtsgrundlagen bei internationaler Luftfrachtbeförderung zur Anwendung kommen.

27. Die Rechtsabteilung der Maschinenfabrik möchte für die Aktualisierung der Organisationsanweisung für die Mitarbeiter im Versand wissen, welche Reklamationsfristen bei Schadensfällen in der Luftfracht einzuhalten sind und wie die Verjährung geregelt ist.

28. Die Abdeckung von Schadensrisiken ist ein wichtiger Bestandteil des Logistikmanagements.
    – Der Kunde möchte wissen, ob es sinnvoll ist, für die regelmäßigen Sendungen einen Transportwert im Luftfrachtbrief einzudecken, oder ob eine Transportversicherung ergänzend oder alternativ in Betracht zu ziehen ist.
    – Für die Ersatzteillieferungen kommt es ganz besonders auf Pünktlichkeit an. Wie ist der Kunde gegen Verspätungsschäden abgesichert?

29. Ihr Kunde möchte wissen, wie die Dokumentation beim Lufttransport geregelt ist, welche Belege er bekommt und welche sein Empfänger und ob der Frachtbrief auch durch einen Datensatz für die Datenfernübertragung ersetzt werden kann.

30. Da die Maschinenfabrik auch viel per Seefracht abfertigt, stellt sich die Frage, ob auch der Besitz des Luftfrachtbriefes einen Eigentumsanspruch an der Sendung begründet.

31. Der Kunde möchte, dass bei Ankunft der Sendung am Zielflughafen sowohl der Verzollungsspediteur als auch der Empfänger benachrichtigt werden. Schlagen Sie eine Regelung vor.

32. Es besteht Einigkeit darüber, dass die meisten Sendungen nach Singapur per Luftfrachtsammlung abgefertigt werden. Der Kunde möchte wissen, wodurch sich House- und Master AWB unterscheiden und ob sich durch die Verwendung eines House-AWB an der Haftung etwas ändert.

33. Bei einigen Sendungen lautet der zu Grunde liegende Kaufvertrag auf „FCA Frankfurt Flughafen". Um Kontraktraten nutzen zu können, soll die Fracht aber trotzdem in Frankfurt vorausbezahlt werden. Schlagen Sie ein Verfahren für die frachtbriefmäßige Abfertigung vor und wie die Frachtnachnahme zu organisieren ist.

34. Als Exportsachbearbeiter der Luftfrachtabteilung der Spedition Merowa International GmbH, Daimlerstr. 24–28, 60211 Frankfurt/Main, wird Ihnen am Freitag um 10:30 Uhr telefonisch von der Frankfurter Maschinenfabrik AG avisiert, dass noch heute ein eiliges Ersatzteil angeliefert wird, das Sie nach Boston/USA an die Fa. Lennox Print Ltd. abfertigen sollen.

   a) Füllen Sie einen AWB für diese Sendung aus, zunächst ohne Frachtberechnung und Nebenkosten. Zusatzinformation: Ihre IATA-Nr. lautet: 23-1704; es soll eine Account-Number angegeben werden; Bosten > BOS).

      aa) Warum muss Ihnen der Absender für diese Sendung u. a. einen Speditionsauftrag übergeben?

      ab) Erläutern Sie, ob es sinnvoll sein kann, für diese Sendung einen Transportwert einzudecken (dec. Value for Carriage). Wenn ja, in welcher Höhe?

      ac) Welche Alternative können Sie dem Auftraggeber zur Absicherung des Transportrisikos empfehlen?

      ad) Erläutern Sie die Bedeutung der Angabe der Notify-Adresse.

   b) Aus dem TACT entnehmen Sie die folgenden Ratenangaben für die Destination Frankfurt–Boston:

M	76.69
N	3.02
45	2.47
100	2.31
300	2.20
500	2.09

      ba) Berechnen Sie die Frachtkosten für diese Sendung und tragen Sie die entsprechenden Daten in den AWB ein.

      bb) Berechnen Sie ebenfalls den Wertzuschlag und übertragen Sie ihn in den AWB.

      bc) Neben dem Regeltarif werden in der Praxis häufig solche Sendungen nach Kontraktraten abgerechnet. Worin besteht der Unterschied und welche Abrechnung ist für den Kunden vorteilhafter?

   c) Der Kunde fragt, wofür es heute überhaupt noch IATA-Ratenhandbücher gäbe, da doch, wie er gehört habe – IATA-Raten nicht mehr verwendet werden dürfen.

   d) Für die Frachtdisposition ist es wichtig zu wissen, ab welchem Schnittpunkt Sperrigkeitszuschläge zu zahlen sind. Erläutern Sie dem Kunden, wie das in der Luftfracht geregelt ist. Zeigen Sie es an mehreren Beispielen.

   e) Manchmal versendet die Maschinenfabrik auch Edelmetalle zum Beschichten von Materialien. Der Versandleiter möchte wissen, ob er hier mit besonderen Kosten zu rechnen hat.

   f) Die Maschinenfabrik versendet auch ab und zu im Rahmen von Entwicklungshilfeprojekten Maschinen an wenig frequentierte Zielflughäfen, für die es keine günstigen Ratenangebote gibt und die auch im TACT nicht genannt sind. Erklären Sie dem Kunden, wie Sie in diesen Fällen die Fracht berechnen.

   g) Skizzieren Sie dem Kunden, welche Arten von Kontraktraten je nach Tonnage, Eilbedürftigkeit und Marktlage Sie bei den Airlines aushandeln können als Grundlage für mehr oder weniger günstige, gestaffelte Speditions-Verkaufsraten. Zeigen Sie auch, welche Rolle seine Aufträge im Rahmen der Sammelladung dabei spielen.

35. Die Luftfrachtabteilung der Merowa Int. in Frankfurt a. M. fertigt zweimal wöchentlich – dienstags und freitags – mit der Fluggesellschaft CARGOLINER Sammelladungen auf der Destination Toronto/Kanada ab. Empfangsspediteur ist die Niederlassung der Merowa Int. in Toronto, 141 Lyon Court Suite 1906.

Vereinbart ist mit der Fluggesellschaft eine Kontraktrate von 1,10 EUR/kg. Auf dieser Grundlage ist ein hauseigener Tarif in Anlehnung an die Ratenstruktur der IATA festgelegt worden, der sich wie folgt staffelt:

M	51.13
N	2.53
45	2.07
100	1.89
300	1.69
500	1.51

Als neue Exportsachbearbeiterin/neuer Exportsachbearbeiter sollen Sie sich mit dem Sammelladungsgeschäft vertraut machen, damit Sie die Consol-Abteilung später verantwortlich leiten können.

a) Aufgrund einer Erhebung über den Zeitraum von einem halben Jahr für eine Nachkalkulation ergab sich, dass im Schnitt 1 640 kg pro Sendung abgefertigt werden, mit leicht steigender Tendenz. Ermittelt wurde eine durchschnittliche Sendungsstruktur wie folgt:

6 · 25 kg; 2 · 65 kg; 5 · 110 kg; 1 · 300 kg; 1 · 510 kg

aa) Ermitteln Sie den durchschnittlichen Bruttobetrag pro Sammelsendung.

ab) Diskutieren Sie das Ergebnis.

Welche Kosten sind nicht berücksichtigt? Welche Erträge sind noch nicht berücksichtigt? Soweit möglich, versuchen Sie dieses Beispiel mit den Verhältnissen in Ihrem Ausbildungsbetrieb zu vergleichen, oder holen Sie sich vergleichende Angebote ein.

36. Eine Kraftwerksturbine wird auf dem Seeweg nach Bombay geliefert. Der Kunde wünscht eine CIF-Lieferung und die Sicherheit einer pünktlichen Versendung. Der Verkäufer wünscht eine größtmögliche Sicherheit seines Zahlungseinganges. Bearbeiten Sie folgende Aufgaben:

a) Welche Zahlungsvereinbarung ist sinnvoll, damit die Wünsche von Käufer und Verkäufer gesichert werden?

b) Nennen Sie die Dokumente, die bei diesem Geschäft zur Zahlungssicherung vorgelegt werden müssen.

c) Nennen Sie die Transportkosten, die dem Verkäufer in Rechnung gestellt werden.

d) Auf dem Seeweg entsteht ein Schaden an der Turbine. Wer trägt das Transportrisiko? Kann der Geschädigte auf Schadenersatz hoffen und von wem?

37. Sie erhalten den Auftrag, Chemikalien nach Karatschi zu exportieren. Was ist zu prüfen und worauf machen Sie gegebenenfalls den Ausführer aufmerksam?

38. Mit welchen Staaten und Staatengruppen hat die EG wechselseitige Präferenzabkommen geschlossen?

39. Mit welchen Staaten, Staatengruppen und Gebieten hat die EG einseitige Zollpräferenz-Abkommen geschlossen?

40. Ab welchem Warenwert muss eine AM bei der zuständigen Ausfuhrzollstelle vorabgefertigt werden?

41. Erläutern Sie, wie eine Spediteurübernahmebescheinigung für die Zahlungssicherung bei Akkreditivgeschäften verwendet wird und warum sie ein Sperrpapier ist.

42. Welches Nachschlagewerk müssen Sie zu Rate ziehen, um herauszufinden, ob ein Empfängerland für den Import eine beglaubigte Handelsrechnung verlangt?

43. Ein Auftraggeber will in der EG hergestellte Waren an einen neuen Kunden in die Ukraine liefern. Bisher hatte der Exporteur nur Kunden innerhalb der EG. Von Ihnen möchte er nun wissen, was sich bei diesem Verkauf papiermäßig und zolltechnisch ändert und wie er ein Zahlungsrisiko vermindern kann. Schildern Sie ihm, welche Dokumente der Ausführer zu erstellen hat und welche Zahlungsbedingung Sie ihm empfehlen.

Lernfeld 11:

Importaufträge bearbeiten

1. Ein Container mit PCs eines US-amerikanischen Herstellers wird in Bremerhaven gelöscht und soll per Lkw unverzollt nach Frankfurt am Main weiterbefördert werden, um dort in den freien Verkehr abgefertigt zu werden. Schildern Sie den kompletten Ablauf von der Übernahme durch eine Bremer Spedition (Versanddokumente) über die Beendigung des Zollversandverfahrens in Frankfurt bis zur Einfuhrzollanmeldung (Formulare, Fristen, vorzulegende Dokumente usw.).

2. Ermitteln Sie den Zollwert für folgende Sendung:
   2 000 Stück Videorekorder aus Taiwan zu einem Preis von 344,40 EUR je Stück CFR Rotterdam. Weitere entstandene Kosten:
   Seefracht .... 1 728,40 EUR
   Fracht Rotterdam–Kaldenkirchen .... 580,00 EUR
   Fracht Kaldenkirchen–Frankfurt .... 750,00 EUR
   Seetransportversicherung .... 433,75 EUR

3. Ermitteln Sie den Zollwert für 40 000 Schallplatten, deren Preis FOB Airport New York 77 234,00 $ beträgt. Von den Luftfrachtkosten in Höhe von 3 488,40 EUR entstehen 70% bis zum Verbringungsort. Der Kurs beträgt 1,2525.

4. Ihr Kunde führt Bauteile für PCs aus Taiwan, Tschechien und Malaysia ein. Von Ihnen möchte er wissen, wie hoch die Einfuhrabgaben sind. Wie können Sie dies erfahren, wo „schlagen Sie jetzt nach"? Ist es wahrscheinlich, dass bei gleichen Produkten der Zollsatz immer gleich hoch ist? Wenn nein, warum nicht und was sind die Voraussetzungen hierzu?

5. Für die Einreihung einer Ware kommen mehrere Tarifpositionen in Betracht. Ein charakterbestimmender Stoff ist nicht feststellbar. Welche Tarifnummer nehmen Sie?

6. Was versteht man unter Einfuhrabgaben im Sinne des Artikels 4 Zollkodex?

7. Was versteht man unter dem Windhundverfahren?

8. Errechnen Sie die Gesamteinfuhrabgaben für folgende Luftfrachtsendung:
   Preis FOB Tokio: 12 550 000,00 ¥
   FOB-Kosten: 5 000,00 ¥
   Luftfracht: 1 234,50 EUR, davon 96 % bis Verbringungsort
   Versicherung: 278,00 EUR
   Kurs: 1 EUR = 135,220 JPY
   Zollsatz: 11,8 %, EUSt.: 19%

9. Sie haben eine Maschine gekauft zu einem Preis von 15 000,86 $ frei Bestimmungs-ort. Die Frachtkosten über den Verbringungsort hinaus betragen 365,56 EUR. Wie hoch sind die Einfuhrabgaben, wenn der Zollsatz 16,5 % und die EUSt. 19 % bei einem $-Kurs von 1 EUR = 1,5031 USD betragen?

10. Ein Spediteur führt für zwei Großkunden und viele Kleinkunden regelmäßig Abfer-tigungen zum freien Verkehr durch. Bisher hat er für jede Einfuhr eine komplette Einfuhranmeldung erstellt und die Abgaben entrichtet. Schildern Sie, welche Er-leichterungen er beim Zoll beantragen kann, welcher Voraussetzungen es hierfür bedarf und welche Fristen zu beachten sind.

11. Die Spedition Merowa International betreibt für Ihren Kunden Merkur-Hansa ein Zolllager des Typs D für elektronische Produkte. Merowa übernimmt die komplette zolltechnische Abwicklung. Die eingelagerte Ware soll zum Teil in den deutschen Filialen der Merkur-Hansa verkauft werden als auch in den österreichischen Filialen.

    a) Aus Japan kommt ein Container mit 2 400 Stück DVD-Playern zum Gesamtpreis von US-$ 421 000,00 FOB Tokio (Kurs 1 EUR = 1,5031 USD). Die Seefracht bis Ham-burg betrug 1 823,45 EUR, die Weiterleitungskosten bis Frankfurt 925,00 EUR. Die Zollanmeldung erfolgt in Frankfurt.

        aa) Wie hat die Weiterleitung von Hamburg nach Frankfurt zolltechnisch zu erfolgen, was muss mit der Ware in Frankfurt geschehen?

        ab) Welches Zollverfahren müssen Sie anmelden und worin unterscheidet sich dies von der Abfertigung zum freien Verkehr?

        ac) Ermitteln Sie den Zollwert und den statistischen Wert der Ware.

        ad) Was hat nach der Zollabfertigung mit der Ware zu geschehen?

    b) Im Januar entnimmt Merkur-Hansa 100 Stück dieser DVD-Player, um sie an End-verbraucher zu verkaufen. Der Verkaufspreis im Laden beträgt 349,90 EUR inkl. MwSt. Der Zollsatz im vergangenen Jahr (Zeitpunkt der Einlagerung) betrug 6,9 %, in diesem Jahr beträgt er nur noch 6,6 %.

        ba) Was muss unmittelbar bei der Entnahme beachtet werden? Wie erfolgt die zolltechnische Abwicklung?

        bb) Welche Einfuhrabgaben sind insgesamt für diese Entnahme zu entrichten?

    c) 800 Stück der DVD-Player sollen an die schweizerische Filiale Bern weiterverkauft werden zum Preis von 189,00 EUR je Stück ab Lager Frankfurt. An Transportkosten entstehen 490,00 EUR, wovon 70 % für den deutschen Streckenanteil entfallen.

        ca) Beschreiben Sie die zolltechnische Abwicklung der Entnahme und Weiter-versendung der Ware alternativ per Lkw und per Bahn (welche Papiere müs-sen erstellt werden?).

        cb) Muss für diesen Weiterversand eine Ausfuhranmeldung gemacht werden? Welches „Verfahren" (Schlüsselnummer) wird hier beantragt und wie hoch müsste der statistische Wert angegeben werden?

        cc) Kann die Ware von der Warenverkehrsbescheinigung EUR. 1 begleitet wer-den? (Begründung)

        cd) Welchen Zollwert muss wohl die schweizerische Filiale zugrunde legen?

        ce) Könnte man den – gemessen an der ersten Einfuhranmeldung – höheren Zoll-wert umgehen, indem man die Ware schon in Deutschland zum freien Verkehr abfertigt? Hat dies Auswirkungen auf die schweizerische Zollabfertigung?

        cf) Beschreiben Sie die Fragen a) bis e), wenn der Empfänger der Ware nicht in der Schweiz, sondern in Frankreich ist. Welche Alternativen des Weiterverkaufs sind hier möglich?

Lernfeld 12:

Beschaffungslogistik anbieten und organisieren

1. Eine internationale Spedition mit Sitz in Heilbronn ist u. a. im Bereich der Beschaffungslogistik tätig. Für ein Industriebetrieb in Stuttgart sind auf der Basis „unfrei" ab folgenden
   Orten in Frankreich regelmäßig Zulieferteile – nicht sperrig – zu übernehmen und in nachstehend genannten Frequenzen anzuliefern – Anlieferung jeweils Arbeitsbeginn 6.00 Uhr

Verladeort	Menge jeweils	Frequenz	Anzahl Euro-P. jeweils
Amiens	1 380 kg	Mo, Di, Mi, Do, Fr	3
Arras	846 kg	Mo, Mi, Fr	2
Lille	1 916 kg	Mo, Di, Mi, Do, Fr	4
St. Omer	2 650 kg	Mo, Di, Mi, Do, Fr	5
Valenciennes	11 520 kg	Mi	18

Der Industriebetrieb hat mit den diversen Lieferanten jeweils einen Rahmenvertrag über
eine Laufzeit von drei Jahren abgeschlossen und darin die Mindestabnahmemenge
für diese Zeit festgelegt. Ferner ist in diesen Verträgen vereinbart, dass maximal die
monatliche Abnahmemenge auf einmal abgeholt werden kann.

   a) Wie würden Sie als Mitarbeiter der Spedition die Abholung organisieren? Begründen
      Sie Ihren Vorschlag. (Kann auch in Gruppenarbeit gemacht werden und die unter-
      schiedlichen Vorschläge sind dann zu werten.)

   b) Sie rechnen pro Palette mit 3 Minuten Beladezeit in der Abholung zuzüglich der
      notwendigen Rüstzeiten für das Fahrzeug. Zeigen Sie den genauen Zeitraster auf,
      den Sie für die Zustellung jeweils am Mittwoch zugrunde legen müssen. Überle-
      gen Sie hierbei, ob es sinnvoll ist, in Frankreich die Vorholung der Stückgutpartien
      von einem dort ansässigen Spediteur machen zu lassen.

   c) Vervollständigen Sie die weitere Abholung und gehen Sie dabei davon aus, dass
      im Umschlagslager Heilbronn keine unbeschränkte Lagermöglichkeiten für Palet-
      ten gegeben sind.

   d) Berechnen Sie für den Industriebetrieb einen Palettenpreis.

2. Als internationale Spedition mit Niederlassungen u. a. in Augsburg und in deutschen
   Seehäfen, die am weltweiten Containerverkehr angebunden sind, erhalten Sie folgende Anfragen (Neuausschreibung!):

1100 Dieselmotoren (6 Zylinder) ab Ingolstadt nach Göteborg wöchentlich
   Produktion dort: **4 Tage jeweils**   **4 Schichten à 6 Std.**
                             1 Tag   **2 Schichten à 6 Std.**

400 Dieselmotoren (6 Zylinder) ab Ingolstadt an die Fa. Volkswagen Audi Nippon
           K.K., Toyo-Hashi, Japan (Insel: Honshu) wöchentlich

   Produktion dort: 5 Tage jeweils 3 Schichten
   Abmessungen Motorblock (l x b x h):   **1,12 x 0,86 x 0,64 cm**
   Gewicht je Motorblock: **264 kg netto**

   Gerechnet wird an beiden Produktionsstandorten mit jeweils 48 Produktions-
   wochen. Der Empfänger in Göteborg verlangt eine just-in-time-Anlieferung. Maxi-
   maler Bestand, der beim Empfänger geführt werden darf: Lademenge eines von
   Ihnen **technisch** zu definierenden 40´-Containers. Erstellen Sie eine Anlieferungs-
   planung für vier Wochen; überlegen Sie technische Varianten, um von den hier
   zum Einsatz gelangenden Industriepaletten so viel verladen zu können, dass das
   10 t < playload < 15 t ist.

Paletteneigengewicht: 30 kg/Einheit

Bestimmen Sie geeignete Transportvarianten. Zeigen Sie hierbei mögliche Alternativen auf; erkundigen Sie sich nach Preisen für mögliche Fährverkehre. Falls durchgehender Straßentransport gewählt wird, gehen Sie davon aus, dass der Fremdfrachtführer 1,07 EUR/km zuzüglich eventueller Gebühren berechnet.

Maut Öresund: 1006 SEK pro Querung in einer Richtung/25 % Rabatt Vielfahrer

Maut Großer Belt: 106,00 EUR netto pro Querung in einer Richtung; 5 % Rabatt für Vielfahrer bei Verwendung der **„Brobizz-Karte"**

Bei der Verladung nach Japan werden von der Reederei gestellte Standardcontainer verwendet. Die Reisedauer ab Rotterdam zum geeigneten Empfangshafen betragen 27 Tage. Der Bedarf von acht Produktionstagen kommt auf einmal zum Versand.

Lernfeld 13:

Distributionslogistik anbieten und organisieren

1. Eine Kraftwagenspedition erhält von einer Firma, die Fertigteile herstellt, folgenden Auftrag (Nr. 1):
   - am 20. Jan.   4 Wandteile   6 m · 3,20 m · 0,24 m   à 8,3 t
   - am 21. Jan.   4 Wandteile   dto.   dto.
                     4 Deckenteile   12 m · 3,50 m · 0,26 m   à 19,6 t
   - am 24. Jan.   4 Wandteile   Abmessungen/Gewicht s. o.
                     Anlieferung 08:00 Uhr an der Baustelle

   Die Ladungen sind in Bühl/Baden zu übernehmen und frei Baustelle Dieburg zu befördern.

   Der zweite Vertrag konnte mit einem Haushaltsgerätehersteller abgeschlossen werden. Dieser hat seinen Sitz in Stuttgart. Der Vertrag beinhaltet die Übernahme von 30 verschiedenen Arten von Haushaltsgeräten (max. Gewicht 5,6 kg) und die Auslieferung flächendeckend für den Regierungsbezirk Südbaden gemäß Abruf. Die Bestände sind auf Speditionslager palettiert zu übernehmen, die täglichen Auslieferungsmengen je Empfänger werden bis 16:00 Uhr per DFÜ übermittelt. Mindestbestände dürfen nicht unterschritten werden – Ablieferungsnachweise müssen bei einem Auslieferungstakt von A ⇒ B spätestens um 12:00 Uhr beim Hersteller vorliegen.

   a) Welche Aufgaben hat die K-Spedition im Fall Nr. 1 zu erfüllen und welche entscheidenden Rechtsgrundlagen ermöglichen ihr gewähltes Vorgehen?

   b) Welche konzeptionellen Arbeiten sind im Speditionsunternehmen vorzunehmen, um dieser Aufgabenstellung gerecht zu werden? Arbeiten Sie grundsätzliche Unterscheidungsmerkmale der beiden Aufträge heraus.

2. Entwickeln Sie einen Kriterienkatalog (9 Kriterien), den Sie zur Beurteilung eines Frachtführers heranziehen würden.

Lernfeld 14:

Marketingmaßnahmen entwickeln und durchführen

1. Erklären Sie die grundsätzliche Bedeutung des Marketings als Führungskonzept.

2. Was versteht man unter der ABC-Analyse?

3. Nennen Sie vier betriebsexterne Informationsquellen, die ein Spediteur zur Markterkundung nutzen kann.

4. Welche Arten der Produktpolitik liegen in folgenden Fällen vor?
   a) Im Sammelgutversand wird die Frühzustellung aufgenommen.
   b) Ein Kraftwagenspediteur verkauft den gesamten Stückgutbereich.
   c) Ein Möbelspediteur übernimmt zusätzlich zur Auslieferung auch die Montage von Einbauküchen (einschließlich aller anfallenden Schreiner-, Elektroarbeiten usw.).

5. Der Markt für Sammelgutverkehre ist ein typischer Käufermarkt. Begründen Sie diese Aussage.

6. Welche Art der Preisdifferenzierung liegt in folgenden Fällen vor? Begründen Sie Ihre Aussagen.
   a) Die RoLa von Singen nach Milano Greco Pirelli kostete montags um 08:00 Uhr 320,00 EUR, um 20:45 Uhr 445,00 EUR.
   b) Der Haustarif eines Luftfrachtspediteurs enthält für eine Destination u. a. folgende Informationen:

…	…		…	…
100	2,80		1 000	1,30

7. Grenzen Sie PR und Werbung grundsätzlich voneinander ab!

8. Ein Kölner Spediteur möchte die Auslastung seiner Fahrzeuge im Rücklauf ab Bozen erhöhen. Dazu richtet er Werbebriefe an Spediteure aus diesem Raum. Entwerfen Sie einen solchen Brief.

9. Die Fa. Braun-Transport GmbH, Industriestr. 10–12, 33689 Bielefeld, Tel.: 0521/94264-0, Fax: 0521/311849, transportiert Stückgut, Teil- und Komplettladungen wöchentlich in osteuropäische Staaten (Warschau, Prag, Budapest, Moskau), wo sie bereits seit Jahren über eigene Niederlassungen und deutschsprachiges Personal verfügt.
   Entwerfen Sie für dieses Unternehmen eine Werbeanzeige im Format 10 x 10 cm.

10. Ein Möbelspediteur inseriert einmal wöchentlich in der regionalen Tageszeitung (Daueranzeige).
    a) Warum entscheidet er sich für dieses Medium und nicht für eine Fachzeitung oder -zeitschrift?
    b) An welchem Wochentag erscheint diese Anzeige vermutlich (Begründung)?
    c) Unter welcher Rubrik sollte Ihrer Meinung nach diese Anzeige fixiert werden?

11. Entwerfen Sie für die Spedition Obermann (Gliederungspunkt 23.3.2) die
    a) Startseite/Unser Unternehmen/Das Team
    b) Startseite/Unsere Produkte

12. Nennen und erläutern Sie die Phasen eines systematischen Gesprächsaufbaus.

13. Der Verkäufer eines Sammelladungsspediteurs besucht Kunden mit dem Ziel höhere Kundensätze und Hausfrachten durchzusetzen.
    Welche Position sollte er gegenüber den folgenden Argumenten verschiedener Verlader einnehmen:
    a) Die Konkurrenten des Sammelladungsspediteurs sind billiger bzw. erhöhen ihre Preise nicht.
    b) Die angespannte Kosten- und Ertragslage lässt eine Akzeptanz der Preiserhöhungen nicht zu.
    c) Die Preiserhöhungen sind nicht notwendig, da in Zukunft größere Mengen zur Beförderung übergeben werden.

14. Welche Anforderungen muss eine Kraftwagenspedition an Fahrpersonal und Fahrzeug stellen, wenn dem Grundsatz der Kundenorientierung Rechnung getragen werden soll?

Bildquellenverzeichnis

Stichwortverzeichnis